प्रभात खबर

प्रयोग की कहानी

पुस्तक के प्रथम संस्करण का लोकार्पण करते हुए झारखंड के
मुख्यमंत्री मान. श्री रघुवर दास जी व अन्य

पुस्तक की प्रति झारखंड के राज्यपाल महामहिम श्री सैयद अहमद को भेंट करते हुए।

प्रभात खबर

प्रयोग की कहानी

अनुज कुमार सिन्हा

प्रभात प्रकाशन, दिल्ली
ISO 9001:2008 प्रकाशक

प्रकाशक • **प्रभात प्रकाशन**
4/19 आसफ अली रोड,
नई दिल्ली-110002

संस्करण • प्रथम, 2015
मूल्य • सात सौ रुपए
मुद्रक • आर-टेक ऑफसेट प्रिंटर्स, दिल्ली

PRABHAT KHABAR : PRAYOG KI KAHANI
by Anuj Kumar Sinha Rs. 700.00
Published by Prabhat Prakashan, 4/19 Asaf Ali Road, New Delhi-2
e-mail: prabhatbooks@gmail.com ISBN 978-93-5186-167-6

'प्रभात खबर' के उन तमाम
सहयोगियों और उनके परिवार को समर्पित है,
जिनकी मेहनत के बल पर 'प्रभात खबर' ने
यहाँ तक की यात्रा तय की है।
परिवार इसलिए, क्योंकि जब ये साथी अखबार में
रात-दिन मोरचे पर होते थे, उनके परिवार के सदस्य
घर की सारी जिम्मेवारी
खुद सँभालते थे।

पुराने दिन

प्रभात खबर के 30 वर्ष पूरे होने पर **प्रभात खबर** के हिस्से के रूप में काम करनेवाले अनुज सिन्हा ने **प्रभात खबर** की पिछले 30 वर्षों की यात्रा पर एक पुस्तक लिखी है. यह पुस्तक क्यों? जीवन में संस्थाओं का बनना मनुष्य के जीवन की तरह ही है. कभी सफलता मिलती है, कभी नहीं मिलती. पर **प्रभात खबर** के साथ कुछ खास चीजें जुड़ी हुई थीं. अब भी जुड़ी हैं. वे प्रसंग, वे हालात ही **प्रभात खबर** को या **प्रभात खबर** से जुड़े किसी भी अध्ययन को विशिष्ट या अलग बनाते हैं. ऐसे अध्ययन का असर सिर्फ **प्रभात खबर** तक ही सीमित नहीं रहता या ऐसा अध्ययन सिर्फ **प्रभात खबर** जैसी संस्थाओं के अतीत तक ही सीमित नहीं रह पाता. एक ऐसी संस्था, जिसके सामने कोई भविष्य न रहा हो. एक ऐसी संस्था, जिसका जन्म देश के सबसे पिछड़े इलाके में हुआ हो. एक ऐसी संस्था, जिसके फलने-फूलने की जमीन सिर्फ वहां संभव हो, जो विकसित राज्य हैं या जहां तेजी से आर्थिक विकास हो रहा है. ऐसा उद्योग, जहां पहले से ही स्थापित बड़े खिलाड़ी पूरी ताकत, बड़ी पूंजी के साथ बाजार में 'मोनोपोली' (एकाधिपत्य) की स्थिति में हों? ऐसा उद्योग, जहां पुराने अखबार घराने, पिछले 40-50 वर्षों की अपनी मौजूदगी के बल, अपनी बड़ी पूंजीगत ताकत के कारण नये प्रवेश करनेवालों को टिकने न दें? एक ऐसी संस्था या उद्योग, जिसकी शुरुआत के लिए बड़ी पूंजी चाहिए. जिसके प्रचार-प्रसार के लिए बड़े पैमाने पर आरंभिक पूंजीगत समर्थन चाहिए. एक ऐसा उद्योग,जो बड़ी पूंजी का खेल बन गया हो. एक ऐसा उद्योग, जिसका भविष्य शहरीकरण, तेज आर्थिक विकास या तेजी से बढ़ती साक्षरता पर टिकी हो. वह उद्योग, जिसके फलने-फूलने और विकसित होने के लिए उचित माहौल या उर्वर धरती बनने के लिए ऐसे तत्व जरूरी हैं. लेकिन जिस जमीन या धरती पर ये तत्व न हों, वहां ऐसे उद्योग के खड़ा होने का प्रसंग ही **प्रभात खबर** को विशिष्ट बनाता है.

प्रभात खबर की शुरुआत 1984 में हुई. 1989 आते-आते यह लगभग बंद हो चुका था. महज चार सौ प्रतियां छपती थीं. बाजार में कोई पहचान नहीं थी. स्पर्धा में बड़े अखबार थे. तब रांची शहर से सबसे पुराना, जमा-जमाया, विशिष्ट और घरेलू अखबार **रांची एक्सप्रेस** हुआ करता था. जमशेदपुर से **उदितवाणी** भी घरऊ अखबार कहा जाता था. इसी तरह धनबाद की मिट्टी की पहचान के रूप में **आवाज** अखबार जाना जाता था. इन सबके अलावा भी कई अखबार थे, पर बिहार के इन तीन खास औद्योगिक क्षेत्रों के ये तीन सबसे प्रमुख और मजबूत पहचान वाले, जमीन से जुड़े अखबार थे. **आज** अखबार भी था, जो अकेले इन तीनों जगहों यानी रांची, जमशेदपुर और धनबाद से छपता था. एक रुपये

पर बिकता था. इसके अलावा पटना से **हिंदुस्तान** आकर बड़े पैमाने पर बिका करता था. तब बिहार का हिस्सा था, झारखंड. और बिहार देश में प्रगति के पायदान पर, आर्थिक विकास के सोपान पर सबसे नीचे का राज्य माना जाता था. तब आर्थिक विकास की दृष्टि से अविकसित राज्यों या अल्प विकसित राज्यों की सूची में बिहार सबसे नीचे था. उस बिहार में भी छोटानागपुर (जो तब बिहार का हिस्सा था और बाद में झारखंड के रूप में नया राज्य बना) सबसे पिछड़ा इलाका था. इसे जंगल का इलाका माना जाता था. अत्यंत अल्प विकसित.

अखबार उद्योग सिर्फ और सिर्फ विज्ञापन पर ही निर्भर है. अखबार की आय का एकमात्र स्त्रोत अब विज्ञापन है. अखबार की कीमत, जिस पर अखबार बिकते हैं, पाठकों तक पहुंचते हैं, वह उसके उत्पादन लागत का बहुत मामूली हिस्सा है. उसमें भी एक पाठक अखबार की जो कीमत देता है, उसका बड़ा हिस्सा, उन एजेंट-हॉकरों तक जाता है, जो अखबार, पाठकों के घर तक पहुंचाते हैं. इस कीमत का बहुत मामूली हिस्सा या नगण्य हिस्सा अखबारों तक पहुंचता है. इसलिए अखबारों की आमद का मुख्य स्त्रोत विज्ञापन है. और आज के दौर में जब कीमत (कवर प्राइस) घटाकर अपना अखबार सबसे अधिक बेचने की स्पर्धा है, होड़ है, तब जिसके पास जितनी अधिक पूंजी है, वह उतना ही निर्णायक है. ताकतवर है. आज हालात ये हैं कि पाठकों को अधिक- से- अधिक रियायत दें, प्रलोभन के तौर पर उन्हें गिफ्ट दें, उनसे कम-से-कम पैसे वसूलें और अखबार उनके घर-घर तक पहुंचा दें, इसकी कोशिश. इस दौर में तो अखबार उद्योग, सरकुलेशन की कीमत को यानी अखबार की कीमत को आय के रूप में जोड़ते ही नहीं. इसलिए अखबारों की आमद का एकमात्र प्रामाणिक स्त्रोत विज्ञापन ही है. विज्ञापन निर्भर करता है समुचित आर्थिक विकास पर. कहावत भी है, **एडवरटाइजमेंट्स आर बाइप्रोडक्ट आफ इकोनामिक डेवलपमेंट** (आर्थिक विकास के ऊपर ही विज्ञापन मयस्सर या निर्भर है). और आर्थिक विकास की दृष्टि से बिहार, तब (1989 अक्तूबर, जब **प्रभात खबर** के दोबारा कायापलट की कोशिश हो रही थी) सबसे नीचे का राज्य था. बिहार में भी सबसे पिछड़ा इलाका छोटानागपुर (अब झारखंड) माना जाता था. उस राज्य से, वह बीमार या लगभग बंद अखबार फिर निकले और उस दौर के उस इलाके के जो स्थापित अखबार हों, महत्वपूर्ण अखबार हों, जमीन से जुड़े अखबार हों, बहुत पुराने अखबार हों. उन्हीं से उसकी प्रतिस्पर्धा हो. और उसे पुनः कायाकल्प करने की इच्छा रखनेवाले अखबार के पास पूंजी न हों, सही इन्फ्रास्ट्रक्टर न हो, मैनपावर ऐसे हों, जिनमें कुछेक बड़े भावात्मक ढंग से अखबार से जुड़े हो, लेकिन अधिकत्तर ऐसे लोग रहे गये हों, जिन्हें कोई दूसरा विकल्प नहीं मिला. इस तरह जिस संस्थान के सामने या जिस उद्योग के सामने यह चुनौती हो कि बिना पूंजी, उसी पुराने मैनपावर से, उसी पुराने इन्फ्रास्ट्रक्चर से, उसी पुराने संस्थागत हालात और सुविधाओं के बीच अखबार निकालना हो और उस अखबार को इन बड़े और स्थापित अखबारों के सामने खड़ा करना हो, बाजार में टिकना हो, तो आप समझ सकते हैं कि कितनी प्रतिकूल परिस्थितियां होंगी. ऐसे हालात में कोई संस्थान खड़ा होता है, तो वह संस्थान सिर्फ अपने लिए ही एक उदाहरण नहीं बनता. बल्कि समाज के अलग-अलग हिस्सों में वह एक नजीर (केस स्टडी) के रूप में देखा जाता है या इस तरह की सफलता, जीवन के किसी क्षेत्र में इतनी प्रतिकूल परिस्थितियों के बीच मिले, तो वह एक उदाहरण के रूप में पढ़ा-समझा या याद किया जाता है. प्रतिकूल परिस्थितियों में सक्रिय लोगों के लिए वह एक प्रेरणा के रूप में काम करता

है. **प्रभात खबर** पर इसी दृष्टि से अनुज सिन्हा ने यह पुस्तक लिखी है. यह प्रतिकूल परिस्थितियों में खड़ा होने की वह कहानी है, जो हरेक को अपने-अपने जीवन के अलग-अलग क्षेत्रों में, चाहे वह अखबार उद्योग में हो या किसी अन्य उद्योग में, जब ऐसी प्रतिकूल परिस्थितियां मिलें, तो वह कैसे, किस तरह टिक पाता है, इसका वर्णन है. हर आदमी की जिंदगी, एक अलग कहानी है. उसका जीवन एक अलग युद्ध क्षेत्र है. संघर्ष का मैदान है. हरेक को अपना 'क्रॉस' (नियति) खुद तय करना है. पर उस दौर में, उस मनःस्थिति में जिन चीजों से आपको ताकत मिलती है, दृष्टि मिलती है, संबल मिलता है, वही चीजें किसी समाज को एक नये रास्ते पर ले चलती हैं. अनुज सिन्हा ने **प्रभात खबर** के बारे में जो प्रसंग लिखे हैं, वे प्रसंग हाल के हैं. यथार्थ हैं. अपने-अपने ढंग से अपने-अपने जीवन संघर्ष में लगे लोगों के जीवन के लिए **प्रभात खबर** के ये अनुभव उपयोगी हों, यही इस पुस्तक का मकसद है.

दरअसल, जब **प्रभात खबर** को नये ढंग से निकालने की तैयारी शुरू हुई, तो मुख्य दायित्व संभालने के कारण मैंने तय किया कि देश के जो सफल क्षेत्रीय अखबार हैं, उन्हें घूम कर अध्ययन किया जाये. इसी प्रसंग में केरल के **मलयालम मनोरमा** देखने गया. आंध्र (हैदराबाद) और विशाखापत्तनम के **ईनाडु** अखबार देखने गया. इंदौर में **नयी दुनिया** देखने गया. तब तक **दैनिक भास्कर** इंदौर में स्थापित हो चुका था, उसे जानने-समझने की भी कोशिश की. फिर **महाराष्ट्र टाइम्स** को समझने गया. वही महाराष्ट्र टाइम्स, जहां से पत्रकारिता में पहला पांव रखा. **टाइम्स ऑफ इंडिया** समूह में प्रशिक्षु पत्रकार (हिंदी) के रूप में मेरा चयन हुआ. हमारा प्रशिक्षण वहीं होता था. उसी हाल के आगे **महाराष्ट्र टाइम्स**, सेकेंड फ्लोर, **टाइम्स ऑफ इंडिया** समूह मुंबई, बोरिबंदर दफ्तर में था. हमारे ट्रेनिंग कक्ष के आगे ही **महाराष्ट्र टाइम्स** के तब जानेमाने संपादक गोविंद तलवलकर जी बैठते थे. वह संपादकों की उस परंपरा-पीढ़ी के व्यक्ति थे, जो अध्ययन, चरित्र और नैतिक मूल्यों को ही सर्वोपरि मानते थे. तब उस मराठी अखबार की प्रसार संख्या, मुकाबले के सफल मराठी अखबारों से कम थी, पर प्रतिष्ठा, साख और आभा में यह अखबार सबसे आगे था. इन अखबारों के अध्ययन के बाद **आनंद बाजार**, जहां **रविवार** में काम करता था, जो क्षेत्रीय भाषाओं में सबसे प्रमुख और सफल अखबार था, उसको देखने-समझने की कोशिश की. इन अखबारों को देखने-समझने के बाद एक रिपोर्ट तैयार की. प्रबंधन को वह रिपोर्ट सौंपी. आज जब अपनी उन पुरानी यात्राओं को स्मरण कर रहा हूं, तो याद आ रहा है कि कैसे बंबई से इंदौर जाने के लिए रेलवे सेकेंड क्लास का टिकट नहीं मिला था, तो बस में बैठ कर 17-18 घंटे की यात्रा कर पहुंचा. कैसे इंदौर में मामूली होटल में ठहरा. कैसे दो दिन लोगों से मिला. अखबार के लोगों से मिला. समझा. फिर कैसे केरल पहुंचा. केरल से सेकेंड क्लास ट्रेन में यात्रा की. टिकट केरल से विजयवाड़ा तक मिला और मुझे हैदराबाद जाना था ईनाडु को समझने के लिए. कितनी परेशानी हुई, विजयवाड़ा से हैदराबाद पहुंचने में. विशाखापत्तनम में कैसे अखबार के अध्ययन के लिए गया और स्टेशन के क्लॉक रूम में सामान रखकर किन परेशानियों से गुजरा, वे सब चीजें स्मृति में हैं. तब न संसाधन थे, न पैसे. पर एक धुन थी, वह था कि इस अखबार को खड़ा करना है.

बहरहाल यात्रा का यह प्रसंग मुख्य विषय नहीं है. यह इसलिए स्मरण हुआ कि **प्रभात खबर** को नये सिरे से मजबूत बनाने की जिस कोशिश में हम साथी लगे थे, उस क्रम में पहला काम सफल क्षेत्रीय अखबारों का अध्ययन करना था, वह मैंने किया. और विपरीत परिस्थितियों में किया. उन परिस्थितियों की

मामूली झलक इसलिए मैंने दी, ताकि यह पता चले कि किन विपरीत परिस्थितियों में हम काम कर रहे थे. हमारे संसाधन कितने सीमित थे. यहां काम करने के पहले देश के दो सबसे बड़े अखबार घरानों के तत्कालीन प्रतिष्ठित प्रकाशनों में काम कर चुका था. अच्छी सुविधाओं के बीच. पर पुनः बेहतर विकल्प होने के बावजूद, हम सब इन्ही मुसीबतों के बीच नया संसार बनाने पर तुले थे. क्षेत्रीय अखबारों के अध्ययन की रिपोर्ट के साथ हमने प्रबंधन को यह भी सुझाव दिया कि अखबार उद्योग के किसी जानेमाने व्यक्ति को हम सब अपने साथ कुछ दिन जोड़ें. सलाहकार की भूमिका में. इस रिपोर्ट के आधार पर, इस अखबार को सफल बनाने की एक रणनीति, एक मॉडल तैयार करें. यह प्रस्ताव स्वीकृत हुआ. रिपोर्ट की कई चीजें मुझे आज भी याद हैं. रिपोर्ट में इन क्षेत्रीय अखबारों, जिनका अभी मैने उल्लेख किया, का उल्लेख तो था ही, साथ-साथ उन परिस्थितियों, उन हालात को भी समझने की कोशिश की गयी, जिनके बीच उन सफल अखबारों की उपस्थिति थी. मसलन, केरल में अगर मलयालम मनोरमा इतना निणार्यक है, तो क्यों है? आंध्र में ईनाडु इतना ताकतवर बना, तो क्यों बना? **महाराष्ट्र टाइम्स** प्रसार संख्या में तब मजबूत भले ही न रहा हो, पर तब वह एक निर्णायक आवाज थी. सम्मानित आवाज थी. **आनंद बाजार** सम्मानित अखबार होने के साथ-साथ मास सरकुलेशन का अखबार कैसे बना? गुजरात के अखबारों को भी तब मैंने समझने की कोशिश की थी, बिना गुजरात यात्रा किये. **राजस्थान पत्रिका** को समझने के लिए जयपुर गया था. वह यात्रा भी बस से की थी. दिल्ली से बस से जयपुर जाना, वहां दो-तीन दिन ठहर कर, कुलीश जी (अखबार के संपादक, संस्थापक) तब जिंदा थे, उनके परिवार के लोगों से, गुलाब कोठारी से मिलना हुआ. **राजस्थान पत्रिका** की सफलता के बारे में भी इस अध्ययन रिपोर्ट में हमने उल्लेख किया. रामोजी राव से भी मिलना हुआ. इन सभी विशिष्ट लोगों से मिलने के बाद जो रिपोर्ट बनायी, उस रिपोर्ट से हमारा साफ निष्कर्ष था कि चाहे राजस्थान हो, मुंबई हो, गुजरात हो, केरल हो, आंध्र हो या कोलकाता हो, यहां विज्ञापन के बड़े बाजार हैं. ये इलाके विकसित इलाके थे. यहां आर्थिक प्रगति रोज हो रही थी. विज्ञापन का बाजार, हर वर्ष थोड़ा-बहुत फैल और बढ़ रहा था. इसलिए यहां अखबारों के बढ़ने की गुंजाइश थी. पर झारखंड में या तब इस छोटानागपुर से निकल रहे **प्रभात खबर** के लिए कोई विज्ञापन का बाजार था ही नहीं. जो भी विज्ञापन का थोड़ा-बहुत बाजार था, उस पर पहले से पुराने अखबारों का वर्चस्व था. इसलिए रिपोर्ट में उल्लेख था कि **प्रभात खबर** के भविष्य का रास्ता बड़ा कठिन दिखता है. इसके बाद प्रस्ताव था कि किसी एक्सपर्ट को, अखबार उद्योग के जानकार को हम जोड़ें और इस अध्ययन के बारे में उनकी राय जानें. मुझे याद है, हमने श्री अशोक दत्ता को जोड़ा. वह **संडे मेल**, जो तब डालमिया समूह द्वारा स्थापित बड़ा अखबार समूह था, उसके सर्वेसर्वा थे. प्रबंधन की दृष्टि से. **अमृत बाजार** पत्रिका में महत्वपूर्ण पद पर काम कर चुके थे. उनकी बड़ी पहचान थी, अखबार प्रबंधन की दृष्टि से. बाद के दिनों में वह इंडियन इंस्टीट्यूटऑफ मैनेजमेंट के डायरेक्टर या निदेशक बने. उन्होंने **प्रभात खबर** का, झारखंड के बाजार या तब छोटानागपुर की बाजार का अध्ययन किया और अपनी रिपोर्ट दी. उस रिपोर्ट का प्रसंग आज भी यथावत हमें याद है. उन्होंने कहा कि छोटानागपुर के अखबारी बाजार में पहले से ही अखबारों की भीड़ है. इस हिस्से में आर्थिक प्रगति नहीं हो रही. इसलिए किसी नये अखबार की यहां गुंजाइश है ही नहीं. यह अखबार जब तक चलेगा, घाटे पर चलेगा. इसे जितना जल्द बंद कर दें, बेहतर होगा. इसका कोई बेहतर भविष्य दिखाई नहीं देता. उनके ये निष्कर्ष निराधार नहीं थे. उनके निष्कर्ष के अनेक कारणों से हम सब

सहमत थे और ये चीजें हमारी रिपोर्ट में भी दर्ज थीं.

इस तरह छोटानागपुर की जमीन किसी नये अखबार के अनुकूल थी ही नहीं. पर **प्रभात खबर** में काम करनेवाले लोगों के संकल्प, उनके निर्णय, उनकी प्रतिबद्धता से यह संभव हुआ कि एक अत्यंत पीछे छूट गया अखबार, अखबारों की सूची में सबसे नीचे पायदान पर दम तोड़ रहा अखबार, सबसे आगे निकल आया. सिर्फ आगे ही नहीं निकला, बल्कि तब छोटानागपुर या बिहार के जो स्थापित अखबार थे, उनको छोड़ कर देश के सबसे ताकतवर हिंदी के तीन अखबार समूहों, जिनके पास असीमित-अपार पूंजी है, जिनके पास एफडीआई (फॉ रेन डायरेक्ट इन्वेस्टमेंट) यानी विदेशी पूंजी का बल है, जिनके पास शेयर बाजार की पूंजी का बल है, जिनके पास 600-800 करोड़ नकद धन हैं, वैसे अखबार घरानों से झारखंड में ही क्षेत्रीय अखबार प्रभात खबर का मुकाबला हुआ, फिर बिहार में ऐसा मुकाबला हुआ. देश में और कहीं भी ऐसे तीन बड़े घरानों के खिलाफ एक क्षेत्रीय अखबार नहीं है. इन दोनों जगहों पर **प्रभात खबर** ताकतवर बना. इन तीनों घरानों के लिए चुनौती बना. इस दृष्टि से **प्रभात खबर** का अध्ययन, उन लोगों के लिए, उस युवा पीढ़ी के लिए उपयोगी है, जो प्रतिकूल परिस्थितियों में भी कुछ करने का संकल्प पालते हैं. अशोक दत्ता की रिपोर्ट पर प्रबंधन ने बहुत गौर किया, क्योंकि वह मैनेजमेंट एक्सपर्ट थे. साथ ही तब तक ऐसी स्थिति बन गयी थी कि प्रबंधन की ओर से **प्रभात खबर** के डायरेक्टर के रूप में जो-जो लोग रखे जाते थे, वे कुछ ही समय में वहां से स्वतः हट जाते थे. डी.एस शर्मा, ऐसे पहले निदेशक थे, जिनमें अद्भुत धैर्य था और जिन्होंने एक मजबूत नींव रखने में बड़ा काम किया. फिर वह रिटायरमेंट लेकर जयपुर चले गये. उसके बाद दो नये डायरेक्टर आये. पर दोनों कुछ ही समय में हट गये. एक तरफ अशोक दत्ता की रिपोर्ट की पृष्ठभूमि थी, दूसरी तरफ प्रबंधन की ओर से आनेवाले जो डायरेक्टर होते, वे असमय हट जाते. ऐसे माहौल में **प्रभात खबर** में जो वरिष्ठ लोगों की टीम थी, उनमें हम तीन लोग, श्री के के गोयनका, श्री आर के दत्ता और मैं. मेरा अनुभव **आनंद बाजार पत्रिका** और **टाइम्स ऑफ इंडिया** में काम करने का था. श्री गोयनका और श्री दत्ता के लिए **प्रभात खबर** से ही शुरुआत थी. गोयनका जी फाइनेंस पृष्ठभूमि के. दत्ता जी पर्सनल पृष्ठभूमि के थे. फिर हम तीन लोगों ने बैठ कर सोचा कि एक बार गंभीरता से हम इस अखबार को चलाने के लिए लगते हैं. जब प्रबंधन से कोई डायरेक्टर नहीं मिल रहा, तो हम उनसे आग्रह करते हैं कि हम इसे संभालेंगे. हम जानते हैं कि प्रतिकूल परिस्थितियां हैं. विशेषज्ञ की रिपोर्ट है कि इस अखबार का भविष्य नहीं है. फिर भी अगर प्रबंधन चलाना चाहे, तो हमें कुछ समय दे, हम सब गंभीर कोशिश करेंगे. बहरहाल, इस बीच के और अनेक प्रसंग हैं. **प्रभात खबर** का अंग्रेजी अखबार निकलता था. मैनपावर के फ्रंट पर अनेक चुनौतियां थीं. यहां पत्रकारों की यूनियन बड़ी ताकतवर थी, जो पग-पग पर कई सवाल उठाते थे. जो स्थापित अखबार यहां थे, वहां पर कोई यूनियन नहीं थी, लेकिन **प्रभात खबर**, जो दम तोड़ रहा था, वहां पर ऐसी चीजें थीं. इस परिस्थिति के बीच प्रभात खबर को आगे ले जाने की यात्रा कैसे संभव हुई, उसको अनुज सिन्हा ने इस पुस्तक में रेखांकित करने की कोशिश की है.

प्रभात खबर के पास एक भिन्न किस्म की, एक अलग किस्म की पत्रकारिता करके अपनी जगह बनाने के अलावा कोई विकल्प था भी नहीं. अनेक अखबार थे. बाजार में अखबारों की भीड़ थी. बाजार कमजोर अखबारों के अनुकूल नहीं था. उस बीच अखबार का कायाकल्प करने के पहले यह सवाल

उठ खड़ा हुआ कि अखबार को चलायें कैसे? बिल्कुल देशी भाषा में कहें, तो प्रबंधन का तौर-तरीका क्या हो? यह वह दौर था, जब एमबीए या मैनेजमेंट-एज-डिसिप्लीन (विषय) में बदलाव का जादू दिखता था. मैनेजमेंट की पृष्ठभूमि के लोग ही नयी-नयी कंपनियों में कायाकल्प कर रहे थे. पर हमारी पृष्ठभूमि तो पत्रकारिता की थी. प्रबंधन से कोई सरोकार नहीं रहा था. पर हमने आरंभ में ही समझ लिया कि अगर **प्रभात खबर** को बेहतर बनाना है, तो सिर्फ संपादकीय स्तर पर ही काम नहीं करना होगा. संपादकीय स्तर पर एक अच्छा अखबार निकाल भी दें, पर वह बाजार में टिक न पाये, वह अपनी जगह न बना पाये, उसका वितरण अच्छा न हो, वह सरकुलेशन में मार खा जाये, तो हम कैसे सफल हो पायेंगे? हम यह भी बहुत पहले समझ गये थे, और लगातार अपने मित्रों से संवाद करते रहे कि अगर हम अपने पैरों पर खड़े नहीं होंगे, तो जैसे अनेक बड़े घरानों के अखबार बंद हो रहे हैं, हम भी बंद हो जायेंगे. घाटे पर लंबे समय तक इसे कोई नहीं चलायेगा. यह वह दौर था, जब **टाइम्स ऑफ इंडिया** जैसे प्रतिष्ठित घराने ने नवभारत टाइम्स का पटना संस्करण, लखनऊ संस्करण और जयपुर संस्करण बंद किया था. अनेक बड़ी पत्रिकाएं बंद हुई थीं. छोटे-छोटे अखबार बंद हो रहे थे. बड़े अखबार जिस ताकत और धाक से बाजार में उतर रहे थे, उससे छोटे अखबारों के पनपने की सारी संभावनाएं कम हो रही थीं. बड़े अखबार, बहुत कम कीमत पर और प्रचार के क्षेत्र में बड़े आक्रामक तरीके से सामने आ रहे थे. यह बड़ी पूंजी का खेल हो गया था. उस दौर में, अखबारों में भी एमबीए, मैनेजमेंट, आइआइएम, मार्केटिंग, आइआइटी के लोगों का प्रवेश होने लगा था. मैनेजमेंट में इन सब के मुकाबले हमें **प्रभात खबर** को खड़ा करना था. मुझे स्मरण है. एक ही सूत्र, जो बार-बार कहता था, जिसे बचपन में, गांव में अपने पुरखों से सुना था कि पैर उतना ही फैलाना चाहिए, जितनी लंबी चादर हो. अपनी चादर के अनुसार पैर फैलाना. यानी अपनी स्थितियों के अनुसार खर्च करना. यह बुनियादी मापदंड हमने तय किया. उन दिनों शब्दशः एक-एक पैसा हम बचाते थे. सिर्फ बचाते ही नहीं थे, बल्कि भविष्य की योजना बनाते थे. आज अगर **प्रभात खबर** के पास जमशेदपुर में जमीन है, रांची में एक अलग फ्लैट है, धनबाद में जमीन है, तो इन सब की शुरुआत उन्हीं घाटे के दिनों में, जबरदस्त प्रतिकूल परिस्थितियों के बीच हुई. अभाव या चुनौती नये तरीके से सोचने या चलने को विवश करती है. हर महीने जैसे एक व्यक्ति अपने लिए एक रेक्रिंग डिपाजिट में पैसा बचाता है, अपने कठिन दिनों के लिए, उसी तरह **प्रभात खबर** में भी पांच-दस हजार रुपये बचाने शुरू किये. बहुत सारे लोगों ने इसकी हंसी उड़ाई. पर उसी पूंजी के बल हमने रांची में प्रभात खबर का एक फ्लैट खरीदा, जमशेदपुर में जमीन खरीदी, धनबाद में जमीन ली. मुझे आज भी अफसोस रहता है कि धनबाद की जमीन बहुत छोटी रह गयी. आज ये सब चीजें, जिन्हें हमने कभी मामूली कीमत पर खरीदी थी, आज बहुत कीमती हो गयी हैं. संस्थान की संपत्ति के रूप में. हमने यह भी तय किया कि अगर हम प्रचार कर सकने की स्थिति में नहीं हैं, तो किस तरह हमारा संपादकीय विभाग प्रचार की सामग्री बनायेगा. लगातार आज तक, नये वर्ष के अवसर पर, नववर्ष का कैलेंडर, प्रचार सामग्री, अखबार का विज्ञापन, पंपलेट के द्वारा विज्ञापन, और न जाने इनोवेट करने के कितने तरीके हमने आजमाये व अपनाये, ताकि हम प्रचार के फ्रंट पर भी अपने सीमित साधनों के द्वारा अपनी जगह बना सकें. मुझे याद है मेरी बसों की अनेक कठिन व लंबी यात्राएं. वर्षों-दशकों तक मैं दिल्ली कैसे जाता था, वह स्मृति बिल्कुल ताजा है. रांची से सुपरफास्ट छह बजे पकड़ता था. गोमो पहुंचता था. फिर वहां

से पुरुषोत्तम एक्सप्रेस पकड़ कर अपनी यात्रा पूरी करता था. अगले दिन सुबह दिल्ली. ऑटो से ठहरने की जगह. आरंभ में थर्ड-एसी में यात्रा की. उसके पहले तक सेकेंड क्लास में यात्रा करता था. बाद में सेकेंड एसी में- लगभग 15-18 वर्षों तक यह क्रम चला. इसलिए पुरुषोत्तम एक्सप्रेस से दिल्ली तक की यात्रा अब भी स्मृति में है. इसके अलावा तब यूनिसेफ से लेकर अनेक बड़ी संस्थाओं के द्वारा आयोजित कार्यक्रमों में बहुत शरीक होता था. अब कार्यक्रमों से बचता हूं. उन कार्यक्रमों के तहत मुझे देश के विभिन्न हिस्सों में जाने का अवसर मिलता था. **प्रभात खबर** के जो काम होते थे, जैसे दिल्ली-बंबई के लोगों से मिलकर बात करना या काम कराना, उन सब पेंडिंग कामों की सूची बना कर रखता था. फिर जब ऐसे अवसर आते थे या किसी दूसरे संस्थान के कार्यक्रम में जाता था, तो समय निकाल कर **प्रभात खबर** का पेंडिंग काम करता था. लौट कर अखबार को वे सभी पैसे, जो आमंत्रित संस्थान के द्वारा यात्रा-भत्ता के रूप में मिलते थे, लौटा दिया करता था. यह काम अब तक चलता है. ये सब छोटी-छोटी चीजें थी, जो हमने शुरू की. जब भी अखबार पर कोई आर्थिक संकट आया, बैठकर रास्ता निकाला. जब भी कोई चीज हमने सीखी, जैसे पहली बार जब अमेरिका की यात्रा की और वहां देख कर आया कि कैसे दुनिया बदल रही है, तो हमारे दफ्तर में पहले फ्लोर पर छत हुआ करती थी, हम सब वहीं बैठते थे, वहां बैठकर एक-एक बात बतायी, पूरे **प्रभात खबर** स्टाफ को कि क्या करना है? मैंने गांव में देखा था कि संकट के समय कैसे गांव-घर के लोग एक पेड़ के नीचे बैठ कर, दालान में बैठ कर सारी बातें खुल कर किया करते थे. उसी परंपरा का निर्वाह प्रबंधन की दृष्टि से **प्रभात खबर** में हमने किया. इसे मैं देशज परंपरा कहता था, और इसी रास्ते प्रभात खबर की परेशानियों पर बैठ कर हम सामूहिक रूप से रास्ता निकालते थे और आगे बढ़ते थे. रोज कुआं खोदना और पानी पीना, यह स्थिति वर्षों तक रही. एक तरफ इस लंबी यात्रा के वे पुराने दिन थे, जिसमें प्रबंधन की दृष्टि से हमने देशज प्रबंधन के तौर-तरीकों को अपनाया. उस वक्त जब आइआइएम, आइआइटी से निकले लोग अखबार प्रबंधन को संभाल रहे थे. हमारा मुकाबला उनसे था, पर हमने जो लोहिया से सीखा था कि निराश रहना और कर्म करना ही जीवन है. उस दौर में अखबार की कीमत प्रतिस्पर्धियों के मुकाबले घटा देना, बड़े पैमाने पर हॉकर्स, एजेंट्स और पाठकों को इंसेटिव देना बड़े अखबारों की फितरत थी. कमजोर पूंजी वाले अखबार को बंद करा देने का वह दौर चल रहा था, तब हम देशज प्रबंधन के बल इन बड़े अखबारों से मुकाबले के लिए तैयार हो रहे थे. एक तरफ यह काम चल रहा था, दूसरी तरफ अखबार में क्या नये प्रयोग हों, वह हमारे लिए सबसे महत्वपूर्ण था. अगर आप सूची बनाने बैठें, तो असंख्य ऐसी खबरें **प्रभात खबर** में छपीं, जिनका राष्ट्रीय प्रभाव पड़ा. दो दर्जन से अधिक मामलों की आज सीबीआइ जांच हो रही है. एक उदाहरण देना चाहूंगा. हम बराबर देखते थे, सीसीएल, बीसीसीएल और एचइसी के सरकारी क्वार्टर्स पर एक-दो सौ की संख्या में नहीं, दस-पंद्रह हजार की संख्या में लोगों ने अवैध ढंग से कब्जा कर लिया है. छुटभैये नेता, अपराधी, पुलिस के अफसर, राज्य सरकार के अफसर, जिसने जहां चाहा, वहां कब्जा कर लिया. इस मुद्दे को कोई उठाना नहीं चाह रहा था, क्योंकि इससे प्रभावी और अपराधी ताकतें जुड़ी थीं. हमने तय किया कि हम इस मुद्दे को उठायेंगे. मुझे अच्छी तरह याद है कि कैसे हमने अपने अखबार में इसे सुर्खियों में छापा कि बीसीसीएल, सीसीएल और एचइसी के सरकारी क्वार्टर पर किन लोगों ने अवैध कब्जा कर लिया है. इसमें केंद्रीय मंत्री भी थे. नाम के साथ, काफी सूचनाएं एकत्र कर, होम वर्क कर, ग्राउंड वर्क

करा कर, पूरी तैयारी के साथ. कोर्ट ने सुओ मोटो कागनिजेंस लिया. यह मुद्दा हाइकोर्ट में पीआइएल में तब्दील हो गया. हाइकोर्ट ने इन संस्थानों को आदेश दिया कि आप विज्ञापन निकालें और इन क्वार्टरों को खाली करायें. मुझे याद है कि हमारे विज्ञापन विभाग के लोग सीसीएल और बीसीसीएल का विज्ञापन लेकर आये, जिसमें लिखा था कि **प्रभात खबर** में छपी खबर के अनुसार अवैध ढंग से रह रहे लोगों से क्वार्टर खाली कराया जा रहा है. क्योंकि प्रबंधन इतना डरा हुआ था कि इन अवैध कब्जा करनेवालों से क्वार्टर खाली नहीं करा पा रहा था. निजी तौर पर ये लोग अखबार को धन्यवाद देते थे. जिस समाज में सरकारी प्रतिष्ठान भयभीत होने लगे, वह समाज कहां पहुंचता है? विज्ञापन में इन सरकारी संस्थानों ने **प्रभात खबर** के नाम का इस्तेमाल किया, ताकि मजबूत लोगों को बताया जा सके कि **प्रभात खबर** के कारण उन्हें घर खाली करना पड़ रहा है. लेकिन आप सोचें कि राजसत्ता कितनी विवश थी? बीसीसीएल, सीसीएल या एचइसी किसकी संपत्ति है? भारत सरकार की संपत्ति पर अपराधी किस्म के लोगों-समूहों का कब्जा हो जाये, और उसको खाली कराने से सरकारें डरने लगें, कोई राजनेता उस पर आवाज न उठाये, कोई राजनीतिक दल उस पर न बोले, कोई एनजीओ उस पर सवाल न उठाये, उस दौर से, यह क्षेत्र गुजर रहा था. हमने तय किया कि हमारी पत्रकारिता में हमारे सरोकार ऐसे विषय होंगे. हमने तय किया पत्रकारिता का फोकस, जो पिछले 30-40 वर्षों में बड़े लोगों पर रहा है, बड़े नामों पर रहा है, बड़ी पूंजी के इर्द-गिर्द रहा है, उसे बदल कर सामान्य लोगों तक ले जायेंगे. किसानों तक ले जायेंगे. स्कूल के बच्चों तक ले जायेंगे और समाज को प्रेरित करनेवाली गुड स्टोरीज भी छापेंगे. किसानों की सफलता की शुरुआत पर लगातार खबर. बच्चों की सफलता पर आज कई-कई पेज सारे अखबार देश में छापते हैं, इसकी शुरुआत हमने रांची से 1990 में की थी. इसके प्रमाण के तौर पर **प्रभात खबर** के पुराने अंक देखे जा सकते हैं. यही नहीं, इसके साथ-साथ अनेक किस्म की नयी चीजें और प्रयोग हमने किये. पशुपालन घोटाला या झारखंड सरकार के घोटालों के बारे में तो पूरी दुनिया जानती है. पर झारखंड बनने के बाद या 15 नवंबर, जिस दिन झारखंड बना था, उस झारखंड स्थापना दिवस के अवसर पर हर साल एक ऑडिट अंक निकालना शुरू किया हमने. इससे देश के बड़े-बड़े लोगों के लेख होते थे. व्यवस्थागत भ्रष्टाचार की प्रामाणिक रपटें होती थीं. हमने झारखंड के टॉप आइएएस अफसरों के लेख, जो दूसरे नाम से लिखे जाते थे, छापे. इसमें व्यवस्था की अंदर की बातें होती थीं. वर्ष 2014 के अंक को देखकर मुझे सीएसडीएस के संस्थापक और महान राजनीति शास्त्री प्रो. रजनी कोठारी ने फोन किया और कहा, ऐसा विलक्षण प्रयोग मैंने किसी अखबार में देखा ही नहीं है! यह प्रयोग देश भर के अखबारों में हो, तो भारत बदल जायेगा. 15 नवंबर के अवसर (स्थापना दिवस) के उन अंकों को अगर आज आप देखें, तो आपको मालूम चलेगा कि पत्रकारिता में ग्रासरूट पर कितने प्रयोग हुए. ऐसे ही एक स्थापना वर्ष के अंक में छपा था कि कैसे झारखंड के हर विभाग में ऊपर से लेकर नीचे तक कमीशनखोरी है. कैसे कमीशन बंधा हुआ है. कैसे ट्रांसफर पर पैसे लिये जाते हैं. झारखंड के नेताओं की चोरी की एक-एक दास्तान उन अंकों में होती थी. सिर्फ यही नहीं होता था, साथ में यह भी होता था कि रास्ता क्या है? देश में जहां-जहां भी प्रबंधन की दृष्टि से सफल प्रयोग हुए, शासन की दृष्टि से हुए, गुड गवर्नेंस की दृष्टि से हुए, उन सब चीजों के बारे में उसमें विस्तार से वर्णन होता था कि हम इस रास्ते आगे जा सकते हैं. इस तरह प्रबंधन के क्षेत्र में, गांव-देहात से जो कुछ हमने सीखा था, उसका प्रयोग हमने प्रभात खबर में किया. खबरों के

मामले में हमने नयी जमीन तलाशी कि हम पत्रकारिता किन मुद्दों के आसपास करेंगे और इन्हीं रास्तों ने प्रभात खबर को आज यहां तक पहुंचाया.

प्रभात खबर में एक और नया प्रयोग हम सब ने किया. हमने तय किया कि **प्रभात खबर** को संभालनेवाली हमारी आगे की पीढ़ी भी तैयार हो, जो इस अखबार को संभाले. मुझे एमडी के पद पर रहने का मौका मिला. एक तरफ प्रबंधन के पाठों में मैं लगातार यह पढ़ता रहता था कि सफल प्रबंधन वह है, जहां पर आप अपने उत्तराधिकारी को खुद चुन कर सामने बैठाते हैं. याद रखिए, यह कहना बड़ा आसान है. हम उस दौर में जी रहे थे, जहां यह कहना, यह फलसफा, यह सिद्धांत या आदर्श हवा में या बात में था, यह बहुत कम जगहों पर प्रयोग होता था. हमने किया. एक सीमा बाद हमने तय किया कि यह पद छोड़ेंगे. हमारे बाद जो लोग हैं, उनको सौंपेंगे. यह काम हमने संपादकीय़ में भी किया. हर जगह, जो संभावित लोग, जो अनुभवी लोग, जो प्रभात खबर से निष्ठापूर्ण ढंग से जुड़े रहे हों, उन्हीं के बीच से चुनकर महत्वपूर्ण पदों पर बैठाया. खुद का काम कम किया. याद रखिए, पद, अधिकार और महत्व कोई छोड़ना नहीं चाहता. वह भी उस दौर में जब उस संस्थान को खड़ा करने में जिन कुछ लोगों की निणार्यक भूमिका रही हो, उन लोगों में रहने के बाद स्वतः आगे बढ़ कर चीजों को छोड़ देना, और आगे निकल जाना. आज जब मैं लौट कर देखता हूं, तो आज भी पाता हूं कि खुद अपने तहत एक संतोषप्रद काम हमने किया. जिंदगी को बड़े व्यापक फलक पर मैं देखता हूं. हमसब को यहां आना और जाना है. फिर भी यह एक तरह की वासना है कि हम चीजों से चिपके रहते हैं, हम पद से चिपके रहते हैं. अपनी भौतिक दुनिया के महत्व से चिपके रहते हैं. हम खुद अपनी गौरवगाथा गाते हैं. **प्रभात खबर** में काम करते हुए हमने अनेक ऐसी चीजें या आचारसंहिता तय कीं, जिनसे अपना प्रचार कहीं नहीं हो, अपनी तस्वीरें न छपें. अपनी खबर या बयान न छपे. हालांकि अखबारों में आमतौर से यह प्रचलन है कि संपादक से लेकर अन्य बड़े पदों पर बैठे लोग अपनी तस्वीर, अपनी बातें छाप कर समाज में अपनी जगह बनाते हैं. आज लगभग 25 वर्ष **प्रभात खबर** में काम करते हुए मुझे हुए. पर अब तक इन चीजों का पालन हमने किया. हमसब ने नये ढंग से यह संस्थान चलाने की पहल की. यह सब करने के बाद हमने तय किया कि हर क्षेत्र में हमलोग अपने बाद की पीढ़ी को तैयार करें. यह काम भी **प्रभात खबर** में हुआ. इसलिए **प्रभात खबर** सिर्फ एक अखबार के तौर पर ही अध्ययन या रुचि का विषय नहीं होना चाहिए. बल्कि प्रबंधन की औपचारिक शिक्षा पाये बिना, जिस तरह **प्रभात खबर** की टीम ने काम किया, जो आचरण किया, जिस ढंग की आचारसंहिता का पालन किया, उसी बुनियाद पर यह अखबार खड़ा हुआ. वह अखबार, जिसके खड़ा होने की उम्मीद नहीं थी. वह अखबार जिसकी उम्र, अखबार घराने के जानेमाने लोग महीनों और एकाध वर्ष में आंक रहे थे. आज वह अखबार एक लंबी यात्रा कर यहां तक पहुंचा है. यह कैसे हुआ, उसके पीछे क्या कारण रहे, उसे हम सब ने संक्षेप में बताने की कोशिश की है. ये ऐसी चीजें हैं, जो सिर्फ अखबार उद्योग से नहीं जुड़ी हैं. किसी भी अन्य उद्योग, धंधे या जीवन की किसी भी चुनौती से आप घिरे हों, तो यही चीजें आपकी यात्रा को आसान बनाती हैं. अनुज सिन्हा ने अपनी पुस्तक में विस्तार से उन सारी चीजों को बताने की कोशिश की है, जिनसे गुजर कर हमने एक अलग राह बनाने की, एक अलग पहचान बनाने की सामूहिक तौर पर कोशिश की और जिनके कारण हम यहां तक पहुंचे. मुझे उम्मीद है कि **प्रभात खबर** के कामकाज के बारे में इस पुस्तक से तो सूचनाएं मिलेंगी ही, साथ ही

जीवन में आप कुछ कठिन करना चाहते हैं, सपना पालते हैं, उस रास्ते पर प्रतिकूल परिस्थितियों के बीच बढ़ना चाहते हैं, तो उस पथ पर चलने में भी इस पुस्तक से आप एक संबल, ताकत या ऊर्जा पायेंगे. यही इस पुस्तक की उपयोगिता है. यह सिर्फ अखबारी जगत तक ही सीमित पुस्तक नहीं रहेगी, बल्कि जो युवा अपने सपनों का संसार कायम करना चाहते हैं, उनके लिए भी प्रेरणा का काम करेगी.

–हरिवंश

अपनी बात

यह पुस्तक प्रभात खबर के 30 वर्ष पूरे होने के मौके पर भले ही लिखी गयी हो, लेकिन इसे सिर्फ प्रभात खबर का इतिहास कहना उचित नहीं होगा. एक मृतप्रायः संस्थान कैसे पुनर्जीवित हो सकता है, कैसे एक ताकतवर और प्रभावशाली संस्थान बन सकता है, यह पुस्तक उसी पर केंद्रित है. इस पुस्तक में उदाहरणों और घटनाओं के बल पर यह बताने का प्रयास किया गया है कि वह कौन सी ताकत है, वह कौन सा सफल प्रयोग है, जिसके बल पर एक क्षेत्रीय अखबार ने देश के बड़े अखबार घरानों से मुकाबला किया. हाल के वर्षों में देश-दुनिया में एक-एक कर कई बड़े अखबार बंद होते गये. जो बंद हुए या जो बंदी की स्थिति में थे, उनमें से शायद ही कोई अखबार बाद में खुला या फिर अपने पैरों पर खड़ा हो पाया. प्रभात खबर इनमें से एक है. इस पुस्तक को एक अखबार की सक्सेस स्टोरी से आगे बढ़ कर देखा जाना चाहिए. इसमें बार-बार यह संदेश देने का प्रयास किया गया है कि जब सभी रास्ते बंद हो जाते हैं, उसके बावजूद अगर हिम्मत हो, टीम हो, विजन हो, जुनून हो, तो रास्ते निकलते हैं. साधन का अभाव किसी संस्था के विकास में थोड़ी परेशानी पैदा कर सकता है, लेकिन आगे बढ़ने से रोक नहीं सकता. हां, थोड़ा समय लग सकता है. इसके लिए धैर्य होना चाहिए. प्रभात खबर इसका उदाहरण है. लेकिन यह भी सत्य है कि रातो-रात कोई बड़ा परिवर्तन नहीं हो गया. इसके लिए पूरी टीम ने निरंतर और लंबा संघर्ष किया.

प्रभात खबर में काम करते-करते 30 साल कैसे बीत गया, पता ही नहीं चला. कैसे पत्रकारिता में आ गया, यह अलग कहानी है. जब हजारीबाग के हिंदू हाई स्कूल में नौवीं-दसवीं कक्षा का छात्र था, तब विज्ञान प्रगति में पहली बार मेरा लेख प्रकाशित हुआ था. एक लेख छपने के बाद उत्साह बढ़ा गया था. फिर तो लिखने का नशा ही लग गया. उसके बाद तो स्कूल में पढ़ते हुए विज्ञान की कई पत्रिकाओं में लगातार लेख लिखता रहा. यह क्रम चलता रहा. संत कोलंबा, कॉलेज, हजारीबाग में जब बीएससी (गणित ऑनर्स) की पढ़ाई कर रहा था, तब मेरे एक मित्र पंकज ने मुझे जानकारी दी कि रांची में एक नया अखबार निकलनेवाला है. लेखन में मेरी रूचि को वह जानता था. अप्रैल 1984 की बात है. मैं रांची आया और प्रभात खबर के उस समय के समाचार संपादक सुरेश सिन्हा (जो नवनीत पत्रिका से आये थे) से मिला था. फिर संपादक एसएन विनोद से भी मिला. उन्होंने उत्साह बढ़ाया था. उस समय अखबार नहीं निकला था. तैयारी चल रही थी. उसी समय से मैं प्रभात खबर से जुड़ गया और जब अखबार निकला तो हजारीबाग से प्रभात खबर के लिए समाचार भेजने लगा. इस प्रकार मैं पत्रकार बन

गया. जब मेरे अधिकांश मित्र आइआइटी की तैयारी कर रहे थे, मैं अखबार और पत्रिकाओं के लिए लिखने में व्यस्त रहता था. अजीब जुनून था. उन दिनों आज जैसी सुविधा नहीं थी. अलग से दफ्तर नहीं होता था. घर ही अखबार का दफ्तर होता था. समाचार लिखता, प्रेस की गाड़ी (जो अखबार लेकर आती थी) से उसे भेज देता था. इसके लिए सुबह-सुबह साइकिल से पुराना बस स्टैंड (सरकारी) जाना पड़ता था, जहां गाड़ी आती थी. टेलीफोन महंगा था. इसलिए टेलीफोन से समाचार भेजने की सख्त मनाही थी. आपात स्थिति में ही ऐसा करना था. तब कंप्यूटर या फैक्स देखा भी नहीं था. उन दिनों पत्रकारिता आज की तुलना में कठिन थी. न्यूज कवरेज के लिए जहां जाना होता था, साइकिल से जाता था. कोई शर्म महसूस नहीं करता था. बाइक थी नहीं. हां, कुछ पुराने पत्रकारों (जो पत्रकारिता के साथ-साथ किसी अन्य पेशे से जुड़े होते थे) के पास स्कूटर या मोटरसाइकिल रहती थी. एक-दो अपवाद को छोड़ दें तो छोटे-छोटे शहरों में युवा पत्रकारों को वरिष्ठ पत्रकार सहयोग नहीं करते थे. डांटते भी थे. उन लोगों का एकाधिकार होता था. इसके बावजूद उनके पीछे-पीछे घुमते थे ताकि कुछ सीख सके. नौकरी के लिए पत्रकारिता में नहीं आया था. उन दिनों लगता था कि पत्रकारिता के बल पर दुनिया बदल दूंगा. क्रांति ला दूंगा. जिन दिनों मैं पत्रकारिता में (30 साल पहले) आया था, उन दिनों पत्रकारिता में कोई आना नहीं चाहता था. साइंस का छात्र तो और नहीं. इंजीनियरिंग का क्रेज उन दिनों भी था. उन दिनों यही धारणा थी कि जो कुछ नहीं कर सकता, वह पत्रकार बन जाता है. हिंदी फिल्मों में पत्रकारों की जो छवि दिखायी जाती थी (कुर्ता-पायजामा और हवाई चप्पल पहने हुए, मोटे फ्रेम का चश्मा लगाये हुए और कंधे पर कपड़े की थैली), उससे इस धारणा को बल मिलता था. जब मैंने तय किया कि पत्रकारिता के क्षेत्र में जाऊंगा, तो मेरे पिताजी के अलावा किसी और ने मेरा समर्थन नहीं किया था. मेरे अधिकांश मित्र इंजीनियरिंग की पढ़ाई कर रहे थे. मैंने तय कर लिया कि किसी की नहीं सुनूंगा और इसी क्षेत्र में बेहतर करके दिखाऊंगा. कैरियर भी इसी में बनाऊंगा. वही किया भी. इसलिए जब रांची विश्वविद्यालय में पत्रकारिता की पढ़ाई शुरू हुई तो पहले बैच में एडमिशन लिया. इसके लिए रांची आना पड़ा. दिन में पत्रकारिता की पढ़ाई करता, रात में प्रभात खबर में काम करता, देर रात तक अखबार निकालता. वह संघर्ष का दौर था.

रांची दफ्तर में उन दिनों सीनियर अपने युवा साथियों को अंगुली पकड़ कर बताते थे. बतानेवालों में डॉ राज थे, शिबू दॉ थे, जावेद जी, प्रकाश चंद्रायन थे. उन दिनों युवा पत्रकारों में सीखने की ललक थी. वे पूछते थे. डांट भी सुनते थे. पत्रकारिता में उन दिनों वेतन बहुत कम मिलता था, लेकिन जुनून होता था. आज हालात बदल चुका है. अच्छा वेतन है. लेकिन नयी पीढ़ी में वह जज्बा दिखाई नहीं देता. एक बार लिख दिया, तो लिख दिया. दुबारा लिखने कह दीजिए तो झल्लाहट दिखेगी. लगता है कि जबरन पकड़ कर कोई काम करा रहा है. उनमें लिखने की ललक कम होती जा रही है. दो-चार जुनूनी पत्रकार आज भी लगे रहते हैं. वे आगे बढ़ रहे हैं. लेकिन अधिकांश तो सिर्फ नौकरी करते हैं.

आज यहां, कल किसी दूसरे संस्थान में. जहां अधिक वेतन मिलेगा, वहां काम करेंगे. ठीक है, जिस संस्थान में पत्रकारिता करनी है, वहां करने की आजादी होनी भी चाहिए. लेकिन इस बात का ख्याल रखना चाहिए कि पत्रकारिता अन्य विधाओं से अलग है. लोगों को पत्रकारों से अपेक्षाएं होती हैं. उन पर खरा उतरना होगा.

प्रभात खबर काफी उतार-चढ़ाव से गुजरा है. जब अखबार की स्थिति खराब हुई तो एक-एक कर साथी यहां से छोड़ कर जाते रहे. मुझे भी चलने को कहा गया था. पत्रकारिता की पढ़ाई के बाद मैं एक्सआइएसएस से मैनेजमेंट की पढ़ाई कर रहा था, इसलिए तय किया था कि पढ़ाई पूरी होने तक (1990 तक) कहीं नहीं जाऊंगा. प्रबंधन की पढ़ाई भले ही कर रहा था लेकिन कैरियर पत्रकारिता को ही चुना था. इसलिए इसी में पूरे मन से लग गया. फिर तय किया कि भागना किसी समस्या का हल नहीं है. यहीं रह कर इसे ही ठीक करने का प्रयास करूंगा.

जब 30 वर्ष की यात्रा को याद करता हूं तो बहुत फर्क पाता हूं. पत्रकारिता कितनी बदल गयी है. काम करने का तरीका बदल गया है. टेलीविजन ने प्रिंट मीडिया का स्वरूप ही बदल दिया है. 30 साल में मैंने बहुत उतार-चढ़ाव देखा है. प्रभात खबर में भी और मीडिया (प्रिंट और इलेक्ट्रॉनिक दोनों) में भी. अच्छे दिन भी देखें और संघर्ष-परेशानी, संकट का दौर भी देखा. फिर प्रभात खबर को हिंदी के दस शीर्ष अखबारों में भी देख रहा हूं. उस दौर को भी देखा जब संयुक्त बिहार में रांची में अखबारों की क्या स्थिति थी. फिर प्रभात खबर को देश के बड़े से बड़े अखबारों का सफलतापूर्वक सामना करते हुए भी देखा. उस दौर को भी देखा, काम किया जब अखबारों में समाचार भेजने के लिए फैक्स-मॉडम नहीं हुआ करता था. टेलीफोन (तब मोबाइल नहीं होता था) काफी महंगा होता था. स्कैनर नहीं था. कैंची का जमाना था. पेस्टिंग कर अखबार निकाला जाता था. आज का दौर भी देख रहा हूं. नयी-नयी तकनीक का प्रयोग हो रहा है और काम आसान हो गया है. तसवीर को ही देखें. एक समय था जब रात में अगर कोई घटना घटती थी, फोटोग्राफर तसवीर खींचता, डार्क रूप में (प्रायः स्टुडियो में ही) उसका प्रिंट आउट तैयार करता. फिर प्रेस लेकर आता. निगेटिव बना कर छापा जाता. एक तसवीर छापने में इतनी परेशानी होती थी. आज स्थिति बदल चुकी है. मिनट में सारा काम हो जाता है. डिजिटल कैमरा आ गया. चला गया डार्क रूम का जमाना. तसवीर खींची, कोई प्रिंट आउट नहीं चाहिए. कंप्यूटर में डाउनलोड किया, स्कैनर से साफ किया, पेज पर फोटो पेस्ट कर दिया. पुरानी तसवीर (फाइल फोटो) चाहिए तो लाइब्रेरी या नेट से मिनट में खोज सकते हैं. एक दौर था जब बड़े-बड़े नेताओं, खिलाड़ियों के फोटो के निगेटिव बना कर रखे हुए रहते थे. उन्हें ही बार-बार चिपकाया जाता था ताकि बार-बार निगेटिव नहीं बनाना पड़े. काम अब काफी आसान हो गया है. तकनीक ने दुनिया बदल दी है. पत्रकारिता में जो भी नयी पीढ़ी आ रही है, उसे ये सब बातें पता नहीं हैं. दोष उनका नहीं है. चयन प्रक्रिया ही बदल चुकी है. एक समय था जब अखबारों में संपादक बनाने के पहले उनके पत्रकारिता ज्ञान, भाषा को परखा जाता था. अब यह देखा जाता है कि अखबार को चलाने की उनमें क्षमता है या नहीं, अखबार को बेचने की क्षमता है या नहीं, विज्ञापन दिलाने की उनमें कितनी क्षमता है. एक बदलाव और आया है. एक समय था जब अखबार आठ पेज के होते थे. स्थानीय खबरों के लिए एक या दो पेज हुआ करते थे. संस्करण कम होते थे. पत्रकारों पर काम का दबाव कम था. इसलिए उन्हें खबरों को संपादित करने के लिए समय मिलता था. अब समय कम है. एक संस्करण के बाद दूसरा संस्करण. हर संस्करण में चार-पांच पेज हर जिले के लिए. पहले किसी तरह अखबार भरने के लिए समाचार चाहिए. दबाव इतना कि खोजपूर्ण रिपोर्ट के लिए समय कहां से निकाले. ऐसे में गुणवत्ता प्रभावित हो रही है. फिर लिखने की क्षमता भी खत्म होती जा रही है. आज की पीढ़ी के संपादकों में भी लिखने की प्रवृति कम होती जा रही है, जबकि लेखन ही

उनकी पूंजी है. मैंने भरसक प्रयास किया कि खुद लिखता रहूं. जमशेदपुर में संपादक रहने के बावजूद अनेक घटनाओं के कवरेज में मैं खुद गया. इसके कारण थे. लिखने की ललक तो रहती ही थी, टीम भी इससे उत्साहित रहती थी. अगर रिपोटिंग करने खुद नहीं निकलता तो शायद झारखंड आंदोलन पर मेरी जो किताब आयी है, वह मैं नहीं लिख सकता था. एक संपादक को खुद अपने कार्यक्षेत्र में निकलना चाहिए, लोगों से मिलना-जुलना चाहिए, तभी वह समाज की सही तसवीर अपने अखबार में रख सकता है. अभी यह कमी अखबारों में दिखती है. दरअसल अखबारों में कारपोरेट कल्चर हावी होता जा रहा है. इससे संपादकों को बैठकों से समय ही नहीं मिल पाता ताकि वे ग्रामीण इलाकों में जाकर समय व्यतीत करें.

जब इतने सारे बदलाव को देखा तो मन में यह बात आयी कि इस पूरी यात्रा को एक पुस्तक का रूप दे दूं जिसमें न सिर्फ प्रभात खबर का इतिहास हो, प्रयोग हो बल्कि पिछली 30 साल में अखबारों की दुनिया में क्या-क्या परिवर्तन हुए हैं, उसका भी उल्लेख हो. इस बात का भी जिक्र हो कि व्यावसायिकता के इस दौर में भी मिशन के साथ जनहित की पत्रकारिता की जा सकती है. प्रभात खबर ने अपनी यात्रा में सैकड़ों प्रयोग किये. देश की मीडिया में आज अनेक प्रयोग हो रहे हैं, उनकी शब्दावली भले ही अलग-अलग हो लेकिन 20-25 साल पहले से प्रभात खबर में इनमें से अधिकांश प्रयोग चलते आ रहे हैं.

इसी वर्ष मार्च में मैं प्रधान संपादक हरिवंशजी और प्रबंध निदेशक केके गोयनकाजी के साथ जमशेदपुर से लौट रहा था. रास्ते में यह चर्चा हो रही थी कि प्रभात खबर के 30 साल पूरा होने पर बड़ा आयोजन हो. 20 साल और 25 साल पूरा होने पर भव्य आयोजन हुआ था. इसी क्रम में मैंने किताब का प्रसंग छेड़ दिया. मैंने प्रस्ताव रखा कि अगर आपलोग तैयार हों तो किताब लिखने की जिम्मेवारी मैं लेने को तैयार हूं. दोनों ने इस किताब को जल्द से जल्द लिखने के लिए उत्साह बढ़ाया.

दो किताबें (शोषण, संघर्ष और शहादत, बरगद बाबा का दर्द) लिख चुका हूं, इसलिए किताब लिखने में होनेवाली परेशानी से वाकिफ हूं. हर दिन का काम करते हुए लिखना और मुश्किल होता है, लेकिन मुझे भरोसा था कि मैं यह काम निर्धारित समय के भीतर कर लूंगा. मैं इस किताब को सिर्फ प्रभात खबर के इतिहास तक सीमित नहीं रखना चाहता था. इसलिए विषय के चयन में सतर्क था. मेरा प्रयास रहा कि पुस्तक में ऐसी-ऐसी सामग्री, दस्तावेज, पत्र, तसवीर, घटनाओं और उदाहरण का उल्लेख हो ताकि यह हर व्यक्ति के लिए लाभदायक हो, चाहे वह पत्रकारिता से जुड़ा हो या नहीं. इसलिए अब यह कह सकता हूं कि इस पुस्तक को सिर्फ प्रभात खबर के इतिहास की पुस्तक के रूप में नहीं देखना चाहिए. किसी संस्था को अपने पैरों पर कैसे खड़ा किया जा सकता है, इसका उदाहरण है प्रभात खबर. इसकी कहानी प्रेरणा देती है. प्रभात खबर की इस यात्रा में अनेक ऐसे क्षण आये जब लगा कि कल का अंक नहीं निकल सकेगा, साधन का अभाव, सब कुछ तहस-नहस. फिर भी अखबार निकलता रहा. यह सब दृढ़ इच्छाशक्ति , टीमवर्क और ईश्वर के आशीर्वाद से ही संभव हो सका.

प्रभात खबर अगर पत्रकारिता में अपना स्थान बना सका, तो इसके पीछे अनेक प्रयोग हैं. ये प्रयोग संपादकीय में तो हैं ही, अन्य विभागों में भी प्रयोग किये गये. एक कहावत है-जितनी चादर है, उतना ही पैर फैलाइए. प्रभात खबर ने इसी फार्मूले को अपनाया. सीमित साधन में कैसे आगे बढ़ा जा सकता है, उसका रास्ता खोज उसी रास्ते पर आगे बढ़ता गया. जब आर्थिक संकट गहराया, तो एक-एक पैसे की

बचत की. शीर्ष अधिकारी से लेकर नीचे तक के कर्मचारी तक ने उन क्षेत्रों को तलाशा जहां पैसा बचाया जा सकता है. कैसे खर्च कम किया जा सकता है. इसी क्रम में सीनियर लोगों ने भी बस से यात्रा की. अन्य साथियों ने काम के घंटे को नहीं गिना. रात हो या दिन, जब भी जरूरत हो, काम पर लग गये और असंभव को संभव कर दिखाया. जब पैसे नहीं थे तो कम पैसे में नये-नये यूनिट खोले गये. पुरानी मशीनों से. कोई समारोह नहीं. चुपचाप अखबार निकलता गया. कोई प्रचार नहीं. कहीं जरूरत पड़ी तो दीवार लेखन या एक-दो होर्डिंग्स से काम चला लिया. अखबार तो वही चल सकता है जो जनता से सीधे जुड़ा है. प्रभात खबर ने छोटे-छोटे प्रयास कर लोगों को जोड़ा. अनेक अभियान चलाये. समाज के लोगों को अहसास कराया कि प्रभात खबर उनके सुख-दुख का साथी है. इन सारे प्रयोगों के बारे में इस पुस्तक में विस्तार से जिक्र है.

तीस साल की यात्रा और सैकड़ों प्रयोगों को किताब में समेटना आसान नहीं होता. यह काम मेरे लिए आसान इसलिए हो गया क्योंकि पुरानी तसवीरों, पुराने अखबारों, दस्तावेजों को सुरक्षित और सहेज कर रखना मेरी आदत रही है. जब मैं रांची में (1995 से पहले) था, मेरे साथ कई क्विंटल अखबार-पत्रिकाएं थीं. जब अखबार निकालने जमशेदपुर गया तो वहां भी इन्हें ले गया. वहां यह और बढ़ता गया. जब भी किराये का मकान लेता, एक कमरा इन्हीं दस्तावेजों के लिए ज्यादा लेता. भले ही अधिक किराया देना पड़ता. आज वही दस्तावेज, पुराना अखबार, पुरानी पत्रिकाएं इस किताब को तैयार करने में काम आयीं. जब 2010 में जमशेदपुर से पुनः रांची लौटा तो आधा ट्रक अखबार, पत्रिका और कागजात लेकर आया. कुछ लोगों ने उसे कचड़ा कहा था. पत्रकारिता में दस्तावेजों का बहुत महत्व होता है. इसलिए इन्हें कभी बेकार नहीं माना. इस पुस्तक में ऐसी अनेक दुर्लभ तसवीरें, अंक, पत्र, पंपलेट हैं जो अन्यत्र उपलब्ध नहीं हैं. ये बहुमूल्य हैं. इस पुस्तक को कोई और लिखता तो उन्हें और परेशानी होती, क्योंकि प्रभात खबर संपादकीय में कार्यरत शायद मैं इकलौता व्यक्ति बचा हूं जो 30 साल से जुड़ा हूं. एक-एक कर सभी चले गये. मैंने पुराना प्रबंधन भी देखा, नया प्रबंधन भी (जिसे हम नया प्रबंधन कहते हैं, वह भी 25 साल पूरा कर चुका है). मैंने प्रभात खबर के पहले संपादक एसएन विनोद , दूसरे संपादक सुनील श्रीवास्तव और तीसरे संपादक दिलीप दाराद के साथ भी काम किया. जबसे प्रबंधन बदला, तब से हरिवंश जी के साथ यानी 1989 से काम कर रहा हूं, यानी सभी संपादकों के साथ काम कर चुका हूं. 1984 से 1989 तक अमित स्वरूप (चेयरमैन) और एनके विश्वास (महाप्रबंधक) के साथ काम किया. बाद में डीएस शर्मा, जेपी कसेरा, बीके मोहता (सभी निदेशक) को भी काम करते देखा. उसके बाद हरिवंशजी, केके गोयनका और आरके दत्ता (सभी प्रबंधन में) के साथ कार्यरत हूं. इन्हीं कारणों से 30 साल की लगभग सारी बातें स्मरण में हैं. इस पुस्तक को छह खंडों में बांटा गया है. पहला खंड है प्रयोगों का गढ़. इस खंड में प्रभात खबर के इतिहास के साथ-साथ प्रमाण समेत इस बात का उल्लेख है कि प्रभात खबर ने कंटेट में किस प्रकार का प्रयोग किया. कैसे स्थानीय खबरों को प्रमुखता दी. कैसे अपना पाठक वर्ग बनाया, उन्हें बांध कर रखा. किन-किन गंभीर विषयों (पत्रकारिता, भ्रष्टाचार, नक्सलवाद आदि) पर काम किया. कैसे प्रभात खबर की रविवारीय पत्रिका की अलग पहचान होती थी. कैसे पत्रिका के अदभुत और संग्रहणीय अंक निकले. कुछ ऐसी भी पत्रिकाएं निकलीं जिन्हें बाद में किसी कारणवश बंद करना पड़ा. इसी खंड में 15 नवंबर और दीपावली अंक के बारे में विस्तार से जानकारी

दी गयी है. दूसरे खंड (जिम्मेवारी और रास्ते) में विस्तार से बताया गया है कि प्रभात खबर ने कंटेट के अलावा और अपनी जमीन को मजबूत करने के लिए, पाठकों को जोड़ने के लिए क्या-क्या किया. प्रभात खबर ने अनेक सामाजिक अभियान चलाये और पाठकों को बताया कि उनके सुख-दुख का साथी है प्रभात खबर. चुनाव में अखबार ने अपनी जिम्मेवारी निभायी. बेहतर प्रत्याशी चुनने के लिए अभियान चलाया. इसके साथ-साथ देश के प्रमुख लोगों को भारत किधर व्याख्यानमाला कार्यक्रम के तहत बुलाया. लोगों को उनके विचार से अवगत कराया. यह सब तब किया था जब कोई इस क्षेत्र में आना नहीं चाहता था और यहां के लोग मन मसोस कर रह जाते थे. फिर प्रमुख लोगों को प्रभात खबर ने अतिथि संपादक बनाया, अतिथि बनाया और उनके विचार को अखबार में प्रकाशित किया. ये सारे विवरण इसी खंड में मिल जायेंगे.

तीसरा खंड है पौधशाला. इसमें इस बात का जिक्र है कि कैसे प्रभात खबर ने झारखंड की पत्रकारिता को समृद्ध करने का प्रयास किया. अपने पत्रकारों को प्रशिक्षण दिया. अपनी आचार संहिता बनायी. जिस प्रकार कार्यपालिका, विधायिका या न्यायपालिका में गिरावट आयी है, पत्रकारिता भी उससे अछूती नहीं है. इसलिए प्रभात खबर ने प्रयास किया कि इसके पत्रकारों को इस प्रकार प्रशिक्षित किया जाये ताकि वे भटके नहीं और तेवर की पत्रकारिता करें. जनहित की पत्रकारिता करें. इसका असर भी दिखा. इसी खंड में उन रिपोर्ट्स का भी उल्लेख है कि कैसे जान जोखिम में डाल कर या जज्बा के साथ प्रभात खबर के पत्रकारों ने पत्रकारिता की.

चौथे खंड (संस्कृति, ताकत और पहचान) में यह बताने का प्रयास किया गया है कि प्रभात खबर किस प्रकार का अखबार है. यहां की कार्य-संस्कृति और पारिवारिक माहौल का उल्लेख है. इसके अलावा यह भी बताया गया है कि कैसे प्रभात खबर एक दोस्त, एक अभिभावक और मार्गदर्शक की भूमिका भी अदा करता रहा है. प्रभात खबर जिस प्रकार की पत्रकारिता करता रहा है, उसे देश के प्रमुख लोगों ने सराहा भी है. इसमें चाहे पूर्व राष्ट्रपति डॉ अब्दुल कलाम हों, फिल्म अभिनेता अमिताभ बच्चन हों या फिर देश के प्रमुख पत्रकार, सभी ने प्रभात खबर की पत्रकारिता को सराहा है. देश-दुनिया की कई पुस्तकों-पत्रिकाओं में भी प्रभात खबर की चर्चा होती रही है, इसका उल्लेख चौथे खंड में ही किया गया है. पांचवां खंड है समय की पहचान. यह सच है कि प्रभात खबर इसलिए आगे बढ़ता गया क्योंकि उसने समय को पहचाना. किसी एक क्षेत्र में नहीं, हर क्षेत्र में. इसका विस्तार से इस खंड में उल्लेख है. जब लगा कि टेलीविजन का जमाना आ गया तो स्थानीय खबरों पर जोर दिया. जिला स्तर पर संस्करण निकाल दिया. तकनीक में परिवर्तन कर आधुनिक तकनीक को अपनाया. कम से कम मैनपावर में अखबार निकालने लगा. सर्कुलेशन को बढ़ाने के लिए जब प्राइस वार की जरूरत पड़ी और लगा कि अस्तित्व का खतरा है तो दाम घटाने से नहीं चूका. जब आर्थिक संकट आया तो खर्च में कटौती करने और लोगों को मल्टी स्किलिंग करने में विलंब नहीं किया. जब बड़े अखबार झारखंड आये और लगा कि पुराने तरीके से काम नहीं चलेगा, ब्रांडिंग की ओर जाना होगा तो इसमें भी अखबार पीछे नहीं रहा. प्रभात उत्सव इसका उदाहरण है. इन सब बातों का उल्लेख इस खंड में है. यानी समय को पहचानते हुए तेजी से निर्णय लेता रहा. और अंतिम खंड है अनुभव खंड. अखबार का प्रबंधन उषा मार्टिन के पास है. लेकिन इस अखबार को आगे बढ़ाने-चलाने के लिए जिन तीन-चार लोगों पर ज्यादा जिम्मेवारी रही, वे हैं

हरिवंशजी (जो प्रधान संपादक के साथ-साथ लंबे समय तक सीइओ भी रहे), केके गोयनका (वर्तमान प्रबंध निदेशक) और आरके दत्ता. इस खंड में इन तीनों के साथ-साथ बीके झवर का भी अनुभव है कि कैसे यह अखबार लगातार बढ़ता गया. क्या-क्या परेशानियां आयीं और उनसे कैसे निबटा गया.

मैंने यह प्रयास किया कि 30 वर्ष की कोई भी बड़ी घटना छूट न जाये. उसे हर हाल में जगह मिले. पुराने साथियों का भी जिक्र इस पुस्तक में है जिनका योगदान भी कम नहीं है. प्रभात खबर अब बड़ा ग्रुप बन चुका है और उसमें हजारों लोग काम कर रहे हैं. सभी के सहयोग से अखबार आगे बढ़ रहा है लेकिन पुस्तक में सभी का नाम प्रकाशित करना संभव नहीं है. इसलिए जिनके नाम का उल्लेख नहीं कर पाया, उनसे क्षमाप्रार्थी हूं.

इस पुस्तक को तैयार करने के दौरान मैं कई लोगों को परेशान करता रहा. राय भी ली. कुछ पुराने अखबार को स्टोर से खोजना आसान काम नहीं था. अजय कुमार महतो ने मेरी मदद की. विनय भूषण से परामर्श लेता रहा. राकेश, सुमित और पंकज ने सहयोग किया. प्रधान संपादक हरिवंशजी को एक-एक चीज दिखा कर राय लेता रहा. खुद गोयनकाजी ने कुछ ऐसे दस्तावेज दिये, जो उनके पास थे. पुरानी बातों को लिखने में जब जरूरत पड़ती, रांची में विजय, कमल, जमशेदपुर में रंजीत, धनबाद में अनुराग, भागलपुर में जीवेश और देवघर में सुशीलजी से बात करता. मैं इन सभी का आभार व्यक्त करता हूं. यह दस्तावेज तैयार नहीं हो पाता, अगर अपने साथियों का सहयोग नहीं मिल पाता. पुस्तक को अंतिम रूप देने में प्रकाश, ताज, कौशिक और अमित दास का सहयोग मिला. इस पुस्तक को लिखने में लगभग छह माह का समय लगा. इस दौरान मैंने अपने पूरे घर में पुराने अखबार, कटिंग्स और पत्रिकाएं को बिखेर कर रख दिया था. मैं उन्हें रोज़ रात में बिखेरता. दूसरे दिन मेरी पत्नी अंजू, बेटा आदित्य और बेटी अदिति सब उसे समेटते. जगह पर रखते. अगर इन तीनों का सहयोग न मिलता, कुछ अखबार को भी इधर-उधर कर दिया होता तो यह किताब पूरी नहीं हो पाती. इसलिए इन सभी का भी आभार.

अंत में मैं उन सभी लोगों का आभार व्यक्त करता हूं जिन्होंने प्रत्यक्ष या अप्रत्यक्ष रूप से इस किताब को लिखने में मेरी मदद की है.

–अनुज कुमार सिन्हा

रांची.

अनुक्रम

दूसरा अध्याय

तीसरा अध्याय

चौथा अध्याय

पांचवां अध्याय

छठा अध्याय

पहला अध्याय

प्रयोगों का गढ़

1. 14 अगस्त, 1984 का ऐतिहासिक दिन
2. स्थानीय खबरों का प्रयोग
3. प्रभात खबर और झारखंडी समाज
4. भ्रष्टाचार के खिलाफ लड़ाई
5. पत्रकारिता पर विशेष अंकों का संग्रह
6. नक्सलवाद पर विशेष अंक
7. हर भाषा का सम्मान-प्रयोग
8. विशेष पेजों/परिशिष्ट का प्रकाशन
9. पत्रों की पत्रकारिता
10. ऐतिहासिक दस्तावेज है 15 नवंबर के अंक
11. प्रभात खबर के दीपावली अंक
12. महत्वपूर्ण घटनाओं का कवरेज
13. रविवार पत्रिका
14. कुछ पत्रिकाओं को बंद करना पड़ा
15. प्रभात खबर की पुस्तकें

14 अगस्त, 1984 का ऐतिहासिक दिन

भारतीय पत्रकारिता का इतिहास गौरवपूर्ण रहा है. लेकिन इस लंबे और गौरवमयी इतिहास में ऐसा शायद ही कोई उदाहरण हो, जब लगभग बंद होता, मृतप्रायः दैनिक अखबार 25 साल में देश के शीर्ष दस अखबारों में शामिल हो गया हो. वह अखबार प्रभात खबर ही है जिसका सर्कुलेशन 1989 में सिर्फ आठ-नौ सौ हो गया था. 25 साल की मेहनत का परिणाम है कि 2014 आते-आते यह सर्कुलेशन आठ लाख से ज्यादा हो गया. 30 साल पहले सिर्फ रांची से निकलनेवाला यह प्रभात खबर अब झारखंड, बिहार और पश्चिम बंगाल के दस शहरों से प्रकाशित हो रहा है. इस अखबार ने अपने अनूटे प्रयोग के बल पर क्षेत्रीय पत्रकारिता को गौरवान्वित किया, अपनी साख बनायी, देश में अपना स्थान बनाया, पत्रकारिता का इतिहास लिख डाला.

कोकर, रांची में प्रभात खबर के भवन के लिए शिलान्यास पूजा.

ऐसी बात नहीं कि रातो-रात यह परिवर्तन हो गया. ल्बे संघर्ष, कठिन श्रम के बल पर प्रभात खबर ने यह सफलता हासिल की है. इसका उदाहरण है कि प्रभात खबर एक क्षेत्रीय अखबार होने के बावजूद कैसे दैनिक हिंदुस्तान, दैनिक जागरण और दैनिक भास्कर जैसे राष्ट्रीय और ताकतवर अखबार के साथ न सिर्फ मुकाबला किया, अपना स्थान सुरक्षित रखा बल्कि तेजी से आगे भी बढ़ा. आज प्रभात खबर की गिनती देश के सर्वाधिक विश्वसनीय और निष्पक्ष अखबारों में, भ्रष्टाचार के खिलाफ लड़नेवाले अखबार और जनता के मुद्दों को उठानेवाले अखबार के रूप में होती है. इसकी चर्चा देश-दुनिया के महत्वपूर्ण अखबारों, पत्रिकाओं और पुस्तकों में भी होती रही है. अपने स्थापना काल से इस अखबार ने अनेक उतार-चढ़ाव देखे. ऐसे भी क्षण से यह अखबार गुजरा जब लगता था कि प्रभात खबर आज बंद होगा या कल. फिर समय बदला. अखबार रास्ते पर आ गया और एक के बाद एक

संस्करण खुलते गये. जब यह एक मजबूत अखबार बन गया तब भी एक ऐसा समय आ गया, जब प्रबंधन ने इस अखबार को बेचने की तैयारी कर ली थी. खरीदनेवालों ने बोलियां तक लगा ली थीं. लेकिन अंतिम क्षणों में निर्णय बदल दिया गया. इतने उतार-चढ़ाव का सामना करते हुए प्रभात खबर लगातार आगे बढ़ता गया. अखबार के आगे बढ़ने के कारणों में निष्पक्ष पत्रकारिता, स्वतंत्र हो कर काम करने की आजादी, प्रबंधन द्वारा संपादकीय के दैनिक कामकाज में हस्तक्षेप नहीं करना, कड़े संपादकीय अनुशासन-दिशा निर्देश, जनहित की पत्रकारिता, मुद्दों की पत्रकारिता प्रमुख है.

1984 में रांची से यात्रा आरंभ

प्रभात खबर का पहला अंक रांची से 14 अगस्त 1984 को निकाला गया था. तब रांची एक छोटा सा शहर था. तत्कालीन बिहार का हिस्सा. आबादी भी बहुत ज्यादा नहीं थी. भले ही उन दिनों रांची में सीसीएल, मेकन, बीआइटी, आरएंडडी सेल और सीएमपीडीआइ जैसे संस्थान थे, लेकिन बाहर के लोग इस शहर को या तो एचइसी (हैवी इंजीनियरिंग कॉरपोरेशन) के लिए जानते थे या मानसिक आरोग्यशाला के लिए. हां, बेहतर जलवायु के कारण इस शहर की पहचान तो अंगरेजों के समय में भी थी. इसी गुण के कारण रांची को अविभाजित बिहार की ग्रीष्मकालीन राजधानी भी बनाया गया था.

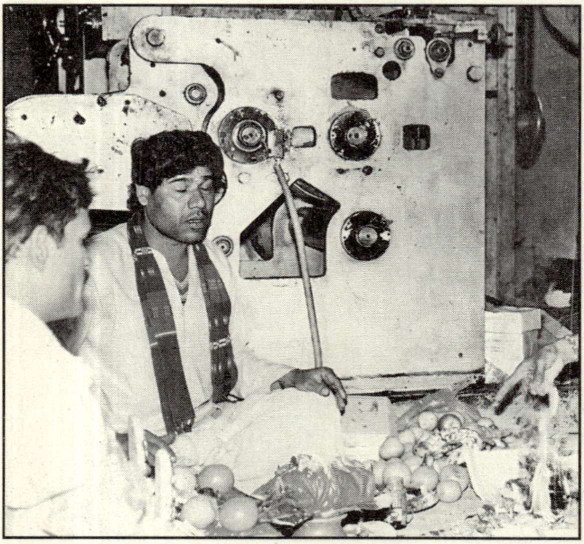

यही है वह बंधु मशीन जिससे रांची (1984), जमशेदपुर (1995) में प्रभात खबर का प्रकाशन आरंभ किया गया था.

जिस समय रांची से प्रभात खबर का प्रकाशन आरंभ किया गया था, वह झारखंड आंदोलन का दौर था. हिंसा, तोड़-फोड़ की घटनाएं आम बात थीं. रांची में तीर-धनुष और पारंपरिक हथियारों के साथ प्रदर्शन, नाकेबंदी, रेल पटरियों को विस्फोट कर उड़ाने की घटना आम बात थी. बाहर के लोग इसे अशांत क्षेत्र ही मानते थे, इसलिए दूसरे राज्यों के लोगों के लिए दक्षिण बिहार (अभी का झारखंड) पसंद का शहर नहीं होता था. मजबूरी में ही (नौकरी या कोई अन्य काम) लोग रांची आना चाहते थे. इसलिए उन दिनों रांची शहर से दैनिक हिंदी अखबार का प्रकाशन करना आसान काम नहीं था. रांची से उन दिनों रांची एक्सप्रेस और दैनिक आज का प्रकाशन होता था. रांची एक्सप्रेस तो काफी पहले से निकलता था लेकिन दैनिक आज का प्रकाशन 1984 में ही शुरू हुआ था. पटना से आर्यावर्त और इंडियन नेशन अखबार आकर रांची में बिकते थे. ये अखबार पटना से प्रकाशित

प्रभात खबर

लोक सभा में सरकार से वक्तव्य की मांग

बूटा सिंह पर सिखों को गुमराह करने का आरोप

राज्य सरकार सदन में आज वक्तव्य देगी

दोषी व्यक्तियों के खिलाफ कारवाई होगी

पटना रिजर्व बैंक में नये और फटे पुराने नोटों के विनिमय में भयंकर धांधली

'रा. सुरक्षा कानून में संशोधन जरूरी था'

14 अगस्त 1984 : प्रभात खबर का पहला अंक

होते थे, इसलिए ये अखबार दक्षिण बिहार शाम में ही पहुंच पाते थे. पाठक जब शिकायत करते तो समय पर अखबार पहुंचाने का प्रयास किया जाता. ऐसी स्थिति में पुरानी-बासी खबरें ही पाठकों को मिलती थीं. पटना से रांची या इसके आसपास की दूरी आड़े आती थी. इसलिए इस क्षेत्र में एक सशक्त हिंदी अखबार की कमी महसूस की जाती थी. कई और कारण थे जिसने रांची से एक सशक्त, निष्पक्ष हिंदी अखबार निकालने का काम आसान कर दिया था.

प्रारंभ से ही रांची, खूंटी, सिमडेगा, गुमला, सिंहभूम आदिवासी बहुल क्षेत्र रहा है. उन दिनों खूंटी, सिमडेगा, लोहरदगा, गुमला जिला नहीं बना था. सभी रांची जिले के हिस्से थे. लंबे समय से इन क्षेत्रों में मिशनरीज का अच्छा-खासा प्रभाव रहा है. कई क्षेत्रों में इनकी आबादी भी अच्छी रही है. हालांकि उन दिनों भी मिशनरीज की ओर से साप्ताहिक पत्र प्रकाशित होते थे, लेकिन वे दैनिक हिंदी अखबारों का स्थान लेने में सक्षम नहीं थे. उन दिनों पूरे क्षेत्र में रांची एक्सप्रेस का बोलबाला था. एकछत्र राज था. लेकिन पाठकों में यह धारणा थी कि इस अखबार में ईसाई मिशनरीज की खबरों को प्रमुखता से जगह नहीं मिलती थी. झारखंड आंदोलन के साथ भी यही हो रहा था. आंदोलन से जुड़े लोगों को महसूस होता था कि रांची एक्सप्रेस उनकी खबरों को अहमियत नहीं देता है. इसलिए आंदोलनकारियों ने अपने छोटे-छोटे साप्ताहिक अखबारों का प्रकाशन आरंभ किया था. इनमें एक अखबार था सिंहभूमि एकता. इसे चक्रधरपुर से सीताराम शास्त्री और बहादुर उरांव निकालते थे. यह बड़ा सशक्त साप्ताहिक अखबार था और सीधे-सीधे लिखने में विश्वास करता था. इनमें झारखंड आंदोलन, पुलिस जुल्म, आंदोलन की गतिविधियां, शोषण-अत्याचार से संबंधित खबरें ही होती थीं. लेकिन यह दैनिक अखबार नहीं था. इसलिए आंदोलनकारियों को भी एक दैनिक अखबार की कमी महसूस होती थी.

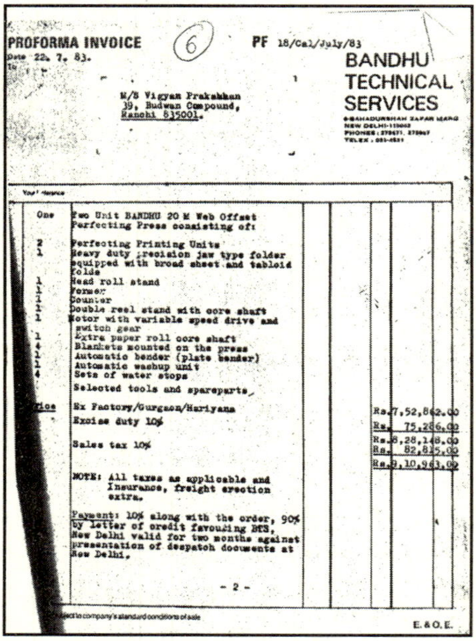

PROFORMA INVOICE (6) PF 18/Cal/July/83
Date 22. 7. 83.

M/S Vigyan Prakashan
39, Budwan Compound,
Ranchi 835001.

BANDHU
TECHNICAL
SERVICES

One	Two Unit BANDHU 20 M Web Offset Perfecting Press consisting of:	
2	Perfecting Printing Units	
1	Heavy duty precision jaw type folder equipped with broad sheet and tabloid folds	
1	Head roll stand	
1	Former	
1	Counter	
1	Double reel stand with core shaft	
1	Motor with variable speed drive and switch gear	
1	Extra paper roll core shaft	
4	Blankets mounted on the press	
1	Automatic bender (plate bender)	
1	Automatic washup unit	
4	Sets of water stops	
	Selected tools and spareparts	
Price	Ex Factory/Gurgaon/Hariyana	Rs.7,52,862.00
	Excise duty 10%	Rs. 75,286.00
		Rs.8,28,148.00
	Sales tax 10%	Rs. 82,815.00
		Rs.9,10,963.00

NOTE: All taxes as applicable and Insurance, freight erection extra.

Payment: 10% along with the order, 90% by letter of credit favouring BTS, New Delhi valid for two months against presentation of despatch documents at New Delhi.

- 2 -

Subject to company's standard conditions of sale

E. & O. E.

1983 में ही प्रभात खबर की पहली मशीन बंधु एम-20 की खरीद के लिए आर्डर दिया गया था.

ज्ञानरंजन कांग्रेस के ताकतवर नेता थे. इसी

माटी (मूल निवासी खूंटी) में जन्मे-पले-बढ़े थे. उनके पिता महेंद्र बाबू शिक्षक थे और एमएलसी भी रह चुके थे. ज्ञानरंजन झारखंड राज्य के प्रबल समर्थक थे. 1980 के विधानसभा चुनाव में ज्ञानरंजन रांची से कांग्रेस के टिकट पर विधायक बन गये थे. वे थे तो सिर्फ एक विधायक, लेकिन दिल्ली में कांग्रेस के शीर्ष नेताओं तक उनकी पकड़ थी. तत्कालीन प्रधानमंत्री श्रीमती इंदिरा गांधी तक उनकी सीधी पहुंच थी. विधायक बनने के बाद ज्ञानरंजन को महसूस होने लगा कि अगर अपना अखबार होता तो कांग्रेस की खबरें प्रमुखता से छपती, झारखंड आंदोलन की खबरों को प्रमुखता मिलती. वैसे तो एक अखबार होने के कारण स्थानीय अखबारों में विधायक की या प्रमुख खबरें तो छपती ही थीं लेकिन इतने से काम नहीं चलता था. उसी समय ज्ञानरंजन ने मन बना लिया कि रांची से एक हिंदी अखबार निकाला जाये. खुद श्रीमती इंदिरा गांधी की भी इसमें सहमति थी. तत्कालीन प्रधानमंत्री को भी लगता था कि अगर ज्ञानरंजन रांची से अखबार निकालते हैं तो इससे पूरे दक्षिण बिहार में कांग्रेस को फायदा मिलेगा.

ज्ञानरंजन के पास साधन का अभाव नहीं था. दिल्ली से हरी झंडी मिल चुकी थी. वे खुद अलग झारखंड राज्य के प्रबल समर्थक थे. झारखंड के आंदोलनकारियों खास कर शिबू सोरेन और सूरज मंडल से उनके बेहद करीबी संबंध थे. दूसरे अखबारों में झारखंड आंदोलन की खबरों को जगह नहीं मिलने से ये आंदोलनकारी भी नाराज रहते थे. उन्हें भी लगा कि अगर ज्ञानरंजन अखबार निकालते हैं तो इससे लाभ मिलेगा. उन दिनों आज की तरह इलेक्ट्रॉनिक मीडिया नहीं थी. रांची में दूरदर्शन केंद्र 1984 में ही खुला था. (तत्कालीन प्रधानमंत्री इंदिरा गांधी इसका उदघाटन करने रांची आयी थी). लेकिन दूरदर्शन पर अलग झारखंड राज्य की खबरों की बात तो दूर, झारखंड शब्द का भी प्रयोग बहुत कम किया जाता था.

अखबार निकालने के लिए ज्ञानरंजन ने अपने पुराने मित्र एस एन विनोद से बात की. कोलकाता के कुछ और पत्रकारों से विचार-विमर्श हुआ और अखबार की योजना बनायी गयी. देश के अच्छे पत्रकारों की टीम तैयार की गयी. तय हुआ कि एसएन विनोद संपादक होंगे. ऐसे वे सिर्फ संपादक ही नहीं थे, बल्कि अखबार में साझेदार यानी मालिक भी थे. वे मूलतः संपादकीय का काम देखते थे. प्रबंधकीय काम ज्ञानरंजन के जिम्मे था. अखबार निकालने के पहले जिन लोगों से ज्ञानरंजन ने विचार-विमर्श किया था, उनमें प्रसिद्ध पत्रकार सुरेंद्र प्रताप सिंह (उन दिनों वे रविवार में थे) भी थे. इस बीच कोकर औद्योगिक क्षेत्र में प्रभात खबर के लिए जगह तलाश ली गयी थी.

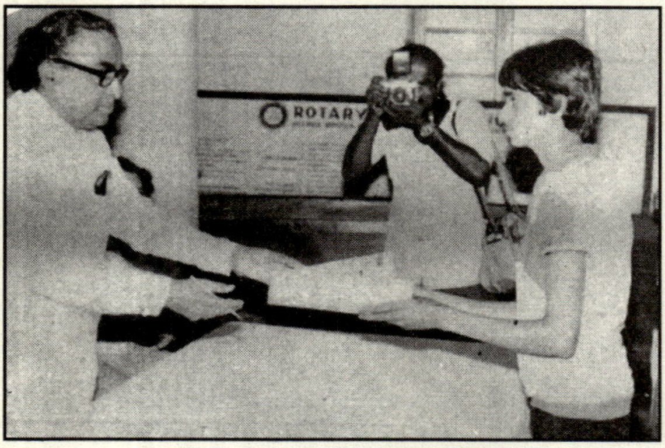

1984 में प्रभात खबर का पहला अंक हॉकर को देते तत्कालीन केंद्रीय मंत्री एनकेपी साल्वे

रांची के कोकर में जिस जगह (15 पी, कोकर औद्योगिक क्षेत्र) पर आज प्रभात खबर का मुख्य कार्यालय है, 1984 के पहले वह इलाका वीरान हुआ करता था. इस इलाके में रात में कोई आना नहीं चाहता था. हालांकि

यह औद्योगिक क्षेत्र था लेकिन था वीरान. इसी कोकर औद्योगिक क्षेत्र में प्रभात खबर की आधारशिला रखी गयी. 1984 में एक मंजिला भवन तैयार हो गया और 14 अगस्त, 1984 से उसी परिसर से विज्ञान प्रकाशन प्राइवेट लिमिटेड के बैनर तले प्रभात खबर का प्रकाशन प्रारंभ हुआ. उस समय प्रभात खबर का दाम सिर्फ पचास पैसे हुआ करता था. उदघाटन के लिए तत्कालीन सूचना और प्रसारण मंत्री एन के पी साल्वे आये थे. उन्होंने ही प्रभात खबर के पहले अंक का लोकार्पण किया था. उस समय मेन रोड में रतन सिनेमा घर (बाद में यह सिनेमा घर भी बंद हो गया) के पास कटारुका भवन था. इसी भवन में प्रभात खबर का सिटी कार्यालय खोला गया था जहां विज्ञापन के लोग बैठते थे.

प्रभात खबर

चंडीगढ़ को बिना शर्त पंजाब को सौंपने की मांग

आयकर छापा

कोयलाकर्मियों का वेतन बढ़ा

राम नरेश यादव इंका में शामिल

मुख्यमंत्री की अपील

श्रीलंका: युद्धविराम की घोषणा

आलू प्याज, नारियल के मूल्य पर विचार

अदालत में हाजिर होने का निर्देश

गुमला: रहस्यमय बीमारी की चपेट में, १६ मरे

केन्द्रीय शांति समिति, रांची।

लेटर प्रेस से हेडिंग्स निकाल कर, सामान्य टाइपराइटर पर कंपोज कर निकाला गया अखबार

प्रभात खबर पूरी तैयारी के साथ बाजार में उतरा था. बेहतर और सशक्त टीम के साथ-साथ अखबार को छापने के लिए उस समय की आधुनिक तकनीक का इस्तेमाल किया था. बंधु एम-20 बेव ऑफसेट मशीन खरीदी गयी थी. 22 जुलाई 1983 (अखबार निकालने के एक साल पहले) को ही कंपनी ने बंधु मशीन की कीमत के संबंध में प्रभात खबर (विज्ञान प्रकाशन) को बताया था जिसके अनुसार मशीन की कीमत (टैक्स समेत) 9,10,963 रुपये थी. उस समय के हिसाब से यह बड़ी कीमत थी. यह तो सिर्फ प्रिंटिंग मशीन का दाम था. इसके साथ सीआर ट्रॉनिक्स मशीन को इंग्लैंड से मंगाया गया था. दो सीआर ट्रॉनिक मशीनें आयी थीं, उसके लिए 11.21 लाख का भुगतान किया गया था. यह वह मशीन थी जिस पर कंपोजिंग होती थी. साफ है कि बड़ी तैयारी के साथ प्रभात खबर का प्रकाशन आरंभ किया गया था.

अखबार का प्रकाशन तो शुरू कर दिया गया था लेकिन चुनौतियां कम नहीं थीं. दक्षिण बिहार क्षेत्र में स्थानीय अखबार काफी सशक्त थे. रांची में अगर रांची एक्सप्रेस मजबूत था तो जमशेदपुर में उदितवाणी और धनबाद में आवाज को हिलाना आसान काम नहीं था. पर कई चीजें प्रभात खबर के पक्ष में थीं.

संस्थापक संपादक एसएन विनोद ने प्रभात खबर के लिए श्रेष्ठ टीम बनायी थी. इनमें सुनील श्रीवास्तव, प्रकाश चंद्रायन, दिनेश जुयाल, मणिमाला, सुभाष डे, विजय भाष्कर, कल्याण कुमार सिन्हा,

राय तपन भारती, व्योमेश चंद्र जुगरान, सुरेश सिन्हा, मधुकर, रजत गुप्ता, अविनाश ठाकुर, फैसल अनुराग, दीपक अंबष्ठ, अभय श्रीवास्तव, प्रबल महतो, मणिकांत ठाकुर, अनीस अहमद खान प्रमुख थे. अनुभवी एवं युवा टीम का सामंजस्य. बाद में डॉ राज चंद्र झा, श्रीनिवास, शशिकांत पाठक, कवींद्र कुमार कर्ण, जावेद इकबाल (बाद में मुंबई जनसत्ता में कार्यरत जावेदजी का निधन स्टेशन पर उस समय हो गया जब वे ट्रेन से जमशेदपुर से मुंबई पहुंचे ही थे) और कमल नयन पंकज भी प्रभात खबर से जुड़े. विज्ञापन में अशोक मुखोपाध्याय को मैनेजर बनाया गया था.

ऐसा नहीं था कि प्रभात खबर रांची सें छपने के बाद सिर्फ रांची या इसके आसपास के जिलों में ही बिकता था. रांची से प्रकाशित होकर उत्तर बिहार के शहरों में भी प्रभात खबर भेजा जाता था. उन दिनों बिहार में आर्यावर्त का बोलबाला था. इसके बावजूद प्रभात खबर पूर्णिया तक भेजा जाता था. पटना और दिल्ली समेत कई महानगरों में प्रभात खबर के कार्यालय थे. क्षेत्रीय अखबारों के लिए उस समय यह बिल्कुल नयी बात थी. शुरू में प्रभात खबर (1984 वाले प्रभात खबर) के ले आउट से लेकर संपादकीय योजना में वरिष्ठ पत्रकार विजय किशोर, अरूण रंजन (पटना) की बड़ी भूमिका रही थी.

हड़ताल के कारण प्रकाशन बंद रहा

प्रभात खबर अभी पहली वर्षगांठ भी मना नहीं पाया था कि प्रबंधन में विवाद उत्पन्न हो गया. इस विवाद का असर यह हुआ कि अखबार में कुछ दिनों के लिए हड़ताल हो गयी. कई दिनों तक अखबार नहीं निकला. उन दिनों शिव प्रसाद साहू कांग्रेस के सांसद थे. प्रभावशाली तो थे ही. ज्ञानरंजन से उनके राजनीतिक मतभेद थे. इसी बीच शिव प्रसाद साहू के खिलाफ प्रभात खबर में एक रिपोर्ट छप गयी. मामला दिल्ली तक चला गया. ज्ञानरंजन पर विरोधियों ने आरोप लगा दिया कि वे अखबार के जरिये अपने विरोधियों पर हमले कर रहे हैं. उन दिनों एसएन विनोद संपादक थे. संपादक होने के साथ-साथ वे अखबार के साझा मालिक भी थे. मतभेद के बाद ज्ञानरंजन ने आर्थिक सहयोग देना धीरे-धीरे कम कर दिया. खुद किनारे होने लगे. स्थिति बिगड़ने लगी. वेतन की समस्या उत्पन्न हो गयी. दो-तीन माह तक वेतन नहीं मिला था. पैसा नहीं मिलने के कारण पीटीएस के कर्मचारियों ने हड़ताल की घोषणा कर दी. मशीन के लोगों ने भी हड़ताल की धमकी दी थी. किसी तरह अखबार निकलता रहा. बाद में हड़ताल में संपादकीय के लोग भी शामिल हो गये. स्थिति तब बदली, जब संपादकीय विभाग के कुछ वरिष्ठ सहयोगियों ने ज्ञानरंजन से मुलाकात की और अखबार खुलवाने पर वार्ता की. ज्ञानरंजन ने शर्त रखी थी कि वे तभी आगे आयेंगे जब अखबार पर उनका अधिकार रहेगा. इधर पत्रकारों ने उनसे यह वचन लिया कि लड़ाई

लाखों की अवैध संपत्ति व कागजात बरामद
मुंगेर में 9 लोगों का अपहरण
हल्दवानी में कर्फ्यू
मूल्यांकन कार्य करने आए काफी शिक्षक त्रिशंकु की भांति लटक गये
विश्वविद्यालय समाचार
जूनियर डाक्टरों चौथे दिन भी
भाजपा व जद के बीच चुनावी समझौते की आशा क्षीण
रिजर्व बैंक की रिपोर्ट अब विनीय वृद्धि से भारतीय अर्थव्यवस्था डोल रही
विशेष-उपहार योजना

कई अवसर आये जब हाथ से लिख कर अखबार निकाला गया

में वे उनका साथ देंगे लेकिन उन्हें संपादकीय मामलों में (यानी खबरों के चयन में किसी प्रकार का दबाव नहीं) हस्तक्षेप नहीं करना पड़ेगा. मई से ही गड़बड़ी आरंभ हो गयी थी. लगभग तीन माह तक हड़ताल (बीच-बीच में) का दौर चला. कई दिनों तक तो अखबार का प्रकाशन बंद रहा. प्रभात खबर के शुभचिंतकों ने हड़ताल खत्म करने की पहल करायी. हड़ताल के बाद समझौता हुआ. संपादक एसएन विनोद ने प्रभात खबर से इस्तीफा दे दिया था. सुनील श्रीवास्तव नये संपादक बने. पहले वे धर्मयुग में काम करते थे. उन्होंने हड़ताल खत्म होने के बाद 1 अगस्त 1985 के अंक में पेज एक पर विशेष संपादकीय लिखकर सभी मामलों का खुलासा करते हुए साथियों से अखबार को नये उत्साह के साथ आगे ले जाने की अपील की. इसी विशेष संपादकीय में सुनील श्रीवास्तव ने पाठकों के समक्ष हड़ताल और अखबार की वित्तीय स्थिति का भी खुलासा करते हुए सहयोग की अपील की थी. एक अगस्त से फिर से प्रभात खबर का प्रकाशन आरंभ हुआ. कीमत थी 70 पैसे प्रति अंक.

प्रबंधन का काम महाप्रबंधक एन के विश्वास (पूर्व अधिकारी एचइसी) और निदेशक अमित स्वरूप (पूर्व वरिष्ठ बैंक अधिकारी) देखते थे. इसी बीच रांची टाइम्स अखबार को ज्ञानरंजन ने अपने पास रख लिया था. उन दिनों उसके संपादक दिलीप दाराद थे. प्रभात खबर से सुरेश सिन्हा को रांची टाइम्स में भेजा गया. ज्ञानरंजन ने संपादकीय साथियों से किया गया अपना वादा निभाया. हड़ताल के बाद चार साल तक उन्होंने एक-दो मामले को छोड़कर कभी खबरों के चयन में हस्तक्षेप नहीं किया. खुद ज्ञानरंजन कभी हस्तक्षेप नहीं करते थे लेकिन उनके अन्य करीबी कोई भी मौका नहीं चूकते थे. धीरे-धीरे अखबार पर कांग्रेसी अखबार होने का आरोप लगने लगा.

हड़ताल के बाद जब फिर से अखबार का प्रकाशन आरंभ किया गया तो तेवर बदला-बदला सा था. कुछ वरिष्ठ सहयोगी संस्थान छोड़कर चले गये. ज्ञानरंजन अखबार के सदस्यों को परिवार की तरह मानते थे और अखबार को परिवार की तरह चलाते थे. जब जो भी उनके पास चला जाये, नौकरी पर रख लेते थे. प्रोफेशनलिज्म की कमी दिखती थी. अखबार की आय थी नहीं. खर्च भी रोज बढ़ता ही जा रहा था. मैनपावर को देखनेवाला कोई था नहीं. जिस काम को करने के लिए दो व्यक्ति की जरूरत थी, उसके लिए चार-पांच व्यक्ति बहाल किये गये थे.

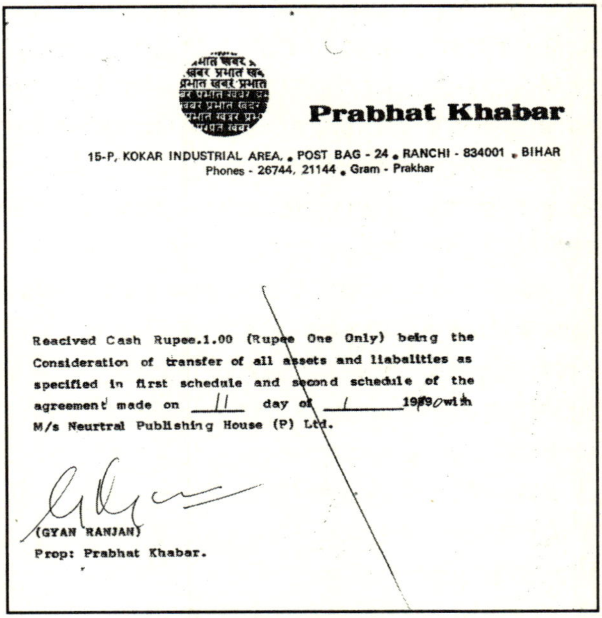
Prabhat Khabar
15-P, KOKAR INDUSTRIAL AREA, POST BAG - 24, RANCHI - 834001, BIHAR
Phones - 26744, 21144, Gram - Prakhar

Reacived Cash Rupee.1.00 (Rupee One Only) being the Consideration of transfer of all assets and liabalities as specified in first schedule and second schedule of the agreement made on 11 day of 1 1990 with M/s Neurtral Publishing House (P) Ltd.

(GYAN RANJAN)
Prop: Prabhat Khabar.

सिर्फ एक रुपये में प्रभात खबर के एसेट्स एंड लाइबिलिटिज को ट्रांसफर किया गया

अखबार आर्थिक बोझ से दबता गया, फंसता गया. अकेले ज्ञानरंजन निजी संपर्क से किसी तरह पैसे की व्यवस्था खुद करते थे और वेतन के लिए लाकर दफ्तर में दे देते थे.

एक तो दक्षिण बिहार में उस समय आर्थिक गतिविधियां नहीं के बराबर थीं. विज्ञापन का स्त्रोत बहुत नहीं था. कभी राजीव गांधी अंक, कभी इंदिरा गांधी अंक तो कभी नेहरू विशेषांक निकालकर देश के कई प्रतिष्ठानों से विज्ञापन लाने का प्रयास किया गया. लेकिन यह पर्याप्त नहीं था. इसमें गौर करने की बात यह थी कि उन दिनों उस हालात में भी प्रभात खबर को ऐसी-ऐसी प्रतिष्ठित कंपनियों के विज्ञापन मिलते थे, जिसके लिए बड़े-बड़े अखबार आज भी तरसते हैं. ये सब विज्ञापन मिलने के बावजूद आर्थिक चुनौतियां काम नहीं हुईं. वेतन और अन्य मद में खर्च बहुत बढ़ गये थे. प्रिंटिंग मशीन हो या सीआर ट्रॉनिक्स मशीन, ये भी जवाब देने लगी. 1987 से सितंबर 1989 के बीच प्रभात खबर कई बार गंभीर संकट में फंसा. इस दौरान कई ऐसे अवसर आये जब कंपोजिंग की सीआर ट्रॉनिक मशीन खराब हो गयी. किसी तरह अखबार तो निकालना ही था. सहयोगी हार नहीं माने. सामान्य टाइप राइटर पर कंपोजिंग कर और बाहर के लेटर प्रिंटिंग प्रेस (सरस्वती प्रेस) से हेडिंग बना कर किसी तरह अखबार निकाला गया. 30 अगस्त 1987 का अंक ऐसा ही अंक था. इस अंक को देखने से पता चलता है कि उन दिनों कर्मचारियों-पत्रकारों में किस तरह की समर्पण भावना थी. कितना जज्बा था. किसी भी हालत में अखबार का प्रकाशन नहीं रुके, इसके लिए अंतिम प्रयास तक होता था. बाद में मशीन बनी. कुछ सुधार हुआ लेकिन 1989 आते-आते स्थिति फिर खराब होने लगी.

समय जब खराब होता है तो एक-एक सब साथ छोड़ देते हैं. यही प्रभात खबर के साथ भी हुआ था. उन दिनों नागपुर से हिंदी में लोकमत का प्रकाशन होनेवाला था. उसके संपादक थे एसएन विनोद, जो प्रभात खबर के संस्थापक संपादक थे. स्वाभाविक था कि जो लोग उनके साथ रांची में काम कर चुके थे, उन्होंने उनसे संपर्क किया. एक-एक कर कई साथी प्रभात खबर छोड़ कर चले गये. प्रभात खबर के तत्कालीन संपादक सुनील श्रीवास्तव (प्रभात खबर में आने से पहले वे धर्मयुग में काम करते थे) खुद भी लोकमत समाचार (नागपुर) चले गये. आपात स्थिति में उनकी जगह रांची टाइम्स के संपादक दिलीप दाराद ने प्रभात खबर के तीसरे संपादक के रूप में जिम्मेवारी संभाली. श्री दाराद बेहद सरल स्वभाव के संपादक थे.

अखबार तो हर दिन निकल रहा था लेकिन हालात बेहतर नहीं थे. सर्कुलेशन घटकर कुछ हजार रह गया था. कई सीनियर सहयोगी नौकरी छोड़कर अन्यत्र जा चुके थे. स्थिति को सुधारने के लिए ज्ञानरंजन ने जमशेदपुर कार्यालय में कार्यरत दिनेश्वर प्रसाद दिनेश को समाचार संपादक के रूप में रांची बुला लिया था. मुख्य उपसंपादक के दायित्व में अविनाश ठाकुर थे. बड़े ही संयमित और धैर्यवान. इस बीच कई दिन ऐसे आये जब लगा कि शायद कल का अखबार नहीं निकलेगा. उन दिनों कंपोजिंग के बाद सीआरट्रॉनिक मशीन से ब्रोमाइड निकलता था. वह मशीन भी खराब हो गयी. समय पर भुगतान नहीं होने के कारण न्यूज एजेंसी की लाइन काट दी गयी थी. न्यूज प्रिंट और इंक की भी किल्लत होने लगी. परेशानियां बढ़ गयीं. अब तक यह महसूस होने लगा था कि अब आगे की यात्रा बहुत मुश्किल है. एक तरह से प्रबंधन भी मान चुका था कि अखबार चलाना मुश्किल है लेकिन यहां के कर्मचारी हार मानने को तैयार नहीं थे. अपरिहार्य कारणों से प्रभात खबर का प्रकाशन कल से स्थगित रहेगा, यह

सूचना बनाकर वरिष्ठ सहयोगी अविनाश ठाकुर के पाकेट में रख दी गयी थी. कहा गया था कि किसी भी दिन इसका इस्तेमाल किया जा सकता है. कर्मचारियों के लिए यह सबसे दुखदायी खबर थी. लेकिन साथियों ने हिम्मत नहीं हारी थी. संकट के इस दौर में रांची शहर की कई संस्थाओं ने प्रभात खबर का साथ दिया था. एक था समुद्रण. जब प्रभात खबर की सी आर ट्रॉनिक मशीन खराब हो गयी, तो कंपोजिंग के लिए समुद्रण प्रबंधन ने अपने कंप्यूटर प्रभात खबर के कंपोजिटरों को सौंप दिया ताकि अखबार निकलता रहे. ऐसा सहयोग बहुत कम देखने को मिलता है. एक बार तो अपने सहयोगी अल्ताफ ने रात-रात भर सामान्य टाइपराइटर पर कंपोजिंग कर अखबार निकालने में मदद की थी. मशीन में घोष हुआ करते थे. मुरली थे इलेक्ट्रिशियन. समर्पित सहयोगी. हार नहीं माननेवाले.

1989 की एक घटना आज भी याद है. एक दिन कंपोजिंग की भी मशीन खराब हो गयी. एजेंसी की लाइन काट दी गयी थी. रेडियो एकमात्र सहारा था. लेकिन कंपोजिंग कहां हो. गोदरेज का एक टाइपराइटर था. उस पर स्थानीय समाचारों को कंपोज किया गया. हेडलाइन बड़ा होना चाहिए, कैसे होगा तो सररस्वती प्रेस (कोकर) का सहारा लिया गया. कुछ हद तक उससे काम निकला. जब परेशानी हुई तो हाथ से हेडलाइन को लिखकर अखबार निकाला गया. हाथ से लिखे गये शीर्षक का गवाह 8 सितंबर 1989 (दिन शुक्रवार) का प्रभात खबर का अंक है. पत्रकार साथियों पर एक जुनून सवार था कि अखबार रूकना नहीं चाहिए, चाहे जो हो जाये. इसी संकल्प ने मनोबल को बढ़ाया.13 अप्रैल 1989 के प्रभात खबर का पूरा अंक टाइप कर निकला और समाचारों की हेडिंग्स लेटर प्रेस से निकाली गयी थी.

प्रभात खबर निकले पांच साल हो रहे थे. फिर भी रांची एक्सप्रेस की तूती बोलती थी. वहां पवन मारू संपादक थे. बड़े मिलनसार, सहयोग करने में आगे रहनेवाले और उदार विचार के थे. एक दिन फिर प्रभात खबर की कंपोजिंग मशीन खराब. लगा कि अखबार अब नहीं निकलेगा. बड़ी पीड़ा हुई. कोई रास्ता सूझ नहीं रहा था. सहयोगियों से विचार-विमर्श हुआ. मेरे एक मित्र थे कवींद्र कुमार कर्ण. हम दोनों रांची एक्सप्रेस चले गये. वहां उनका अखबार छप रहा था. पवन मारू जी सोने चले गये थे. रात के दो बज रहे थे. आग्रह कर उन्हें उठाया गया. उन्होंने काम पूछा. मैंने बताया कि कुछ नहीं है, अखबार निकालना है. कुछ पेज तो किसी तरह पुराने न्यूज-लेख से बन गया है. पवन जी ने वह सहयोग किया जिसकी आज की पत्रकारिता में कोई कल्पना नहीं कर सकता. उन्होंने रांची एक्सप्रेस का पूरा पेस्टिंग पेज दे दिया और कहा कि इसका जैसे उपयोग करना हो, कर सकते हो. वहां से आया. कट-पेस्ट किया और अगले दिन का अखबार तैयार. सहयोग का ऐसा उदाहरण आज की प्रतिद्वंद्विता के दौर में असंभव है.

प्रबंधन बदला

प्रभात खबर को चलाने में ज्ञानरंजन को लगातार परेशानी हो रही थी. वे भी समझ गये थे कि अब इसे चलाना संभव नहीं है. लेकिन वे यह भी नहीं चाहते थे कि इसे बंद कर दिया जाये. जानते थे कि एक बार बंद होने पर खुलनेवाला नहीं. अगर प्रकाशन होता रहे और कोई बेहतर खरीदार मिल जाये तो यहां के कर्मचारियों का भविष्य सुधर सकता है. अंत में उन्होंने इसे बेच देने का निर्णय लिया. प्रभात खबर में जुलाई-अगस्त में ही यह चर्चा सुनने को मिल रही थी कि ज्ञानरंजन जी अब अखबार को शायद बंद कर देंगे या किसी को बेच देंगे.

प्रभात खबर (नया प्रबंधन) के पहले निदेशक डीएस शर्मा का विदाई समारोह

उषा मार्टिन ग्रुप से ज्ञानरंजन के पहले से ही बेहतर संबंध थे. घाटा बहुत ज्यादा बढ़ गया था. हर माह लगभग 17 लाख का खर्च था जबकि कुल आय 10 लाख की थी. (इस खर्च में कागज और इंक का भी खर्च शामिल था). इस प्रकार प्रभात खबर को सात लाख प्रति माह का घाटा हो रहा था. बैंक और बीएसएफसी का कर्ज एक करोड़ से ज्यादा का हो गया था. बाजार में 59 लाख का कर्ज अदा करना था. मैनपावर भरे पड़े थे. दो सौ से ज्यादा. उनके वेतन पर लगभग साढ़े तीन लाख का हर माह खर्च था. ऐसे में अखबार को एक बेहतर हाथ में बेचना भी आसान काम नहीं था, लेकिन ज्ञानरंजन के निजी संबंध के कारण परेशानी नहीं हुई. ज्ञानरंजन ने प्रभात खबर की एसेट्स और लाइबलिटी को सिर्फ एक रुपये में नये प्रबंधन को बेच (ट्रांसफर करना सही शब्द होगा) दिया. यानी जितना भी बकाया था, उसका भुगतान नये प्रबंधन को करना था. ज्ञानरंजन के पास दो कंपनियां थीं. एक प्रभात खबर और दूसरा विज्ञान प्रकाशन. दोनों को नये प्रबंधन को सौंप दिया गया. अखबार को नये हाथ में देने के बाद ज्ञानरंजन खुश थे. उसी वर्ष दीपावली में मैं और अविनाश ठाकुर जी ज्ञानजी से मिलने उनके घर गया था तो बातचीत में उन्होंने कहा था-मैं अखबार को एक अच्छे और सुरक्षित हाथ में सौंपना चाहता था, वह कर दिया. अब अखबार काफी आगे जायेगा. मुझे इसकी खुशी है.

उषा मार्टिन ग्रुप ने जब अखबार खरीद लिया था, उसके बाद टीम बनाना आसान काम नहीं था. हरिवंशजी ने बातचीत के क्रम में बताया था कि जब वे रविवार में थे, तब प्रभात खबर को संभालने के लिए उनसे संपर्क किया गया था और काफी सोच विचार कर कोलकाता जैसे महानगर की पत्रकारिता को छोड़ कर वे रांची में पत्रकारिता करने पर सहमत हो गये थे. ऐसी बात नहीं है कि वे रांची या झारखंड क्षेत्र (तब का दक्षिण बिहार) से अपरिचित थे. धर्मयुग और रविवार में काम करने के दौरान इस क्षेत्र में

उनका आना-जाना था. रविवार में रहते हुए उन्होंने झारखंड आंदोलन पर कई रिपोर्ट लिखी थी. इसके लिए न सिर्फ रांची बल्कि कोल्हान की भी उन्होंने यात्रा की थी. इस क्षेत्र में फादर कामिल बुल्के, फादर पी पोनेट और बीपी केसरी से उनकी पहले मुलाकात हो चुकी थी. इसलिए जब हरिवंशजी को झारखंड क्षेत्र में काम करने का अवसर मिला तो उन्हें लगा कि इस क्षेत्र में रह कर आदिवासी बहुल इस क्षेत्र में नयी तरह की पत्रकारिता की जा सकती है. ऐसी पत्रकारिता उन दिनों नहीं होती थी. इसलिए रांची आने और प्रभात खबर का कायाकल्प करने की जिम्मेवारी लेने के लिए वे तैयार हो गये.

अखबार की जिम्मेवारी संभालने के 15 दिनों पहले हरिवंशजी अपने एक सहयोगी संजीव क्षितिज (जो मध्यप्रदेश प्रशासनिक सेवा से इस्तीफा देकर पत्रकारिता करने कोलकाता से प्रकाशित रविवार पत्रिका में आये थे)के साथ रांची पहुंचे थे. यह देखने कि अखबार का वास्तव में क्या हाल है. वे होटल आर्या में ठहरे थे. उषा मार्टिन ग्रुप ने प्रभात खबर को खरीदने के बाद निदेशक पद की जिम्मेवारी डीएस शर्मा को सौंपी थी. बड़े अनुभवी, जानकार. वे होटल आये और कहा-हरिवंशजी, मैं प्रभात खबर जा रहा हूं. आप भी जाना चाहेंगे? हरिवंशजी का जवाब था-मेरी ओर से संजीव (क्षितिज) जाकर देख लेंगे. जिस दिन काम संभालना होगा, उसी दिन मैं जाना चाहूंगा. निदेशक के साथ संजीवजी प्रभात खबर आये. यहां का हाल उन्होंने देखा. इधर होटल में हरिवंशजी उनकी प्रतीक्षा कर रहे थे. संजीवजी जब लौट कर आये तो रिपोर्ट देने के पहले ही उनके चेहरे से पता चल चुका था कि मामला गंभीर है. चेहरे पर चिंता दिख रही थी. संजीवजी की जुबानी पूरी कहानी सुनने के बाद हरिवंशजी हतप्रभ रह गये. जो सोचा था, जो बताया गया था, उससे बुरी स्थिति थी. ऐसे भी जब उन्होंने महानगर की पत्रकारिता को छोड़ कर रांची में प्रभात खबर को सुधारने की जो जिम्मेवारी ली थी, उसी समय उनके मित्रों ने कहा था कि वे अपने पैरों पर कुल्हाड़ी मार रहे हैं. एक बेहतर जीवन छोड़ कर अनिश्चित की ओर जा रहे हैं जहां कोई भविष्य नहीं दिखता. प्रभात खबर के बारे में संजीवजी की रिपोर्ट सुनने के बाद हरिवंशजी को लगा था कि लोग सही ही कह रहे थे. अगर पहले उन्हें इस सच्चाई का पता चल गया होता तो शायद उनका निर्णय दूसरा होता. संजीवजी ने बताया था कि कोई सिस्टम नहीं है, मशीन बेकार है, कट-पेस्ट कर अखबार निकाला जा रहा है, हर विभाग में आदमी भरे पड़े हैं, लेकिन अधिकांश में प्रोफेशनलिज्म का अभाव है, समय की पाबंदी नहीं है. कौन कब आता है, कब जाता है, किसी को पता नहीं होता. बिल्कुल अराजक सी स्थिति. कौन आदमी क्या काम करता है, वह भी स्पष्ट नहीं है. पुराने इंप्लायज की सूची भी बार-बार बदल रही थी. उस समय के प्रभात खबर की यह दशा देख कर कोई भी परेशान हो जाता.

रिपोर्ट सुनने के बाद उसी दिन ट्रेन से हरिवंशजी और संजीवजी कोलकाता लौट गये. दोनों परेशान थे लेकिन रांची आने का वे फैसला पहले ही कर चुके थे. उससे मुकरने का सवाल ही नहीं था. अब उसी को ठीक करने का इरादा था. 22 अक्तूबर 1989 को विधिवत नये प्रबंधन ने प्रभार संभाल लिया. उसी दिन टेकओवर (प्रभात खबर का नया जन्म) हुआ. विज्ञान प्रकाशन से मालिकाना हक न्यूट्रल पब्लिशिंग हाउस लिमिटेड के पास आ गया. उसी दिन पहली बार हरिवंशजी ने प्रभात खबर परिसर में कदम रखा. उनके साथ कई सहयोगी भी आये हुए थे. इनमें संजीव क्षितिज के साथ-साथ कृपा शंकर चौबे, हरिनारायण सिंह, ओम प्रकाश मिश्र प्रमुख थे. अनिमेष और शैलेंद्र भी बाद में आये थे. ये सभी लोग संपादकीय में आये थे. प्रबंधन ने दूसरे विभागों में भी बाद में इंडस्ट्री के वैसे लोगों को जोड़ा

जिन्हें अपने-अपने क्षेत्र में महारथ हासिल थी. विज्ञापन में प्रशांत कुमार सेन (पीके सेन) प्रमुख थे जो बाद में महाप्रबंधक और प्रकाशक तक बने. प्रोडक्शन में श्रीवास्तवजी (थामसन प्रेस से आये थे) को लाया गया जिन्होंने अखबार की छपाई में बड़ा परिवर्तन किया.

अखबार को तरीके से चलाने के लिए प्रबंधन ने प्रयास आरंभ कर दिया था. इसी क्रम में पटरी से उतर चुकी चीजों को ठीक करने के लिए न्यूज पेपर इंडस्ट्री से जुड़े विशेषज्ञों की सूची बनायी. प्रोडक्शन,सर्कुलेशन और मार्केटिंग के अनुभवी लोगों से सुझाव लिये गये. विशेषज्ञों को प्रबंधन की शीर्ष टीम से मिलवाया गया. उस समय अजीब स्थिति हो गयी जब न्यूज पेपर इंडस्ट्री के एक विशेषज्ञ अशोक दत्ता (जो बाद में खड़गपुर आइआइटी मैनेजमेंट के प्रभारी बने) ने एक महत्वपूर्ण बैठक में यह राय दी कि इस अखबार (प्रभात खबर) को चलाना असंभव है. उन्होंने अपने नोट में भी यही साफ-साफ लिखा. जो हालात थे, उसे देखते हुए श्री दत्ता की जगह कोई और भी होता तो शायद यही टिप्पणी करता. उनके तर्क भी थे. रांची में पहले से रांची एक्सप्रेस ताकतवर अखबार था. आज अखबार भी निकल रहा था. बाजार छोटा था. ऐसे में तीसरे अखबार के लिए इस बाजार में जगह नहीं थी. जो दो अखबार थे, उनकी प्रसार संख्या भी अच्छी थी. इसलिए ऐसा भी नहीं था कि कुछ माह में सभी अखबारों को पीछे छोड़ कर प्रभात खबर अपनी जगह बना लेगा. इन्हीं सब आशंकाओं को देखते हुए श्री दत्ता ने वह टिप्पणी की थी. प्रभात खबर की टीम उस नोट्स के बाद विचलित नहीं हुई बल्कि नये संकल्प के साथ नयी लड़ाई के लिए तैयार थी. इसी टीम ने तेवर के साथ पत्रकारिता कर इतिहास रच कर उनकी टिप्पणी को गलत साबित कर दिया.

प्रबंधन में बदलाव के बाद यहां भी सबसे बड़ी समस्या वही थी जो किसी अन्य संस्थान में तब होती है जब प्रबंधन बदलता है या नया संपादक आता है. पुराने और नये साथियों के बीच तालमेल बैठाना सबसे बड़ी चुनौती होती है. जब हरिवंशजी ने पद संभाला तो उन्हें अनेक चुनौतियों का सामना करना पड़ा. उनके सामने दो बड़ी चुनौतियां थीं. एक संस्थान को सिस्टम में लाना, ठीक करना और दूसरा अखबार को नये तरीके से (विश्वसनीयता हासिल करना, सर्कुलेशन बढ़ाना) खड़ा करना.पुराने प्रबंधन में अखबार जिस तरीके से चल रहा था, उसमें बगैर बड़ा बदलाव किये बहुत कुछ हासिल नहीं किया जा सकता था. लेकिन यह भी संभव नहीं था कि रातो-रात सारी चीजें बदल दी जायें. नया प्रबंधन प्रोफेशनल तरीके से अखबार को चलाना चाहता था. इसके लिए सबसे पहले दफ्तर के माहौल को ठीक करना था. उस समय की स्थिति पर हरिवंशजी ने देशज जनतंत्र की हिफाजत के 14 वर्ष नामक विशेष अंक में एक लेख लिखा था. इसमें प्रभात खबर के आरंभकाल की चुनौतियों का जिक्र था. लेख का एक छोटा अंश इस प्रकार है : एक दफ्तरीय संस्कृति विकसित करने के साथ-साथ हमारी टीम की नयी चुनौती थी, अखबार की नयी संपादकीय नीति बनाना. कंटेंट-इनपुट के बारे में तय करना. हमसे बड़े अखबार जो उन दिनों रांची-झारखंड में थे (सभी बड़े ही थे)कभी भी उनसे अस्वस्थ प्रतिस्पर्द्धा हमने महसूस नहीं की. प्रभात खबर के सामने लक्ष्य इन अखबारों को पीछे छोड़ना नहीं, हिंदी का एक बेहतर अखबार बनना था. यह प्रथा बंद हुई कि प्रेस विज्ञप्तियां भी संपादक की इच्छानुसार ही छपेंगी, बल्कि हमने हर विषय पर एक खुली नीति बनायी और साथियों को उसके तहत काम करने को कहा. आज भी यही परंपरा है. खबरें, प्रेस विज्ञप्तियां, संपादक की इच्छानुसार चलने लगे तो प्लांटेड और मैनिपुलेटेड

पत्रकारिता को आप न्योत रहे होते हैं. हां, रिपोर्ट लिखने में किस आचार संहिता मापदंड को अपनाया जाये, यह बार-बार हम बैठकों में चर्चा करते. यह एक पारदर्शी नीति थी. आरंभ से ही, जब हम पहचान के लिए संघर्षरत थे. हमारी कसौटी बनी कि हिंदी का एक बेहतर, साफ-सुथरा और आधुनिक अखबार हम बनें. एप्रोच, एटीट्यूड में आधुनिक भारत की बात करनेवाला. धर्म,जाति और समुदाय के बंधनों से ऊपर उठना. हमने अपना स्वर तय किया. याद रखिए, उन दिनों धर्म और जाति ही हमारे हिंदी अखबारों के मुख्य विषय वस्तु थे. भागलपुर दंगों की अंदरूनी खबरें और सही तसवीरें छापनेवाला प्रभात खबर बिहार (तब बिहार का बंटवारा नहीं हुआ था) का पहला अखबार था. यह जानबूझकर उठाया गया साहसिक कदम था.

उक्त लेख से स्पष्ट है कि अखबार की प्राथमिकताएं क्या थीं. रोड मैप क्या था. नये प्रबंधन ने कई ऐसे कदम उठाये जिससे लगा कि वह संस्थान को सभी के सहयोग से आगे बढ़ाना चाहता है. इसी क्रम में पुराने सहयोगियों को विश्वास में लेकर काम का बंटवारा किया गया. यह तय हुआ कि किस व्यक्ति को क्या काम करना है. पुराने सहयोगियों के मन में इस बात का भय था कि नया प्रबंधन पुराने लोगों को निकाल देगा और नये सिरे से बहाली करेगा. जब नये प्रबंधन ने ऐसा कुछ नहीं किया बल्कि सभी को साथ लेकर आगे की यात्रा आरंभ की, वेतन और अन्य सुविधाओं को ठीक किया, तो उसका अच्छा और सकारात्मक संदेश गया. इंफ्रास्ट्रक्चर को ठीक किया गया. प्रबंधन ने इस पर भारी खर्च किया. इससे माहौल बेहतर बना. टीम अब एकजुट थी. उसे पता था कि क्या करना है. टीम के साथियों के अंदर आत्मविश्वास था. सभी विभागों में बेहतर तालमेल था.

ऐसे तो अक्तूबर में ही हरिवंशजी प्रभात खबर में आ गये थे लेकिन सही तौर पर काम संभाला 3 नवंबर 1989 से. उसी दिन हरिवंशजी ने अपने नाम से पहला संपादकीय लिखा. धारा के विरुद्ध शीर्षक से प्रकाशित इस संपादकीय से यह स्पष्ट हो गया था कि प्रभात खबर कैसा अखबार बननेवाला है. आम आदमी का अखबार,यहां की माटी का अखबार. अन्याय और शोषण के खिलाफ लड़नेवाला अखबार, जिम्मेवारी निभानेवाला अखबार. पढ़िए उस संपादकीय को, जिसमें स्पष्ट दिशा दिखती है.

धारा के विरुद्ध

नये प्रबंधन न्यूट्रल पब्लिशिंग हाउस प्राइवेट लिमिटेड के तत्वावधान में प्रकाशित दैनिक प्रभात खबर आपके सामने है. अखबारों की निर्मम दुनिया में हो रहे ऐसे परिवर्तन पाठकों के लिए तब तक कारगर नहीं होते, जब तक अखबार और उसके पाठकों के बीच सीधा संवाद कायम नहीं होता. यह दुखद, पर हकीकत है कि पिछले दशक के दौरान यांत्रिक प्रगति-चकाचौंध-रंग बिरंगी उत्कृष्ट छपाई के बावजूद अखबारों की आत्मा मलिन, तेजहीन और निष्प्रभ होती गयी है. अब तो आलम यह है कि खुद पत्रकारिता जगत दो ध्रुवों में विभाजित होकर एक-दूसरे के खिलाफ छींटाकशी और छानबीन कर रहा है. हिंदी पत्रकारिता अपनी समृद्ध विरासत, गौरवमय अतीत के बावजूद राष्ट्रीय फलक पर इस दुष्चक्र में फंस गयी है. हमारी विनम्र चेष्टा है कि पत्रकारिता के मूल सत्व और मापदंड निष्पक्षता और तथ्यों के प्रति प्रतिबद्धता के तहत ही हम इस पत्र को सजायें-संवारें और प्रो-पीपुल यानी जनोन्मुख अखबार निकालें. हालांकि अखबार की विषय-वस्तु में यह परिवर्तन अचानक नहीं, बल्कि धीरे-धीरे ही संभव है.

हाल के दिनों में इस पेशे में एक और अस्वस्थ परंपरा विकसित हुई है. अब अखबार पाठकों के नहीं, बल्कि संपादकों और संपादकीय मंडल के रह गये हैं. लफ्फाजी और विज्ञापन की दृष्टि से बने लोक-लुभावन नारों के बावजूद हकीकत तो यही है कि अखबार घटनाओं और पाठकों की जिज्ञासा-रुझान और मनोभाव के प्रतिबिंब नहीं रह गये हैं. विश्वविद्यालय से निकलते ही जब पहली बार हमने पत्रकारिता की जो धमक सुनी (धर्मयुग-टाइम्स ऑफ इंडिया, बंबई), उसकी गूंज आज भी मस्तिष्क में कायम है. आदरणीय डॉक्टर धर्मवीर भारती ने धर्मयुग में काम की पहली कसौटी बतायी थी कि पाठकों के मनोभाव पत्र-प्रतिक्रिया के एक-एक शब्द हमारे काया का अंतिम हलफनामा (फाइनल जजमेंट) हैं. वही हमारे लिए सीमा है-अरिखा या लक्ष्मण रेखा है. पत्रकारिता जगत में आज जो यह लक्ष्मण रेखा मिट गयी है, उसमें बंधना और उस आचार-संहिता के तहत आचरण ही हमारा अभीष्ट है.

दरअसल, प्रभात खबर शब्दशः पाठकों का अखबार बने, यही हमारी सर्वोपरि कोशिश होगी. मौजूदा उपभोक्ता समाज में कुछ हद तक बाजार के दबाव के कारण भी अखबारों की दृष्टि में पाठक महज क्रेता रह गये हैं. अखबार अधिक से अधिक मुनाफा अर्जित करने की प्रक्रिया में पाठकों की सुधि नहीं ले पा रहे, इस प्रवत्ति-धारा के खिलाफ जूझना हमारा संकल्प है. उपभोक्ता-क्रेता बनाम उत्पादक के बाजारु-रसहीन संबंध में आत्मीयता-स्पंदन पैदा करना ही हमारी कसौटी होगी, लेकिन साथ-साथ विनम्रतापूर्वक हम इस पहलू को अनदेखा नहीं करना चाहेंगे कि अखबारों की जिम्मेदारी पाठकों को सुरुचिपूर्ण बनाना है. नये पाठक पैदा करने हैं. उन कमियों को पूरा करना है, जो जागरूक हिंदी पाठक पत्रकारिता में पाते रहे हैं. इस तरह सामाजिक-सांस्कृतिक, आर्थिक-राजनीतिक क्षेत्र में पूरी दुनिया समेत आसपास में जो घट रहा है, उसका हम दर्पण बनें, यह हमारी चाह है. हालांकि धारा के विरुद्ध बहने-तैरने की इस कठिनाई से हम वाकिफ हैं.

छोटानागपुर की इस धरती पर काम करते हुए हमारा मन गौरव से भर आता है, जहां बिरसा मुंडा जैसे पूर्ण पुरुष पैदा हुए, जिन्होंने आत्महीनता की स्थिति, अन्याय व शोषण के खिलाफ बगावत की. यह बगावत उस ताप-शक्ति के विरुद्ध थी, जो पूरी दुनिया में दहक रही थी. उस विश्वविख्यात ताकत के खिलाफ बिरसा मुंडा ने हथियारों के जखीरे के बल विद्रोह नहीं किया, बल्कि संकल्प और साहस की पूंजी के बल आत्मोसर्ग कर, इतिहास के उन पन्नों को रचा, जो आज भारत के अतीत का गौरव-अमूल्य धरोहर है. उस धरती पर रोमांचित होकर काम करना स्वाभाविक है, जहां स्वतंत्रता आंदोलन के पूर्व ही संपूर्ण विद्रोह और विदेशी गुलामी के खिलाफ बगावत हुई. इतिहास का यह रोचक प्रसंग है कि 17वीं-18वीं शताब्दी में जब लगभग पूरा हिंदुस्तान अंगरेज़ों के सामने नतमस्तक था, उस समय छोटानागपुर की धरती के मूल बाशिंदे आदिवासी लोगों ने हमारे आत्मस्वाभिमान, गौरव और तन कर खड़ा होने की धरोहर को सुरक्षित रखा. खंडित व्यक्तित्व को पूर्ण बनाने की कोशिश की. इतना ही नहीं, महात्मा गांधी के आदर्शों के अनुरूप टाना भगत लोगों ने जो बलिदान स्वेच्छा से मूक कार्यकर्ता बन कर किया, वह अप्रतिम है. लेकिन आजाद भारत में इन लोगों के ऋणों से भी हम उबर न सके, बल्कि शर्मनाक बात तो यह हुई कि आदिवासियों की जमीन निरंतर कोलोनाजइर हड़पते जा रहे हैं. अब तो रांची का जिला प्रशासन भी यह तथ्य स्वीकार करता है. जिन टाना भगत लोगों की जमीन अंगरेजों ने ले ली, आजाद मुल्क में, वे फिर उस भूमि के हकदार न बन सके, इससे शर्मनाक घटना दूसरी नहीं है. अलग झारखंड

की मांग के मूल में इस अंचल में व्याप्त विषमता-शोषण है, ऐसी समस्याओं के प्रति हम पूरे देश में संवेदनशील दृष्टि विकसित करें, यह हमारी चाह है.

हमारी नजर उन समस्याओं के उत्स में भी है, जो बिहार की बदहाली-गरीबी के कारण बने हैं. आखिर विपुल प्राकृतिक संपदा के बावजूद यह धरती लुटी-पिटी क्यों है? इस भूमि पर विकास का रास्ता अवरुद्ध क्यों है, यह तलाश भी हमारी मंजिल है. दुनिया में महिलाओं के साथ समान व्यवहार के लिए न जाने कितने आंदोलन चले और चल रहे हैं, लेकिन जिस आदिवासी समाज में सदियों से यह परंपरा कायम रही, उस विरासत को हम आगे बढ़ायेंगे. महिलाएं, नौजवान सचमुच समाज की मुख्य धारा में निर्णायक बनें, इस दृष्टि से हम स्थानीय संस्कृति-समस्याओं को उजागर करेंगे.

छोटानागपुर आदर्श भारत का शायद सबसे बेहतर नमूना है, जहां हर राज्य, बोली, परंपरा और धर्म के लोग बसे हैं. इस मिश्रित संस्कृति को मजबूत और जीवंत बनाने के प्रति हम जागरुक रहेंगे. धर्मनिरपेक्षता और स्थानीय समस्याओं के प्रति आरंभ से ही यह अखबार मुखर रहा है, उसे शिद्दत से हम आगे ले जायेंगे. बढ़ती क्रूरता, द्वेष-घृणा के बीज समाज को तोड़ते हैं, इस घटाटोप अंधेरे में ऐसे दिग्भ्रमित तत्वों के खिलाफ जूझना युगधर्म है. दिग-दिगंत में हो रहे आधुनिक प्रयोगों से हम पाठकों का तालमेल करा सकें, तो यह हमारी उपलब्धि होगी. लेकिन उपर्युक्त संकल्प-सपने तब तक अधूरे हैं, जब तक इस कार्य में छोटानागपुर के प्राध्यापकों, विवेकशील राजनीतिक कार्यकर्ताओं, बुद्धिजीवियों, वरिष्ठ लेखकों-पत्रकारों, नवयुवकों, महिलाओं, यानी सभी पाठकों से हमारा आत्मीय रिश्ता नहीं कायम होता.

इस संपादकीय से अखबार की दिशा तय हो गयी थी. टीम बन चुकी थी. काम आरंभ हो चुका था. अधिक काम करने थे. सभी एक साथ नहीं हो सकते थे. एक-एक को लेकर आगे बढ़ना था. प्रभात खबर को सबसे ज्यादा दिक्कत हो रही थी बाजार में अखबार की साख को लेकर. प्रभात खबर को ज्ञानरंजन ने निकाला था, वे उसके मालिक थे, रांची से कांग्रेस के विधायक रह चुके थे. इसलिए इस अखबार को लोग कांग्रेस का अखबार मानते थे. किसी राजनीतिक दल का लेबल अगर किसी अखबार पर लग जाये तो उसे मिटाना कठिन हो जाता है. प्रभात खबर पर उन दिनों कांग्रेस का ठप्पा ऐसे ही नहीं लगा था. 1984 के बाद प्रभात खबर ने कई ऐसे विशेषांक निकाले थे, जिनसे यही संदेश गया था. इंदिरा गांधी और राजीव गांधी पर पत्रिका या बड़े आकार में कई अंक निकले थे. बाद में तय हुआ कि कांग्रेस से संबंधित वैसी खबरें नहीं छपेंगी जो छपने योग्य न हो. इसके बाद वैसे लोगों को अखबार में जगह मिलने लगी जिनकी खबर कभी छपती नहीं थी या कम छपती थी. अन्य राजनीतिक दलों को प्रमुखता मिलने लगी. धीरे-धीरे धारणा बदलने लगी. प्रभात खबर जनहित की पत्रकारिता में लगा रहा. इस दौरान अनेक ऐसी खबरें छपी जिससे प्रभात खबर के प्रति लोगों का विश्वास बढ़ता गया.

नेटवर्क का फैलाव

उन दिनों प्रभात खबर बिल्कुल एक क्षेत्रीय अखबार था, जिनकी देश में कोई पहचान नहीं के बराबर थी. प्रभात खबर से निकल कर देश के जिन अखबारों में यहां से लोग काम करने गये, उनसे ही थोड़ी-बहुत पहचान थी. आज अखबार को छोड़ दें तो उस समय इस क्षेत्र से (दक्षिण बिहार) कोई अखबार नहीं था जिसके अन्य संस्करण भी हों. प्रभात खबर प्रबंधन ने उसी समय यह अंदाजा लगा

लिया था कि उसे अगर आगे जाना है तो नेटवर्क को और मजबूत करना होगा. सिर्फ रांची में दफ्तर से काम नहीं चलनेवाला. भविष्य का बाजार ग्रामीण क्षेत्रों का है. अगर विज्ञापन बढ़ाने हैं तो महानगरों की ओर जाना होगा. वहां दफ्तर खोलने होंगे. पीआर का काम बढ़ाना होगा. इसी क्रम में महानगरों में प्रभात खबर के दफ्तर खोले गये. बड़े-बड़े विज्ञापनदाताओं को बताया गया कि कैसे प्रभात खबर दक्षिण बिहार में एक मजबूत अखबार बन रहा है. उन दिनों झारखंड क्षेत्र में कोई राष्ट्रीय अखबार नहीं आया था. प्रभात खबर ने भविष्य की चुनौतियों को पहचान लिया था. आनेवाले दिनों में किस तरह की पत्रकारिता होगी, कैसे कम से कम मैनपावर में अखबार निकालने होंगे, कैसे मल्टी एडिशन अखबार अनिवार्य होंगे और कैसे जल्द से जल्द तैयार न्यूज प्रभात खबर के मेन कार्यालय में आ सकते हैं, इस पर काफी काम हुआ. प्रभात खबर ने जमीनी स्तर की पत्रकारिता शुरू की थी. इसके लिए आवश्यक था कि जिलों में प्रभात खबर के दफ्तर खुले. इसी क्रम में मॉडम सेंटर खोले गये. प्रभात खबर पहला अखबार था जिसने जिला स्तर पर मॉडम सेंटर (जिसमें कंप्यूटर और अन्य सुविधाएं थीं) खोला. संवाददाता पहले कागज पर लिख कर प्रेस की गाड़ियों से समाचार भेजा करते थे. आवश्यक हुआ तो तार (टेलीग्राम) से महत्वपूर्ण खबरें जाती थीं. प्रेस के लिए यह सुविधा थी. टेलीफोन से बात करना महंगा था. बहुत कम अवसरों पर इसका उपयोग किया जाता था. बाद में फैक्स की सुविधा आयी. अखबार का नया मॉडल तैयार किया गया. जिला मुख्यालयों में कंप्यूटर लगने लगे. जिलों में जो प्रतिनिधि/संवाददाता थे, उन्हें कंपोजिंग सिखायी गयी. वे न्यूज संग्रह करते, खुद कंपोज करते और रांची के मुख्य कार्यालय को भेजते. रांची दफ्तर को तैयार की हुई सामग्री मिलती. इससे समय बचता. यह क्षेत्रीय अखबारों के लिए नया प्रयोग था. प्रभात खबर का पहला मॉडम सेंटर डालटेनगंज में खुला था. यह सिलसिला जारी रहा और दूर दराज के क्षेत्रों में प्रभात खबर के कार्यालय खुलते गये. टीम में देश के जानेमाने लोगों को शामिल किया गया. एक परेशानी आती थी. उन दिनों रांची में पत्रकारिता करना काफी मुश्किल था और देश की पत्रकारिता में रांची का कोई स्थान नहीं के बराबर था. चाहे संपादकीय के हों या अन्य विभाग के, बड़े नाम रांची आना नहीं चाहते थे. फिर भी कई लोगों ने इस चुनौती को स्वीकार किया.

मल्टी एडिशन का पहला कदम

प्रभात खबर का प्रभार लेने के बाद हरिवंशजी ने देश के कई मजबूत क्षेत्रीय अखबारों का अध्ययन किया. उनके मॉडल को देखने-समझने उन अखबारों के दफ्तरों में गये. इनमें एक था इनाडू. ताकतवर क्षेत्रीय अखबार. आम आदमी का अखबार, जिसकी भाषा को एक सामान्य मजदूर/रिक्शावाला भी समझ सकता था. इस अखबार की सफलता का राज था- इसका जिला संस्करण. जिला स्तर पर निकलने से स्थानीय खबरों के लिए जगह रहती थी. उन दिनों प्रभात खबर के सिर्फ दो संस्करण हुआ करते थे. एक डाक और दूसरा सिटी. आठ से दस पेज के अखबार में मुश्किल से दो पेज डाक संस्करण के लिए होते थे. यानी पूरे दक्षिण बिहार की खबरों के लिए सिर्फ दो पेज. सिटी संस्करण में भी सिटी के लिए बहुत कम जगह होती थी. प्रभात खबर ने तय किया कि संस्करणों की संख्या बढ़ायी जाये ताकि अंचल की खबरों के लिए अधिक से अधिक जगह मिल सके.

प्रभात खबर प्रारंभ से ही भविष्य की चुनौतियों को पहचानने में आगे रहा है. 1991 आते-आते प्रभात

खबर रांची में जगह बना चुका था. उसी समय प्रबंधन ने यह महसूस किया था कि सिर्फ रांची संस्करण से अखबार बहुत आगे नहीं जा सकता है. भविष्य उसी का होगा जिसके पास अधिक से अधिक संस्करण होंगे. इसके पीछे कई कारण थे. उन दिनों बिहार का बंटवारा नहीं हुआ था. बिहार एक बड़ा राज्य था जिसके एक कोने में पूर्णिया, कटिहार, मधुबनी था तो दूसरी छोर पर सिंहभूम या गुमला-सिमडेगा क्षेत्र. प्रभात खबर रांची से प्रकाशित हो कर पटना और बिहार के कुछ क्षेत्रों में भी भेजा जाता था. दूरी ज्यादा थी. समय इतना ज्यादा लगता था कि पाठकों तक खबरें पहुंचते-पहुंचते विलंब हो जाता था. जब समय पर अखबार भेजने के लिए पहले छापा जाता था तो पाठकों को बासी (पुरानी) खबरें मिलती थी. इससे पाठकों के साथ न्याय नहीं हो पाता था. वैसे भी तब तक टेलीविजन का असर दिखने लगा था. अंततः प्रभात खबर ने तय किया कि रांची से बाहर अन्य शहरों से भी अखबार का प्रकाशन आरंभ किया जाये. यह काम आसान नहीं था. पूंजी और साधन का अभाव था. इसका रास्ता निकाला गया.

हालांकि पटना बिहार की राजधानी थी और रांची के बाहर प्रभात खबर निकालने का अगर किसी शहर का सबसे पहला हक बनता था, वह था पटना. हर दृष्टिकोण से उचित. लेकिन प्रभात खबर की पहचान दक्षिण बिहार यानी झारखंड के अखबार के रूप में थी. पटना और आसपास के क्षेत्र में अन्य अखबारों का बोलबाला था. उसकी पकड़ थी. इसलिए तय किया गया कि अगर प्रभात खबर को रांची से बाहर कहीं जाना है तो दक्षिण बिहार के किसी शहर में पहले जाया जाये. वैसे शहर सिर्फ दो ही थे. एक जमशेदपुर और दूसरा धनबाद. दोनों जगहों से पहले से अखबार निकलते थे. धनबाद से आवाज अखबार (संपादक ब्रह्मदेव शर्मा) निकलता था. काफी सशक्त स्थानीय अखबार. आजादी के साल से निकल रहा था. इधर जमशेदपुर में उदितवाणी (संपादक राधेश्याम अग्रवाल) मजबूत था. वहां से आज दैनिक भी निकल रहा था. प्रभात खबर ने तय किया कि पहले जमशेदपुर और धनबाद में ऐसे व्यक्ति को तलाशा जाये, जो प्रभात खबर की फ्रेंचाइजी लेना चाहते हों. जमशेदपुर में अखिलेश सिंह अखबार उद्योग से जुड़े थे. अन्य सहयोगियों के साथ वे ग्रीन सिटी पब्लिकेशन प्राइवेट लिमिटेड नामक कंपनी चलाते थे. 29 जुलाई 1992 को ही इस कंपनी का रजिस्ट्रेशन हुआ था. सितंबर 1992 में ग्रीन सिटी पब्लिकेशन प्राइवेट लिमिटेड और न्यूट्रल पब्लिसिंग हाउस (प्रा) लिमिटेड हाउस के बीच एग्रीमेंट पर हस्ताक्षर हुआ. इस पर अखिलेश सिंह और वीके मोहता ने हस्ताक्षर किये थे. श्री मोहता उस समय एनपीएचएल (प्रभात खबर) के निदेशक थे. इसके कुछ दिनों बाद जमशेदपुर से प्रभात खबर का प्रकाशन (फ्रेंचाइजी) आरंभ किया गया. टिस्को के उस समय के प्रबंध निदेशक डा जेजे ईरानी ने विमोचन किया था.

जमशेदपुर के बाद धनबाद में प्रभात खबर की फ्रेंचाइजी डीबी पब्लिकेशंस प्राइवेट लिमिटेड को दी गयी थी. धनबाद में इसके मालिक थे राजेंद्र अग्रवाल. 15 मार्च 1993 को धनबाद से प्रभात खबर का प्रकाशन (फ्रेंचाइजी) आरंभ किया गया. अंजना अग्रवाल प्रकाशक थीं. लगभग पौने दो साल तक इसका प्रकाशन होता रहा. अब दोनों जगहों (जमशेदपुर और धनबाद) से भी प्रभात खबर का प्रकाशन हो रहा था. उनका प्रबंधन अलग था. प्रभात खबर का बैनर था. छपनेवाले विज्ञापन के बारे में आपसी समझौता था. नीतियां स्पष्ट थीं. संपादकीय पेज रांची से जाता था जिसमें किसी को फेरबदल का अधिकार नहीं था. लेकिन बाकी अखबार निकालने के लिए वे स्वतंत्र थे. हालांकि इसके लिए प्रभात खबर की गाइडलाइन थी. दोनों के प्रधान संपादक में हरिवंश जी का ही नाम जाता था लेकिन दोनों जगहों के

स्थानीय संपादक उनके प्रबंधन द्वारा नियुक्त किये गये थे. जमशेदपुर और धनबाद, दोनों जगहों से जो अखबार निकल रहे थे, उससे प्रभात खबर (रांची) का प्रबंधन संतुष्ट नहीं था. निष्पक्षता, गुणवत्ता पर सवाल उठने लगे. अंततः प्रबंधन ने फ्रेंचाइजी को खत्म करके इन जगहों से अपना अखबार निकालने का निर्णय लिया.

1994 के अंत और 1995 के आरंभ का समय था. जमशेदपुर में जिन लोगों को फ्रेंचाइजी दी गयी थी, उन्होंने रातो-रात इस्पात मेल नाम से अखबार निकाल दिया. सब जगह प्रचारित कर दिया गया कि प्रभात खबर का नाम बदल गया है. प्रभात खबर के पास अचानक चुनौतियां आ गयीं. किसी तरह रांची से अखबार छाप कर (सिंहभूम संस्करण) जमशेदपुर भेजा जाने लगा. इसी बीच प्रबंधन ने अचानक तय किया कि वहां से अखबार निकालने की तैयारी करने के लिए मुझे (अनुज कुमार सिन्हा) जमशेदपुर भेजा जाये. 12 जनवरी 1995 को हरिवंशजी ने मुझे अपने चैंबर में बुलाया था और कहा था कि जमशेदपुर जाना है तुम्हें, वहां से अखबार (प्रभात खबर) निकालना है. जाकर तैयारी करो. उन्होंने आगे पूछा कि कब जाना है, मैंने कहा था कि आज ही जा सकता हूं. मेरे उत्तर के बाद हरिवंशजी ने कहा था कि आज नहीं, एक-दो दिन समय ले लो, फिर जाओ और तैयारी करना.

मुझे खुशी भी हो रही थी कि इस बड़े और चुनौतीपूर्ण काम का जिम्मा मुझे दिया गया है. मन में दुविधा भी थी कि कैसे होगा? अब तक तो मैं सिर्फ संपादन के कार्यों से जुड़ा था. किसी यूनिट को खड़ा करने, उसका प्रबंधन संभालने का कभी मौका नहीं मिला था. ईश्वर का नाम लेकर मैं 17 जनवरी 1995 को बस से जमशेदपुर पहुंच गया. इससे पहले दो-तीन बार परिजनों से मिलने जमशेदपुर गया था लेकिन शहर के बारे में बहुत जानकारी नहीं थी. मुझे सहयोग देने के लिए संतोष को मेरे साथ भेजा गया था. उस समय अखबार की एजेंसी कल्पनाथ दुबे के पास थी. उन्हें कहा गया था कि प्रभात खबर के कार्यालय के लिए एक मकान खोजिए. दुबेजी ने काशीडीह (कालीमाटी रोड पर स्थित) में दो कमरे का एक मकान खोज कर रखा था. हमलोग पहले वहां ही गये. उस दिन रात में जो घटना घटी, उसे कभी भूल नहीं सकता. मैं और संतोष कार्यालय में ही सो गये थे. मकान मालिक बगल में ही रहते थे. हमलोग अंदर थे. बाहर से मकान मालिक ने ताला बंद कर दिया. बाथरूम तक जाने का रास्ता नहीं दिया. जब चिल्लाया तो मकान मालिक ने कहा-जगह दी गयी है कार्यालय के लिए, रहने के लिए नहीं. पहला दिन इस प्रकार कटा था. बड़ा कड़वा अनुभव. वहीं से यात्रा शुरू हुई.

वहां से संवाददाता थे विनोद शरण. हमदोनों दूसरे दिन कार्यालय के लिए टेबल-कुरसी खरीद कर लाये. टेलीफोन लगाने के लिए आवेदन दिया. रांची से पुराना कंप्यूटर (486 मॉडल) लेकर गया था. दूसरे दिन से ही समाचार रांची भेजना शुरू किया. अखबार तो रांची से छप कर जाता था. पहले कुछ दिनों तक फैक्स भेजा करता था. तसवीर के लिए स्कैनर की व्यवस्था उन दिनों नहीं थी. बस से तसवीरें भेजी जाती थीं. तब ई-मेल प्रचलन में नहीं था. आज की तरह तकनीक उन्नत नहीं थी. धीरे-धीरे रांची से कुछ और सहयोगी आ गये. इनमें एक कंपोजिटर भी थे. उसके बाद मॉडम से समाचार जाने लगा. जहां कार्यालय था, वहां जेनरेटर की कोई व्यवस्था नहीं थी. कई ऐसे मौके आये जब बिजली चली जाती थी. यूपीएस था लेकिन बैक-अप आधा घंटा-पौन घंटे का. जमशेदपुर की गरमी, बिजली नहीं, मोमबत्ती के प्रकाश में मैटर कंपोज करना काफी दुखदायी होता था. हमेशा डर बना रहता था कि

कब यूपीएस ट्रिप कर जाये. आरंभ में बहुत परेशानी हुई. प्रभात खबर की पहचान नहीं के बराबर थी. प्रभात खबर रांची से छप कर जा रहा था, इसलिए वहां के राजनेता हों, संस्थाएं हों या अधिकारीगण, प्रभात खबर को बहुत महत्व नहीं देते थे. स्थिति यह थी कि कोई विज्ञप्ति देने नहीं आता था. कभी-कभी कोई आ गया, तो उसे घंटों बात में फंसा कर वहां बैठाये रखता था. बात होती थी. राजनीतिक दल के नेताओं और कुछ अन्य लोगों को टेलीफोन कर दफ्तर में आमंत्रित करता, बैठाता, उन्हें बैठा कर चाय के लिए खुद पास की दुकान पर दौड़ जाता. ऐसे संबंध बनाने का काम शुरू किया. इस प्रकार दफ्तर में लोगों का आना-जाना बढ़ा.

धीरे-धीरे टीम बनती गयी. प्रबंधन का दबाव था कि जल्द से जल्द अखबार निकालना है, लेकिन कार्यालय और प्रेस के लिए जमीन नहीं मिल रही थी. पहले बिष्टुपुर में कार्यालय खोला गया. मशीन के लिए जगह नहीं मिल रही थी. इस बीच एक दिन वसंत बाबू (बीके झवर) जमशेदपुर आये. प्राजीव स्टील (जो गम्हरिया में था) में मुझे भी बुलाया गया. वहां पहले से शेड बना था. एक ओर वायर रोप का काम चल रहा था. बसंत बाबू ने कहा कि बगल में मशीन लगा कर अखबार की छपाई आरंभ करो. मशीन में आयरन डस्ट नहीं जाये, इसकी व्यवस्था करनी थी. बसंत बाबू ने ही राय दी कि मशीन रूम बनाने में समय लगेगा. इसलिए बल्ली गाड़ो, टेंट लगाओ और उसी के अंदर मशीन लगाओ. इससे समय बचेगा और समय पर अखबार शुरू हो जायेगा. उन्हीं की सलाह पर टेंट में मशीन लगायी गयी. न्यूजपेपर इंडस्ट्री में टेंट लगा कर अखबार निकालने की यह पहली घटना थी. रांची में बंधु मशीन (एम-20) थी. यह वही मशीन थी जिसे 1984 में खरीदा गया था जिससे रांची में पहली बार प्रभात खबर निकाला गया था. तब तक रांची में एक अन्य पुरानी मशीन लग चुकी थी. बंधु मशीन को जमशेदपुर भेजा गया और उसी टेंट में लगाया गया. मशीन से कुछ दूरी पर एक छोटा सा कमरा बनाया गया था. इसमें प्लेट मेकिंग मशीन लगायी गयी थी. पहले आज जैसी सुविधा नहीं थी. बिष्टुपुर कार्यालय में कैमरा लगाया गया था. वहां पहले पेज (पेस्टिंग) बनते थे. अखबार आरंभ होने के कुछ दिनों पहले की बात है. ट्रक से रात में कैमरा आया था. आदेश था कि कैमरा को उसी समय उतारना है. नहीं उतारा तो ट्रक का एक दिन का और भाड़ा देना पड़ेगा. अब रात में 11 बजे कैमरा (लकड़ी से पैकिंग के बाद उसका वजन तीन-चार क्विंटल से कम नहीं होगा) उतारने के लिए मजदूर मिलना संभव नहीं था. ऐसी स्थिति में पूरी संपादकीय टीम, गार्ड, प्रोसेस और सर्कुलेशन के सहयोगी कैमरा उतारने में लग गये. हम सभी मिल कर कंधे पर रख कर कैमरा को ट्रक से उतारा. सीढ़ी से चार तल्ले (मधुकुंज बिल्डिंग, बिष्टुपुर, जमशेदपुर) पर चढ़ाया. जिस कमरे में कैमरा लगाना था, उसमें वह घुस नहीं पा रहा था. रात में ही कमरे की दीवार का कुछ हिस्सा तोड़ दिया गया. फिर कैमरा वहां पहुंचाया गया. किसी सहयोगी ने कभी नहीं कहा कि कैमरा उतारने का काम उसका नहीं है या यह काम वह नहीं करेगा. कोई दबाव नहीं, अखबार शीघ्र आरंभ करने का सभी में जज्बा था और वह कोई भी काम करने को तैयार रहते थे. सहयोगियों के जज्बे का यह एक उदाहरण है.

ऐसे करते-करते 7 सितंबर 1995 का दिन आ चुका था. दिन में प्राजीव स्टील में पूजा हो गयी. उसके बाद रात में अखबार छापने की तैयारी की गयी थी. लेकिन एक छोटी घटना ने सभी को परेशान कर दिया. रात में जब प्लेट बनाने का प्रयास किया गया तो प्लेट नहीं बन रहा था. जिस कमरे में प्लेट

बनाया जा रहा था, उसकी दीवारों में नमी थी. उसका असर प्लेट पर पड़ रहा था. गलती हुई थी कि पहले प्लेट बनाकर टेस्ट नहीं किया गया था. दो-तीन हीटर लगा कर दीवार को सुखाने का प्रयास किया गया. जब काम नहीं बना तो एक बार ऐसा लगा कि अखबार नहीं निकलेगा. उस दिन हरिवंश जी, केके गोयनकाजी, आरके दत्ता जी, हरि जी, सेन दॉ (पीके सेन), एचएन चटर्जी सभी वहां मौजूद थे. दूसरे अखबार (दैनिक आज का कार्यालय, तब वहां मानस षाड़ंगी प्रभारी थे) के दफ्तर से आग्रह किया गया. वहां प्लेट बना कर लाया गया. उसी प्लेट से अपनी मशीन पर प्रभात खबर का प्रकाशन आरंभ हुआ. संकट यहीं दूर नहीं हुआ. दूसरे या तीसरे दिन हाइटेंशन तार टूटने के कारण पूरे इलाके की बिजली चली गयी थी. प्राजीव स्टील में जेनरेटर था नहीं. ऐसे में जमशेदपुर (बिष्टुपुर कार्यालय) से पेज बना कर उसे मॉडम से रांची भेज कर, रांची में अखबार छाप कर जमशेदपुर भेजा गया. तीन दिनों में दो बड़ी परेशानियां आयी लेकिन उनका समाधान भी निकल गया. अब अखबार के सामने इसे जमाने की बड़ी चुनौती थी. वहां उदितवाणी और आवाज दो जमे हुए अखबार थे. आज और इस्पात मेल जैसे अखबार भी थे. बहुत प्रयास के बावजूद सर्कुलेशन तेजी से नहीं बढ़ रहा था. इसी बीच चाईबासा और घाटशिला में दफ्तर खोला गया. धीरे-धीरे अंचल में कई और मॉडम सेंटर खुले. जब अखबार का सर्कुलेशन कम था तो बहरागोड़ा में एक एजेंट के पास घंटों बैठे रहे कि अखबार 18 से 20 कर दो. वे तैयार नहीं हुए थे. अंचल में दूसरे अखबार से रिपोर्टर आने को तैयार नहीं होते थे. बाद में स्थिति बदली. इससे अंचल में अखबार मजबूत होता गया. कुछ समय के बाद शहर में भी स्थिति बेहतर हो गयी. अब मैनेजमेंट आगे की यात्रा के लिए तैयार था.

1996 में पटना से भी प्रभात खबर का प्रकाशन आरंभ हो चुका था. रांची और जमशेदपुर के बाद पटना प्रभात खबर का तीसरा प्रिंटिंग सेंटर हो चुका था. पटना में अखबार खुलने का पटना को जितना लाभ मिला, उससे ज्यादा लाभ रांची और जमशेदपुर संस्करण को मिला. तब झारखंड बिहार का हिस्सा था और पटना राजधानी. राजनीतिक गतिविधियां पटना से ही संचालित होती थीं. चाहे कैबिनेट का निर्णय हो या तबादले या अन्य सरकारी निर्णय, प्रभात खबर में इसका विस्तृत विवरण होता था. यहीं पर प्रभात खबर जमशेदपुर में अन्य स्थानीय अखबारों पर भारी पड़ता था. इससे अखबार को बढ़ाने में काफी सहायता मिली.

जमशेदपुर में संपादकीय-विज्ञापन का दफ्तर बिष्टुपुर में था और प्रेस गम्हरिया के प्राजीव स्टील में. प्रेस से दूरी 10 किलोमीटर थी. इससे बहुत ज्यादा परेशानी होती थी. इस बीच ऐसे स्थान की तलाश की जा रही थी जिसमें प्रेस और कार्यालय दोनो रहे. ऐसी जगह मिली काशीडीह में. खाली जगह थी. बात की गयी. वहां प्रभात खबर के कार्यालय के लिए तीन मंजिला भवन बनवाया गया. दो फ्लोर प्रभात खबर ने किराया पर लिया. नीचे में प्रेस (मशीन) और ऊपर में संपादकीय, पेस्टिंग व अन्य विभाग. मशीन व संपादकीय दोनों एक ही जगह लाने से सुविधा बढ़ गयी. इसका लाभ भी मिला. उन दिनों कनाडा में टोरंटो कप (वन डे क्रिकेट प्रतियोगिता) चल रहा था. भारत और पाकिस्तान के बीच मैच होता था. सुबह चार-पांच बजे तक मैच खत्म होता था. एक घटना याद है. मैच रोचक स्थिति में था. सुबह होने जा रही थी. मैच चल रहा था, साथ में रिपोर्ट भी तैयार हो रही थी. काउंटर पर हॉकर्स आ चुके थे. तब तक पटना से सौभिक विश्वास (बाबू दा) आ चुके थे. उन्होंने हॉकरों को रोक कर रखा था. कहा

गया था कि मैच खत्म होनेवाला है. पूरी रिपोर्ट अखबार में आयेगी. ऊपर संपादकीय, नीचे मशीन रूम, इसका लाभ उसी दिन देखने को मिला था. इधर अंतिम गेंद फेंकी गयी, उधर अखबार तैयार. टीम तैयार थी. अखबार छपता गया. हम सभी लोग चाहे वे संपादकीय के हों या किसी अन्य विभाग के, अखबार गिनने या बंडल बांधने बैठ गये थे. इसके बाद तुरंत उसे काउंटर पर भेजा जाता रहा. जिसने भी मैच देखा था, उसे ताजुब हुआ कि मैच खत्म होने के 20-30 मिनट के भीतर अखबार पूरे मैच के विवरण के साथ उसके हाथ में. इससे पाठकों के मन में यह बात बैठी सबसे अधिक न्यूज प्रभात खबर ही देता है. इस तरह पाठकों का विश्वास जीता जा रहा था.

कई और चुनौतियां आनेवाली थीं. इसलिए तैयारी हो रही थी. बंधु मशीन से काम नहीं चलनेवाला था. आठ पेज से ज्यादा की मांग हो रही थी. मशीन आठ पेज ही एक साथ छाप सकती थी. पटना की ओरिएंट मशीन को जमशेदपुर में लगाया गया. बाद में यह महसूस किया गया कि मशीन के लिए जगह कम पड़ रही है. इसलिए मशीन को कहीं और लगाया जाये. इस बीच टेलीग्राफ अखबार जमशेदपुर से छपने की योजना बना रहा था. प्रभात खबर के पास यह अवसर आया. प्रभात खबर और आनंद बाजार पत्रिका ग्रुप के बीच समझौता हुआ जिसके तहत प्रभात खबर की मशीन पर टेलीग्राफ जमशेदपुर से छपना था. प्रभात खबर के पास जो मशीन थी, उस पर टेलीग्राफ छपना संभव नहीं था. प्रभात खबर ने नयी मशीन के लिए जगह तलाशने का प्रयास किया. उन दिनों आदित्यपुर में मेन रोड पर बिहार राज्य आवास बोर्ड का अच्छा प्लॉट खाली था. 8 फरवरी 2000 को प्रभात खबर के तत्कालीन महाप्रबंधक (वित्त) केके गोयनका ने बिहार राज्य आवास बोर्ड के पास 7000 वर्गफीट के प्लॉट को खरीदने के लिए आवेदन दिया. प्रभात खबर उसकी पूरी राशि देने को तैयार था लेकिन प्रभात खबर को आवास बोर्ड की वह जमीन नहीं दी गयी. अगर वह जमीन मिल गयी होती तो आज आदित्यपुर के मेन रोड में प्रभात खबर का अपना प्रेस-दफ्तर होता. प्रभात खबर को जमीन नहीं मिलने के पीछे बड़ा कारण था आवास बोर्ड में व्याप्त भ्रष्टाचार. बोर्ड के कुछ अधिकारी यह जानते थे कि प्रभात खबर को प्लॉट देने से ऊपर से कुछ नहीं मिलेगा. तमाम प्रयास के बावजूद वह जमीन प्रभात खबर को मिल नहीं पायी.

इसके बाद प्रभात खबर के पास कोई विकल्प नहीं दिखा. काफी प्रयास के बाद आदित्यपुर औद्योगिक क्षेत्र में एक पुराना शेड खरीदा. बड़ा शेड था. लगभग 30 हजार वर्ग फीट का. उसमें कुछ बदलाव किया गया. वहां प्रभात खबर की बिल्डिंग (दो मंजिला) भी बनायी गयी. इस पर अच्छा-खासा खर्च हुआ. प्रभात खबर ने टेलीग्राफ के जॉब वर्क के लिए नयी मशीन स्टार लाइन खरीदी. इसे आदित्यपुर में लगाया गया. बाद में एक और मशीन (न्यूज लाइन-30) लगायी गयी. प्रभात खबर के साथ टेलीग्राफ प्रिंटिंग का जो समझौता हुआ, उसने जमशेदपुर में प्रभात खबर को तकनीकी तौर पर काफी समृद्ध किया. बाद में इमेज सेटर मशीन लगायी गयी. प्रभात खबर ने काशीडीह दफ्तर को लेकर एक बड़ा कदम उठाया. यह तय किया गया कि अगर प्रेस आदित्यपुर स्थानांतरित होता है तो कार्यालय भी वहीं पर रखा जाये. एक सिटी ऑफिस शहर में रख कर काम चलाया जाये. आदित्यपुर में जो बिल्डिंग बनायी गयी थी, वहां पर पूरे कार्यालय को स्थानांतरित कर दिया गया. सिटी ऑफिस बिष्टुपुर में रखा गया. इसका बुरा असर दिखा. आदित्यपुर का वह इलाका, जहां प्रिंटिंग प्रेस के साथ-साथ संपादकीय विभाग भी था, शहर से दूर पड़ता था. लोगों से संपर्क कम होता गया. इसका असर न्यूज और विज्ञापन दोनों पर पड़ने लगा. जब अखबार

के दफ्तर तक लोग नहीं पहुंच सकें तो यह खतरनाक संकेत है. सवाल अस्तित्व का था. तकनीकी खामियां भी थीं. समाचार के लिए रांची पर निर्भर रहना था, लेकिन वहां से मॉडम से समाचारों का आदान-प्रदान बड़ी मुश्किल से होता था. प्रबंधन की बैठक हुई. समस्याएं बतायी गयीं. एक मात्र हल दिखा. वह था जहां से (काशीडीह) दफ्तर हटाया गया था, दफ्तर फिर वहीं ले जाया जाये. अखबार को बचाने का यही रास्ता दिखाई पड़ा था. दो माह में ही दफ्तर को पुरानी जगह पर ले जाने का फैसला आसान नहीं था. लाखों रुपये खर्च कर आदित्यपुर में नया दफ्तर बना था. काशीडीह में फिर से लाखों खर्च कर पुरानेवाले भवन में ही नया दफ्तर बनाया गया. किस्मत तेज थी कि तब तक वह बिल्डिंग खाली थी. पूरा कार्यालय आदित्यपुर से काशीडीह लौट आया. यह घटना जून 2003 की है. दरअसल आदित्यपुर में जिस जगह प्रेस बनाया गया था, वहां अखबार का दफ्तर ले जाने का यह असर पड़ेगा, किसी ने सोचा भी नहीं था. आंकलन ही गलत हुआ. इस चूक को ठीक किया गया लेकिन कंपनी को इस पर लाखों रुपये खर्च करने पड़े. अगर दफ्तर लौटने में विलंब होता तो नुकसान और ज्यादा होता.

जमशेदपुर जब इन परेशानियों से जूझ रहा था, प्रभात खबर का धनबाद, कोलकाता संस्करण भी खुल चुका था. धनबाद में जमीन लेकर भवन बनाया गया था. वहीं पर मशीन लगायी गयी थी. बाद में सिलिगुड़ी में संस्करण खुला. भले ही पटना और कोलकाता में प्रभात खबर खुल गया था, लेकिन प्रभात खबर को लोग झारखंड के अखबार के रूप में ही जानते थे. रांची और जमशेदपुर में प्रभात खबर की अच्छी पकड़ बन चुकी थी. इसी बीच चुनौती तब बढ़ गयी जब फरवरी 2000 में दैनिक हिंदुस्तान का रांची से प्रकाशन आरंभ हुआ.

अभी तक प्रभात खबर का सामना रांची एक्सप्रेस, आवाज, उदितवाणी जैसे स्थानीय अखबारों से हुआ था. राष्ट्रीय अखबार होने के बावजूद आज अखबार की पकड़ इन क्षेत्रों में नहीं के बराबर थी. इसलिए जब रांची से नये अखबार के प्रकाशन की खबर आयी तो प्रबंधन को चिंतित होना स्वाभाविक था. पहले किसी राष्ट्रीय अखबार से पाला नहीं पड़ा था. लेकिन प्रभात खबर को अपनी टीम और अपने कंटेंट पर भरोसा था. प्रतिद्वंद्वी अखबार की ताकत को प्रभात खबर जानता था. यह भी पता था कि नया अखबार 20-24 पेज या उससे भी अधिक पेज का भी निकाल सकता है. उसके पास ऐसी मशीन होगी. उसके पास अधिक से अधिक रंगीन पेज छापने की भी सुविधा होगी. उस समय तक प्रभात खबर में रंगीन पेज छापने की सुविधा हो गयी थी. प्रभात खबर में नयी मशीन आ गयी थी. सारी तैयारियां कर ली गयी थी जो एक ताकतवर प्रतिद्वंद्वी अखबार का सामने करने के लिए की जाती है. इसी क्रम में प्रभात खबर में सबसे पहले रांची में कलर प्रिंटिंग आरंभ हो गयी थी. इसके बाद 4 दिसंबर 1999 से जमशेदपुर में भी कलर प्रिंटिंग शुरू कर दी गयी. सिर्फ पहला पेज और बैक पेज ही कलर हो पाता था.

रांची से नये अखबार के आने के समय यानी फरवरी 2000 में प्रभात खबर के मैनपावर पर बहुत फर्क नहीं पड़ा. कुछ लोग जरुर इधर से उधर हुए. पर यह भी सही था कि प्रभात खबर के उन दिनों के वेतन या अन्य सुविधाओं और नये अखबार (हिंदुस्तान) के वेतन-सुविधा में फर्क था. प्रभात खबर के पास सीमित संसाधन थे. हालांकि प्रभात खबर ने भी अपने बजट को देखते हुए वेतन-सुविधाओं में बढ़ोत्तरी की थी. इसका लाभ सभी कर्मचारियों को चाहे वे किसी भी विभाग में क्यों न कार्यरत हों, दिया गया था. वेतन बढ़ने के बावजूद संकट दूर नहीं हुआ और एक दिन एक साथ बड़ी संख्या में प्रभात खबर

के कई लोगों ने अखबार से इस्तीफा दे दिया. इसमें सीनियर साथी भी थे. पैसा को बड़ा कारण बताया जा रहा था. प्रभात खबर की आर्थिक स्थिति ऐसी न थी कि गये हुए सहयोगियों को उक्त अखबार से अधिक पैसा देकर बुला लिया जाये. ऐसी स्थिति में जो भी सहयोगी बच गये थे, उदाहरण पेश किया. कॉलेजों से नये-नये युवकों को उठा कर लाया गया. रातो-रात प्रशिक्षण देकर मैदान में उतार दिया गया. जब कई साथियों ने प्रभात खबर छोड़ दिया था, तो प्रभात खबर के पास दो ही रास्ते थे. एक था पुराने लोगों को फिर से लाना और दूसरा युवाओं को प्रशिक्षण देकर लड़ाई में कूद जाना. पहले रास्ते के पक्ष में अखबार नहीं था. उसने दूसरे रास्ते को चुना. स्वाभिमान का रास्ता. अखबार लंबी योजना बनाना चाहता था. संस्था खड़ा करना चाहता था ताकि क्षेत्र में पत्रकारों की किल्लत न रहे. भारती विद्या भवन (बंबई) से संपर्क किया गया. उन लोगों ने रांची में प्रभात खबर मीडिया इंस्टीट्यूट को मान्यता दे दी. 2002 से पीकेएमआइएस विधिवत काम करने लगा. हरिवंशजी भी खुद पढ़ाते थे. अन्य सीनियर साथियों को भी इस काम में लगाया गया था. 10 साल तक यह संस्था चलती रही. सैकड़ों पत्रकारों को प्रभात खबर मीडिया इंस्टीट्यूट ने तैयार किया. बाद में इसे बंद कर दिया गया क्योंकि प्रभात खबर के विस्तार में सारा ध्यान लग रहा था. पीकेएमआइएस में विष्णु राजगढ़िया, ओम प्रकाश अश्क, विजय भास्कर, विजय पाठक, जीवेश, विनय भूषण समेत कई साथी प्रशिक्षण देते थे. बाद में इस संस्थान को चलाने की जिम्मेवारी राकेश कुमार को दी गयी थी.

2000 में जिस समय अचानक कई साथी चले गये थे, वह संकट का दौर था. अनेक साथी अखबार के दफ्तर में ही सोते थे. विजय पाठक (अभी रांची के स्थानीय संपादक) और उनके सहयोगियों ने मोरचा संभाल लिया था. तब तक बैजनाथ मिश्र रांची एक्सप्रेस से प्रभात खबर में स्थानीय संपादक के पद पर आ चुके थे. दूसरे अखबारों ने विजय और उनके वरिष्ठ साथियों को भी अपने अखबार के साथ जोड़ने का प्रलोभन दिया लेकिन ये लोग टस से मस नहीं हुए. बाद में जीवेश रंजन सिंह (वर्तमान में भागलपुर के संपादक) भी रांची आ गये. तनाव के क्षण में भी इस टीम ने धैर्य का परिचय दिया और प्रभात खबर को कमजोर नहीं होने दिया. विजय के साथ पुराने साथी एक पैर पर खड़ा रहे. इसके बाद एक बार रांची कार्यालय में हड़ताल के दौरान एक मौका ऐसा आया जब प्रभात खबर के संपादकीय और कुछ अन्य विभाग के लोग प्रेस में ही रहने लगे और कई दिनों तक घर नहीं गये. वहीं खाना, वहीं रहना और वहीं सोना. जब किसी अखबार में ऐसे प्रतिबद्ध, समर्पित और जीवट लोग रहें, तो उस अखबार को आगे बढ़ने से कौन रोक सकता है? 2003 में जब दैनिक जागरण का झारखंड में पदार्पण हुआ तो प्रभात खबर का सामना एक साथ देश के दो बड़े अखबारों से हुआ. लेकिन तब तक प्रभात खबर काफी बदल चुका था. अच्छी मशीनें थीं. तकनीक बदल गयी थी. प्रोफेशनल्स की टीम आ चुकी थी. फीचर विभाग का प्रभार विनय भूषण ने ले लिया था. उसके बाद उन्होंने फीचर में कई नये प्रयोग किये. कई साल बाद अन्य अखबारों ने इसका अनुपालन किया. लगातार 15 नवंबर और दीपावली का विशेष अंक निकाला जिससे अखबार की खास पहचान बनी.

प्रभात खबर अब बिहार पर भी ध्यान दे रहा था. वैसे तो जमशेदपुर से प्रभात खबर का प्रकाशन आरंभ होने के अगले साल ही पटना से प्रभात खबर का प्रकाशन 8 अप्रैल 1996 से आरंभ हो गया था. प्रभात खबर जैसे अखबार के लिए बड़ी उपलब्धि थी. इसके पहले के प्रभात खबर के दोनों संस्करण

संस्करणों की लांचिंग तिथि		
1.	रांची	14 अगस्त, 1984
2.	जमशेदपुर	8 सितंबर, 1995
3.	पटना	7 अप्रैल, 1996
4.	धनबाद	15 जुलाई, 1999
5.	कोलकाता	31 अक्तूबर, 2000
6.	देवघर	29 जुलाई, 2004
7.	सिलीगुड़ी	10 मार्च, 2006
8.	मुजफ्फरपुर	10 अक्तूबर, 2010
9.	भागलपुर	10 फरवरी, 2011
10.	गया	21 अक्तूबर, 2011

दक्षिण बिहार (अब का झारखंड) से निकलते थे. पटना से निकलने से इसे प्रांतीय अखबार का दर्जा मिला. वैसे भी पटना सत्ता का केंद्र था. सरकार पटना में थी. बड़े निर्णय पटना से होते थे जिसकी जानकारी सभी को चाहिए थी. इसलिए जब पटना संस्करण आरंभ हुआ तो रांची,जमशेदपुर के पाठकों की उम्मीदें भी बढ़ीं. वहां नयी ओरियेंट मशीन लगायी गयी थी. उन दिनों पटना में कार्यालय फ्रेजर रोड में हुआ करता था. इसके लगभग तीन साल बाद (15 जुलाई 1999) धनबाद से प्रभात खबर का प्रकाशन आरंभ हुआ. यह प्रभात खबर का चौथा संस्करण था. इसके लिए प्रभात खबर ने अपनी जमीन खरीद ली थी. रांची के बाद धनबाद पहला संस्करण था जिसका उदघाटन अपनी ही जमीन पर हुआ था. अन्य जगहों पर किराये की जमीन/कार्यालय से प्रभात खबर की शुरुआत की गयी थी. बाद में कई जगहों पर अपनी जमीन खरीदी गयी. अभी तक सारे संस्करण बिहार (तब विभाजन नहीं हुआ था) में ही थे. भविष्य को देखते हुए यह महसूस किया गया कि प्रभात खबर का विस्तार अन्य राज्यों में किया जाये. उसी समय 31 अक्तूबर 2000 को कोलकाता से प्रभात खबर का प्रकाशन आरंभ किया गया. अब तो वहां अपनी मशीन भी लग चुकी है. इसी बीच बिहार का बंटवारा हो गया और झारखंड राज्य बन गया. झारखंड से हिंदुस्तान का प्रकाशन आरंभ हो चुका था. इसलिए तय हुआ कि झारखंड में ही प्रभात खबर का और विस्तार किया जाये. रांची के अलावा जमशेदपुर, धनबाद से प्रभात खबर निकल रहा था लेकिन संताल उपेक्षित था. यह बड़ा इलाका है. धनबाद से छाप कर पूरे संतालपरगना में अखबार समय पर भेजना संभव नहीं होता. उस समय प्रभात खबर का भागलपुर संस्करण नहीं खुला था. इसलिए निर्णय किया गया कि देवघर से प्रभात खबर का नया संस्करण खोला जाये ताकि वहां से देवघर, गोड्डा, साहेबगंज,जामताड़ा और पाकुड़ के लोगों को समय पर अखबार मिल सके. 29 जुलाई 2004 को देवघर संस्करण का उदघाटन किया गया. अब तक झारखंड से हिंदुस्तान और दैनिक जागरण का रांची, जमशेदपुर और धनबाद संस्करण खुल चुका था. लेकिन किसी के पास देवघर संस्करण नहीं था. देवघर संस्करण खुलते ही प्रभात खबर राज्य का पहला अखबार बना जो झारखंड में चार जगहों (रांची, जमशेदपुर, धनबाद, देवघर) से प्रकाशित होता हो. इसी बीच 10 मार्च 2006 को बंगाल में एक और संस्करण बढ़ा. कोलकाता के बाद सिलीगुड़ी से प्रभात खबर का प्रकाशन आरंभ किया गया. वह प्रभात खबर का सातवां संस्करण था.

अबतक प्रभात खबर झारखंड के अलावा बिहार और बंगाल में यानी तीन राज्यों में फैल चुका

था. सर्कुलेशन के हिसाब से बिहार में बहुत अच्छी स्थिति नहीं थी. बिहार तेजी से विकास कर रहा था. वहां के हालात बदले थे. वैसे भी बिहार का मार्केट झारखंड से तीन गुना से ज्यादा ही है. ऐसे में प्रभात खबर ने महसूस किया कि बिहार में बगैर विस्तार किये प्रभात खबर का आगे बढ़ पाना मुश्किल है.

बिहार में विस्तार

पटना से प्रकाशित होने के बावजूद प्रभात खबर बिहार में वह स्थान नहीं बना सका था जो झारखंड में था. इसके पीछे बड़ा कारण था. बिहार में बड़ी पूंजी चाहिए थी. बड़े-बड़े अखबारों से सामना हो रहा था. एक और परेशानी थी. बिहार में पाठकों को लगता था कि प्रभात खबर झारखंड का अखबार है. पाठकों की इस धारणा को तोड़ना आसान नहीं था. सिर्फ पटना से छप कर पूरे बिहार में प्रभात खबर की पहचान बनाना आसान नहीं था. इस बीच प्रबंधन ने यह तय कर लिया था कि बिहार में प्रभात खबर को और मजबूत करेंगे. नये तेवर के साथ बड़े मुकाबले के लिए प्रभात खबर तैयार हो चुका था. वैसे भी देवघर संस्करण के बाद झारखंड में कहीं विस्तार की संभावना थी नहीं. यह भी तय था कि दूसरे राज्यों में मजबूत हुए बगैर प्रभात खबर को बहुत आगे तक नहीं ले जाया जा सकता. जमाना मल्टी एडिशन का आ चुका था. मुजफ्फरपुर से शैलेंद्र की अगुवाई में 10 अक्तूबर 2010 से प्रभात खबर का प्रकाशन पूरी तैयारी के साथ शुरू हुआ. कम समय में इसने बाजार पर कब्जा किया. मुजफ्फरपुर से एक योजना के तहत अखबार निकाला गया था. योजना के अनुसार बिहार में अनेक संस्करण एक तय समय सीमा में खुलने थे. इससे एक संदेश गया कि प्रभात खबर बिहार में अब गंभीर है.

1996 और 2010 यानी 14 सालों के बीच प्रभात खबर भले ही बिहार में बहुत ज्यादा बिकनेवाला अखबार नहीं बन पाया था लेकिन इस दौरान अपनी गंभीर पत्रकारिता के बल पर एक विश्वसनीय अखबार की पहचान बना चुका था. बिहार में उस दौरान अनेक विशेष अंक निकले जिन्हें लोग आज भी याद करते हैं. वे संग्रहणीय अंक थे जिनकी मांग दिल्ली में बैठे शीर्ष ब्यूरोक्रैट्स तक ने की थी. बिहार में विकास को मुद्दा बनाकर प्रभात खबर ने अपनी यात्रा आरंभ की थी. मुजफ्फरपुर से प्रकाशन के बाद पाठकों की धारणा बदलने लगी. उन्हें लगा कि यह अखबार बिहार का अखबार है और बिहार या बिहारियों के सम्मान के लिए लड़नेवाला अखबार है. योजना के तहत भागलपुर और गया से अखबार निकलने की तैयारी चल रही थी. बिहार इतना बड़ा है कि सिर्फ पटना और मुजफ्फरपुर से अखबार निकालकर बिहार के एक कोने से दूसरे कोने में समय पर नहीं पहुंचा जा सकता है. इसलिए जल्द से जल्द भागलपुर से अखबार निकालना था. कई नये संस्करण खोलने में संपादकीय की तैयारी की जिम्मेवारी राजेंद्र तिवारी को दी गयी थी. 10 फरवरी 2011 से प्रभात खबर भागलपुर से निकलने लगा. ये तीन प्रमुख प्रकाशन केंद्र पहले से रहे थे. इन तीनों जगहों से हिंदुस्तान, दैनिक जागरण पहले से निकलता रहा था. प्रभात खबर ने गया को भी प्रकाशन केंद्र में बदलने का काम किया. उसी साल यानी 21 अक्तूबर 2011 को प्रभात खबर गया से निकलने लगा. बिहार में प्रभात खबर का यह चौथा प्रकाशन था. चारो जगहों से प्रभात खबर का प्रकाशन आरंभ होने के बाद प्रभात खबर को ऐतिहासिक सफलता मिली. जिस अखबार की पहले कोई विशेष पहचान नहीं थी, उसी प्रभात खबर ने बड़े-बड़े अखबारों को चुनौती दी. बिहार को विशेष पैकेज की मांग को लेकर प्रभात खबर ने अभियान चलाया. प्रभात खबर

का आज बिहार में प्रभात खबर का अच्छा-खासा सर्कुलेशन है. पूरे राज्य में अपना सशक्त नेटवर्क है. तकनीक के मामले में भी प्रभात खबर किसी अखबार से पीछे नहीं है. तीन सालों के भीतर बिहार में प्रभात खबर ने जो जगह बनायी, उसने प्रभात खबर समूह को बहुत मजबूत किया. बिहार में प्रभात खबर ने बिहारी अस्मिता का सवाल उठाया. दर्जनों होर्डिंग्स लगाकर और अखबारों में लगातार विज्ञापन छाप कर बिहार ब्रांड को मजबूत किया.

अंगरेजी में प्रभात खबर

1984 में जब पहली बार प्रभात खबर का प्रकाशन हिंदी में किया गया था, उसी समय यह तय हुआ था कि अंगरेजी में भी प्रभात खबर निकाला जायेगा. इसकी सार्वजनिक घोषणा भी की गयी थी. प्रभात खबर के 4 अक्तूबर 1984 के अंक में पेज एक पर अंगरेजी में यह विज्ञापन छापा गया था कि जल्द ही अंगरेजी में प्रभात खबर निकाला जायेगा. इसके लिए संवाददाता और डेस्क के लिए लोगों से 15 दिनों के भीतर आवेदन पत्र भी मांगे गये थे. लेकिन इसके बाद प्रबंधन में आपस में विवाद के कारण यह योजना धरी की धरी रह गयी. प्रभात खबर अंगरेजी में नहीं निकल पाता, अगर तत्कालीन प्रधानमंत्री राजीव गांधी स्वयं पहल कर ज्ञानरंजन को अंगरेजी में अखबार निकालने के लिए प्रेरित नहीं करते. 25 मई 1988 को प्रधानमंत्री राजीव गांधी रांची आये थे. मोरहाबादी मैदान में उनकी सभा थी. ज्ञानरंजन प्रधानमंत्री के साथ ही आये थे. उसी दौरान प्रभात खबर की चर्चा हुई थी. उस दौरान प्रभात खबर का स्वामित्व ज्ञानरंजन के पास ही था. रास्ते में ही राजीव गांधी और ज्ञानरंजन के बीच अंगरेजी प्रभात खबर पर चर्चा हुई थी. दोनों के बीच क्या बातचीत हुई, इसका खुलासा तो नहीं हो सका था लेकिन उसी दिन शाम में प्रभात खबर के दफ्तर में यह बात फैल गयी थी कि अंगरेजी में प्रभात खबर निकालने की तैयारी करनी है. जितना जल्द हो सके, अखबार निकल जाये. एक दिन पहले तक अंगरेजी में प्रभात खबर निकालने की चर्चा तक नहीं थी. अचानक प्रबंधन सक्रिय हो गया. तब तक प्रभात खबर एक मंजिला था. जगह का अभाव

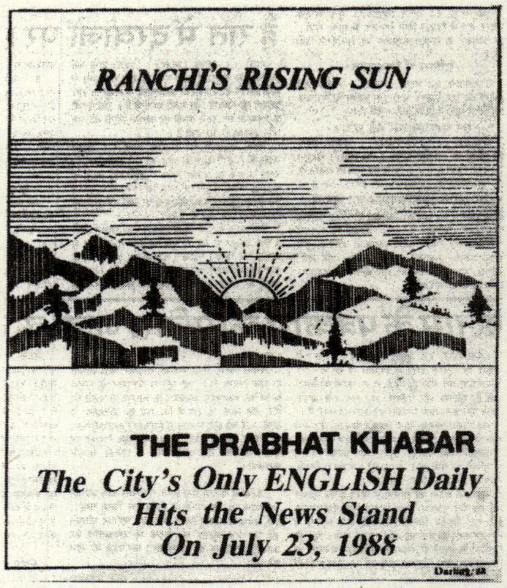

Prabhat Khabar

13 Ministers of State, five DyMinisters inducted
Union Cabinet expanded
Subodh Kant, Patel, Jena, Ajay Singh, Shastri get berth

Devi endorses seven names for JD presidentship

Six militants gunned down on border line

CM urged to consult on policy matters

Chautala not to campaign for his election

VHP blamed for fomenting trouble

ROTARY CLUB OF RANCHI
FETE
Games of skill
TAMBOLA

VP for enactment of Labour laws

Ram Dhan appointed

Fire claims one live

Volga

था. जल्दबाजी में छत पर कुछ कमरे बनाये गये. छत की ढलाई का भी समय नहीं था, इसलिए दीवार खड़ी कर उस पर एस्बेस्टस रख कर प्रभात खबर, अंगरेजी का कार्यालय बनाया गया. वहां से ही 23 जुलाई 1988 से प्रभात खबर (अंगरेजी) का प्रकाशन आरंभ किया गया. यानी तय करने के दो माह के भीतर अंगरेजी प्रभात खबर पाठकों के हाथ में था. उदय सिन्हा पहले संपादक बनाये गये थे. बाद में मनोज प्रसाद इसके संपादक बने. प्रभात खबर हिंदी के पास पहले से संवाददाताओं की बनी-बनायी टीम थी. अंगरेजी में भी इनका उपयोग करने का निर्णय लिया गया था. हिंदी में जो भी संवाददाता न्यूज फाइल करते थे, उसकी कार्बन कापी अंगरेजी को भेज दी जाती थी. अंगरेजी संस्करण के लिए उसका ट्रांसलेशन किया जाता था. अंगरेजी के अलग से भी कुछ संवाददाता थे. प्रभात खबर के अंगरेजी में छपने के पहले से रांची से एक अंगरेजी दैनिक न्यू रिपब्लिक छपता था. ये दोनों अखबार यहां आनेवाले राष्ट्रीय अंगरेजी अखबारों से मुकाबला नहीं कर पाये. अंगरेजी ने सबसे पहले मार्टिन टेटे की अस्वाभाविक मौत का मुद्दा उठाया था. हिंदी संस्करण ने इसे बाद में लिया. अंगरेजी और हिंदी दोनों में इसे मुद्दा बनाया गया. लगातार छपने के बाद मार्टिन टेटे की मौत का मामला राष्ट्रीय स्तर पर चर्चित हो गया. राष्ट्रीय अखबारों और पत्रिकाओं में भी यह छाया रहा. उन दिनों यह क्षेत्र अंगरेजी पत्रकारिता के लिए उपयुक्त नहीं था. पाठकों की संख्या बढ़ नहीं रही थी. विज्ञापन आ नहीं रहे थे. लगातार घाटा बढ़ता जा रहा था. सिर्फ अप्रैल 1990 में अंगरेजी प्रभात खबर का घाटा 75 हजार रुपये का था. हिंदी प्रभात खबर भी घाटे में ही (अप्रैल 1990 में हिंदी प्रभात खबर को 2.88 लाख का घाटा था) चल रहा था. अंगरेजी अखबार का सर्कुलेशन-विज्ञापन बढ़ नहीं पा रहा था. इसका असर हिंदी पर पड़ रहा था. गुणवत्ता में भी वह टाइम्स आफ इंडिया और टेलीग्राफ जैसे अंगरेजी अखबार का मुकाबला नहीं कर पाया. लगभग दो-ढाई साल अखबार चल चुका था. प्रबंधन लगातार इस पर निगाह रखे हुए था. एक दिन प्रबंधन ने अपना सुझाव भेजा-मेरी राय में हिंदी और अंगरेजी प्रभात खबर दोनों को चलाना संभव नहीं लगता. सही यह होगा कि घाटे को कम किया जाये और पूरा ध्यान हिंदी प्रभात खबर को आगे बढ़ाने और नयी पत्रिका में लगाया जाये. अंगरेजी अखबार को बंद करने के लिए तिथि निर्धारित करने के लिए भी उन्होंने कहा था. इसके बाद अंगरेजी प्रभात खबर का प्रकाशन बंद कर दिया गया.

अंगरेजी प्रभात खबर में कई ऐसे सहयोगी थे जिनकी हिंदी में अच्छी पकड़ थी. अंगरेजी बंद होने के बाद वहां कार्यरत घनश्याम (जो फीचर के प्रभारी बने), अनिल झा, वाई एन झा, अनिल श्रीवास्तव, अनिल सिन्हा समेत कुछ अन्य साथियों को हिंदी प्रभात खबर में लाया गया. इन लोगों ने बाद में प्रभात खबर में महत्वपूर्ण भूमिका अदा की.

□

स्थानीय खबरों का प्रयोग

अक्तूबर 1989 में प्रभात खबर का अधिग्रहण करने के बाद नया प्रबंधन ने हरिवंशजी को प्रधान संपादक बनाया था. उन्होंने खबरों के चयन में बदलाव किया. पेज एक पर स्थानीय खबरों को प्राथमिकता दी. उस समय जो भी अखबार थे, वे स्थानीय खबरों की तुलना में राष्ट्रीय खबरों को प्राथमिकता देते थे. यह परंपरा सी बन गयी थी. राष्टपति का अभिभाषण है तो लीड बनाना ही है. उन दिनों अखबार स्थानीय खबरों को पेज एक पर कम से कम जगह देते थे. अखबार का पेज एक देश-विदेश की बड़ी खबरों से भरा होता था. बहुत हुआ तो प्रदेश की बड़ी खबरों को कभी-कभी लीड बनाया जाता था. वह झारखंड आंदोलन का दौर था. तोड़-फोड़, गोलीबारी, जुलूस आम बात थी. हां, आर्थिक नाकेबंदी या बंद की खबरों को पेज एक पर प्रमुखता से जगह मिलती थी. आम आदमी के जीवन को प्रभावित करनेवाली स्टोरी को अखबार की प्रमुख खबर बनाने की कोई हिम्मत नहीं करता था. इसका एक उदाहरण 1987 को ही देखने को मिला था. झारखंड मुक्ति मोरचा के अध्यक्ष निर्मल महतो की जमशेदपुर में गोली मार कर हत्या कर दी गयी थी. घटना दिन की थी. प्रभात खबर रांची से छप कर जमशेदपुर जाता था. उन दिनों जमशेदपुर से प्रभात खबर का प्रकाशन शुरु नहीं किया गया था. निर्मल महतो की हत्या इस क्षेत्र के लिए बड़ी घटना थी. वह उस दल के अध्यक्ष थे, जो दल अलग झारखंड राज्य के लिए सबसे बड़ा/ताकतवर और प्रभावी आंदोलन

प्रभात खबर

कुसुम अपनी दो बेटियों के साथ रांची छोड़ रही है

सासाराम में सेना भी हिंसा न रोक सकी १० मरे

दंगे की न्यायिक जांच होगी

पत्रकारों के बिना गुजरी राजीव की चुनावी सभा

'विकास पर आवंटित राशि का 15 प्रतिशत खर्च होता है'

विश्व हिंदू परिषद विवादास्पद भूमि पर बल्लियां लगा रहा है

राजीव गांधी की सभा फीकी

दंगे के मुहाने पर खड़ा है बोकारो

जब प्रभात खबर ने ह्यूमन स्टोरी को लीड बनाया

कर रहा था. लेकिन यह खबर भी प्रभात खबर के पेज वन की लीड खबर नहीं थी. अगर ऐसी घटना आज घट जाये, तो सिर्फ प्रभात खबर ही नहीं, हर अखबार उसे पेज एक का न सिर्फ बैनर बनायेंगे बल्कि अंदर भी तीन-चार पेज उस पर सामग्री देंगे. उदाहरण भी है जब जमशेदपुर के सांसद सुनील महतो की नक्सलियों ने हत्या कर दी तो स्थानीय अखबारों ने 10-12 पेज से ज्यादा की सामग्री दी. समय बदल गया है और अब स्थानीय खबरों को प्रमुखता दी जा रही है. इस कमी को प्रभात खबर ने 1989-90 से दूर करना शुरू कर दिया था. अक्तूबर में अखबार का अधिग्रहण हुआ था और नवंबर में नयी टीम ने ठीक से जिम्मेवारी संभाली थी. 8 नवंबर 1989 के अंक में प्रभात खबर ने ऐतिहासिक कदम उठाया. हार्ड न्यूज की जगह साफ्ट न्यूज को पेज एक का लीड बना दिया. स्टोरी थी-कुसुम रांची छोड़ कर जा रही है. कुसुम एक महिला थी, जो जगन्नाथपुर थाना क्षेत्र के हवाईनगर में रहती थी. 20 सालों से वह वहां रह रही थी. उनकी बेटियां उनसे मिलने रांची आयी थी. एक बेटी कोलकाता में मेडिकल की पढ़ाई कर रही थी और दूसरी रांची के पास के संस्थान में इंजीनियरिंग की छात्रा थी. 4 नवंबर की रात को 10-12 युवक जबरन उनके घर में घुस आये. कुसुम पर हमला किया, मार कर सिर फोड़ दिया. वह बेहोश हो गयी. फिर घर में लूटपाट की. बेटियों के साथ इन अपराधियों ने दुर्व्यवहार किया. ये लड़कियां मदद के लिए चिल्लाती रहीं, कोई नहीं आया. पुलिस उनके घर से कुछ ही दूरी पर थी. बाद में जब पुलिस के पास वह गयी तो पुलिस ने कार्रवाई नहीं की. अंततः कुसुम ने तय किया कि रांची में वह और उसका परिवार सुरक्षित नहीं है. दूसरी बार हमला हुआ था. इसलिए वह शहर छोड़ कर चंडीगढ़ जाना चाहती है.

आवाहन

बिजली-पानी की समस्या से उत्पन्न संकट से जनता को आगाह करने के क्रम में कर्तव्यनिर्वाह के दौरान छायाकार बापी के साथ पुलिस ने जो ज्यादती की; उसके विरोध में हम आपसे (सभी नागरिकों, राजनीतिक दलों के सजग कार्यकर्ताओं, जनप्रतिनिधियों, बुद्धिजीवियों, वकीलों, व्यवसायियों, महिलाओं-अध्यापकों, सरकारी कर्मचारियों, युवकों और डॉक्टरों आदि) निवेदन करते हैं कि आप सुबह 9 बजे अल्बर्ट एक्का चौक पर एकत्र हों. वहां से हम एक संयमित जुलूस के रूप में कमिश्नर कार्यालय तक जायेंगे. जहां एक सभा के बाद जुलूस समाप्त हो जायेगा.

निवेदक
प्रभात खबर

प्रभात खबर ने इसी खबर को प्रमुखता से छापा. यह घटना उस समय की कानून-व्यवस्था का पोल खोल रही थी. हालात बता रही थी. इस खबर का महत्व इसलिए और बढ़ गया था, क्योंकि जिस दिन यह खबर छपी, उसके एक दिन पहले प्रधानमंत्री राजीव गांधी की रांची में सभा थी. पत्रकारों ने प्रधानमंत्री के कार्यक्रम का बहिष्कार किया था. जिस शहर में प्रधानमंत्री आये हों, उनकी खबर को प्रमुखता न देकर अगर कोई अखबार साफ्ट स्टोरी (कुसुम वाली खबर) को लीड बनाता है तो हिम्मत की बात है. प्रभात खबर ने यही किया. प्रधानमंत्री की खबर नीचे छपी. रांची में ऐसी खबरों को लीड बनाने की न तो परंपरा थी, न ही पहले ऐसा प्रयोग किया गया था. इसलिए जब कुसुम वाली खबर पहले पेज की लीड स्टोरी बनी तो लोग चौंक गये. लेकिन उस रिपोर्ट से उसी दिन शहर को यह संदेश मिल चुका था कि प्रभात खबर भविष्य में झारखंड में किस तरह की पत्रकारिता करना चाहता है, कैसे भिन्न पहचान बनाना चाहता है. उसे किस दिशा में आगे जाना है. दरअसल वह जनहित की पत्रकारिता की शुरुआत थी. जिस दिन कुसुम वाली खबर लीड छपी, उस दिन रांची के पत्रकारिता जगत में काफी चर्चा हुई. कई सीनियर पत्रकारों ने यहां तक कहा कि यह पत्रिका

नहीं है जहां ऐसी खबरों को लीड बनाया जाये. (दरअसल उन्होंने खबरों के चयन को लेकर कमेंट किया था). अखबार चलेगा नहीं. इन आलोचनाओं से प्रभात खबर घबराया नहीं. उसने आनेवाली पत्रकारिता (भविष्य) को पहचान लिया था.

प्रभात खबर ने किस प्रकार की पत्रकारिता की, उसका उदाहरण 1992 में तब मिला जब आंधी-तूफान में रांची के आसपास के बिजली टावर गिर गये. 15 दिनों तक पूरा शहर अंधेरे में बिना पानी-बिजली के रहा. प्रभात खबर ने पहले दिन से न सिर्फ पानी-बिजली की इस खबर को लीड बनाया बल्कि इसे मुद्दा बना कर जनआंदोलन खड़ा कर दिया. लोग सड़कों पर उतर गये. सड़क पर धरना-प्रदर्शन होने लगा. 16 मई को आंधी आने के बाद पुनदाग के पास टावर गिरा था. 17 मई के अखबार से यह अभियान आरंभ हो गया था. 21 मई को रांची बंद किया गया था. 22 मई के अखबार में प्रभात खबर ने ऐतिहासिक कदम उठाया था. रांची शहर के लोग पानी और बिजली के लिए तरस रहे थे, इसलिए स्थिति की भयावहता को बताने के लिए प्रभात खबर ने 22 मई का संपादकीय खाली छोड़ दिया था. चैंबर आफ कॉमर्स ने भी प्रभात खबर से यह आग्रह किया था. संपादकीय खाली छोड़ना पत्रकारिता में जनतांत्रिक विरोध का सबसे बड़ा अधिकार है. आपातकाल या किसी बड़ी घटना में विरोध दर्ज कराने के लिए इस हथियार का उपयोग किया जाता है. प्रभात खबर ने जनता को पानी-बिजली नहीं देने के विरोध में इस हथियार का उपयोग किया था. सिर्फ संपादकीय को खाली छोड़कर प्रभात खबर शांत नहीं बैठा. एक एक्टिविस्ट के रूप में प्रभात खबर की टीम मैदान में उतर चुकी थी. इसी दौरान रांची के एसएसपी (तब सीआर कासवान इस पद पर थे) ने प्रभात खबर के छायाकार बापी को पीट दिया था. पानी-बिजली की मांग कर रहे लोगों को जब पुलिस पीट रही थी तो बापी उसे कैमरे में कैद कर रहा था. (तब शशि भूषण राय कांग्रेस के नगर अध्यक्ष हुआ करते थे. उनकी अगुवाई में कांग्रेस पानी-बिजली के लिए प्रदर्शन कर रही थी. जब पुलिस की लाठी चली तो बाकी कांग्रेसी वहां से भाग गये लेकिन शशि भूषण डटे रहे. पुलिस ने उन्हें घेर कर मारा था. इसी तसवीर को बापी कैमरे में कैद कर रहे थे). इसी दौरान बापी को न सिर्फ पीटा गया बल्कि उसका

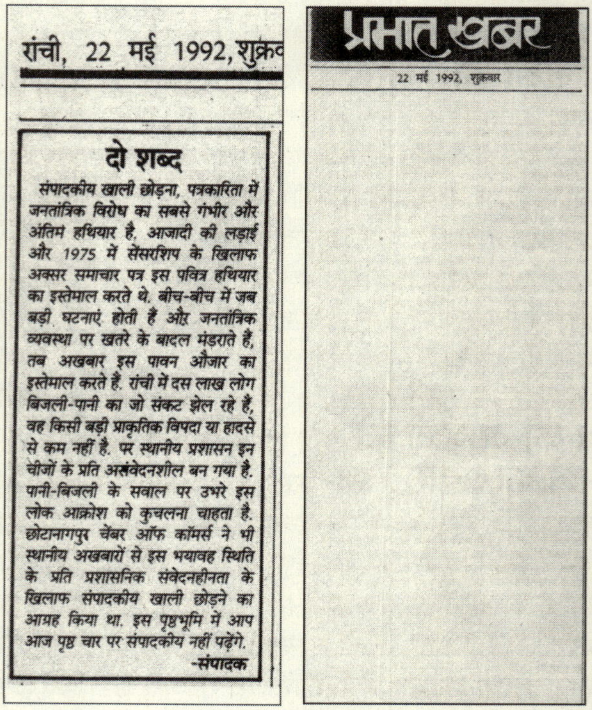

रांची, 22 मई 1992, शुक्रव

दो शब्द

संपादकीय खाली छोड़ना, पत्रकारिता में जनतांत्रिक विरोध का सबसे गंभीर और अंतिम हथियार है. आजादी की लड़ाई और 1975 में सेंसरशिप के खिलाफ अक्सर समाचार पत्र इस पवित्र हथियार का इस्तेमाल करते थे. बीच-बीच में जब बड़ी घटनाएं होती हैं और जनतांत्रिक व्यवस्था पर खतरे के बादल मंडराते हैं, तब अखबार इस पावन औजार का इस्तेमाल करते हैं. रांची में दस लाख लोग बिजली-पानी का जो संकट झेल रहे हैं, वह किसी बड़ी प्राकृतिक विपदा या हादसे से कम नहीं है. पर स्थानीय प्रशासन इन चीजों के प्रति असंवेदनशील बन गया है. पानी-बिजली के सवाल पर उभरे इस लोक आक्रोश को कुचलना चाहता है. छोटानागपुर चेंबर ऑफ कॉमर्स ने भी स्थानीय अखबारों से इस भयावह स्थिति के प्रति प्रशासनिक संवेदनहीनता के खिलाफ संपादकीय खाली छोड़ने का आग्रह किया था. इस पृष्ठभूमि में आप आज पृष्ठ चार पर संपादकीय नहीं पढ़ेंगे.

-संपादक

प्रभात खबर

22 मई 1992, शुक्रवार

22 मई, 1992 के अखबार का संपादकीय खाली

कैमरा भी छीन लिया गया था. इस पूरी घटना ने रांची शहर को आंदोलित कर दिया था. प्रभात खबर भी आक्रामक तेवर में था और जनता के साथ मिल कर शासन-पुलिस के खिलाफ खड़ा था. आम तौर पर अखबार जनता को सड़क पर उतरने के लिए सीधा आवाहन नहीं करता. बहुत हुआ तो माहौल बनाता है, खबरों में प्रमुखता देता है. लेकिन प्रभात खबर ने 22 मई 1992 के अंक में पेज एक पर विज्ञापन छापा. वह इस प्रकार है

आवाहन

बिजली-पानी की समस्या से उत्पन्न संकट से जनता को आगाह करने के क्रम में कर्तव्य निर्वाह के दौरान छायाकार बापी के साथ पुलिस ने जो ज्यादती की, उसके विरोध में हम आपसे (सभी नागरिकों, राजनीतिक दलों के सजग कार्यकर्ताओं, जनप्रतिनिधियों, बुद्धिजीवियों, वकीलों, व्यावसायियों, महिलाओं, अध्यापकों, सरकारी कर्मचारियों, युवकों और डाक्टरों आदि) निवेदन करते हैं कि आप सुबह 9 बजे से अल्बर्ट एक्का चौक पर एकत्र हों. वहां से हम एक संयमित जुलूस के रूप में कमिश्नर कार्यालय तक जायेंगे, जहां एक सभा के बाद जुलूस समाप्त हो जायेगा.

—निवेदक, प्रभात खबर

पत्रकारिता में शायद ही ऐसे उदाहरण हों जब जनता को सीधे सड़क पर उतरने के लिए निवेदन किया गया हो. प्रभात खबर के आवाहन पर हजारों लोग सड़कों पर आ गये. इससे यह संदेश गया कि प्रभात खबर जनता की लड़ाई न सिर्फ अखबारों के माध्यम से लड़ रहा है, बल्कि सड़कों पर भी वह जनता के साथ खड़ा है. यह मामला काफी बढ़ गया. जनता का आंदोलन इतना उग्र-तेज हो गया था कि पटना में बैठी सरकार हिलने लगी थी. तब लालू प्रसाद बिहार के मुख्यमंत्री थे. उन्होंने अपने ऊर्जा मंत्री विजेंद्र प्रसाद यादव को अपना दौरा रद कर आपात स्थिति में रांची जाने का आदेश दिया. राजकीय विमान से ऊर्जा मंत्री रांची आये और उन स्थानों का भी निरीक्षण किया जहां टावर मरम्मत का काम चल रहा था. मंत्री ने सारा गुस्सा समाचार पत्रों (खास कर प्रभात खबर) पर निकाला. बयान दिया कि समाचार पत्रों ने आक्रोश भड़काया. यह खबर भी 20 मई के अंक में छपी थी. मंत्री का बयान खुद भड़कानेवाला था. कहा था कि पत्रकारों से कोई बात नहीं करेंगे. समाचार पत्रों में छपने से स्थिति सामान्य नहीं हो जायेगी. अखबारों में जितनी खबरें छपेंगी, सरकार उतनी ही मजबूत होगी. उनका यह बयान बता रहा था कि जनता के दबाव से सरकार पर क्या असर पड़ रहा था. उस दिन गुस्से में ऊर्जा मंत्री जो बोल रहे थे, उससे लगा था कि कैसे दक्षिण बिहार की उपेक्षा होती है. ऊर्जा मंत्री का बयान था-आखिर रांची है क्या? पूरा बिहार सिर्फ रांची तक सीमित नहीं है जो सरकार सिर्फ रांची के लिए चिंतित रहे. हमें चारो तरफ देखना है. मंत्री जनता के आंदोलन को कुचलना चाहते थे. बयान दिया-जोर-शोर से काम चल रहा है. फिर शहर में सड़क जाम और तोड़-फोड़ की क्या जरूरत है. यह सरासर बदमाशी है. मैं इस तरह की हरकतों को बरदाश्त नहीं करूंगा. मंत्री के बयान को प्रभात खबर ने फिर जनता के सामने रखा. जनता फिर गुस्से में आ गयी. मंत्री/सरकार जनता के आंदोलन को गलत करार दे रहे थे, धमकी दे रहे थे. प्रभात खबर ने दूसरे दिन के अखबार में रांची की जनता की ओर से मंत्री को जवाब दिया-अफसर बरगला चुके हैं बिजली

मंत्री को. पानी और बिजली की इस लड़ाई को प्रभात खबर ने न सिर्फ लड़ा बल्कि जनता के सहयोग से जीता भी. प्रभात खबर की ऐसी पत्रकारिता को राष्ट्रीय मीडिया ने भी सराहा. देश के कई प्रमुख अखबारों ने प्रभात खबर की जनहित की पत्रकारिता का उल्लेख किया.

इसके बाद प्रभात खबर लगातार स्थानीय खबरों को प्रमुख खबर बनाता रहा. अनेक मुद्दों को उठाया. धीरे-धीरे राष्ट्रीय खबरों को पेज एक पर स्थान मिलना कम होता गया. तब तक टेलीविजन का पूरे क्षेत्र में प्रभाव जम चुका था. पाठकों ने भी महसूस किया था कि राष्ट्रीय और अंतरराष्ट्रीय खबरें तो उसे टेलीविजन से उसी दिन मिल जाती है तो फिर दूसरे दिन अखबार में उसका इंतजार क्यों करे. उन्हें अपने शहर, अपने प्रांत की खबरें ज्यादा चाहिए थी. प्रभात खबर ने उन्हें यह सुविधा दी.

प्रभात खबर

पत्रिका

29 सितंबर 1991, रविवार

एक छोटी सी हथौड़ी और छेनी लेकर जब दशरथ पहाड़ पर पिल पड़े तो लोगों ने कहा कि पागल है. अकेले आदमी भला विशाल पहाड़ तोड़ सकेगा? पर गहरे धैर्य और अदम्य साहस से वे पहाड़ काटते रहे. पिता ने समझाया कि गरीब आदमी पहाड़ काटकर समय बरबाद करेगा तो खायेगा क्या? पर दशरथ माझी पहाड़ काटते रहे और बाइस साल में डेढ़ फुट चौड़े पहाड़ी दर्रे को काट कर सोलह फुट चौड़ी सड़क बना दी. अब लोग उनका अदब करते हैं. पर उनकी लालसा अभी पूरी नहीं हुई है. गया जिले के गहलौर से लौटे **विनय बिहारी सिंह** की रिपोर्ट.

दशरथ माझी

अकेले ही तोड़ दिया पहाड़

दशरथ माझी पर प्रभात खबर ने 29 सितंबर 1991 का रविवारीय अंक निकाला था. देश ने उन्हें बाद में जाना. अमीर खान ने उन पर टेलीविजन के लिए विशेष स्टोरी तैयार की.

प्रभात खबर ने आम आदमी को केंद्र बना कर पत्रकारिता की. समाज के असली नायकों को तलाशा, उन्हें खबरों में प्रमुखता दी, देश-दुनिया के सामने लाया और फिर उन्हें सम्मानित भी किया. ऐसे ही एक नायक थे दशरथ माझी. एक ऐसे व्यक्ति जिसने पहाड़ का सीना चीर कर सड़क बनायी. वह भी बगैर किसी के सहयोग के. 2014 में अमीर खान ने उन पर फिल्म बनायी और दुनिया ने इस व्यक्ति को जाना (मरणोपरांत). लेकिन प्रभात खबर ने इससे 23 साल पहले इस नायक को खोज निकाला था. 29 सितंबर 1991 के प्रभात खबर के साप्ताहिक अंक (रविवार) में अकेले ही तोड़ दिया पहाड़ शीर्षक से कवर स्टोरी बनायी थी. इसके लिए रांची कार्यालय में कार्यरत पत्रिका प्रभारी विनय बिहारी सिंह को दशरथ माझी के गांव भेजा गया था. दशरथ माझी सचमुच नायक थे. इस पहाड़ को छेनी-हथौड़ी से काटने में उन्हें 22 साल लग गये. यह सामान्य घटना नहीं है. दशरथ माझी जब जवान थे, शादी हो चुकी थी. वे पहाड़ पार के गांव में काम करते थे. पहाड़ को पार करने के लिए डेढ़ फीट का एक दर्रा था. उसमें से घुस कर जाना पड़ता था. उनकी पत्नी उसी दर्रे से खाना लेकर जाती थी. एक दिन वह खाना लेकर जा रही थी, उसके पास पानी से भरा घड़ा भी था. दर्रा में पत्थरों से टकरा कर घड़ा फूट गया, रोटी बिखर

गयी, उनकी पत्नी का सिर फट गया और खून बहने लगा. उसी हाल में वह पति दशरथ माझी के पास गयी. पत्नी के सर से खून बहता देख और सच्चाई सुन कर उसी समय दशरथ माझी ने तय कर लिया कि वे पहाड़ को चीर कर सड़क बनायेंगे. इसे उन्होंने 22 साल में पूरा किया. जीवन का मकसद ही बना लिया था. प्रभात खबर में रिपोर्ट छपने के बाद दशरथ माझी चर्चा में आ गये थे. 2005-06 में पटना में आयोजित कार्यक्रम में प्रभात खबर ने उन्हें सम्मानित किया था.

करगिल के युद्ध में जब रांची के नागेश्वर महतो शहीद हुए तो प्रभात खबर की खबर का असर यह था कि उन्हें श्रद्धांजलि देने के लिए पूरा शहर स्वतः बंद रहा. शहर रो पड़ा था. सिर्फ शहरी क्षेत्र में ही नहीं, ग्रामीण क्षेत्रों में भी अखबार ने स्थानीय खबरों को प्रमुखता दी. जब कभी निर्दोष लोगों को पुलिस ने पकड़ा, उन्हें मारा-पीटा, किसी को तबाह किया, सरकारी पैसा का दुरुपयोग हुआ, भ्रष्टाचार हुआ, प्रभात खबर ने उसे मुद्दा बनाया और प्रमुखता से छापा. यही प्रभात खबर की ताकत रही. बाद में तो हर अखबार इसी रास्ते पर चलने लगे. स्थानीय खबरों, प्रांत की खबरों को अखबार में पेज एक पर जगह मिलने लगी.

स्थानीय लेखकों को आगे बढ़ाया

जिस प्रकार प्रभात खबर ने खबरों में स्थानीय खबरों को ज्यादा महत्व दिया, उसी प्रकार विचारों में, लेखों में भी झारखंड को महत्व दिया. झारखंड की भाषा-संस्कृति का मामला हो, यहां के आदिवासी जीवन का सवाल हो, यहां की मूल समस्या का मामला हो, प्रभात खबर ने उसे प्रमुखता दी. आग्रह कर इन मुद्दों पर डॉ अमर कुमार सिंह, डॉ रामदयाल मुंडा, बीपी केसरी, रोज केरकट्टा, प्रभाकर तिर्की, संजय बसु मल्लिक जैसे लोगों से विचारोत्तेजक लेख लिखवाये गये. नये युवा साथियों को अखबार ने जोड़ा, उन्हें लिखने के लिए प्रेरित किया, मंच प्रदान किया. इनमें इनमें दयामनी बारला, हेराल्ड टोपनो, सुनील मिंज, वासवी, महादेव टोप्पो, फिलीप कुजूर, सुषमा कुजूर, मिखाइल डहंगा, ज्योत्सना डांग प्रमुख हैं. इनमें से कई ने राष्ट्रीय स्तर पर काफी नाम कमाया.

प्रभात खबर ने झारखंड के नायकों को सामने लाने का भी अभियान चलाया. एक समय ऐसा भी था जब अखबारों में बिरसा मुंडा के जन्म दिन-पुण्य तिथि, हूल दिवस पर अखबारों में कोई खबर तक नहीं होती थी. प्रभात खबर ने ऐसे मौकों पर विशेष पेजों का प्रकाशन आरंभ किया. अखबारों में निर्मल महतो, पंडित रघुनाथ मुर्मू, रघुनाथ महतो समेत अपने क्षेत्र के नायकों को हर साल याद किया जाने लगा. झारखंड आंदोलन के दौरान हुए गोलीकांडों और झारखंड के शहीदों पर अखबार में अनेक लेख छपे. इससे झारखंड के लोगों (आदिवासी-मूलवासियों) का गहरा जुड़ाव हुआ और वे इस अखबार को अपनी आवाज मानने लगे. यह अखबार की सबसे बड़ी ताकत के रूप में उभर कर सामने आया. जब झारखंड राज्य बन गया और यहां के विधायकों पर बेईमानी के आरोप लगने लगे, तो प्रभात खबर ने इस क्षेत्र के पुराने विधायकों को खोज-खोज कर निकाला, उनसे बात की और यह संदेश देने का प्रयास किया कि झारखंड के पुराने विधायकों में कैसी ईमानदारी थी. जनप्रतिनिधियों के चरित्र को मजबूत करने का यह प्रयास था.

□

प्रभात खबर और झारखंडी समाज

1984 में जिस समय प्रभात खबर का प्रकाशन आरंभ हुआ था, उसी समय यह तय कर लिया गया था कि अखबार में झारखंड आंदोलन, यहां के लोग, यहां के मुद्दे, यहां की भाषा-संस्कृति से जुड़ी खबरों को प्रमुखता दी जायेगी. ऐसा इसलिए किया गया था क्योंकि मीडिया में भी झारखंड (तब का दक्षिण बिहार) के मुद्दों की उपेक्षा होती थी. अपवाद को छोड़ दें तो यहां की आवाज को कोई उठानेवाला नहीं था. इसलिए जब प्रभात खबर का प्रकाशन शुरू हुआ तो ऐसी खबरों को प्रमुखता दी गयी. जब 1989 में नये प्रबंधन (न्यूट्रल पब्लिशिंग हाउस लिमिटेड) ने काम संभाला, उसके बाद भी खबरों के चयन में इस बात का ख्याल रखा गया. झारखंड बनने के पहले और बाद में भी प्रभात खबर ने झारखंड आंदोलन के अलावा झारखंड की भाषा-संस्कृति, आदिवासी-मूलवासी की समस्या को केंद्र में रखा. तोरपा के आसपास कोयल-कारो प्रोजेक्ट का बड़े पैमाने पर विरोध चल रहा था. लोग सड़कों पर थे. राज्य के अन्य हिस्सों में जमीन अधिग्रहण को लेकर आंदोलन हो रहे थे. प्रभात खबर ने विस्थापितों के इन सभी मुद्दों को मजबूती से उठाया. नेतरहाट के पास सेना का फील्ड फायरिंग रेंज बन रहा था. ग्रामीण अपनी जमीन नहीं देना चाह रहे थे. अपनी जमीन बचाने के लिए आदिवासी-मूलवासी पारंपरिक हथियारों के साथ सड़कों पर उतर चुके थे. इस मामले में भी प्रभात खबर विस्थापितों की आवाज बन कर उभरा था.

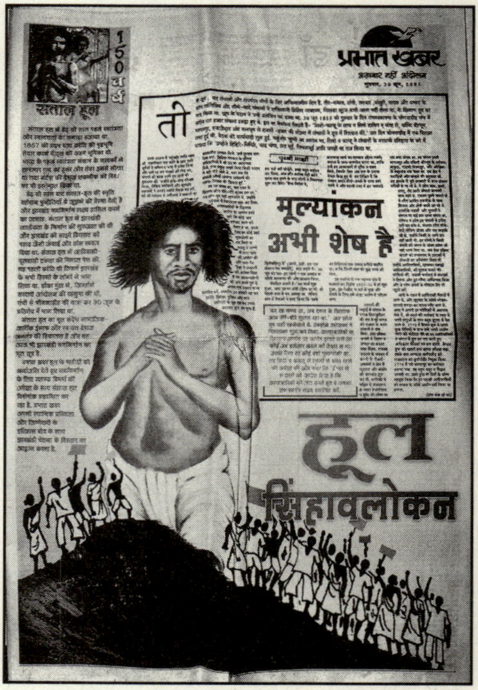
प्रभात खबर

संताल हूल

150 वर्ष

मूल्यांकन अभी शेष है

हूल सिंहावलोकन

30 जून 2005 को निकाला गया हूल दिवस पर 16 पेजों का विशेष अंक. ऐसा देश में पहली बार किसी अखबार ने किया था.

पहले झारखंड राज्य बनाने में प्रभात खबर ने अपनी भूमिका अदा की. फिर राज्य बनने के बाद झारखंड के पुनर्निर्माण के लिए संघर्ष करता रहा. एजेंडा तय करता रहा. झारखंड का इतिहास

संघर्ष का रहा है. यह वह इलाका है जहां अंगरेजों को तीर-धनुष का सामना करना पड़ा था. सिद्दू-कान्हू, चांद-भैरव, बिरसा मुंडा, नीलांबर-पितांबर की यह धरती वीरों की धरती रही है. प्रभात खबर ने इस क्षेत्र के नायकों को, उनके संघर्ष की कहानी को घर-घर पहुंचाने का काम किया. यहां पहले भी अखबार निकलते थे लेकिन किसी अखबार ने अपने नायकों को वह स्थान नहीं दिया था. इस कमी को दूर किया प्रभात खबर ने. बिरसा मुंडा के जन्म दिन (15 नवंबर), पुण्यतिथि (9 जून), हुल दिवस (30 जून) पर प्रभात खबर ने विशेष पेजों का प्रकाशन आरंभ किया था. प्रभात खबर ने अपने संवाददाताओं को बिरसा मुंडा के पैतृक गांव भेज कर विशेष रिपोर्ट तैयार कराता रहा. अखबार ने झारखंड के लोगों को बताया कि अंगरेजों के खिलाफ इन आदिवासी नायकों ने कितनी बड़ी कुर्बानी दी है. ऐसे अंकों के प्रकाशन के लिए प्रभात खबर ने आदिवासी लेखकों की एक टीम खड़ी कर दी. इनमें से कई उन दिनों युवा थे, जिन्होंने आदिवासी समाज, आदिवासी-मूलवासी नायकों पर अनेक खोजपूर्ण रिपोर्ट लिखी. कई को राष्ट्रीय पुरस्कार भी मिले. इनमें दयामणि बारला भी हैं.

पद्मश्री
प्रभात खबर
बिनु बोले झनझनाये/बात बतल सनसनाये
अंखियां ही छूटल/दुनिया विरागी
डॉ रामदयाल मुंडा
23 अगस्त 1939 - 30 सितंबर 2011
राजकीय सम्मान के साथ अंतिम संस्कार आज शाम 4.00 बजे, स्थान : दिउड़ी (तमाड़)
विशेष आयोजन : पेज 9
...और यूं ही चुपके चुपके चल दिये

देश के इतिहास में पहला और शायद एकमात्र मौका था जब किसी अखबार ने संताल हूल (30 जून) पर 16 पृष्ठों (अखबार के आकार में) का विशेष अंक निकाला था. यह काम किया था प्रभात खबर ने. संताल हूल के 150 वर्ष पूरे होने पर 30 जून 2005 को यह विशेष अंक निकाला था. इसमें सिद्दू-कान्हू पर विशेष काम करनेवाले देश-दुनिया के अनेक प्रतिष्ठित लेखकों ने लेख लिखे थे. हूल सिंहावलोकन शीर्षक से निकाले गये इस अंक में असम विधानसभा के तत्कालीन अध्यक्ष पृथ्वी माझी ने कवर स्टोरी मूल्यांकन अभी शेष है, लिखी थी. डॉ रामदयाल मुंडा का लेख हूलगुलान पुनरावलोकन और प्रासंगिकता, वासवी का केनाराम बेचाराम का बोलबाला है झारखंड में, दयामनी बारला का मद्धम पड़ गयी है नगाड़े की आवाज, जेवियर डायस का झारखंड की संस्कृति और अर्थव्यवस्था, डॉ अशोक कुमार सेन का वैकल्पिक आदिवासी इतिहास की खोज, प्रभाकर तिर्की का लेख 150 वर्षों में कुछ भी नहीं बदला, फादर एलेक्स एक्का का आदिवासी आबादी और मानव विकास की स्थिति, डॉ रोज केरकट्टा का हूल को प्रवाहमान बनाये रखना है, अश्विनी कुमार पंकज का पंडित रघुनाथ मुर्मू और हूल के अक्षर भी शामिल है. इस अंक में यूनिवर्सिटी ऑफ ससेक्स (यूनाइटेड किंगडम) के प्राध्यापक डॉ डेनियल जे राइक्रॉफ्ट ने विशेष लेख झारखंड की यादें व इतिहास की पुनर्व्याख्या लिखा था. इस लेख को बाद में किताब के रूप में प्रकाशित किया गया था. रोम (इटली) की पत्रकार डैनिएला बेज्जी का लेख धरती के

साथ अन्याय बंद करना होगा, यूनिवर्सिटी ऑफ कोपेनहेगन (डेनमार्क) के प्राध्यापक प्रो पीटर एंडरसन का लेख संताल शिक्षा संस्कृति, भाषा और लिपि को भी इस विशेष अंक में प्रकाशित किया गया था. 2007 में प्रभात खबर ने फिर हूल दिवस पर आठ पेजों का विशेष अंक निकाला था. रिसर्च के दृष्टिकोण से इन अंकों में छपे लेखों का इस्तेमाल पूरे देश में किया जा रहा है.

प्रभात खबर ने बिरसा मुंडा पर अनेक खोजपूर्ण रिपोर्ट प्रकाशित की. पत्रकार हेराल्ड एस तोपनो और मंजीत सिंह संधू ने बिरसा के गांव जाकर, आसपास के इलाकों में घुम-घुम कर अनेक लेख लिखे. हेराल्ड (अब दिवंगत) लंबे समय तक प्रभात खबर में जंगलगाथा कॉलम लिखते रहे. यह काफी लोकप्रिय कॉलम हुआ करता था. प्रभात खबर ने आदिवासी नायकों के साथ-साथ मूलवासी नायकों के कार्यों को भी लोगों के सामने रखा. झारखंड आंदोलन में अहम भूमिका अदा करनेवाले निर्मल महतो की 1987 में हत्या कर दी गयी थी. प्रभात खबर ने निर्मल महतो पर उनके जन्म दिन (25 दिसंबर) और पुण्यतिथि (8 अगस्त) पर विशेष पेज का प्रकाशन आरंभ किया था. उसके बाद निर्मल महतो पर विशेष पेज छापने की परंपरा बन गयी. पंडित रघुनाथ मुर्मू, रघुनाथ महतो, शेख भिखारी, जतरा भगत, तिलका माझी, बुधु भगत, तेलंगा खड़िया, ठाकुर विश्वनाथ शाहदेव, पांडेय गणपत राय, गया मुंडा, टिकैत उमरांव सिंह आदि नायकों के योगदान की कहानी को प्रभात खबर में प्रमुखता से जगह मिलती रही.

बिरसा मुंडा पर जिन लोगों ने बहुत काम किया, उसमें सुरेंद्र प्रसाद सिन्हा (ट्राइबल रिसर्च इंस्टीट्यूट के पूर्व निदेशक), कुमार सुरेश सिंह (आइएएस अधिकारी और दक्षिण छोटानागपुर के पूर्व आयुक्त) और डॉ रामदयाल मुंडा का नाम प्रमुख है. प्रभात खबर ने ऐसे लेखकों को भी आगे बढ़ाया. समाज के सामने रखा. कुमार सुरेश सिंह पर तो प्रभात खबर ने रविवार पत्रिका में 12 जनवरी 1997 को कवर स्टोरी ही बना दी. आदिवासी समाज के प्रवक्ता शीर्षक से प्रकाशित कवर स्टोरी में कुमार सुरेश सिंह द्वारा आदिवासियों पर किये गये कार्यों का विवरण है. विशेश्वर प्रसाद केशरी (प्रो बीपी केशरी) झारखंड आंदोलन से लेकर झारखंडी विषयों पर लिखनेवालों में बड़ा नाम हैं. उनकी पुस्तक मैं झारखंड में हूं को प्रभात खबर ने दैनिक अखबार में 1990 में किस्तों में छापा था. उनकी एक और पुस्तक झारखंड के सदान को भी प्रभात खबर में किस्तों में 1991 में छापा गया था. ओम विश्वविद्यालय नमः नामक पुस्तक भी प्रभात खबर में छपी थी. तीन-तीन पुस्तकों को दैनिक अखबार में किस्तों में छापना इस बात की पुष्टि करता है कि प्रभात खबर की प्राथमिकताएं क्या थीं. इसी प्रकार झारखंड मुक्ति मोरचा के पूर्व महासचिव शैलेंद्र महतो की पुस्तक झारखंड राज्य और उपनिवेशवाद को भी प्रभात खबर ने किस्तों में प्रकाशित किया था. राज्य बनने के बाद बलवीर दत्त ने कहानी झारखंड आंदोलन की शीर्षक से कई किस्तों में प्रभात खबर में साप्ताहिक लेख लिखा. इसमें पूरे आंदोलन का विस्तार से विवरण है. इसे बाद में उन्होंने किताब का रूप दिया.

झारखंड आंदोलन के दौरान अनेक गोलीकांड हुए. अनेक आंदोलनकारी शहीद हुए. आंदोलन के दौरान ऐसी घटनाओं को तो प्रमुखता मिली ही, राज्य बनने के बाद प्रभात खबर ने गोलीकांडों पर किस्तों में रिपोर्ट छापी. यह एक दस्तावेज बनता गया. झारखंड में जहां-जहां गोलीकांड हुए, वहां आज भी वे यादें जिंदा हैं. एक खास तिथि को उन स्थानों पर कार्यक्रम होता है और लोग शहीदों को याद करते हैं. प्रभात खबर कई सालों तक शहीदों के बारे में, गोलीकांड की घटना के बारे में रिपोर्ट/लेख छाप कर

शहीदों को श्रद्धांजलि देता रहा. झारखंड के आदिवासी-मूलवासी, यहां की भाषा-संस्कृति, यहां की माटी से जुड़ी प्रतिभाओं को समृद्ध करने के लिए माय माटी नाम से साप्ताहिक पेजों का प्रकाशन प्रभात खबर करता रहा. झारखंड में जमीन-विस्थापन की समस्या बड़ी गंभीर है. राज्य बनने के बाद जब यहां के आदिवासियों और मूलवासियों के हालात में परिवर्तन नहीं हुए तो प्रभात खबर ने इस पर बहस का आयोजन किया. खास कर जमीन के मुद्दे को लेकर. इसका उद्देश्य सच को सामने लाना था, लोगों को हालात से परिचित कराना था. एक समय सीएनटी का मामला जब गहरा गया, इसमें बदलाव करने या नहीं करने को लेकर समाज विभाजित होने के कगार पर था, प्रभात खबर ने सीएनटी से जुड़े मुद्दों को उठाया. झारखंड में छोटानागपुर टेनेंसी एक्ट और संतालपरगना टेनेंसी एक्ट भी लागू है. इस कानून के तहत आदिवासियों की जमीन को गैर-आदिवासी नहीं खरीद सकते हैं. इसलिए जब भी झारखंड में सरकार किसी जमीन का अधिग्रहण करना चाहती है, विरोध होने लगता है. जमीन के अभाव में कई बड़े प्रोजेक्ट लंबित हैं. सीएनटी एक्ट में बदलाव पर राज्य में हंगामा होने लगता है. प्रभात खबर ने समय-समय पर राज्य की इस समस्या को गंभीरता से उठाया. न सिर्फ समाज में बहस करायी बल्कि दस्तावेज भी तैयार किया. पाठकों को बताया कि दुनिया भर में जमीन अधिग्रहण के क्या-क्या कानून हैं. भारत में क्या स्थिति है. 15 नवंबर 2012 के अंक में प्रभात खबर ने सिर्फ जमीन अधिग्रहण पर छह पेज का विशेष अंक निकाला था. इसमें ग्रेट ब्रिटेन, जापान, इंडोनेशिया, ब्राजील, तुर्की, चीन, अमेरिका, आस्ट्रेलिया, चिली, कनाडा आदि देशों के भूमि अधिग्रहण कानून का विवरण दिया गया. साथ ही पीवी राजगोपाल, मेधा पाटेकर, अनिंदो बनर्जी और डा बीडी शर्मा के लेखों को भी इसमें जगह दी गयी थी. इससे हालात को समझने में मदद मिली.

प्रभात खबर ने झारखंड की संस्कृति को समृद्ध करने का कोई मौका नहीं छोड़ा. सरहुल, करमा, बाहा के अवसर पर न सिर्फ विशेष पेजों का प्रकाशन किया बल्कि कई बार इस पर अलग अंक निकाले गये. इसका लाभ यह मिला कि दूसरे प्रांतों से यहां आकर बसे लोगों को झारखंड की संस्कृति-त्योहार की जानकारी मिली. प्रभात खबर ने झारखंड में सिर्फ एक अखबार की भूमिका अदा नहीं की बल्कि इससे आगे जाकर भी काम किया.

झारखंड के पुनर्निर्माण और यहां के मुद्दों पर जब सरकार गंभीर नहीं दिखी तो प्रभात खबर ने अपने परिसर में झारखंड के बुद्धिजीवियों-चिंतकों की बैठक बुलायी. डॉ रामदयाल मुंडा से विचार-विमर्श करने के बाद हरिवंशजी ने खुद यह पहल की. इस बैठक में झारखंड की ज्वलंत समस्याओं पर गंभीर चर्चा हुई थी. अखबार में उन मुद्दों को गंभीरता से उठाने की बात हुई थी. 2000 में जब लोकसभा से झारखंड राज्य बनाने का प्रस्ताव पारित हो गया, उसके बाद से और राज्य बनने (15 नवंबर, 2000) तक प्रभात खबर ने विशेष टीम बनाकर हर दिन विशेष पेज का प्रकाशन किया. इसमें यहां के मुद्दे, आदिवासियों की स्थिति, नया राज्य कैसा होगा, आदि विषय पर विस्तार से जानकारी दी जाती थी. यहां के मुद्दे पर परख नाम से बहस करायी जाती थी. इसके पीछे मूल कारण था कि जब नयी सरकार बने (झारखंड की पहली सरकार), वह उन मुद्दों पर गौर करे, अपने एजेंडे में उसे शामिल करे ताकि झारखंड का सपना पूरा हो सके. प्रभात खबर ने झारखंड राज्य की लड़ाई में अहम भूमिका अदा करनेवालों को भी सम्मान देने की कोशिश की. जयपाल सिंह मुंडा पर प्रभात खबर ने लो बीर सेंदरा नाम से एक पुस्तक

का प्रकाशन किया. इसमें मरांग गोमके के बारे में कई चीजें ऐसी हैं जो पहली बार सामने आयी हैं. एनई होरो हों, शिबू सोरेन हों, विनोद बिहारी महतो हों या फिर एके राय, उन्हें खास जगह दी. एके राय तो नियमित तौर पर प्रभात खबर में लिखते भी रहे.

जब भी केंद्र ने झारखंड के साथ भेदभाव किया, इसे नजरअंदाज किया, प्रभात खबर अपने राज्य के पक्ष में खड़ा दिखा. चाहे वह राष्टपति शासन के दौरान केंद्रीय टीम का दौरा हो, राष्ट्रपति का दौरा हो या फिर झारखंड को विशेष आर्थिक पैकेज देने का, प्रभात खबर झारखंड के हित में, पक्ष में लोगों की आवाज को उठाता रहा. झारखंड एक आदिवासी बहुल राज्य है. झारखंड आंदोलन के समय से ही दूरदराज इलाकों में ग्रामीणों पर पुलिस का कहर बरपता रहा है. इन इलाकों में अब ग्रामीण नक्सलियों और पुलिस के बीच पिस रहे हैं. जब भी किसी आम/निर्दोष ग्रामीण को प्रताड़ित किया गया, प्रभात खबर उसकी आवाज बन कर उभरा. प्रभात खबर में ऐसी खबरें/लेख छपने से झारखंड के दूरदराज के इलाकों में रहनेवाले लोगों का भी प्रभात खबर से भावनात्मक लगाव मजबूत हुआ. झारखंड के लोगों को लगा कि राज्य बनाने में प्रभात खबर का भी बड़ा योगदान है. उनके मन में यह बात बैठ गयी कि प्रभात खबर ही उनकी आवाज है. जब भी उन पर कोई संकट आयेगा, प्रभात खबर ढाल बन कर खड़ा रहेगा. ऐसे संबंध बनने का असर यह हुआ कि जब इसी झारखंड में दूसरे बड़े अखबार आये, तब भी प्रभात खबर के सर्कुलेशन पर कोई असर नहीं पड़ा. इन अखबारों ने ग्राहक बनाने के लिए अनेक स्कीम चलायी लेकिन उन लोगों पर कोई असर नहीं पड़ा जो प्रभात खबर से गहरे रूप से जुड़े हैं. यह वह बड़ी ताकत है जिसने प्रभात खबर को मजबूत बनाये रखा है.

□

भ्रष्टाचार के खिलाफ लड़ाई

प्रभात खबर देश भर में अपनी पहचान बना चुका है. भले ही अभी यह झारखंड, बिहार और बंगाल यानी तीन राज्यों से ही निकलता है लेकिन इस अखबार को राष्ट्रीय पहचान मिल चुकी है. देश इसे जनहित के लिए लड़नेवाले और भ्रष्टाचार के खिलाफ मुद्दा उठानेवाले विश्वसनीय अखबार के रूप में जानता है. एक ऐसा साहसी अखबार जिसने कई बड़े घोटालों का परदाफाश किया. अनेक दबाव आये, लेकिन अखबार झुका नहीं. प्रभात खबर की यह छवि रातो-रात नहीं बनी है बल्कि इसकी 30 वर्षों की मेहनत है. इस छवि को बनानेवाले कई साथी अब प्रभात खबर में नहीं हैं लेकिन उनके योगदान को आज भी याद किया जाता है. प्रभात खबर ने भ्रष्टचार के खिलाफ अनेक अभियान चलाये. चाहे वह स्थानीय स्तर पर भ्रष्टाचार का मामला हो या फिर राष्ट्रीय स्तर पर. इसका असर भी दिखा. चारा घोटाले में दो-दो पूर्व मुख्यमंत्रियों समेत अनेक अधिकारियों, पूर्व विधायकों को जेल जाना पड़ा. प्रभात खबर ने जब झारखंड में सरकारी पैसे के दुरुपयोग का मामला उठाया तो एक पूर्व मुख्यमंत्री, कई पूर्व मंत्रियों को जेल जाना पड़ा. भ्रष्टाचार के खिलाफ लड़ने के कारण प्रभात खबर को कई चुनौतियों का सामना करना पड़ा, लेकिन इसके तेवर कमजोर नहीं हुए. प्रभात खबर की इस मुहिम में अनेक बुद्धिजीवियों, कलाकारों ने साथ दिया.

पशुपालन विभाग भ्रष्टाचार का अड्डा

कागजी सांढ़ और बकरों की खरीद जारी

— अभय कुमार

कार्यकारी संपादक: सुनील श्रीवास्तव

14-8-85 : प्रभात खबर पशुपालन विभाग में गड़बड़ो की खबर 1985 से ही छापता रहा है.

जिन दिनों पशुपालन घोटाला पर प्रभात खबर लिख रहा था, उन दिनों प्रसिद्ध कार्टूनिस्ट दिनेश और सामाजिक कार्यकर्ता हुसैन कच्छी ने पेंटिंग और दीवार लेखन से लोगों को जागरूक करने का प्रयास किया था. दिनेशजी ने तो स्कूल में जाकर पेंटिंग के जरिये बच्चों को आगाह किया था. आज भी भ्रष्टाचार के खिलाफ प्रभात खबर मुखर है. इससे पहले मार्टिन टेटे प्रकरण में देश भर की मीडिया में प्रभात खबर चर्चित रहा था.

पशुपालन घोटाला

1989 के पहले भी भ्रष्टाचार के खिलाफ प्रभात खबर में कुछ रिपोर्ट छपती रही थी लेकिन इससे अखबार की कोई खास पहचान नहीं बन पायी थी. 1989 के बाद प्रभात खबर ने जोरदार तरीके से लोगों की समस्याओं को उठाया था. पानी-बिजली, विस्थापन का मुद्दा गरमाया था. लेकिन भ्रष्टाचार के खिलाफ लड़नेवाले अखबार के रूप में प्रभात खबर की पहचान तब बनी जब पशुपालन घोटाले का परदाफाश किया गया. प्रभात खबर पहला अखबार था जिसने पशुपालन घोटाला (चारा घोटाला) का परदाफाश किया था. ऐसे दस्तावेज मौजूद हैं जिनसे यह बात प्रमाणित होती है कि 1985 और 1988 में भी प्रभात खबर ने यह खबर छापी थी कि कैसे पशुपालन विभाग में घोटाला किया जा रहा है लेकिन 1992 में पहली बार प्रभात खबर ने इस घोटाले में लिप्त अधिकारियों की सूची छाप दी थी. तब काफी हंगामा हुआ था. जिस चारा घोटाला को पूरे देश ने 1996 में जाना, उस घोटाले का परदाफाश उससे कई साल पहले प्रभात खबर कर चुका था. प्रभात खबर ने चारा घोटाले पर 1992 से 1995 तक 70 से अधिक रिपोर्ट छापी थी.

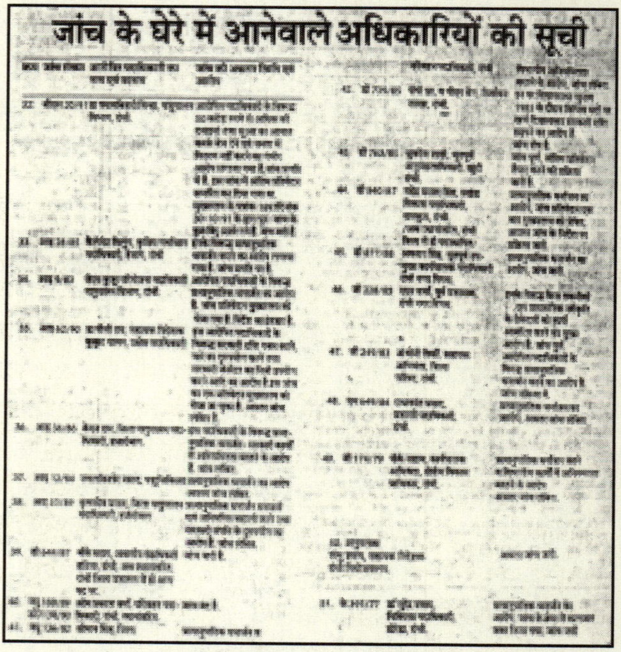
जांच के घेरे में आनेवाले अधिकारियों की सूची

1992 में पहली बार प्रभात खबर ने पशुपालन घोटाले में शामिल अफसरों की सूची छापी थी.

प्रभात खबर के 14.8.1988 के अंक में पशुपालन घोटाले से संबंधित जो रिपोर्ट छपी थी, वह थी- पशुपालन विभाग भ्रष्टाचार का अड्डा : कागजी सांढ़ और बकरों की खरीद जारी. इसने कम से कम इतनी जानकारी दे दी थी कि इस विभाग में गड़बड़ी हो रही है. पौने तीन साल बाद यानी 9.5.1988 को प्रभात खबर ने फिर रिपोर्ट छापी कि 900 सांढ़ हजम कर गया पशुपालन विभाग. 1992 के आरंभ में प्रभात खबर ने कई रिपोर्ट छापी. कैसे होता है पशुपालन विभाग में घोटाला. इन खबरों को छपने का बहुत ज्यादा असर सरकार पर नहीं पड़ा. 30 जून 1992 से तीन जुलाई 1992 तक प्रभात खबर में पशुपालन घोटाले से संबंधित अधिकारियों की सूची छपी. निगरानी विभाग की सूचीवाली फाइल किसलयजी के हाथ लग गयी थी. पहली बार प्रमाणित दस्तावेज हाथ लगा था. इस सूची में पहली बार पशुपालन विभाग के सीनियर अधिकारियों का नाम आया था. इसमें कई आइएएस अफसरों को भी जांच के घेरे में लिया गया था. बड़े-बड़े नाम थे. प्रभात खबर में पशुपालन घोटाले से संबंधित रिपोर्ट के

लिए एक टीम बनायी गयी थी. जो पत्रकार इस पर रिपोर्ट लिख रहे थे, उनमें हरिनारायण सिंह, रजत गुप्ता, प्रकाश सहाय के नाम प्रमुख थे. रिपोर्ट को रोकने के लिए प्रभात खबर के पत्रकारों को धमकी तक दी गयी. एक बार तो पशुपालन विभाग के एक अधिकारी का पुत्र धमकी देने प्रभात खबर का दफ्तर तक पहुंच गया था. फिर भी रिपोर्ट छपती रही.

2.2.93 को रिपोर्ट छपी कि रांची में विमान रोक कर छापेमारी की गयी, करोड़ों रुपये जब्त. यह खबर पाठकों तक नहीं पहुंचे, इसके लिए हॉकरों से थोक भाव से अखबार खरीद लिये गये थे. दूसरे दिन फिर रिपोर्ट छपी-रूपयों से भरा बैग लेकर नौकर भाग निकला. प्रभात खबर लगातार रिपोर्ट छापता रहा कि कैसे स्कूटर पर सांढ़ ढोया गया, कैसे एक ट्रक पर एक बार में चार सौ, पांच सौ क्विंटल अनाज ढोये गये. किस ट्रेजरी से कितने पैसे फर्जी तरीके से निकाले गये, यह रिपोर्ट आने लगी. प्रभात खबर में रिपोर्ट छपने का यह असर पड़ा था कि जगह-जगह पशुपालन घोटाले के खिलाफ धरना-प्रदर्शन होने लगे. (इनमें से कुछ धरने-प्रदर्शन ऐसे भी थे जिनमें धरना देनेवाले-प्रदर्शन करनेवाले दिन में आंदोलन करते थे और रात में वसूली करने पशुपालन घोटाले के आरोपियों के घर पहुंच जाते थे). बाद में पशुपालन विभाग के अधिकारियों, आइएएस अफसर, लालू प्रसाद, डॉ जगन्नाथ मिश्र के खिलाफ मामला दर्ज किया गया. कई राजनीतिज्ञों समेत पशुपालन अधिकारियों, ठेकेदारों को गिरफ्तार किया गया. लालू प्रसाद और डॉ मिश्र को भी जेल भी जाना पड़ा. 2013 में रांची में अदालत से इन्हें सजा भी सुनायी गयी. पशुपालन घोटाले की सुनवाई काफी लंबी चली. इस दौरान पशुपालन घोटाले में आरोपित कई अधिकारियों की जेल में ही मौत हो गयी. देश की मीडिया ने इस मामले में प्रभात खबर की भूमिका की सराहना की.

नकली दवा प्रकरण

इधर पशुपालन घोटाला का मामला उठ रहा था, उधर बिहार (तब राज्य नहीं बना था) में नकली दवा प्रकरण चल रहा था. नकली दवा बनायी जा रही थी. प्रभात खबर ने खुलासा किया था कि कैसे इस क्षेत्र में नकली दवा बनाने का कारोबार चलता है. छापामारी की गयी और नकली दवा बनाने की फैक्ट्री पकड़ी गयी थी. इसका सरगना नंदलाल नामक व्यक्ति था. नकली दवा को अधिकारियों से सांठगांठ कर सरकारी अस्पतालों में बांटा जाता था. मरीज इस उम्मीद में उक्त दवा खा रहे थे कि वे स्वस्थ होंगे लेकिन सच्चाई यह थी कि दवा ही नकली थी. प्रभात खबर द्वारा परदाफाश करने के बाद 10 सितंबर 1992 को रांची सदर अस्पताल में छापा मार कर नकली दवा पकड़ी गयी थी. अन्य छोटे-छोटे शहरों में भी नकली दवा बांटी जा रही थी. प्रभात खबर ने इसे मुद्दा बनाया. अंततः कार्रवाई हुई और पूरा गिरोह पकड़ा गया.

प्रभात खबर अन्य सरकारी विभाग में गड़बड़ी-लूट की खबरें छापता रहा. इन विभागों में कैसे जनता का पैसा बर्बाद किया जा रहा है, बिना कमीशन दिये काम नहीं होता है, यह जानकारी दी जाती रही. इसी क्रम में 13.2.2001 को रिपोर्ट छापी कि कैसे 500 करोड़ के खाद्यान्न रास्ते से गायब हो जाते हैं. जब बाबूलाल मुख्यमंत्री थे, उसी दौरान उन्हीं के गांव में बना डैम बह गया. प्रभात खबर ने 6.7.02 को न सिर्फ रिपोर्ट छापी, बल्कि इसे आगे भी जोरदार तरीके से उठाया कि कैसे कमीशन के चक्कर में इंजीनियरों ने डैम को बर्बाद कर दिया. झारखंड के भ्रष्ट अफसर कैसे गड़बड़ी कर पकड़े जाते हैं, इसका नमूना तब मिला जब प्रभात खबर ने 13.6.03 को रिपोर्ट छापी कि एक ऑटो रिक्शा पर एक साथ 62 क्विंटल सामान की ढुलाई हुई. एक ट्रक पर बड़ी मुश्किल से इतनी ढुलाई हो सकती है.

झारखंड में जब टेंडर में गड़बड़ी होने लगी तो प्रभात खबर ने इसे मुद्दा बनाना शुरू किया. 14.7.03 को रिपोर्ट छापी कि कैसे 331 करोड़ के टेंडर में 16.25 करोड़ के कमीशन की तैयारी की गयी है. 25.11.06 को छापा गया कि कैसे पांच करोड़ का पोषाहार घोटाला हुआ. 2008 में प्रभात खबर ने भ्रष्टाचार के खिलाफ बड़ा अभियान छेड़ा. यह वह दौर था जब झारखंड में बड़े पैमाने पर सरकारी पैसे की लूट हो रही थी. इसमें कई मंत्रियों के नाम आ रहे थे. दलाल सक्रिय थे. प्रभात खबर ने दस्तावेजों के आधार पर भ्रष्ट मंत्रियों के खिलाफ अभियान छेड़ दिया. जून 2008 का समय था. 26 जून को प्रभात खबर ने रिपोर्ट छापी कि पहचान छिपा कर मंत्री खरीद रहे हैं प्रॉपर्टी. कई दिनों तक रिपोर्ट छपती रही. मंत्री ने खोला मेगा खटाल (27.6.08), 4.5 करोड़ की संपत्ति की डील (28.6.08), आमदनी 15.39

राज्य के अस्पतालों को राशि आबंटित करनेवाले अधिकारी के पुत्र भी नंदलाल की श्रेणी में

सदर अस्पताल से भारी मात्रा में नकली दवाएं जब्त, कई और रहस्योद्घाटन

सदर अस्पताल में नकली दवा जब्त करते औषधि नियंत्रक शिवनंदन मिश्र, औषधि निरीक्षक जगजीत सिंह तथा मदनमोहन प्रसाद व पुलिस इंस्पेक्टर ललन दास. तसवीर बापी की.

प्रभात खबर

झारखंड का सर्वाधिक प्रसारित दैनिक

अखबार नहीं आंदोलन

कोड़ा एंड कंपनी के पांच राज्यों के 70 ठिकानों पर आयकर के छापे

1000 करोड़ विदेश भेजे गये

13 सौ करोड़ के आंतरिक लेन-देन का भी पता चला

कोड़ा घर पर नहीं थे, ललित जैन, अरविंद व्यास, संजय पुनमिया व सुनील सिन्हा पकड़े गये

स्तब्धकारी !

जिनके यहां छापे

किन शहरों में कितने ठिकानों पर छापे

क्या-क्या बरामदगी

200 मिलियन डॉलर विदेश भेजने का साक्ष्य

झामुमो ने 32 सीटों के लिए प्रत्याशी घोषित किया

मरांडी 31 से कम पर तैयार नहीं, कांग्रेस 21 से 23 सीट देना चाहती है

अर्जुन मुंडा ने कहा न विधानसभा चुनाव लड़ेंगे और न सीएम के उम्मीदवार

लाख, खर्च 30.18 करोड़ (29.6.08), एनोस की पत्नी के पास 54.44 करोड़ की जमीन (4.7.08). मंत्री के खिलाफ रोज रिपोर्ट छप रही थी. 24 अगस्त 2008 को भ्रष्टाचार पर चार पेज की विशेष सामग्री प्रकाशित की गयी. इन खबरों के बाद निगरानी जांच का आदेश हो गया था. अगले वर्ष फरवरी में कार्रवाई भी होने लगी. 14 फरवरी 2009 को एनोस एक्का और हरिनारायण राय के ठिकानों पर निगरानी के छापे पड़े. 25 जुलाई 2009 को निगरानी ने मधु कोड़ा, बंधु तिर्की, भानु प्रताप और कमलेश सिंह के ठिकानों पर छापामारी की. प्रभात खबर लगातार लिखता रहा. 7 नवंबर 2009 को प्रभात खबर में रिपोर्ट छपी कि कैसे भानु की बहन व भांजों ने 22 एकड़ की जमीन खरीदी है. अक्तूबर में प्रभात खबर में एक रिपोर्ट छपी कि एक और मंत्री चंद्रप्रकाश चौधरी के निजी सचिव के पास 13 करोड़ की फिक्सड डिपोजिट है.

इस बीच मधु कोड़ा के साथ विनोद सिन्हा का नाम जुड़ चुका था लेकिन लोगों को उसके बारे में बहुत पता नहीं था. प्रभात खबर ने 20 अगस्त, 2007 को लीड स्टोरी छापी कि कौन है विनोद सिन्हा. इस खबर के छपने के बाद विधानसभा नहीं चली. हंगामा हुआ. प्रभात खबर ने रांची, जमशेदपुर, धनबाद और देवघर में समानांतर विधानसभा चलायी. तीन दिनों की. इस बीच जनमुद्दे उठते रहे. विनोद सिन्हा के कारनामे पर रोज रिपोर्ट छपती रही. कौन हैं विनोद सिन्हा पर छह किस्तों में रिपोर्ट छपी. इन रिपोर्ट्स को छपने से झारखंड में राजनीतिक गतिविधियां बढ़ गयी थीं. इसी क्रम में संजय चौधरी का नाम भी आ गया था. प्रभात खबर ने इसी दौरान 20.9.2008 को यह रिपोर्ट छाप दी-कोड़ा जी, आपके रेफरेंस से ही संजय चौधरी का पासपोर्ट बना था. फिर एक-एक कर दस्तावेज भी छपने लगे. एक रिपोर्ट छपी-संजय चौधरी ही दुबई की टेक्नो प्रोजेक्ट नामक कंपनी के मालिक. 21 सितंबर को रिपोर्ट छपी-कोड़ा ने संजय चौधरी के साथ थाईलैंड की यात्रा की थी ?. 23 सितंबर को पेज एक पर स्तब्ध करनेवाले दस्तावेज शीर्षक से रिपोर्ट और दस्तावेज छापे. अब सुनील सिन्हा नामक एक और व्यक्ति का नाम आ

पहचान छिपा कर मंत्री खरीद रहे प्रोपर्टी

पिता को पति बना दिया हरिनारायण की पत्नी ने

देवघर में करोड़ों की प्रोपर्टी ली पत्नी के नाम

बंपास टाउन में भी 85 लाख का भवन

मंत्री हूं, तो क्या जंगल झाड़ में रहूं : हरिनारायण

चुका था. प्रभात खबर में रिपोर्ट छपी- 24 करोड़ की जमीन खरीदी सुनील सिन्हा ने. 10 अक्तूबर 2009 को मधु कोड़ा, बंधु तिर्की, विनोद सिन्हा के खिलाफ प्राथमिकी दर्ज कर ली गयी. इस पूरे प्रकरण में मधु कोड़ा, विनोद सिन्हा और उनके सहयोगियों के 167 ठिकानों पर छापामारी की गयी.

प्रभात खबर की रिपोर्ट से यह बात साफ हो चुकी थी कि बड़े पैमाने पर सत्ता का दुरूपयोग कर पैसा कमाया गया है. एक नवंबर 2009 को रिपोर्ट छपी-1000 करोड़. इसके बाद कोड़ा एंड कंपनी के ठिकानों पर छापे पड़े. दस दिन बाद यानी 11 नवंबर 2009 को प्रभात खबर ने यह रिपोर्ट छापी कि 400 करोड़ विदेश गये सिर्फ पुनमिया के जरिये. अब तक सरकारी तंत्र सक्रिय हो चुका था. सबूत मिलते जा रहे थे. 17 सितंबर 2010 को विनोद सिन्हा गिरफ्तार कर लिया गया. पूर्व मुख्यमंत्री मधु कोड़ा और अन्य पूर्व मंत्रियों को भी लंबे समय तक जेल में रहना पड़ा.

जेपीएससी घोटाला

झारखंड लोक सेवा आयोग (जेपीएससी) द्वारा की गयी बहाली में गड़बड़ी हो रही थी. बुंडू के एक छात्र ने परीक्षा दी थी. उसकी नियुक्ति नहीं हो सकी. उसने एक पत्र प्रभात खबर को भेजा. क्यों न बनूं मैं नक्सली? प्रभात खबर ने न सिर्फ इस पत्र को छापा बल्कि इस मामले पर खोजपूर्ण रिपोर्ट तैयार करायी. संजीव सिंह की पहली रिपोर्ट छपी कि कैसे जेपीएससी में बड़े पैमाने पर बहाली में गड़बड़ी हो रही है. खबर छपते ही मामला गरमा गया. इसके बाद निगरानी को जांच का जिम्मा सौंप दिया गया. जब मामले की जांच होने लगी तो एक से एक खुलासा होने लगा. झारखंड के प्रमुख राजनेताओं के करीबी, रिश्तेदार इस परीक्षा में पास घोषित किये गये थे. निगरानी ने 137 अफसरों की नियुक्ति को गलत पाया. जांच के बाद अफसरों को निलंबित किया जाने लगा. जेपीएससी के अध्यक्ष डॉ दिलीप प्रसाद को जेल जाना पड़ा. अन्य सदस्य भी गिरफ्तार किये गये या सरेंडर के बाद जेल गये. इस मामले की सीबीआइ जांच चल रही है.

विधानसभा बहाली में गड़बड़ी

झारखंड विधानसभा में भी बहाली में गड़बड़ी हुई थी. प्रभात खबर ने सबसे पहले 2007 में ही

प्रभात खबर

भ्रष्टाचार में कैद भविष्य

केस-स्टडी : हजारीबाग

दास्तान कमीशनखोरी की

संपूर्ण ग्रामीण रोजगार योजना धारा-I

संपूर्ण ग्रामीण रोजगार योजना धारा-II

झारखंड एक नजर में

भीतर के पन्नों पर पढ़िए

यह मुद्दा उठाया था. सत्य प्रकाश चौधरी की 14 किस्तों में रिपोर्ट छपी थी कि कैसे विधानसभा में नियमों को ताक पर रख कर बहाली की गयी है. 8 फरवरी 2009 से इस मुद्दे को फिर से किस्तों में उठाया गया. वरिष्ठ पत्रकार अनिल झा ने प्रभात खबर में तीन किस्तों में अपनी रिपोर्ट छापी थी. झारखंड के राजनीतिज्ञों ने हेलीकॉप्टर का भी दुरूपयोग किया था. 29 जनवरी 2009 को रिपोर्ट छापी कि मुख्यमंत्री ने भरी थी छह गुप्त उड़ानें. 22 जनवरी की रिपोर्ट थी- सरकारी हेलिकॉप्टर से 45 बार उड़े.

2009 में झारखंड में एक बार फिर दवा घोटाला हुआ. प्रभात खबर ने 24 अगस्त 2009 को शकील अख्तर की रिपोर्ट छापी कि दवा खरीद में सौ करोड़ की हेराफेरी गयी है. एक सितंबर को आइएएस अफसर और तत्कालीन स्वास्थ्य सचिव प्रदीप कुमार के ठिकानों पर छापामारी कर दी गयी. इसी प्रकार प्रभात खबर में अलकतरा घोटाला, नमक घोटाला की खबर छपी. 30 अप्रैल 2008 को रिपोर्ट छपी कि 10 करोड़ के नमक के घोटाले के लिए कैसे एक ही दिन में एग्रीमेंट किया गया और उसी दिन वर्क आर्डर भी निकाल दिया गया. भ्रष्टाचार के दर्जनों ऐसे मामले हैं जिस पर प्रभात खबर ने किस्तों में रिपोर्ट छापी. सबूत समेत. प्रभात खबर में रिपोर्ट छपने के बाद कभी निगरानी जांच हुई, कभी सीबीआइ जांच तो कभी अदालत ने स्वतः संज्ञान लिया.

प्रभात खबर ने अपने विशेष अंकों में भी भ्रष्टाचार का मुद्दा उठाया. 15 नवंबर 2006 के अंक में प्रभात खबर ने तो इसे लीड खबर छापते हुए लिखा-भ्रष्टाचार बना सबसे बड़ा उद्योग. अखबार में हर विभाग में व्याप्त भ्रष्टाचार की कहानी तो छपी ही. साथ ही यह भी छापा गया कि कौन अधिकारी, कर्मचारी कितना कमीशन लेता है.

डॉक्टर्स कथा

झारखंड में डॉक्टर्स और पैथोलॉजी लैब के बीच सांठगांठ की खबर को प्रभात खबर ने उजाकर किया था. शकील अख्तर ने 6.5.2009 को रिपोर्ट छापी-अब डॉक्टर हुए कमीशनखोर. दरअसल डॉक्टर के पास जब मरीज जाते हैं तो किसी खास लैब में ही जांच कराने को कहते हैं. इसके पीछे का

डॉक्टर कथा

कंपनियों से पैसे लेकर दवा लिखते हैं डॉक्टर

देश में करीब 25 हजार दवा कंपनियां हैं

हजारों कंपनियां फूड सप्लिमेंट के नाम पर भी दवाइयां बनाती हैं

टॉप सेगमेंट की करीब सौ कंपनियों का बाजार पर आधिपत्य

डॉक्टर किस तरह से लेते हैं पैसे

क्या कहता है आइएमए

दो तरह की मार्केटिंग

बच्चों के नाम से ले रहे चेक

40% तक मांग करते हैं

सारा खेल प्रभात खबर ने छापा कि किस डॉक्टर को किस लैब से कमीशन में कितना पैसा मिला. सबूत भी छापे गये. डॉक्टर्स का नाम छापने से हंगामा हुआ. सात और आठ मई 2009 को भी यह रिपोर्ट छपी. बाद में 28 अक्तूबर 2012 को विजय पाठक की रिपोर्ट छपी कि कंपनियों से पैसे लेकर दवा लिखते हैं डॉक्टर. डॉक्टर कथा नाम से किस्तों में रिपोर्ट छापी गयी. इसमें उल्लेख था कि कैसे डॉक्टर्स गड़बड़ी करते हैं. अंदर की खबर छपी. कैसे कैंसर और हृदय रोगों से ग्रसित मरीजों को भी डॉक्टर्स नहीं छोड़ते हैं. कैसे लैब में कमाई होती है. इन रिपोर्ट्स की काफी चर्चा हुई. आम जनता से जुड़ा यह मुद्दा था. प्रभात खबर ने मजबूती से इन मुद्दों को उठाया. विजय पाठक की ही निर्मल बाबा पर कई किस्तों में रिपोर्ट छपी कि कैसे कभी झारखंड के मेदिनीनगर में रहनेवाला एक सामान्य व्यक्ति श्रद्धा और विश्वास के नाम पर करोड़ों कमा रहा है. अखबार ने निर्मल बाबा का सच सामने लाया. इसके बाद कई माह तक निर्मल बाबा टेलीविजन पर नजर नहीं आये. यह भी छापा गया कि उनके अकाउंट्स में कितने पैसे हैं, कहां-कहां निवेश कर रखा है. कब कितना पैसा आया, कितना पैसा निकाला. उनकी संपत्ति कितनी है. प्रभात खबर की इस रिपोर्ट पर राष्ट्रव्यापी बहस हुई. देश के टेलीविजन चैनलों ने इस पर बहस कराते हुए प्रसारित किया, मुद्दा बनाया.

कौन हैं निर्मल बाबा

सरेआम जालसाजी कर रहा है?

हां, निर्मल बाबा मेरे साले हैं : नामधारी

झारखंड में बड़े पैमाने पर कोयले की चोरी होती है जिसमें पुलिस, नेता, माफिया की मिलीभगत रहती है. इसमें बड़ा गिरोह काम करता है. प्रभात खबर ने लगातार इस पर रिपोर्ट प्रकाशित की. अंततः सरकार ने इसकी जांच कराने की घोषणा की. प्रभात खबर ने अपर जिला जजों की नियुक्ति में गड़बड़ी की खबर 4 जुलाई 2010 को छापी थी. हाइकोर्ट के आदेश पर इसकी जांच करायी गयी. 8 मार्च 2011 के अंक में

झारखंड का सर्वाधिक प्रसारित दैनिक

प्रभात खबर

भ्रष्टाचार बना सबसे बड़ा उद्योग

मुख्यमंत्री के खिलाफ खड़े हैं मंत्री

यह आयोजन क्यों?

झारखंड स्थापना दिवस समारोह आज

एक नयी शुरुआत

Shubh Shilanyas

SHOPPING MALL

SHRI SAHIB SINGH VERMA

रिपोर्ट छापी गयी-फास्ट ट्रैक के 22 अपर जिला जज बरखास्त. हाइकोर्ट के आदेश पर यह बरखास्तगी हुई थी. प्रभात खबर की रिपोर्ट के बाद ही इस मामले का खुलासा हुआ था. किताब घोटाला, मध्याह भोजन में गड़बड़ी, पुल-पुलिया निर्माण में गड़बड़ी, कृषि उपकरण खरीद में गड़बड़ी, एसएस फंड में घोटाला की खबरों को लगातार छापता रहा. रिपोर्ट का असर भी पड़ा. जांच भी होती रही. टेंडर रद्द भी होते रहे, अभियंता, अफसर निलंबित हुए, कुछ बरखास्त हुए, कुछ जेल गये. झारखंड में हुए नेशनल गेम्स में हुई खरीद में हुए घोटाले पर प्रभात खबर लगातार लिखता रहा. इसकी निगरानी जांच चल रही है. पंडरा बाजार समिति में भ्रष्टाचार की जानकारी मिली तो इसे भ्रष्टाचार कथा नाम से 13 फरवरी 2013 से किस्तों में रिपोर्ट छापी गयी. एक-एक का चेहरा बताया गया कि किसके इशारे पर यह गिरोह चलता है. जब किसानों के साथ धोखा कर उन्हें दिये जानेवाले सिंचाई उपकरण के पैसों को झारखंड के अधिकारियों, आपूर्तिकर्ताओं और बिचौलियो ने आपस में बांट लिया तो प्रभात खबर ने राष्ट्रीय सूक्ष्म सिंचाई मिशन में गड़बड़ी, किसानों के साथ धोखा शीर्षक से 3 फरवरी 2014 से 33 किस्तों में मनोज लाल की रिपोर्ट छापी. इस मामले की जांच का आदेश हुआ. झारखंड में ट्रांसफर उद्योग चलता है. जब भी राजनेता-अफसर मिल कर तबादला उद्योग चलाते, प्रभात खबर सप्रमाण उसे सामने लाता रहा. कैसे दो-दो माह में तबादले कर दिये गये. फिर जब राज्य के बालू पर माफिया-राजनीतिज्ञों ने कब्जा करना चाहा तो प्रभात खबर ने इसे मुद्दा बनाया. विधानसभा से लेकर सड़क तक विरोध हुआ. झारखंड में भ्रष्टाचार होता रहा और प्रभात खबर इसके खिलाफ अभियान चला कर अपना दायित्व निभाता रहा. इन्हीं सब कारणों से प्रभात खबर अखबार की छवि भ्रष्टाचार के खिलाफ लड़नेवाले अखबार के रूप में बनी.

प्रभात खबर ने राज्य के कई जिलों में चल रही सरकारी योजनाओं में हो रही गड़बड़ी पर अपना अध्ययन कराया. प्रभात खबर के संवाददाताओं ने खुद

इसका अध्ययन किया और इस पर रिपोर्ट छापी. 15 नवंबर 2004 के अंक में भ्रष्टाचार में कैद भविष्य नाम से 16 पृष्ठों का विशेष अंक निकाला. इस अंक में इस बात का उल्लेख था कि विकास योजनाओं में किस अधिकारी या कर्मचारी को कितना प्रतिशत कमीशन मिलता है.बिचौलिये कितना कमाते हैं और नक्सलियों को कितनी लेवी मिलती है. प्रभात खबर ने इसी अंक में विस्तार से लिखा कि किस विभाग में फाइल मूवमेंट कैसे होता है, कितने लोगों के पास से फाइल को गुजरना पड़ता है और बगैर पैसे दिये काम नहीं होता है. इसके बाद 15 नवंबर 2007 में 16 पृष्ठों का भ्रष्टाचार पर अंक निकाला गया. प्रभात खबर ने झारखंड करप्शन परसेप्शन रिपोर्ट 2007 जारी की थी और लिखा था-भ्रष्टाचार बेलगाम, बेतहाशा, बेशर्म. इसमें डेड एसेट्स का विवरण भी छापा गया था. प्रभात खबर ने साहस की पत्रकारिता करते हुए विभिन्न विकास योजनाओं में कौन व्यक्ति कितना कमीशन खाता है, वह छापा.

प्रभात खबर ने न सिर्फ झारखंड में व्याप्त भ्रष्टाचार के मामले को उठाया बल्कि जब भी राष्ट्रीय स्तर पर भ्रष्टाचार का मामला सामने आया, उसे उतनी ही गंभीरता से उठाया. यहां तक कि जब अन्ना का आंदोलन चला तो प्रभात खबर उनके साथ खड़ा रहा. इसका उदाहरण है 17 अगस्त 2011 का अखबार. अनशन पर बैठने के पहले अन्ना को गिरफ्तार कर लिया गया था. प्रभात खबर ने उस दिन अन्ना पर अन्नाग्रह नाम से जैकेट बनाया. उसी दिन अन्ना के आंदोलन पर चार पेज की विशेष सामग्री प्रकाशित की. जब अन्ना का आंदोलन अगस्त 2011 में चल रहा था, तब प्रभात खबर ने आओ सारे, देश संवारे नारे के साथ लोगों को इस आंदोलन का साथ देने की अपील की. हर दिन इसी नारे के साथ प्रभात खबर विशेष सामग्री

प्रकाशित करता रहा. इसमें भ्रष्टाचार के विरोध में देश के श्रेष्ठ लोगों के लेख, विचार छपते रहे. प्रभात खबर ने भ्रष्टाचार के खिलाफ लोगों को जागरूक करने के लिए अनेक विज्ञापन बनाये और उन्हें लगातार अखबार में प्रकाशित किया. इस प्रकार भ्रष्टाचार के खिलाफ प्रभात खबर ने लोगों में जनचेतना जगाने का काम किया है. 12 फरवरी 2012 को भ्रष्टाचार से जंग को तैयार बिहार शीर्षक से और 21 नवंबर 2010 को उजले भारत में काला पैसा शीर्षक से पूरा पेज प्रकाशित किया गया.

जब न्यायपालिका में भ्रष्टाचार की बात आयी तो प्रभात खबर ने 23 दिसंबर 2010 को अदालतों में भ्रष्टाचार की आहट शीर्षक से पूरे एक पेज की रिपोर्ट प्रकाशित की. 13 मार्च 2011 को प्रभात खबर ने हसन अली की काली दुनिया नाम से एक पेज छापा जिसमें बताया गया कि कैसे कबाड़ का धंधा करनेवाला हसन अली अरबों-अरब का मालिक बन बैठा. इससे पहले से ही प्रभात खबर ने काला धन को मुद्दा बना लिया था. 21 मार्च 2009 को प्रभात खबर, पटना ने लीड स्टोरी छापी थी-2500 अरब कालाधन! इसके बाद 29 मार्च को रिपोर्ट छपी-स्विस बैंक में हसन के 40 हजार करोड़. इसके एक दिन बाद भाजपा नेता ने इसे राष्ट्रीय मुद्दा बनाते हुए कहा कि काला धन वापस लाओ.

राज्यसभा चुनाव

प्रभात खबर
आरके अग्रवाल के भाई की गाड़ी से 2.15 करोड़ जब्त
चला पैसा, राज्यसभा चुनाव रद्द
79 वोट बढ़े थे

झारखंड का इतिहास रहा है कि राज्य सभा चुनाव के दौरान प्रत्याशी पैसे के बल पर वोट खरीद लेते हैं. ऐसे-ऐसे प्रत्याशी चुनाव में उतारे जाते रहे हैं जिनका झारखंड से चुनाव के पहले दूर-दूर का रिश्ता नहीं रहा है. अधिकांश प्रत्याशी झारखंड को इसलिए चुनते थे ताकि यहां से राज्य सभा के लिए वोट जुगाड़ करना आसान होता रहा है. छोटा राज्य है. छोटे-छोटे दल, निर्दलीय विधायकों की संख्या अच्छी खासी रही है. बड़े दलों पर दिल्ली से निगरानी होती है लेकिन छोटे-छोटे दलों का अपना निर्णय होता है. प्रभात खबर ने अभियान चलाया कि झारखंड से सही व्यक्ति राज्य सभा में जाये. यहां सही का अर्थ है बगैर वोट खरीदे. दल जिसे टिकट दें, उसके विधायक उसके पक्ष में ही मतदान करें. हर चुनाव के पहले प्रभात खबर रिपोर्ट्‌र्स के जरिये विधायकों को आगाह करता रहा, उन्हें उनकी जिम्मेवारी बतायी जाती रही. 2008 में जब राज्य सभा चुनाव हो रहा था, उस समय प्रभात खबर ने खुल कर अभियान चलाया. बाहरी प्रत्याशियों के खिलाफ प्रभात खबर खड़ा था. अभियान चलाया कि क्या झारखंड में ऐसा एक भी व्यक्ति नहीं है जो राज्यसभा में जा सकता हो. यह अभियान असरदार रहा लेकिन तमाम प्रयास के बावजूद विधायकों ने अपने-अपने हिसाब से मतदान किया. इस अभियान का इतना असर पड़ चुका था कि लोग अपने-अपने विधायकों से सवाल करने लगे थे. प्रभात खबर निराश नहीं हुआ बल्कि अपने दायित्व को निभाता रहा. उसे सफलता मिली 2012 के चुनाव में. चुनाव की घोषणा होते ही प्रभात खबर का अभियान आरंभ हो गया था.

2012 के चुनाव के पहले राज्यसभा चुनाव में पैसों का खेल हो चुका था. हर चुनाव में प्रभात खबर ने यह मुददा उठाया था. इसलिए जब 2012 का चुनाव होने लगा तो प्रभात खबर ने बिकिए मत नाम से भ्रष्टाचार के खिलाफ अभियान आरंभ कर दिया. लोगों को बताया कि कैसे राज्यसभा में पैसे के बल पर वोट खरीदने की तैयारी हो रही है. विधायकों और जनता को भी जागरूक किया जा रहा था. जनता को इसलिए ताकि अगर कोई सूचना उन्हें मिले तो वे तुरंत बतायें. सरकारी संस्थाएं भी सक्रिय हो गयी थीं. इनकम टैक्स विभाग ने विशेष दल का गठन किया था. चुनाव आयोग की मानिटरिंग कड़ी थी. इसी का असर था कि चुनाव के दिन जमशेदपुर से रांची आ रहे एक वाहन से 2.15 करोड़ नकद पैसा पकड़ा गया. इनकम टैक्स के अधिकारियों ने यह कार्रवाई की थी. बाद में इसी मामले में राज्यसभा के एक प्रत्याशी को जेल जाना पड़ा. एक विधायक को लंबे समय तक जेल में रहना पड़ा. 30 मार्च को राज्यसभा की सीट के लिए मतदान हुआ. उसमें भी कुछ विधायकों ने क्रास वोटिंग की. कुछ ने पैसा लेकर वोट दिया. अभियान का यह असर रहा कि चुनाव आयोग ने राज्य सभा का चुनाव रद्द कर दिया. राज्य सभा के चुनाव के इतिहास में पहले ऐसा कभी नहीं हुआ था कि चुनाव होने के बाद उसी दिन चुनाव को रद्द कर दिया गया हो. बाद में इस मामले की जांच सीबीआइ को सौंप दी गयी.

18 मई 2012 को हार्स ट्रेडिंग के मामले में कई विधायकों के घरों पर सीबीआइ का छापा पड़ा. 4 अप्रैल 2013 को फिर से नौ विधायकों के 20 ठिकानों पर छापामारी की गयी. कुछ विधायकों के खिलाफ वारंट जारी हुआ. प्रभात खबर के अभियान का असर यह हुआ कि रद्द होने के बाद जब फिर से चुनाव हुआ तो हालात बदले हुए थे. जिस दल ने जो वादा किया था, समर्थन किया था, उसे ही चुना. इस प्रकार कई साल भले लग गये लेकिन चुनाव में भ्रष्टाचार के खिलाफ प्रभात खबर ने जो अभियान चलाया था, उसका अच्छा परिणाम दिखा. 22 विधायक संदेह के घेरे में आये.

मार्टिन टेटे प्रकरण

ऐसे तो भागलपुर दंगे की रिपोर्टिंग के समय से ही प्रभात खबर चर्चा में आ गया था, लेकिन राष्ट्रीय स्तर पर प्रभात खबर पहली बार तब चर्चा में आया जब मार्टिन टेटे प्रकरण को उठाया. फादर मार्टिन टेटे जीईएल चर्च के प्रमुख धर्माध्यक्ष थे. 13 जून, 1990 को कोलकाता प्रवास के दौरान उनकी मौत हो गयी थी. प्रभात खबर को सूचना मिली थी कि फादर टेटे की मौत स्वाभाविक मौत नहीं थी बल्कि उनकी हत्या की गयी थी. उन दिनों प्रभात खबर का अंगरेजी संस्करण भी छपता था. प्रभात खबर अंगेरजी ने पहली बार यह सवाल उठाया कि क्या फादर टेटे की मौत स्वाभाविक थी?. कई दिनों तक यह खबर अंगरेजी प्रभात खबर में छपती रही. धीरे-धीरे यह मामला गरमाने लगा. बाद में फादर टेटे प्रकरण को प्रभात खबर हिंदी ने जब मुद्दा बनाया तो यह चर्चा में आ गया. प्रशासन चौकस हो गया. मार्टिन टेटे की पत्नी एच टेटे और जीईएल चर्च के कुछ वरिष्ठ सदस्यों ने फादर की मौत के मामले की जांच कराने का आग्रह किया था. मौत के 27 दिनों बाद मार्टिन टेटे के शव को कब्र से निकाला गया था और दुबारा पोस्टमार्टम कराया गया था. प्रभात खबर (हिंदी) ने इस खबर को पेज एक पर मृत्यु का कारण अनिश्चित, जांच जारी हेडिंग से 12 जुलाई 1990 के अंक में छापा था. प्रभात खबर की रिपोर्ट को गलत साबित करने के लिए बड़ा अभियान चला. इसमें देश के कई प्रमुख अखबार थे लेकिन देश के

भ्रष्टाचार के खिलाफ प्रभात खबर का विज्ञापन अभियान : लगातार अखबार में इस प्रकार के विज्ञापन छाप कर प्रभात खबर ने लोगों को जागरूक बनाया और भ्रष्टाचार के खिलाफ सचेत किया.

अनेक अखबार, पत्रिकाएं प्रभात खबर की रिपोर्ट को सच करार दे रही थी. फादर टेटे प्रकरण में कई प्रभावशाली लोगों के नाम थे. बाद में इसमें गिरफ्तारी भी हुई. यह एक खोजपूर्ण रिपोर्ट थी और इसके लिए प्रभात खबर ने अपनी विशेष टीम का गठन किया था. इस टीम के सदस्य कोलकाता समेत उन जगहों पर भी गये थे, जहां-जहां से फादर टेटे मौत की खबर के बारे में जानकारी मिल सकती थी. सबूत जुटाये और इसे प्रभात खबर में लगातार प्रकाशित किया. प्रभात खबर में छपी रिपोर्ट को आधार बना कर बिहार विधानसभा में भी मामला उठाया गया. वहां हंगामा हुआ. 19 जुलाई 1990 को विधानसभा में संसदीय कार्यमंत्री रघुनाथ झा ने घोषणा की कि टेटे मामले की सीआइडी जांच होगी. 22 जुलाई को हत्या का मामला दर्ज किया गया. उसी के बाद बड़े नेताओं की गिरफ्तारी हुई. राज्य में इतना हंगामा हुआ कि तत्कालीन मुख्यमंत्री लालू प्रसाद को सीबीआइ जांच की घोषणा करनी पड़ी थी. टेटे प्रकरण के बाद देश भर में प्रभात खबर की खोजपूर्ण रिपोर्ट की चर्चा हुई. अनेक राष्ट्रीय अखबारों ने प्रभात खबर का अपनी रिपोर्ट में जिक्र किया. टेटे प्रकरण वह पहला बड़ा मुद्दा था जिसके कारण प्रभात खबर की देश भर में चर्चा हुई थी.

□

पत्रकारिता पर विशेष अंकों का संग्रह

अपनी 30 साल की यात्रा में प्रभात खबर ने सैकड़ों विषयों पर संग्रहणीय सामग्री प्रकाशित की. इसमें एक बड़ा विषय है पत्रकारिता. पत्रकारिता को समृद्ध करने, पत्रकारिता से जुड़े लोगों को गहरी जानकारी देने के लिए समय-समय पर विशेष अंक/लेखों का प्रकाशन प्रभात खबर करता रहा है. जब भी विशेष अवसर आया, प्रभात खबर ने अपनी 14वीं, 20वीं, 25वीं या 30वीं वर्षगांठ मनायी, पत्रकारिता दिवस मनाया, पत्रकारिता पर या तो विशेष अंक निकाला या फिर पत्रकारिता/विकास पर गोष्ठी करायी.

1989 तक तो प्रभात खबर अपने अस्तित्व की लड़ाई लड़ रहा था, इसके बावजूद अपने स्थापना दिवस पर पत्रकारिता पर लेखों को प्रकाशन करता रहा. 1994 में प्रभात खबर ने अपने दस साल पूरे किये थे. इस अवसर पर कई खंडों में दशक अंक निकाला गया था. 17 अगस्त 1994 का मुद्दा खंड का पहला ही लेख पत्रकारिता पर आधारित था. इसकी कवर स्टोरी थी-पत्रकारिता का चरित्र.

इसके पहले ही 27 मई 1990 की रविवारीय पत्रिका पत्रकारिता पर ही केंद्रित थी. 30 मई (पत्रकारिता दिवस) के अवसर पर यह अंक निकाला गया था. इसमें प्रख्यात लेखक डॉ कृष्ण बिहारी मिश्र के लेख हिंदी के प्रथम पत्र उदंत मार्त्तंड का प्रकाशन, हिंदी पत्रकारिता : नींव की बातें हैं जबकि श्यामा प्रसाद प्रदीप का लेख ब्रह्म का साधना है पत्रकारिता को भी जगह मिली है. इस अंक में पुराने एवं ऐतिहासिक अखबारों के पहले पन्नों को प्रकाशित किया गया है. 7 जून 1992 को प्रभात खबर ने पुनः रविवार की पत्रिका में प्रेस और हम : अखबारों का काम सत्य साधना है प्रकाशित किया. उन दिनों पत्रकारों और पुलिस के बीच के संबंध काफी खराब हो गये थे. उसी दौरान डीएन गौतम ने वह लेख था. वे बिहार के वरिष्ठ आइपीएस अधिकारी थे. इसी अंक में डॉ देवेंद्र कुमार तिवारी (आइएएस) ने भी एक लेख लिखा था-प्रेस और पुलिस : व्यावसायिकता से वैयक्तिकता की ओर. इसी अंक में पत्रकार हरिवंशजी का लेख छपा था-प्रेस बनाम पुलिस बनाम पब्लिक.

देशज जनतंत्र की हिफाजत के 14 वर्ष

नये प्रबंधन के टेकओवर के 14 साल पूरा होने पर प्रभात खबर ने 2003 में विशेष अंक प्रकाशित किया था. यह एक संग्रहणीय अंक है. 24 पेज के टेब्लायड आकार में छपे इस अंक का पहला लेख प्रधान संपादक हरिवंश का था. प्रभात खबर की विकास यात्रा पर केके गोयनका और आरके दत्ता के विचार थे. इनके अलावा योगेंद्र यादव, अजीत भट्टाचार्य, ललित सुरजन, शैबाल गुप्ता, शशि भूषण,

प्रभात कुमार, जयां द्रेज, डॉ कुमार सुरेश सिंह, फैसल अनुराग, डॉ रामदयाल मुंडा, महेंद्र सिंह, अविनाश, वासवी, दयामनी बारला, त्रिदिव घोष, प्रभाष जोशी, मेघनाथ, बीपी केसरी, रमेश शरण, अनुज कुमार सिन्हा, किसलय के लेख थे.

प्रभात खबर के 20 वर्ष

प्रभात खबर के 20 साल पूरा होने पर प्रभात खबर ने 8 अगस्त 2004 को मीडिया पर 16 पृष्ठों का विशेष अंक मीडिया प्रतिबद्धता बनाम प्रोफेशन निकाला था. इसमें पत्रकारिता पर अनेक बेहतरीन लेख थे. इस अंक में जिन लेखों को प्रकाशित किया गया था, वे थे

पहली जरुरत है पत्रकारिता की विश्वसनीयता : प्रभाष जोशी, हिंदी पत्रकारिता की चुनौतियां : आलोक मेहता, ज्यादा जरूरी है आत्मसमीक्षा : प्रो आनंद कुमार, भूमंडलीकरण से निपटना सबसे बड़ी चुनौती है : पंकज बिष्ट, राष्ट्रीय अखबार का मिथक टूट चुका है : विष्णु खरे, मीडिया को जन के करीब पहुंचाना होगा : रामशरण जोशी, मीडिया का संबंध सत्ता से शत्रुता का हो : अजित कुमार झा, मीडिया को नागरिकोन्मुख बनना होगा : अभय कुमार दुबे, स्वधर्म तलाशना होगा पत्रकारिता को : रामबहादुर राय, समाज पतनशील है तो पत्रकारिता कैसे बचेगी : कुलदीप नैयर, चुनौती प्रसार की नहीं, अस्तित्व रक्षा की है : प्रयाग शुक्ल, देखना होगा कि मीडिया किसके पक्ष में खड़ा है : रामकृष्ण पांडेय, बाजारवादी मीडिया से कोई उम्मीद बेमानी : अनिल चमड़िया, क्षेत्रीय अखबार ही उम्मीद की किरण : उदय प्रकाश, व्यवसायिकता का हावी होना खतरनाक : सुभाष धूलिया

इक्कीसवीं सदी की पत्रकारिता थोड़ी हकीकत ज्याद फसाना : अरूण कुमार त्रिपाठी, वे आदर्श नहीं रहे : अच्युतानंद मिश्र, पत्रकारिता में राजनीति की दखल घातक : पुण्य प्रसून वाजपेयी.

प्रभात खबर के 27 वर्ष

2011 में प्रभात खबर ने अपनी 27वीं वर्षगांठ मनायी थी. उस अवसर पर प्रभात खबर ने 14 अगस्त 2011 को पत्रकारिता पर प्रभात विमर्श नाम से विशेष अंक निकाला था. इसमें पत्रकारिता पर कई संग्रहणीय लेख थे. देश के प्रसिद्ध लोगों ने ये लेख लिखे थे.

ये लेख हैं :

रद्दी न होने की जद्दोजहद : निधीश त्यागी, मीडिया के लिए घातक है कारपोरेट कल्चर : कुलदीप नैयर, शोषण मुक्ति के चिंतन से अछूती नहीं है पत्रकारिता : एके राय, पाठकों से धोखाधड़ी बंद हो : श्रवण गर्ग, 121 साल पुरानी है रांची की पत्रकारिता : वनखंडी मिश्र, मीडिया : ताकत बढ़ी, प्रतिष्ठा घटी : बलवीर दत्त गिरवी हो गयी है पत्रकारिता : पी साईंनाथ का लेख, मुनाफे के दौर में गायब हो रही हैं खबरें : राजदीप सरदेसाई, कुछ भी परोसना ठीक नहीं : बीजी वर्गीज, मीडिया घरानों की एकाधिकार की प्रवृति पर अंकुश की जरूरत : जवाहरलाल कौल, मिशन नहीं,कमीशन की पत्रकारिता : परजाय गुहा ठाकुरता, मुद्दों पर आधारित पत्रकारिता के 27 साल : अनुज सिन्हा, बाजार से संचालित मीडिया : विजय भास्कर.

समय-समय पर प्रभात खबर पत्रकारिता पर विशेष लेख या पेज का भी प्रकाशन करता रहा. 13 जुलाई 2014 को मौलाना अबुल कलाम आजाद के पौत्र फिरोज बख्त अहमद का एक पेज का लेख छपा था-पत्रकारिता का संग-ए-मील था अल-हिलाल. यह वह अखबार था जिसे मौलाना अबुल कलाम ने निकाला था. उस अखबार के प्रकाशन के सौ वर्ष पूरे होने के अवसर पर प्रभात खबर ने यह विशेष लेख लिखवाया था. इसी प्रकार महात्मा गांधी द्वारा दक्षिण अफ्रीका में निकाले गये अखबार इंडियन ओपिनियन के सौ वर्ष पूरा होने पर प्रभात खबर ने विशेष पेज का प्रकाशन किया था.

धर्मवीर भारती, प्रभाष जोशी भारतीय पत्रकारिता के मार्गदर्शक रहे हैं. प्रभात खबर ने ऐसे लोगों पर खास लेख प्रकाशित किये. 15 जुलाई 1997 को यशस्वी संपादक प्रभाष जोशी नाम से पूरे पेज का लेख छपा. 6 मई 2001 को प्रभात खबर में एक ऐसा लेख छपा जिससे पता चलता है कि प्रभाष जोशी में किस उच्च कोटि की ईमानदारी थी. शीर्षक था-जब अपने बेटे पर संवाददाता को तरजोह दी प्रभाष जोशी ने. 5 दिसंबर 1997 को डॉ धर्मवीर भारती पर एक पेज की सामग्री प्रकाशित की गयी. इसमें डॉ भारती से डॉ प्रभात की बातचीत, खुद डॉ धर्मवीर भारती का लेख सम्मान पका हुआ फल है और डॉ कृष्ण बिहारी मिश्र का लेख प्रातिभ पुरूष भारती शामिल है. 14 सितंबर 1997 को गणेश मंत्री का लेख डॉ भारती : सख्त भी, स्नेहशील भी प्रकाशित हुआ. पत्रकारिता की स्थिति, संकट, चुनौतियां आदि विषयों पर समय-समय पर अनेक लेख प्रकाशित हुए. इनमें हरिवंश जी की पत्रकारिता के पाखंड (26 जनवरी 1991), डॉ कृष्ण बिहारी मिश्र का हिंदी पत्रकारिता : भाषा का प्रश्न, मंगल माधव पराड़कर का

पतन की राह पर पत्रकारिता (1 मई 1992), विष्णु नागर का हिंदी पत्रकारिता का संकटपूर्ण दौर (12 मार्च 1991), महादेव टोप्पो का हिंदी पत्रकारिता का अंतर्विरोध (19 जुलाई), जगदीश प्रसाद चतुर्वेदी का संपादक बनाम संवाददाता : अधिकार का प्रश्न (9 जुलाई 1990), पाठकों की नजर में पत्रकार (3 जुलाई 1992 के रविवारीय पत्रिका में घनश्याम का लेख), त्रिपुरारी शरण श्रीवास्तव का पत्रकारिता के बदलते आयाम (25 फरवरी, 1991), मनीष का सामाजिक बुराइयों में पत्रकारिता भी अछूती नहीं है (29 मई 1993), शिव दर्शन सिंह का जब पत्रकार की लेखनी के आगे राजदंड झुक गया (2 मार्च 2000), रतन वर्मा का मीडिया बनाम पत्रकारिता का अंतर्स्वरूप (18 अप्रैल 1992), हरिवंश की सांप्रदायिकता और पत्रकारिता (31 मार्च 1993), डॉ कृष्ण बिहारी मिश्र का आदर्श का प्रतिमान एक व्यक्तित्व (1 मई 1990), नारायण दत्त का हिंदी पाठकों के गले में अंगरेजी का तौक (29 जनवरी 1990) प्रमुख है. 11 नवंबर 1990 के अंक में अरूण शौरी से बातचीत छपी है जिसमें उन्होंने कहा था- हमने अखबार में एक स्पष्ट विभाजन कर दिया है. पत्रकार ललित सुरजन ने 5 मार्च 2000 को प्रभात खबर को दिये गये इंटरव्यू में कहा था-साहित्यकार को पत्रकारिता कतई नहीं करनी चाहिए. ऐसे लेख पत्रकारिता के छात्रों, पत्रकारों के अलावा समाज के सचेत नागरिकों के लिए भी आवश्यक है, इसलिए यहां इनका उल्लेख किया गया है.

मुंबई में कराया परिसंवाद

पत्रकारिता पर प्रभात खबर और बंबई हिंदी पत्रकार संघ द्वारा 24 जनवरी 1994 को मुंबई के सिंघम कॉलेज में आज की हिंदी पत्रकारिता पर परिसंवाद कराया गया था. इस परिसंवाद में देश के कई प्रबुद्ध पत्रकारों ने भाग लिया था. इनमें नवभारत टाइम्स के तत्कालीन संपादक विश्वनाथ सचदेव, राहुल देव, नारायण दत्त, अनुराग त्रिपाठी, अनुराग चतुर्वेदी और हरिवंश ने अपने विचार रखे थे. इस कार्यक्रम में धर्मयुग के पूर्व संपादक धर्मवीर भारती भी मौजूद थे. परिसंवाद में कई ऐसी बातें सामने आयी थीं, जो आज भी प्रासंगिक हैं. उन दिनों वरिष्ठ संपादकों ने भविष्य की पत्रकारिता के प्रति जो चिंता जतायी थी, वह आज सच साबित हो रही है. नारायण दत्त ने कहा था कि पत्रकारिता पर राजनीति हावी हो गयी है. पत्रकार उद्देश्यहीन राजनीति को बढ़ावा दे रहे हैं. हिंदी पत्रकारिता टेलीविजन का अनुसरण कर रही है. नवभारत टाइम्स के संपादक विश्वनाथ सचदेव ने कहा था कि हिंदी पत्रकारिता में पूरी सूचना नहीं दी जा रही है. पत्रकार खबर के पीछे जाने की इच्छा नहीं रखते हैं. पाठकों की भूख को मिटा नहीं पा रहे हैं. उन्होंने कहा था कि हमने खबर को बेचने का उद्देश्य बना लिया है. गणेश मंत्री ने कहा था कि हिंदी पत्रकारिता में सबसे बड़ा संकट विज्ञापन का है. हिंदी पत्रकारिता दोयम दर्जे की इसलिए हो गयी है क्योंकि हमलोग अंगरेजी को प्राथमिकता दे रहे हैं. उन्होंने सवाल उठाया था कि हिंदी पत्रकारों को अगर कम पैसा मिलेगा तो वह कहां तक मिशन बना रहेगा. मालिकों की नयी पीढ़ी हिंदी पत्रकारिता को कुंठित कर रही है. पत्रकार राहुल देव ने कहा था कि पत्रकारिता की दशा हिंदी समाज से अलग नहीं है. तीसरी दुनिया में जिस तरीके के दूरगामी परिवर्तन हर स्तर पर हो रहे हैं, उससे हम कितने अवगत हैं? इसका आभास हिंदी पत्रकारों को कम है. हिंदी पत्रकारिता में अंगरेजी से अनुवाद की सार्थकता पर उन्होंने कहा कि हिंदी में मौलिक चिंतन नहीं दिखता. हिंदी में मौलिक समाजशास्त्रीय अध्ययन शोध कम हो रहे हैं.

अनुराग त्रिपाठी ने सवाल उठाया कि क्या हिंदी पत्रकार सिर्फ अनुवादक हो गये हैं? पत्रकार हरिवंश ने हिंदी पत्रकारों की भूमिका पर कहा कि हमलोग अपनी त्रुटियों को स्वीकार नहीं करते. पत्रकारों को प्रशिक्षण देने का काम खत्म हो गया है. आज दुनिया जिस तेजी से बदल रही है, उसका अंदाजा हमें नहीं है. खाद्यान्न संकट और जनसंख्या को हम नजरअंदाज कर रहे हैं. अनुराग चतुर्वेदी ने कहा कि हमने सांप्रदायिकता के मुद्दे पर सजगता नहीं दिखायी.

दीपावली अंक में पत्रकारिता पर लेख

प्रभात खबर ने अपने नियमित अंक में पत्रकारिता पर लेखों को लगातार प्रकाशित किया ही, इसके दीपावली अंक (पत्रिका) में भी इस पर सामग्री छपती रही. दीपावली अंक 1995 में नारायण दत्त की हिंदी पत्रकारिता : फैलते-सिकुड़ते क्षितिज, समाचार माध्यम : शक्ति और सीमा के साथ-साथ जनसत्ता के प्रधान संपादक प्रभाष जोशी से बातचीत छपी है. इसी प्रकार 1997 के दीपावली अंक में मीडिया से जुड़े प्रमुख लेख इस प्रकार हैं : मीडिया : पथभ्रष्ट होते हुए सर्वशक्तिमान और सर्वज्ञ. यह लेख विजय भास्कर ने लिखा था. इसमें ऐतिहासिक तथ्यों का उल्लेख करते हुए पत्रकारिता में भ्रष्टाचार का मामला उठाया गया है. यह लेख आज भी सामयिक है. 2003 के दीपावली अंक में हिंदी पत्रकारिता पर संकट विषय पर परिचर्चा के तहत अनेक लेख हैं. इन लेखों से हिंदी पत्रकारिता की स्थिति, उसके समक्ष चुनौतियां, उसके भविष्य की जानकारी मिलती है. इन लेखों में पत्रकार की भूमिका जागरूक लोकनायक की होती है (कृष्ण बिहारी मिश्र), विश्वसनीयता और प्रयोजन का संकट (प्रभाष जोशी), मैं हिंदी अखबार क्यों पढ़ूं (राजेंद्र यादव), खबर अब प्रोडक्ट बन गयी है (मृणाल पांडेय), समर्पित पत्रकार बचे रहेंगे (ओम थानवी), विश्वास की कमी सबसे बड़ा संकट है (अभय छजलानी), बाजारोन्मुख हो गयी है पत्रकारिता (आनंद स्वरुप वर्मा), जनता को करिश्मा कपूर की शादी की तसवीर नहीं चाहिए (ललित सुरजन), हिंदी पत्रकारिता का द्वंद्व (रामशरण जोशी), मैनेज और प्लांट होने लगी है पत्रकारिता (हरिवंश) प्रमुख हैं.

□

नक्सलवाद पर विशेष अंक

प्रभात खबर
नक्सलवाद...?
बातचीत से नक्सलवाद पर काबू संभव

झारखंड और बिहार के बड़े इलाके नक्सल प्रभावित हैं. यह आज से नहीं, लंबे समय से है. झारखंड तो खास तौर पर. यहां बड़ी-बड़ी नक्सली घटनाएं घटी हैं. पुलिस अधीक्षक (एसपी) नक्सली हमले में मारे गये हैं. अनेक डीएसपी, बीडीओ मारे गये हैं. यह एक बड़ी समस्या के रूप में सामने आयी है. राज्य बनने के बाद प्रभात खबर ने नक्सलवाद पर विशेष अंक निकाला. बहस कराया, जिसमें सभी धारा के लोगों को शामिल किया. प्रशासन से लेकर शीर्ष माओवादी नेता, समाज के चिंतकों को जोड़ा. सिर्फ इसलिए ताकि सार्थक बहसों से नक्सलवाद के मामले को सुलझाने में मदद मिले. 15 नवंबर 2007 के राज्य स्थापना दिवस पर नक्सलवाद पर प्रभात खबर ने आठ पेज का विशेष अंक निकाला था. इसमें देश के शीर्ष पत्रकारों के लेख तो थे ही, कई राज्यों के पूर्व पुलिस महानिदेशकों के साथ-साथ कुछ वैसे भी लेखकों के लेख थे जिन्हें नक्सल समर्थक माना जाता रहा है. पत्रकार बीजी वर्गीज का लेख बातचीत से नक्सलवाद पर काबू संभव है, में नक्सलवाद के मूल कारण और इसके निदान पर जोर दिया गया है. उत्तरप्रदेश के पूर्व डीजीपी प्रकाश सिंह ने अपने लेख पहले पर्याप्त पुलिस बल तब आधुनिकीकरण में इस बात का उल्लेख किया है कि पूरे देश में ऐसी व्यवस्था हो जिसमें जायज मांगों पर विचार किया जाये. इस लेख में अमीरी-गरीबी की खाई को नक्सलवाद के कारणों में प्रमुख माना गया है. पंजाब के पूर्व डीजीपी केपीएस गिल ने इस अंक में पुलिस बल को प्रशिक्षित कर ऑपरेशन चलाने की जरूरत शीर्षक वाले लेख में लिखा है कि नक्सलवाद पर काबू पाने के लिए राजनेताओं को इच्छाशक्ति दिखानी होगी. अभय कुमार दुबे के लेख विकास से हल होगी नक्सलवाद की समस्या में समाधान का रास्ता दिखाया गया है. आइडीएसए से जुड़े हुए पीवी रमन्ना ने अपने लेख नक्सलवाद से लड़ने के लिए दृढ़ राजनीतिक इच्छाशक्ति का अभाव में राजनेताओं की खिंचाई की है. उनके लेख में

उल्लेख है कि चीन-नेपाल के माओवादियों से भारत के माओवादियों को कोई सहयोग नहीं मिलता है. अजय साहनी ने अपने लेख नक्सलवाद से लड़ने के लिए सरकार कटिबद्ध नहीं, में लिखा है कि सरकार की योजना-रणनीति विफल रही है. इसी कारण माओवादी मजबूत हुए हैं. इस विशेष अंक में पी गोविंदन कुट्टी का लेख माओवादियों के लिए स्पेस व संभावना तो सरकारें ही छोड़ती हैं, चर्चित है. वे माओवादियों का मुख पत्र माने जानेवाली पत्रिका पीपुल्स मार्च के संपादक रहे हैं. कवि और नक्सली विचारक वरवरा राव से निराला की बातचीत छपी है जिसमें उन्होंने कहा है कि यदि नक्सली विचारधारा से भटके होते तो इतना विस्तार कैसे होता.

इसके तीन साल बाद प्रभात खबर ने 16 नवंबर 2010 को बहस में नक्सलवाद शीर्षक से पुनः आठ पृष्ठों का नक्सलवाद पर विशेष अंक निकाला. इस अंक में भी प्रयास किया गया कि समाज के सभी तबकों को बहस में शामिल किया जाये. इस अंक में जो मुख्य लेख हैं, वे हैं-बहुसंख्य आज भी गुरबत में (लेखक जनरल शंकर राय चौधरी), नाकाम सरकार से मिली नक्सलियों को जगह (लेखक : पीवी रमन्ना), अंधविश्वास से देश का भला न होगा और करारों की होड़ में आम आदमी कहां (लेखक : प्रो अमित भादुड़ी), बाजार की गिरफ्त में जकड़ती सरकारें (लेखक : गौतम नवलखा), शुबहा होता है सरकारी आंकड़ों पर (लेखक : आनंद स्वरूप शर्मा), शोषण की हिमायती हैं सरकारें (लेखक : दीपंकर भट्टाचार्य), जल, जंगल और जमीन की कॉरपोरेट लूट (लेखक : आदित्य निगम), कानून तो है पर अमल नहीं (लेखक : स्वामी अग्निवेश), राह तो तलाशनी होगी (लेखक : प्रकाश सिंह), कानून का दुरूपयोग रोकना होगा (लेखक : पीवी रमन्ना), बदलनी होगी संघर्ष की रणनीति (लेखक : प्रकाश सिंह), माओवादी राजनीति के अंतरविरोध (लेखक : कविता कृष्णन), माओवादी संघर्ष और जमीनी सच (लेखक : योगेंद्र यादव व सुहास पालिशकर).

ये दोनों अंक तो प्रभात खबर अखबार के विशेष अंक थे. सबसे ज्यादा चर्चित हुआ 2009 का दीपावली विशेषांक. यह पूरा अंक ही नक्सलवाद पर केंद्रित था. वरिष्ठ साहित्यकार रविभूषण इसके अतिथि संपादक थे. इस अंक के पहले हिस्से में नक्सलवाद पर लिखनेवाले देश के प्रख्यात लेखकों के लेख हैं. प्रकाश चंद्रायन का लेख बदलती शब्दावलियों के बीच, अभय कुमार दुबे का एक आंदोलन, एक विरासत, दो धाराएं, अजय सिंह का क्रांतिकारी वाम गंभीर संकट में है, प्रीति सिन्हा का नक्सलवाड़ी आंदोलन द्वार चिन्हित प्रश्न आज भी बरकरार है, शशि भूषण का अंधेरे क्षेत्रों के प्रभु या क्रांति-पथ के ध्रुवतारे?, अनिल चमड़िया का नक्सलवाद को समस्या और आंदोलन के रूप में देखने का नजरिया,

लाल बहादुर वर्मा का पूंजीवाद लालच की व्यवस्था है, प्रसन्न कुमार चौधरी का माओवाद का वैचारिक-राजनीतिक परिप्रेक्ष्य, आनंद स्वरूप वर्मा का राजसत्ता, माओवाद और पत्रकारिता, डीएन गौतम का विघटनकारी राजनीति और विघटनकारी तत्व, आदित्य निगम का दो दशकों की कारपोरेट लूट और माओवाद का उदय, कनक तिवारी का छत्तीसगढ़ में नक्सलवाद, रंजीत वर्मा का कानूनों और अदालतों का भेदभावपूर्ण व्यवहार, प्रणय कृष्ण का लेख नक्सलवाड़ी विद्रोह का सांस्कृतिक पक्ष, हितेंद्र पटेल का नक्सलवाद (संकलन) इस अंक की खासियत है.

इस अंक में दो भागों में परिचर्चा प्रकाशित की गयी है. वैसे तो परिचर्चा-1 में अरुंधति राय, अरविंद केजरीवाल, गौतम नवलखा, प्रकाश सिंह, पीवी रमन्ना, एबी वर्द्धन, दीपंकर भट्टाचार्य, दलीप एस स्वामी, गोपाल नायडू जैसे प्रमुख लोगों ने भाग लिया लेकिन आकर्षण का केंद्र है परिचर्चा में कोटेश्वर राव उर्फ किशनजी के विचार. किशनजी से मुलाकात कर उनका विचार लेना आसान काम नहीं था. काफी प्रयास के बाद मो परवेज ने किशनजी का इंटरव्यू लिया था. किशनजी समेत अन्य सभी लोगों से इस परिचर्चा में जो सात सवाल पूछे गये थे, वे हैं-

1. नक्सलवाद की क्रांतिकारी राजनैतिक विचारधारा के जन्म और विकास के क्या कारण हैं?
2. नक्सलवाद, उग्रवाद और आतंकवाद एक है या इनमें कोई अंतर है?
3. भारतीय मध्यवर्ग इस राजनीतिक विचारधारा के साथ कितना जुड़ा हुआ है? क्या उसकी सक्रिय हिस्सेदारी के बिना नक्सलवाद सफल होगा?
4. आज देश के निर्धनतम और खनिज-बहुल इलाकों में ही नक्सलवाद क्यों मौजूद है?
5. क्या सचमुच राज्य (स्टेट) 30 फीसदी और नक्सलवादी 70 फीसदी भारतीयों के लिए चिंतित और कार्यरत हैं?
6. हिंसा और प्रतिहिंसा के बिना क्या सामान्य जन का सामाजिक-आर्थिक विकास असंभव है?
7. नक्सलवाद और माओवाद का सामाजिक-आर्थिक राजनीतिक समाधान उचित है या सैनिक/अर्द्धसैनिक समाधान?

परिचर्चा में सभी वक्ताओं ने स्पष्ट तौर पर अपनी बात रखी थी. अरुंधति राय का विचार था-नक्सलवाद की आड़ में कुकर्मों पर परदा डालता भारतीय राष्ट्रवाद. इसी प्रकार हिंसा और प्रतिहिंसा से नक्सलवाद का समाधान हो ही नहीं सकता (अरविंद केजरीवाल), सैनिक अभियान से नहीं मिटेगा नक्सलवाद (गौतम नवलखा), विषमता दूर करने के अलावा सशस्त्र कार्रवाई ही रास्ता (प्रकाश सिंह), भारतीय मध्यवर्ग पेशेवर मानसिकता का है (डॉ पीवी रमन्ना), सैनिक व अर्द्धसैनिक मार्ग दमन के हथियार हैं (एबी वर्द्धन), सवालों का हल चाहिए, जमाने का रद्दोबदल चाहिए (दीपंकर भट्टाचार्य), गरीबी, भूखमरी इस समस्या की मूल जड़ है (दलीप एस स्वामी), नक्सलवाद एक वैचारिक-राजनीतिक आंदोलन है (गोपाल नायडू) में लेखकों ने गहराई और स्पष्टता से अपनी बात रखी है. इस परिचर्चा में कोटेश्वर राव उर्फ किशनजी के विचार भी हैं. परिचर्चा में शामिल होनेवाले अन्य प्रमुख लोगों के विचार तो छपते रहे हैं लेकिन किशनजी के विचार शायद ही कभी छपते थे. इसलिए बहुत प्रयास के बाद प्रभात खबर के प्रतिनिधि ने उनका इंटरव्यू किया था. यह काम कठिन और जोखिम भरा था. इसलिए किशनजी से संबंधित प्रश्नावली पर जो बात हुई थी, उसे यहां प्रकाशित किया जा रहा है.

प्रभात खबर

प्रयोग की कहानी

हम विपक्ष की भूमिका निभा रहे हैं

–कोटेश्वर राव उर्फ किशनजी

1. नक्सलवाद की क्रांतिकारी राजनैतिक विचारधारा के जन्म और विकास के क्या कारण हैं ?

1925 में भारतीय कम्युनिस्ट पार्टी का जन्म हुआ. रूस की क्रांति के कारण ऐसा हुआ. मार्क्सवाद का सिद्धांत है परिवर्तन. यह क्रांतिकारी राजनीतिक आंदोलन के बिना संभव नहीं है. मार्क्स से माओ तक सभी समान परिवर्तन चाहते हैं. सामंत तंत्र को ध्वस्त करने के लिए इस क्रांतिकारी राजनैतिक विचारधारा का जन्म हुआ. पुराने स्टेट को तोड़े बिना नया स्टेट नहीं बन सकता. सामंतवाद की जड़ें गहरी हो गयी हैं. इसलिए इसे तोड़ने के लिए क्रांति आवश्यक है. इतिहास गवाह है. केंद्रीय कमेटी राज्य संग्राम के पक्ष में है. आंध्र-तेलंगाना में यह संग्राम हुआ. कृषक, मजदूर और किसान आंदोलन हुए. संगठन के विकास के कारण बताने से पहले एक बात स्पष्ट कर दूं. आजाद भारत में बनायी गयी किसी भी नीति को ले लें, वे शासक वर्ग के स्वार्थों के लिहाज से बनायी गयी थी. यही प्रमुख कारण है हमारे संगठन के विकास का. जन आंदोलन से हम आगे बढ़ते गये. पहले पीपुल्स वार, एमसीसी और सीपीआइएमएल तीन पार्टियां थीं. बाद में हमसे अलग होकर पचास संगठन बने. परंतु सभी खत्म हो गये. बाद में विलय के बाद सीपीआइ माओवादी संगठन खड़ा हुआ. हम आज झारखंड, बंगाल, ओड़िशा, बिहार, छत्तीसगढ़ आंध्रप्रदेश में मजबूत हैं. इसके अलावा उत्तराखंड के चार, यूपी के छह जिलों और महाराष्ट्र, हिमाचल और जम्मू कश्मीर के कुछ हिस्सों में हमारा संगठन पांव जमाये है.

2. नक्सलवाद, उग्रवाद और आतंकवाद एक है या इनमें कोई अंतर है ?

तीनों में अंतर है. तीनों कभी एक नहीं हो सकते. नक्सलवाद वैचारिक सोच है. हम उग्रवाद और आतंकवाद का विरोध करते हैं. समाज में जब संकट पैदा होता है तो आपसी विद्वेष की भावना से आतंकवाद और उग्रवाद पैदा होते हैं. स्टेट ही उग्रवाद और आतंकवाद का पोषक है. हां, यह सच है कि संगठन के नीचे स्तर के कुछ कमांडर नक्सलवाद की क्रांतिकारी विचारधारा के विपरीत कहीं-कहीं गलत कर बैठते हैं. उसके कारण लोग हमारे संगठन को भी उग्रवाद-आतंकवाद के चश्मे से देखते हैं. परंतु जहां ऐसी दुखद घटनाएं घटीं, वहां हमने सार्वजनिक माफी मांगी. जिन लोगों ने ऐसा किया, उस पर कार्रवाई हुई. कुछ घटनाएं ऊपर तक नहीं पहुंच पाती. इसके कारण विरोधाभास पैदा होता है.

3. भारतीय मध्यवर्ग इस राजनीतिक विचारधारा के साथ कितना जुड़ा हुआ है ? क्या उसकी सक्रिय हिस्सेदारी के बिना नक्सलवाद सफल होगा ?

मध्यवर्ग साथ है. उनके बिना तो कुछ भी संभव नहीं है. जब तक मिडिल क्लास हमसे नहीं जुड़ेंगे, हम सफल नहीं हो सकते. कुछ इलाकों में 60 प्रतिशत, तो कुछ में 30 से 40 प्रतिशत मध्य वर्ग हमसे जुड़ा है. विश्व भर में आर्थिक मंदी छायी है. अब तो हम मिडिल क्लास से 80 प्रतिशत जुड़ जायेंगे. साम्राज्यवाद व्यवस्था हावी होने के कारण आमजन, मिडिल क्लास हमारे साथ जुड़ते जा रहे हैं.

4. आज देश के निर्धनतम और खनिज-बहुल इलाकों में ही नक्सलवाद क्यों मौजूद है ?

मार्क्सवाद और माओ का पहला उद्देश्य जंगल महल इलाकों में पांव जमा लेना ही है. क्या इतने

बड़े स्टेट से सामने आकर लड़ना संभव होगा. इसलिए हम अपनी सुरक्षा के लिए ऐसा करते हैं. एक दूसरा पहलू, ट्राइबल इलाकों में ही खनिज संपदा है. हम यहां नहीं रहेंगे तो साम्राज्यवादी शक्तियां इस खनिज को लूट लेंगी. हम यहां रह कर एक तरह से इसकी हिफाजत कर रहे हैं. गवाह है एमओयू को विफल करने के लिए हमने संघर्ष किया. इसमें सफल भी हुए. माओवाद जब सक्रिय होगा, साम्राज्यवादी राज्य की संपत्ति नहीं ले जा सकते. अमेरिकी साम्राज्यवाद ने हमें उखाड़ फेंकने के लिए वर्ल्ड बैंक को सामने रखा है.

5. क्या सचमुच राज्य (स्टेट) 30 फीसदी और नक्सलवादी 70 फीसदी भारतीयों के लिए चिंतित और कार्यरत हैं ?

हम 70 से 85 प्रतिशत आम जनता के लिए आंदोलन कर रहे हैं. हम नक्सलवादी गरीब, मजदूर, मध्य और निम्न किसान के पक्ष में खड़े हैं, आंदोलित हैं. जबकि स्टेट साम्राज्यवादियों से मिल कर किसानों, मजदूरों और गरीबों को कुचल रहा है.अगर हम आम जन की नहीं सोचते तो आज सात राज्यों में स्टैंड नहीं कर पाते.

6. हिंसा और प्रतिहिंसा के बिना क्या सामान्य जन का सामाजिक-आर्थिक विकास असंभव है ?

हिंसा और प्रतिहिंसा के साथ स्टेट पावर जुड़ा है. कौन शासन चला रहा है, पहले यह देखें. जहां पावर होगा, वहां दुरुपयोग होगा. नाम के लिए गणतंत्र है. पर असल में ऐसा नहीं है. साम्राज्यवाद, पूंजीवाद हावी है. यहां तो विपक्ष है ही नहीं. हम विपक्ष की भूमिका अदा कर रहे हैं, इसलिए हमारे ऊपर हमले हो रहे हैं. सरकार ने तो नक्सलवादियों को आतंकवादी तक घोषित कर दिया है. साम्राज्यवाद का मतलब ही है युद्ध. हम क्रांतिकारी हैं. हम शांति चाहते हैं. हम हिंसा नहीं करते. वरन हिंसा का जवाब प्रतिहिंसा से देते हैं. असल में प्रशासन स्टेट टेरर चला रहा है. कोई भी नीति शासक वर्ग के लिहाज से ही बनायी गयी है. स्टेट पावर में परिवर्तन के बिना आम जन का विकास नहीं हो सकता.

7. नक्सलवाद और माओवाद का सामाजिक-आर्थिक राजनीतिक समाधान उचित है या सैनिक/अर्द्धसैनिक समाधान ?

दोनों असली विषय नहीं हैं. दोनों इसी व्यवस्था से पैदा हुए हैं. दरअसल पूंजीपति शासक नक्सलवाद को रजनीतिक रूप से लेते ही नहीं. अब तो हमें आतंकवादी कहा जा रहा है. ब्लू प्रिंट बनाया जा रहा है. हमारे देश के सामाजिक कार्यक्रम का नेतृत्व अमेरिका कर रहा है. भारत दूसरे देश के गुप्तचर को रखने का काम कर रहा है, मध्य वर्ग को गमुराह करने के लिए सैनिक कार्रवाई की जा रही है, दरअसल आम आदमी की मांग को पूरा कर एवं आमजन के हाथों में नेतृत्व सौंप कर ही इसका समाधान होगा. दूसरी भाषा में कह सकते हैं कि जब तक समाजवाद स्थापित नहीं होगा, इसका समाधान संभव नहीं है. हां, यह सच है कि हम राजनीतिक विचारधारा से आगे बढ़ रहे हैं. फैसला राजनीतिक आंदोलन से ही हो सकता है.

किशनजी के इस इंटरव्यू की देश भर में चर्चा हुई थी. प्रभात खबर इस विषय पर कितना गंभीर है, इसका उदाहरण है इसी अंक में नक्सलवाद पर परिचर्चा दो. इसमें महाश्वेता देवी, वरवर राव, रामशरण जोशी, विष्णु खरे, मैनेजर पांडेय, मेधा पाटेकर, नवारुण भट्टाचार्य, एमजे अकबर, प्रशांत भूषण, हर्ष

मांदेर, पंकज विष्ट, वंदना शिवा, सुभाष गाताडे और शिवमंगल सिद्धांतकर ने भाग लिया था. प्रश्नावली यह थी :

1. क्या माओ-त्से-तुंग की विचारधारा आज प्रासंगिक है? माओवादी इस विचारधारा के साथ हैं या उनमें भटकाव है?
2. नक्सलवादी आंदोलन ने आरंभ में कला-साहित्य-संस्कृति, सबको प्रभावित किया था. आज यह प्रभाव कम क्यों है?
3. क्या भूमंडलीकरण के दौर में नक्सलवादी आंदोलन अधिक फैला है?
4. आज देश में किसी भी बड़े मुद्दे और प्रश्न पर लोकतांत्रिक बहसों का अभाव क्यों है?
5. राजनीतिक दलों की जनविमुखता और अविश्वसनीयता से माओवादियों के फैलाव का कितना संबंध है?
6. क्या लोकतांत्रिक देश में जनता के विरुद्ध सैनिक या अर्द्धसैनिक कार्रवाई लोकतांत्रिक और न्यायसंगत है?
7. क्या नक्सलवाद का सामाजिक-आर्थिक विषमताओं या विधि व्यवस्था से संबंध है?
8. आज का भारतीय मध्यवर्ग क्या इस राजनीतिक विचारधारा के साथ है?

इस परिचर्चा में दिये गये सभी लेखकों के विचार विस्तार से 2009 के दीपावली अंक में प्रकाशित किये गये थे. महाश्वेता देवी का विचार था कि शुरुआती दौर में नक्सली आंदोलन की भावना शुद्ध थी जबकि वरवर राव ने साफ-साफ कहा कि आज के दौर में पहले की अपेक्षा माओ की विचारधारा की प्रासंगिकता ज्यादा है. उन्होंने कहा कि ऑल इंडिया स्तर पर चार प्रमुख पार्टियां कांग्रेस, बीजेपी, सीपीएम-सीपीआइ है. ये सभी साम्राज्यवाद का पोषण करने और फैलाने में लगे हैं. रामशरण जोशी का कहना था कि लोकतंत्र का द्रौपदीकरण बंद किया जाये. यदि नक्सलवादी आंदोलन का निराकरण और माओवाद को खत्म करना है तो पहले जनाब, अमानुषों की जमात का सफाया तथा द्रौपदीकरण का अंत करना होगा. विष्णु खरे का विचार था कि भारत जैसे वैविध्यपूर्ण देश में साम्यवादी विचारधारा और रणनीति को परिस्थितियों के अनुसार लचीला और परिवर्तनीय होना होगा. मैनेजर पांडेय ने अपने विचार व्यक्त करते हुए लिखा है कि इस देश के राजनैतिक दल अगर जनता की समस्याओं में सचमुच दिलचस्पी रखते तो इस देश के दो लाख किसानों की आत्महत्या के बाद क्या कोई बड़ा किसान आंदोलन नहीं होता? यही नहीं, लाखों आदिवासियों के विस्थापन और तबाही के बाद आदिवासियों की समस्याओं को पूरे देश और दुनिया के सामने लाने के लिए कोई बड़ी बहस या कोई बड़ा आंदोलन नहीं होता?

मेधा पाटेकर ने सीमा सिंह से बातचीत में कहा था कि हिंसा का मार्ग किसी भी लोकतांत्रिक देश के हित में नहीं है. नवारुण भट्टाचार्य का विचार था कि माओ त्से तुंग की विचारधारा अब भी प्रासंगिक है. एमजे अकबर ने लिखा कि उन्हें नहीं लगता कि माओवादी किसी तरह से माओ से जुड़े हुए हैं. उनका दर्द पेट का दर्द है, भूख का दर्द है. प्रसिद्ध अधिवक्ता प्रशांत भूषण का विचार था कि व्यवस्था ने हथियार उठाने के लिए माओवादियों को मजबूर किया है. हर्ष मांदेर ने कहा कि सामाजिक समरसता बहाल किये बगैर बात नहीं बन सकती जबकि पंकज विष्ट का विचार था कि भूमंडलीकरण ने कमजोर को और कमजोर किया है. वंदना शिवा का विचार था कि इस बड़े मुद्दे पर लोकतांत्रिक बहस का अभाव है

जबकि सुभाष गाताडे का मानना था कि यह कानून-व्यवस्था का मसला नहीं है. शिवमंगल सिद्धांतकर ने कहा कि जनता के विरुद्ध सैनिक अथवा अर्द्धसैनिक कार्रवाई न्यायसंगत नहीं है.

प्रभात खबर ने एक तरीके से नक्सलवाद की समस्या की जड़, इसके समाधान का एक रास्ता दिखाने का इस अंक के जरिये प्रयास किया. एक अखबार की जिम्मेवारी भी यही होती है. प्रभात खबर ने अपना दायित्व निभाया. ऐसे तो प्रभात खबर ने अपने दायित्व का निर्वहन आगे बढ़ कर किया. इसका उल्लेख आगे किया जायेगा कि कैसे प्रभात खबर की टीम ने एक अपहृत बीडीओ को छुड़ाया. ऐसे तो नक्सल घटनाओं के कवरेज में प्रभात खबर अन्य अखबारों से आगे रहा है. आज से नहीं, कई सालों से. तब से, जब बिहार का बंटवारा भी नहीं हुआ था. ऐसी खबरों के बड़े पाठक भी रहे हैं.

रांची और जमशेदपुर के बाद प्रभात खबर का प्रकाशन पटना से हो रहा था लेकिन इसका जितना लाभ पटना को मिल रहा था, उससे कई गुणा ज्यादा लाभ रांची और जमशेदपुर संस्करण को मिल रहा था. खबरों के कारण. तब बिहार का बंटवारा नहीं हुआ था. इसलिए न सिर्फ राजधानी (तब पटना) की खबरें अन्य संस्करणों को मिल जाती थी बल्कि बिहार के अन्य हिस्से के भी ताजा समाचार सभी को मिल जाते थे. दक्षिण बिहार में प्रभात खबर फायदे में इसलिए रहता था क्योंकि उन दिनों झारखंड में प्रभात खबर का मुकाबला किसी बड़े अखबार से नहीं था. जो भी अखबार इस क्षेत्र में थे, उसका पटना या बिहार नेटवर्क मजबूत नहीं था. उन दिनों बिहार में बड़े पैमाने पर हिंसा होती थी. नक्सली गतिविधियां बिहार में तेजी से फैल रही थीं. तब दक्षिण बिहार में नक्सल या जातीय नरसंहार की बड़ी घटनाएं कम होती थी. शेष बिहार (खास तौर पर जहानाबाद, गया,आरा, पटना) में जातीय संघर्ष भी खूब होता था. लोग अपराध की खबरों को खूब चाव से पढ़ते भी थे. 1990-2000 के बीच बिहार में अनेक बड़े नरसंहार हुए. तब हिंदुस्तान पटना से छप कर आता था. दैनिक जागरण या दैनिक भास्कर तो था नहीं. इसलिए प्रभात खबर को बिहार की ताजा खबरें, देर रात की खबरें विस्तार से मिल जाती थी. नरसंहार हो,जातीय संघर्ष हो या नक्सली घटनाओं की खबरें, प्रभात खबर में ऐसी रिपोर्ट्स विस्तार से छपती थी. कई एक्सक्लूसिव इंटरव्यू भी छपे. बिहार में घटी घटनाओं का इस क्षेत्र में असर इसलिए भी अधिक पड़ता था क्योंकि चतरा, पलामू इलाकों में नक्सल गतिविधियां सक्रिय हो गयी थीं. पलामू में जातीय संघर्ष की घटनाएं घटती थीं.

बीडीओ को प्रभात खबर ने रिहा कराया

प्रभात खबर जनहित की पत्रकारिता में विश्वास करता है. मानवीय आधार पर पत्रकारिता करता है. जब मामला स्टेट या देश का हो तो वह स्टेट/देश के साथ खड़ा होता है. ऐसा ही एक मामला था बीडीओ के अपहरण का. नक्सलियों ने झारखंड के पूर्वी सिंहभूम जिला के धालभूमगढ़ के प्रखंड विकास पदाधिकारी (बीडीओ) प्रशांत कुमार लायक का 13 जनवरी 2010 को उस समय अपहरण कर लिया था जब वे अपने कार्यालय में बैठे थे. माओवादियों की संख्या सात के आसपास थी और वे बाइक से आये थे. बीडीओ को लेकर वे चले गये थे. इस घटना के बाद पूरे राज्य में हंगामा हो गया. उस समय शिबू सोरेन झारखंड के मुख्यमंत्री थे. घटना के तुरंत बाद आइजी घटनास्थल पर पहुंच गये थे. सारे अधिकारी चिंतित इसलिए थे क्योंकि 2000 में गिद्धौर के बीडीओ नंद किशोर प्रसाद सिंह का नक्सलियों

प्रभात खबर
अखबार नहीं आंदोलन
ऑपरेशन रिहाई
माओवादियों के संकेत और सरकार की सहमति पर प्रभात खबर की टीम जंगल में घुसी
बीडीओ को प्रभात खबर टीम को सौंपा
विश्वास का फल
हमने वायदा निभाया, अब सरकार की बारी
कोड़ा कांड की जांच से जुड़े आइटी अफसर हटाये गये
दिग्गजों को बचाने के लिए हटाये गये उज्ज्वल चौधरी : राय
झारखंड है या घोटालाखंड
सर्राफा
Ganga Vihar
Jai Mateshwar Home Makers
SALE | LEASE SHOWROOMS | OFFICES | RESTAURANT HOTEL | FOODCOURT | BANQUET HALL
Grand

ने अपहरण किया था जिनकी बाद में हत्या कर दी थी. हालांकि उसके बाद भी नक्सलियों ने कई अधिकारियों को बंधक बनाया था. लायक के अपहरण के तीन माह पहले 30 सितंबर को नक्सलियों ने विशेष शाखा के इंस्पेक्टर फ्रांसीस इंदवार का अपहरण किया था. कुछ मांगें रखीं थी. न मानने पर नक्सलियों ने उनकी हत्या कर दी थी और उनका शव रांची-बुंडू हाइवे पर फेंक दिया था. इंदवार की पत्नी ने अपने पति को छोड़ देने की अपील भी नक्सलियों से की थी लेकिन कोई फायदा नहीं हुआ. इंदवार की हत्या की घटना के बाद जब बीडीओ प्रशांत लायक का नक्सलियों ने अपहरण किया तो सरकार परेशान हो उठी. वह कोई मौका नहीं देना चाहती थी. इसलिए फूंक-फूंक कर कदम उठा रही थी. नक्सलियों ने बीडीओ के घर फोन कर उनकी पत्नी को कहा था कि उनके पति सुरक्षित हैं. नक्सलियों ने घाटशिला जेल में बंद कुछ ग्रामीणों को रिहा करने की शर्त रखी थी. कुछ अन्य मांगें भी थीं. कई दिन बीत गये. बीडीओ को गुड़ाबांधा के जंगल में रखा गया था. उस पूरे क्षेत्र में भारी संख्या में सुरक्षाबलों को तैनात किया गया था. इसमें अर्द्धसैनिक बल भी थे. राज्य के आला अफसर खुद कमान संभाले हुए थे लेकिन वे बीडीओ को रिहा नहीं करा पा रहे थे. सरकार ने नक्सलियों की कई मांगों को मान लिया था, उसके बावजूद बीडीओ को रिहा नहीं किया गया था. इससे सरकार पर भारी दबाव बन गया था.

इसमें छह दिन बीत गये. खबरें हर अखबार में छप रही थीं. प्रभात खबर भी खबरें छाप रहा था. 19 फरवरी 2010 को दिन में हमारे एक ग्रामीण प्रतिनिधि ने खबर दी कि माओवादी बीडीओ को छोड़ने के लिए तैयार हैं लेकिन उनकी एक शर्त है. प्रभात खबर के किसी वरिष्ठ व्यक्ति अगर चार बजे तक जंगल में पहुंच जाये तो बीडीओ को वे उन्हें सौंप सकते हैं. मैं उन दिनों जमशेदपुर में स्थानीय संपादक के पद पर था. वहां सबसे वरिष्ठ मैं ही था. मैंने बिना सोचे-समझे हां कर दिया और कहा कि मैं खुद जाना चाहता हूं. मैं अपने किसी और साथी की जान जोखिम में नहीं डालना चाहता था. इसलिए मैं खुद जाने को तैयार हो गया. लेकिन इसके लिए पहले प्रधान संपादक को बताना अनिवार्य था. मैंने प्रधान संपादक को फोन लगाया लेकिन उनसे मोबाइल पर बात नहीं हो सकी. वे पटना से रांची आ रहे थे. यह खबर फैल गयी और राजनीतिक दलों के कई मित्रों ने मुझसे आग्रह किया कि आप जायें और बीडीओ को ले आयें. उन्हें लग रहा था कि कहीं मैं जाने से इनकार न कर दूं जबकि अपने मित्रों के फोन आने के पहले

रिहा होने के ठीक पहले नक्सलियों के साथ बीडीओ

ही मैंने तय कर लिया था कि मैं खुद जाऊंगा. समय कम था. घर से निकला. पत्नी और बच्चों (जो काफी छोटे थे) से मिला. जोखिम वाला काम था. वहां क्या होगा, कोई नहीं जानता था. पत्नी को भी नहीं बताया कि कहां जा रहा हूं. संभव था बताने पर वह मना करती. मैं मानता कि नहीं, यह अलग बात है. जमशेदपुर से मैं अपने साथी फोटोग्राफर उमाशंकर दुबे को लिया. रास्ते में एक पत्रकार मित्र भी गाड़ी पर चढ़ गया. वह किसी चैनल में था. बोलेरो गाड़ी में मैं घाटशिला-डुमरिया की ओर रवाना हो गया. घाटशिला में धरिश्चंद्र और परवेज को लिया. डुमरिया से शिव शंकर साहू (स्थानीय प्रतिनिधि) को लिया. इस बीच प्रधान संपादक हरिवंशजी से मोबाइल पर बात हुई. उन्होंने सुझाव दिया कि सरकार से बात कर लेना. अगर सरकार कहती है, अनुमति देती है, तभी जाना. मैंने रांची के स्थानीय संपादक विजय पाठक को सरकार से बात करने के लिए कहा. विजय ने राज्य के वरिष्ठ अधिकारियों से बात की. इसमें मुख्यमंत्री के प्रधान सचिव सुखदेव सिंह भी थे. सरकार से अनुमति मिल गयी. सरकार ने उस क्षेत्र में तैनात पुलिसकर्मियों/अधिकारियों को भी यह सूचना दे दी कि प्रभात खबर की टीम जा रही है. सरकार से अनुमति लेने का निर्णय सही निर्णय था. बगैर सरकार को बताये जाने से हमारी टीम नये संकट में फंस सकती थी. हमलोग जा रहे थे और रास्ता में भारी संख्या में मौजूद पुलिसकर्मी हमारी गाड़ी को रोक नहीं रहे थे. मैं समझ गया था कि गुड़ाबांधा के आसपास तैनात सुरक्षा बलों को सरकार से निर्देश मिल चुका था कि हमलोग को नहीं रोकना है. इस बीच कई बार नक्सलियों की ओर से हमारे सहयोगी के फोन पर संदेश मिलता रहा कि कहां जाना है. एक जगह पहुंचने पर आगे जाने का संदेश मिलता था. निर्धारित जगह पर पहुंचा. वहां 10-11 साल का एक लड़का आया और वही जंगल में ले गया. एक खास जगह पर जाकर हमलोग को खड़ा कर दिया गया. वहीं पर हम सब इंतजार कर रहे थे. सूर्यास्त हो रहा था. उसी समय जंगल में आहट हुई और कुछ दूरी से तीन-चार लोग दिखे. आगे-आगे बीडीओ प्रशांत लायक थे. उनके ठीक पीछे ड्रेस में एक पुरूष नक्सली और दो लड़कियां थीं. सभी के चेहरे हल्के ढंके थे और हाथों में घातक हथियार थे. पुरुष नक्सली ने स्वयं को मंगल (वह था कौन, आज तक नहीं जान पाया) बताया और कहा कि हमने सरकार को वादा किया था कि बीडीओ को छोड़ देंगे, इसलिए आपको सौंप रहे हैं. आप इसे सरकार या घर तक पहुंचाये. हमने अपना दायित्व निभाया, अब सरकार अपना दायित्व निभाये. मैंने कुछ और सवाल पूछना चाहा तो उसने साफ-साफ कह दिया कि इतना ही बोलने का आदेश है. सिर्फ मंगल ही जवाब दे रहा था. दोनों लड़कियों (उम्र 12-14 साल होगी) ने एक भी शब्द नहीं कहा.

हमने आग्रह किया कि तसवीर भी चाहिए. वे लोग तैयार हो गये. बीडीओ के साथ नक्सलियों की

तसवीर ली गयी. मंगल ने कहा-इन्हें लेकर आप लोग जाइए. इनसे जो भी बात करनी है, रास्ता में करिएगा. तब तक रात हो चुकी थी. इसके बाद वे लोग जंगल में घुस गये. कुछ दूर पैदल चलने के बाद हमलोग गाड़ी के पास पहुंचे. अंधेरा हो चुका था. हमलोग पहाड़ी से नीचे उतर रहे थे. इसी बीच गाड़ी की लाइट में सैकड़ों हथियार बंद लोगों को हमारे ड्राइवर राजेश ने देखा. गाड़ी रोक दी गयी. पहले लगा कि ये लोग भी नक्सली हैं. इसी बीच आवाज आयी, बीडीओ कहां हैं? पूछने पर उन्होंने कहा कि मैं एसपी नवीन सिंह हूं. तब तक मैं भी एसपी को पहचान चुका था. वे भी मुझे पहचानते थे. बीडीओ को हमलोग उनके घर या राज्य के वरिष्ठ अधिकारियों को सौंपना चाहते थे लेकिन एसपी ने जबरन बीडीओ को अपने कब्जे में ले लिया था. हमलोग ने विरोध किया. लेकिन इसका कोई असर नहीं पड़ा. वहां कोई विकल्प नहीं था. मोबाइल यूज करने की अनुमति नहीं दी गयी थी. उस दिन देखा कि पुलिस अधिकारी का रौब क्या होता है. जैसा व्यवहार पुलिस अधिकारियों ने उस दिन किया था, अगर उसका आभास होता तो सरकार के कहने पर भी कतई नहीं जाता. हमलोग सरकार के आग्रह पर गये थे. मानवता के नाते गये थे ताकि किसी की जान बच सके. बीडीओ से कोई निजी संबंध नहीं था. न ही बीडीओ को जानते थे. दिमाग में यही बात आयी थी कि अगर हमलोग के जाने से किसी निर्दोष की जान बच जाये तो जाने में हर्ज क्या है. उस समय यह सोच भी नहीं पाये थे कि अगर इस घटना में पुलिस या नक्सली किसी की गोली से हमलोग मारे गये तो हमलोग के परिवार का क्या होगा. लेकिन बीडीओ को छीनने के बाद पुलिस का जो तेवर देखा, उससे लगा कि अच्छा किया था कि सरकार से अनुमति लेकर गया था. पुलिस अफसरों से आग्रह करता रहा, बहस करता रहा कि बीडीओ को हमलोग गृह सचिव या डीजीपी को या उनके परिवार को सौंपेंगे लेकिन किसी ने बात नहीं सुनी.

कोई रास्ता नहीं सुझा. बीडीओ को एसपी को सौंपने, इस घटना की तसवीर लेने के बाद हमलोग बगैर बीडीओ के घाटशिला लौट गये. जिस समय पुलिस ने हमलोगों से बीडीओ को छीना था, उस समय पुलिस अफसर चिल्ला-चिल्ला कर कह रहे थे-हमलोग आपलोगों को हीरो नहीं बनने देंगे. उसी समय मुझे लगा कि अगर बगैर सरकार की अनुमति के आता तो क्या हाल होता? इस बात की आशंका थी कि वहां बीडीओ को छीनने के बाद हमसभी को गोली मार दी जाती. संभव था कि हमसभी को ही साजिशकर्ता या अपहर्ता करार दे दिया जाता. लेकिन ऐसा नहीं हुआ क्योंकि राज्य सरकार के वरिष्ठ अधिकारियों, शीर्ष राजनेताओं के आग्रह पर ही हमारी टीम वहां गयी थी. पूरे राज्य/देश की नजर इस घटना पर थी. लौटने के वक्त रास्ते में पूर्वी सिंहभूम के उपायुक्त समेत अनेक अधिकारियों, कई राजनीतिज्ञों के फोन आये. सभी ने आभार व्यक्त किया. हमलोग पुलिस के रवैये से दुखित और नाराज थे. जिनका भी फोन आता, नाराजगी बता देते थे, क्योंकि हमारे और हमारी टीम के साथ विश्वासघात किया गया था.

प्रभात खबर की टीम जान जोखिम में डाल कर जंगलों में गयी थी. सिर्फ इसलिए ताकि एक निर्दोष व्यक्ति (अफसर) की जान नहीं जाये. यह काम हमारा नहीं था, यह काम शासन का था, पुलिसकर्मियों का था. जिम्मेवार नागरिक होने के नाते हमलोगों ने जोखिम लिया था. हम सभी इस अभियान में सफल रहे. हमलोग को इस सवाल का भी जवाब देना पड़ा कि नक्सलियों ने प्रभात खबर को ही क्यों चुना. जवाब था-प्रभात खबर ने जनहित की जो पत्रकारिता की, गरीबों की जो आवाज उठायी, उससे समाज के सभी वर्गों का उसे विश्वास हासिल हुआ. इसी विश्वास के कारण नक्सलियों ने

बीडीओ को प्रभात खबर को सौंपा. यह एक उदाहरण है जिसने साबित कर दिया कि प्रभात खबर कैसी पत्रकारिता करता है. सिर्फ कहता नहीं, करता भी है. प्रभात खबर के इस जोखिम भरे अभियान को नेशनल मीडिया ने सराहा. द टेलीग्राफ ने 20 फरवरी के अंक में इसे लीड खबर बनायी, जिसमें इस बात का उल्लेख किया कि माओवादियों ने प्रभात खबर के पत्रकारों को बीडीओ को सौंप दिया. प्रसिद्ध पत्रकार और बीबीसी के भारत में लंबे समय तक प्रमुख रहे मार्क तुली ने अपनी प्रसिद्ध पुस्तक नन स्टॉप इंडिया में बीडीओ की रिहाई की पूरी घटना का न सिर्फ विस्तार से विवरण किया है बल्कि कई जगहों पर प्रभात खबर का उल्लेख भी किया है. यह पुस्तक अंतरराष्ट्रीय स्तर पर काफ़ी चर्चित है.

□

हर भाषा का सम्मान-प्रयोग

प्रभात खबर भले ही हिंदी का अखबार हो लेकिन दूसरी भाषाओं से गहरे रूप से जुड़े लोगों की भावनाओं का भी ख्याल करते हुए समय-समय पर अनूठे प्रयोग किये गये. हर समाज, हर वर्ग के पाठकों का ध्यान रखा गया. झारखंड मूलतः एक आदिवासी बहुल राज्य रहा है. यहां संताल, मुंडा, उरांव, हो समेत अनेक जनजातियां रहती हैं. उनकी भाषा में भिन्नता है. इसी क्रम में प्रभात खबर में क्षेत्रीय भाषाओं में साप्ताहिक कॉलम की शुरुआत की गयी. प्रभात खबर में नागपुरी, खोरठा, मुंडारी, कुड़ुख भाषा में साप्ताहिक कॉलम बहुत दिनों तक चले. झारखंड में कई जिले ऐसे हैं जहां भोजपुरी, मैथिली बोलनेवाले लोगों की संख्या अधिक है. प्रभात खबर ने इन लोगों की भावनाओं का ख्याल करते हुए भोजपुरी और मैथिली में भी कॉलम चलाया. इन भाषाओं को समृद्ध करने का जब भी अवसर आया, प्रभात खबर ने हर संभव प्रयास किया.

झारखंड में बड़ी संख्या में मुसलिम समुदाय के लोग रहते हैं. ये लोग लंबे समय से झारखंड में हैं. मुसलिम समाज प्रभात खबर का एक बड़ा पाठक वर्ग भी है. ईद उनका सबसे बड़ा त्योहार है. ईद के अवसर पर तो हर अखबार मुसलमान भाइयों को मुबारकवाद देता है लेकिन प्रभात खबर ने इसमें अनूठा प्रयोग किया. ऐसा ही एक प्रयोग था 2009 में. 20 सितंबर को जब ईद का चांद दिखा, तय हो गया कि 21 को ईद होगी तो उस दिन के अखबार में (जमशेदपुर संस्करण) टॉप बाक्स ईद की खबर बनी. इसमें मुसलमान भाइयों को ईद का मुबारकवाद और ईद का संदेश दिया गया था. इसकी

झारखंड का सर्वाधिक प्रसारित दैनिक

प्रभात खबर

अखबार नहीं आंदोलन

ईद मुबारक

नववर्ष

प्रभात खबर

শুভ নববর্ষ

“ নববর্ষের সেকাল ও একাল ”

Hallmark Gold Jewellery

Booking

खासियत यह थी कि यह हिंदी में नहीं बल्कि ऊर्दू में लिखा गया था. ऐसा प्रयोग पत्रकारिता में शायद ही कभी हुआ हो. इसे लोगों ने काफी सराहा था.

बैसाखी सिखों का बड़ा पावन त्योहार है. इस अवसर पर प्रभात खबर ने 13 अप्रैल 2007 को विशेष अंक निकाला था. इसमें अनेक लेख थे. बैसाखी पर कविताएं थीं. लेकिन इस अंक के कवर पेज की हेडिंग गुरुमुखी में थी. ऐसा गुरुमुखी को सम्मान देने के लिए किया गया था. हर साल बांग्ला नववर्ष मनाया जाता है. इस अवसर पर प्रभात खबर विशेष अंक निकालता रहा है. इसमें बंगाली समुदाय के प्रमुख लोगों के अलावा अन्य लोगों के भी लेख होते हैं. प्रभात खबर का लगभग पूरा अंक बांग्ला में निकलता है. इस प्रभात खबर के साथ बांटा जाता था. ऐसे प्रयोग से बंगाली समाज और प्रभात खबर को और करीब आने का अवसर मिलता रहा है. प्रभात खबर ने सिर्फ अंक ही नहीं निकाला बल्कि रांची में 2008 में बांग्ला मेला का भी आयोजन किया. इस मेले में बांग्ला संस्कृति पर जोर दिया गया था. डोना गांगुली ने इस मौके पर रांची आकर विशेष नृत्य प्रस्तुत किया था. पश्चिम बंगाल के पूर्व मुख्यमंत्री और प्रसिद्ध वाम नेता ज्योति बसु का जब निधन हुआ, प्रभात खबर ने विशेष सामग्री दी. नया प्रयोग किया. ज्योति बाबू देश की बड़ी हस्ती थे. दूसरे दिन के अखबार में प्रभात खबर के पेज एक की यह लीड खबर थी. इसकी हेडिंग थी-रइलेन ना ज्योति बाबू. हिंदी अखबार में बांग्ला भाषा में हेडिंग देने का उदाहरण विरले ही मिलता है. इस हेडिंग ने लोगों के दिलों को छू लिया था. ये अनूठे प्रयोग थे.

सरहुल और करमा झारखंड का बड़ा त्योहार है. आदिवासियो और मूलवासियों का यह त्योहार है. प्रभात खबर ऐसे तो इन दोनों त्योहारों का बड़ा कवरेज करता रहा है लेकिन सरहुल के मौके पर विशेष अंक भी निकालता रहा है. इसमें झारखंड की संस्कृति की पूरी झांकी रहती है. झारखंड समाज के प्रमुख लोगों के जानकारीपूर्ण लेख इसमें रहते हैं. इसका फायदा सिर्फ झारखंड समाज को ही

एकटा बुड़िबक बापक 'बापरेबाप'

मैथिली भाषा में गप-गोष्ठी

कने इन्हरो

सुरेंद्र पाठक

नहीं मिलता बल्कि यहां रह रहे दूसरों प्रांतों से आये लोगों को झारखंड की संस्कृति को समझने का मौका मिलता है. करमा पर तो विशेष पेज का आयोजन किया ही जाता है.

इसी क्रम में प्रभात खबर ने लंबे समय तक झारखंडी समाज, झारखंड की कला-संस्कृति, विरासत की जानकारी देने के लिए माय माटी नाम से साप्ताहिक पेज निकाला. इसमें झारखंड के आदिवासी-मूलवासी समाज के संबंध में जानकारी रहती थी. इस समाज के कौन से लोग किस क्षेत्र में कहां-कहां बेहतर कर रहे हैं, कला-संस्कृति, खेल, विज्ञान के क्षेत्र में कैसे आगे निकल रहे हैं, इसकी जानकारी रहती थी. साथ में इस समाज के समक्ष आयी चुनौतियों का भी जिक्र रहता था. झारखंडियों के सामने कैसे अस्तित्व का संकट आता जा रहा है, उनके सामने क्या मुद्दे हैं, इसका भी जिक्र होता था. आदिवासी-मूलवासी समाज के प्रमुख लोगों द्वारा इसमें लेख लिखा

जाता था. इसमें नये-नये और युवा लेखकों को जोड़ने का भी प्रयास किया जाता रहा.

प्रभात खबर ने हर समाज को जोड़ने का प्रयास किया. इसी क्रम में नागपुरी भाषा में राकेश रमण सहिया कर गोइठ लंबे समय तक लिखते रहे. मुंडारी में मंजीत सिंह संदू (सिख होने के बावजूद मंजीत की मुंडारी भाषा में गहरी रूचि थी, वे मुंडारी भाषा के जानकार थे, बाद में वे कनाडा चले गये) के कॉलम आते थे. प्रह्लाद तिर्की कुडुख भाषा में आवाज कॉलम लिखते थे. मैथिली में लंबे समय तक सुरेंद्र पाठक ने कने इम्हरो कॉलम लिखा जिससे मिथिला समाज-संस्कृति की जानकारी रहती थी. भोजपुरी में प्रभात खबर ने लगातार गांव-जवार कॉलम चलाया. ओम प्रकाश अश्क ने इसे लंबे समय तक लिखा था. राजस्थानी समाज के लिए मनोहर लाल गोयल ने राजस्थानी व्यंग्य कई वर्षों तक लिखा जो काफी लोकप्रिय हुआ. हेराल्ड एस तोप्पनो (अब दिवंगत) हिंदी में ही जंगल गाथा कॉलम लिखते रहे. इसमें झारखंड में रहनेवाले लोगों की जमीनी हकीकत की रिपोर्ट रहती थी. 1994 में प्रभात खबर ने ऊर्दू जगत नाम से साप्ताहिक कॉलम आरंभ किया था जिसे अलिफ आलम लिखा करते थे.

□

विशेष पेजों/परिशिष्ट का प्रकाशन

प्रभात खबर ने कंटेट में काफी प्रयोग किया. समय के साथ-साथ यह परिवर्तन होता गया. जिस तरीके से तकनीक में प्रभात खबर ने परिवर्तन किया, ठीक उसी तरह कंटेंट में भी बदलाव करता रहा. 2003 से यह बदलाव तेजी से दिखा. प्रभात खबर की पहचान न सिर्फ खबरों के कारण रही है बल्कि विचारोत्तेजक लेखों, समसामयिक लेखों, टिप्पणियों के कारण भी रही है. यही प्रभात खबर को अन्य अखबारों से अलग करता रहा है. प्रभात खबर ने अनेक ऐसी सामग्री उस समय प्रकाशित की, जो उस समय की मांग थी. अन्य अखबारों ने बाद में ऐसा ही किया.

इसकी शुरुआत हो गयी थी 1989 से ही. जिन दिनों प्रभात खबर में नया प्रबंधन आया था, उसी दौरान भागलपुरमें सांप्रदायिक दंगा हुआ था. प्रभात खबर ने उस दंगे में तेवर वाली रिपोर्टिंग की थी. प्रभात खबर रांची से दंगाग्रस्त इलाकों के विशेष कवरेज के लिए अपने संवाददाता श्रीनिवास को भागलपुर भेजा था. पहली बार सच सामने आया था. फिर सांप्रदायिकता के खिलाफ अखबारों में लगातार लेख लिखा गया, बहस करायी गयी. इसके तुरंत बाद मंडल आयोग की सिफारिश लागू होने के बाद पूरे देश में आरक्षण विरोधी आंदोलन हो रहा था. प्रभात खबर ने आरक्षण के पक्ष और विपक्ष में हर दिन अखबार में बहस करायी. समाज के हर तबके के लोगों ने इसमें

बच्चों की अपनी पत्रिका

13 फरवरी, गुरुवार, 2003

बाल प्रभात

शीघ्र ही संकट की घड़ी टल गयी और वे राजी-खुशी स्वर्गधाम जा उतरे. जैसे ही ऐरावत के पांव नीचे लगे, शंकर उसकी दुम छोड़कर अलग खड़ा हो गया. आंखें फाड़-फाड़ कर वह आस-पास के दृश्य देखने लगा.

स्वर्ग की सैर

हा हा ही ही

बच्चों के लिए निकाला गया बाल प्रभात का पहला अंक

भाग लिया. इससे प्रभात खबर की छवि एक निष्पक्ष अखबार के रूप में बनी.

2003 आते-आते अखबार ने महसूस किया कि बच्चों के लिए भी कुछ सामग्री होनी चाहिए. ये भविष्य के पाठक हैं. न सिर्फ पाठक हैं बल्कि यही तो देश के भविष्य हैं. इसलिए इन्हें अभी से गढ़ने का प्रयास करना चाहिए. इनके मनोबल को बढ़ाना चाहिए. इनके अंदर क्रिएटिविटी पैदा करनी चाहिए. इनकी प्रतिभा को निखारना चाहिए. इनके ज्ञान को बढ़ाना चाहिए. इनके अंदर चरित्र निर्माण के गुण डालने चाहिए. इन्हीं सब उद्देश्यों को लेकर बच्चों पर विशेष पेज देने की परंपरा शुरू हुई. इसी योजना के तहत अखबार में स्कूल से नामक एक पेज दिया जाता था जिसमें बच्चों की कविताएं, छोटी कहानी, स्केच, कार्टून, प्रेरक कहानियां, रोचक सामग्री होती थी. लेकिन बच्चों को इससे ज्यादा सामग्री चाहिए थी. उन्हें जोड़ कर रखना था. इसी के तहत प्रभात खबर ने बच्चों के लिए बाल प्रभात साप्ताहिक परिशिष्ट निकाला. पहले हर गुरुवार को टेब्लायड आकार में यह निकाला जाता था. इसका पहला अंक 13 फरवरी 2003 को निकाला गया था. इसकी अच्छी मांग हुई थी. इसमें बच्चों की भागीदारी अच्छी संख्या में हो रही थी. पहले यह अखबार के साथ मुफ्त में बंटता था. जैसे-जैसे कागज का दाम बढ़ने लगा, बाल प्रभात पत्रिका पर असर पड़ने लगा. कागज बचाने के लिए बाद में अखबार के अंदर इसे एक पेज पर छापा जाने लगा. कुछ साल चलने के बाद फिर मांग बढ़ी. तय हुआ कि यह अलग पत्रिका होगी जिसकी कीमत भी अलग होगी. इस प्रकार बाल प्रभात अलग पत्रिका (कीमत के साथ) फिर से निकलने लगी.

हैलो झारखंड
कहानी हुसैनाबाद की
पवनपुत्र हनुमान जी की जन्मस्थली अंजनीधाम
185 साल पुराना समाधि स्थल
श्री हरिहर धाम

रंग

प्रभात खबर लंबे समय तक साप्ताहिक परिशिष्ट रंग का प्रकाशन करता रहा. यह फिल्मों पर आधारित होता था. ऐसी बात नहीं है कि आरंभ में इसका प्रकाशन फिल्मों से संबंधित सामग्री के लिए ही किया गया था. 1990 में प्रभात खबर में कलर प्रिंटिंग की मशीन नहीं थी. इसलिए दैनिक अखबार में कलर फोटो या कलर विज्ञापन नहीं लिया जा सकता था. लेकिन उन दिनों प्रभात खबर को कलर विज्ञापन मिलने शुरु हो गये थे. ऐसी स्थिति में कलर विज्ञापन को सप्लीमेंट में ही लिया जाता था. रंग का प्रकाशन इसलिए किया गया था ताकि इसमें कलर विज्ञापन लिया जा सके. प्रारंभ में यह ग्लोसी पेपर पर

छपता था. कई बार तो रंग की कवर स्टोरी राजनीतिक खबर पर आधारित होती थी. 7 जुलाई 1990 को बंटनेवाले रंग में झारखंड आंदोलन को कवर स्टोरी बनाया गया था जिसका शीर्षक था-छोटानागपुर, शोषण है, पर राजनीतिक नेतृत्व का अभाव है! ऐसा इसलिए किया जाता था क्योंकि कलर छपने के लिए लेख और विज्ञापन को बाहर भेजना पड़ता था. आज जैसी सुविधा नहीं थी. एक व्यक्ति इसे लेकर कोलकाता जाता था जहां रंग की छपाई बाहर के प्रेस में होती थी. फिर इसे रांची लाया जाता था. दैनिक अखबार के साथ इसे बांटा जाता था.

प्रभात खबर
रंग
एंटरटेनमेंट का तूफानी एहसास
आज तक
जल-जंगल-जमीन से जुड़ी है गांव छोड़ब नाही
नीतू चंद्रा ने दिया आइआइटी स्टूडेंट को कार
धनबाद के चांग यशराज की फिल्म में
न्यूयॉर्क बिग हिट
किसकी होगी अक्षरा?

महिलाओं के लिए अखबार के अंदर घर नाम से रविवार को विशेष पेज दिया जाता था. महिलाओं के लिए साप्ताहिक परिशिष्ट गृहस्वामिनी भी प्रकाशित किया जाता था. बाद में इसका नाम सुरभि कर दिया गया. लंबे समय तक यह इसी नाम से निकाला गया. फिर तो हर दिन महिलाओं के लिए एक पेज दिया गया जिसका नाम आधी आबादी रखा गया. इसमें सिर्फ महिलाओं से जुड़ी देश-दुनिया की खबरें होती हैं. उन्हें प्रेरित करने की स्टोरी होती है. प्रभात खबर ने महिला दिवस पर कई बार पूरा अखबार महिला संपादकों (अतिथि संपादक) के नाम कर दिया. समाज की प्रमुख महिलाएं आती थीं और खबरों का चयन करती थी. कुछ

प्रभात खबर
सुरभि
कला के बाजार में महिलाओं की चुनौती

वर्ष पहले महिलाओं के लिए कहानी प्रतियोगिता का भी आयोजन प्रभात खबर ने किया था जिसमें मैत्रेयी पुष्पा को आमंत्रित किया गया था.

सप्ताह में एक दिन यानी हर शनिवार को बुजुर्गों के लिए बड़े-बुजुर्ग नाम से पेज दिया गया. इसमें बुजुर्गों की सामग्री होती थी. जैसे उनकी समस्याएं, पेंशन, रिटायरमेंट के बाद का जीवन. इसमें इस बात का ध्यान रखा जाता था कि बुजुर्ग अकेलापन महसूस न करें. ऐसा न लगे कि वे बेकार हो गये हैं. प्रभात खबर ने दैनिक अखबार में सप्ताह में एक पेज किसानों के लिए

देने का भी प्रयास किया था. इसका नाम कृषि प्रभात रखा गया था. 2006 में यह सोमवार को छपा करता था. इसमें खेती बारी की जानकारी दी जाती थी. सफल किसानों की कहानी के अलावा, खेती के तरीके और वैज्ञानिकों की राय भी दी जाती थी. फिर एक पेज बागवानी पर भी निकाला गया. बागवानी की जानकारी आम आदमी को देने के लिए यह प्रयोग किया गया था.

प्रभात खबर WEDNESDAY 23 JULY 2008, YOUTH PLUS

YOUTH

युवाओं का, युवाओं के लिए, युवाओं के द्वारा

Sawan Masti @ 12 months

सावन का महीना 12 महीने शोर

जी हां, बिल्कुल हम कोई मजाक नहीं कर रहे और न ही हमें कोई गलतफहमी हुई है, और न ही हम आपको किसी भ्रम में डालना चाहते हैं. आपका कंफ्यूज्ड होना लाजमी है कि हम सावन के महीने में सालोंभर मनाये जाने वाले त्योहार, मौज-मस्ती, हल्ला-गुल्ला, शरारतों व सिक्रेट्स की बात क्यों कर रहे हैं भला. तो जरा एक बार आप सोच कर देखिये सावन कौन है, क्या है. क्या सावन का महीना मौज-मस्ती, उत्साह, उमंग व उर्जा से भरा नहीं होता? जवाब है हां. साल के हर महीने, कुछ न कुछ एंटरटेनिंग विकल्प की तलाश में रहते हैं. इनके अनुसार सावन का महीना आता तो वर्ष में एक बार ही है. पर 12 महीने ये इसके शोर में डूबे रहते हैं. अब बताइये, बन गया न हमारा हर पल, 365 दिन और 12 महीने एंटरटेनिंग सावन

युवाओं के लिए प्रभात खबर ने रविवार को स्कोप निकाला जिसमें कहां-कहां संभावना है, इसका विवरण होता था. न्यू स्विंग नाम से यूथ के लिए पेज दिया जाता था. बाद में हर सप्ताह यूथ प्लस पत्रिका के रूप में निकलता रहा. युवाओं के लिए ही गुरूवार को बड़े आकार में अवसर निकलता था. बाद में इसे मंगलवार को प्रकाशित किया जाने लगा. यह टेब्लायड आकार में भी बहुत दिनों तक छपा. इसे फिर से अखबार के आकार में निकाला गया. अब तो यह एक ब्रांड बन चुका है और छात्र अवसर की प्रतीक्षा करते हैं. युवाओं और परीक्षा की तैयारी कर रहे लोगों की सहायता के लिए हर दिन नालेज पेज का प्रकाशन आरंभ किया गया. समसामयिक विषय पर प्रकाशित होनेवाले इस पेज की काफी मांग रही है. बड़ी संख्या में लोगों की ज्योतिषी में रूचि है. इसलिए ऐसे लोगों के लिए मंगलवार को प्रभात नक्षत्र भी निकाला गया था. इसी बीच 2006 में सेहत-साइंस, धनदौलत पेज भी निकाला गया. हर रविवार को यह पेज आता था. स्वास्थ्य संबंधी जानकारी देने के लिए सेहत पेज अलग से भी बनता था. अब तो इसी विषय पर अलग से पत्रिका के रूप में भी हेल्दी लाइफ का प्रभात खबर प्रकाशन कर रहा है. यह लोकप्रिय पत्रिका बन चुकी है. अलग कीमत होने के बावजूद इसकी मांग बढ़ती गयी है.

राज्य बनने के बाद झारखंड में बड़े पैमाने पर अपार्टमेंट बने, जमीन का दाम बढ़ा. इसकी जानकारी देने के लिए प्रोपर्टी प्लस नाम से पेज भी निकाला गया. प्रभात खबर पहला हिंदी अखबार है जिसने अल्पसंख्यकों के लिए दैनिक अखबार में सप्ताह में एक पेज की सामग्री दी. हर शुक्रवार को माइनॉरिटी वॉइस नाम से यह पेज निकलता रहा. इसमें अल्पसंख्यक समाज के मुद्दे, प्रमुख लोगों से बातचीत को स्थान मिलता रहा. छात्रों-युवाओं को नयी तकनीक की जानकारी देने के लिए सप्ताह में एक दिन पूरा पेज आता था. किसलयजी इसे देखते थे. इस पेज का नाम था सूचना तकनीक. झारखंड के आदिवासी-मूलवासियों के लिए, यहां की कला, भाषा-संस्कृति के लिए सप्ताह में एक दिन माय माटी नाम से विशेष पेज का प्रकाशन किया जाता था. इसमें झारखंड के लेखकों को स्थान मिलता था. इस पेज से झारखंड

मांय माटी
झारखंड सरकार के सामने बड़ी चुनौती
आंदोलनकारियों की सही पहचान हो
बिकास मांदेक कइसन कोंदे !
झारखंड के लेखक, उनका जीवन और दृष्टि
रंग लायी सरकारी कोशिश
मटर से खुशहाल हुआ गांव

के आदिवासी-मूलवासियों का भावनात्मक लगाव था. झारखंड में ऐसा कोई भी अखबार नहीं है, जो हर सप्ताह अपनी माटी के लोगों के लिए एक पेज अलग से उन्हें समर्पित करता हो. प्रभात खबर ने 2003 में हर गुरुवार को हेलो झारखंड नाम से एक पेज भी निकाला था. इसमें पूरे झारखंड के धार्मिक स्थलों, प्रमुख जगहों का विवरण और इतिहास का जिक्र हुआ करता था. अपनी संस्कृति को समझने और उसे पाठकों तक पहुंचाने के लिए ये पेज निकाले गये थे. हेलो रांची नाम से भी पेज निकाला गया था. साहित्यिक गतिविधियों को बढ़ावा देने के लिए प्रभात खबर शनिवार को अक्षर नाम से एक पेज निकाला करता था. अक्षर के 26 जून 2010 के नागार्जुन के अंक और 12 जून 2008 के कनुप्रिया के अंक को बहुत ही सराहा गया था.

कुछ साल पहले एक नया प्रयोग किया गया था. समय नाम से किसी खास विषय पर चार पेज की सामग्री दी जाती थी. इसकी लंबी तैयारी की जाती थी. एक तरीके से यह उस विषय का दस्तावेज तैयार हो जाता था. पटना, रांची और जमशेदपुर में यूथ और महिलाओं को फोकस करते हुए पटना लाइफ, रांची लाइफ और जमशेदपुर लाइफ का प्रकाशन आरंभ किया गया. पटना में दो साल पहले यह आरंभ हो गया था लेकिन रांची में इसे 19 मई 2014 को शुरू किया गया था. इसके बाद जमशेदपुर में शुरू हुआ. इसमें युवाओं-टीन एजर्स, महिलाओं के लाइफ स्टाइल से संबंधित खबरें रहती हैं. पटना में आनंद नाम से अध्यात्म पर साप्ताहिक परिशिष्ट निकलता था. इससे पूर्व झारखंड में कालचक्र नाम से साप्ताहिक पेज निकाला जाता था.

प्रभात खबर ने राजनीति नाम से एक अलग साप्ताहिक परिशिष्ट भी निकाला जिसमें राजनीति की वैसी विशेष खबरें रहती थी जिन्हें दैनिक अखबार में जगह नहीं मिल पाती थी. अभी हर रविवार को प्रकाशित होनेवाली रविवारीय पत्रिका के स्थान पर फैमिली नाम से नयी पत्रिका का प्रकाशन किया जा रहा है. यह अखबार के साथ बांटा जाता है.

प्रभात खबर ने दिसंबर 2013 और 2014 के जनवरी में एक और प्रयोग किया. इसके लिए चार रविवार को चुना गया. चुने गये दिन में किसी खास विषय पर दैनिक अखबार में छह-छह पेज की विस्तृत सामग्री दी गयी. वर्ष 2014 में लोकसभा का चुनाव होनेवाला था. तय हुआ कि दिसंबर के अंतिम सप्ताह में ही राजनीति पर एक साथ गंभीर सामग्री दी जाये. इसी क्रम में 22 दिसंबर के अंक में प्रभात खबर में कुछ नियमित पेज को बंद कर राजनीति पर छह पेज की विशेष सामग्री दी गयी. अधिकांश लेख लोकसभा चुनाव में संभावना को लेकर थे. इसके बाद 5 जनवरी 2014 के अंक में समाज पर छह पेज दिये गये. इसमें युवा शक्ति का उदघोष, शिक्षा, युवा नजरिया, स्त्री सुरक्षा, परिवार और साहित्य पर विशेष सामग्री थी. 12 जनवरी को विवेकानंद की जयंती पर सिर्फ विवेकानंद पर छह पेज की विशेष सामग्री दी गयी. बजट को देखते हुए 19 जनवरी के अंक में अर्थव्यवस्था पर फिर छह पेज दिये गये.

दैनिक अखबार में छह पेजों की गंभीर सामग्री देने की हिम्मत हर अखबार नहीं कर सकता. इन चारो अंकों की विशेष पहचान रही.

प्रभात खबर ने कुछ खास अवसरों पर ऐतिहासिक कवरेज किया. अमिताभ बच्चन के 70 वर्ष पूरे होने पर, दिलीप कुमार के 90 वर्ष पूरे होने पर ऐतिहासिक अंक निकाला. इसी प्रकार आतंकवादी लादेन के मारे जाने के बाद 3 मई 2011 को प्रभात खबर ने न सिर्फ जैकेट बनाया बल्कि अंदर चार पृष्ठों का विशेष खंड भी प्रकाशित किया. जब चारो ओर निराशा फैली हुई है, प्रभात खबर ने प्रयास किया कि लोगों के, युवाओं के आत्मविश्वास को बढ़ाया जाये. इसके लिए लंबे समय से हर दिन सक्सेस सीढ़ी नाम से कॉलम लिखा जा रहा है. पहले सौरभ यह कॉलम लिखते थे. बाद में दक्षा ने इसे आगे बढ़ाया. लोगों को अच्छी खबर देने के लिए प्रभात खबर ने गुड न्यूज कॉलम चलाया था जिसमें समाज में हो रहे बेहतर कामों का उल्लेख किया जाता था. (भारत के उपराष्ट्रपति भैरव सिंह शेखावत के सुझाव पर यह कॉलम शुरू किया गया था). आज भी ऐसी खबरों को प्रमुखता दी जाती है. इसी क्रम में फरवरी 2006 में दुनिया के उन शीर्ष लोगों पर लगातार रिपोर्ट छापी गयी जो प्रारंभ में असफल हो गये थे या जिनके पास साधन का अभाव था या जो बहुत ज्यादा पढ़े लिखे नहीं थे या जिन्होंने बहुत संघर्ष कर अपनी जगह बनायी. इनमें फोर्ड, न्यूटन, ब्रूसली, कोलंबस, कार्ल मार्क्स, वाशिंगटन, चार्ल्स डिकेंस, फैराडे, अब्राहम लिंकन, घनश्याम दास बिड़ला, अल्बर्ट आइंस्टीन, होंडा, करसन भाई पटेल प्रमुख थे. इसके पीछे उद्देश्य था कि लोगों का मनोबल बढ़े. वे यह समझ सकें कि कोई भी काम छोटा या बड़ा नहीं होता. कोई भी काम असंभव नहीं होता. मेहनत करें, विजन हो, संघर्ष करने और हिम्मत न हारने की क्षमता हो तो दुनिया का कोई भी काम असंभव नहीं है.

विशेष बातचीत/विशेष पेज

देश-दुनिया में कई ऐसे लेखक, वैज्ञानिक, अर्थशास्त्री, खिलाड़ी, पत्रकार, समाजसेवी, राजनीतिज्ञ, शिक्षक, अध्यात्म गुरु रहे हैं, जिन्होंने अपने कार्यों से अपनी खास जगह बनायी है, जिन्होंने समाज को दिशा दी है. प्रभात खबर ने समय-समय पर ऐसे लोगों पर विशेष कवरेज दिया. वह भी पूरा का पूरा पेज. ऐसे लेखों, इंटरव्यू से प्रभात खबर की अलग पहचान बनती गयी. प्रभात खबर के पाठकों में बड़ी संख्या ऐसे पाठकों की है जो विस्तार से ऐसे लेखों, इंटरव्यू आदि पढ़ना चाहते हैं.

इंडियाज न्यूजपेपर रिवोल्यूशन के लेखक और इंस्टीट्यूट ऑफ साउथ एशियन स्टडीज,नेशनल यूनिवर्सिटी, सिंगापुर के अध्यापक रॉबिन जेफ्री फरवरी 2012 में भारत आये थे. उन्होंने भारतीय समाज और भारतीय राजनीति पर काफी काम किया है. प्रभात खबर के संवाददाता अंजनी कुमार सिंह और संतोष कुमार सिंह ने 26 फरवरी 2012 के अंक में जेफ्री का एक पेज का इंटरव्यू छापा जिसमें उन्होंने कहा था कि जनभावनाओं के ज्यादा करीब है भाषाई अखबार. सच्चिदानंद सिन्हा देश के वरिष्ठ समाजवादी चिंतक हैं. प्रभात खबर के विशेष संवाददाता शैलेंद्र कुमार ने उनसे लंबी बातचीत की जिसे 2 जून 2012 के अंक में प्रकाशित किया गया. श्री सिन्हा ने अपने इंटरव्यू में साफ-साफ कहा था कि कुछ दशकों में बिखर जायेगा यह सिस्टम. प्रो कृष्णनाथ अर्थशास्त्री और राजनीतिक चिंतक रहे हैं. 11 मई 2006 के अंक में प्रभात खबर की ओर से रामविलास की हुई बातचीत को प्रकाशित किया गया था.

अपने इंटरव्यू में प्रो कृष्णनाथ ने कहा था-चित्त ही बंधन का कारण, चित्त ही मुक्ति का कारण.

प्रसिद्ध अर्थशास्त्री लार्ड मेघनाथ और प्रसिद्ध लेखक अमिताभ कुमार से प्रभात खबर ने विशेष बातचीत की थी, जिसे प्रभात खबर के सभी संस्करणों में छापा गया था. अमिताभ कुमार, जयंत सिन्हा को प्रभात खबर ने बोलने के लिए आमंत्रित भी किया था. हिंदी अखबारों में ऐसे गंभीर विषय पर लेख अब कम ही मिलते हैं. प्रभात खबर अभी तक अपनी इस विशिष्टता को बनाये रखे हुए है.

अध्यात्म पर खास

दुनिया के अधिकांश लोग तनाव में जी रहे हैं. उनकी खुशी कम होती जा रही है. समाज में नकारात्मक चीजें बढ़ रही हैं. इसका गहरा असर पड़ रहा है. ऐसे में प्रभात खबर ने महसूस किया कि उसे अपनी भूमिका अदा करनी चाहिए. प्रधान संपादक हरिवंश जी का खुद मानना है कि बगैर अध्यात्म के रास्ते के समाज बदल नहीं सकता है. समाज से निगेटिविटी खत्म नहीं हो सकती है. युवा भटक रहे हैं. उनकी ऊर्जा कहीं और लग रही है. इसलिए प्रभात खबर ने लगातार अध्यात्म पर सामग्री दी. इससे हट कर समाज को दिशा देनेवाले संतों, कथा वाचकों और अध्यात्म गुरुओं को प्रभात खबर ने आमंत्रित किया. प्रभात खबर के साथियों के साथ-साथ इसका लाभ समाज के लोगों को मिले, इसके लिए कार्यक्रम भी कराया. इसी क्रम में 24 दिसंबर 2013 को रांची के जिमखाना क्लब में अमेरिकी संत स्वामी राधानाथ स्वामी को बोलने के लिए आमंत्रित किया था. भारी भीड़ उमड़ पड़ी थी. स्वामी राधानाथ युवा अवस्था में ही कई देशों से गुजरते हुए, परेशानियां झेलते हुए भारत आये थे. हिमालय की गुफा में उन्होंने साधना की थी. उन्होंने अपने जीवन का अनुभव और भगवान कृष्ण की महिमा का जिक्र किया था. स्वामी

स्वामी राधानाथ को प्रभात खबर द्वारा सम्मानित किया गया

राधानाथ की किताब ऑटोबायोग्राफी ऑफ एन अमेरिकन स्वामी काफी चर्चित रही है. पहली बार उन्होंने किसी अखबार के आमंत्रण पर अपना व्याख्यान दिया था. रांची के अलावा पटना में भी यह कार्यक्रम हुआ था. स्वामीजी के आगमन के पहले प्रभात खबर में उनके बारे में लगातार कई लेख छपे. इसमें हरिवंशजी का रिचर्ड से राधानाथ स्वामी बनने की यात्रा-अलौकिक पर सच ! शामिल है. इसे 23 फरवरी 2013 को प्रभात खबर में प्रकाशित किया गया था. इसी प्रकार प्रभात खबर ने चिंतक-अध्यात्म के ज्ञाता उदय राघवजी के विचार को इंटरव्यू के रूप में 18 जनवरी 2014 को प्रकाशित किया था जिसमें उन्होंने कहा था कि समृद्धि लायें पर उसे संभालना भी सिखायें.

प्रभात खबर के 30 वर्ष पूरा होने पर 14 अगस्त 2014 को रांची क्लब रांची में जो मुख्य समारोह हुआ, उसमें प्रसिद्ध कथा वाचक रमेश भाई ओझा को आमंत्रित किया गया था. इतनी भीड़ उमड़ी थी कि कई लोगों को लौट जाना पड़ा. रमेश भाई ने अध्यात्म और पत्रकारिता पर अपना व्याख्यान दिया था. स्वामी धर्मबंधु को भी प्रभात खबर ने आमंत्रित किया था. वे प्रभात खबर के दफ्तर में आये थे और सहयोगियों को संबोधित किया था. अध्यात्म पर अधिक से अधिक सामग्री देने का प्रयास 2012 और 2014 के बीच किया गया. इसी क्रम में 24 जनवरी 2014 के अंक में स्वामी निरंजनानंद सरस्वती से एक पेज की बातचीत छपी थी. इसके ठीक पहले 23 अक्तूबर 2013 से मुंगेर में बिहार योग विद्यालय के स्वर्ण जयंती समारोह के अवसर पर चौथा विश्व योग सम्मेलन हुआ था. इस अवसर पर भी प्रभात खबर ने योग और अध्यात्म पर गंभीर सामग्री प्रकाशित की थी. 6 दिसंबर 2013 के अंक में प्रभात खबर ने स्वामी धर्मबंधु का बड़ा लेख छापा था जिसमें उन्होंने कहा था कि ज्ञान से ही लौटेगा गौरव. स्वामी धर्मबंधु सामाजिक कार्यों के प्रति समर्पित हैं और उन्होंने खैरनार के साथ भ्रष्टाचार विरोधी अभियान में भाग लिया था.

खेल पर विशेष

प्रभात खबर

धौनी के शहर रांची में पहला वनडे आज

पहली पारी : 12.00 से 3.30 तक • दूसरी पारी : 04.15 से 7.45 तक

कुल मैच	भारत जीता	इंग्लैंड जीता	टाई	बेनतीजा
83	44	34	02	03

बच्चों-युवाओं को समर्पित

पिछली छह पारियों में प्रदर्शन

अपील

जो कमेंटरी करेंगे

ध्यान दें

रांची में अंतरराष्ट्रीय स्तर का जेएससीए स्टेडियम बना है. जब इस स्टेडियम में पहला वनडे इंटरनेशनल क्रिकेट मैच खेला जा रहा था, तो पूरे राज्य में उत्सुकता थी. रांची में खासतौर पर. इसलिए प्रभात खबर ने इस अवसर पर कवरेज की अलग व्यवस्था की थी. जिस दिन मैच था, उस दिन के अंक में प्रभात खबर में नये प्रयोग के साथ न सिर्फ जैकेट छापा बल्कि अंदर वनडे पर चार पेज का विशेष अंक निकाला. इससे पहले सिर्फ जमशेदपुर में वनडे मैच खेला जाता था. उन मौकों पर भी प्रभात खबर विशेष आयोजन करता रहा था. कई बार तो इस पर अलग से पत्रिका भी निकाली गयी थी. ऐसे अंक प्रभात खबर को ताकत प्रदान करते रहे हैं.

□

पत्रों की पत्रकारिता

प्रभात खबर ने तय कर लिया था कि वह पाठकों के पत्रों को अधिक से अधिक महत्व देगा. न सिर्फ संपादकीय पेज पर पत्रों के कॉलम में बल्कि अखबार के महत्वपूर्ण पन्नों पर भी. यह सच है कि हिंदी पत्रकारिता में प्रभात खबर ने पाठकों के पत्रों को जितना महत्व दिया, शायद ही किसी अखबार ने दिया होगा. यह एक नया प्रयोग था. बाद में इसे अन्य अखबारों ने भी अपनाया. पाठकों के पत्र को महत्व देने का कारण था प्रभात खबर की पत्रकारिता का आधार. प्रभात खबर जनहित और मुद्दों की पत्रकारिता करता है. ऐसी पत्रकारिता में पाठकों की प्रतिक्रिया का महत्वपूर्ण स्थान होता है. अखबार पाठक के विचार से सहमत हो या असहमत, यह अलग विषय है लेकिन उस पाठक की राय को अखबार में उचित स्थान देना भी अखबार का दायित्व है. प्रभात खबर इसी धारणा को मानता भी रहा. इसी क्रम में अनेक ऐसे अवसर आये जब किसी पाठक ने नाम बदल कर या उपनाम से ज्वलंत मुद्दों पर पत्र लिखा. प्रभात खबर ने उसे उचित सम्मान दिया. जब इन पत्रों की प्रतिक्रिया में कोई पत्र आया तो उसे भी प्रकाशित किया गया. इसी प्रभात खबर में ईशान करण, पी जोसफ या एक कुजात का पत्र छपता रहा है. ये काफी चर्चित रहे हैं और पाठकों ने इन्हें काफी पसंद भी किया है.

आम तौर पर यह धारणा रही है कि पाठकों के पत्रों को छोटा स्थान ही मिल पाता है. अनेक ऐसे अवसर आये जब प्रभात खबर ने संपादकीय पेज पर लेख छापा. लगभग पूरे पेज का. उसके बाद पाठकों ने उसका जवाब दिया. वह भी उसी प्रमुखता से उसी पेज पर (कई बार तो पूरे-पूरे पेज) छपे. कुछ ऐसे भी अवसर आये, जब प्रभात खबर को किसी पाठक ने अपनी पीड़ा विस्तार से लिख कर भेज दी. भले ही वह एक व्यक्ति की पीड़ा रही हो, लेकिन जब प्रभात खबर ने महसूस किया कि वह विषय पूरे समाज को प्रभावित करने वाला है, प्रभात खबर ने उस पत्र को पूरा सम्मान दिया. कोई और अखबार होता तो शायद उन पत्रों के आधार पर छोटी सी खबर बना कर उसकी पूर्ति कर देता या फिर उस पत्र को पत्र कॉलम में छाप देता. प्रभात खबर ने पाठकों के पत्र को अपनी पत्रिका की कवर स्टोरी बनाने का भी साहस दिखाया. यह पत्रकारिता में बिल्कुल नया प्रयोग था. बाद के वर्षों में प्रभात खबर ने पाठकों के पत्रों को एक-एक पेज एक साथ छापने का भी निर्णय किया. पंद्रह दिनों में सिर्फ पत्रों के लिए एक पेज जगह देना हिंदी पत्रकारिता में साहस का काम है. यह काम प्रभात खबर ने किया. इतना ही नहीं, जब देश में पत्र लिखने की पाठकों की रुचि कम होने लगी तो उसे जीवित करने के लिए प्रभात खबर ने पहल की. पाठकों के पत्रों को पुरस्कृत करने का निर्णय लिया ताकि उनमें जुनून पैदा हो. ये छोटे-छोटे प्रयास सार्थक साबित हुए.

पहले चर्चा करें 1993 की एक घटना का. एक युवती ने प्रभात खबर को एक पत्र लिखा था कि कैसे उसके साथ उसकी भाभी के भाई ने होली के दिन बलात्कार किया. वह युवती मानसिक तौर पर काफी परेशान थी और अपने दर्द को बांटना चाहती थी. उसे कोई साथी नहीं मिल रहा था. सामने आ कर बोलने की वह हिम्मत नहीं कर पा रही थी. ऐसी स्थिति में उसने प्रभात खबर को विस्तार से पत्र लिखा और इसे छापने का भी आग्रह किया. वह युवती चाहती थी कि किसी और के साथ ऐसी घटना नहीं घटे, इसलिए इस मामले को सामने आना चाहिए. प्रभात खबर ने महसूस किया कि उक्त पत्र को प्रमुखता से छापना चाहिए. अंततः उस पत्र को प्रभात खबर की साप्ताहिक रविवारीय पत्रिका (23 मई 1993) की कवर स्टोरी बनाया गया. 1993 का वह पत्र आज भी सामयिक है. समाज में युवतियों के साथ कैसा व्यवहार किया जाता है, उसका उस पत्र में उल्लेख है. इसलिए ऐसे पत्रों का आज से 20-30 साल पहले भी महत्व था, आज भी है और आगे भी रहेगा. हां, यह सही है कि प्रभात खबर ने उस युवती का नाम नहीं छापा था. पत्र इस प्रकार है–

पत्र (1)

मेरी भाभी के भाई ने मेरे साथ बलात्कार किया

12 मई 1993 की शाम प्रभात खबर को यह पत्र मिला. इस सड़ रहे माहौल में इस पत्र की गंभीरता, मार्मिक उद्वेलन और बेचैन करनेवाले सवाल कहां तक लोगों को मथ पाएंगे, यह द्वंद्व उभरा. क्या इसके प्रकाशन से उस मनोभावना-पीड़ा के साथ न्याय हो पाएगा, जिसके तहत यह लिखा गया है. क्या इस उपभोक्तावादी समाज में उपभोग वस्तुओं की तरह प्रस्तुत की जानेवाली महिलाओं के साथ इससे न्याय होगा? ऐसे असंख्य सवाल उभरे. पर आप पाएंगे कि धर्मयुग के अंक 'कलमुंही तू मर क्यों न गयी' (बलात्कार के संदर्भ में) के तहत उठे सवालों ने इस उत्पीड़ित लड़की को आत्मदर्द लिखने के लिए प्रेरित किया. प्रेरणा का आग्रह कितना व्यापक था, इसे भी आप पत्र में पढ़ेंगे. यह उत्पीड़ित लड़की चाहती है कि दूसरी महिलाएं-लड़कियां उसके इस दुखद हादसे से अनुभव ग्रहण करे. सचमुच इस स्वार्थ भरे समाज में भी भारतीय महिलाओं का व्यापक सोच, संकीर्ण पुरुषों के आगे उदार और व्यापक है. पत्र में उक्त उत्पीड़ित लड़की ने उल्लेख किया है कि वह नाम सही लिख रही है, पता गलत. प्रभात खबर इस मूल पत्र से उस नाम और ऐसे दूसरे संकेत जिनसे उस लड़की की पहचान मिल सकती है, निकालकर इस पत्र को हू-ब-हू प्रकाशित कर रहा है. यह पत्र मामूली नहीं है, बल्कि मौजूदा सभ्यता, नैतिकता और समाज के सारे संकट इसमें छिपे हैं. एक बर्बर और अमानवीय समाज के संकेत हैं. अवसादपूर्ण और अंधकार भरे भविष्य के पदचाप सुनाते हुए...

रविवारीय पत्रिका के 23 मई 1993 का अंक

मैं एक लड़की हूं. औरत भी हूं. मेरी मां भी है. मैं भी मां हूं. नारी का अधिकतम स्वरूप मैं पा चुकी हूं. साथ ही समाज में परिवार ने बहू और बेटी का दरजा दिया है. मैं मध्यमवर्गीय परिवार की एक बेटी हूं. तीन बहन, बहनों में बड़ी. एक भाई सबसे बड़ा है. दो बेटों की चाह में शायद तीन बेटियां आ गयीं और बोझ बन गयीं. उपेक्षा और कड़े अनुशासन के कारण दब्बू भी बनी. बिना किसी विरोध के इसे स्वीकार भी किया. मैं बीए पार्ट थ्री की छात्रा हूं. मेरे पिता एक कारखाने में कार्य करते हैं.

हमारे समाज ने मुझे बहुत कुछ दिया. और वह भी दिया, जिसकी बात या तो सुनती थी या पढ़ती थी. पर कभी सोच नहीं पाती थी कि मेरे साथ भी वैसा हो सकता है. और हुआ मेरे साथ. बलात्कार.

आज मैं टूट चुकी हूं. मैं किसी से कह नहीं सकती. यह बात घुट-घुटकर जी रही हूं, तो मेरे मनोविज्ञान में सिर्फ एक बात आ रही है-आत्महत्या. कुछ समझ में नहीं आ रहा था कि संयोगवश धर्मयुग का एक अंक 'कलमुंही तू मर क्यों न गयी' सहेली से मिला. मैंने उसमें बलात्कार से पीड़ित महिलाओं के बयान पढ़े, तो लगा कि मेरी ही कहानी है. पर धन्य हैं वे महिलाएं, जो खुलकर बयान दे पायीं. इसके बाद मैं सोची कि नीचता तो उस दुष्ट ने की, झेल मैं क्यों रही हूं. उस धर्मयुग में बहुत कुछ लिखा था. सबकुछ एकदम सच था. उसमें लिखा था कि 67 प्रतिशत मामलों में किसी भी लड़की से बलात्कार उसके नजदीकी संबंधी या रिश्तेदार या पड़ोसी ही करते हैं. मेरा उद्देश्य है, उन सभी लड़कियों, औरतों और नारियों को सावधान करना, जो चरित्रवान हैं, पर वासनामय पुरुष के चंगुल में फंसकर बलात्कार की शिकार होती हैं.

इसी वर्ष होली की घटना है. मैं अपने घर में अकेली थी. मां-पिता, बहन और भाई सभी रिश्तेदार के घर गये थे. शाम के सात बजे थे. मेरे बड़े भाई की ससुराल भी यहीं है. उनके साले आये. मैंने औपचारिकता निभायी. उन्हें गेस्टरूम में बिठाकर उनके लिए दही-बड़ा और छोला निकालकर ले गयी. उनके आगे टेबुल पर रखने लगी. उसने पूछा कि आपके वो नहीं आये हैं? मैं बोली नहीं. फिर उसने कहा, पहले होली मना लें, फिर नाश्ता वगैरह. रिश्ता हंसी-मजाक का था. मैं सदैव संकोची रही हूं. उसने अबीर निकाला. गेस्ट रूम में चादर साफ थी. मैंने साफ किया था. इसलिए कहा कि यहां चादर गंदी होगी. बीच वाले रूम में आ गयी. वह मेरी ओर न आकर दरवाजा बंद करने लगा. मैंने कहा, गेस्ट आएंगे, बंद देखकर लौट जाएंगे. मत बंद कीजिए. मैं थोड़ी डरी. वह बोला, अरे खोलते हैं, अबीर लगाकर. मैं खड़ी थी. बैठ जाइए चौकी पर. मैं बैठी. पीले रंग का अबीर उसने पूरे मुंह में लगाया. अपना हाथ सीधे मेरे स्तन में घुसाने का प्रयास किया. मैं अचकचा गयी. यह क्या कर रहे हैं आप? और मैं खड़ी हुई. पहला प्रयास दरवाजा खोलकर बाहर भागने का किया पर उसने कसकर मेरा हाथ पकड़ा. जबरदस्ती धक्का देकर चौकी पर बैठाने लगा. मैं घबरा गयी. इस बार सामने मेरा रूम था, जहां मैं सोती थी. पूरी ताकत से कहा, आप क्या कर रहे हैं? वह बोला, क्या रखा है. आप इतना नखरा कर रही हैं. मैं अपनी पूरी ताकत से रूम की ओर भागी. साड़ी उसके हाथ में थी. आधी साड़ी खुल गयी. आधी पकड़ी थी. इस बार मैं गिरी. कैसे, समझ में नहीं आया, पर सर में चोट लग गयी. साड़ी पूरी खुल गयी. मैं चिल्लाना चाह रही थी. मैं जानती थी कि रूम से आवाज बाहर नहीं जाती. हां, याद आया घर में वह टेप जो उसने दहेज में बहन को दिया था, उसकी आवाज बहुत तेज कर दी थी. बाहर लगभग सभी के घर गाने बज रहे थे. पर क्या करते, पूरा शरीर डर से कांपने लगा. मैं रोने लगी. मैं दोनों हाथ से अपना पैर पकड़े, पक्का पर बैठकर बोली, तीन-चार बार. मैं पैर पड़ती हूं, मुझे छोड़ दीजिए. कुछ देर वह शांत रहा. एकाएक दोनों हाथ से वह गर्दन

दबाया और उपर की ओर उठाया. मेरी आवाज रूंध गयी. उसने चौकी पर पूरी तेजी से पटक दिया. मेरा पूरा शरीर थरथरा रहा था. मैंने उठने का प्रयास किया. एक हाथ से उसने मेरी गर्दन को दबाया. मेरा दम घुटने लगा. मैंने दोनों हाथों से उसका हाथ हटाने का पूरा प्रयास किया. मेरी आवाज बंद हो गयी थी. मेरे शरीर पर साया था, सिर्फ पेटीकोट था. कुछ ही देर बाद मैं बेहोश सी हुई. हालांकि आंख खुली थी.

अब मैं क्या लिखूं, समझ में नहीं आ रहा. मैं कलंकिनी हो गयी. चरित्रहीन हो गयी. वह उठा, पेटीकोट ठीक किया, साड़ी नीचे से उठाकर मेरे शरीर पर रख दिया और चूड़ी जो फूट गयी थी, उन्हें चुनकर बेसिन में डाल दिया. चला गया. कुछ बोला, मैं सुन नहीं सकी. उसके जाने के साथ ही मेरा ध्यान टूटा. तेजी से जाकर रूम में बंद हो गयी. और फूट-फूटकर रोने लगी. सिर्फ पांच या दस मिनट में मैं क्या से क्या हो गयी. उसके बाद पड़ोसी की एक लड़की आयी. मुझे रोती देख, वह मजाक करने लगी. जीजाजी नहीं आये. इसलिए रो रही हैं. मैं स्तब्ध थी. सच तो कुछ और है. मेरी अपनी भाभी के भाई ने मेरे साथ बलात्कार किया. मैं क्या करूं . 9-10 बजे रात तक बहनें आयीं. पापा-मां सभी आये. किसी ने कुछ नहीं पूछा. अगरे मेरे सर में चोट या केहुनी की छिछन के बारे में वे पूछते तो मैं बता देती. पर सभी आये और सो गये. मैं रात भर सो नहीं पायी. अब तो सबसे डर लगता है. मैं यह बात किससे कहूं. अगर सहेली से कहूं तो पूरी चरचा का विषय बनेगा. मां-बाप तो बेटी पर ही ज्यादा शक करते हैं. और भाई या भाभी को बताऊं जो उनका साला या भाई है. क्या भाई विश्वास करेंगे? स्कूल के जमाने से सरल थी. जहां से आज तक पिता और भाई की छाया में रही. कहीं भी अकेली नहीं गयी. आइए में पढ़ती थी, तब शादी हो गयी. छेड़खानी तो हम लड़कियों से खूब होती है. गंदी-गंदी बात टेंपो स्टैंड से लेकर सिनेमा हॉल तक सुनायी जाती थी. पर मैंने इन सबपर कभी ध्यान नहीं दिया. मैं लड़की में अच्छी मानी जाती थी. चरित्रहीन लड़कियों से मुझे घृणा होती थी. आदत हो गयी थी और दबाव घर से था ही. इस कारण दब्बू थी. कभी किसी स्तर से ना किसी से झगड़ा किया, न विरोध.

मैं यह लिख रही हूं आग्रह के साथ कि इसे छाप दीजिएगा. मेरे घर भी प्रभात खबर आता है. इसलिए मुझे लगेगा कि जो लड़कियां अपने रिश्तेदार पर विश्वास करती हैं, वे मेरी तरह बलात्कार की शिकार न हों. मैं पढ़ने में कमजोर हूं. हताशा और घुटन है. बात आपलोगों के लायक नहीं लिख पायी. बेटी हूं, इसलिए सिर्फ ब्याह हो जाये. इसलिए पढ़ा दिया गया. अतः गलती सुधार लेंगे. मैं धर्मयुग के उस अंक से प्रेरणा पाकर आपके अखबार में लिख रही हूं. नाम सही लिखूंगी, पता नहीं लिखूंगी. सिर्फ शहर का नाम. मैं तो समझ ही लूंगी. पता लिखने का साहस नहीं है.

एक तीस वर्ष का तीन-तीन बच्चों का बाप, सुंदर पत्नी का पति. मेरे अपने भाई का साला बलात्कार करेगा, अपनी ब्याहता बहन की ननद से, जहां उसने अपनी इज्जत भेजी है. वहां की इज्जत लूटेगा. यह मेरे सोच से बाहर था. मेरे पति मुझको बहुत प्यार करते हैं. उनसे कहने में डर लगता है. क्योंकि पूरी जिंदगी का क्या होगा? एक बुरा तो झेल नहीं पायी, अगर पति छोड़ देंगे तो क्या करूंगी? कहां जाऊंगी? मैं सोचती थी कि अगर मेरे साथ कभी ऐसी घटना हुई तो चिल्लाकर लोगों को जुटा दूंगी. मेरी आवाज तेज है. कड़ा विरोध करूंगी. पर जब विपदा आयी, तो हताश हो गयी. रोने लगी. मैं उन सहेलियों से माफी चाहती हूं, जिन्हें मैं दब्बू कहती थी. आज क्या हाल है मेरा? हमसे अच्छा आपलोग समझते होंगे. आज का समाज मुझे ही दोषी ठहरायेगा. उस नीच को क्या. मैं क्या कर सकती हूं, चुपचाप सहन कर लूंगी. बहुत हिम्मत कर

के अखबार में लिख रही हूं. आशा है आपलोग इंसान की तरह सोचेंगे. मेरी गलती क्या है. मेरा दोष कितना है? सिवाय इसके कि मैंने उसे भइया कहा. एक बार तो राखी बांधी थी. जब वह बहन से राखी बंधवाने मेरे घर आया था. कृपा कर के इसको छाप दीजिएगा. मैं नाम लिख रही हूं. पता नहीं लिखूंगी. क्योंकि आप जानते हैं कि आज मेरी क्या हालत है? मैं बेबस हूं, लाचार हूं, कहीं से कोई सहारा नहीं है.

–एक पीड़िता

इस पत्र को लिखनेवाली युवती के साथ दुष्कर्म करनेवाला बाहर का व्यक्ति नहीं था, बल्कि परिचित ही था. अपने परिवार का ही था, जिसने रिश्तों की आड़ में होली के मौके पर उसका फायदा उठाया था. प्रभात खबर को ऐसे पत्र भी आये, जिसमें वाहनों में लड़कियों के साथ हो रहे छेड़छाड़ का उल्लेख था. आज भी ऐसी घटनाएं घट रही हैं. 2008 में एक लड़की ने एक पत्र भेजा था. इस पत्र को 28 जनवरी के अंक में प्रकाशित किया गया था. इसमें एक लड़की ने जिक्र किया था कि कैसे जिस गाड़ी से वह गुमला से अकेले सिमडेगा जा रही थी, उसी गाड़ी के ड्राइवर और उसके सहयोगी ने उसके साथ दुष्कर्म किया था. उस पत्र को भी पढ़िए. प्रभात खबर ने उस पूरे पत्र को प्रमुखता से इसलिए छापा क्योंकि वह आंख खोलनेवाला पत्र है. लड़कियां चौकस रहें. कैसे अकेले आना-जाना जोखिम भरा है, इसकी पुष्टि उस पत्र से भी होती है. वह लड़की पढ़ी लिखी थी. प्रोफेशनल्स कोर्स कर रही थी. हादसे के बाद उसने प्रभात खबर को पत्र लिखा. पुलिस अधिकारियों को भी पत्र लिखा. पत्र इस प्रकार है-

पत्र (2)

महाशय गण,

मैं एक पढ़ी-लिखी लड़की हूं. पढ़ाई से संबंधित कार्य हेतु मैं गुमला (28 जनवरी 2008) दोपहर 12.30 बजे पहुंची. मैं आप सबों को पत्र के माध्यम से बताना चाहती हूं कि मैं रूरल डेवलपमेंट की फाइनल ईयर की छात्रा हूं. उसी से संबंधित कार्य हेतु मैं एनजीओ से मिल कर शोध एवं मूल्यांकन का कार्य कर रही थी. इसी क्रम में मुझे सिमडेगा जाना था. मैं गुमला से शाम पांच बजे सिमडेगा जा रही थी. स्थानीय लोगों ने बताया कि यहां से सिमडेगा के लिए शाम में कोई बस नहीं मिलेगी. मैं बस स्टैंड से निकल कर शहर के बीचो-बीच टैक्सी स्टैंड पहुंची. वहां पर बहुत सारी बोलेरो गाड़ियां लगी हुई थीं.

मैंने वहां मौजूद लोगों से बात की और अपने बारे में बताया. उनमें से एक बोलेरो गाड़ी का चालक सिमडेगा जाने के लिए राजी हो गया. मुझसे बोला कि आप 10 मिनट रुकिए, मैं आता हूं. उसने बताया कि आपको सिमडेगा पहुंचाने के लिए 1200 रुपये लूंगा. मैं राजी हो गयी. चूंकि मेरे पास कोई विकल्प नहीं था, क्योंकि मेरी टीम के कई लोग सिमडेगा जा चुके थे. मेरे साथ जो मेरी कलिग थी, वह भी चैनपुर व डुमरी के दौरे पर दोपहर तीन बजे रवाना हो चुकी थी. बोलेरो का ड्राइवर शाम 5.30 बजे स्टैंड पहुंचा और बोला, चलिए. मैंने गाड़ी में बैठने के पहले उसका नंबर नोट करना चाहा, पर नंबर प्लेट पर ए/एफ लिखा हुआ था. सिल्वर रंग की गाड़ी थी, बस इतना ही बता सकती हूं. मुझे लेकर बोलेरो गाड़ी चली और आगे पेट्रोल पंप पर रूकी. ड्राइवर ने मुझसे कहा कि आप पांच सौ रुपये दीजिए, डीजल भरवाना है. मैंने उसे पैसा दे दिया. गाड़ी में डीजल डलवाने के बाद गाड़ी आगे बढ़ी. मैं गाड़ी में अकेली थी, ड्राइवर

को छोड़कर. कुछ दूर गाड़ी पहुंची, मुझे याद है गुमला कॉलेज पार करने के बाद ड्राइवर बोला कि मेरा एक दोस्त है, उसे बैठा लेता हूं, आते समय रात हो जायेगी, तब हमलोग साथ लौट आयेंगे. मैं कुछ बोलती, उससे पहले ही उसने गाड़ी रोक कर अपने दोस्त को बैठा लिया. वे दोनों आपस में बातें कर हंसने लगे. गाड़ी में टेप बज रहा था, उसने आवाज काफी तेज कर दी. गाड़ी गुमला से 18-20 किमी आगे गयी होगी, तभी ड्राइवर ने गाड़ी रोकी. वह अपनी सीट से उतर कर मेरे बगल में बैठ गया और अपने दोस्त को बोला कि गाड़ी तुम चलाओ. उसने गाड़ी का शीशा बंद कर दिया और मेरे साथ अजीब हरकत करने लगा. मेरे साथ छेड़छाड़ करते हुए मुझे कस कर पकड़ लिया. बोला, जो मैं बोल रहा हूं वही करो, नहीं तो यहीं पर मार कर जंगल में फेंक देंगे, किसी को पता भी नहीं चलेगा. मैं बहुत डरी हुई थी. मेरे साथ उसे जो मन में आया, करता रहा. मेरे कपड़े फाड़ दिये. सारे पेपर इधर-इधर बिखेर दिये. उन लोगों ने मुझे एक जंगलवाले रास्ते में गाड़ी घुसा कर मेरे साथ बारी-बारी से कुकर्म किया. मेरी स्थिति नाजुक थी. उनलोगों ने मुझे रात नौ बजे के करीब सिमडेगा से पहले ही गाड़ी से उतार दिया. मेरी हालत ऐसी थी कि मैं दो कदम भी कहीं नहीं चल पा रही थी. शुक्र है कि मेरा सेल फोन मेरे बैग में था. मैंने सेल फोन से अपने कलिग से बात की. मेरे कलिग्स वहां पहुंचे, फिर मुझे अपने साथ सिमडेगा ले गये. मैंने अपने सारे दोस्तों को बता दिया, जो घटना मेरे साथ घटी थी. वे लोग चाहते थे कि मैं सिमडेगा थाना जाकर रिपोर्ट दर्ज कराऊं. लेकिन मैंने ऐसा नहीं किया, क्योंकि मेरा पूरा भविष्य चौपट हो जाता. मैंने तो अभी जिंदगी की शुरुआत ही की है. वैसे मेरी जिंदगी तो बर्बाद हो ही गयी है, जिसे मैं कभी भूल नहीं सकती हूं. मैंने घटना के बारे में अपने माता-पिता को भी नहीं बताया और न ही बताना चाहती हूं, क्योंकि इस सदमे को मेरे माता-पिता कभी बरदाश्त नहीं कर पायेंगे.

महाशय गण, मैं एक लड़की हूं और मैं जिस देश में पैदा हुई हूं, उस देश में नारी का सम्मान बहुत ऊंचा है, लेकिन मुझे बहुत दुख है कि मेरे साथ इस तरह का कुकर्म किया गया. शायद ही मैं इस सदमे से उबर सकूं.

महाशय गण, विनम्रपूर्वक निवेदन है कि हो सके तो पूरे झारखंड में इस चीज का सख्ती से पालन हो कि जो भी बोलेरो या अन्य वाहन भाड़े पर चलाये जाते हैं, उसका रजिस्ट्रेशन कमर्शियल परपस के लिए हो तथा कौन-कौन सी गाड़ियां कहां जा रही हैं, उसकी डायरी मेनटेन हो, ताकि जो मेरा हश्र हुआ, वो दूसरों के साथ न हो. मैं सामने इसलिए नहीं आ रही हूं, क्योंकि में एक संभ्रांत परिवार से आती हूं और मेरा भविष्य अंधकारमय हो जायेगा. महाशय गण, मुझे तभी तसल्ली मिलेगी, जब आप सब मेरी इस सलाह को पूर्णतया लागू कर देंगे. मेरी जिंदगी का दाग तो नहीं धुल पायेगा, लेकिन वाहन मालिकों को इसका अहसास तो हो. इस बात को समाचार पत्र के माध्यम से पढ़ ही लूंगी, तभी अपना छोटा सा प्रयास सफल मानूंगी. याद रहे, इस चीज की पुनरावृति न हो, इसलिए सभी गाड़ियां जो भाड़े पर चलती हैं, का कमर्शियल रजिस्ट्रेशन हो और आने-जाने की डायरी मेनटेन हो.

मैंने अपना काम कर दिया है, अब आप सबों का काम देखना है

इन्हीं सब बातों के साथ आप सबों की

—**सुमन** *(काल्पनिक नाम)*, झारखंड

झारखंड बनने के पहले का मामला हो या बाद का, प्रभात खबर ने भ्रष्टाचार को मुद्दा बनाया. जब झारखंड लोक सेवा आयोग द्वारा की गयी बहाली में गड़बड़ी की खबर मिली तो उसे प्रमुखता से छापा. लाखों बेरोजगारों को लगा कि उनके साथ राजनेता-अफसर गद्दारी कर रहे हैं और अपने परिजनों को जेपीएससी में भर रहे हैं, बीडीओ-सीओ और डीएसपी बना रहे हैं. बुंडू के एक युवक (परीक्षार्थी) ने प्रभात खबर को कड़ा पत्र लिखा. इसमें उसने न सिर्फ परीक्षा में गड़बड़ी की बात कही, बल्कि अपनी पीड़ा का जिक्र करते हुए लिखा कि कैसे उसके साथ बार-बार अन्याय किया गया है. अंत में उसने सवाल किया कि ऐसे हालात से निबटने के लिए क्यों न वह नक्सली बन जाये. उस पत्र को प्रभात खबर ने पेज एक पर छापा था जो काफी चर्चित हुआ था. प्रभात खबर ने टिप्पणी के साथ इस पूरे पत्र को छापा था. एक तरह से परीक्षा में हुई गड़बड़ी के लिए छात्रों को आंदोलन करने और रास्ता दिखाने का भी प्रयास था.

पीड़ा भरा यह पत्र हमें एक ग्रामीण युवक ने भेजा है. यह पत्र झारखंड में व्याप्त भ्रष्टाचार से उपजी पीड़ा का एक नमूना है. पत्र यह भी दर्शाता है कि युवक क्यों हिंसा के रास्ते के राही बन रहे हैं. यदि यह आग धधकती रही, तो हिंसा की राह अपनानेवालों की सूची लंबी होती जायेगी, जिसे सिर्फ पुलिस की ताकत के जोर पर दबाया नहीं जा सकता. हालांकि हम मानते हैं कि आंदोलन के गांधीवादी रास्ते का कोई विकल्प नहीं है. हिंसा, हिंसा को ही जन्म देती है और यह सिलसिला अंतहीन होता है. मगर सबसे ज्यादा चिंता की बात है कि सिविल सोसाइटी, राजनीतिक दल आदि के लिए भ्रष्टाचार विचारणीय मुद्दा ही नहीं रह गया है. असंतुष्ट युवाओं की अनदेखी समाज का संतुलन बिगाड़ सकती है. पत्र में से युवक का नाम और पता हटा दिया गया है, क्योंकि उसने इस पत्र के प्रकाशन के बाद अपनी जान के खतरे में पड़ने के बारे में संकेत दिया है. प्रभात खबर को अनेक युवकों और उनके अभिभावकों ने जेपीएससी की हाल की परीक्षा- परीक्षाफल में हुई अनियमितताओं की सूचनाएं भेजी हैं, बगैर जांचे इन सूचनाओं के संदर्भ में कुछ भी कहना मुश्किल है. इसलिए युवाओं को प्रभात खबर का सुझाव है कि जेपीएससी परीक्षा से संबंधित कोई भी शिकायत हो, तो सीधे झारखंड के महामहिम राज्यपाल को पत्र भेज कर अवगत कराएं

—**संपादक**, *प्रभात खबर.*

पत्र (3)
क्यों न बनूं मैं नक्सली ?

सेवा में,
संपादक, प्रभात खबर, रांची.
महाशय,

मैं प्रभात खबर का नियमित पाठक हूं. जब झारखंड बना तो मन में इच्छा जगी कि अब बिहार का कुशासन खत्म हुआ और हम सब युवक उचित प्रयास से नौकरी लेंगे. परंतु यहां पर भी उल्टी गंगा बही.

मैंने प्रथम बार जेपीएससी में पीटी पास किया और मुख्य परीक्षा में असफल रहा. कारण था, इतिहास के एक पेपर में 40 अंक प्राप्त करना. जबकि इस पेपर में पूरे पांच प्रश्नों का जवाब मैंने दिया था. परंतु जेनरल मार्किंग के कारण उल्टी गंगा बही.

द्वितीय जेपीएससी में पीटी पास किया. मुख्य परीक्षा में सफल रहा. साक्षात्कार में असफल बनाया गया. मैं शांति देवी बोर्ड में था. मेरा स्नातक स्तर का विषय भौतिकी था. परंतु भौतिकी से एक भी प्रश्न नहीं पूछा गया. सिर्फ भूगोल से प्रश्न पूछा गया, जबकि भूगोल मेरा विषय नहीं था. मुख्य परीक्षा में मेरा विषय था श्रम एवं सामाजिक कल्याण (एलएसडब्ल्यू) और इतिहास. एलएसडब्ल्यू से एक भी प्रश्न नहीं पूछा गया. इतिहास से कुछ प्रश्न पूछे गये.

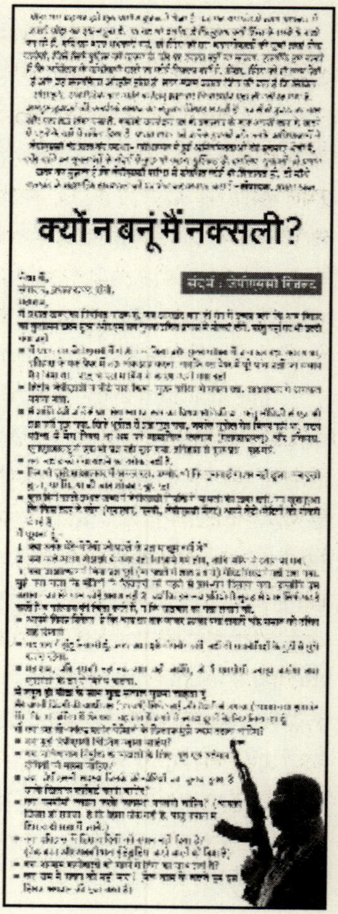

क्यों न बनूं मैं नक्सली?

क्या यह उल्टी गंगा बहाने का तरीका नहीं है. फिर भी दूसरे साक्षात्कार में अच्छा रहा. उम्मीद थी कि चुनाव होगा. पर नहीं हुआ. मन दुखी हुआ, पर सिस्टम की बात सोचकर चुप रहा.

कुछ दिनों पहले प्रभात खबर में जेपीएससी नियुक्ति में धांधली की खबर छपी. मन खुश हुआ कि किस तरह वे लोग (एमएलए, एमपी, जेपीएससी मेंबर) अपने बेटों/बेटियों को नौकरी दे रहे हैं.

मैं पूछता हूं -

1. क्या उनके बेटे-बेटियों को पहले से प्रश्न मालूम नहीं थे?
2. क्या उन्हें अलग से प्रश्नों के उत्तर नहीं लिखाये गये होंगे, ताकि मेरिट में स्थान पा सकें.
3. क्या साक्षात्कार में बिना प्रश्न पूछे (या पहले से ज्ञात प्रश्न से) मेरिट लिस्ट में नहीं रखा गया?

मुझे पता चला कि मंत्रियों के रिश्तेदारों को पहले से प्रश्न पत्र दिलाया गया. हालांकि इस करामात का मेरे पास कोई प्रमाण नहीं है. क्योंकि हम सब प्रतियोगी सुबह से शाम तक सिर्फ पढ़ाई करते हैं व परिणाम की चिंता करते हैं, न कि भ्रष्टाचार का पता लगाने की.

आपसे विनम्र निवेदन है कि आप तह तक जाकर इसका पता लगायें और समाज को उचित राह दिखायें. महाशय मैं बुंडू निवासी हूं. अतः आप इसे गोपनीय रखें, नहीं तो राजनीतिज्ञों के गुंडों से मुझे खतरा रहेगा.

महाशय, यदि इसकी तह तक आप नहीं जायेंगे, तो मैं एमसीसी ज्वाइन करूंगा तथा एमसीसी के ढंग से विरोध करूंगा. मैं बहुत ही पीड़ा के साथ कुछ सवाल पूछना चाहता हूं

मैंने अपनी जिंदगी की आधी उम्र (35 वर्ष) सिर्फ पढ़ाई और तैयारी में लगायी (2000-08 झारखंड में). फिर भी अंतिम में छंट गया. यह बात मैं अपने से ज्यादा दूसरों के लिए लिख रहा हूं. तो क्या इस सो-कॉल्ड एलीट बेईमानी के खिलाफ मुझे कदम उठाना चाहिए?

क्या मुझे जेपीएससी बिल्डिंग उड़ाना चाहिए?

क्या सचिवालय नियुक्ति के घोटालों के लिए पूर्व एवं वर्तमान दोषियों को मारना चाहिए?

क्या जेपीएससी सदस्य जिनके बेटे-बेटियों का चुनाव हुआ है, उनके खिलाफ कार्रवाई करनी चाहिए?

क्या एमसीसी ज्वाइन करके व्यवस्था बदलनी चाहिए? (आपका विचार हो सकता है कि हिंसा ठीक नहीं है, परंतु नेपाल में हिंसावादी सत्ता में आये.)

क्या इतिहास में हिंसावादियों को स्थान नहीं दिया है? (नेक काम और सबकी भलाई हेतु हिंसा करने वालों को दिया है)

क्या अन्याय करनेवालों को मारने में हिंसा का साथ सही है?

क्या राम ने रावण को नहीं मारा? (नेक काम के चलते हम इस हिंसक भगवान की पूजा करते हैं).

(नाम न छापें)

झारखंड एक नक्सल प्रभावित राज्य है. हालात ऐसे हैं कि गांवों में रहना मुश्किल है. ग्रामीण पुलिस और नक्सली के बीच पिस रहे हैं. एक तरफ पुलिस उन्हें मारती है, कहती है कि नक्सली का सहयोगी है तो दूसरी ओर नक्सली उसे पीटते हैं. पुलिस का मुखबिर कहते हैं. इन हालातों से हर दिन गांव के लोगों को गुजरना पड़ता है. ऐसे ही एक पाठक का पत्र प्रभात खबर ने 7.9.2008 को प्रकाशित किया था जो जमीनी हकीकत का बयां करता है. पत्र को छापने के साथ टिप्पणी भी छापी गयी थी कि क्यों इस पत्र को छापा जा रहा है.

एक व्यथित व्यक्ति द्वारा लिखा यह पत्र हमें डाक से मिला. यह पत्र एक मार्मिक दास्तान है उस व्यक्ति की, जो अपनी मेहनत और प्रतिभा से अपने गांव में सम्मानपूर्वक जीवन जीना चाहता है, परंतु जी नहीं पा रहा. यह पत्र स्वतः सारी स्थिति बयां करता है. प्रशासन, पुलिस, समाज बदलने का सपना देखनेवाले और हम सब समाज की इस स्थिति पर आत्मविश्लेषण करें, इसी उद्देश्य से यह पत्र प्रकाशित किया जा रहा है.

–संपादक

पत्र (4)

सरकार हम और उग्रवाद

कहां जाएं क्या करें

मेरा घर बीहड़ जंगलों के बीच स्थित है. मैं एक ग्रामीण साधारण इंसान हूं. आइए पास एवं कंपाउंडरी ट्रेंड, परंतु नौकरी नहीं मिली. अतः कुछ दिनों तक किसान का जीवन, फिर कुछ वर्षों तक कंपाउंडरी कर परिवार का भरण-पोषण करनेवाला, पुनः कुछ समय के लिए ठेकेदारी करके जीवन व्यतीत करनेवाला और अब अंत में हार कर बेकाम अति दयनीय जीवन जी रहा हूं. अब मेरी जिंदगी कुछ लोगों के हाथों में. वे या तो पक्षियों की तरह गोली से भून देंगे या जानवरों की तरह बेरहमी से तड़पा-तड़पा कर मार डालेंगे. मैं समझता हूं झारखंड

सरकार, हम और उग्रवाद

कहां जाएं, क्या करें

एक व्यथित व्यक्ति द्वारा लिखा यह पत्र हमें डाक से मिला. यह पत्र एक मार्मिक दास्तान है उस व्यक्ति की, जो अपनी मेहनत और प्रतिभा से अपने गांव में सम्मानपूर्वक जीवन जीना चाहता है, परंतु जी नहीं पा रहा. यह पत्र स्वतः सारी स्थिति बयान करता है. प्रशासन, पुलिस, समाज बदलने का सपना देखनेवाले और हम सब समाज की इस स्थिति पर आत्मविश्लेषण करें, इसी उद्देश्य से यह पत्र प्रकाशित किया जा रहा है. –संपादक

एक युवा भुक्तभोगी का पत्र

मेरा घर बीहड़ जंगलों के बीच स्थित है. मैं एक ग्रामीण साधारण इंसान हूं. आइए पास एवं कंपाउंडरी ट्रेंड, परंतु नौकरी नहीं मिली. अतः कुछ दिनों तक किसान का जीवन, फिर कुछ वर्षों तक कंपाउंडरी कर परिवार का भरण-पोषण करनेवाला, पुनः कुछ समय के लिए ठेकेदारी करके जीवन व्यतीत करनेवाला और अब अंत में हार कर बेकाम शेष पेज 11 पर

में मेरी ही जैसे अनेक लोगों की जिंदगी है.

मेरी संक्षिप्त जीवनी कुछ इस प्रकार है. एक सड़क दुर्घटना में मेरे माता-पिता का निधन हो गया था. अब हमारा परिवार हम दो हमारे दो की गिनती में है. शहर से दूर ग्रामीण क्षेत्र होने के कारण कृषि से प्राप्त आमदनी से बमुश्किल परिवार का भरण-पोषण हो पाता था. प्रखंड से पता चला कि यहां की मिट्टी एवं आबो-हवा पोस्ता की खेती के लिए उत्तम है. पोस्ता यानी अफीम के पौधे से प्राप्त बीज यानी हमारे खाने की सब्जी का लजीज मसाला यानी आमदनी का अच्छा स्रोत. गांव के लोगों के साथ मैंने भी इसकी खेती शुरू की. सफलता मिल गयी. बढ़िया जीवन जीने लगा. भविष्य के लिए भी कुछ बचत होने लगी. गांव खुशहाली की ओर अग्रसर. पर हमारी खुशहाली सरकार को नहीं भायी. वह काला दिन याद है, जिस दिन पुलिसिया अत्याचार शुरू हुआ. पुलिस ने हमारे खून-पसीने से तैयार लहलहाती फसल रौंद डाली और कहा- साले, हरामजादे! जिस फसल पर सरकार बैन लगायी है, उसकी खेती करते हो. लाठी बरसाते हुए हमलोगों को गाड़ी में बिठाया. तीन साल के बाद जेल से छूट कर आये. परिवार की दयनीय स्थिति देखकर रुलाई आने लगी. बेहतर होता, सरकार हमारी फसल खरीद लेती, न कि हमारे मुंह की रोटी छीनती. पूरे गांव में पोस्ते की खेती बंद और सारा गांव भुखमरी के कगार पर.

अब मैं गांव में कंपाउंडरी का काम करने लगा. धीरे-धीरे अच्छी आमदनी होने लगी. लेकिन कुछ ही समय बाद पुनः काला दिन आ गया. जब भी लीक से भटके लोगों के साथ कोई हादसा होता तो हमारे घर को घेर लेते. आंखों में पट्टी बांधकर गंतव्य स्थान ले जाते. दवा-दारू , मरहम-पट्टी के बाद पुनः घर पहुंचा देते. उनके चोटिल और घायल लोगों का इलाज होने लगा. विरोध तो मैं कर नहीं सकता था. मगर, उनके असमय आने और हरकत से मेरे परिवार और पड़ोस में भय व्याप्त हो गया. ना-नुकुर करने पर उन्हें हाथ चलाने में थोड़ी भी देर नहीं लगती थी. कुछ अंतराल बाद पुलिस को इस बात की भनक लग गयी. फिर क्या था. मेरे घर को घेर लिया गया. पुलिस द्वारा लाठी-डंडा और विशेषणों की बौछार. ढाई साल तक एमसीसी की सहायता करने के इलजाम में जेल की हवा खानी पड़ी. मेरी स्थिति सांप-छुछूंदर जैसी हो गयी. इलाज करने पर पुलिस की मार और न करने पर लीक से हटे भाइयों का कठोरतम दंड. मजबूरन मुझे इस पेशे को त्यागना पड़ा. परंतु रोटी, कपड़ा और मकान का सवाल पीछा तो छोड़ता नहीं. सोचा, सरकार ने अनेक काम खोल रखा है. क्यों न ठेकेदारी की जाए. ठेकेदारी चल निकली. मन कचोटता था. सरकारी तंत्र की कमीशनखोरी के कारण काम की गुणवत्ता नहीं दे पाते थे. यहां भी खैर नहीं. वह दिन याद है जब लीक से हटे लोगों के जत्थे द्वारा बुलाहट हुई. मैं मुजरिम-सा था. चेतावनी दी गयी कि ठेकेदारी का निश्चित परसेंटेज अमुक स्थान में अमुक तिथि तक पहुंच जाना चाहिए. आगे कहने की जरूरत नहीं पड़े. इस बात की भनक पुलिस को नहीं लगनी चाहिए अन्यथा दोनों हाथ काट देंगे. बोलो मंजूर है. मैंने दबी जबान से कहा था- आपके बीच रहना है. ऐतराज काहे का. इस पर भी उन्हें विश्वास नहीं हुआ, डांटकर कहा, मरियल जैसे क्या बोल रहा है बे. जोर से बोलो-मंजूर है. कुछ ही महीनों के बाद लीक से हटे दूसरे ग्रुप की बुलाहट एवं लेवी तय. अब मेरी कमाई का तीन हिस्सा कमीशन में. सरकारी काम की गुणवत्ता क्या होगी, इसे सहज ही समझा जा सकता है. ऐसे इससे किसी को मतलब नहीं है. पब्लिक भी मर चुकी है. सरकार मर चुकी है.

लेकिन यह क्या ? पहले ग्रुप द्वारा पुनः बुलाहट. और अल्टीमेटम-खबरदार, जो दूसरे ग्रुप को लेवी

दी. अगर दी तो सपरिवार ऊपर जाने के लिए तैयार रहना. अब तीसरा विकल्प ठेकेदारी भी त्याग दिया हूं. अभाव की जिंदगी जी रहा हूं. पर अब भी खैर नहीं. बीच-बीच में संवाद आता है- कमा कर बैठ गये हो, लेवी नहीं आ रहा है, अंजाम के लिए तैयार रहना. लगता है आत्महत्या कर लूं, पर इस कायरतापूर्ण कुकृत्य करने को मन स्वीकार नहीं करता है. सोचता हूं, अब एक ही उपाय शेष है-मातृभूमि घर जमीन-जायदाद का मोह त्याग कहीं दूर चल दूं और किसी प्रकार परिवार का भरण-पोषण करूं. आगे सोचता हूं इस राज्य में जीने-कमाने का हक हम साधारण लोगों को नहीं है. कैसा अपराध किया हूं कि बार-बार जेल की कालकोठरी में सड़ना पड़ रहा है. पत्नी और बच्चों ने कौन-सा पाप किया है कि उनका जीना मुश्किल हो गया है. यह सहमा-सहमा जीवन भी कोई जीना है. हम भयाक्रांत हैं. सही बात बोलने की हिम्मत नहीं है. आंखों के सामने घटते कुकृत्य, जघन्य अपराध, हिंसा, व्यभिचार को देखकर भी विरोध करने की हिम्मत नहीं.

नाश हो ऐसी विजनविहीन सरकार का, जिसके राज्य में आम जनता कशमकश की जिंदगी जी रही है. लगता है सभी बकवास है, अन्यथा इन भटके लोगों के हृदय से दया, धर्म, करुणा, सहानुभूति का लोप नहीं होता. ये बेकसूरों की हत्या नहीं करते. करोड़ों की संपत्ति की क्षति नहीं करते.

—एक भुक्तभोगी

प्रभात खबर ने 30 साल में पाठकों के ऐसे अनेक पत्र छापें हैं, जिसे छापने का हर अखबार हिम्मत नहीं कर सकता.

□

ऐतिहासिक दस्तावेज हैं 15 नवंबर के अंक

15 नवंबर 2000 (भगवान बिरसा मुंडा का जन्म दिन) को झारखंड राज्य का निर्माण हुआ. प्रभात खबर ने झारखंड आंदोलन को बौद्धिक सहयोग दिया था, आंदोलन का समर्थन किया था. अलग झारखंड राज्य बनाने में प्रभात खबर का अच्छा-खासा योगदान रहा था. इसे झारखंडी अखबार, माटी का अखबार कहा भी जाता है (झारखंड में). इसलिए यह आवश्यक था कि 15 नवंबर 2000 का अंक

ऐतिहासिक अंक हो. इसके लिए टीम बनायी गयी थी. अगस्त 2000 में ही लोकसभा से झारखंड विधेयक पारित हो गया था. इसलिए अखबार की तैयारी के लिए दो-ढाई महीने का समय मिल गया था. यही प्रयास किया गया कि झारखंड के पुनर्निर्माण में प्रभात खबर की भी बड़ी भूमिका हो. इसके लिए प्रभात खबर ने दस्तावेज तैयार करने का निर्णय लिया. इस टीम में फैसल अनुराग जैसे वरिष्ठ पत्रकार थे. एक बार यह काम शुरु हुआ तो परंपरा बन गयी. हर साल प्रभात खबर स्थापना दिवस पर जो विशेष अंक निकालता है, उसमें गंभीर विषयों पर, राज्य के हालात-विकास, आर्थिक स्थिति के साथ-साथ भविष्य की संभावनाओं पर चर्चा रहती है. इसमें देश के जाने-माने अर्थशास्त्री, आइएएस, आइपीएस अफसर, चिंतक, देश के महत्वपूर्ण विश्वविद्यालय के प्रोफेसर, संबंधित विषयों के विशेषज्ञों के लेख होते हैं. प्रभात खबर राज्य के जिलों के विकास कार्यक्रमों की खुद ऑडिट करता है, कराता है. साथ ही कुछ खास सरकारी योजनाओं पर गहरा अध्ययन भी कराता है ताकि राज्य के सामने जमीनी हकीकत रखी जा सके राज्य का विकास कैसे हो सकता है, इसका मॉडल भी प्रकाशित करता है. इन अंकों में आंकड़े भी होते हैं. इन आंकड़ों की देश भर में मांग होती है. जब झारखंड के लिए राज्य या योजना आयोग योजना बनाता है, उसमें ये आंकड़े सहायक होते हैं. बिहार में भी कई अवसरों पर ऐसे ही संग्रहणीय अंक निकले हैं.

आज स्थिति यह है कि झारखंड पर जब कभी शोध होता है तो इसके लिए प्रभात खबर के दस्तावेजों की खोज होती है. देश में कई लोग प्रभात खबर पर रिसर्च कर रहे हैं कि प्रभात खबर के आगे बढ़ने का मॉडल क्या है, कारण क्या हैं. देश-दुनिया की कई किताबों में प्रभात खबर की चर्चा होती रही है. खास तौर पर 15 नवंबर को निकलनेवाले अंक की. 15 नवंबर का अंक ऐसे ही चर्चित नहीं होता. इसके लिए लंबे समय से तैयारी की जाती है. 15 नवंबर 2000 को प्रभात खबर ने 76 पृष्ठों का अखबार निकाला था. इसके बाद हर साल विशेष अंक निकाला जाता रहा. 2001 का अंक 56 पृष्ठों का, 2002 का अंक 60 पृष्ठों का, 2003 का अंक 88 पृष्ठों का, 2004 का अंक 68 पृष्ठों का, 2005 का अंक 58 पृष्ठों का और 2006 का अंक 78 पृष्ठों का निकला. अगले साल यानी 2007 में सारे रिकार्ड को तोड़ता हुआ 15 नवंबर का अंक 100 पृष्ठों का निकला. ये सारे अंक सामग्री के दृष्टिकोण से काफी समृद्ध हैं जिनका उपयोग शोध कार्यों के लिए भी किया जाता है.

इतने पृष्ठों का विशेषांक निकालने के पीछे प्रभात खबर का एक मकसद रहा है. राज्य के लिए दस्तावेज तैयार करना, राज्य की जमीनी हकीकत की जानकारी देना, झारखंड के संसाधन, यहां के खनिज पदार्थ और भविष्य के लिए विशेषज्ञों द्वारा विजन रिपोर्ट तैयार करवाना. जिस तरह से मीडिया जगत पर आर्थिक संकट गहराया, उसका असर 15 नवंबर के विशेष अंकों पर भी दिखने लगा. हर साल बड़े घाटे उठा कर इतने पृष्ठों का अंक निकालना अब संभव नहीं रहा. इसकी झलक 2008 से मिलने लगी थी. सरकारी विज्ञापन भी कम होते गये. उस वर्ष 15 नवंबर का अंक 52 पृष्ठों का, 2009 में 38 पृष्ठों का, 2010 में 50 पृष्ठों का, 2011 में 42 पृष्ठों का, 2012 में 28 पृष्ठों का और वर्ष 2013 में सिर्फ 30 पृष्ठों का निकाला गया. जाहिर है कि पृष्ठ कम होने से झारखंड पर उतनी सामग्री नहीं दी जा सकी जितनी 2007 तक दी गयी थी. लेकिन प्रयास किया गया कि पाठकों को जमीनी हकीकत की जानकारी हर हाल में मिले.

17

झारखंड, उत्तराखंड और छत्तीसगढ़ तीनों राज्यों का गठन एक ही साथ 15 नवंबर 2000 को हुआ. लेकिन झारखंड विकास के पायदान पर लगातार नीचे फिसलता गया, वहीं अन्य दोनों राज्य ऊपर चढ़ते गये. क्या झारखंड राज्य की अवधारणा विफल हो चुकी है?

विफल हो रहा

झारखंड

सूबे की बेबसी...

राजनीतिक अस्थिरता के कारण शासन तंत्र कमजोर

हर अंक की अपनी खासियत रही है. इसमें छपी सामग्रियों की प्रासंगिकता हमेशा बनी रहेगी. इस लिहाज से विशेष अंकों की कुछ खासियत (खास लेख) का विवरण भी यहां दिया जा रहा है ताकि इस पर काम करनेवाले, शोध करने वालों को मदद मिले.

15 नवंबर 2000 के अंक का एक खंड है-झारखंड : दिशुम की मुक्ति कथा. असली झारखंड है क्या, अगर यह जानना है तो इसके लिए यह अंक पर्याप्त है. इस अंक को निकालने के लिए प्रभात खबर शोध टीम बनायी गयी थी. इस अंक के लेख नाचता गाता दिशुम ही है सच्चा

झारखंड, मांदर-नगाड़ा बजाते पुरखों ने रचा झारखंड, आजादी व पहचान के लिए संघर्षरत लोगों की दुनिया, हूल! हूल! हूल! हर दशक गवाह, बिरसा उलगुलान : अबुअ राज का अपराजेय समर, और साकार हुआ अलग झारखंड राज्य का सपना, इतिहास में विस्मृत उलगुलान की औरतों की महान गाथा (वासवी), झारखंड पुनर्निर्माण : चुनौतियां व संभावनाएं (डॉ रामदयाल मुंडा), नहीं टूटेगी आदिवासी-गैर आदिवासी एकता की डोर, झारखंडेर कथा (डॉ अमर कुमार सिंह), झारखंड : मुसलिम समुदाय की भागीदारी और उसका भविष्य, झारखंड : सदान समाज, संस्कृति और भविष्य, झारखंड : दलित आदिम जनजातियों का दुख दर्द, झारखंड भाषाओं के संजीदा सवाल, अस्तित्व तो जरूरी है पर अस्मिता का क्या होगा?, आदिवासी गीतों में उलगुलान झारखंड को समझने के लिए पर्याप्त हैं.

जब यह अंक छप रहा था, उसी समय झारखंड राज्य बना था. लोगों को यह जानकारी देनी थी कि इस राज्य की आर्थिक ताकत क्या है? यहां कौन-कौन खनिज हैं, किस मात्रा में हैं. विशेष अंक के खंड तीन में झारखंड की संपदा का विवरण दिया गया है. झारखंड की आबादी से लेकर यहां खनिज, शिक्षा, स्वास्थ्य सुविधा की क्या स्थिति है, इसका विवरण है. इतना ही नहीं, झारखंड को कैसे विकसित राज्य बनाया जा सकता है, इस पर रूसी मोदी, डॉ जेजे ईरानी और वसंत कुमार झंवर के लेख हैं. झारखंड के

विकास का देशज मॉडल क्या हो सकता है, इसके बारे में खंड दो देशज सृजन के सपने में विस्तार से दिया गया है. इसके लेख विकास की देशज अवधारणा से ही बनेगा सच्चा झारखंड, झारखंड : विकास की संभावनाएं व रणनीति, झारखंड में कृषि विकास की रणनीति व संभावनाएं, ठोस रणनीति के बिना जल संरक्षण असंभव, जन भागीदारी से ही बचेंगे वन संसाधन, झारखंड का पर्यावरण : स्थिति और संभावनाएं, झारखंड में पर्यटन : संभावनाएं अनंत हैं, झारखंड में शिक्षा नीति के देशज पहलू, नये झारखंड की बुनियाद आइटी से ही निर्मित होगी, झारखंडी संस्कृति व अस्मिता गहन अंधकार के रोशनदान, असमानता से मुकाबला : अनुसूचित जनजाति और आरक्षण व्यवस्था, झारखंड नवनिर्माण : आदिवासी नजरिया, झारखंड नवनिर्माण : विकल्प, विकास और सुनहरा अवसर, नारी समस्या के प्रति संजीदगी का अभाव, आदिवासी चित्रकला जीवन दर्शन का अंग, नये राज्यों में खेलों के विकास पर विशेष ध्यान देना होगा, वैसे लेख हैं जो किसी भी राज्य की बुनियाद बनाने में मददगार होंगे. प्रभात खबर ने लगभग सभी विषयों पर उनके विशेषज्ञों से विजन रिपोर्ट तैयार करायी ताकि राज्य जब इन विषयों पर नीति बनाये तो उसमें ये सहायक हों. ये वे लोग हैं जो झारखंड को बेहतर समझते हैं, जिनके पास विजन-जानकारी भी है. ये लोग झारखंड के विकास के लिए रोड मैप तैयार करनेवाले विशेषज्ञ हैं.

झारखंड एक छोटा राज्य है. इसलिए राज्य बनने के दो साल बाद प्रभात खबर ने इस पर बहस चला दी कि सुशासन और विकास में छोटे राज्य कितने सार्थक हैं. इसके लिए 15 नवंबर 2002 को इसी विषय पर 16 पृष्ठों का विशेष अंक निकाला. इस अंक में श्रीरामालू के बाद के भारतीय प्रदेश (शशिभूषण), समझ साफ तो फिर क्यों चाहिए छोटे राज्य (सत्येंद्र रंजन), अर्थव्यवस्था में दोहरापन मिटे (डॉ शैबाल गुप्ता), पतनशील राष्ट्र के बीच छोटे राज्य (अनिल चौधरी), लूट के लिए बनाये गये नये राज्य (आनंद स्वरूप वर्मा), आज के झारखंड को देख जयपाल सिंह भी रोते (शिव विश्वनाथन) और संकीर्णमना झारखंड सरकार (वीएस दुबे) प्रमुख लेख हैं. इसके अलावा छोटे राज्यों पर परिचर्चा और बहस में प्रबुद्ध लोगों के विचार हैं. इनमें प्रो आशीष नंदी, एजे फिलिप, योगेंद्र यादव, कपिल सिब्बल, एबी बर्द्धन, सुरेंद्र मोहन, कुमार सुरेश सिंह, जार्ज मैथ्यू, धीरूभाई शेठ, अरूण जेटली शामिल हैं. यह परिचर्चा एक तरह से दस्तावेज है.

2003 आते-आते ऐसा महसूस हो गया था कि झारखंड में गवर्नेंस का संकट है. इसलिए प्रभात खबर ने अपने विशेषांक में इसे फोकस किया. विशेषांक में राज्य को बताया गया कि झारखंड में कैसे फाइल फंस जाती है. इसके लिए फाइल यात्रा का प्रोसेस क्या है, इसे ग्राफिक्स के बल पर छापा गया. गुड गवर्नेंस को बताने के लिए पार्थ जे शाह का लेख कैसा हो गुड गवर्नेंस, डॉ के राजेंद्र नायर का झारखंड प्रशासन और राजनेताओं को नया तरीका सीखना चाहिए, योगेंद्र यादव का रोजगारोन्मुख विकास और विकेंद्रित सत्ता और शैबाल गुप्ता का लेख अर्थव्यवस्था को दिशा देने की जरूरत छापा गया.

राजनेताओं को जागृत करने के लिए और सत्ता को राह दिखाने के लिए बेहतर प्रशासन विफल क्यों? खंड में किशन पटनायक, चतुरानन मिश्र, अरूण कुमार, कुलदीप माथुर, अनिल चौधरी, चंद्रभान प्रसाद, प्रो प्रताप भानु मेहता, शशि भूषण, इम्तियाज अहमद, सुभाष शर्मा, जियालाल आर्य, आइसी कुमार, जी कृष्णन, राम उपदेश सिंह, वीएस दुबे के लेख प्रकाशित किये गये. इनमें कई तो देश के प्रसिद्ध विश्वविद्यालय में प्रोफेसर हैं तो कई सीनियर आइएएस अफसर. राज्य के हालात पर प्रभात खबर ने

झारखंड विकास रिपोर्ट : हालात जार-बेजार का एक खंड छापा. इसमें झारखंड की आर्थिक संरचना एवं विकास, झारखंड की अर्थ व्यवस्था, अर्थ व्यवस्था में झारखंडी महिलाओं की भागीदारी, राष्ट्रीय खनिज नीति और झारखंड, झारखंड राज्य के वृहत उद्योग, झारखंड में गरीबी, खाद्य सुरक्षा संकट, बेहतर स्वास्थ्य और शिक्षा पर विशेष अध्ययन कराया गया था.

2004 तक कुछ ऐसी घटनाएं घटने लगी जिससे लगा कि झारखंड भ्रष्टाचार के दलदल में फंस गया है. इस हालत में झारखंड का विकास नहीं हो सकता. प्रभात खबर ने 15 नवंबर 2004 का अंक भ्रष्टाचार में कैद भविष्य शीर्षक से पूरा विशेषांक ही निकाल दिया. इसमें हजारीबाग जिले की केस स्टडी छापी गयी. कैसे कमीशनखोरी ने योजनाओं का बंटाधार कर दिया. इसमें जिक्र किया गया कि कमीशन के अभाव में इंदिरा आवास अधूरे हैं, विधायक मद में 25 फीसदी कमीशन लिया जाता है. अन्य योजनाओं की जमीनी हकीकत बतायी गयी. तबादलों में पैसे लिये जाते थे. इस पर विशेष रिपोर्ट प्रकाशित की गयी. राज्य के पूर्व मुख्य सचिव वीएस दुबे को लिखना पड़ा था-व्यवसाय बन गयी है सरकारी ट्रांसफर-पोस्टिंग. इसमें सुधार कैसे हो, इस पर एनसी सक्सेना ने एक लंबा लेख भ्रष्ट सत्ता और प्रशासनिक सुधार लिखा. पूर्व राज्यपाल वेद मारवाह ने शासन में पारदर्शिता और उत्तरदायित्व लेख से दिशा दिखाने का प्रयास किया.

2005 में प्रभात खबर ने डेड ऐसेट्स और भ्रष्टाचार पर पूरे राज्य से विशेष अध्ययन कराया. यह रिपोर्ट छापी कि कैसे राज्य में कमीशन का राज है. हर जिले के डेड ऐसेट्स का विवरण प्रकाशित किया. केस स्टडी के तौर पर लातेहार और हजारीबाग में विकास योजनाओं की वास्तविक स्थिति प्रकाशित की. संतालपरगना में पीडीएस सिस्टम पर अध्ययन कराया. इसी अंक में प्रभात खबर ने यह भी छापा कि कौन अधिकारी विकास योजना में कितना कमीशन लेता है. आम तौर पर यह काम अखबार नहीं करता है लेकिन प्रभात खबर ने जिम्मेवारी की पत्रकारिता के तहत, सत्ता की आंख खोलने के लिए ऐसा अध्ययन कराया. कई अवसरों पर अखबार को इसकी कीमत भी चुकानी पड़ी. सरकारी विज्ञापन बंद कर प्रभात खबर को झुकाने का प्रयास किया गया लेकिन अखबार अपना दायित्व निभाता रहा. इसी अंक में प्रभात खबर ने साहस का परिचय देते हुए इस बात का भी उल्लेख किया कि कौन से अधिकारी विकास योजना में कितना प्रतिशत कमीशन लेते हैं. यहां तक कि विधायक फंड में कमीशन की क्या दर है, उसे भी प्रकाशित किया गया. प्रभात खबर ने पूरे झारखंड में फैले अपने संवाददाताओं से जो अध्ययन कराया, उसके आधार पर जिलों की विकास रैंकिंग प्रकाशित की. पांच वर्षों में कौन जिला कहां पहुंचा, राज्य में कौन जिला शीर्ष पर है और कौन जिला विकास में सबसे नीचे है, इसे बताया. ऐसे नहीं, अध्ययन के बाद आंकड़ों के बल पर.

इसी अंक में झारखंड विकास की अवधारणा में झारखंड के प्रमुख लोगों ने अपने लेख से यह बताने का प्रयास किया कि झारखंड का विकास झारखंड के मॉडल पर ही संभव है. महाश्वेता देवी, स्टेन स्वामी, वासवी, दयामणि बारला, विनोद सिंह, मेघनाथ, रश्मि कात्यायन, पीएनएस सुरीन, रोज केरकेट्टा, महादेव टोप्पो, रामदयाल मुंडा, बिरसी कुजूर, संजय बसु मल्लिक, बीपी केसरी और निर्मला पुतुल के लेखों से झारखंड के पुनर्निर्माण का रास्ता खुलता है.

जब पांच साल का झारखंड हो गया, विकास में पिछड़ता ही रहा तो प्रभात खबर ने अपने विशेषांक

के जरिये यह बताने का प्रयास किया कि पूरे देश में किस योजना में कौन सा राज्य अव्वल है और क्यों अव्वल है, वहां की कार्य संस्कृति कैसी है, कैसे काम हो रहा है. इसके पीछे मकसद था कि झारखंड के राजनेताओं और अधिकारियों की आंख खुले कि देश में कैसे बेहतर काम हो रहे हैं. ऐसे कामों को देख कर यहां के लोग उससे प्रेरणा लें. इसी क्रम में हरियाणा का सरकार आपके द्वार कार्यक्रम, हैदराबाद का मेट्रो केयर, असम की समृद्ध किसान योजना, कर्नाटक की भूमि योजना, मध्य प्रदेश का राजीव गांधी जलछाजन प्रबंधन मिशन, हिमाचल प्रदेश का प्राथमिक शिक्षा अभियान, त्रिपुरा का रबर उत्पादन , तमिलनाडू की वीमेन इन एग्रीकल्चर प्रोजेक्ट, केरल की कुटुंबश्री योजना, लुधियाना का म्युनिशिपल कारपोरेशन, आंध्रप्रदेश की जियो मेट्रिक्स योजना, राजस्थान की लोक जुंबिस परियोजना, उत्तरप्रदेश की स्वजल परियोजना, सूरत नगर निगम, आंध्रप्रदेश का रैयत बाजार, राजस्थान की बंदू नहर परियोजना और शिक्षाकर्मी परियोजना, महाराष्ट्र की आमची शाला योजना और महाराष्ट्र का ई-रजिस्ट्रेशन, केरल की ई-साक्षरता, अक्षय योजना को विस्तार से बताया गया. प्रभात खबर ने अपने विशेषांक के जरिये देश की तमाम अच्छी और सफल योजनाओं की जानकारी देने की कोशिश की थी. बाद में कई योजनाओं पर राज्य सरकार ने काम भी किया.

बाद के वर्षों में प्रभात खबर ने अनेक नये विषयों पर अंक निकाला. 2006 में सुशासन की चुनौतियों पर पूर्व राज्यपाल प्रभात कुमार, राष्ट्रीय सलाहकार परिषद के पूर्व सदस्य एन सी सक्सेना का विकास बेहतर सेवा में निहित है, के लेख चर्चित रहे. इस साल प्रभात खबर ने देश के कई राज्यों के काम करने के तरीके पर काम किया और विशेषज्ञों के माध्यम से बताया कि कैसे कर्नाटक में भ्रष्टाचार और तबादलों पर रोक लगी है, कैसे जनभागीदारी से सेहत निखरी है, कैसे कर्नाटक राज्य परिवहन निगम घाटे से मुनाफे का सफर तय कर चुका है.

ऐसे तो प्रभात खबर ने वर्ष 2004 में ही झारखंड 2020 रिपोर्ट तैयार करायी थी. इसमें हरिवंश के लेख के साथ-साथ इंडिकस की रिपोर्ट का जिक्र था. झारखंड की वास्तविक स्थिति क्या है और 2020 में झारखंड क्या बन सकता है, इसका भी आंकलन है. 2010 में राज्य बने 10 साल हो चुके थे. इसके साथ बने राज्य उत्तराखंड और छत्तीसगढ़ आगे निकल चुके थे. प्रभात खबर ने यह प्रयास किया कि झारखंड की सरकार, जनता अधिकारियों को यह बताया जाये कि कैसे साथ बने राज्य आगे निकल गये और हम (झारखंड) पिछड़ते चले गये. इसके लिए प्रभात खबर ने उन दोनों राज्यों में टीम भेजी, अध्ययन कराया. फिर लगातार परिशिष्ट निकाला. इसी क्रम में 15 नवंबर 2010 को तीन राज्य, तीन कहानियां, 22 नवंबर 2010 को तीन राजधानी, तीन कहानी शीर्षक से परिशिष्ट निकाले गये. बाद के वर्षों में भी प्रभात खबर ने अध्ययन और देश के जाने-माने विशेषज्ञों, अर्थशास्त्रियों के माध्यम से झारखंड की ताकत, पिछड़ने के कारण, बेहतर राज्य बनने के तरीके को बताने का प्रयास किया. ये सारे अंक दस्तावेज हैं. ऐसे ही प्रयास बिहार में हुए हैं. किसी भी राज्य को बेहतर राज्य बनाने में ऐसे अंकों का खास योगदान होता है.

ऐसा नहीं है कि सिर्फ झारखंड में ही यह प्रयास होता रहा. बिहार में भी कई अवसरों पर प्रभात खबर ने ऐतिहासिक अंक निकाला. 12 जुलाई 2004 को प्रभात खबर ने बिहार में 88 पेजों का विशेष अंक निकाला. इसके पहले खंड में फिर-फिर बिहार में किसान हों गोलबंद (चतुरानन मिश्र), राजनीतिक

नेतृत्व की विफलता बिहार (रंजन यादव), 74 जैसे आंदोलन की जरूरत (जार्ज फर्नांडीस), बिहार को समग्रता से देखना होगा (दिग्विजय सिंह), बिहार की जनता स्वयं अपना रास्ता खोजेगी (संकर्षण ठाकुर), बिहार का विकास एक राष्ट्रीय चुनौती (मुरली मनोहर प्रसाद सिंह), बिहार का अ-नगरीकरण केंद्र के सौतेले व्यवहार का नतीजा (मोहन गुरुस्वामी), सौतेलेपन के कारण बिहार पिछड़ा (रघुवंश प्रसाद सिंह), बिहार के संकट को समग्रता में देखें (रविशंकर प्रसाद), मकड़जाल से मुक्ति के लिए सामूहिक प्रयास जरूरी (ज्योतिष जोशी), उच्च शिक्षा की भयावह स्थिति (हरीश्वर दयाल), प्राथमिक शिक्षा की संभावनाएं व समस्याएं : एक अनुभवजनित विमर्श (व्यासजी), विनाशकारी बाढ़ (देवेंद्र प्रसाद यादव), बिहार की आधी आबादी निरक्षर (अनुप के करण, पुष्पेंद्र सिंह), बिहार के पिछड़ेपन की जड़ें (आनंद प्रधान), विकास का वैकल्पिक रास्ता (ईश्वरी प्रसाद) लेख जहां एक ओर बिहार के हालात बताते हैं, वहीं राह दिखाने का भी काम करते हैं. इसी दिन के परिशिष्ट में खंड पांच में समृद्ध साहित्य सामग्री है जो बिहार से जुड़ी हैं. रोशनाई नामक इस परिशिष्ट का कवर पेज ही जानकी बल्लभ शास्त्री पर है. शिवपूजन सहाय का गांव उनवांस, आज भी एक सवाल हैं नागार्जुन, अपने ही घर में उपेक्षित राष्ट्रकवि, भिखारी ठाकुर का ऋणी है भोजपुरी समाज, जिंदादिली का दूसरा नाम है सुहैल अजीमाबादी, बदल गया है रेणु का गांव, जीवित किंवदंती हैं शास्त्री, जगदीश विकल्प : मनुष्यता के पक्ष में एक दमदार आवाज, सतीनाथ ने किया पूर्णिया का नाम अमर, जिस गांव में राजकमल का बचपन बीता, हिमांशु श्रीवास्तव का गांव हराजी लेख ज्ञान का भंडार है. इन्हीं विशेषताओं के कारण प्रभात खबर के विशेष अंकों की मांग देश भर में होती रही है.

□

प्रभात खबर दीपावली अंक

1992 में प्रभात खबर ने छात्रों और बेरोजगारों के लिए रोजगार प्रभात निकालना प्रारंभ किया था. उसी वर्ष तय हुआ कि प्रभात खबर का दीपावली अंक भी निकलेगा. समय कम था. फिर भी टीम ने तैयारी की और पहली बार प्रभात खबर का दीपावली अंक 1992 में पाठकों के हाथ में था. उसके बाद से एक-दो अंकों को छोड़ कर लगातार दीपावली अंक निकलता रहा है. ऐसा नहीं है कि दीपावली के नाम पर लेखों में सिर्फ खानापूर्ति होती है. कंटेंट के दृष्टिकोण से दीपावली अंक बहुत ही समृद्ध अंक होता है जिसकी देश भर से मांग आती है. हालांकि इसे सीमित संख्या में ही प्रकाशित किया जाता है, लेकिन गुणवत्ता और विषय के कारण यह पूरे देश के बौद्धिक वर्ग में चर्चा का विषय बना रहता है.

दीपावली अंक 1993

दीपावली का यह दूसरा अंक था. अनेक परेशानियां थीं. उसके बावजूद प्रभात खबर ने इस अंक में हर प्रमुख क्षेत्र को जोड़ने का प्रयास किया था. इस अंक में एक ओर फिल्मों से संबंधित जानकारी दी गयी थी तो दूसरी ओर भारत किधर व्याख्यानमाला के तहत दिये गये भाषण को उद्धृत किया गया था. यही इस अंक की खास विशेषता है. इसमें संकट से उबरने के लिए आत्म अनुशासन चाहिए (रुसी मोदी), बंद गली में पहुंच गया है विश्व का भविष्य (किशन पटनायक), भारत को तीसरे विस्फोट की जरुरत है (विनोद मिश्र), पाकिस्तान से सबक लें (जावेद अख्तर), हिंदू राष्ट्र का छलावा (सीताराम येचुरी), राष्ट्रीय जीवन में नये मूल्य गढ़ने होंगे (अरूण शौरी) विचार शामिल है.

दीपावली अंक 1994

यह प्रभात खबर का तीसरा दीपावली अंक था. इसमें अपने-अपने क्षेत्र में देश भर में बेहतर काम करनेवालों पर सामग्री प्रकाशित की गयी

थी. इनमें जीआर खैरनार, वीरेंद्र हेगड़े, लक्ष्मण राव, मणिभाई देसाई, एस विद्याकर, भास्कर सावे, गया का गांधी प्रमुख है. इसके अलावा इस अंक में जे कृष्णमूर्ति और आध्यात्म पर अनेक लेख हैं. प्रमुख लेखों में ब्रह्मर्षि योगीराज श्री देवराहा बाबा, कथा सुने स्वामी चिन्मयानंद की शामिल हैं.

दीपावली अंक 1995

इस अंक में हिंदी पत्रकारिता पर कुछ लेख हैं. नारायण दत्त की हिंदी पत्रकारिता : फैलते-सिकुड़ते क्षितिज, समाचार माध्यम : शक्ति और सीमा के साथ-साथ जनसत्ता के प्रधान संपादक प्रभाष जोशी से बातचीत छपी है. इसमें उन्होंने कहा था कि इक्कीसवीं सदी में गांधी का पुनर्जन्म होगा.

दीपावली अंक 1996

1996 के दीपावली अंक में नैतिकता-अनैतिकता पर कुछ सामग्री है. इसमें नानाजी देशमुख का लेख राम के देश में अनैतिकता बढ़ना लज्जा की बात है, रामविलास शर्मा का लेख द्रौपदी, नामवर सिंह का मुक्ति की सीमा कहां है? प्रमुख हैं.

दीपावली अंक 1997

इस दीपावली अंक में मीडिया : पथभ्रष्ट होते हुए सर्वशक्तिमान और सर्वज्ञ शीर्षक से विजय भास्कर का लेख छपा था. इस लेख में फणीश्वरनाथ रेणु की बहुचर्चित पुस्तक परती परिकथा का वह अंश भी छपा था जिसमें ब्लैकमेल करनेवाले पत्रकारों का एक प्रसंग है. रेणुजी के जमाने में जब यह स्थिति थी तो आज जिस तरीके समाज में गिरावट आयी है, उससे पत्रकारिता में आयी गिरावट को समझा जा सकता है. इसी अंक में महादेवी वर्मा, सुमित्रानंदन पंत, चित्रकार मैनेट, माइकल एंजिलो पर लेख छपे हैं.

दीपावली अंक 2001

इस अंक में हिंदी प्रदेश की स्थिति पर अनेक उपयोगी लेख हैं. नामवर सिंह का नेताओं ने हिंदी पट्टी से धोखा किया, अशोक वाजपेयी का लेखक भाषा के भीतर क्रांति करेगा, समाज के भीतर नहीं, तारानंद

वियोगी का हिंदी प्रदेश में संस्कृति पर सत्ता हावी है, सच्चिदानंद का संस्कृति की वर्तमान चुनौती, हिंदी प्रदेश उर्फ ज्योतिर्मातमसोगमय, कुमार सुरेश सिंह का हिंदी इलाके में समता चाहिए तो विकास भी, रामशरण जोशी का राजनीति जीवन का मर्म नहीं बन सकी, अरूण प्रकाश का हिंदी पट्टी को बंगाल से सीखना पड़ेगा, असगर वजाहत का बिहार से होगी नवजागरण की शुरुआत, इब्बार रब्बी का हम फिर होंगे मल्टीनेशनल के गुलाम, आनंद स्वरुप वर्मा का सांस्कृतिक दरिद्रता से भरी है हिंदी पट्टी, पंकज बिष्ट का भाषा का सवाल सामाजिक चेतना, समानता और साम्राज्य विरोध का है, राजेंद्र यादव का हिंदी प्रदेश की ट्रेजडी उर्फ मगध में विचारों की कमी है, कुमार मुकुल का हिंदी समाज और आलोचना की संस्कृति, शंभु कुमार सुमन का मतिभ्रम में जी रहे हैं हिंदी प्रदेश के बुद्धिजीवी, अमिल्कर कबराल का राष्ट्रीय मुक्ति और संस्कृति, एडवर्ड सईद का बुद्धिजीवी की भूमिका काफी उपयोगी है. इसी अंक में जावेद अख्तर, आनंद पटवर्द्धन, गोविंद निहलानी और कमलेश्वर से बातचीत भी छपी है जो अंक को समृद्ध करती है.

दीपावली अंक 2002

यह अंक हिंदी भाषी, हिंदी संस्कृति, हिंदी क्षेत्र के ईर्द-गिर्द है. इसमें किशन पटनायक का लेख हिंदीभाषी बुद्धिजीवी का देस, विश्वनाथ त्रिपाठी का हिंदी क्षेत्र का निर्णायक दौर, खगेंद्र ठाकुर का आज का सामाजिक माहौल और विकल्प, शंभुनाथ का हिंदी संस्कृति की पुनर्रचना और प्रफुल्ल कोलख्यान का अभी समर शेष है लेख प्रकाशित किये गये हैं. इसके अलावा हिंदी के विद्वान लेखकों-लेखिकाओं के लेख भी हैं. इनमें महाश्वेता देवी का यह समय और हिंदी, नामवर सिंह का फासिज्म का संकट आज राष्ट्रीय संकट है, कमलेश्वर का हमें धर्म को नहीं, संस्थागत धर्म को नकारना होगा, राजेंद्र यादव का अतीत का गौरव गान तथा उच्चवर्णी सांस्कृतिक श्रेष्ठतावाद प्रमुख हैं.

दीपावली अंक 2003

इस अंक में गंभीर विषयों पर लेखों के अलावा हिंदी पत्रकारिता पर संकट विषय पर परिचर्चा के तहत अनेक लेख हैं. इन लेखों से हिंदी पत्रकारिता की स्थिति, उसके समक्ष चुनौतियां, उसके भविष्य की जानकारी मिलती है. न सिर्फ पत्रकारिता के क्षेत्र से जुड़े लोगों के

लिए बल्कि समाज के अन्य तबकों के लिए भी ये लेख महत्वपूर्ण हैं. इन लेखों में कृष्ण बिहारी मिश्र का पत्रकार की भूमिका जागरूक लोकनायक की होती है, प्रभाष जोशी का विश्वसनीयता और प्रयोजन का संकट, राजेंद्र यादव का मैं हिंदी अखबार क्यों पढ़ूं, मृणाल पांडेय का खबर अब प्रोडक्ट बन गयी है, ओम थानवी का समर्पित पत्रकार बचे रहेंगे, अभय छजलानी का विश्वास की कमी सबसे बड़ा संकट है, आनंद स्वरुप वर्मा का बाजारोन्मुख हो गयी है पत्रकारिता, ललित सुरजन का जनता को करिश्मा कपूर की शादी की तसवीर नहीं चाहिए, रामशरण जोशी का हिंदी पत्रकारिता का द्वंद्व, हरिवंश का लेख मैनेज और प्लांट होने लगी है पत्रकारिता प्रमुख हैं.

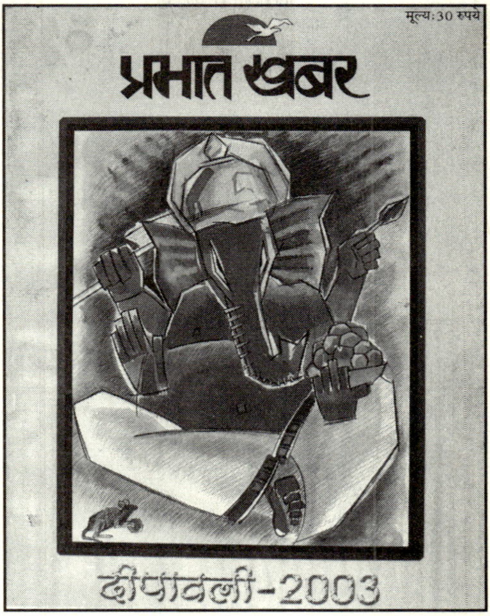

दीपावली अंक 2004

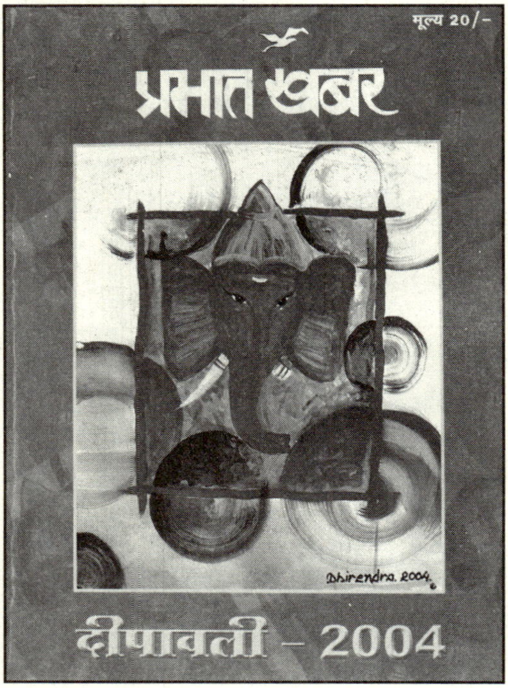

इस अंक में स्वतंत्र भारत में आर्थिक लूट विषय के तहत परिचर्चा आयोजित की गयी. देश के प्रसिद्ध अर्थशास्त्रियों और विद्वानों ने अपने लेखों के जरिये इसमें भाग लिया. अरूण कुमार का सरकार बदलने से लूट कम नहीं होगी, अमिय कुमार बागची का हम अपनी शक्ति को नहीं जानते, सीपी चंद्रशेखर का वर्तमान आर्थिक नीतियां लूट के लिए जिम्मेवार हैं, प्रो मनोरंजन मोहंती का आर्थिक शोषण को रोकने के लिए आंदोलन जारी है, जयति घोष का आर्थिक लूट की बड़ी वजह पूंजीवादी व्यवस्था है, दीपंकर भट्टाचार्य की दूसरी आजादी की लड़ाई की जरूरत, प्रो आनंद कुमार का लोकशक्ति जगाने का एकमात्र उपाय राजनीति, असगर अली इंजीनियर का प्रजातांत्रिक समाज शोषणमुक्त समाज होना

चाहिए और संदीप पांडेय का लेख जनांदोलन की जरूरत देश की आर्थिक स्थिति, समस्या और निदान की जानकारी देता है.

दीपावली अंक 2005

2005 के दीपावली अंक में स्मृति खंड में अपने समाज के नायकों को याद किया गया है. एक ओर जहां अंगरेजों के खिलाफ लड़ाई लड़नेवाले आदिवासी नायकों की स्मृति ताजा की गयी है, दूसरी ओर उन महान साहित्यकारों को याद किया गया है, जिन्होंने हिंदी साहित्य को बहुत कुछ दिया और दुनिया से विदा हो गये. इस खंड में वीर भारत तलवार ने संताल हूल : डेढ़ सौवीं जयंती की विडंबना (नायक सिदो-कान्हू) और अश्विनी कुमार पंकज ने तेलंगा खड़िया (200 वीं जयंती) पर विशेष लेख लिखा है. इसी खंड में जैनेंद्र कुमार, आचार्य नंद दुलारे वाजपेयी, विद्या निवास मिश्र, नेमिचंद जैन पर दुर्लभ जानकारी दी गयी है.

दीपावली अंक 2006

इस अंक में स्मृति खंड में हजारीप्रसाद द्विवेदी, महादेवी वर्मा, भगत सिंह, राजा राव, जार्ज बर्नाड शा, बिस्मिल्लाह खां, कुमार सुरेश सिंह, मनोहर श्याम जोशी, अय्यपा पणिक्कर और कांशी राम को याद किया गया है.

दीपावली अंक 2007

इस दीपावली अंक में सुधीर विद्यार्थी का दुर्गा भाभी पर लेख कोई तो इसे सुने दुर्लभ लेखों में एक है. इसमें कई रोचक जानकारियां हैं. मैनेजर पांडेय ने प्रतिभाशाली मार्क्सवादी इतिहासकार डीडी कोसंबी को याद किया है. मीडिया पर कई लेख हैं. इनमें रामशरण जोशी की मीडिया की बला से, जगदीश चतुर्वेदी की भारतीय विज्ञापन उद्योग और भूमंडलीकरण शामिल है.

दीपावली अंक 2008

इस अंक में हिंद स्वराज पर विशेष सामग्री दी गयी है. गिरिराज किशोर का भारत की समस्या क्या है, इंद्रनाथ चौधुरी

का हिंद स्वराज और आधुनिकता का प्रश्न, अमित कुमार शर्मा का महात्मा गांधी का सभ्यतामूलक विमर्श भारतीय अर्थ व्यवस्था की कहानी कहता है.

दीपावली अंक 2009

दीपावली का 2009 का अंक बहुत चर्चित रहा था. इसका एक खंड नक्सल आंदोलन पर था. रविभूषण द्वारा संपादित (अतिथि संपादक) इस अंक में प्रकाश चंद्रायन का लेख बदलती शब्दावलियों के बीच, अभय कुमार दुबे का एक आंदोलन, एक विरासत, दो धाराएं, अजय सिंह का क्रांतिकारी वाम गंभीर संकट में है, प्रीति सिन्हा का नक्सलवाड़ी आंदोलन द्वार चिन्हित प्रश्न आज भी बरकरार है, शशि भूषण का अंधेरे क्षेत्रों के प्रभु या क्रांति-पथ के ध्रुवतारे?, अनिल चमड़िया का नक्सलवाद को समस्या और आंदोलन के रूप में देखने का नजरिया, लाल बहादुर वर्मा का पूंजीवाद लालच की व्यवस्था है, प्रसन्न कुमार चौधरी का माओवाद का वैचारिक-राजनीतिक परिप्रेक्ष्य, आनंद स्वरूप वर्मा का राजसत्ता, माओवाद और पत्रकारिता, डीएन गौतम का विघटनकारी राजनीति और विघटनकारी तत्व, आदित्य निगम का दो दशकों की कारपोरेट लूट और माओवाद का उदय, कनक तिवारी का छत्तीसगढ़ में नक्सलवाद, रंजीत वर्मा का कानूनों और अदालतों का भेदभावपूर्ण व्यवहार, प्रणय कृष्ण का नक्सलवाड़ी विद्रोह का सांस्कृतिक पक्ष, हितेंद्र पटेल का नक्सलवाद (संकलन) प्रकाशित किया गया है. नक्सलवाद से संबंधित ये लेख दस्तावेज हैं.

इतना ही नहीं, इस अंक में नक्सलवाद पर परिचर्चा भी छपी है. इसमें जिनके लेख हैं, वे हैं- अरूंधति राय का नक्सलवाद की आड़ में कुकर्मो पर परदा डालता भारतीय राष्ट्रवाद, अरविंद केजरीवाल का हिंसा और प्रतिहिंसा से नक्सलवाद का समाधान हो ही नहीं सकता, गौतम नवलखा का सैनिक अभियान से नहीं मिटेगा नक्सलवाद, डॉ पीवी रमन्ना का भारतीय मध्यवर्ग पेशेवर मानसिकता का है, एबी वर्द्धन का सैनिक व अर्द्धसैनिक मार्ग दमन के हथियार हैं, दीपंकर भट्टाचार्य का सवालों का हल चाहिए, जमानों का रद्दोबदल चाहिए, दलीप एस स्वामी का गरीबी, भुखमरी इस समस्या की मूल जड़ है, गोपाल नायडू का नक्सलवाद एक वैचारिक-राजनीतिक आंदोलन है, कोटेश्वर राव (किशनजी) का हम विपक्ष की भूमिका निभा रहे हैं, महाश्वेता देवी का शुरुआती दौर में नक्सली आंदोलन की भावना शुद्ध थी,

वरवर राव का नक्सलवाद समस्या नहीं, समाधान है, रामशरण जोशी का लोकतंत्र का द्रोपदीकरण बंद किया जाये, विष्णु खरे का खालिस भारतीय नक्सलवाद विकसित होकर सामने आये, मैनेजर पांडेय का माओवादियों के व्यवहार और प्रभाव का क्षेत्र बहुत सीमित है, मेधा पाटेकर का हिंसा का मार्ग किसी भी लोकतांत्रिक देश के हित में नहीं है, नवारूण भट्टाचार्य का माओ त्से तुंग की विचारधारा अब भी प्रासंगिक है, एमजे अकबर का उनका दर्द पेट का दर्द है, भूख का दर्द है, प्रशांत भूषण का व्यवस्था ने हथियार उठाने के लिए मजबूर किया है, हर्ष मांदेर का सामाजिक समरसता बहाल हो, तभी बात बनेगी, पंकज बिष्ट का भूमंडलीकरण ने कमजोर को और कमजोर किया है, वंदना शिवा का इस बड़े मुद्दे पर लोकतांत्रिक बहस का अभाव है, सुभाष गाताडे का यह कानून-व्यवस्था का मसला नहीं है, शिवमंगल सिद्धांतकर का लेख जनता के विरूद्ध सैनिक अथवा अर्द्ध सैनिक कार्रवाई न्यायसंगत नहीं है. परिचर्चा में शामिल ये लेख (विचार) नक्सलवाद या इसके समाधान पर काम करनेवाले, योजना बनानेवाले, शोध छात्रों के लिए दस्तावेज है.

दीपावली अंक 2010

इस अंक में रवींद्रनाथ टैगोर और अज्ञेय की कविताओं और उनसे संबंधित लेखों को प्रकाशित किया गया है. प्रयाग शुक्ल का लेख कवि रवींद्र नाथ ठाकुर और उनके गीत, डॉ रणजीत साहा का रवींद्र नाथ की कविता में अरूप की रूपलीला, रंजना अरगड़े का कविता का जादू, सोमा बंद्योपाध्याय का रवींद्रनाथेर काव्य-जगत इस अंक को समृद्ध बनाता है. अज्ञेय की कुछ कविताओं के अलावा कुमार विमल के लेख असाध्य के साधक प्रियवंद अज्ञेय, परमानंद श्रीवास्तव का अज्ञेय की काव्य-दृष्टि, दिनेश्वर प्रसाद का परिवर्तन और निरंतरता का कवि, ए अरविंदाक्षन का सतत अन्वेषण का कवि, रेवती रमण का अज्ञेय का लेख कविता-वृति को भी इस अंक में समाहित किया गया है.

दीपावली अंक 2011

इस अंक की पहचान राम विलास शर्मा से संबंधित विशेष लेखों के कारण है. उस साल राम विलास शर्मा की जन्म शती मनायी जा रही थी. इस अंक में राम विलास शर्मा के भाई रामशरण शर्मा ने अपनी स्मृति लिखी है. रामविलास शर्मा की अनेक दुर्लभ तसवीरों के कारण इस

अंक की महत्ता और बढ़ गयी है. इसी अंक में विश्वनाथ त्रिपाठी का लेख रामविलास शर्मा का साहित्य विपुल और विविध है, शंभु नाथ का रामविलास शर्मा और राष्ट्रीय पुनर्जागरण , रवि श्रीवास्तव का हिंदी जाति की अवधारणा, विजय गुप्त का डॉ रामविलास शर्मा : अपराजेय निर्भीक स्वर लेख चर्चित है.

दीपावली अंक 2012

प्रभात खबर का 2012 का दीपावली अंक बाजार पर केंद्रित था. हाल के दिनों में हर चीज को बाजारवाद की नजर से देखा जाने लगा है. प्रभात खबर ने इसके हर पहलू को देखने का प्रयास किया. देश के प्रसिद्ध अर्थशास्त्री, समाज विज्ञानी, लेखकों और अन्य प्रमुख लोगों के लेखों से भरपूर इस अंक की मांग बहुत ज्यादा हुई थी. इस अंक में सच्चिदानंद सिन्हा का लेख बाजारः बाहर और हमारे भीतर, राजेश्वर सक्सेना का बाजार दर्शन : नैतिक मूल्यों के उत्पादन-वितरण का सवाल, लाल बहादुर वर्मा का अब बाजार के लिए आदमी, मुरली मनोहर प्रसाद सिंह का चमचमाते बाजार की असलियत, अरूण कुमार का सत्ता, बाजार और कालाधन, गुरुचरण दास का बाजार का भी एक नैतिक धर्म है, कमल नयन काबरा का आधुनिक विकास और हाशिये पर आदमी,जगदीश्वर चतुर्वेदी का मीडिया के नये परिप्रेक्ष्य की तलाश में, प्रभु जोशी का ताबूत की तैयारी को सिंहासन की तैयारी समझना, प्रोंजाय गुहा ठाकुरता का बाजार के आगोश में मीडिया, यादवेंद्र का कौन करे गरीबों के लिए अनुसंधान, डॉ विनय कुमार का ग्लोबल मुट्ठी में मन, अशोक भौमिक का आज का कला बाजार, प्रह्लाद कक्कड़ का बाजार, विज्ञापन और मीडिया, प्रणव कृष्ण का बाजार और साहित्य, नरेंद्र पाल सिंह का खिलाड़ी, आज खिलाड़ी से ज्यादा शो मैन हैं, आनंद कुमार का बाजारवाद और राजनीतिक दल लेख है जिसमें भरपूर जानकारी है.

इस अंक में बाजारवाद विषय पर ही परिचर्चा भी है. इसमें बाजार ने बड़े स्तर पर भ्रष्टाचार का रास्ता खोला है (अमित भादुड़ी), शिक्षा और स्वास्थ्य बाजार पर निर्भर नहीं हो सकता (लार्ड मेघनाथ देसाई), वास्तविक बाजार सत्ता का अखाड़ा है (बारबरा हैरिस ह्वाइट), बाजार ने एक तरह का पागलपन पैदा कर दिया है (आशीष नंदी), बाजार एक व्यवस्था, विचारधारा और आर्थिक प्रक्रिया है (मैनेजर पांडेय), बाजार अपनी व्यवस्था स्वयं बनाता है (गिरिराज किशोर), धार्मिक संस्थाएं बाजार में पुनरूत्थानी चेहरे के साथ उपस्थित हैं (आलोक धन्वा), मीडिया और बाजार एक दूसरे के पूरक हैं (गौतम नवलखा), बाजार तंत्र में हर स्तर पर सुधार की जरुरत है (मोहन गुरुस्वामी), बाजारवाद में मानव-संबंधों एवं मूल्यों का कोई मोल नहीं है (वंदना शिवा), बाजारवाद की गिरफ्त में है लोकतंत्र (नवल किशोर

चौधरी) जैसे लेख हैं. एक तरह से दीपावली का यह अंक बाजारवाद पर एक दस्तावेज है.

दीपावली अंक 2013

वर्ष 2014 में लोकसभा का चुनाव होना था. इसलिए 2013 का दीपावली अंक पूरे तौर पर चुनाव पर केंद्रित था. इस अंक का पहला ही लेख महान अफ्रीकी उपन्यासकार चीनुआ अचेबे का वोटर है. केदारनाथ अग्रवाल की कविताएं हम तौ उनका वोट न दैबै और चुनाव मोरचे की अंत्याक्षरी, नागार्जुन की कविता उम्मीदवार, स्वदेशी, दलबदलू बुजुर्ग और हम भी साझीदार थे, चुनाव पर ही हैं. चुनाव अंक में रघुवीर सहाय की कोई एक और मतदाता, अधिकार हमारा है और नचिकेता के पांच चुनावी गीत भी हैं. जो प्रमुख लेख इस अंक में हैं, वे हैं-हरिशंकर परसाई के चुनाव के नज्जारे, सर्वेश्वर दयाल सक्सेना का सूखाग्रस्त क्षेत्र में एक चुनाव भाषण, अभिषेक श्रीवास्तव का राज्यसत्ता के चेहरे या वित्तीय पूंजी के मोहरे ?असद जैदी का फासीवाद के खिलाफ वाम और अवामी एकता की जरूरत, गोपाल कृष्ण के कारपोरेट खर्चों पर चुनाव लड़ने के भयंकर निहितार्थ, रामशरण जोशी का लोकतंत्र बनाम वोटतंत्र, आदित्य निगम का जनतंत्र का सवाल, नरेंद्र मोदी और 2014 का चुनाव, प्रमोद जोशी का गंठबंधन का गड़बड़झाला, कनक तिवारी का चुनाव सुधार का न्यायालयीन चिंताएं, गोपाल प्रधान का संसदीय चुनावों में वाम दलों की बदलती भूमिका, रमेश दीक्षित का स्वाधीनता आंदोलन के सभी मूल्य दावं पर लगे हैं, प्रफुल्ल कोलख्यान का असंतोष और आलोचना के बीच आम चुनाव, कमलेश जैन का जनप्रतिनिधि आम आदमी के विश्वास के रखवाले हैं, प्रकाश चंद्रायन के आगामी चुनाव सैन्य पूंजीवाद के अनुकूल होगा.

चुनावी परिचर्चा में जिन प्रमुख राष्ट्रीय नेताओं/लोगों के विचार हैं, वे हैं-कांग्रेस के लिए एक चुनौती हैं नरेंद्र मोदी (जयराम रमेश), भरोसेमंद नेताओं पर ही विश्वास करेंगे लोग (धर्मेंद्र प्रधान), जनहितवाली सरकार का गठन है प्राथमिकता (गुरुदास दास गुप्ता), नीतियों की बजाय नेता पर केंद्रित चुनाव (दीपंकर भट्टाचार्य), कांग्रेस और भाजपा का विकास मॉडल एक जैसा (वासुदेव आचार्या), किसान मजदूर ही तय करेंगे राजनीतिक दिशा (गोविंदाचार्य), चुनाव से ही जनता की समस्या का हल नहीं होगा (देवी प्रसाद त्रिपाठी), पूंजी और अपराध का गंठजोड़ लोकतंत्र के लिए हानिकारक है (तथागत शतपथी), आगामी चुनाव की दिशा गांव से ही तय होगी (नीरज शेखर), वंचित तबकों के उत्थान में हमारा विश्वास है (केसी त्यागी), धर्म निरपेक्षता की रक्षा हमारा प्रमुख नारा है (अब्दुल बारी सिद्दिकी), पहले नेता घोषित करना संविधान के विपरीत है (बाबूलाल मरांडी), इस बार जनता ही सर्वोपरि होगी (हेमंत सोरेन). इसके अलावा भी चुनाव पर अनेक लेख इस अंक में हैं. चुनाव के पहले किसी पत्रिका-समाचार पत्र ने चुनाव पर एक साथ इतनी सामग्री नहीं दी जितनी सामग्री इस दीपावली अंक में है.

□

महत्त्वपूर्ण घटनाओं का कवरेज

प्रभात खबर

भोपाल में जहरीली गैस से ५०० व्यक्ति मरे

4.12.1984 भोपाल गैस कांड

प्रभात खबर

३२६ यात्रियों सहित भारतीय विमान महासागर में लीन

24.6.1985 : कनिष्क दुर्घटना

प्रभात खबर

हरियाणा रोडवेज की तीन बसों के ७४ निरीह यात्रियों की सामूहिक हत्या

8.7.1987 : पंजाब आंदोलन

प्रभात खबर

कोलंबो में राजीव गांधी पर घातक हमला; बाल-बाल बचे

31 जुलाई 1987

प्रभात खबर

आडवाणी की गिरफ़्तारी से सरकार संकट में

24.10.1990

प्रभात खबर

राष्ट्रीय मोरचा की सरकार गिरी

8.11.1990 का अंक

प्रभात खबर

मद्रास के निकट भीषण बम विस्फोट

राजीव गांधी मारे गये

22.5.1991 : राजीव की हत्या

प्रभात खबर

अयोध्या में तीनों गुंबद ध्वस्त

7.12.1992 अयोध्या प्रकरण

प्रभात खबर

200 से ज्यादा लोग मारे गये

13.3.1993 मुंबई में ब्लास्ट

प्रभात ख

मदर टेरेसा अचानक रांची पहुं

5.1.1994 : मदर टेरेसा को आपात स्थिति में रांची आना पड़ा

प्रभात खबर

75 लोगों की गोली मार कर हत्या

3.12.1997 लक्ष्मणपुर बाथे में नरसंहार

प्रभात खबर

दिल्ली आ रहे भारतीय विमान का अपहरण, चार की हत्या

25.12.1999 : भारतीय विमान का अपहरण

प्रभात खबर

बिरसा शहादत शताब्दी में झारखंड का तोहफा

3.8.2000 : झारखंड विधेयक लोकसभा से पारित

प्रभात खबर

झारखंड बना, मरांडी मुख्यमंत्री

16.11.2000 : झारखंड के पहले मुख्यमंत्री बने बाबूलाल

प्रभात खबर

सोनिया गांधी ने प्रधानमंत्री पद ठुकराया

19.5.2004 : सोनिया गांधी ने प्रधानमंत्री बनने से किया इनकार

प्रभात खबर

15 साल के लालू राज का अंत

DERAILED

23.11.2005 : 15 साल के शासन के बाद लालू राज समाप्त

प्रभात खबर

मुंबई में आठ विस्फोट, 174 मरे

12 जुलाई 2006 : मुंबई में फिर विस्फोट

प्रभात खबर

हो गयी अनहोनी, भैया आ गया धौनी

25.9.2007 : भारत बना था टी–20 वर्ल्ड चैंपियन

प्रभात खबर
मुंबई में आतंकी हमले
102 मरे
एनोस, हरिनारायण पर एफआइआर
आयकर दे मंत्रियों की संपत्ति का ब्योरा

27.11.2008 : मुंबई में आतंकी हमला

प्रभात खबर
109 निर्दोष मरे

29.5.2010 : नक्सलियों ने ट्रेन उड़ायी

प्रभात खबर
झारखंड में विधायक बिकते हैं

3.8.2010 : स्टिंग ऑपरेशन में विधायकों पर लगा बिकने का आरोप

प्रभात खबर
जय हिंद

9.11.2010 : बराक ओबामा के भारत आगमन का कवरेज

प्रभात खबर
यह आंधी है

25 नवंबर 2010 : जब नीतीश कुमार को मिला था प्रचंड बहुमत

प्रभात खबर
सिकंदर

3 अप्रैल 2011. 28 साल के बाद भारत वन डे का बना चैंपियन

प्रभात खबर
महाशतक

17.3.2012 : सचिन का 100वां शतक

प्रभात खबर की 30 वर्ष की यात्रा में देश-दुनिया में अनेक बड़ी घटनाएं घटी, जिन्हें प्रभात खबर ने बेहतर तरीके से कवरेज किया. इनमें इंदिरा गांधी की हत्या से लेकर नरेंद्र मोदी का प्रधानमंत्री बनना और मंगल ग्रह पर भारतीय यान का उतरना शामिल है.

रविवार के विशेष अंक

रविवार
खबर
राहुल सांकृत्यायन के जन्म शताब्दी वर्ष के अवसर पर देश भर में अनेक कार्यक्रम मनाये गये. हिंदी इलाके जब विपरीत सामाजिक-सांस्कृतिक और राजनीतिक परिस्थितियों से गुजर रहे थे, तब हिंदी भाषा को बहुविध ढंग से संपन्न करने वाले राहुल जी अवतरित हुए. पर आज उस महापंडित की याद से हम क्या सबक सीख पाते हैं? कितना विविधतापूर्ण था उनका जीवन? महज 73 वर्षों में उन्होंने कितना काम किया? पढ़िए इन सबका लेखा-जोखा.
महापंडित की याद

प्रभात खबर
पत्रिका
8 फरवरी 1992, शनिवार
वसंत, सरस्वती वंदना और निराला
महाकवि की याद

5 दिसंबर 1993   8 फरवरी 1992

प्रभात खबर ने प्रारंभ से ही रविवारीय पत्रिका पर खास ध्यान दिया. ये वे अंक होते थे जिनका पाठक इंतजार करते थे. रविवार के दिन अखबार का सर्कुलेशन भी आम दिनों से ढाई-तीन हजार ज्यादा होता था. यह उन दिनों की बात है जब सिर्फ रांची संस्करण हुआ करता था. अनेक अंक ऐसे हैं जो काफी चर्चित हुए, जिन्हें आज भी लोग खोजते हैं. इसकी खासियत यह होती थी कि ये अंक अपने आप में दस्तावेज होते थे. उन दिनों घनश्याम श्रीवास्तव इसके प्रभारी होते थे. उसके पहले विनय बिहारी सिंह देखा करते थे. पुराने प्रबंधन में भी आरंभिक दौर में प्रभात खबर की रविवार पत्रिका छोटे आकार में (जिसे ए फोर साइज कहते हैं) निकलती थी. उसे प्रकाश चंद्रायन देखा करते थे. नये प्रबंधन में बहुत दिनों तक हरिवंशजी रविवार पत्रिका की एक साल की योजना खुद बनाते रहे. विषय उसी समय तय हो जाता था. इससे उन विषयों पर काम करने में आसानी होती थी, समय भी मिल जाता था. इस दौरान

NOT FOR SALE
प्रभात खबर
रविवार
23 जनवरी 2000
बेनीपुरी का महत्व
विशेषांक

प्रभात खबर
रविवार
हिंदी का हिमालय
डॉ रामविलास शर्मा
हिंदी जाति, भाषा और साहित्य के गौरव तथा विश्व के प्रख्यात मार्क्सवादी आलोचक-विचारक डॉ रामविलास शर्मा के 87 वें जन्मदिन पर उनके शतायु होने की मंगलकामनाओं के साथ उन पर एकाग्र यह अंक. इस अंक की पूरी सामग्री का संयोजन और संपादन किया है **रविभूषण** ने.

साहित्य, फिल्म, स्वतंत्रता आंदोलन और इसके नायकों के अलावा विज्ञान, अध्यात्म पर खास अंक निकले. प्रारंभ में लोगों को जगाने के लिए कई प्रयास हुए. इसी क्रम में एक रविवार की कवर स्टोरी थी- मुर्दों का शहर है रांची. काफी प्रतिक्रिया हुई. लेकिन इसके बाद समाज में चेतना भी जागी.

देश के बड़े साहित्यकारों और कवियों पर अनेक अंक निकाले गये. निराला पर महाकवि की याद शीर्षक से 8 फरवरी 1992 का अंक निकाला गया. इसके बाद राहुल सांकृत्यायन पर महापंडित की याद (5.12.1995), बेनीपुरी का महत्व (23.1.2000), शतायू हों डॉ राम विलास शर्मा (11.10.1992), हिंदी का हिमालय डॉ रामविलास शर्मा (10.10.1999), अज्ञेय स्मृति (10.3.1991), हिंदी को उचित सम्मान नहीं मिला (फादर कामिल बुल्के का लेख, 30.8.1992), यायावर राहुल की याद (30.3.1997), रामधारी सिंह दिनकर पर राष्ट्रकवि को शत-शत नमन (23.9.2007) और धर्मवीर भारती स्मृति पर विशेष अंक 13.12.1998 को प्रकाशित किया गया. इन अंकों में लिखनेवाले देश के जाने-माने लोग होते थे. कुछ अंकों के लेख और लेखकों की जानकारी यहां दी जा रही है.

महापंडित की याद (5 दिसंबर 1993)

राहुलजी की अनकही कहानी : डॉ कमला सांकृत्यायन
महापंडित राहुल सांकृत्यायन : शंकर दयाल सिंह
राहुल सांकृत्यायन : कतिपय अनछुए प्रसंग डॉ प्रभु नारायण विद्यार्थी
सृजन और संघर्ष में बीता राहुल का जेल जीवन : डॉ प्रभु नारायण विद्यार्थी
महापंडित राहुल सांकृत्यायन का बुद्धि वैभव : गुणाकर मुले.

महाकवि की याद

निराला पर प्रभात खबर ने 8 फरवरी 1992 का पूरा अंक ही निकाला था. इसमें थे

यह कवि है अपनी जनता का : रविभूषण

भाई : महादेवी वर्मा

निराला और नयी रचनाशीलता : डॉ नंद किशोर नवल.

रेणु पर प्रभात खबर ने कई अंक निकाले.

4 मार्च, 1990 का अंक

पटना के रेणु, औराही हिंगना के रेणु (रेणु की पत्नी लतिका रेणु से मणिकांत ठाकुर ने लंबी बातचीत की थी).

एक रेणु यह भी : सूर्यनारायण चौधरी

रेणु के शब्द : रतन वर्मा

10 अप्रैल 1994 का अंक था : रेणु के साथ. इसकी कवर स्टोरी भारत यायावर ने लिखी थी.

1992 और 1993 का समय वह समय था जब छोटानागपुर का बड़ा हिस्सा सूखे की चपेट में था. इस अवसर पर छोटानागपुर : इतिहास में अकाल (11.4.1993), दुर्भिक्ष के मंडराते बादल (8.11.92) को कवर स्टोरी बनाया गया. इसके अलावा राम मनोहर लोहिया और जयप्रकाश नारायण पर कई अंक निकले. इसमें डॉ राममनोहर लोहिया : समता की आवाज (25.3.1990), संपूर्ण क्रांति (6.6.1993),

प्रभात खबर पत्रिका
11 अक्टूबर 1992, रविवार
शतायु हों डॉ रामविलास शर्मा

प्रभात खबर पत्रिका
अज्ञेय स्मृति

परिवर्तनकामी जयप्रकाश (6.10.2002), गांधी, लोहिया, जयप्रकाश (7.10.1990), अच्युत पटवर्द्धन : स्वतंत्रता के साधक (4.9.2005), स्वप्नों का द्रष्टा जयप्रकाश (7.10.2001) अंक प्रमुख हैं. भारत छोड़ो आंदोलन के 50 साल पूरे होने पर प्रभात खबर ने 9.8.1992 को ऐतिहासिक अंक निकाला था. इसके अलावा आजादी के परवाने (26.4.1992) में झारखंड क्षेत्र के स्वतंत्रता सेनानियों पर विस्तृत सामग्री दी गयी थी.

फिल्म, शायर पर भी कई दुर्लभ अंक निकाले गये. इकबाल : मेरे अब्बाजान (14.2.1993), मिर्जा गालिब (26.6.1994), मीना कुमारी (24.4.1994), 70 वर्ष का सदाबहार हीरो (27.9.1992), नरगिस (26.6.1994) अंक बहुत ही लोकप्रिय हुए थे. हाल के वर्षों में हिंदी पत्रकारिता में कहीं भी मिर्जा गालिब और इकबाल पर इतनी समृद्ध सामग्री नहीं आयी. दुनिया ने हाल में मजबूत चीन (आर्थिक और सैन्य शक्ति में) को देखा लेकिन प्रभात खबर ने आज से 21 साल पहले ही चीन की ताकत को पहचान लिया था. चमत्कार चीन का (12.12.1993) शीर्षक से रविवार की कवर स्टोरी बनायी गयी थी. ऐसे सैकड़ों अंक प्रभात खबर ने निकाले जिसने समाज को नयी दिशा दी.

□

रविवार पत्रिका

NOT FOR SALE

लोहिया पर विशेष

प्रभात खबर

पत्रिका

डॉ. राम मनोहर लोहिया

समता की आवाज

NOT FOR SALE

प्रभात खबर

पत्रिका

6 जून 1993, रविवार

स्मृति संदर्भ : ५ जून, १९७४

संपूर्ण क्रांति

व्यवस्था परिवर्तन का दिवास्वप्न?

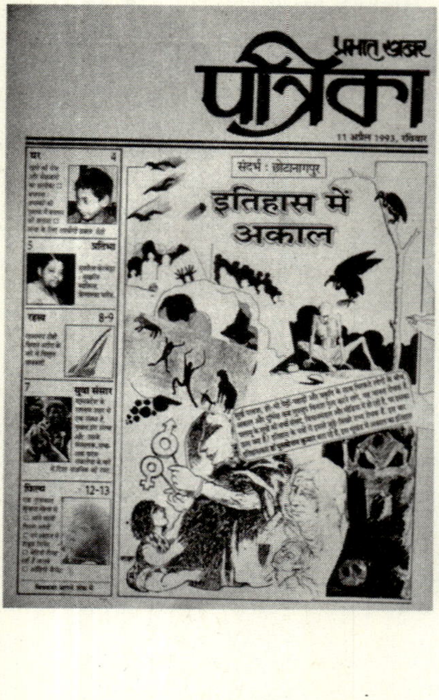
प्रभात खबर

पत्रिका

11 अप्रैल 1993, रविवार

संदर्भ : छोटानागपुर

इतिहास में अकाल

प्रभात खबर

पत्रिका

19 जुलाई 1992, रविवार

छोटानागपुर में नरबलि

इतिहास, साक्ष्य और वर्तमान

रविवार

रविवार
मीना कुमारी

प्रभात खबर
पत्रिका
70 वर्ष का सदाबहार हीरो

प्रभात खबर
पत्रिका
दुर्भिक्ष के मंडराते बादल

प्रभात खबर
रविवार
परिवर्तनकामी
जयप्रकाश

प्रभात खबर
पत्रिका
मिथक बन गये हैं
रूसी मोदी

रविवार
धर्मवीर भारती स्मृति
धर्मवीर भारती : जीवन और कर्म

प्रभात खबर
रविवार
स्वप्नों का द्रष्टा
जयप्रकाश

रविवार
मिर्जा गालिब

प्रभात खबर

रविवार

अच्युत पटवर्धन

स्वतंत्रता के साधक

प्रभात खबर

रविवार

यायावर राहुल की याद

प्रभात खबर

पत्रिका

इकबाल

प्रभात खबर

पत्रिका

संपूर्ण क्रांति

व्यवस्था परिवर्तन का दिवास्वप्न?

प्रभात खबर

पत्रिका

गांधी, लोहिया और जयप्रकाश

वैकल्पिक सभ्यता, संस्कृति और विकास की आवाज

NOT FOR SALE

प्रभात खबर

पत्रिका

संदर्भ : 1857

आजादी के परवाने

प्रभात खबर

पत्रिका

50 वर्षों बाद 1942

प्रभात खबर के रविवारीय अंक के ये तो कुछ उदाहण हैं. ऐसे ही ऐतिहासिक अंकों के कारण प्रभात खबर की रविवारीय पत्रिका की मांग काफी बढ़ गयी थी. उस दिन हजारों प्रतियां आम दिनों से ज्यादा छपती थीं.

कुछ पत्रिकाओं को बंद करना पड़ा

रोजगार प्रभात खबर का विमोचन करते लालू प्रसाद.

1992 के पहले प्रभात खबर के पास पत्रिका के नाम पर सिर्फ रविवार पत्रिका थी. देश के अन्य बड़े अखबार विभिन्न पत्रिकाएं निकाल रहे थे. प्रभात खबर ने महसूस कर लिया था कि आनेवाले दिनों में वही अखबार टिक पायेगा जिसके पास अधिक से अधिक संस्करण हों, जिसके पास भिन्न-भिन्न पाठक वर्ग को आकर्षित करने के लिए भिन्न-भिन्न पत्रिकाएं हों. प्रभात खबर की यही खासियत भी रही है. समय को पहचानने में आगे. इसी क्रम में प्रभात खबर ने छात्रों के लिए रोजगार प्रभात खबर निकालने का निर्णय किया था. बिहार (उन दिनों झारखंड बिहार का हिस्सा था) में उस समय कोई ऐसी पत्रिका नहीं थी (प्रतियोगिता किरण का प्रकाशन पटना से होता था), जो छात्र-छात्राओं को प्रतियोगी परीक्षाओं की तैयारी करा सके. बिहार (झारखंड भी) के छात्रों को इसके लिए भी प्रतियोगिता दर्पण पर निर्भर रहना पड़ता था. कीमत के दृष्टिकोण से भी प्रतियोगिता दर्पण पत्रिका महंगी थी. इसलिए प्रभात खबर ने रोजगार प्रभात खबर (पाक्षिक) का प्रकाशन आरंभ किया. तत्कालीन मुख्यमंत्री लालू प्रसाद ने प्रभात खबर के रांची कार्यालय परिसर में 30 अगस्त 1992 को इसका लोकार्पण किया था. उनके साथ तत्कालीन जल संसाधन मंत्री जगदानंद सिंह और सांसद राजकिशोर महतो भी थे. कीमत भी चार रुपये रखी गयी थी

रोजगार
प्रभात खबर

'रोजगार' प्रभात खबर : जरूरत और सपना

होटल प्रबंधन
में बेहतर भविष्य

रोजगार प्रभात खबर का पहला अंक

ताकि आम छात्रों को कोई परेशानी न हो. रोजगार प्रभात खबर में इस बात का ख्याल रखा जाता था कि इसका कंटेंट ऐसा हो जिससे छात्रों को प्रतियोगी परीक्षा में सहायता मिले. चाहे वह बैंक/क्लर्क ग्रेड की तैयारी कर रहा हो या बीपीएससी, यूपीएससी की परीक्षा की, सभी प्रकार की सामग्री इसमें उपलब्ध रहती थी. सामान्य ज्ञान पर खास जोर दिया जाता था. साथ ही देश/राज्य में कहां-कहां नौकरी उपलब्ध है, कौन सी परीक्षा कब होगी, इसकी जानकारी दी जाती थी. बिहार में इसकी मांग इतनी हो गयी थी कि प्रभात खबर अपनी पुरानी मशीन पर इस मांग को पूरा करने में असमर्थ हो गया था. 1996-97 में बिहार में बड़े पैमाने पर शिक्षकों की बहाली को देखते हुए प्रभात खबर ने कई बार शिक्षक बहाली अंक निकाला. मांग ज्यादा थी लेकिन मशीन की क्षमता कम थी. चाह कर भी मांग को प्रभात खबर पूरा नहीं कर पा रहा था. एक दिन ऐसा हुआ कि रोजगार प्रभात खबर छपने के बाद जैसे ही एजेंट के पास आया, उसे खरीदने के लिए लोगों की भीड़ उमड़ पड़ी. लूटपाट की स्थिति उत्पन्न हो गयी थी. अंततः भीड़ को काबू में लाने के लिए पुलिस का सहारा लेना पड़ा. पुलिस को लाठी चार्ज करना पड़ा.

ऐसे तो रोजगार प्रभात खबर टेब्लायड आकार में निकलता था लेकिन कई बार विशेष अंकों को पत्रिका के आकार में भी निकाला गया. पाठकों ने इसे काफी पसंद किया था. दरअसल झारखंड और बिहार में जिस तरीके की बेरोजगारी रही है, ऐसी पत्रिकाओं की मांग हमेशा से रही है. रोजगार प्रभात खबर के कंटेंट का इस्तेमाल कई बार जमशेदपुर के प्रभात खबर में किया जाता था जिसकी खूब मांग होती थी. ऐसा नहीं था कि यह घाटे में था. रोजगार प्रभात खबर का सर्कुलेशन इतना ज्यादा था कि यह लाभ में चलने लगा था. जब प्रभात खबर का 1996 में पटना से प्रकाशन आरंभ हुआ और पटना संस्करण घाटे में चलने लगा तो इसी रोजगार प्रभात खबर से होनेवाली आय ने पटना संस्करण को सहयोग किया. राज्य बनने के बाद भी कई सालों तक रोजगार प्रभात खबर छपता रहा लेकिन झारखंड में अन्य बड़े अखबारों के आने के बाद प्रभात खबर प्रबंधन का पूरा ध्यान उन बड़े अखबारों का सामना करने में लग गया. समय के साथ-साथ रोजगार प्रभात खबर को बदला नहीं जा सका. जो इसकी कोर टीम थी, इनमें से कई सरकारी नौकरी में अच्छे पदों पर चले गये. इसका असर रोजगार प्रभात खबर की गुणवत्ता पर पड़ने लगा. इनमें से एक थे राजेश सिंह. उनका चयन व्याख्याता पद के लिए हो गया था. किसी तरह अंक निकलते रहे लेकिन गुणवत्ता गिरने लगी थी. इसका असर सर्कुलेशन पर पड़ने लगा. धीरे-धीरे इसका सर्कुलेशन भी घटने लगा. 2008 अप्रैल आते-आते रोजगार का प्रिंट आर्डर लगभग तीन हजार रह गया. अंततः 16 अप्रैल 2008 के अंक के बाद प्रबंधन ने इसका प्रकाशन स्थगित करने का निर्णय लिया.

आज जितने भी बड़े अखबार आये हैं, सभी का ध्यान छात्रों पर है. उसके लिए हर अखबार अलग-अलग सप्लीमेंट निकालता है. ये सब अब हो रहे हैं. प्रभात खबर ने 22 साल पहले छात्रों की आवश्यकता को पहचानते हुए रोजगार प्रभात खबर का प्रकाशन आरंभ किया था. आज अखबारों में छात्रों के लिए लगभग वही कंटेंट आ रहे हैं, जो आज से 22 साल पहले रोजगार प्रभात खबर में आते थे. आज रोजगार प्रभात खबर का प्रकाशन जारी रहता तो अब तक देश भर में उसकी पहचान वैसी ही बन गयी होती जैसी पहचान आज प्रतियोगिता दर्पण जैसी पत्रिका की बनी है. इससे प्रभात खबर ग्रुप की ताकत और बढ़ गयी होती.

घर प्रभात

आज अखबारों को विज्ञापन देने के पहले उसका प्रोडक्ट प्रोफाइल देखा जाता है. कोचिंग या शिक्षा से जुड़े विज्ञापन देने के पहले यह देखा जाता है कि छात्रों के बीच उस अखबार की कितनी पैठ है. इसी प्रकार महिलाओं से संबंधित उत्पाद (प्रोडक्ट) के विज्ञापन जारी होने के पहले यह पता लगाया जाता है कि महिलाएं किस अखबार को ज्यादा पढ़ती हैं. सारा कुछ डाटा के विश्लेषण के बाद होता है. हाल के दिनों में इस पर ज्यादा जोर दिया जा रहा है. इसी की पूर्ति करने के लिए महिलाओं के लिए अलग से अखबार के साथ सप्लीमेंट निकाला जाता है. ऐसा लगभग सभी अखबारों (चाहे वे हिंदी के हों या अंगरेजी के या अन्य भाषाओं के) के साथ होता है. महिलाओं के लिए हिंदी की कई पत्रिकाएं निकलती हैं और उनका सर्कुलेशन भी अच्छा-खासा है.

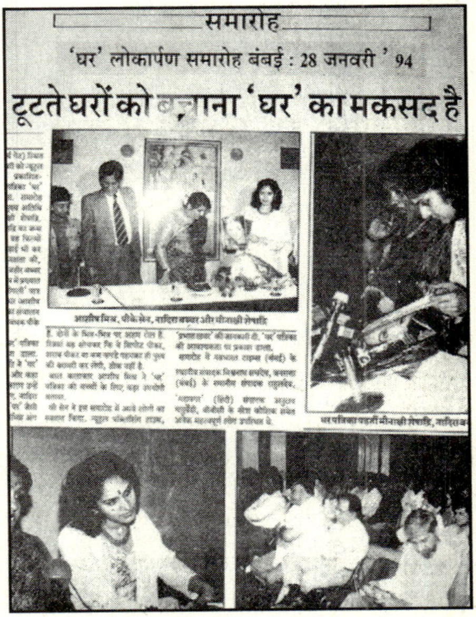
समारोह
'घर' लोकार्पण समारोह बंबई : 28 जनवरी '94
टूटते घरों को ब...ाना 'घर' का मकसद है

28 जनवरी 1994 को घर प्रभात खबर का मुंबई में विमोचन करती फिल्म अभिनेत्री मिनाक्षी शेषाद्रि

रोजगार प्रभात खबर के प्रकाशन से प्रभात खबर ने छात्रों/बेरोजगारों के वर्ग में अपनी पैठ बना ली थी. उसके बाद तय हुआ कि महिलाओं के लिए कोई घरेलू पत्रिका भी निकाली जाये. 3 नवंबर 1993 को तत्कालीन महाप्रबंधक पीके सेन ने आरएनआइ के पास रजिस्ट्रेशन के लिए आवेदन किया था. उसके बाद घर प्रभात (रजिस्ट्रेशन नंबर-52517/94) का प्रकाशन आरंभ हो गया. दो-तीन अंक अखबार के साथ मुफ्त में दिया गया. बाद में इसे एक अलग पत्रिका के रूप में बाजार में उतारा गया. यह मासिक पत्रिका थी. उन दिनों बिहार जैसे पिछड़े इलाकों से महिलाओं की पत्रिकाएं निकालने की बात शायद ही कोई सोच सकता था. प्रभात खबर ने महसूस किया था कि आनेवाले दिनों में ऐसी पत्रिकाओं की मांग बढ़ेगी. इसलिए घर प्रभात का प्रकाशन आरंभ किया गया. इसका विमोचन 28 जनवरी 1994 को फिल्म अभिनेत्री

मिनाक्षी शेषाद्रि ने मुंबई के होटल एंबेसडर में किया था. आयोजन भव्य था जिसमें नादिरा बब्बर भी मौजूद थीं. देश के कई बड़े पत्रकार भी इस विमोचन समारोह में थे. प्रभात खबर की ओर से प्रधान संपादक हरिवंश, महाप्रबंधक पीके सेन वहां थे. घर प्रभात एक संपूर्ण पारिवारिक पत्रिका थी जिसमें कविता-कहानी से लेकर फिल्म, फैशन, सौंदर्य, स्वास्थ्य, व्यंजन, साज-सज्जा और कैरियर के बारे में भी जानकारी दी जाती थी. कुछ साल तक चलने के बाद घर प्रभात का प्रकाशन स्थगित कर दिया गया. जिन दिनों इन पत्रिकाओं का प्रकाशन प्रभात खबर कर रहा था, आर्थिक संकट के कारण राष्ट्रीय या प्रांत स्तर पर इसका प्रचार-प्रसार नहीं हो पाता था. पत्रिकाओं के लिए स्तरीय सामग्री का अभाव भी दिखता था जिसका असर गुणवत्ता पर पड़ रहा था. स्तरीय लेखों के लिए देश के प्रसिद्ध लेखक बड़ी राशि की मांग करते थे जिसे उन दिनों प्रभात खबर पूरा नहीं कर सकता था. इसलिए बड़े लेखक एक-एक कर दूर होते चले गये. इसका असर इसके सर्कुलेशन पर पड़ा और घर प्रभात का प्रकाशन स्थगित करना पड़ा. आज भी महिलाओं के लिए ऐसी पारिवारिक पत्रिकाएं निकल रही हैं और खूब बिक रही हैं

प्रभात खबर पत्रिका

प्रभात खबर ने सीमित साधन में अनेक प्रयोग किये. रोजगार प्रभात खबर और घर प्रभात के बाद अगला प्रकाशन था-प्रभात खबर पत्रिका का. उन दिनों बिहार से हिंदी में इस तरह की कोई पत्रिका नहीं थी. प्रबंधन ने तय किया कि हिंदी में प्रभात खबर की एक स्तरीय पत्रिका निकाली जाये. इसके बाद 1994 में इसका प्रकाशन आरंभ किया गया था. यह पाक्षिक पत्रिका थी. डमी अंक के संपादकीय में इसके निकालने का उद्देश्य स्पष्ट किया गया था. उनके इस संपादकीय को पढ़ने से बहुत कुछ साफ हो जाता है.

पत्रिका क्यों ?

दुनिया, औद्योगिक युग के बाद की तकनीकी क्रांति के दौर में है. घर, परिवार, समाज,देश के साथ-साथ व्यक्ति के जीवन में अभूतपूर्व परिवर्तन हो रहे हैं. इतनी तेजी से और गुपचुप कि लोग हैरत में हैं. राजसत्ता स्वतः क्षीण हो रही है. पुराने वैचारिक औजार अप्रासंगिक हो चुके हैं. दुनिया की सीमाएं सिमट गयी हैं. अंतरराष्ट्रीयकरण (ग्लोबलाइजेशन) और उदारीकरण के गहरे प्रभाव समाज-जीवन में देखे जा सकते हैं. विज्ञान और तकनीक में अदभुत, पर स्तब्ध करनेवाले शोध हो रहे हैं. दूरदर्शन-टीवी ने दुनिया को एक मंच तो प्रदान किया है, पर इसके अन्य प्रभाव चौंकानेवाले हैं.

इस दौर में हिंदी में इस परिवर्तन की प्रतिबिंब बननेवाली कोई पत्रिका नहीं है. इस परिवर्तन, पश्चिमी लहर या आधुनिकता के गहरे सामाजिक-आर्थिक-राजनीतिक परिणाम की गंभीरता से छान-बीन हो रही है. परंपरागत भारतीय जीवन का लय टूट गया है. स्वस्थ भारतीय मूल्य भी, इस पश्चिमी आबोहवा में डूब-उतरा रहे हैं.जनसंख्या विस्फोट, शहरीकरण, पर्यावरण संकट, विषमता, भ्रष्टाचार, हिंसक रूझान, अधैर्य, क्षणजीवी संस्कृति, स्वकेंद्रित समाज, भोग में डूबने-उतराने की उत्कट अभिलाषा ने समाज-देश-घर को धकेल कर कहां पहुंचा दिया है. मौजूदा विकास का रास्ता क्या विनाश के कगार पर पहुंच गया है? मनुष्य विकास के लिए है या विकास मनुष्य के लिए? समृद्धि से उबी पश्चिमी दुनिया अध्यात्म

की शरण में क्यों जाना चाहती है? भारत आज तक इतना पिछड़ा क्यों बना रहा? एसियान के देशों या चीन से भारत क्यों प्रेरणा नहीं ले सका? अंतरराष्ट्रीय मंच पर भविष्य के अभिनेता देश कौन हैं? सोवियत रूस साम्यवाद के बिखरने के बाद क्या नये ध्रुवीकरण हो रहे हैं? इन चीजों की पर्याप्त जानकारी आज हिंदी पाठकों को नहीं है.

धर्मयुग, दिनमान, रविवार, साप्ताहिक हिंदुस्तान आदि जैसी पत्रिकाओं ने हिंदी पाठकों को समृद्ध बनाया पर आज की क्या स्थिति है? सबसे अधिक बोलनेवालों की भाषा होते हुए भी हिंदी में कोई गंभीर पत्रिका नहीं बची. बाजार पत्रिकाओं के विपरीत है. पर विपरीत परिस्थितियों में ही चुनौती स्वीकारने से सृजन होता है. बिहार से निकल कर पत्रिका (प्रभात खबर) पूरे देश में अपने युग-चुनौतियों और सवालों का प्रतिबिंब बनना चाहती है. इसकी सफलता आपकी साझेदारी पर ही निर्भर है. गांव, कस्बे और शहरों के रचनात्मक युवकों को एक मंच पर लाकर सृजन के अभियान को नयी गति देने की प्रेरणा से प्रेरित है, पत्रिका का प्रकाशन. आप लिखें, अपनी बात भावना हजारों तक पहुंचायें. आपके आसपास की जो घटना मीडिया की निगाह में न आये, उसे लिख भेजें. हम न्योते के साथ, आपसे पूर्ण सहयोग की अपेक्षा में.

– संपादक

लोगों को हालात बतानेवाले, आगे बढ़ने की प्रेरणा देनेवाले संपादकीय के साथ प्रभात खबर पत्रिका का प्रकाशन आरंभ हुआ. इसमें राष्ट्रीय स्तर के कई लेख छपते थे. लेकिन फिर वही संकट. बाजार किसी भी पत्रिका का साथ नहीं दे रहा था. अंततः तमाम प्रयासों के बावजूद इसे बहुत दूर तक नहीं ले जाया जा सका.

कारोबार खबर

प्रभात खबर हिंदी का पहला क्षेत्रीय अखबार था जिसने हिंदी में बिजनेस की खबरों के लिए अलग अखबार निकाला. 1993 में सबसे पहले रांची से टेबलायड आकार में कारोबार खबर (साप्ताहिक) निकलना शुरू हुआ. बाद में तय किया गया कि इसे बड़े आकार में साप्ताहिक किया जाये. कोलकाता बिजनेस का केंद्र रहा है. इसलिए कारोबार खबर के लिए कोलकाता को ही मुख्यालय बनाया गया.

हरिवंशजी के निर्देश पर ओमप्रकाश अश्क ने इसकी रूपरेखा तैयार की थी. पिंक पेपर पर छपनेवाले कारोबार खबर का डमी अंक तो अप्रैल 1995 से ही निकलना शुरू हो गया था. 12 पृष्ठों के इस साप्ताहिक को पहले रांची में छाप कर कोलकाता और अन्य जगहों पर भेजा जाता था. सितंबर 1995 में जब प्रभात खबर का प्रकाशन जमशेदपुर से शुरू हो गया तो कारोबार खबर को जमशेदपुर में छापा जाने लगा. कोलकाता से एक सहयोगी निगेटिव लेकर जमशेदपुर आते. अखबार छपता और फिर ट्रेन में बुक करा कर उसे कोलकाता ले जाते. कठिन काम था. अखबार को चलाने के लिए विज्ञापन चाहिए. कारोबार खबर को शेयर बाजार, निवेश और बिजनेस की स्तरीय खबर रहने के बावजूद नहीं चलाया जा सका क्योंकि इसमें विज्ञापन का अभाव था. उन दिनों कंपनियां अंगरेजी में छपनेवाले बिजनेस साप्ताहिक या अंगरेजी दैनिक को ही विज्ञापन देती थीं. साधन के अभाव में कुछ साल चलने के बाद कारोबार खबर को बंद करना पड़ा.

कारोबार खबर

सेबी में बड़े पैमाने पर फेरबदल होगा

बैट को पटाने के लिए पहल

पंचायतनामा

प्रभात खबर ने ग्रामीण क्षेत्र के लोगों-पाठकों के लिए एक और प्रयोग किया. सिर्फ ग्रामीण क्षेत्र पर आधारित अखबार पंचायतनामा निकाला. संजय मिश्र इसके संपादक बनाये गये. इसका विमोचन केंद्रीय मंत्री जयराम रमेश ने 2012 में किया था. उस समय इसकी कीमत 10 रुपये रखी गयी थी, लेकिन विमोचन वाले दिन ही अतिथियों ने इसकी कीमत कम करने का सुझाव दिया था. बाद में इस सुझाव को मान लिया गया था. पहले यह सिर्फ झारखंड के लिए था. पाक्षिक था. लेकिन कम समय में ही इसने अपनी जगह बना ली. बाद में पाठकों की मांग पर इसे साप्ताहिक किया गया. झारखंड के बाद बिहार में भी इसका प्रकाशन आरंभ किया गया. पंचायतनामा में पंचायत-गांवों की खबरों को प्रमुखता दी जाती थी. पंचायत की समस्या, किसानों को सरकारी योजनाओं की जानकारी, कैसे किसान उन्नत खेती करें, इसकी जानकारी दी जाती थी. इसके अलावा ग्रामीणों को मुर्गी पालन, बकरी पालन, सूकर पालन के अलावा ऐसे स्वरोजगार की जानकारी दी जाती थी

गांव-गांव, डगर-डगर

प्रभात खबर समूह का प्रकाशन

पंचायतनामा

रबड़ स्टांप बनी ग्राम सभा

जिसके बल पर गांव में रहनेवाले लोगों की आय बढ़ सके. जो किसान बेहतर कर रहे हैं, जो पंचायत प्रतिनिधि बेहतर काम कर रहे हैं, उन्हें खास स्थान दिया जाता था. इसके अलावा शिक्षा, स्वास्थ्य, सिंचाई, पेयजल, स्वच्छता और ग्रामीण विकास से संबंधित रोचक जानकारी पंचायतनामा के माध्यम से दी जाती थी. ढाई साल चलने के बाद सितंबर 2014 से इसका प्रकाशन स्थगित कर दिया गया.

प्रभात खबर पॉलिटिक्स

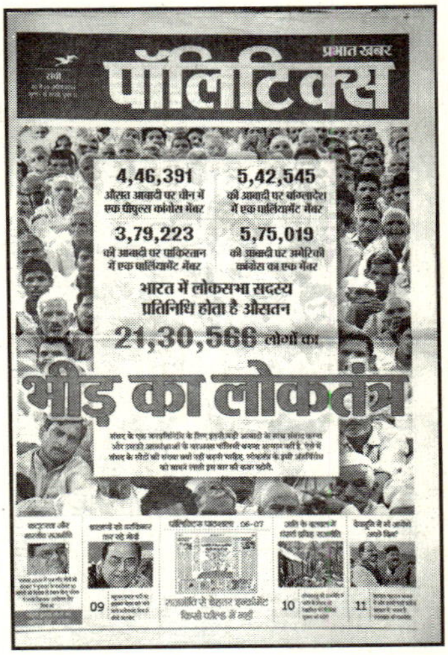
प्रभात खबर
पॉलिटिक्स
4,46,391
औसत आबादी पर चीन में एक पिपुल्स कांग्रेस मेंबर
5,42,545
की आबादी पर बांग्लादेश में एक पार्लियामेंट मेंबर
3,79,223
की आबादी पर पाकिस्तान में एक पार्लियामेंट मेंबर
5,75,019
की आबादी पर अमेरिकी कांग्रेस का एक मेंबर
भारत में लोकसभा सदस्य प्रतिनिधि होता है औसतन
21,30,566 लोगों का
भीड़ का लोकतंत्र
पॉलिटिक्स पंचनामा . 06-07
09
10
11

झारखंड और बिहार के पाठक राजनीतिक खबरें बहुत चाव से पढ़ते हैं. बिहार में तो खास तौर पर. प्रभात खबर ने महसूस किया कि अखबार में राजनीति की खबरें तो छपती हैं लेकिन वे गंभीर नहीं होती.जगह के अभाव में राजनीति के असली मुद्दे दब जाते हैं. इसलिए सिर्फ राजनीतिक जानकारी (लेख, विश्लेषण, खबर) के लिए एक अलग अखबार होना चाहिए. इसी उद्देश्य के तहत 16 मार्च, 2014 से प्रभात खबर पॉलिटिक्स का प्रकाशन आरंभ हुआ. एक अंक प्रभात खबर के साथ मुफ्त में वितरीत किया गया लेकिन इसके बाद इसे अलग कीमत के साथ (कीमत दो रुपये) बाजार में भेजा गया. इसमें राजनीति की गंभीर खबरें रहती थीं. राजनीतिक मुद्दों पर चर्चा रहती थी. छह-सात माह तक चलने के बाद इसका प्रकाशन स्थगित कर दिया गया.

□

प्रभात खबर की पुस्तकें

अपने 30 वर्षों की यात्रा के दौरान प्रभात खबर न सिर्फ अखबार के कारण चर्चित रहा बल्कि इस संस्थान से कई पत्रिकाएं निकलीं. कई किताबों का प्रकाशन किया गया. प्रभात खबर में छपी रिपोर्ट्स के आधार पर भी देश के प्रमुख प्रकाशन संस्थानों ने किताब प्रकाशित की. प्रभात खबर के कई पत्रकारों की पुस्तकें देश के महत्वपूर्ण प्रकाशकों ने प्रकाशित की. देश-विदेश की कई प्रमुख किताबों में, अखबारों में प्रभात खबर की चर्चा की गयी. प्रधान संपादक हरिवंशजी के कई लेख देश की कई किताबों-पत्रिकाओं में छपे.

जिन किताबों का प्रकाशन प्रभात खबर ने स्वतः (प्रकाशक के तौर पर) किया, उनमें लो बीर सेंदरा प्रमुख है. मरांग गोमके जयपाल सिंह (झारखंड आंदोलन के जनक) की आत्मकथा है. इस किताब का संपादक रश्मि कात्यायन ने किया है. इस पुस्तक में जयपाल सिंह के बारे में कई ऐसी रोचक जानकारियां हैं जो पहली बार प्रकाश में आयी हैं. प्रभात खबर द्वारा सूचनाधिकार नामक पुस्तक का प्रकाशन किया

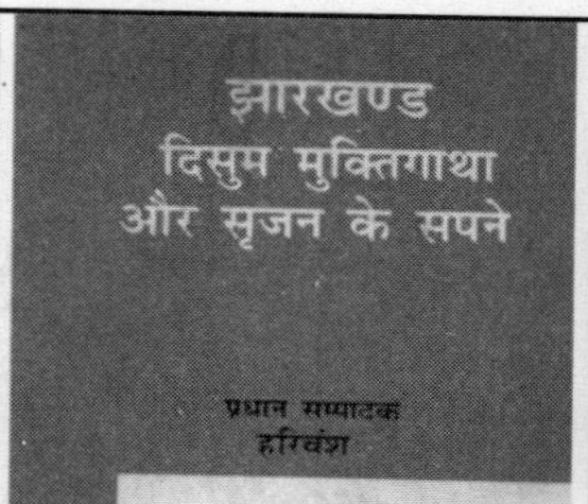

गया. इसके लेखक अरविंद केजरीवाल और विष्णु राजगढ़िया हैं. रांची विश्वविद्यालय के पूर्व कुलपति और झारखंडी मामलों के विशेषज्ञ अमर कुमार सिंह प्रभात खबर में नियमित तौर पर लिखते रहते थे. प्रभात खबर में छपे उनके लेखों पर आधारित पुस्तक जोहार झारखंड काफी चर्चित रही. प्रभात खबर के प्रधान संपादक की दो किताबें झारखंड : समय और सवाल और झारखंड : सपने और यथार्थ को दिल्ली की संस्था प्रभात प्रकाशन ने प्रकाशित की. इसमें हरिवंशजी द्वारा प्रभात खबर में लिखी गयी टिप्पणियों को प्रकाशित किया गया है. इसके अलावा हरिवंशजी की एक और पुस्तक झारखंड : दिसुम मुक्तिगाथा और सृजन के सपने भी दिल्ली से प्रकाशित हुई. हरिवंशजी और फैसल अनुराग ने संयुक्त रूप से प्रभात खबर में प्रकाशित लेखों पर आधारित पुस्तकों का संपादन किया हैं. इनमें बिहारनामा, बिहार : अस्मिता के आयाम, बिहार : रास्ते की तलाश, झारखंड : सुशासन अब भी संभावना है, संताल हूल : आदिवासी प्रतिरोध संस्कृति , झारखंड : अस्मिता के आयाम, जनसरोकार की पत्रकारिता प्रमुख है.

इसके अलावा अनुज कुमार सिन्हा की दो पुस्तकों का प्रकाशन दिल्ली की संस्था प्रभात प्रकाशन ने किया है. इनमें एक है-झारखंड आंदोलन का दस्तावेज : शोषण, संघर्ष और शहादत. इसमें झारखंड आंदोलन के दौरान हुए गोलीकांड, शहीदों और प्रमुख घटनाओं का सचित्र विवरण है. इसका प्रकाशन

2012 में किया गया था जबकि दूसरी पुस्तक बरगद बाबा का दर्द 2014 में प्रकाशित हुई. यह पुस्तक पर्यावरण पर आधारित है, जिसमें एक पेड़ अपने दर्द को सुनाता है.

जिसमें प्रभात खबर का उल्लेख है

अनेक ऐसी पुस्तकें हैं जिनमें प्रभात खबर का या तो उल्लेख है या जिनमें प्रधान संपादक हरिवंश जी के लेख हैं. दुनिया के प्रसिद्ध पत्रकार-लेखक मार्क टुली ने अपनी पुस्तक नॉन स्टॉप इंडिया में लगभग एक पूरा चैप्टर ही प्रभात खबर पर लिखा है. इसके अलावा विवेक देवरॉय और लवीश भंडारी की पुस्तक करप्शन इन इंडिया :द डीएनए एंड द आरएनए में प्रभात खबर का विस्तार से वर्णन है. दुनिया के मशहूर लेख राबिन जैफरी ने प्रतिमा सिंह के साथ मिल कर मोर देन माविज्म नामक किताब लिखी है. इसमें हरिवंशजी का एक लंबा लेख है. दिल्ली से प्रकाशित पत्रिका सिविल सोसायटी ने दो-दो बार प्रभात खबर पर कवर स्टोरी तैयार की, उसे छापा. इसमें प्रभात खबर की सफलता की कहानी प्रकाशित की गयी है.

झारखंड डेवलपमेंट रिपोर्ट

प्रभात खबर ने झारखंड राज्य के निर्माण में बड़ी भूमिका अदा की थी. जब राज्य बन गया तो प्रभात खबर की भूमिका भी बदल गयी. वह भूमिका थी राज्य के नवनिर्माण की. कैसे झारखंड को बेहतर राज्य बनाया जाये. कैसे यहां बेहतर गवर्नेंस हो, कैसे यह राज्य खुशहाल हो, कैसे यहां रोजगार के अवसर बढ़े. लेकिन इन सबसे पहले यह जानना आवश्यक था कि झारखंड कहां खड़ा है. उत्तराखंड और छत्तीसगढ़ साथ बने थे. वहां क्या स्थिति है? वे दोनों राज्य कहां पहुंच गये? इन आंकड़ों की जानकारी तभी मिल

सकती थी, जब इस पर गहराई से अध्ययन हो. प्रभात खबर अपने स्तर से हर साल 15 नवंबर के अंक में राज्य की स्थिति की रिपोर्ट प्रकाशित करता रहा है. पहली बार प्रभात खबर ने देश की जानी-मानी रिसर्च एजेंसी इंडिकस एनालिटिक्स से राज्य की सामाजिक और आर्थिक स्थिति का ऑडिट कराया. इस एजेंसी से प्रसिद्ध अर्थशास्त्री लवीस भंडारी जुड़े हैं. इसे झारखंड डेवलपमेंट रिपोर्ट (जेडीआर) के नाम से किताब के रूप में प्रकाशित किया गया. पहली बार इसे 2006 में छापा गया. इस ऑडिट रिपोर्ट के प्रकाशित करने का उद्देश्य यह है कि राज्य और देश के लोग झारखंड की जमीनी हकीकत को जाने और बहस (डिबेट) करें. इसके आधार पर राज्य के विकास की योजना बने. इससे पता चलता है कि किस सेक्टर में झारखंड के लोगों की क्या स्थिति है. यह रिपोर्ट अंगरेजी में इसलिए प्रकाशित की जाती है ताकि देश के नीति निर्माताओं (पालिसी मेकर्स) को समझने में कोई परेशानी नहीं हो.

जेडीआर 2006 में पूर्व राज्यपाल प्रभात कुमार, पूर्व राज्यपाल वेद मारवाह के लेख हैं. ये दोनों झारखंड के राज्यपाल थे और झारखंड को करीब से देखने का इन्हें मौका मिला था. इन लेखों में इन दोनों पूर्व राज्यपालों ने अपने अनुभव के आधार पर झारखंड के विकास पर प्रकाश डाला है. अर्थशास्त्री लवीश भंडारी ने झारखंड में गवर्नेंस पर लेख लिखा है. डॉ शैबाल गुप्ता, शशि भूषण का भी जानकारीपूर्ण लेख इसमें है.

जेडीआर में झारखंड में प्रति व्यक्ति आय, ग्रोथ रेट, कानून एवं व्यवस्था की स्थिति, हत्या एवं दुष्कर्म की घटनाएं, महिलाओं और बच्चों के साथ हो रहे अपराध, अनुसूचित जाति व जनजाति के सदस्यों के साथ हो रही घटनाओं का आंकड़ा दिया गया है. इसके अलावा स्वास्थ्य, शिक्षा क्षेत्र में हुए खर्च, अनुसूचित जाति, जनजाति के कल्याण पर हुए खर्च का न सिर्फ ब्योरा है बल्कि झारखंड की बिहार, छत्तीसगढ़, उत्तराखंड, पश्चिम बंगाल और ओड़िशा से तुलना भी

की गयी है. झारखंड में सड़कों, वाहनों की स्थिति, रेलवे लाइन, बिजली की स्थिति का अन्य राज्यों से तुलनात्मक अध्ययन है. बड़ी गहराई से यह अध्ययन किया जाता है जिसमें टेलीफोन, मोबाइल से लेकर स्कूली बच्चों और स्कूल के बारे में भी पूरा विवरण रहता है.

जेडीआर का प्रकाशन हर साल होता है. 2008, 2009, 2010, 2011 और 2012 में भी प्रभात खबर ने झारखंड डेवलपमेंट रिपोर्ट प्रकाशित की. इस रिपोर्ट की काफी मांग रहती है, खास तौर पर झारखंड पर अध्ययन करनेवालों के लिए यह काफी महत्वपूर्ण होता है. झारखंड में प्रभात खबर एकमात्र अखबार है जो इस प्रकार का सालाना अध्ययन कराता है. देश के प्रसिद्ध आर्थिक विशेषज्ञों से इसमें लेख लिखवाया जाता है. ऐसे विशेषज्ञों में डॉ शैबाल गुप्ता, बिवेक देबरॉय, लवीश भंडारी,अभिजीत सरकार, जयंत सिन्हा, अशोक देसाई, सुमिता काले, अमरेश दुबे, संजय सिन्हा शामिल हैं. इस तर्ज पर बाद में बिहार में बिहार डेवलपमेंट रिपोर्ट का प्रकाशन आरंभ हुआ. झारखंड में प्रभात खबर ने सेंटर फॉर सिविल सोसायटी के सहयोग से सुशासन पर हैंडबुक का प्रकाशन किया.

प्रभात खबर अन्य प्रयोग भी करता रहा. येलो पेजेज जैसी टेलीफोन डायरेक्टरी का भी प्रभात खबर हर साल प्रकाशन करता है. इसमें न सिर्फ महत्वपूर्ण संस्थानों-व्यक्तियों, अधिकारियों के टेलीफोन नंबर होते हैं बल्कि इसमें संबंधित जिलों के बारे में अन्य जानकारियां भी होती हैं. इन्हें मैं हूं रांची, मैं हूं जमशेदपुर, मैं हूं पलामू नाम दिया गया है. अब तो झारखंड के छोटे-छोटे जिलों के अलग-अलग ऐसे अंक प्रकाशित किये जाते हैं. प्रभात खबर का यह छोटा-छोटा प्रयोग काफी सफल रहा. इन अंकों में अच्छे खासे विज्ञापन भी होते हैं. एक तरीके से ये अंक अखबार की आय बढ़ाने में सहायक सिद्ध हो रहे हैं. सारंडा के विकास पर जमशेदपुर संस्करण ने एक पुस्तिका का प्रकाशन किया था. ऐसे 1989 के पहले प्रभात खबर ने इंदिरा गांधी और राजीव गांधी पर कई अंकों का प्रकाशन किया था. इन पुस्तकों में दुर्लभ तसवीरें प्रकाशित की गयी थीं. देवघर में श्रावण मेले के दौरान लगभग हर साल पत्रिकाओं का प्रकाशन किया जाता है.

प्रभात खबर के कुछ खास अंक

प्रभात खबर दीपावली पर हर साल विशेष अंक निकालता रहा है जिसका विवरण इस पुस्तक में तो है ही, लेकिन समय-समय पर प्रभात खबर ने खेल पर भी विशेष अंकों का प्रकाशन किया है. ये अंक आंकड़ों और विशेष दुर्लभ जानकारी से भरे होते हैं. वर्ल्ड कप क्रिकेट पर प्रभात खबर का विशेष अंक काफी चर्चित रहा था. 1997 में आजादी के पचास वर्ष पूरे होने पर प्रभात खबर ने आजादी के पचास वर्षों बाद : सपना, हकीकत और संभावनाएं नाम से विशेष प्रकाशन किया था, (पत्रिका के आकार में) जिसके अतिथि संपादक रविभूषण थे. सिर्फ पांच रुपये की कीमतवाले इस अंक में हंस के संपादक राजेंद्र यादव, विष्णु प्रभाकर, त्रिलोचन शास्त्री, रमेश चंद्र शाह, ज्ञानरंजन, रामकृपाल पांडेय, कृष्ण कुमार के पत्र छपे थे. यह अदभुत अंक था जिसमें देश के जानेमाने लेखकों ने अपने लेख लिखे थे. जिनके लेख थे, उनमें रामविलास शर्मा, निर्मल वर्मा, पीसी जोशी, कुमार सुरेश सिंह, शिव प्रसाद सिंह, विश्वंभर नाथ उपाध्याय, शिव कुमार मिश्र, सिद्धेश्वर प्रसाद, प्रधान हरिशंकर प्रसाद, खगेंद्र ठाकुर, विनोद मिश्र, रवि राय, एके राय, विष्णु चंद्र शर्मा, नंद चतुर्वेदी, मधुकर सिंह, चमनलाल, रवींद्र नाथ गौड़ शामिल हैं.

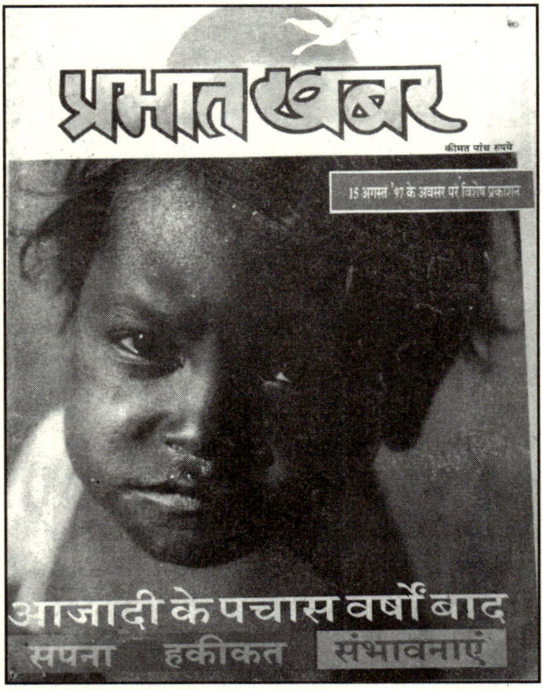

विशेष अंक

16 पेजों का एक जनवरी 2000 का अंक सहस्त्राबदी अंक था.

इसमें था : नयी दुनिया के द्वार पर : विजय भास्कर, आखिर क्या है भारत का अतीत, वर्तमान और भविष्य : सर विदाधर एस नइपाल, बिहार में स्वतःस्फूर्त विकास होगा : डीडी गुरु, भावी गौरवपूर्ण क्रांति की भूमि बनेगा बिहार : अरविंद पांडेय, प्रतिस्पर्धा का दबाव बिहार को बेहतर बनायेगा : डा शैवाल गुप्ता, तमाम अभावों के बीच खुश रहनेवालों का प्रदेश : दीनानाथ झा, परिवर्तन आज की सबसे बड़ी जरूरत : प्रधान हरिशंकर प्रसाद, विकास का गांधी माडल अपनाना हितकर : केके श्रीवास्तव (पूर्व मुख्य सचिव : बिहार), तार-तार होती बिहार की नौकरशाही : रामउपदेश सिंह (आइएएस अफसर), गिनती एक से शुरू करने के तार्किक आधार हैं : जयंत विष्णु नार्लिकर (भौतिकविद), नमस्कार वर्ष 2000 : वाइबी प्रसाद, गिनती की भुल भुलैया : डा राकेश पोपली.

□

दूसरा अध्याय

जिम्मेवारी और रास्ते

1. सामाजिक जिम्मेवारी और अभियान
2. पाठक मंच
3. पेड न्यूज के खिलाफ अभियान
4. चुनाव में प्रभात खबर की भूमिका
5. भारत किधर व्याख्यानमाला
6. अतिथि संपादक
7. प्रभात खबर के अतिथि
8. कैलेंडर में स्थानीयता की झलक

सामाजिक जिम्मेवारी और अभियान

सूखा पीड़ितों के लिए

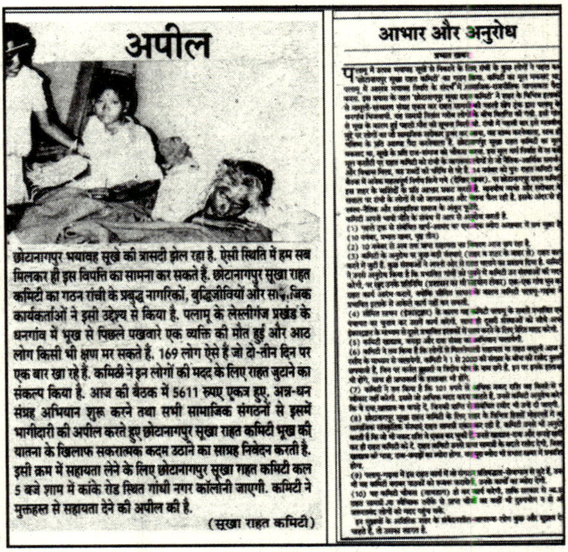

अपील

छोटानागपुर भयावह सूखे की त्रासदी झेल रहा है. ऐसी स्थिति में हम सब मिलकर ही इस विपत्ति का सामना कर सकते हैं. छोटानागपुर सूखा राहत कमिटी का गठन रांची के प्रबुद्ध नागरिकों, बुद्धिजीवियों और सा[illegible]जिक कार्यकर्ताओं ने इसी उद्देश्य से किया है. पलामू के लेस्लीगंज प्रखंड के धनगांव में भूख से पिछले पखवारे एक व्यक्ति की मौत हुई और आठ लोग किसी भी क्षण मर सकते हैं. 169 लोग ऐसे हैं जो दो-तीन दिन पर एक बार खा रहे हैं. कमिटी ने इन लोगों की मदद के लिए राहत जुटाने का संकल्प किया है. आज की बैठक में 5611 रुपए एकत्र हुए. अन्न-धन संग्रह अभियान शुरू करने तथा सभी सामाजिक संगठनों से इसमें भागीदारी की अपील करते हुए छोटानागपुर सूखा राहत कमिटी भूख की यातना के खिलाफ सकरात्मक कदम उठाने का साग्रह निवेदन करती है. इसी क्रम में सहायता लेने के लिए छोटानागपुर सूखा राहत कमिटी कल 5 बजे शाम में कांके रोड स्थित गांधी नगर कॉलोनी जाएगी. कमिटी ने मुक्तहस्त से सहायता देने की अपील की है.

(सूखा राहत कमिटी)

आभार और अनुरोध

[illegible]

प्रभात खबर ने 30 साल के दौरान पत्रकारिता के साथ-साथ सामाजिक दायित्व को भी निभाया. अनेक कार्य किये. प्राकृतिक आपदा (बाढ़, सूखा, भूकंप आदि) हो या किसी जरूरतमंद व्यक्ति की सहायता की बात, प्रभात खबर अपने दायित्व को निभाने में आगे रहा. प्रभात खबर ने न सिर्फ अखबार में इन मुद्दों को उठाया बल्कि पत्रकारिता से आगे जा कर एक्टिविस्ट बन कर, सामाजिक कार्यकर्ता बन कर लोगों के साथ खड़ा रहा. 1992 में पलामू में सूखा (अकाल) पड़ा था. जमीन फट चुकी थी. स्थिति काफी गंभीर हो गयी थी. पानी और चारा के अभाव में जानवर मर रहे थे. भूख से कई लोगों की मौत हो चुकी थी. लोग पलामू छोड़ कर जा रहे थे. ऐसी स्थिति में प्रभात खबर ने सूखा पीड़ितों की सहायता के लिए अभियान चलाया. अखबार में पलामू के गांवों और भुखमरी पर लगातार रिपोर्ट छापी. इतना ही नहीं, रांची में प्रभात खबर ने छोटानागपुर राहत कमेटी नाम से एक कमेटी बनायी. इस कमेटी में रांची के डॉ सिद्धार्थ मुखर्जी, कर्नल बक्शी, हरिवंश, त्रिदीव घोष जैसे प्रमुख लोग थे. लोगों से अपील की कि वे सूखा पीड़ितों की सहायता के लिए आगे आयें. प्रभात खबर की पूरी टीम और शहर की प्रमुख संस्थाओं ने रांची में घुम-घुम कर राहत सामग्री एकत्रित की. शहर की संस्थाओं ने साथ दिया. एक-एक कर यहां की संस्थाएं आगे आती गयी. लोग सामने आये. पैसा और राहत सामग्री दी. एक-एक पैसे का हिसाब अखबार में छापा गया ताकि आम जनता यह जान सके कि उनके द्वारा दिये गये पैसे का क्या हुआ. जो सामान लोगों ने दिया, उसे पलामू भेजकर जरूरतमंद लोगों के बीच बंटवाया गया. 18 दिसंबर

1992 को छोटानागपुर राहत कमेटी के बैनर तले दो ट्रक (नंबर बीएचएच-3551 और बीइएफ 3855) राहत सामग्री पलामू-गढ़वा भेजी गयी थी. कर्नल बक्शी और कृष्णानंद मिश्र के नेतृत्व में यह टीम राहत सामग्री लेकर गयी थी. 18 नवंबर 1992 के अंक में प्रभात खबर ने इस अभियान में आगे आने के लिए लोगों का आभार व्यक्त किया.

बिहार में बाढ़ हो या महाराष्ट्र-गुजरात में भूकंप, प्रभात खबर ने अभियान चला कर सामग्री एकत्रित की और उसे जरूरतमंद लोगों तक पहुंचाया. 30 सितंबर 1993 को लातूर में भूकंप आया था. इसमें 22 हजार से ज्यादा लोग मारे गये थे. इस राष्ट्रीय आपदा में प्रभात खबर खड़ा रहा. रांची में छोटानागपुर राहत कमेटी के माध्यम से अखबार में सहायता की अपील की गयी. बड़ी संख्या में लोग सामने आये. 50 रुपये से अधिक की राशि देनेवालों का नाम प्रकाशित किया गया. जो भी राशि जमा हुई, उसे महाराष्ट्र के मुख्यमंत्री राहत कोष में जमा कराया गया.

शहीद अलबर्ट एक्का के परिवार के लिए

1998 में प्रभात खबर में एक रिपोर्ट छपी कि परमवीर चक्र विजेता अलबर्ट एक्का (जो 1971 के भारत-पाक युद्ध में शहीद हो गये थे) की पत्नी बलमदीन एक्का अभाव में जी रही है, दूसरों के खेतों में धान रोप रही है. इस खबर के छपने के बाद समाज बेचैन हो गया. प्रभात खबर ने तय किया कि अलबर्ट एक्का की पत्नी के लिए राशि जुटायी जायेगी ताकि उन्हें दूसरे के खेतों में काम नहीं करना पड़े. इसके लिए जमशेदपुर में एक कमेटी बनायी गयी. पूर्वी सिंहभूम के तत्कालीन उपायुक्त थे संजय कुमार. उन्होंने काफी सक्रिय भूमिका अदा की. पूरे अभियान के चेयरमैन उपायुक्त रहे. पूरे शहर को इस अभियान से जोड़ा गया. उपायुक्त के दफ्तर में कई बैठकें हुई जिसमें सरकारी अधिकारियों समेत समाज के हर तबका के लोगों को भी बुलाया गया. शहर में कार्यक्रम होने लगे. इन कार्यक्रमों के बाद राशि जमा करने की घोषणा की जाने लगी. जमशेदपुर में 24 अक्तूबर 1999 को हम आपके साथ हैं मिसेज अलबर्ट एक्का नाम से विशाल कार्यक्रम का आयोजन किया गया. इस आयोजन में सेना के जवानों को भी आमंत्रित किया गया. तीन-चार सौ सेना के जवान-अधिकारी आये थे. गुमला के गांव से अलबर्ट एक्का की पत्नी को लाने की जिम्मेवारी प्रभात खबर के

> परमवीर चक्र विजेता शहीद अलबर्ट एक्का की विधवा बलमदीन एक्का को उपायुक्त ने चार लाख का ड्रॉफ्ट सौंपा
>
> **समाज वही अच्छा, जो लोगों के टूटे सपनों को संवारे : संजय कुमार**
>
> संवाददाता
>
> जमशेदपुर, 24 अक्तूबर : तालियों की गड़गड़ाहट तथा सेना के जवानों की सलामी के बीच परमवीर चक्र विजेता शहीद अलबर्ट एक्का की विधवा बलमदीन एक्का को आज शाम टाटा प्रेक्षागृह में आयोजित एक समारोह में चार लाख रुपये का ड्राफ्ट प्रदान किया. समारोह का आयोजन 'हम आपके साथ हैं' व मारवाड़ी युवा मंच, जमशेदपुर की ओर से संयुक्त रूप से किया गया था. बलमदीन एक्का को सहायता राशि दिये जाने का बीड़ा उपायुक्त संजय कुमार के नेतृत्व में उठाया गया था. इसके लिए एक संस्था का गठन किया गया था - 'हम आपके साथ हैं'. इस अवसर पर उपायुक्त संजय कुमार ने बलमदीन एक्का को शॉल ओढ़ा कर सम्मानित किया.
>
> इस अवसर पर आयोजित समारोह को संबोधित करते हुए समारोह के मुख्य अतिथि तथा 'हम आपके साथ हैं' के संयोजक पूर्वी सिंहभूम के उपायुक्त संजय कुमार ने अलबर्ट एक्का को याद करते हुए कहा कि वही समाज अच्छा है, जो टूटे सपनों को संवारने का काम करे, लोगों के आंसू पोछने का काम करे तथा दुख दर्द मिटाने का काम करे. उन्होंने कहा कि बचपन में वे देश के वीर सपूतों की कहानियां पढ़ते थे, तो रोमांचित होते थे. अलबर्ट एक्का के बारे में भी उन्होंने पढ़ी थी उनकी वीरता की गाथा. उन्होंने कहा कि 1971 के भारत-पाक युद्ध के वक्त वे मात्र पांच वर्ष के थे, इसलिए उस युद्ध की याद उन्हें ज्यादा नहीं है, लेकिन जब बड़े हुए और उस लड़ाई के वीरों अलबर्ट एक्का, अब्दुल हमीद आदि की वीरता के बारे में जाना तो रोमांचित हो उठा. उन्होंने [illegible]
>
> 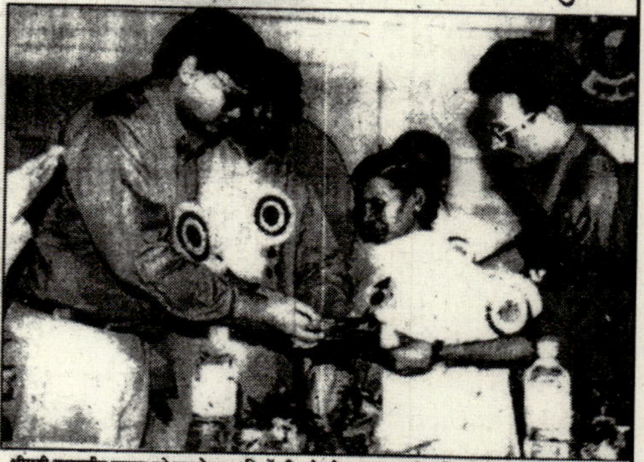
>
> श्रीमती बलमदीन एक्का को जमशेदपुरवासियों की ओर से चार लाख की राशि सौंपते उपायुक्त संजय कुमार.
>
> विजेता अलबर्ट एक्का की पत्नी बलमदीन एक्का की है, जो दूसरे के खेतों में मजदूरी करती है. देश की सीमा की रक्षा करने वाला परमवीर विजेता के परिवार यह दुर्दशा सचमुच चिंताजनक व दुखदायक है. युद्ध तो आता है, लेकिन उसके साथ टूटे सपने भी आते हैं. शहीद सैनिकों के असहायक बच्चे, पत्नी, बहन आदि की परेशानियां आती हैं, जिनके सपने टूट गये होते हैं. उन टूटे सपनों को संवारने का काम जो समाज करता है [illegible]
>
> संयोजक तथा होटल मानसरोवर के उपाध्यक्ष दीपंकर राय ने इस अवसर पर कहा कि उपायुक्त संजय कुमार के अथक तथा सकारात्मक प्रयासों का प्रतिफल है कि हम अपने लक्ष्य को प्राप्त कर सके और परमवीर चक्र विजेता अलबर्ट एक्का के परिवार की मदद कर सके. उन्होंने कहा कि यहां के सभी संगठनों व लोगों ने जो सहयोग दिया है, उसकी जितनी प्रशंसा की जाये, कम है. [illegible]
>
> मारवाड़ी युवा मंच के अध्यक्ष दीपक भालोटिया ने दिया. उन्होंने कहा कि डीसी संजय कुमार ने इस दिशा में एक नयी जागृति पैदा की है, जिसकी सराहना की जानी चाहिए. मंच पर मंच के प्रदेश अध्यक्ष बलराम सुल्तानिया, सचिव उमेश खिरवाल, कोका कोला के महाप्रबंधक आदित्य सान्याल, आर्मी के कर्नल आदि मौजूद थे. धन्यवाद ज्ञापन उपाध्यक्ष [illegible]

प्रतिनिधि ओम प्रकाश चौरसिया की थी. कार्यक्रम से एक दिन पहले मिसेज एक्का अपने बेटे के साथ जमशेदपुर आयीं. साथ में परमवीर चक्र मेडल लेकर आयी थी. बड़ा कार्यक्रम हुआ. 1500 लोगों और देशभक्ति गीतों के बीच अलबर्ट एक्का की पत्नी को सवा चार लाख रुपये का ड्राफ्ट सौंपा गया. इस दौरान कर्नल समेत सेना के जवान वहां मौजूद थे. सभी ने इस अभियान को सराहा.

वशिष्ट बाबू के लिए पैसा जुटाया

वशिष्ट नारायण सिंह दुनिया के प्रसिद्ध गणितज्ञ रहे हैं. बसंतपुर (भोजपुर, बिहार) निवासी हैं. कैलिफोर्निया यूनिवर्सिटी के गणितज्ञ प्रोफेसर जेएल केली ने उन्हें आर्यभट्ट की परंपरा का गणितज्ञ कहा था. इस महान व्यक्ति की प्रतिभा को देखते हुए पटना विश्वविद्यालय ने अपना नियम बदल दिया था. डॉ एनएस नागेंद्रनाथ (जिन्होंने सीवी रमण के साथ काम किया था) ने उन्हें एक साल में बीएससी और एक साल में एमएससी की परीक्षा में बैठने की अनुमति दी थी. बाद में डॉ वशिष्ट नारायण सिंह अमेरिका गये और कोलंबिया के इंस्टीट्यूट ऑफ मैथेमैटेक्सि में पढ़ाया था. नासा की नौकरी को ठुकरा कर भारत लौटे. फिर भारत में टाटा इंस्टीट्यूट ऑफ फंडामेंटल रिसर्च, कानपुर आइआइटी और इंडियन स्टैटिकल इंस्टीट्यूट, कोलकाता में काम किया.भारत में काम करते हुए और पारिवारिक स्थिति के कारण उन्हें सदमा लगा. वे मानसिक तौर पर अस्वस्थ हो गये. पत्नी से तलाक हो गया था. बाद में वे कहीं गुम हो गये. वर्षों बाद उनके भाई ने अथक प्रयास के बाद खोज निकाला. आर्थिक परेशानी थी कि कैसे हो इलाज.

प्रभात खबर को जैसे ही जानकारी मिली, इस प्रतिभा को बचाने के लिए अभियान चला दिया. 17 फरवरी 1993 को आप नहीं पहचानेंगे शीर्षक से डॉ वशिष्ट नारायण की तसवीर के साथ विशेष टिप्पणी छपी, जिसमें सहायता राशि भेजने की अपील की गयी थी. खबर छपने का असर पड़ा. वशिष्ट बाबू नेतरहाट विद्यालय के पूर्व छात्र थे. नेतरहाट ओल्ट ब्वायज एसोसिएशन (नोबा) सक्रिय हो गया. उसने पटना के एक बैंक में अकाउंट खोल कर सहायता राशि जमा करने का आग्रह किया. प्रभात खबर ने पहल की. फिर तो पूरा देश उनकी सहायता के लिए आगे आ गया. उस समय मुख्यमंत्री थे लालू प्रसाद. उन्होंने भी सक्रिय भूमिका अदा की. सरकारी सहायता की घोषणा की. 27 फरवरी को वशिष्ट बाबू से मिलने के लिए मुख्यमंत्री खुद उनके गांव गये. वशिष्ट बाबू को बेंगलूर में बेहतर इलाज के लिए भरती कराया गया. बड़ी राशि जमा होने जाने के बाद 27 फरवरी के अंक में प्रभात खबर ने आभार व्यक्त करने के साथ अभियान समाप्त किया. इस प्रकार प्रभात खबर का प्रयास रंग लाया और

आप नहीं पहचानेंगे

दर्शक

47 **वर्षीय डॉ वशिष्ठ नारायण सिंह** की यह तसवीर है. गरीब घर में जनमे (बसंतपुर, भोजपुर) डॉ वशिष्ठ में अद्भुत प्रतिभा थी. कैलिफोर्निया विश्वविद्यालय के गणितज्ञ-प्रोफेसर जेएल केली ने उन्हें 'आर्यभट्ट की परंपरा का गणितज्ञ' कहा था. भोजपुर की उर्वर धरती में जनमे वशिष्ठ जी के लिए तीन दशक पूर्व अपने नियम और मान्यताओं को बदला था, पटना विश्वविद्यालय ने. पटना साइंस कॉलेज के उद्भट विद्वान डॉ एनएस नागेंद्रनाथ (जिन्होंने 'रमन प्रभाव सिद्धांत की खोज में डॉ सीवी रमन के साथ कार्य किया था) ने डॉ वशिष्ठ की प्रतिभा पहचानकर उन्हें एक वर्ष (तीन वर्षीय पाठ्यक्रम) में बीएससी आनर्स परीक्षा में बैठने की अनुमति दिलायी. उनकी तुलना रामानुजम से की गयी. बाद में डॉ वशिष्ठ ने अमेरिका के कोलंबिया 'इंस्टीट्यूट ऑफ मैथेमैटिक्स' में पढ़ाया. दुनिया के सर्वाधिक प्रतिष्ठित अमेरिकी संस्था 'नासा' की नौकरी ठुकरा कर डॉ वशिष्ठ भारत लौटे. बंबई के टाटा इंस्टीट्यूट ऑफ फंडामेंटल रिसर्च, कानपुर आइआइटी और कलकत्ता के इंडियन स्टैस्टिकल इंस्टीट्यूट में डॉ वशिष्ठ ने कार्य किया.

1964 में कैलिफोर्निया विश्वविद्यालय के डॉ जेएल केली पटना आए. वह डॉ वशिष्ठ की प्रतिभा से दंग रह गये और उन्हें अमेरिका (टेक्सास) बुलाया. बर्कले विश्वविद्यालय के प्रोफेसर की लड़की से शादी का प्रस्ताव भी ठुकरा कर, वशिष्ठ जी भारत लौटे. पारिवारिक कारणों और भारतीय शिक्षा संस्थानों के घुटन भरे माहौल ने डॉ वशिष्ठ को विक्षिप्त बना दिया. 1978 में उन्होंने बर्कले से उलाहना देते अपने पिता को पत्र लिखा, 'आप बहुत दान-दहेज चाहते थे. आपको मिला, पर मैं बरबाद हो गया.' डॉ वशिष्ठ की पत्नी उनसे बहुत पहले तलाक ले चुकी हैं.

सवाल यह नहीं है कि डॉ वशिष्ठ के विक्षिप्त होने का उत्तरदायित्व किस पर थोपा जाए? कुछ लोग इसे ईश्वरीय विधान कहेंगे और कुछ सामाजिक परिवेश का स्वाभाविक परिणाम. यक्ष प्रश्न यह है कि गरीब जनता से वसूले गये कर से नेताओं-अफसरों की मामूली बीमारी का इलाज आज विदेश के विशिष्ट अस्पतालों में हो रहा है, सार्वजनिक कोष की बदौलत व्यवस्था से जुड़े लोगों के तामझाम, ऐश और आराम का बंदोबस्त हो सकता है, पर डॉ वशिष्ठ जैसी प्रतिभा को हम साबूत नहीं रख सकते. मिट्टी के घर में रह रहे, भूख के कारण गल चुके डॉ वशिष्ठ,अगर आज अमेरिका में रह गये होते, ख्याति अर्जित की होती, तो हम ढोल पीटते घूमते कि 'डॉ वशिष्ठ बिहार के निवासी हैं.'

भारतीय मानस-संस्कृति का दार्शनिक पहलू अद्भुत है. **'आये हैं, सो जाएंगे, राजा, रंक, फकीर.'** इस धरती पर नंगे आने वाले, कुछ भी नहीं ले जाते. सिर्फ स्मृति रहती है. उस युग की संस्कृति-रिवाज और सामाजिक परिवेश दर्ज होते हैं, दूसरी सारी कथित उपलब्धियां मिट जाती हैं, क्षण भंगुर हैं. प्रतिभावान पुत्रों के कारण ही युग का स्मरण होता है. आज आर्यभट्ट की स्मृति देश काल से परे है पर उस युग की क्षुद्रताएं कोई नहीं जानता. वशिष्ठ जी की प्रतिभा कायम रहती, तो पूरी संभावना थी कि उनके नाम से दो दशक-तीन दशक का दौर जाना जाता. क्या आपको याद है कि बिहार में कितने राजनेता और अफसर हुए? नहीं याद होगा, क्योंकि इनकी पहचान सत्ता के कारण है, व्यक्तिगत विलक्षणता-प्रतिभा, मौलिक चिंतन के कारण नहीं. इस कारण ये कूड़ेदान में चले जाने के लिए अभिशप्त हैं.

प्रभात खबर का आपसे आग्रह है कि डॉ वशिष्ठ के लिए आप अपनी भागती जिंदगी में से दो क्षण निकालिए, जो संभव हो, मनिआर्डर द्वारा सीधे उनके घर आप मदद भेजिए. मनिआर्डर फार्म में संदेश की जगह संवेदना के दो शब्द भी. साथ ही प्रभात खबर को महज सूचना. ऐसी सूचनाएं छपेंगी. अब भी संभावना है कि डॉ वशिष्ठ का समुचित इलाज हो तो वह ठीक हो सकते हैं. ठीक न भी हों, तो दवा और खाने का अभाव वह न झेले, यह आपद् धर्म है. उनका पता है- **डॉ वशिष्ठ नारायण सिंह (गणितज्ञ), मार्फत- छबिलाल सिंह, बसंतपुर, भोजपुर. (छबिलाल सिंह, वशिष्ठ नारायण सिंह के बड़े भाई हैं)**

वशिष्ट बाबू का इलाज हो सका. 2013 में प्रभात खबर ने फिर वशिष्ट बाबू को याद किया. उनके हालात को सामने लाया. इसका नतीजा यह निकला कि कुछ विश्वविद्यालयों ने उन्हें विजिटर प्रोफेसर बनाने का वादा किया. उनकी खुशी को लौटाया.

ऑपरेशन अंधविश्वास

झारखंड में हजारों महिलाओं की डायन करार देकर हत्या की जा चुकी है. यह एक बड़ी सामाजिक समस्या है. जब झारखंड बिहार का हिस्सा था, उन दिनों भी ऐसी घटनाएं होती थी. प्रभात खबर ने इस अंधविश्वास के प्रति लोगों को जागरूक करने के लिए 1998 में एक अभियान चलाया था. सरायकेला के कोलाबीरा में 24 दिसंबर 1998 को प्रभात खबर और फ्री लीगल एड कमेटी (फ्लैक) ने मिल कर इस अभियान की शुरूआत की थी. इसमें पूरे राज्य से उन महिलाओं को भी बुलाया गया था, उनका अनुभव सुना गया था जिन्हें डायन करार देकर उनके साथ अमानवीय व्यवहार किया गया था. इसके तहत गांव-गांव में एक टीम जाती थी और नुक्कड़ नाटक के जरिए यह बताया जाता था कि कैसे अंधविश्वास के कारण महिलाओं को न सिर्फ डायन करार दिया जाता है बल्कि उनकी हत्या भी कर दी जाती है. इस पूरे अभियान में फ्री लीगल एड कमेटी की टीम शामिल थी.

विकास पर दिल्ली में बैठक

झारखंड राज्य के गठन के पहले से ही प्रभात खबर इस क्षेत्र विकास के लिए चिंतित रहा. एक ओर प्रभात खबर अलग झारखंड राज्य के समर्थन में वैचारिक लड़ाई लड़ रहा था, दूसरी ओर राज्य पिछड़ा नहीं रहे, इसके लिए विकास के प्रति भी सचेत रहा. इसका एक उदाहरण था विकास पर बैठक का आयोजन करना. प्रभात खबर द्वारा 17 मई 1990 को नयी दिल्ली में एक होटल में बिहार (अविभाजित) से संबंधित आधे घंटे की एक फिल्म दिखायी गयी थी. इसमें राज्य के औद्योगिक विकास में हुए ह्रास, विकास के नाम पर ठगी, बदहाली, सामाजिक विषमता और बिहार के साथ केंद्र के भेदभाव को दिखाया गया था. इस समारोह में लगभग 30 सांसद और अनेक बुद्धिजीवी, जवाहरलाल नेहरू विश्वविद्यालय के प्राध्यापक मौजूद थे. इसमें चंद्रशेखर, शत्रुघन सिन्हा भी मौजूद थे. यह इस बात का प्रमाण है कि प्रभात खबर अपने राज्य के विकास के लिए सतत प्रयासरत रहा है.

बाद में भी ऐसे प्रयास होते रहे. प्रभात खबर ने दिसंबर 2012 में दिल्ली के होटल इरोज हिल्टन में लीडरशिप समिट कराया. इसमें रवि शंकर प्रसाद, सुबोधकांत सहाय, झारखंड के मुख्य सचिव एसके चौधरी, एड गुरु प्रहलाद कक्कड़, पत्रकार दिलीप राजदेसाई उपस्थित थे. देश की कई प्रमुख कंपनियों के शीर्ष अधिकारियों ने भी इस समिट में भाग लिया.

बिहार के पिछड़ेपन पर गोष्ठी

ऐसी बात नहीं है कि राज्य बनने के बाद से प्रभात खबर इस क्षेत्र के विकास के लिए आवाज उठा रहा है. जब राज्य नहीं बना था, बिहार के अधीन था, उस समय भी प्रभात खबर ने पूरे राज्य (बिहार

भी) के पिछड़ेपन को लेकर रांची में बड़ी गोष्ठी की थी. 1989 के लोक सभा चुनाव के बाद कांग्रेस सत्ता से बाहर हुई थी. वीपी सिंह प्रधानमंत्री बने थे. मंत्रिमंडल में रांची के तत्कालीन सांसद सुबोध कांत सहाय को गृह राज्यमंत्री के रूप में शामिल किया गया था. 29 दिसंबर 1990 को रांची कॉलेज के सभागार में शत्रुघन सिन्हा और सुबोध कांत सहाय ने एक मंच से प्रभात खबर के बैनर तले बिहार का पिछड़ापन विषय पर अपने विचार रखे थे. इसी गोष्ठी में सुबोध कांत सहाय ने घोषणा की थी कि छोटानागपुर के विकास के लिए 10 अरब की योजना के कार्यान्वयन की प्रक्रिया शुरू हो चुकी है (प्रभात खबर 30.12.1990 का अंक). इस गोष्ठी में डॉ रामदयाल मुंडा, डॉ अमर कुमार सिंह और डॉ एचआर मिश्रा जैसे प्रबुद्ध लोगों ने भी राज्य के विकास के लिए अपने विचार रखे थे.

पीपुल्स असेंबली (वर्ष 2007)

प्रभात विशेष 16

प्रभात खबरकीपीपुल्स एसेंबली में जनमुद्दों की बरसात

शून्य काल में उठे कई सवाल

पीपुल्स एसेंबली में विकास-भ्रष्टाचार-उग्रवाद पर डिबेट आयोजित

तीन दिवसीय पीपुल्स एसेंबली का आज समापन

संभवतः प्रभात खबर देश का पहला अखबार है जिसने विधानसभा सत्र के दौरान तीन-तीन दिनों की पीपुल्स असेंबली बुलायी. 20, 21 और 22 अगस्त 2007 को रांची, जमशेदपुर, धनबाद और देवघर में पीपुल्स असेंबली का आयोजन किया गया. उन दिनों विधानसभा का सत्र चल रहा था. लेकिन जनता की समस्याएं नहीं उठ रही थी. विधायक इन मुद्दों पर मौन थे. सार्थक बहस नहीं हो रही थी. हो-हंगामा में समय बर्बाद हो रहा था. भ्रष्टाचार के एक से एक मामले सामने आ रहे थे लेकिन इस पर चर्चा नहीं हो रही थी. उन्हीं दिनों प्रभात खबर ने कौन है विनोद सिन्हा स्टोरी प्रकाशित की थी. इस रिपोर्ट के बाद हंगामा हो रहा था. प्रभात खबर ने झारखंड के चार शहरों में 81-81 लोगों को बुलाया. ये समाज के सभी जाति-धर्म, तबकों और विभिन्न राजनीतिक दल, विभिन्न विचारधाराओं से जुड़े लोग थे. जहां यह कार्यक्रम हुआ, उसे एक तरह से विधानसभा

मान लिया गया. बुलाये गये 81 लोगों को विधायक मान कर कार्यक्रम का आयोजन किया गया. इनमें से एक अध्यक्ष चुने गये. उन्होंने कार्यक्रम का संचालन ठीक उसी तरह किया जैसे विधानसभा में अध्यक्ष करते हैं. इसमें कोई पक्ष या विपक्ष नहीं था. सिर्फ अध्यक्ष थे और बाकी सदस्य जनता का प्रतिनिधित्व कर रहे थे. इस पूरे कार्यक्रम को पीपुल्स असेंबली का नाम दिया गया. मौजूद लोगों ने अपने-अपने क्षेत्र की समस्याओं, मुद्दों को उठाया. इस कार्यक्रम का संदेश विधायकों को देना था कि कैसे वे जनता के प्रति अपनी जिम्मेवारी से भाग रहे हैं. उन्हें यह बताना था कि जिन सवालों को ये लोग उठा रहे हैं, इन सवालों को विधानसभा में उठाने की जिम्मेवारी विधायकों की थी जिन्होंने इसका निर्वहन नहीं किया.

रांची, जमशेदपुर, धनबाद देवघर में तीन दिनों तक पीपुल्स असेंबली चली. इस दौरान 1200 से ज्यादा लोगों ने इस असेंबली में भाग लिया. इस असेंबली में अनेक ऐसे मुद्दे उठे जिन्हें बाद में विधायकों ने विधानसभा में उठाया. प्रभात खबर ने जनता के प्रति अपने दायित्व को निभाने के लिए ऐसी अनोखी पहल की थी जिसे समाज के सभी तबकों ने सराहा. यह प्रभात खबर के काम करने का एक तरीका था.

घूस को घूंसा (2006)

राइट टू इनफॉर्मेशन (आरटीआइ) लागू हो चुका था. प्रभात खबर ने लगातार रिपोर्ट छापी कि झारखंड में बिना घूस दिये काम नहीं होता है. विभागों में घूस की दर भी छपती रही. इसके बाद प्रभात खबर ने प्रयास किया कि जनता को जागरूक बनाया जाये. उसे आरटीआइ (सूचना का अधिकार) के बारे में अधिक से अधिक जानकारी दी जाये. एक जुलाई 2006 से 15 जुलाई 2006 तक पूरे देश के 50 शहरों में घूस के खिलाफ शिविर लगाया गया था. देश के 15 राज्यों में यह कार्यक्रम चल रहा था. प्रभात खबर को झारखंड-बिहार के छह केंद्रों पर इस शिविर को लगाने की जिम्मेवारी दी गयी थी. इसी क्रम में रांची, जमशेदपुर, धनबाद, देवघर, दुमका और पटना में शिविर लगाया गया था. रांची में अर्जुन मुंडा ने और पटना में उपमुख्यमंत्री सुशील मोदी ने कार्यक्रम का उदघाटन किया था. हर दिन आरटीआइ के जानकारों को बुलाया जाता. लोगों को बताया जाता कि आरटीआइ क्या है, इसका उपयोग कैसे करना है. साथ ही यह भी संदेश दिया जाता कि किसी काम को करने के लिए घूस नहीं देना है. अगर किसी का काम फंसा है तो उसके लिए आवेदन भी मांगे गये थे. कार्यक्रम का नाम दिया गया था-घूस को घूंसा. यानी जो घूस मांगे, उसे घूंसा मारिए. ऐसा नहीं है कि प्रभात खबर ने किसी को हिंसा के लिए या कानून हाथ में लेने के लिए उकसाया था. यह सांकेतिक था कि किसी हाल में घूस मत दीजिए. आरटीआइ का प्रयोग कीजिए, सूचना मांगिए और ऊपर के अधिकारियों से शिकायत कीजिए. वहां भी शिकायत नहीं सुनने पर उसके ऊपर के अधिकारियों तक जाइए. हार कर छोड़िए मत. प्रभात खबर ने लोगों को जागरूक करने के लिए, उन्हें अपना अधिकार बताने के लिए यह अभियान चला था. रांची में तो 15 दिनों तक लगातार बड़ी-बड़ी बैठकें हुईं जिसमें सत्ता और विपक्ष के

घूस को घूंसा अभियान शुरू

झारखंड-बिहार के छह केंद्रों पर *प्रभात खबर* ने लगाये शिविर

- रांची में मुंडा, पटना में मोदी ने किया उद्घाटन
- 15 तक चलेगा सूचनाधिकार का देशव्यापी अभियान

घूसखोरी के खिलाफ अभियान में मुख्यमंत्री अर्जुन मुंडा, विधानसभा अध्यक्ष इंदरसिंह नामधारी व नेता प्रतिपक्ष सुधीर महतो.

प्रभात खबर टोली

रांची : घूसखोरी के खिलाफ देशव्यापी अभियान आज शुरू हुआ. झारखंड और बिहार के छह केंद्रों में प्रभात खबर ने शिविर लगाये हैं. इन केंद्रों में 15 जुलाई तक प्रतिदिन नागरिकों को बताया जायेगा कि किसी भी काम के लिए घूस देने के बदले सूचनाधिकार का इस्तेमाल कैसे करें. रांची में मुख्यमंत्री अर्जुन मुंडा ने शिविर का उद्घाटन करते हुए जनता को सारी सूचना उपलब्ध कराने तथा पूर्ण पारदर्शिता की जरूरत बतायी. इस मौके पर विधानसभाध्यक्ष इंदर सिंह नामधारी एवं नेता प्रतिपक्ष सुधीर महतो भी मौजूद थे.

पटना में उपमुख्यमंत्री सुशील मोदी ने शिविर का उद्घाटन करते हुए राज्य में सूचना के संविधान-प्रदत्त अधिकार के पूर्ण अनुपालन का भरोसा दिलाया. धनबाद में पूर्व मंत्री पीएन सिंह ने, जमशेदपुर में सांसद सुनील महतो ने, देवघर में एसपी सुमन गुप्ता ने तथा दुमका में डीसी अजय सिन्हा ने शिविर का उद्घाटन किया.

इस देशव्यापी अभियान के तहत 15 राज्यों के 50 शहरों में शिविर लगाये गये हैं. अभियान 15 जुलाई तक चलेगा. बिहार तथा झारखंड में प्रभात खबर इस अभियान का संचालन कर रहा है. इस दौरान रांची, पटना, जमशेदपुर, धनबाद, देवघर तथा दुमका में शिविर लगेंगे. इनमें नागरिकों को आमंत्रित करके सूचना के अधिकार का उपयोग करने की जानकारी दी जायेगी. यह अभियान रिश्वत के खिलाफ है.

शेष पेज 15 पर

नेताओं को भी बुलाया जाता था. सामाजिक दायित्व के तहत प्रभात खबर ने इस प्रकार के कार्यक्रम का आयोजन किया था. इसका असर भी दिखता था. जब अभियान चला, उसके कुछ माह बाद तक भ्रष्ट सरकारी दफ्तरों में भी घूस पर कुछ अंकुश लगा था.

बचपन बचाओ अभियान (2012)

झारखंड में बड़ी संख्या में लोग आत्महत्या करते हैं. खास तौर पर छात्र. परीक्षा का रिजल्ट निकला, कम नंबर आये तो बच्चों ने आत्महत्या कर ली. बच्चे तनाव में जी रहे हैं. खेलने का समय नहीं मिलता. मन भी करता है तो मैदान नहीं है कि खेलें. कंप्यूटर-टेलीविजन से बाहर नहीं निकलते. माता-पिता समय नहीं दे पाते और बच्चों से इंजीनियर-आइएएस बनने की उम्मीद करते हैं. प्रभात खबर ने बच्चों की इन समस्याओं को महसूस किया. उसके बाद लगभग डेढ़ माह तक प्रभात खबर ने अखबार में बचपन बचाओ अभियान नाम से हरिवंशजी और संजय सिन्हा की रिपोर्ट छापी. झारखंड के कई शहरों के स्कूलों में प्रभात खबर की टीम गयी. (अप्रैल-मई 2012). साथ में मनोचिकित्सक को भी ले गयी. स्कूल में 500-600 बच्चों को जमा किया जाता था. उनके मनोबल को बढ़ाया जाता था. उनकी बातों को सुना जाता था. उनकी समस्याओं को सुना जाता था. उनके सवालों का जवाब एक्सपर्ट दिया करते थे. सच यह है कि बच्चों की समस्याओं को भी सुनने के लिए कोई तैयार नहीं है. स्कूल में शिक्षक नहीं सुनते, घर में माता-पिता. बच्चे करें तो क्या करें? ऐसे में बच्चे डिप्रेशन के शिकार हो रहे हैं. प्रभात खबर ने इसी समस्या का निदान करने की पहल की. जब भी प्रभात खबर की टीम स्कूलों में गयी, सैकड़ों बच्चों ने सवाल पूछे. निदान पूछा. बच्चों की जो समस्याएं उभर कर आयी, उन पर लगातार रिपोर्ट्स छापी. प्रभात खबर को ऐसे अभियान से जमीनी हकीकत का भी पता चला.

प्रभात खबर सिटी 09

■ डीएवी बरियातू से प्रभात खबर का बचाओ बचपन अभियान शुरू, बच्चों ने कहा

पहले से बहुत तनाव, अब और नहीं झेल सकता

बचाओ बचपन

स्थापना दिवस पर गोष्ठी

प्रभात खबर ने विकास के लिए अनेक गोष्ठियां कीं. 8 सितंबर को स्थापना दिवस पर प्रभात खबर, जमशेदपुर में अनेक गोष्ठियां आयोजित की गयी. 8 सितंबर 2001 को सरायकेला मुख्यालय में प्रभात खबर ने गोष्ठी की जिसमें तत्कालीन श्रम मंत्री रघुवर दास और कल्याण मंत्री अर्जुन मुंडा ने पालिटेक्निक खोलने की घोषणा की. छह माह के अंदर काम आरंभ हो गया. एक साल के अंदर वहां नामांकन भी होने लगा. 8 सितंबर 1999 को जमशेदपुर का भविष्य पर गोष्ठी की गयी. पंचायत चुनाव के दौरान लोगों को जागरूक करने के लिए प्रभात खबर ने कार्यशाला (जमशेदपुर) का आयोजन किया जिसमें पूरे कोल्हान से लोगों ने भाग लिया था.यह आयोजन 23 मार्च 2002 को जमशेदपुर में हुआ था. जमशेदपुर के ग्रेजुएट कॉलेज में प्रभात खबर ने स्थापना दिवस पर कार्यक्रम किया. इसमें यह मांग उठी कि कॉलेज का अपना

बड़ा हॉल होना चाहिए. समारोह में ही घोषणा की गयी कि सरकार इसमें सहयोग करेगी और अंततः इसमें सहयोग किया. प्रभात खबर ने प्रयास किया कि छोटे-छोटे प्रयास से विकास के काम हों, खास तौर पर शिक्षा के क्षेत्र में. छोटे-छोटे प्रयास से यह अखबार अपनी जड़ मजबूत करता रहा है. जमशेदपुर से अखबार निकले एक साल भी नहीं हुआ था कि चाईबासा में प्रभात खबर ने 4 अगस्त 1996 को स्कूली बच्चों के लिए बड़ा कार्यक्रम कराया. उनके लिए निबंध प्रतियोगिता आयोजित की गयी. एक पेज बच्चों पर छापा गया. इससे बच्चों को जोड़ने में मदद मिली. यह वह दौर था जब बड़े अखबार ग्रामीण बच्चों के लिए ऐसे कार्य नहीं करते थे. फिर जमशेदपुर में कोचिंग संस्थानों के साथ जुड़कर प्रतियोगी परीक्षाओं की तैयारी प्रभात खबर ने करायी. इससे परीक्षाओं में शामिल होनेवालों को काफी सहायता मिली.

कॉलेजों-दफ्तरों में सफाई अभियान

प्रभात खबर सामाजिक चेतना जगाने का काम करता रहा है. सिर्फ अखबार में खबर छाप कर ही प्रभात खबर अपनी जिम्मेवारी पूरी नहीं कर लेता बल्कि कई बार मैदान में खुद उतर कर रास्ता भी दिखाता है. जमशेदपुर की घटना है. एक कार्यक्रम के दौरान पता चला कि कई कॉलेजों में, सरकारी दफ्तरों में गंदगी भरी पड़ी है. सफाई नहीं हो रही है. कॉलेज में पंखे के ब्लेड नीचे की ओर मुड़े थे, छात्र-छात्राओं द्वारा जीत कर लाये गये शील्ड चमकने की जगह काले हो गये थे. कई जगहों पर पान थूक कर गंदा कर दिया गया था. प्रभात खबर ने लोगों से आहवान किया कि वे ऐसे संस्थानों की सफाई में हाथ बंटाये. खुद प्रभात खबर की टीम जमशेदपुर के को-ऑपरेटिव कॉलेज में गयी. शहर से भी लोग आ गये. कॉलेज के प्राचार्य खुद वहां मौजूद थे. लड़के भी पहुंचे. उसके बाद कॉलेज की सफाई की गयी. चूना से पान के दाग को हटाया गया. नींबू से शील्ड को चमकाया गया. बाल्टी से पानी ला कर पूरे कॉलेज को साफ किया गया. यही काम कुछ अन्य कॉलेजों और सरकारी दफ्तरों में किया गया. इसका असर यह पड़ा कि लंबे समय तक लड़कों या फिर सरकारी कर्मचारियों ने अपने कार्यस्थल को गंदा नहीं किया. छठ के मौके पर घाटों की सफाई में तो प्रभात खबर के सदस्य तो हाथ बंटाते ही हैं. ऐसे काम करने से प्रभात खबर के सदस्यों को आनंद मिलता है. कुछ सरकारी दफ्तरों और अन्य कॉलेजों में भी प्रभात खबर का यह कार्यक्रम चला.

पॉलिथीन मौत का थैला
प्रभात खबर
शाहरुख के मन्नत को शिव सैनिकों ने घेरा
Karbonn
Live your life

पॉलिथीन/ हरमू नदी/पानी बचाने का अभियान

प्रभात खबर ने राज्य में पॉलिथीन पर प्रतिबंध लगाने, हरमू नदी को कब्जे से मुक्त करने का अभियान चलाया. इसके साथ ही पानी बचाने के लिए लोगों में जागरूकता फैलाने का अभियान चलाया. पॉलिथीन का प्रयोग कितना घातक है, इसके बारे में लोगों को बताया गया. कैसे नालियां जाम हो रही हैं, कैसे खेतों को पॉलिथीन खराब कर रहा है,

प्रभात खबर
उठी आवाज, पॉलिथीन बैन करे सरकार
नक्सलियों ने सीएम तक शर्तें पहुंचायी
पाक में रची गयी थी साजिश!
अमेरिका में ओवरटाइम
Usha Martin School
Education that nurtures doctors, engineers and scientists of tomorrow

कैसे इस पॉलिथीन में सामान लाने से घातक बीमारियां होने का डर रहता है, इसके बारे में जानकारी दी गयी. इसका असर पड़ा. झारखंड में इस पर प्रतिबंध लगा.

जब पानी का संकट गहराया तो प्रभात खबर ने बूंद-बूंद पानी बचाने का आहवान किया. अभियान चलाया. शहर में रैली की गयी जिसमें हजारों लोगों ने भाग लिया. अनेक संस्थाओं को इस अभियान से जोड़ा गया. इसी प्रकार झारखंड की जीवनरेखा हरमू नदी को बचाने के लिए प्रभात खबर ने अभियान चलाया. लोगों को यह बताया कि कैसे लोगों ने प्रकृति के साथ छेड़छाड़ किया है. नदियों पर कब्जा कर घर बना दिया है.

हमें शऊर नहीं

प्रभात खबर ने अपने सामाजिक दायित्व के तहत आम जनता को जागरूक करने का प्रयास कई बार किया. लोग सड़क पर वाहन लगा कर दुकान में घुस जाते हैं और रोड जाम हो जाता है, बिना हेल्मेट के दोपहिये वाहन चलाते हैं, दुर्घटना होती है, जान चली जाती है, दोपहिये वाहन पर तीन-तीन लोग बैठकर चलते हैं, ट्रॉफिक सिग्नल को नहीं मानते, रेड लाइट जलने के बावजूद गाड़ी बढ़ा देते हैं, दफ्तर हो या स्कूल-कॉलेज, जहां-तहां थूक देते हैं, घरों का कचड़ा डस्टबीन में न फेंक कर सड़कों पर फेंकते हैं. प्रभात खबर ने इसके लिए हमें शऊर नहीं है नामक अभियान चलाया. ट्रॉफिक सिग्नल तोड़ कर भागनेवाले, सड़क पर गाड़ी लगा कर गायब होनेवाले वाहनों का नंबर तक छापा ताकि लोग सुधरे. जहां-जहां लोग कूड़ा फेंकते थे, कूड़ा

प्रभात खबर सिटी
कहीं जान न ले ले यह लापरवाही
ट्रिपल राइडिंग
हम सुधरें, तो शहर सुधरेगा
प्रभात खबर अभियान
4
हेलमेट बिना ट्रिपल राइड : ऐसी लापरवाही न बरतें : इससे दुर्घटना होने की आशंका काफी बढ़ जाती है.
क्या करें
क्या न करें
क्या कहते हैं वाहन चालक
खुद को तो जोखिम में डाला ही, दोस्तों का भी ख्याल नहीं.

फेंकते वक्त तसवीर छापी ताकि डर से ही सही, लोगों में सुधार आये. इसका असर पड़ा. लोगों ने हेल्मेट पहनना शुरू किया. इससे दुर्घटना में होनेवाली मौतों की संख्या घटी. इससे पहले जुलाई 2013 में प्रभात खबर ने जागरूकता फैलाने के लिए हम सुधरें, तो शहर सुधरेगा अभियान चलाया था. इसमें लोगों को शहर को साफ सुथरा रखने, यातायात नियमों का पालन करने, रास्ता पर वाहन चलाने के बारे में जानकारी दी थी.

युवाओं को बैठक बुलायी

जब देश भर में भ्रष्टाचार के खिलाफ माहौल बनाने का प्रयास हो रहा था, प्रभात खबर ने इससे एक कदम आगे जाकर पहल की. 13 अगस्त 2011 को प्रभात खबर कार्यालय रांची में आइआइटी, आइआइएम, आइएसएम और प्रबंधन, इंजीनियरिंग व मेडिकल के छात्रों की बैठक बुलायी. देश के हालात से ये छात्र बेचैन थे और देश को बचाने के लिए आगे आने को तैयार थे. इनमें से कई तो अपने प्रोफेशन को छोड़ कर राजनीति में आने, भ्रष्टाचार के खिलाफ लड़ने का भी वादा किया. प्रभात खबर ने युवाओं को एक मंच पर लाने की पहल की.

विधानसभा की सीटें बढ़ाने का अभियान

■ विधानसभा सीट बढ़ाने का प्रस्ताव लंबित नहीं : कानून मंत्रालय

झारखंड ने पांच बार भेजा प्रस्ताव, कहां है फाइल ?

बढ़े सीटें — झारखंड विधानसभा

झारखंड विधानसभा की सीटें बढ़ाने की फाइल कहां है, पता नहीं. झारखंड विधानसभा पांच बार सीट बढ़ाने की सिफारिश कर चुकी है. पूर्व स्पीकर आलमगीर आलम का भी कहना है कि विधानसभा से सीटें बढ़ाने का प्रस्ताव पारित हुआ था. वहीं केंद्र सरकार के विधि व न्याय मंत्रालय का कहना है कि झारखंड विधानसभा की सीटें 81 से 110 करने का कोई प्रस्ताव उसके विचाराधीन नहीं है. यह खुलासा सूचना अधिकार के तहत केंद्रीय विधि व न्याय मंत्रालय से मिले लिखित जवाब से हुआ है. ऐसे में झारखंड विधानसभा से पारित प्रस्ताव की फाइल कहां दब गयी, यह जांच का विषय है. इसके साथ ही वर्षों से झारखंड विधानसभा की सीटें बढ़ाने का मामला लटका हुआ है.

आनंद मोहन ■ रांची

सूचना के अधिकार के तहत विधि मंत्रालय ने दी है यह जानकारी

सीट बढ़ने से होंगे फायदे
1. विधानसभा में बहुमत का संकट दूर हो सकता है
2. राजनीतिक अस्थिरता दूर होगी
3. राजनीतिक शक्तियों का विकेंद्रीकरण होगा
4. ग्रास रूट तक राजनीतिक पहल तेज होगी

झारखंड विधानसभा ने कब-कब भेजा प्रस्ताव

2002, 2004, 2005, 2007 व 2009 में बहुमत से प्रस्ताव पारित कर विधानसभा की सीटें बढ़ाने की सिफारिश कर चुकी है झारखंड विधानसभा.

परिसीमन के लिए 15 जून 2005 में बनी थी कमेटी

क्यों नहीं बढ़ सकती विधानसभा की सीट

■ अनुज कुमार सिन्हा

आबादी कम, पर सीट ज्यादा

राज्य	आबादी	सीट
असम	31169272	126
पंजाब	31169272	117
हरियाणा	27704236	90
छत्तीसगढ़	25540196	90
जम्मू-कश्मीर	12548926	87
झारखंड	32966238	81

क्षेत्रफल कम, पर सीट ज्यादा

राज्य	क्षेत्रफल	सीट
असम	78438	126
पंजाब	50362	117
हरियाणा	44212	90
झारखंड	79714	81

झारखंड राज्य बनने के बाद यहां जब स्थायी सरकार नहीं बनने लगी, गंठबंधन की सरकार बनती रही, छोटे-छोटे दल और चार-छह निर्दलीय विधायकों ने जब ब्लैकमेलिंग की राजनीति आरंभ की तो प्रभात खबर ने महसूस किया कि इस राज्य का भला तभी हो सकता है, जब राज्य में स्थायी सरकार बने. छोटा राज्य और सिर्फ 81 विधानसभा सीट होने के कारण परेशानी ज्यादा हो रही है. झारखंड की जो आबादी है, उसके अनुसार यहां और सीटें होनी चाहिए. देश में कई ऐसे राज्य हैं जो झारखंड से छोटा है, जहां की आबादी झारखंड से कम है लेकिन विधानसभा सीट ज्यादा है. इसलिए प्रभात खबर ने झारखंड विधानसभा की सीटें बढ़ाने के लिए अप्रैल 2013 में अभियान चलाया. इस पर बहस करायी जिसमें सभी राजनीतिक दल और समाज के हर तबके के लोगों को जोड़ा. इसे जनसमर्थन मिला. कई दलों ने प्रभात खबर के अभियान का समर्थन करते हुए इसे मुद्दा बनाया. विधानसभा ने भी प्रस्ताव पारित किया कि राज्य में सीटें बढ़ायी जायें.

विशेष राज्य का दर्जा देने के लिए अभियान

झारखंड और बिहार को विशेष राज्य का दर्जा देने के लिए दोनों राज्यों में प्रभात खबर ने विशेष

प्रभात खबर राजपाट

विशेष पैकेज के लिए संसद में उठेगी आवाज

मिले विशेष पैकेज

वरीय संवाददाता ■ रांची

झारखंड के लोकसभा और राज्यसभा सांसद विशेष पैकेज या विशेष राज्य का दर्जा दिये जाने को लेकर एकजुट हैं. इनका कहना है कि राज्य का हक बनता है कि इसे विशेष पैकेज मिले. झारखंड दूसरे राज्यों से विकास के मानक में बहुत पीछे छूट रहा है.

राज्य की आय के स्रोत भी गिने-चुने हैं. खनिज की रॉयल्टी से मिलनेवाले पैसे पर राज्य निर्भर है. इसे उचित फोरम पर उठाया गया है. केंद्र सरकार इसे लेकर संवेदनशील बने.

राज्य को उसका हक मिलना चाहिए. राज्य को विशेष पैकेज या विशेष राज्य का दर्जा देने के लिए भाजपा, कांग्रेस, झाविमो के सांसद गोलबंद हैं.

- झारखंड विकास के मापदंड में दूसरे राज्यों से पीछे.
- राज्य में गरीबी है. विकास में तेजी की जरूरत है.
- राज्य के हर क्षेत्र में आधारभूत संरचना की कमी. विशेष पैकेज से दुरुस्त होगा.
- राज्य में खनिज ही आय का साधन.
- बिहार के जमाने से ही यह इलाका विकास में छूटता रहा है. विशेष सहायता जरूरी है.
- बजट का पैसा भी पूरा खर्च हो.
- इसे एक मुहिम के तहत आगे बढ़ाना चाहिए.
- राज्य सरकार भी विशेष पैकेज के लिए होम वर्क कर केंद्र से बात करे.

अभियान चलाया. झारखंड में इसे मुद्दा बनाते हुए गोष्ठियों और बहस का आयोजन किया गया. सभी राजनीतिक दलों को जोड़ा गया. यह संदेश देने का प्रयास किया गया कि प्रचुर खनिज संपदा रहने के बावजूद झारखंड में गरीबी है. यह अविकसित है. राज्य पर कर्ज है. जब तक इस राज्य को विशेष केंद्रीय सहायता नहीं मिलती है, झारखंड आगे नहीं बढ़ सकता. इसके लिए प्रभात खबर में लंबा अभियान चला. प्रभात खबर कार्यालय में 25 फरवरी 2014 को विशेष बहस का आयोजन किया गया. इसमें सभी दलों के वरिष्ठ नेताओं, राज्य के प्रमुख लोगों ने भाग लिया. कई राजनीतिक दलों ने इसे मुद्दा बनाया और दिल्ली तक में जाकर रैली की. बिहार में तो इस मामले पर प्रभात खबर ने हस्ताक्षर अभियान चलाया.

अमृता का पैर बचाया

जब भी समाज में कोई ऐसा मामला आया जहां पैसे की कमी के कारण किसी का इलाज नहीं हो पा रहा या समाज का कोई व्यक्ति अभाव में जी रहा है, संकट में है, प्रभात खबर ने आगे आकर जनता के सहयोग से उस समस्या के निदान का प्रयास किया. ऐसी ही एक लड़की थी अमृता. विशुनपुर (गुमला) की रहनेवाली. अक्तूबर 2013 में दुर्घटना में उसका पैर क्षतिग्रस्त हो गया था. उसके पैर काटने की नौबत आ गयी थी. प्रभात खबर ने लोगों से सहायता की अपील की. पर्याप्त पैसे आये. रिम्स के डॉ एलबी माझी, डॉ शांति भूषण, डॉ एकरामुल हक की टीम ने उसका ऑपरेशन किया (निःशुल्क). अमृता का पैर कटने से बच गया. ऐसे अभियान चला कर प्रभात खबर समाज में बेहतर काम करनेवालों को प्रोत्साहित करता रहा है.

शराब विरोधी अभियान

वर्ष 2005 में होली के दिन शराब के नशे में हजारीबाग में कुछ लोगों ने काफी हंगामा किया था. इसके बाद मुकुंदगंज में 28 मार्च को महिलाओं की बैठक हुई. बैठक में महिलाओं ने कहा कि शराब के कारण कैसे उनका परिवार तबाह हो रहा है. शराबी पति, पिता और बेटा घर को बर्बाद कर रहा है. कैसे

25-30 रुपये प्रतिदिन उनके घर के पुरुष शराब पर खर्च कर देते हैं. मारपीट करते हैं. हंगामा करते हैं. इससे एक तो परिवार आर्थिक तौर पर परेशान होता है, इसके बाद बच्चों और महिलाओं पर इसका प्रतिकूल असर पड़ता है. महिलाओं ने शराब के विरोध में अभियान चलाया. प्रभात खबर ने इस अभियान का समर्थन किया और इस संदेश को दूर-दूर तक पहुंचाया. यह आंदोलन सौ से ज्यादा गांवों तक पहुंच गया. महिलाओं ने अवैध शराब बनानेवाली भट्ठियों को तोड़ डाला. इस धंधे में लगे लोगों की पिटाई कर दी. हर घर से महिलाएं निकलती थीं और शराबियों को ठीक करती थी. प्रशासन ने उनका साथ दिया. प्रभात खबर की टीम भी गांव-गांव घुमती थी और लोगों को जागरूक करती थी. इस आंदोलन का अच्छा असर दिखा और अवैध शराब दुकानें बंद हो गयीं. कई लोगों ने शराब छोड़ दी. अनेक घरों में खुशी लौट आयी.

कुछ अन्य कार्य

आम तौर पर अखबारों का मूल काम सिर्फ खबरों को छापना होता है लेकिन प्रभात खबर इससे आगे जाकर भी काम करता रहा है. झारखंड में जमीन की समस्या गंभीर है. यहां सीएनटी और एसपीटी एक्ट लगा है. ये दोनों जमीन से जुड़े कड़े कानून हैं, लेकिन इसका उल्लंघन कर आदिवासियों की जमीन को दूसरे लोग कब्जा कर ले रहे हैं. गरीब आदिवासी कुछ कर नहीं पाते थे. जमीन उनकी, कब्जा किसी और का. पैसे के बल पर सारा खेल हो रहा था. ताकतवर लोग और अधिकारी मिल कर यह काम कर रहे थे. रांची के अनगड़ा में ऐसे मामले ज्यादा आये. प्रभात खबर ने उदाहरण के साथ खबरें छापी कि किन-किन आदिवासियों की जमीन पर किसने कब्जा किया है. ऐसे मामले सामने आये थे जब किसी आदिवासी की जमीन पर 30 साल से दूसरे लोगों ने, दबंगों ने कब्जा कर रखा था. रिपोर्ट छापने के बाद अनगड़ा सीओ ने कार्रवाई की औरआदिवासियों को उनकी जमीन पर कब्जा दिलाया.

कोल्हान प्रमंडल और विश्वविद्यालय

15 नवंबर 2000 को अलग झारखंड राज्य बना. इस राज्य को बनाने के लिए कोल्हान में जोरदार आंदोलन हुआ था. अनेक गोलीकांड हुए थे. कई लोग मारे गये थे. इसलिए जब राज्य बन गया तो दो माह के भीतर ही प्रभात खबर ने कोल्हान को प्रमंडल बनाने के लिए अभियान छेड़ दिया. तब कोल्हान दक्षिणी छोटानागपुर (रांची) के अंतर्गत आता था. इस अभियान को सहयोग मिला और अंततः कोल्हान को प्रमंडल बनाया गया. फिर प्रभात खबर ने कोल्हान में विश्वविद्यालय खोलने के लिए अभियान चलाया. यह आंदोलन जमशेदपुर या फिर चाईबासा में खोलने के लिए चलाया गया था. बाद में चाईबासा में कोल्हान विश्वविद्यालय खोला गया. सरायकेला को जिला बनाने के लिए प्रभात खबर ने लगातार रिपोर्ट छापी. बाद में वह जिला बन गया. इस प्रकार लोगों को लगा कि प्रभात खबर उनकी लड़ाई लड़ता है, उनकी बात को मजबूती के साथ रखता है.

कैरियर, हेल्थ और ज्योतिषी काउंसिलिंग

अनेक ऐसे छात्र हैं जिनके मन में तरह-तरह के सवाल आते हैं, जो अपने कैरियर के बारे में

जानना चाहते हैं. प्रमुख शहरों में तो कैरियर सलाहकार मिल जाते हैं लेकिन दूरदराज के इलाकों में छात्रों-अभिभावकों को कोई मिलता नहीं. प्रभात खबर ने छात्रों-अभिभावकों की इन्हीं परेशानियों को दूर करने के लिए ऑनलाइन कैरियर काउंसिलिंग शुरू की. छात्र-अभिभावक फोन पर सवाल करते हैं और प्रभात खबर में आये विशेषज्ञ उनके सवालों का जवाब देते हैं. सुझाव देते हैं. प्रभात खबर इसके लिए कैरियर फेयर का भी आयोजन करता है. स्कूलों में जाकर भी छात्रों को कैरियर की जानकारी देता है. बुंडू, लातेहार, गढ़वा जैसी जगहों में भी प्रभात खबर ऐसे आयोजन कर चुका है. परीक्षा के समय अखबार हेल्थ टिप्स को भी प्रकाशित करता है. कई बार तो प्रमुख परीक्षाओं के दौरान प्रभात खबर ने हेल्पलाइन भी शुरू की थी. इसमें एक निर्धारित समय में छात्र प्रमुख शिक्षकों से सवाल करते थे. इसी प्रकार हेल्थ काउंसिलिंग का आयोजन भी प्रभात खबर प्रति सप्ताह करता है. प्रमुख चिकित्सकों को बुलाता है और टेलीफोन पर आनेवाले सवालों का वे जवाब देते हैं. इससे गांवों में रहनेवाले लोग भी सवाल पूछ लेते हैं और सलाह लेते हैं. ज्योतिषी और वास्तु से जुड़े सवालों के लिए भी काउंसिलिंग की जाती है. ये सारे प्रयास इसलिए किये जाते हैं ताकि लोगों को अधिक से अधिक सूचना घर बैठे मिल सके. प्रभात खबर ने रांची, जमशेदपुर, देवघर में कई बार रक्तदान शिविर का आयोजन किया. कर्मचारी अपना खून दान करते हैं जो किसी भी जरूरतमंद को दिया जा सकता है. ऐसा कर प्रभात खबर ने अनेक लोगों का जीवन बचाने का भी काम किया है. गांवों में हेल्थ कैंप भी लगाता है ताकि वहां के लोगों को बेहतर चिकित्सक देख सकें.

□

पाठक मंच

प्रभात खबर ने प्रारंभ से ही पाठकों की राय को अहमियत दी है और उनकी राय के अनुसार अखबार के कंटेंट में समय-समय पर बदलाव किया है. इसके लिए लगभग हर संस्करण में समय-समय पर पाठक मंच का आयोजन किया जाता है. इसके अलावा प्रभात खबर आपके द्वार कार्यक्रम का आयोजन किया जाता रहा है. यह सही है कि जो भी अखबार पाठकों की राय को अहमियत नहीं देता, उससे संवाद नहीं करता, पाठकों के सुझावों के आधार पर अखबार में बदलाव नहीं करता, उसका पाठकों से संपर्क कट जाता है. बगैर पाठकों के संपर्क के (रीडर्स कनेक्टिविटी) कोई भी अखबार आगे नहीं बढ़ सकता.

पाठकों की अदालत में 'प्रभात खबर'

प्रभात खबर पाठक मंच

जिला प्रशासन की जा

पाठकों की राय जानने के लिए पहली बार 28 जुलाई 1991 को पाठक मंच का आयोजन किया गया था

नये प्रबंधन में पाठकों से संपर्क का अभियान तो चल ही रहा था लेकिन पहला विधिवत बड़ा अभियान 28 जुलाई 1991 को आरंभ हुआ था. प्रधान संपादक हरिवंश जी ने पाठकों से सीधा संवाद कर यह जानना चाहा था कि आम पाठक अखबार के बारे में क्या सोचते हैं. अखबार में क्या कमियां हैं? इसमें पाठक और क्या बदलाव चाहते हैं? उनकी राय क्या है? पाठकों से सीधे संवाद के लिए जिला परिषद (रांची) के सभागार में प्रभात खबर ने रांची के प्रमुख लोगों को आमंत्रित किया था. पाठकों को बुलाना आसान काम नहीं होता. उन दिनों तो और भी कठिन था. कोई अपना काम छोड़ कर क्यों आये. पूरी टीम लगी और निजी संबंधों के कारण अच्छी संख्या में पाठक (लोग कहिए) आ गये. समाज के हर वर्ग के लोग आये. गोष्ठी आरंभ हुई. पाठकों से अखबार के बारे में राय मांगी गयी. प्रधान संपादक ने पाठकों से साफ-साफ कहा था-हम यहां अपनी बात कहने नहीं, आपकी तीखी टिप्पणी सुनने आये हैं. मंच का प्रारंभ करते हुए उन्होंने कहा था-यह बहुत अनौपचारिक मिलन है. इस कारण खुल कर बातें हों. परंपरागत ढंग से सभा-समारोहों में जो तामझाम होते हैं, उनसे विपरीत जिसे बतियाना कहते हैं. मेरा अनुरोध-आग्रह-निवेदन सब है कि सिर्फ प्रभात खबर की त्रुटियों की चर्चा हो, किसी दूसरे अखबार की प्रशंसा-उल्लेखनीय पहलू की चर्चा हो. पर मेरा निवेदन होगा कि दूसरे अखबार की आलोचना न हो. एक और निवेदन. इस गोष्ठी की प्रासंगिकता तभी होगी जब आप प्रभात खबर को बेहतर बनाने के लिए उसकी कमियों को उजागर करें. हमें कहीं ठेस नहीं लगेगी, क्योंकि आप जिस स्नेह से आये हैं, उसमें ही आपका इस अखबार

के प्रति रागात्मक लगाव झलकता है.

प्रभात खबर की सीनियर टीम भी वहां मौजूद थी. अखबार का भविष्य बेहतर करने के लिए यह अनिवार्य था. पाठकों से संवाद का कार्यक्रम कई घंटे तक चला. अनेक मुद्दे उठे. दिन भर पाठक प्रभात खबर की टीम पर अपने दिल की भड़ास निकालते रहे. कुछ ही दिन पहले प्रभात खबर में मुरदों का शहर है रांची, विषय पर लंबा लेख छपा था. इस पर कुछ पाठकों ने तीखी प्रतिक्रिया व्यक्त की थी. 28 जुलाई की बैठक में भी यह मामला तत्कालीन सिटी एसपी राजेश चंद्रा ने उठाया था. कहा था-रांची शहर को मुरदा शहर कहना बंद कर दीजिए. प्रभात खबर की ओर से जवाब में कहा गया था-हम इस शहर को मुरदा मानते हैं, क्योंकि जिस शहर में 10 वर्ष की बच्ची से बलात्कार हो, कहीं भी, कभी भी डकैती-हत्या हो, एक बाप, बेटी को गाड़ी सिखाने के लिए ले जाये, उसके साथ हादसा हो, अदालत से अपराधी रिमांड पर लाया जाये और पुलिस लॉकअप में उसकी हत्या हो, फिर भी शहर में लोगों का धैर्य बना रहे, तो उसे हम मुरदा मानते हैं. बैठक में अनेक मुद्दे उठे, आलोचना हुई. प्रभात खबर की सीनियर टीम चुपचाप सुनती रही. इस बैठक का फायदा मिला. बैठक के बाद तो इतना तो पता लग ही गया था कि कहां पर गड़बड़ी है. फिर उसे दूर करने का प्रयास आरंभ हुआ. यहीं से बदलाव का दौर शुरू हुआ.

इसके बाद भी लगातार पाठकों के साथ संवाद का काम चलता रहा. प्रभात खबर पाठक मंच और प्रभात खबर आपके द्वार कार्यक्रम के जरिये पाठकों से संवाद होता था. प्रभात खबर की टीम मुहल्ले-मुहल्ले जाती थी. पाठकों को जमा करती, अखबार की कमियों की जानकारी लेती, पाठक क्या चाहते हैं, उनकी राय लेती. पाठकों द्वारा मिले फीडबैक के आधार पर अखबार में परिवर्तन दिखता. अनेक अवसर आये जब प्रभात खबर के किसी पाठक ने कोई राय दी, तो उनका टेलीफोन नंबर/पता नोट कर लिया गया. जब उनके किसी सुझाव को अखबार में लागू किया गया तो उस पाठक को फोन कर उक्त बदलाव की जानकारी दी गयी. इससे प्रभात खबर और पाठकों के बीच का रिश्ता मजबूत होता गया.

सिर्फ रांची में ही नहीं, छोटे-छोटे शहरों में भी प्रभात खबर की टीम जाती और वहां के लोगों से सीधा संवाद करती. हजारीबाग, चतरा, पलामू, गढ़वा, जमशेदपुर, चाईबासा, सरायकेला, साहेबगंज, लातेहार, धनबाद, बोकारो इसके उदाहरण हैं. कई बार इस टीम में संपादक के साथ-साथ आरके दत्ता जैसे सीनियर व्यक्ति भी होते थे. इसका एक और फायदा होता था. कई बार स्थानीय पत्रकारों (ग्रामीण पत्रकार) से वहां के जिन लोगों के संबंध बेहतर नहीं होते थे, उनके समाचार को जगह कम मिलती या नहीं मिलती थी. इससे लोगों में अखबार के प्रति नाराजगी रहती थी लेकिन वे बोल नहीं पाते थे. जब भी कोई खबर गलत छपती, संबंधित लोगों का पक्ष नहीं सुना जाता था. जब प्रभात खबर की सीनियर टीम दूरदराज के इलाकों में जाती तो अखबार में खबर छपती कि इस तारीख को इतने बजे से इस स्थान पर प्रभात खबर पाठक मंच का आयोजन किया गया है. इसमें सभी पाठक आमंत्रित हैं. इसका फायदा यह होता कि जिन लोगों की नाराजगी भी होती, वे भी अपनी बात रखने आते. समस्याएं बताते. इससे न सिर्फ शिकायत दूर होती बल्कि पाठक प्रभात खबर के और करीब आते. पाठक मंच में लोगों से यह भी राय मांगी जाती कि वे कौन-कौन से क्षेत्र या विषय हैं जिन पर रिपोर्ट्स अखबार में नहीं दिखती हैं. किन विषयों पर खबरें आनी चाहिए. इसका फायदा यह होता कि पाठक नये-नये विषय बताते. उन पर काम होता. इससे पाठकों को ऐसा महसूस होता कि उनकी राय भी सुनी जाती है.

□

पेड न्यूज के खिलाफ अभियान

2009 का चुनाव आते-आते अखबारों में पेड न्यूज का प्रचलन बढ़ गया था. कई प्रमुख अखबारों ने इसे धंधा बना लिया था. खबरें उन्हीं प्रत्याशियों की छप रही थी जो विज्ञापन दे रहे थे. कई अखबारों ने तो रेट तक तय कर दिये थे. इंटरव्यू और चुनाव की तसवीरें छापने के लिए भी सौदा किया जा रहा था. प्रभात खबर ने इस पेड न्यूज के धंधे के खिलाफ अभियान चलाने का निर्णय किया. यह काम आसान नहीं था.

प्रधान संपादक हरिवंशजी ने इसके लिए देश के प्रमुख पत्रकारों से संपर्क किया और उन्हें अपनी चिंता से अवगत कराया. ऐसे तो प्रभात खबर ने 15 मार्च, 2009 से ही चेंज इंडिया अभियान चला रखा था. 18 मार्च को पेड न्यूज के खिलाफ पेज एक पर वर्णसंकर पत्रकारिता शीर्षक से बॉटम छापा. 27 मार्च को खबरों का धंधा शीर्षक से प्रभात खबर में लंबा लेख लिखा. इसे हर संस्करण में प्रकाशित किया गया. इसी बीच भड़ास मीडिया पर एक रिपोर्ट आयी थी-मीडिया के लिए रेवेन्यू सीजन. यह पेड न्यूज को लेकर ही था. प्रभात खबर ने उसे साभार कर छापा. प्रभात खबर अपनी ताकत के अनुसार पेड न्यूज के खिलाफ लड़ ही रहा था लेकिन लड़ाई लंबी थी. इसलिए प्रभात खबर के तमाम प्रयासों का उल्लेख करते हुए प्रख्यात पत्रकार प्रभाष जोशी को पत्र लिखा गया. इसमें उन्होंने पेड न्यूज पर चिंता जतायी और उनसे आग्रह किया कि इस लड़ाई में वे भी आगे आयें. तब तक खबरों का धंधा लेख का दूसरा भाग भी 11 मई 2009 को प्रकाशित हो चुका था. इस बीच जमशेदपुर संस्करण में चाईबासा के एक आदिवासी पाठक का पत्र छापा गया था. इस पत्र में उसने उल्लेख किया था कि कैसे सभी अखबार पाठकों के साथ, प्रत्याशियों के साथ अन्याय कर रहे हैं. पत्र तीखा था जिसमें अन्य अखबारों के साथ-साथ प्रभात खबर की भी आलोचना की गयी थी. हालांकि पाठक ने यह भी लिखा था कि प्रभात खबर फिर भी दूसरे अखबारों की तुलना में ईमानदारी बरत रहा है. अब तक पेड न्यूज के खिलाफ माहौल बनने लगा था. देश के छह पत्रकारों प्रभाष जोशी, कुलदीप नैयर, जार्ज वर्गीज, अजीत भट्टाचार्य, हरिवंश और अच्युतानंद मिश्र ने प्रेस काउंसिल ऑफ इंडिया के तत्कालीन चेयरमैन जस्टिस जीएन राय को 8 जून 2009 को पत्र लिख कर पेड न्यूज के खिलाफ शिकायत की. पेड न्यूज के खिलाफ प्रेस काउंसिल के पास यह पत्रकारों की ओर से पहली शिकायत थी. प्रेस काउंसिल ने इस पत्र को गंभीरता से लिया और पेड न्यूज के खिलाफ टिप्पणी की. आचार संहिता बनायी. इस प्रकार पेड न्यूज के खिलाफ लड़ाई में प्रभात खबर ने महत्वपूर्ण भूमिका निभायी.

□

चुनाव में प्रभात खबर की भूमिका

चुनाव चाहे लोकसभा का हो, विधानसभा का हो या फिर नगर निगम/नगरपालिका का, मतदाताओं का जागरूक करने का हो, मतदान के लिए लोगों को प्रेरित करने का हो, प्रभात खबर ने महत्वपूर्ण भूमिका अदा की है. किसी प्रत्याशी के पक्ष या विपक्ष में नहीं बल्कि मुद्दे को लेकर प्रभात खबर की टीम मैदान में उतरती रही है. यह अभियान 1999 के लोकसभा चुनाव से प्रभात खबर ने जमशेदपुर में आरंभ किया था. उन दिनों शायद ही कोई मीडिया हाउस होगा, जो चुनाव में मतदाताओं को जागरूक करने के लिए अभियान चलाता हो. जो थे भी (टेलीविजन या प्रिंट मीडिया), वे अपने अखबारों या चैनल पर चुनाव से संबंधित संदेश प्रसारित/प्रकाशित किया करते थे. प्रभात खबर ने तय किया कि उसकी टीम दूर-दराज के गांवों में, पंचायतों में, प्रखंडों में जायेगी, लोगों से बात करेगी. नुक्कड़ सभा करेगी. वहां के ज्वलंत सवालों पर चर्चा होगी. 1999 का लोकसभा चुनाव हो रहा था.

जगन्नाथपुर में प्रभात खबर मतदाता जागरूकता अभियान
ग्रामीण विकास के साथ रसेल उच्च विद्यालय का जीर्णोद्धार, शिक्षक, विद्यालय भवन व सिंचाई की समस्या ही मुख्य मुद्दा

सुदूर गांवों में मतदाता जागरूकता अभियान चलाया गया

यह अभियान आरंभ किया गया था प्रभात खबर के जमशेदपुर संस्करण से. एक जीप में दोनों ओर मतदाता जागरूकता अभियान का बोर्ड लगाकर प्रभात खबर की टीम निकली थी. अखबारों में छाप दिया जाता था कि यह प्रचार वाहन किस दिन, किस समय, कहां पर जायेगा. उस इलाके के स्थानीय प्रतिनिधि पर जिम्मेवारी होती थी कि उस इलाके के मतदाताओं को वहां जमा करे. 1999 के उस रथ (प्रचार वाहन) को लेकर मैं खुद निकला था. जमशेदपुर से हाता, राजनगर होते हुए चाईबासा गया था. इन दोनों जगहों पर नुक्कड़ सभा हुई थी. सिंहभूम लोकसभा क्षेत्र के अंतर्गत आनेवाले चाईबासा, झींकपानी, हाटगम्हरिया, जगन्नाथपुर, नोवामुंडी क्षेत्रों में यह रथ पहुंचा. हर जगह के स्थानीय प्रतिनिधियों ने काफी मेहनत की थी. लोगों को निर्धारित समय पर जमा किया था. उन ग्रामीण इलाकों में लोग जल्दी जमा भी नहीं होते. वह भी पहली बार ऐसा कार्यक्रम हो रहा था. मतदाताओं को डर भी रहता था कि ऐसे कार्यक्रमों में जाने से कहीं बाहुबली प्रत्याशी नाराज न हो जायें. खैर, लोग आये, बगैर डर के प्रभात खबर ने लोगों

से बात की कि आपका प्रत्याशी कैसा होना चाहिए. कैसे आप साफ-सुथरे, ईमानदार और जनता से जुड़े व्यक्ति को अपना सांसद चुने. ऐसी ही सभा जमशेदपुर, घाटशिला, मुसाबनी, चाकुलिया, डुमरिया, गुड़ाबांधा, बहरागोड़ा, धालभूमगढ़ में भी हुई. मतदाताओं के पास पहली बार कोई टीम पहुंची थी. इन कार्यक्रमों में लोगों ने अपनी राय रखी, चुनावी मुद्दे भी उठाये. यहां इस बात का उल्लेख करना आवश्यक है कि प्रभात खबर का मतदाता जागरूकता अभियान जिन क्षेत्रों में गया, जहां सभाएं की, उनमें से अधिकांश क्षेत्र नक्सलबहुल है. चुनाव के दौरान प्रत्याशी भी नहीं जाते. इस कारण वहां की जनता की समस्या पर कोई गौर नहीं करता. जब प्रभात खबर का अभियान वहां पहुंचा तो आम लोगों ने अपनी समस्याएं बतायी. कई जगहों पर तो तत्कालीन सांसदों के खिलाफ गुस्सा दिखाई दे रहा था.इस प्रकार प्रभात खबर जनता से सीधे जुड़ने का अभियान चलाता रहा.

बाद के चुनाव में भी यही काम हुआ. जो अभियान पहले जमशेदपुर और सिंहभूम में चलाया गया था, 2009 आते-आते पूरे झारखंड में चलाया गया. प्रभात खबर के प्रधान संपादक हरिवंशजी पटमदा, टुंडी जैसे नक्सल प्रभावित क्षेत्रों में गये. हजारों लोगों को संबोधित किया. कॉलेजों में सभाएं की गयी. मतदाताओं को बताया कि कैसे गलत जनप्रतिनिधि चुने जा रहे हैं और राज्य में कैसे भ्रष्टाचार बढ़ रहा है. 2014 में भी पूरे राज्य में बड़े पैमाने पर प्रभात खबर ने अभियान चलाया. राज्य के अधिकांश कॉलेजों में, संस्थाओं में जाकर मतदाताओं को वोट देने और सही प्रत्याशी चुनने की बात कही. इसका असर भी दिखा. वोट प्रतिशत में बढ़ोत्तरी हुई. प्रभात खबर ने पूरे राज्य में रथ घुमाया और लोगों को जागरूक किया. ऐसा नहीं है कि प्रभात खबर का कार्यक्रम सिर्फ शहरी इलाकों में हुआ. गांवों और पंचायतों में भी प्रभात खबर का वाहन पहुंचा और अपना संदेश सुनाया. लोगों की बातों को सुना. 2014 के झारखंड विधानसभा चुनाव में प्रभात खबर ने आओ हालात बदले नाम से पूरे राज्य में बड़ा अभियान चलाया. हर जिले में एक साथ दौड़ का आयोजन किया गया. प्रभात खबर का विशाल रथ निकाला गया जो पूरे राज्य में गया. कॉलेज, संस्थानों में परिचर्चा आयोजित की गयी. प्रभात खबर के आमंत्रण पर भारत के पूर्व मुख्य चुनाव आयुक्त एसवाइ कुरैशी रांची आये और इस अभियान का विधिवत उद्घाटन किया, अपने विचार रखें.

चुनाव साफ-सुथरा हो, इसके लिए हर संभव प्रयास किया. जब यह बात सामने आयी कि कुछ अखबार प्रत्याशी को सहयोग करने के लिए पैसे लेकर खबर छाप रहे हैं तो इसके खिलाफ अभियान चलाया. पेड न्यूज के खिलाफ आवाज उठाया. यह भी तय किया कि प्रभात खबर में हर प्रत्याशी की खबर छपेगी, चाहे वह निर्दलीय या कमजोर प्रत्याशी क्यों न हो. मीडिया में होता यह है कि कमजोर प्रत्याशी, विज्ञापन नहीं देनेवाले प्रत्याशी की खबर नहीं छपती है. प्रभात खबर ने अखबार में यह विज्ञापन छापा कि अगर कहीं से भी किसी भी प्रत्याशी को लगे कि उसके साथ न्याय नहीं किया जा रहा है, निष्पक्षता नहीं बरती जा रही है या कोई शिकायत है तो सीधे स्थानीय संपादक, वरिष्ठ संपादक, कारपोरेट संपादक के पास सप्रमाण शिकायत करें. चुनाव के दौरान खबरों की निष्पक्षता की जांच के लिए संस्करणों में निष्पक्ष कमेटी बना दी गयी.

यह भी तय किया कि प्रभात खबर में जो भी विज्ञापन होंगे, वे साफ-साफ दिखें कि विज्ञापन हैं. मीडिया में यह होने लगा है कि विज्ञापनों को इस तरह छापा जा रहा है ताकि मतदाता उसे खबर समझें. प्रभात खबर ने विज्ञापन के रूप में बनी चुनाव खबर में साफ-साफ लिखना शुरू किया कि यह विज्ञापन है ताकि किसी को कोई दुविधा न रहे. प्रभात खबर के ऐसे प्रयासों को काफी सराहा गया. □

भारत किधर व्याख्यानमाला

आज से 20-25 साल पहले अखबारों का प्रचार करने के लिए आज जैसा प्रयास नहीं होता था. उन दिनों इतने साधन भी नहीं थे. इसलिए प्रभात खबर ने तय किया था कि छोटे-छोटे प्रयास से अखबार को चर्चित किया जाये. इसके लिए देश के महत्वपूर्ण लोगों को बुलाकर शहर में उनका लेक्चर कराने का

रांची में व्याख्यान देते पूर्व उपराष्ट्रपति भैरों सिंह शेखावत

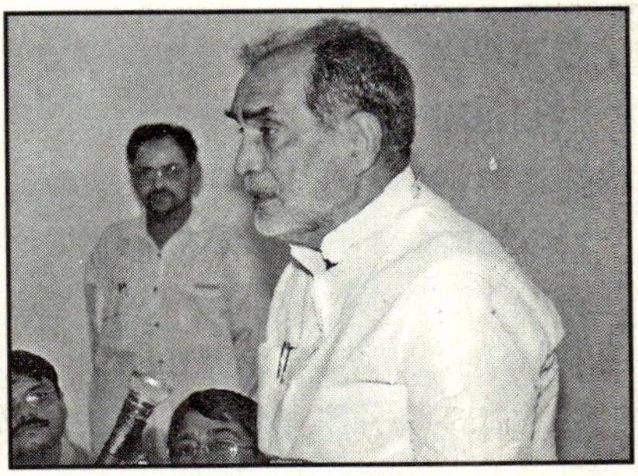

पूर्व प्रधानमंत्री चंद्रशेखर

निर्णय लिया था. प्रभात खबर ने महसूस किया था कि इस क्षेत्र के आम लोगों को बौद्धिक खुराक की जरुरत है. लोग अच्छे वक्ताओं से देश-दुनिया के बारे में सुनना चाहते हैं लेकिन कोई मंच मिल नहीं रहा था. प्रभात खबर ने लोगों को मंच प्रदान किया. इसी क्रम में प्रभात खबर ने 6 फरवरी 1992 को प्रसिद्ध पत्रकार सुरेंद्र प्रताप सिंह को बुलाया था. शहर के एक सभागार में उन्हें सुनने के लिए लोगों की भीड़ उमड़ पड़ी थी. यह पहला कार्यक्रम था. उस समय इसका नाम भारत किधर व्याख्यानमाला नहीं था. लेकिन सुरेंद्र प्रताप सिंह के कार्यक्रम की

रूसी मोदी

जावेद अख्तर

न्यायमूर्ति रंगनाथ मिश्र

अंबरीश पुरी

दिग्विजय सिंह

अरूणा राय

पूर्व राज्यपाल वेद मारवाह

सफलता के बाद यह तय किया गया कि इस प्रकार के कार्यक्रम लगातार कराये जायें. न सिर्फ रांची में बल्कि अन्य प्रमुख शहरों में भी. इसका नाम दिया गया भारत किधर व्याख्यानमाला. उसके बाद से जितने भी कार्यक्रम हुए,वे भारत किधर व्याख्यानमाला लेक्चर सीरिज के हिस्से थे.

इसमें इस बात का ख्याल रखा गया कि वक्ता ऐसे हों जिनकी राष्ट्रीय पहचान हो. हर विचारधारा के वक्ताओं को आमंत्रित किया जाता रहा. जिन्होंने भारत किधर व्याख्यानमाला में अपने विचार रखें, उनमें भारत के तत्कालीन उपराष्ट्रपति भैरों सिंह शेखावत (18 नवंबर 2003, विषय : सुशासन), भारत के पूर्व प्रधानमंत्री श्री चंद्रशेखर, पूर्व राज्यपाल प्रभात कुमार, पूर्व राज्यपाल वेद मारवाह, कामरेड विनोद मिश्र (4 जुलाई 1993), राष्ट्रीय मानवाधिकार आयोग के अध्यक्ष जस्टिस रंगनाथ मिश्र (18 सितंबर 1993 : विषय-लोकतांत्रिक व्यवस्था में मानवाधिकार की सीमाएं), रुसी मोदी, वाम नेता सीताराम येचुरी, किशन पटनायक, अरुण शौरी, कृष्णनाथ, योगेंद्र यादव, अरूणा राय, यूएन विश्वास, दत्तोपंत ठेंगड़ी, जस्टिस पीबी सावंत, सुरेंद्र प्रताप सिंह (6 फरवरी 1992 : विषय हिंदी पत्रकारिता के समक्ष चुनौतियां), जावेद अख्तर (22 अगस्त 1993), प्रभाष जोशी और अजीत भट्टाचार्य (26 अप्रैल 1997 : विषय - पत्रकारिता की चुनौतियां : साख का संकट), गोविंदाचार्य (3 सितंबर 2002,विषय -वैश्वीकरण के नतीजे), नामवर सिंह (24 मई 2003, विषय - संस्कृति का संकट), डॉ सत्येंद्र श्रीवास्तव (15 सितंबर, 2003, विषय - प्रवासी भारतीय), राजदीप सरदेसाई (10 सितंबर 2004, विषय - पत्रकारिता की चुनौतियां), पत्रकार कुलदीप नैयर (9 दिसंबर 2007) दिग्विजिय सिंह (पूर्व मुख्यमंत्री मध्यप्रदेश), दिग्विजय सिंह (पूर्व केंद्रीय मंत्री) शामिल हैं. हम यहां पर कुछ वक्ताओं

दिग्विजय सिंह

यूएन विश्वास

के विचार प्रकाशित कर रहे हैं जो उन्होंने भारत किधर व्याख्यानमाला के तहत दिये थे.

6 फरवरी 1992 को प्रसिद्ध पत्रकार सुरेंद्र प्रताप सिंह प्रभात खबर द्वारा आयोजित कार्यक्रम में बोलने आये थे. जिला परिषद सभागार में उनका कार्यक्रम था. इस कार्यक्रम में उन्होंने हिंदी पत्रकारिता के समक्ष मौजूदा चुनौतियां विषय पर जो विचार व्यक्त किये थे, वह इस प्रकार है-

पत्रकारिता के सामने साख की चुनौती

—सुरेंद्र प्रताप सिंह

आज हिंदी पत्रकारिता के सामने सबसे बड़ी चुनौती अखबार और अखबारनवीशों के साख की है. पिछले एक दशक में हिंदी पत्र-पत्रिकाओं के प्रसार में 147 फीसदी का इजाफा हुआ है. इसके उलट अंगरेजी पत्र-पत्रिकाओं के पाठक और क्रेताओं की संख्या में विकास दर शून्य के बराबर है. कुछ इलाकों में तो यह विकास ऋणात्मक भी रहा है. 1977 के बाद पहली बार हिंदी पत्रकारिता में उफान सा आया था. उस वक्त दिल्ली से प्रकाशित नवभारत टाइम्स और हिंदुस्तान ही हिंदी में एक लाख से ज्यादा बिकनेवाले अखबार थे. लेकिन एक साल के अंदर अमर उजाला और नयी दुनिया एक लाख से अधिक बिकने लगे थे. अब उत्तरप्रदेश और मध्यप्रदेश के इन अखबारों की प्रसार संख्या तो तीन से पांच लाख तक पहुंच गयी है. यह दुर्भाग्य है कि बिहार में एक लाख से अधिक बिकनेवाला आर्यावर्त बंद हो गया. प्रदीप भी बंद हो गया. उसके बाद बिहार में कई अखबार आये, जिनका स्वरूप न तो राष्ट्रीय है और न क्षेत्रीय. परंतु वे राष्ट्रीय होने का दावा कर रहे हैं. ऐसे में अगर चुनौती है तो वह विरोधाभाष की चुनौती लगती है कि क्या हिंदी पत्रकारिता के विकास को सिर्फ आंकड़ों के विकास के रूप में देखा जा सकता है? क्या सचमुच हमारा विकास हुआ है.

हिंदी पत्रकारिता में आज सबसे बड़ी चुनौती पत्र-पत्रिकाओं और अखबार के साख की है. पिछले दो सालों से साख का सवाल ज्यादा विकराल रूप से हमारे सामने आ खड़ा हुआ है. मंडल आयोग और मंदिर-मसजिद के मुद्दों पर तो साख को और धक्का लगा है. आज हिंदी पत्रकारिता जहां पहुंची है, वहां से वह ऐसे सवाल छोड़ गयी है, जिसका सही समाधान नहीं किया गया तो वह पतन के गर्त में चली जायेगी. अभी तो लोग पत्रकारों से पुलिसवालों की तरह डरने लगे हैं. पता नहीं क्यों यह

स्थिति बनी है कि लोग पत्रकारों, पत्रकारिता और छपे हुए शब्दों से डरने लगे हैं. इन्हें अप्रभावी माना जाने लगा है, जबकि कुछ वर्षों पूर्व लोग अखबार में छपे शब्दों को ब्रह्म वाक्य मानते थे और पत्रकारों को सम्मान की नजर से देखते थे. आज यह आत्ममंथन करने की जरूरत है कि कहीं इसके लिए पत्रकार स्वयं तो जिम्मेवार नहीं हैं?

एक ओर अखबारों की प्रसार संख्या बढ़ती जा रही है, मालिकों की आय भी बढ़ रही है, परंतु दूसरी ओर पत्रकारों की सुविधाएं कमती जा रही हैं. मालिक अखबार के अन्य संसाधनों पर तो खूब खर्च करते हैं लेकिन विचार और समाचार पर सबसे कम खर्च करते हैं. हम बैठे-बैठे क्षेत्रीय पत्रकारों से सही, वस्तुपरक रपटों की अपेक्षा तो करते ही हैं, यह भी चाहते हैं कि वे हमारे लिए आय के साधन भी जुटायें. परंतु उन्हें कुछ नहीं देते. पत्र-पत्रिकाओं का काम सही सूचना देना, शिक्षित (जन शिक्षण) करना और मनोरंजन करना है. परंतु आज तो पत्र-पत्रिकाएं सिर्फ मनोरंजन ही करती हैं, जिनके कारण चुनौतियां सामने आयी हैं और पत्रकारिता के साख पर सवाल उठा है. इन सब चुनौतियों से तभी मुकाबला किया जा सकता है जब हम इन पर गंभीरता से सोंचे और इनसे जूझना शुरू करें. पत्रकारों को हमेशा यह ध्यान रखना चाहिए कि अधिकांश पाठक उनसे दो सीढ़ी नीचे खड़े हैं. उन्हें एक सीढ़ी ऊपर लाने और स्वयं एक सीढ़ी ऊपर चढ़ाने की जिम्मेदारी भी पत्रकारों की है.

4 जुलाई 1993 को रांची के जवाहरनगर प्रेक्षागृह में भारत किधर व्याख्यानमाला के तहत सीपीआइ (एमएल) के महासचिव विनोद मिश्र ने अपने विचार रखे थे.

भारत में तीसरे विद्रोह की जरूरत

—विनोद मिश्र

भारत रुपी जहाज आज बीच समुंद्र में भटक गया है. कोई दिशा देनेवाला नहीं है.राष्ट्रवाद की परिभाषा अंधराष्ट्रवाद और बहुसंख्यकवाद में तब्दील हो गयी है. नतीजा भारत हिंदू राष्ट्र, मुसलिम राष्ट्र और इस तरह के कई राष्ट्रों के विवाद में फंस गया है. आजादी के संघर्ष के वक्त ही हिंदू और मुसलिम राष्ट्र के झगड़े ने भारत को हिंदुस्तान और पाकिस्तान दो राष्ट्रों में बांट दिया. आजादी के बाद प्रजातांत्रिक व्यवस्था एवं पंचायती राज से भारत ने नयी यात्रा शुरू की. परंतु 1960 के दशक में भारत अंधराष्ट्रवाद में भटक गया. उसी समय भारतीय राज्य निरंकुशता की ओर बढ़ने लगे. आतंकवाद और राजसत्ता के बीच संघर्ष प्रारंभ हुआ. अर्द्धसैनिक बलों की नयी-नयी टुकड़ियां गठित की जाने लगीं. सेना का भी इस्तेमाल लोकतांत्रिक आंदोलन के दमन के लिए किया जाने लगा. राष्ट्रवाद, बहुसंख्यकवाद में बदलता रहा जिसने भाजपा को उदय की जगह दी. हिंदू राष्ट्र ही भारतीय राष्ट्र लगने लगा. उससे भाजपा आज सत्ता के सीधे द्वार पर खड़ी है. आजादी के वक्त भारत के विभाजन को कम्युनिस्ट पार्टी ने भी समर्थन दिया था. सावरकर तो पक्के समर्थक थे ही. गोलवलकर को सिर्फ यही एतराज रहा कि सारे मुसलमानों को पाकिस्तान क्यों नहीं भेज दिया गया?

आज धड़ल्ले से यही कहा जाता है कि भाजपा का मुकाबला राष्ट्रीय स्तर पर सिर्फ कांग्रेस ही कर

वनोद मिश्र (4 जुलाई, 1993)

सकती है. एक हद तक यह बात सही भी है.परंतु गौरतलब यह है कि कांग्रेस किस परिस्थिति में मुकाबला कर सकती है. सूरजकुंड के सम्मेलन में नरसिंह राव ने कहा था कि भाजपा के पास मंदिर के सिवा है ही क्या? भाजपा की अर्थनीति, उद्योगनीति वगैरह को तो कांग्रेस ने ले ही लिया. बचा मंदिर तो उसे लेने के लिए कांग्रेस अग्रसर है. कांग्रेस शासन में भारत ने दुनिया में अपनी प्रतिष्ठा खोयी. हर बार भारत ग्लोब्लाइजेशन के नाम पर विश्व बैंक, गैर आइएमएफ जैसे संगठनों के पास कर्ज के लिए खड़ा रहता है.चूंकि राष्ट्र ने दिशा एवं राष्ट्रवाद की परिभाषा खोयी है, इसलिए भारत भटक रहा है. आर्थिक स्वतंत्रता पर ही राजनीतिक स्वतंत्रता निर्भर करती है. परंतु भारत की आर्थिक नीति तो विश्व बैंक और आइएमएफ तय करता है. नतीजन आर्थिक संप्रभुता को गिरवी रख कर अंधराष्ट्रवाद हजारों साल पुराने मंदिर की तलाश में भटक रहा है. एक जमाना था जब पंचवर्षीय योजनाओं पर बहस होती थी. कारखाने भारत के आधुनिक्र मंदिर के नाम पर सुशोभित होते थे. आज बोफोर्स, पनडुब्बी, कुओं-ऑयल, रामास्वामी के भ्रष्टाचार पर चर्चा होती है. चर्चा होती है कि प्रधानमंत्री नरसिंह राव ने हर्षद मेहता से घूस ली या नहीं. मतलब यह है कि भ्रष्टाचार को संस्थागत रूप दे दिया गया है.

भारत में अभी दो देश हैं. एक भारत जिसमें गरीब-मेहनतकश लोग रहते हैं, जो शरीर और आत्मा से भारतीय हैं. दूसरा इंडिया है जिसमें रहनेवाले रंग से तो भारतीय हैं परंतु उनकी आत्मा विदेशी है. उन्हीं के लिए नयी आर्थिक नीति है. लेकिन यह आर्थिक नीति देश के पूंजीपतियों के एक बड़े हिस्से को विदेशी और बहुदेशी कंपनियों का एजेंट बना देगी. 1960 के दशक में भारत ने जब अपनी दिशा बदली थी तो पश्चिम बंगाल में नक्सलवाद के नाम से एक विद्रोह हुआ था. 1974 में जेपी आंदोलन के नाम से. आज जेपी आंदोलन सत्ता के गलियारे में जा कर बिखर गया. उस आंदोलन के अगुआ दस्ते के लालू प्रसाद जनता की लड़ाई को हक-अधिकार की लड़ाई के रूप में नहीं देखते हैं. आज भारत को तीसरे विद्रोह की जरूरत है. यह विद्रोह समाजवादी, साम्यवादी, जेपीवादी ताकतों के एक मंच पर जमा होने से होगा. यही देश का भविष्य है. यही देश को दिशा देगा. यही भारत रूपी जहाज को समुद्र के भटकन से दिशा देकर किनारे ले आयेगा.

(7 सितंबर 1993 को प्रसिद्ध पत्रकार अरुण शौरी प्रभात खबर के आमंत्रण पर रांची आये थे. उन्होंने मयूरी प्रेक्षागृह में भारत को बचाने के रास्ते विषय पर अपना विचार व्यक्त किया था).

उन्मुक्त प्रतियोगिता से ही देश की प्रगति

—अरुण शौरी

उन्मुक्त प्रतियोगिता ही अब देश को प्रगति की राह पर ले जा सकती है. इसके लिए हमें अपने दृष्टिकोण में परिवर्तन करने की जरूरत है. उन्मुक्त प्रतियोगिता कुछ के लिए समृद्धि होगी तो कुछ के लिए मौत. परंतु इसके अलावा कोई विकल्प भी नहीं है. सिर्फ अंधविरोध जताने से ही सुपर 301 या डंकल प्रस्ताव खारिज नहीं हो जायेंगे. हमें उन्हें प्रतियोगिता के दौरान क्षमता, उत्पादकता से ही पछाड़ना होगा. आजादी के बाद विकास के जो स्वरूप और सिद्धांत विकसित हुए, वे ही आज देश की प्रगति के मार्ग में बाधक सिद्ध हो रहे हैं. उनके अनुसार मौजूदा स्वरूप और सिद्धांत ने अकार्यकुशलता तथा गैर उत्पादकता को ही बढ़ावा दिया है. नतीजन साधन व तकनीक उपलब्ध होने के बावजूद जनता आत्मविश्वास खो चुकी है. यही कारण है कि बहुराष्ट्रीय कंपनियों और विश्व बैंक को हम हौवा के रूप में चित्रित करते हैं और स्वयं उनसे भयभीत भी होते हैं. उनकी राय में मौजूदा स्थिति से उबरने के लिए वर्तमान व्यवस्था को त्यागना होगा. श्रम कानूनों में परिवर्तन करना होगा एवं नियोजकों को यह अधिकार देना होगा कि वे जब चाहें, कामगार को नियुक्त करें या निकाल दें. लेकिन ऐसे संस्थानों को किसी भी प्रकार की राहत या मदद नहीं मिलनी चाहिए. नरसिंहराव और मनमोहन सिंह सड़ी-गली अर्थव्यवस्था को त्याग कर नयी व्यवस्था लागू करने का प्रयास कर रहे हैं. आज के युग में हम पूरे विश्व से कट कर रह नहीं सकते और अगर ऐसा करते हैं तो वह आत्मघाती ही होगा. विदेशी पूंजीनिवेश और नयी आर्थिक नीति का विरोध आधारहीन है. जापान, सिंगापुर, दक्षिण कोरिया और ताईवान को देखिए. जापान ने तो तकनीक के मामले में अमेरिका जैसी महाशक्ति को नकार दिया है. इसी तरह कई देश उन्मुक्त प्रतियोगिता में अमेरिका से बीस सिद्ध हो रहे हैं. मौजूदा व्यवस्था में यह खामी है कि हर कोई सब कुछ पा लेना चाहता है. लेकिन वास्तविकता यह है कि ऐसा हो ही नहीं सकता. अधिकांश लोगों को उनकी अधिकांश जरूरतें इस व्यवस्था से मुहैया नहीं करायी जा सकती. सिर्फ बहस और विरोध में हम अपना कीमती समय जाया कर रहे हैं क्योंकि इससे दुनिया में हो रहे परिवर्तन को रोका तो नहीं जा सकता. उलटे हम तकनीक अपनाने में दशकों पिछड़ जाते हैं. सिर्फ अंधविरोध और व्यवस्था की गड़बड़ी से देश के विकास की गाड़ी रुक गयी है. जब कोई देश मदद नहीं देता तो कहते हैं कि कोई कुछ देता ही नहीं. दे देता है तो कहते हैं कि हमको हड़प जाना चाहता है. इससे पता चलता है कि समाज की सृजनशीलता गलत राह पर काफी दूर जा चुकी है. अब बीमार उद्योग को ढोने के बजाय बंद कर देना बेहतर है.

□

अतिथि संपादक

यह प्रभात खबर का ऐसा कार्यक्रम है, जिसमें देश के जाने-माने लोगों को दफ्तर में आमंत्रित किया जाता है और उन्हें अतिथि संपादक बनाया जाता है. ये सिर्फ नाम के अतिथि संपादक नहीं होते हैं बल्कि ये ठीक वैसे ही अखबार निकालते हैं जैसा अखबार नियमित संपादक निकालते हैं. अंतर होता है कि ये कुछ घंटों के लिए आते हैं, एक दिन के संपादक होते हैं, बैठकें करते हैं, खबरों का चयन करते हैं, विशेष संपादकीय लिखते हैं,अपनी राय देते हैं.

इसकी शुरूआत 25 अक्तूबर 2006 में कोलकाता से हुई जहां अध्यात्म गुरु रविशंकर पहली बार प्रभात खबर के अतिथि संपादक बनाये गये. उसके बाद प्रभात खबर के विभिन्न केंद्रों पर देश के प्रसिद्ध लोग अतिथि संपादक के तौर पर आये. इनमें पूर्व राष्ट्रपति डॉ अब्दुल कलाम, क्रिकेट खिलाड़ी महेंद्र सिंह धौनी, अभिनेता अभिषेक बच्चन, जावेद अख्तर, चेतन भगत से लेकर अनेक प्रमुख नाम शामिल है.

अतिथि संपादकों ने दफ्तर में यह जानकारी ली कि कौन-कौन सी खबर उनके पास हैं. देश-दुनिया की खबरों की सूची मांगी. फोटोग्राफ के बारे में पूछा. फिर अन्य संस्करणों के संपादकों के साथ वीडियो कांफ्रेंसिंग पर बात की. उनसे पूछा कि उनके संस्करण में कौन-कौन सी बड़ी खबर है. इतनी जानकारी हासिल करने के बाद अतिथि संपादक ने तय किया कि कौन खबर पेज एक पर जायेगी, कौन सी तसवीर छपेगी. खबरों का चयन उन्होंने अपने हिसाब से किया. इससे प्रभात खबर की टीम को जानने का मौका मिला कि अपने-अपने क्षेत्र में शीर्ष पर बैठे लोग कैसा अखबार चाहते हैं, उनकी पसंद क्या है. अधिकांश अतिथि संपादक ने पेज एक पर अपने विचार भी लिखे. ये विचार बड़े महत्वपूर्ण हैं. कुछ के विचार हम यहां प्रकाशित कर रहे हैं.

नैतिक क्रांति की जरूरत

—श्रीश्री रविशंकर

दुनिया के हर देश में राष्ट्रवाद को अच्छा माना जाता है. हिंदुस्तान में राष्ट्रवाद को खास तौर पर अंगरेजी पढ़े-लिखे लोग हेय मानते हैं. ऐसा राष्ट्रविरोधी बीज किसी देश के लिए हानिकारक होगा. रक्षा जैसे संवेदनशील क्षेत्र में हानि पहुंचानेवाले विदेशी तत्वों के घुसने की घटना साधारण नहीं है. यह

हिंदी अखबारों में बेहतर विकल्प

प्रभात खबर

अखबार नहीं आंदोलन

टाटा का नया कोरस

राष्ट्रहित का संरक्षण

खेल

अतिथि संपादक की कलम से

नैतिक क्रांति की जरूरत

संपादन की कला

प्रधान संपादक की कलम से

नया प्रयोग क्यों?

इससे पत्रकारिता समृद्ध होगी

खतरनाक खबर है. हादसा है. हालांकि हमारे रक्षामंत्री ने ईमानदारी से इसे स्वीकार किया, यह स्वागत योग्य है. हम राष्ट्रवाद-राष्ट्रभक्ति से दूर हट रहे हैं. अक्सर धर्म विशेष के लोगों को समझा जाता है कि वे राष्ट्रभक्त नहीं हैं. यह धारणा गलत है. यह प्रमाणित है कि किसी भी धर्म का कोई भी व्यक्ति क्यों न हो, उसकी नैतिकता के साथ देशभक्ति नहीं जुड़ी है, तो वह देशद्रोही ही सिद्ध होगा. वह समाज हित का काम नहीं कर पायेगा. विशाल दृष्टिकोण, विश्वप्रेम राष्ट्रवाद के लिए कतई अवरोध नहीं है. जैसे कोई व्यक्ति घर को भी संभालता है और अपने कार्यालय-फैक्टरी या खेत में भी सफल होता है. दोनों में कोई विरोध नहीं है. जिस व्यक्ति के लिए राष्ट्र और धर्म से पैसा अधिक महत्वपूर्ण हो जाता है, ऐसे विचारवाला व्यक्ति आतंकवादी से भी अधिक खतरनाक होता है. खास तौर पर देश की सुरक्षा का जो क्षेत्र है, वहां पूरी देशभक्ति-निष्ठा होनी चाहिए. इसके अभाव में पूरी जनता में भय व असुरक्षा का भाव फैल जायेगा. इतना ही नहीं, अंतरराष्ट्रीय मंच पर हम हास्य के पात्र हो जायेंगे. अमेरिका को स्वतंत्रता मिले 200 साल से अधिक हुए, पर आज भी वहां राष्ट्रभक्ति बढ़ती ही जा रही है. लेकिन भारत 60 साल में ही अपने योद्धाओं की कुरबानियों को भुला रहा है. इसका कारण जातिवाद, पार्टी-पॉलिटिक्स, संकीर्ण मनोभाव है. इससे निकलने के लिए नैतिक क्रांति की जरूरत है.

अतिथि संपादक

श्रीश्री रविशंकर
कोलकाता 25.10.2006

महेंद्र सिंह धौनी
रांची 4.11.2006

तनुश्री दत्ता
जमशेदपुर 28.12.2006

बाबा रामदेव
कोलकाता 27.3.2007

सरला बिरला-बीके बिरला
कोलकाता 8.3.2008

तथागत
पटना 16.7.2010

चेतन भगत
धनबाद 5.3.2011

अभिषेक बच्चन
पटना 17.4.2011

सुशील कुमार
पटना 7.11.2011

मनोज वाजपेयी
पटना 11.12.2011

डा अब्दुल कलाम
पटना, 15 जून 2012

असुंता लकड़ा
रांची, 30.12.2011

जावेद अख्तर
पटना,
22 मार्च 2012

समाज का आईना है अखबार

—महेंद्र सिंह धौनी

प्रभात खबर
अखबार नहीं आंदोलन
रविवार
झारखंड का सर्वाधिक प्रसारित दैनिक
अतिथि संपादक की कलम से
समाज का आईना है अखबार
युवा सपनों के नाम आज का अंक
धौनी क्यों?

प्रभात खबर दफ्तर में महेंद्र सिंह धौनी

समाचार पत्र समाज का आईना होता है. आम व्यक्ति के दिन की शुरूआत समाचार पत्रों से ही होती है. इसी के माध्यम से आम लोगों को सभी स्थलों के समाचार की जानकारी होती है. मीडिया के माध्यम से ही लोगों को हर तरह के समाचार पढ़ने को मिलते हैं. यहां मैं यह भी कहना चाहूंगा कि जो समाचार जैसा है, उसे वैसा ही पेश किया जाये. अगर रिपोर्टिंग टू द प्वाइंट हो तो इससे बेहतर कुछ और नहीं हो सकता. समाचार पत्रों के माध्यम से ही रोजगार,अवसर, फिल्म, देश विदेश आदि के समाचार आम लोगों तक पहुंचते हैं. मुझे लगता है कि प्रिंट मीडिया आम लोगों को सभी तरह की सहायता प्रदान करता है. मैं खेल से जुड़ा हुआ हूं तो खेल की बात मैं जरूर करूंगा. अगर मीडिया नहीं होता तो शायद मैं आज इस जगह पर नहीं होता. क्योंकि सारे देश को पता चलना चाहिए कि कौन सा खिलाड़ी किस लेवल पर कैसा कर रहा है. इसमें मीडिया की ही भूमिका होती है.चाहे वे रणजी ट्रॉफी या दलीप ट्रॉफी का ही मैच क्यों न हो. अगर आप स्कूल लीग का मैच खेल रहे होते हैं, तो लोकल स्तर के समाचार पत्रों, टीवी चैनलों को उनके प्रदर्शन जरूर बताने चाहिए. चयनकर्ता हर जगह मौजूद नहीं होते हैं. खिलाड़ियों के प्रदर्शन को सामने लाने का काम मीडिया ही करता है, जिनके संवाददाता हर जगह मौजूद रहते हैं. इसके अलावा सभी स्तरों पर किस चीज की आवश्यकता है, यह बताना भी मीडिया का दायित्व बनता है. हमारे पास सभी विधाओं के टैलेंट हैं. इसे सामने लाना मीडिया का काम है.सरकार क्या-क्या कर रही है, उसे भी बताने का काम मीडिया ही करता है. अभी झारखंड को राष्ट्रीय खेल की मेजबानी मिली है. इसकी सफल मेजबानी करना राज्य की प्रतिष्ठा का सवाल है. इन खेलों के लिए आधारभूत संरचनाओं का निर्माण कहां तक पहुंचा है, मुझे उसके बारे में नहीं पता. लेकिन मुझे लगता है कि अगर नेशनल गेम्स को हम समय सीमा पर आयोजित नहीं कर सके तो राज्य की प्रतिष्ठा को इससे गहरा आघात लगेगा. एक खिलाड़ी होने के नाते मुझे पूरा भरोसा है कि हम सभी झारखंडवासी इन खेलों का सफल आयोजन करने में सफल हो सकेंगे.

(रांची 4 नवंबर, 2006)

बेहतर भविष्य के शिल्पी हैं युवा

—अभिषेक बच्चन

सराहना. बिहार अच्छा, नीतीश कर रहे बेहतर कार्य : अभिषेक

अगली बार ऐश के साथ आऊंगा

अतिथि संपादक

बॉलीवुड स्टार व युवा आइकॉन अभिषेक बच्चन रविवार को नये रूप में दिखे. वह प्रभात खबर, पटना के दफ्तर में अतिथि संपादक के बतौर बैठे. प्रभात खबर की टीम के साथ सभी खबरों पर चर्चा की. उन्होंने नासा से जुड़ी खबर में विशेष रुचि दिखायी. वीडियो कॉन्फ्रेंसिंग के जरिये प्रभात खबर की अन्य यूनिटों के साथ भी खबरों पर चर्चा की. बिहार में आये बदलाव को लेकर खासे उत्साहित दिखे. उन्होंने वादा किया कि अगली बार पूरे परिवार के साथ बिहार आऊंगा.

प्रभात खबर दफ्तर में अभिषेक बच्चन

आज के युवाओं से बुजुर्ग या अधेड़ उम्र के बहुतेरे लोग खासे नाराज रहते हैं. जो बस खाने-पीने और मौज-मस्ती में डूबा है. उसे अपने समाज और देश की चिंता नहीं है. वे सौरभ गांगुली या धौनी को नहीं देख पाते जिन्होंने भारतीय क्रिकेट की परिभाषा बदल दी है. वे मुजफ्फरपुर के सुधीर के उस जुनून को भी नहीं देख पाते जो मैच देखने साइकिल से बांग्लादेश पहुंच जाता है. सिर्फ क्रिकेट ही क्यों, आज का युवा शिक्षा, उद्यमिता, कृषि,व्यवसाय सभी क्षेत्रों में नये कीर्तिमान स्थापित कर रहा है. यही युवा राष्ट्रीय चुनौतियों का भी शानदार ढंग से मुकाबला कर रहा है. पिछले दिनों भ्रष्टाचार तेजी से फैला. इसने संसद सहित देश की सभी प्रमुख संस्थाओं की प्रतिष्ठा खतरे में डाल दी. इसके बाद जो हुआ, उसे पूरी दुनिया ने देखा. अन्ना हजारे ने भ्रष्टाचार के खिलाफ भूख हड़ताल शुरू की व पूरे देश के युवा उनके पीछे चल दिये. केंद्र सरकार ने समय रहते अन्ना की मांग मंजूर कर ली. जो काम 40 वर्षों से रूका था, वह आंधी की तरह उठी युवा शक्ति के कारण सिर्फ चार दिनों में ही हो गया. अब लोकपाल बिल दो महीने बाद ही संसद में पेश होगा. यह बात भी तय है कि सिर्फ लोकपाल बिल आने से ही भ्रष्टाचार खत्म नहीं हो जायेगा, बल्कि इसके लिए नागरिक समाज को सक्रियता दिखानी होगी. यहां भी निराशा होने जैसी बात नहीं है. सिटीजन जर्नलिस्ट अवार्ड वितरण के दौरान मैं मंच पर था. मैंने देखा कि किस तरह लोग सूचना के अधिकार कानून का इस्तेमाल कर रहे थे. गांवों व छोटे शहरों के लोग असाधारण साहस का परिचय देते हुए सिस्टम को चुनौती दे रहे थे. एक लड़की ने आरटीआइ के तहत पूछा था कि उसके स्कूल के बगल में कूड़ा घर क्यों बना दिया गया है. भ्रष्टाचार ही नहीं, देश के हर सवाल पर उसकी नजर है. सवालों को हल करने के लिए उसके पास अपनी दृष्टि है. वह बेहतर समाज, खुशहाल राष्ट्र व विश्व बंधुत्व के लिए समर्पित है. (पटना दिनांक 17 अप्रैल 2011).

अतिथि संपादक के तौर पर देश के पूर्व राष्ट्रपति और प्रसिद्ध वैज्ञानिक डॉ अब्दुल कलाम का प्रभात खबर के कार्यालय में आना, काम संभालना, निर्णय लेना एक ऐतिहासिक घटना है. 15 जून 2012 को डॉ कलाम प्रभात खबर के पटना कार्यालय में आये थे. जब डॉ कलाम से प्रभात खबर का अतिथि संपादक बनने का आग्रह (पटना के तत्कालीन संपादक सत्यप्रकाश द्वारा) किया गया था तो उन्होंने प्रभात खबर की पुरानी प्रतियां मांगी थीं. उन अखबारों का उन्होंने गहराई से अध्ययन किया था. आने के बाद न सिर्फ उन्होंने उस दिन प्रभात खबर का संपादन किया बल्कि पटना के साथियों के साथ

बैठक की. वीडियो कांफ्रेंसिंग के जरिये उन्होंने रांची, जमशेदपुर, धनबाद, देवघर, कोलकाता, भागलपुर और मुजफ्फरपुर की संपादकीय टीम से बात की. समाचार के बारे में पूछा. अपनी टिप्पणी भी की कि किस खबर को लेना है, किसमें कौन सा इनपुट जोड़ना है. न्यूज डायरी में जब उन्होंने कुछ अच्छी खबरों को देखा, पसंद किया तो उसकी प्रशंसा भी की और बेहतर तरीके से लेने का सुझाव भी दिया.

न्यूज रूम में डॉ कलाम ने खबरों के चयन के दौरान अनेक बातें कहीं. ये सारी बातें पत्रकारिता को समृद्ध करनेवाली थी, युवाओं को उत्प्रेरित करनेवाली थी. डॉ कलाम महिला सशक्तीकरण, ई-गवर्नेंस तकनीकी कुशलता और सक्सेस स्टोरी को खोज रहे थे. उन्होंने कहा था-एक अखबार समाज खास कर युवा वर्ग को ऊर्जान्वित कर सकता है. भविष्य की दिशा तय कर सकता है. उन्होंने सुझाव दिया था कि महिलाओं और ग्रामीण क्षेत्रों में चल रहे प्राथमिक स्वास्थ्य केंद्रों की दशा को समाचार पत्र में जगह दी जानी चाहिए. वहां डॉक्टर जाते नहीं, महिला डॉक्टर तो होती ही नहीं. इन चीजों को पत्रकारों को सामने लाना चाहिए. गांव की खबरों को प्रमुखता देनी चाहिए. डॉ कलाम ने कहा कि पंचायतों में महिलाएं चुन कर आयी हैं, उनका इंटरव्यू होना चाहिए. इस बात को उजागर करना चाहिए कि कैसे ये महिलाएं घरों से निकलकर सामाजिक और प्रशासनिक कार्यों में भागीदारी निभा रही हैं. पीने के पानी से संबंधित एक रिपोर्ट पर उन्होंने सुझाव दिया-पीने के पानी की शुद्धता और उसे रि-साइकिल कर उपयोग में लाने की तकनीक पर ध्यान केंद्रित करना चाहिए. साइकिल योजना का लाभ उठा कर लड़कियां किस प्रकार शिक्षा के क्षेत्र में आगे बढ़ रही हैं. डॉ कलाम ने पेज एक का भी खाका बताया था. उनका सुझाव था कि हर दिन पेज एक पर एक सक्सेस स्टोरी होनी चाहिए. गुड न्यूज होना चाहिए. कृषि, उद्योग, मीडिया, खेल या जिस किसी भी क्षेत्र में किसी ने उपलब्धि हासिल की हो, उसे प्रमुखता से जगह मिलनी चाहिए. उन्होंने सभी को साफ शब्दों में कहा था-अखबार ऐसा हो कि सुबह में कोई पढ़े तो वह निराश नहीं, बल्कि आनंद महसूस करे. ये सारे सुझाव मीडिया जगत के लिए आइ ओपनर की तरह हैं.

प्रभात खबर के दूसरे दिन के अंक में उन्होंने जो कुछ लिखा, वह न सिर्फ पाठकों के लिए महत्वपूर्ण है बल्कि पत्रकारिता के क्षेत्र में आनेवाले हर व्यक्ति/पत्रकार के लिए अमृत है. पेज एक पर प्रभात खबर के बारे में की गयी उनकी टिप्पणी छपी. वह इस प्रकार है-

नमस्कार

यहां आने के पहले मैंने प्रभात खबर के मई के अंतिम सप्ताह के अंक देखे थे. मैंने जानना चाहा कि यह किस राजनीतिक दल का समर्थक अखबार है. मैंने पहला पेज देखा, दूसरा पेज देखा, तीसरा पेज ..., सभी पेज देख डाले, लेकिन कुछ समझ नहीं आया कि किस दल का समर्थक अखबार है. बाद में मैं इस निष्कर्ष पर पहुंचा कि यह किसी पार्टी का नहीं, बल्कि लोगों का अखबार है. उसमें मैंने कुछ कार्टून देखे. प्रदेश और देश के बारे में कुछ अच्छे विषयों पर चर्चा भी देखी. काफी शोध करने के बाद विषयों पर चर्चा की गयी है.

एक खबर जो तंबाकू के बारे में लिखी गयी है, बहुत ही महत्वपूर्ण है. मैं चाहता हूं कि इस तरह के सामाजिक विषयों पर चर्चा होती रहे. आप सभी को मेरी बधाई और शुभकामनाएं. आप सब पर ईश्वर की कृपा सदैव बनी रहे.

हस्ताक्षर
डॉ कलाम

उन्होंने पेज एक पर विशेष संपादकीय भी लिखा, जो इस प्रकार है-

देखें, क्या होता है

रचनात्मक नेतृत्व

–डॉ अब्दुल कलाम

दोस्तों, मानव उद्यमिता की उपलब्धि की किसी भी प्रणाली में तब उत्कृष्टता-श्रेष्ठता उभरकर सामने आती है, जब इस दृष्टि को कड़ी प्रतियोगिता व रचनात्मक नेतृत्व का समर्थन हासिल हो. मैंने तीन सपने देखें, जिन्होंने दृष्टि, मिशन व बोध के रुप में आकार लिया. इसरो के स्पेस प्रोग्राम, डीआरडीओ के अग्नि व पूरा राष्ट्रीय मिशन बन कर सामने आये. निश्चित रुप से इन तीनों कार्यक्रमों की सफलता के दौरान कई चुनौतियां व मुश्किलें आयीं. मैंने इन तीनों क्षेत्रों में काम किया है. मैं आपको बताना चाहता हूं कि इन तीनों कार्यक्रमों के दौरान नेतृत्व का मतलब मैंने क्या समझा.

नेतृत्व के पास दूरदृष्टि (विजन) अवश्य हो.

विजन को जमीन पर उतारने का जुनून हो.

नेतृत्व को नयी राह बनाने, उस पर चलने के लिए तैयार रहना चाहिए.

उसके पास विफलता व सफलता दोनों का सामना करने को तैयार रहना चाहिए.

उसके पास निर्णय लेने का साहस होना चाहिए.

उसे हर कार्यवाही में पारदर्शी होना चाहिए.

उसे ईमानदारी के साथ काम करना चाहिए व इसी तरह सफलता पानी चाहिए. सभी मिशनों में सफलता के लिए नेतृत्व को रचनात्मक होना चाहिए. रचनात्मक नेतृत्व का अर्थ है दृष्टि को इस तरह अमल में लायें जिससे उनकी भूमिका परंपरागत कमांडर से बदल कर कोच के रूप में स्थापित हो. वह

मैनेजर के बदले मेंटर, निदेशक की जगह डेलिगेटर व दूसरों से आदर की मांग करनेवाले की जगह खुद आदर पाने के योग्य साबित करनेवाला हो. खुशहाल व विकसित बिहार के लिए इस बात पर जोर होना चाहिए कि उसके पास कई रचनात्मक नेता हों. मैं आपके रचनात्मक नेतृत्व से आश्वस्त हूं-गवर्नेंस, उद्योग, बौद्धिक, जन व युवा सब मिल कर बिहार को देश के शक्तिशाली आर्थिक इंजन में बदल देंगे, जहां सबके लिए समान अवसर होंगे, सबके लिए सदभाव होगा. ईश्वर आप पर स्नेह बरसाएं.

(पटना, 15 जून 2012)

तथागत ऐसी प्रतिभा के धनी हैं जिनके ब्रेन का दुनिया लोहा मानती है. उम्र कम थी इसलिए मैट्रिक या बीएससी की परीक्षा देने की अनुमति नहीं मिल रही थी. सरकार ने नियम बदले. इतना ही नहीं, सबसे कम उम्र में वे आइआइटी के प्राध्यापक बने. वे युवाओं के आइकान रहे हैं. प्रभात खबर ने 16 जुलाई 2010 को उन्हें अतिथि संपादक बनाया. उन्होंने खुशी-खुशी इसे स्वीकार किया और युवाओं को प्रेरित करने के लिए उसी दिन गंभीर संपादकीय भी लिखा.

एक आदर्श समाज की कल्पना

तथागत

प्रभात खबर को मुझे अतिथि संपादक का सम्मान देने के लिए हार्दिक धन्यवाद. आइए, आम खबरों से कुछ अलग बातें करते हैं. कभी सोचा है, मानव समाज अन्य जीव-जंतुओं के मुकाबले इतना उन्नत क्यों है? कारण है. मनुष्य की अद्‌भुत कल्पना-शक्ति. हमारी कल्पना की कोई सीमा नहीं. और यही कारण है कि आदि काल से लेकर अब तक हम नित नये-नये आविष्कार करके उन कल्पनाओं को मूर्त रूप देते आ रहे हैं. अगर आवश्यकता आविष्कार की जननी है, तो बेशक कल्पना आविष्कार का जनक है. अमूमन लोग आविष्कारों का तात्पर्य सिर्फ विज्ञान से समझते हैं, किंतु ऐसा नहीं है. आविष्कार सामाजिक स्तर पर भी होते हैं. अगर गौर से देखिए, तो हर धर्म और विचारधारा की स्थापना मानव समाज के किसी महत्वपूर्ण पहलू के आविष्कार के साथ हुई है. इस अरमान के साथ कि वह पहलू एक आदर्श समाज की स्थापना में हमारी मदद करेगा, परंतु हमारे आदर्श समाज की कल्पना साकार नहीं हुई. अब भी अधर्म का डंका बार-बार जोर-शोर से बजता है. क्यों? कारण वही है. मनुष्य की अद्‌भुत कल्पना-शक्ति, जिसने हमें झूठ बोलने की आजादी

और शक्ति दे दी. हकीकत कुछ और है. पर हमारा मस्तिष्क हकीकत को जानते हुए भी निजी स्वार्थ के लिए कल्पना-शक्ति का भरपूर इस्तेमाल करके ऐसा झूठ बोलता है कि हकीकत ही बदल जाती है. अपराधी ने अपराध किया, इस गुमान के साथ कि वह झूठ बोल कर बच सकता है. इस बहाने के साथ कि सब झूठे हैं और उसने तो बस बहती गंगा में हाथ धोया है. न जाने इसी बहती गंगा में कितना अनर्थ हो गया, कितना अधर्म हो गया, पर हम कुछ न कर सके. यह गंगा रुकती क्यों नहीं? मेरी बात आपको समझ में आ गयी होगी. हम अभी तक सत्य का आविष्कार नहीं कर सके. कैसे करें? ठीक उसी के लिए हमें मानव मस्तिष्क के विचित्र रहस्यों को समझना होगा. मानव समाज के झूठ बोलने की बीमारी का इलाज खोजना ही होगा. कैंसर रूपी मस्तिष्क कोशिकाएं, जो हमें झूठ बोलने पर मजबूर करती हैं, उन्हें जड़ से काट फेंकना होगा. कैसे होगा? यह काम आप हम वैज्ञानिकों पर छोड़ दें, तो बेहतर. मानव मस्तिष्क एक जटिल तंत्र है, जिसे समझने के लिए शक्तिशाली कंप्यूटरों की जरूरत है. हम प्रयासरत हैं और आनेवाले दशकों में जरूर सफल होंगे. तनिक सोचिए, क्या हमने कभी सोचा था कि हम पक्षियों की तरह हवा में उड़ सकेंगे. पर आज विमान-यात्रा साधारण बात है. किसी भी आविष्कार के पूर्व वह कठिन प्रतीत होती है, पर आविष्कार होते ही वह साधारण बात लगती है. ठीक उसी तरह हम अपने मकसद में कामयाब होंगे और कर सकेंगे सत्य का आविष्कार. कल्पना की सीमा तो है ही नहीं. लिखने को बहुत कुछ है, कहने को बहुत कुछ है, पर फिलहाल आप सब पाठकों को एक आदर्श समाज की शुभकामनाएं.

तथागत अवतार तुलसी

बिहार : सोने की चिड़िया

–जावेद अख्तर

हमलोग अक्सर कहते हैं कि हिंदुस्तान सोने की चिड़िया थी. इसके अपने अर्थ हैं. आखिर भारत के वह कौन से हिस्से थे, जिसे सोने की चिड़िया कहा जाता था. आंध्रप्रदेश, कर्नाटक, तमिलनाडु तो काफी दूर थे. उन इलाकों से तो भारत के बाकी लोग वाकिफ भी नहीं थे. सोने की चिड़िया यही थी. यही हिंदीभाषी प्रदेश (मगध-अवध प्रदेश). यहीं सब कुछ हुआ. सभी देवी-देवताओं का संबंध यहीं से रहा है. ईस्ट इंडिया कंपनी का केंद्र भी यही इलाका रहा. आज भले ही इसे आप बिहार, यूपी के रूप में, राजनीतिक रूप से अलग कर देखें, उस वक्त तो सभी एक ही थे. अंगरेजों ने यहां धीरे-धीरे अपना जाल बिछाया. यही इलाका था, जहां सबसे ज्यादा अंगरेजों का प्रतिरोध हुआ. वह चाहें कुंवर सिंह हों, या अवध के नवाब या फिर झांसी की रानी, सबसे ज्यादा यही इलाका लड़ा है. बड़े पैमाने पर यहीं लड़ाई हुई.

ठगी एक तरह से भूमिगत आंदोलन था. इसमें कौन लोग थे?अंगरेजों ने खुद ही लिखा है कि इसमें व्यवसायी थे. बड़े घरों के लोग थे. मुसलमान भी थे, जो काली की पूजा करते थे. दरअसल अंगरेजों ने जिस अर्थव्यवस्था को बरबाद किया, उससे पीड़ित ये लोग थे. अंगरेजों ने हिंदी प्रदेशों की अर्थव्यवस्था को बरबाद करने में कोई कसर नहीं छोड़ी थी. यहां चांदी बहुयायत में थी. अंगरेजों ने जब इस अर्थव्यवस्था को तोड़ने की कोशिश की, तो ठगी का मूवमेंट चला. कोलकाता से दिल्ली तक. अंगरेजों ने सबसे ज्यादा इस इलाके को बरबाद किया, क्योंकि उन्हें यहीं से खतरा महसूस हो रहा था.

उन्होंने बिहार के दो वक्त की रोटी की खेती को नील की खेती में बदल दिया. आप देखेंगे कि देश के दूसरे हिस्सों की तरह बिहार में अंगरेजों के बनाये संस्थान या प्रतीक नहीं मिलेंगे. दो सौ वर्षों तक इस जगह को बरबाद किया गया. देश से मुहब्बत और अंगरेजों के खिलाफ लड़ाई की कीमत उन्हें चुकानी पड़ी. जिन्होंने अंगरेजों का साथ दिया, उन्हें इनाम मिला. दुर्भाग्य यह रहा कि आजादी के बाद भी इस सच्चाई को नहीं समझा गया. बिहार की ओर अलग से ध्यान नहीं दिया गया. यही तो सोने की चिड़िया थी. आज यदि बिहार अपनी स्थापना के सौ साल मना रहा है तो पिछले दो सौ साल को भी याद करने की भी जरूरत है. जब बिहार ने अपनी लड़ाई की कीमत अदा की, इन लम्हों को आगे बढ़ाने की जरूरत है. अब जबकि इस इमारत को फिर से खड़ा करने का प्रयास किया जा रहा है, यह जिम्मेवारी सिर्फ बिहार की नहीं, बल्कि पूरे देश की है. क्योंकि बिहार ने आजादी की लड़ाई सिर्फ अपने लिए नहीं बल्कि पूरे देश के लिए लड़ी थी. बिहार के बारे में धारणा बदली है. जिनका बिहार से सीधा जुड़ाव नहीं है, उनके मन में भी बिहार के प्रति आदर का भाव पैदा हुआ है.

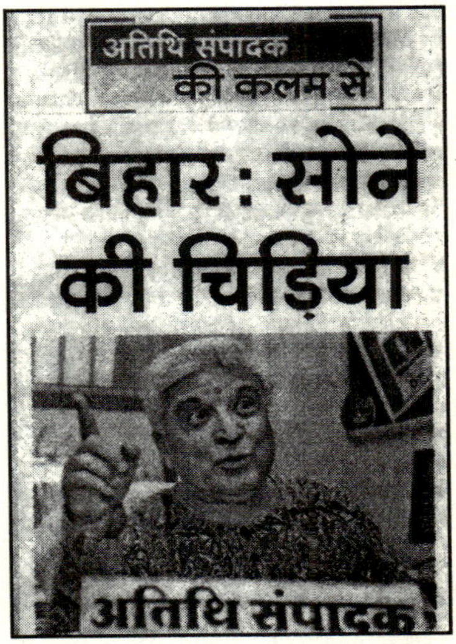

युवा ही खत्म कर सकते हैं भ्रष्टाचार

—चेतन भगत

सबसे पहले तो अतिथि संपादक बनाने के लिए प्रभात खबर परिवार का शुक्रगुजार हूं. प्रभात खबर जिस तरीके से भ्रष्टाचार के खिलाफ आवाज उठाता रहा है, वह बेहद प्रशंसनीय है. कारण आज पूरे देश के सामने सबसे बड़ी चुनौती भ्रष्टाचार की है. कह सकते हैं कि भ्रष्टाचार की समस्या ने इस देश में सारी हदें पार कर ली हैं. हमारे विकास में यह सबसे बड़ी बाधा है. 2 जी स्पेक्ट्रम घोटाला के रूप में देश में भ्रष्टाचार का एक और मामला सामने है. और यह एक तरह से देश के लोगों के विश्वास के साथ धोखा है. कारण देश की जनता ने विश्वास के साथ सरकार बनायी और सरकार में बैठे लोगों ने घोटाला किया. देश की जनता खास तौर पर युवाओं को यह समझना होगा कि सरकार हम चलाते हैं. हम अपनी मेहनत की कमाई का हिस्सा सरकारी खजाने में टैक्स के रूप में देते हैं. सरकार का काम

गरीबों का भला करना होता है. अब यदि सरकार में बैठे लोग 2 जी स्पेक्ट्रम के जरिये जनता की कमाई को अपनी जेब में भरते हैं तो फिर क्या बचता है? यदि ये पैसे भ्रष्टाचार के कारण चंद लोगों की मुट्ठी में नहीं जाते तो इससे किसानों को खेती के लिए सिंचाई, बीज-खाद की व्यवस्था होती. किसान की आय बढ़ती. किसानों के बच्चों को बेहतर शिक्षा दी जाती. इसलिए यह ध्यान रखना होगा कि घोटाला हुआ तो हुआ, हमारा क्या हुआ? इस तरह सोचने से काम नहीं चलनेवाला. भ्रष्टाचार समेत जो भी गड़बड़ियां हैं, उसके लिए पूरे तरीके से राजनीति जिम्मेवार है. आज विभिन्न राजनीतिक दलों के नेताओं ने जनता के जितने पैसे लूट रखे हैं, उतने पैसों में देश की जनता की तकदीर और तसवीर दोनों बदल सकती है.यदि राजनीतिक इच्छाशक्ति मजबूत और ईमानदार हो तो कुछ भी असंभव नहीं. इसका सबसे बड़ा और

उँड़नपरी पीटी उषा

ताजा प्रमाण है बिहार. आज बिहार में हालात बदले हैं तो इसका श्रेय मजबूत और ईमानदार राजनीतिक इच्छाशक्ति को जाता है. बिहार ने देश को नया रास्ता दिया है. केंद्र सरकार के मुखिया को चाहिए कि भ्रष्टाचार के मामलों की निष्पक्ष जांच कराये. जिन लोगों की गिरफ्तारी हुई है, उन्हें सजा मिले. मेरा मानना है कि जो हालात हैं, उसमें जनता को भी इसके खिलाफ आवाज उठाने की जरुरत है. भ्रष्टाचार के खिलाफ मुहिम में देश के युवा अहम भूमिका निभा सकते हैं. युवाओं को समझना होगा कि देश में हो रहे घोटालों का सीधा असर उनकी जिंदगी पर पड़ रहा है. साथ ही आनेवाले वक्त में उन्हें इसका और खामियाजा भुगतना पड़ेगा.

□

प्रभात खबर के अतिथि

प्रभात खबर ने एक ओर जहां देश के प्रमुख लोगों को गेस्ट एडिटर (अतिथि संपादक) बनाया, वहीं दूसरी ओर कई प्रमुख लोगों को गेस्ट स्पीकर के रूप में प्रभात खबर कार्यालय बुलाकर उनके विचारों को सुना. जब भी देश के प्रमुख व्यक्ति, खिलाड़ी रांची, पटना, जमशेदपुर आये, यह प्रयास हुआ कि उन्हें दफ्तर में बुलाकर अपने साथियों को उनके विचारों से अवगत कराया जाये. इसका उद्देश्य जहां उन प्रमुख लोगों का सम्मान करना था, वहीं प्रभात खबर के सहयोगियों की जानकारी/ज्ञान/अनुभव को बढ़ाना भी था. इसी क्रम में देश के प्रमुख पत्रकार कुलदीप नैयर, सुरेंद्र प्रताप सिंह, अरूण शौरी, ललित सुरजन, राजदीप सरदेसाई, मधुकर उपाध्याय, एनके सिंह, अमिताभ कुमार, अतुल महेश्वरी, सुधीर अग्रवाल को आमंत्रित किया था. इनके अलावा अंतरराष्ट्रीय धाविका पीटी उषा (5.9.14), कुश्ती में ओलिंपिक मेडल विजेता सुशील कुमार, एवरेस्ट फतह करनेवाली प्रेम लता अग्रवाल, अरूणिमा सिन्हा,

एवरेस्ट फतह करनेवाली अरूणिमा सिन्हा

बिगन सोय का सम्मान

बिगन सोय, अध्यात्म गुरु धर्मबंधु, सुनील कुमार, गायक मनोज तिवारी, भोजपुरी फिल्मों के नायक-निदेशक निरहुआ, नायिका पाखी हेगड़े (14.2.14) भी प्रभात खबर में आये और अपने अनुभव बांटे. ऐसे प्रयासों से प्रभात खबर के सहयोगियों को देश-दुनिया को समझने में काफी मदद मिली.

पर्यावरण विद, देश में पानी पर अद्भुत काम करनेवाले और मैग्सेसे पुरस्कार विजेता राजेंद्र सिंह 21 अप्रैल 2006 को प्रभात खबर कार्यालय आये थे और सहयोगियों को संबोधित किया था.

□

कैलेंडर में प्रयोग

प्रभात खबर ने अखबार को आगे बढ़ाने के लिए कंटेंट में तो प्रयोग किया ही, हर वर्ष निकाले जानेवाले कैलेंडर, टेबल कैलेंडर और नववर्ष के कार्ड में भी प्रयोग किया. इनके माध्यम से भी समाज को, पाठकों को संदेश भेजा. प्रभात खबर हर वर्ष कैलेंडर और टेबल कैलेंडर भी निकालता रहा है. 2003 से यह प्रयास हुआ कि कैसे टेबल कैलेंडर में किसी खास थीम को आधार मान कर संदेश भेजा जाये. प्रारंभ में कैलेंडर में झारखंड की आदिवासी संस्कृति को झलकाया गया. 2003 में बच्चों को केंद्र में रखा गया और उसके गुणों, उसके हालात, उसके भविष्य को तसवीर के माध्यम से बताया गया. नेतृत्व, जिम्मेदारी, विश्वास, साहस, पौरूष, उम्मीद, जिज्ञासा, शांति, भरोसा, सहारा और मासूम शीर्षक से तसवीरों के सहयोग से संदेश दिया गया. ये सामान्य कैलेंडर नहीं थे.

2004 का कैलेंडर बिल्कुल अलग था. 2003 तक छपी महत्वपूर्ण खबरों को आधार बनाकर यह कैलेंडर निकाला गया. एक तरफ खबर थी, दूसरी ओर स्केच के जरिये खबर की जानकारी दी गयी थी. इसमें एक सांढ़ को यह कहते हुए दिखाया गया कि उसे पता नहीं कि उसका चारा एक हजार करोड़ का है. यह चारा घोटाले को याद करते हुए बनाया गया था. चारा घोटाला लगभग एक हजार करोड़ का था, जिसका परदाफाश प्रभात खबर ने ही किया था. इसी कैलेंडर में नेता को टब में स्नान करते हुए दिखाया गया जबकि सूखा पड़ने के कारण लोग मर रहे थे. उन दिनों पलामू में सूखा पड़ा था और कई लोगों की भूख से मौत हो गयी थी. नेताओं पर कोई असर नहीं पड़ा था. नेताओं पर व्यंग्य करते हुए यह कैलेंडर बनाया गया था. मानसिक आरोग्यशाला की स्थिति को बताया गया. कुछ वर्ष पहले मानसिक आरोग्यशाला में 40 से अधिक रोगियों की मौत हो गयी थी. उसी को आधार बना कर कैलेंडर तैयार

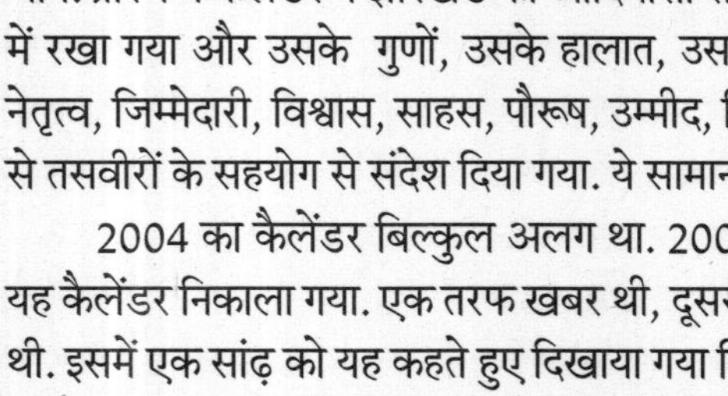

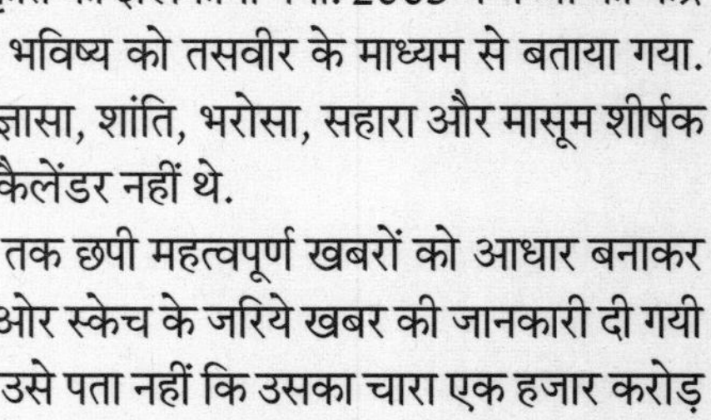

किया गया था. आरएमसीएच के चिकित्सकों को हड़ताल पर दिखाया गया. नकली दवा के कारण लोग परेशान थे. इस कैलेंडर में खबरों के साथ-साथ नकली दवा को दिखाया गया था. कुछ साल पूर्व बिहार में नकली दवा का कारोबार बड़े पैमाने पर चल रहा था. नकली दवा पकड़ी जा रही थी. उसी पर टिप्पणी थी इस कैलेंडर में. प्रश्न पत्र भी लीक हो रहे थे. कुछ वर्ष पूर्व सिविल सेवा परीक्षा का प्रश्नपत्र रांची से लीक हुआ था. स्केच के माध्यम से दिखाया गया कि यहां परीक्षा से दो दिन पहले प्रश्नपत्र मिलते हैं. यानी स्थानीय समस्याओं पानी, बिजली, नकली दवा, हड़ताल, भ्रष्टाचार, कानून-व्यवस्था के मामले को स्केच के जरिये आम आदमी को बताया था. यह इनोवेशन था.

2005 के कैलेंडर में स्थानीय कर्मयोगियों को स्थान मिला था. इस कैलेंडर में वैसे लोगों को स्थान दिया गया था जो अपने-अपने क्षेत्र में झारखंड में अच्छा काम कर रहे हैं, आदर्श हैं, जिन्होंने उपलब्धियां हासिल की हैं. इनमें सिमोन उरांव (जिन्होंने जंगल बचाने का अभियान चला रखा है), शिव नारायण साहू (जिन्होंने डेरी के माध्यम से कई लोगों का जीवन बदला है), सिस्टर जेमा मेंडिस (गांवों में वर्षों से स्वास्थ्य पर काम कर रही हैं), राय विष्णु कुमार सिन्हा (विकलांगों के लिए कार्यरत), ब्रदर जैकब (असहाय बच्चों की देखरेख करनेवाले), सिस्टर मंजू तिर्की (दबी महिलाओं की लड़ाई लड़नेवाली), भगत किसान (असमानता के खिलाफ लड़नेवाले), फादर वी वैन बोर्टेल (गरीब बच्चों को अपनानेवाले), डॉ रोज केरकेट्टा (शिक्षा के क्षेत्र में काम करनेवाली), फादर पी पॉल वैन नफेल (छात्रों को प्रेरणा देनेवाले), छत्रपति शाही मुंडा (गरीब किसानों के लिए मसीहा) और सिस्टर रोजिली को शामिल किया गया था. प्रभात खबर ने इस कैलेंडर के माध्यम से यह संदेश दिया कि वह कैसे अपने नायकों को सम्मान देता है.

2006 में प्रभात खबर ने झारखंड की जनजाति और आदिम जनजाति थीम पर कैलेंडर तैयार किया था. ये राज्य के विभिन्न हिस्सों में रहते हैं. हर जगह जाकर वहां के लोगों की तसवीर ली गयी थी. आदिम जनजाति और जगह का नाम भी कैलेंडर में दिया गया था ताकि उसकी स्थानीय पहचान हो सके. इसमें बालूमाथ के पहाड़िया, डालटेनगंज के कोरबा, गारू के बिरजिया, गारू के ही खरवार, महुआडांड के बिरहोर, जमशेदपुर के संताल, पश्चिम सिंहभूम के हो, सोनुआ के बिरसाइत, दुमका के माल पहाड़िया,

रांची के उरांव और रांची के ही टाना भगत परिवार की दिनचर्या को दिखाया गया था. यह कैलेंडर झारखंड की संस्कृति को दर्शा रहा था.

प्रभात खबर ने 2008 में झारखंड में रहनेवाले या झारखंड से जुड़ी वैसी प्रतिभाओं को कैलेंडर में छापा जिन्होंने देश में अपनी जगह बनायी है या जो अदभुत काम कर रहे हैं. इनमें तीरंदाज झानू हांसदा, अंतरराष्ट्रीय महिला मुक्केबाज अरूणा मिश्रा, गणितज्ञ अभिनव (जमशेदपुर निवासी, जो आइआइटी के देश भर के टॉपर थे), गार्गी अग्रवाल (जिन्होंने आइआइएम पास करने के बाद लाखों-करोड़ों की नौकरी नहीं की बल्कि बच्चों को पढ़ाना आरंभ किया), विनीत कुमार (साइबर क्राइम के खिलाफ काम करनेवाले विशेषज्ञ), महेंद्र सिंह धौनी (क्रिकेटर), तनुश्री दत्ता (अभिनेत्री), इम्तियाज अली (निदेशक), इरफान आलम, अरशद अजमल, डॉ आनंद कुमार (आइआइटी के लिए बच्चों को तैयार करते हैं), अभयानंद झा शामिल थे. पहले कुछ साल तक टेबल कैलेंडर झारखंड, आदिवासी जीवन शैली के आसपास हुआ करता था. बाद के वर्षों में इसमें थोड़ा बदलाव किया गया लेकिन प्रयास यह हुआ कि कैलेंडर किसी खास विषय को लेकर हो और इसमें संदेश हो.

यह बिल्कुल एडिटोरियल इनोवेशन है कि कैसे छोटे-छोटे प्रयास से भी लोगों को जोड़ा जा सकता है. पत्रकारिता में इस प्रकार के उदाहरण बहुत कम मिलते हैं. ऐसे प्रयासों से प्रभात खबर को आगे बढ़ने में मदद मिली.

□

तीसरा अध्याय

पौधशाला

1. पत्रकारों को प्रशिक्षण
2. हमारी आचार संहिता
3. साहस, जोखिम और जज्बा की पत्रकारिता
4. जिनकी जिंदगी बदल गयी

पत्रकारों को प्रशिक्षण

प्रभात खबर ने न सिर्फ कंटेंट को बेहतर करने के लिए अनूठे प्रयोग किये बल्कि मानव संसाधन (ह्यूमन रिसोर्स) का बेहतर से बेहतर इस्तेमाल करने और उनकी क्षमता बढ़ाने के लिए भी सार्थक प्रयास किये. प्रारंभ में प्रभात खबर के पास संसाधन का अभाव था. चुनौतियां अधिक थीं. अस्तित्व की लड़ाई थी. उसे न सिर्फ बचाने का संकट था, बल्कि परेशानियों को मात देते हुए आगे भी बढ़ना था. यह काम आसान नहीं था. प्रभात खबर अपना एक अलग मॉडल बनाना चाहता था, जिस रास्ते पर चल कर आगे की यात्रा तय की जा सके. इसके लिए हरिवंशजी देश के कई अखबारों के दफ्तर में गये. खास कर ताकतवर और सफल क्षेत्रीय अखबारों के दफ्तरों में. उनका मॉडल देखा. इनमें ईनाडू से लेकर आनंद बाजार पत्रिका का दफ्तर भी शामिल है. उसके बाद तय किया गया कि प्रभात खबर को आगे ले जाने के लिए यहां के पत्रकारों को प्रशिक्षित करना होगा. न सिर्फ प्रकाशन केंद्र में काम करनेवाले पत्रकारों को बल्कि ग्रामीण क्षेत्रों के पत्रकारों को भी. आम तौर पर बड़े अखबार बाहर से बड़े पैसे खर्च कर प्रशिक्षण दिलाते हैं. प्रभात खबर के लिए उन दिनों यह संभव नहीं था. इसलिए तय किया गया कि यह काम संस्थान (प्रभात खबर) के सीनियर साथी ही करेंगे. ग्रामीण पत्रकारों को प्रशिक्षित करने के लिए जिला स्तर पर दो-दो दिनों की कार्यशाला आयोजित की गयी. इसमें पत्रकारों को न्यूज लिखने से लेकर अन्य चीजों का प्रशिक्षण दिया गया. एक-एक संवाददाता से न्यूज लिखवाया जाता, उसे चेक किया जाता, फिर बताया जाता कि कहां पर गड़बड़ी है. कैसे बेहतर रिपोर्ट लिखी जा सकती है. न्यूज

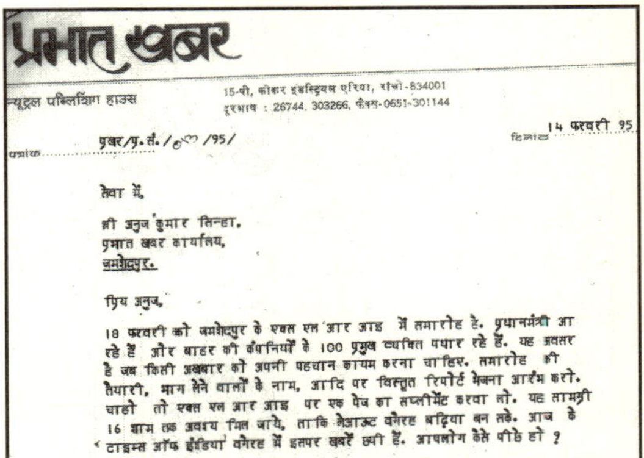
प्रभात खबर

न्यूट्रल पब्लिशिंग हाउस

15-पी, कोकर इंडस्ट्रियल एरिया, रांची-834001
दूरभाष : 26744, 303266, फैक्स-0651-301144

पत्रांक प्रखर/प्र.सं./०९/95/

दिनांक 14 फरवरी 95

सेवा में,

श्री अनुज कुमार सिन्हा,
प्रभात खबर कार्यालय,
जमशेदपुर.

प्रिय अनुज,

18 फरवरी को जमशेदपुर के एक्स एल आर आइ में समारोह है. प्रधानमंत्री आ रहे हैं और बाहर की कंपनियों के 100 प्रमुख व्यक्ति पधार रहे हैं. यह अवसर है जब किसी अखबार को अपनी पहचान कायम करना चाहिए. समारोह की तैयारी, भाग लेने वालों के नाम, आदि पर विस्तृत रिपोर्ट भेजना आरंभ करो. चाहो तो एक्स एल आर आइ पर एक पेज का सप्लीमेंट करवा लो. यह सामग्री 16 शाम तक अवश्य मिल जाये, ताकि लेआउट वगैरह बढ़िया बन सके. आज के टाइम्स ऑफ इंडिया वगैरह में इसपर खबरें छपी हैं. आपलोग कैसे पीछे हो ?

17 को बहुत से लोग वहां पहुंचेंगे. उनमें से कुछ लोगों से बातचीत कर उनकी तसवीर समेत सामग्री भेजो. 18 को उसी विषय को केंद्रित कर बहुत अच्छी सामग्री जायेगी. एक्स एल आर आइ इंस्टीच्यूट के निदेशक-आयोजकों वगैरह से भी बातचीत करना शुरू करो. उस दिन 100-150 अखबार अपनी ओर से इस तरह वहां बंटवाना कि महत्वपूर्ण लोगों के हाथ में वह पहुंच जाये.

जमशेदपुर संस्करण का प्रथम पेज, रांची संस्करण से तत्काल बिल्कुल अलग बनाना है. यह तभी संभव है, जब महत्वपूर्ण खबरें व तसवीरें रोज मिलें. यह व्यवस्था तुम्हें तुरंत करनी है. इसके लिए तुम्हें जो मदद चाहिए, बताना.

तुम्हारा,

(हरिवंश)

पंजीकृत कार्यालय : 24 आर. एन. मुखर्जी रोड, कलकत्ता -700001 दूरभाष : 28-5396/2157/7992/7622

लिखने में किन-किन चीजों का ख्याल रखना पड़ता है. प्रभात खबर से पहले किसी भी अखबार ने अपने रुरल स्ट्रिंगर को प्रशिक्षित करने के लिए ऐसा कोई कदम नहीं उठाया था. आम तौर पर स्ट्रिंगर्स उपेक्षित ही रहते हैं. प्रभात खबर ने महसूस किया था कि अगर अखबार की गुणवत्ता को बेहतर करना है तो स्ट्रिंगर्स तक को प्रशिक्षित करना होगा. प्रभात खबर ऐसा करनेवाला पहला क्षेत्रीय अखबार था. इसका एक कारण यह भी था कि यह पूरा क्षेत्र (दक्षिण बिहार का इलाका) पिछड़ा था, उपेक्षित था. पत्रकारिता के दृष्टिकोण से भी उपेक्षित. ग्रामीण पत्रकारों को समृद्ध (रिपोर्टिंग, एडिटिंग) करने में किसी को रुचि नहीं थी. प्रभात खबर ने महसूस किया था कि बगैर इन रिपोटर्स को प्रशिक्षित किये न्यूज की गुणवत्ता में सुधार लाना मुश्किल है. इसलिए प्रशिक्षण का काम चला. इसका काफी अच्छा असर पड़ा. मॉडम सेंटर में काम करनेवाले पत्रकार (इसमें कई तो अंशकालिक थे) खुद कंप्यूटर पर कंपोज करने लगे. उनकी गुणवत्ता में सुधार हुआ. आज भी प्रभात खबर में कई ऐसे मॉडम सेंटर हैं, जहां अलग से कंपोजिटर नहीं हैं. जो प्रतिनिधि हैं, वे ही न्यूज लाते हैं, खुद कंपोज करते हैं और खुद भेजते हैं. प्रभात खबर के इस मॉडल को देश के कुछ अखबार अब अपना रहे हैं. कम खर्च पर मॉडम सेंटर चलाने का यह एक बेहतर उदाहरण है.

प्रशिक्षण का यह काम सिर्फ अंचलों/जिला कार्यालयों तक सीमित नहीं रहा. मुख्य कार्यालय में भी यह काम चला. देश के महत्वपूर्ण पत्रकार जब रांची आते, प्रभात खबर कार्यालय में उन्हें आमंत्रित किया जाता. उनसे संपादकीय के साथियों से मुलाकात करायी जाती. पत्रकारिता पर उनसे लेक्चर देने का आग्रह किया जाता. सवाल-जवाब का कार्यक्रम चलता. इससे रांची में स्थित सीनियर साथियों को भी देश-दुनिया की पत्रकारिता को समझने में मदद मिली.

जिन लोगों को प्रभात खबर ने अपने कार्यालय में विचार व्यक्त करने के लिए बुलाया, वे देश के जाने-माने पत्रकार थे. इनमें प्रख्यात पत्रकार सुरेंद्र प्रताप सिंह, अरूण शौरी और कुलदीप नैयर भी थे. फरवरी 1992 में सुरेंद्र प्रताप सिंह प्रभात खबर के रांची कार्यालय में आये थे. प्रभात खबर की संपादकीय टीम के साथ लगभग एक घंटे तक बात की थी. ऐसे कार्यक्रम करने से सहयोगियों को न सिर्फ पत्रकारिता की जानकारी मिलती थी, बल्कि उनके मन में जो सवाल उठते थे, उसका जवाब भी मिलता था. इससे पत्रकारों के मनोबल पर अच्छा असर पड़ा.

1999 तक प्रभात खबर की चुनौतियां अलग थीं. झारखंड में किसी बड़े अखबार का आगमन नहीं हुआ था. रांची एक्सप्रेस, उदितवाणी, आज या फिर आवाज से प्रभात खबर का सामना हो रहा था. उस समय तक प्रभात खबर बड़ा और ताकतवर क्षेत्रीय अखबार बन चुका था. दूसरे अखबारों में काम करनेवाले पत्रकारों की भी इच्छा होती थी कि वह भी प्रभात खबर में काम करे. प्रभात खबर में काम करने से अन्य क्षेत्रीय अखबारों की तुलना में आगे बढ़ने का बेहतर अवसर भी था. इसका फायदा यह हुआ कि अन्य अखबारों में काम करनेवाले अधिकांश अच्छे पत्रकार प्रभात खबर से जुड़ते गये. इससे प्रभात खबर को और बेहतर करने में मदद मिली. इस अखबार में काम करने का एक और अघोषित लाभ मिलता था. जो लोग भी प्रभात खबर में काम कर लेते थे, देश के बड़े अखबारों में भी जब जाते थे, उन्हें नौकरी मिलने में दिक्कत नहीं होती थी. कई ऐसे अखबार समूह थे जो सिर्फ प्रभात खबर में काम करने का अनुभव सुनने के बाद इंटरव्यू तक नहीं लेते थे.

2000 आते-आते स्थिति बदलने लगी थी. दक्षिण बिहार की पत्रकारिता में बड़ा बदलाव दस्तक दे रहा था. दैनिक हिंदुस्तान का प्रकाशन रांची से (फरवरी 2000) होने जा रहा था. प्रतिद्वंद्वी एक बड़ा राष्ट्रीय अखबार, संसाधनों से भरपूर. प्रभात खबर का चिंतित होना स्वाभाविक था. सीनियर सहयोगियों (हर विभाग की) की कई बार बैठकें हुई थीं. रणनीति बनी थी. टीम को खुद पर भरोसा था. प्रभात खबर को यह पता था कि दक्षिण बिहार में पत्रकारिता के लिए बाहर से बहुत ज्यादा लोग आयेंगे नहीं, इसी क्षेत्र के अखबारों में से जोड़-तोड़ कर लोगों को बहाल किया जायेगा. अधिक वेतन, अधिक सुविधा के लालच में टीम टूट सकती है. यही हुआ भी. नया अखबार निकलने के कुछ दिनों बाद प्रभात खबर से रातो-रात बड़ी संख्या में लोग उसमें चले गये. इसमें संपादकीय के वरिष्ठतम साथी भी थे. ऐसा ही ग्रामीण पत्रकारों के साथ हुआ. कई साथियों ने प्रभात खबर को अलविदा कह दिया. वह संकट का दौर था. जितने लोग बच गये थे, उनसे अखबार निकालना कठिन काम था लेकिन असंभव नहीं. सहयोगियों ने यही कर दिखाया.

जब अनेक सहयोगियों ने एकाएक इस्तीफा दे दिया तो दो ही रास्ते थे. एक था जो साथी चले गये हैं, उन्हें ज्यादा पैसा देकर फिर से वापस लाया जाये. दूसरा रास्ता था अन्य अखबारों से छोटे-छोटे पदों पर कार्यरत पत्रकारों को बुलाया जाये, कालेजों में पत्रकारिता या स्नातक/पीजी की पढ़ाई कर रहे छात्रों को बहाल किया जाये और उन्हें प्रशिक्षित किया जाये. प्रभात खबर ने दूसरा रास्ता चुना. नये-नये लड़कों की बहाली की गयी. उन्हें रात-दिन आपात स्थिति में प्रशिक्षण देकर अखबार निकालने लायक बनाया गया. उन दिनों के ये ट्रेनी पत्रकार आज रांची/झारखंड में पत्रकारिता में स्थापित हो चुके हैं. इनमें तो कई देश के प्रमुख अखबारों में महत्वपूर्ण पदों पर कार्यरत हैं. प्रभात खबर ने अखबार में विज्ञापन देकर नये-नये लोगों को पत्रकारिता में मौका देने का जो अभियान आरंभ किया, उसे रोका नहीं. लंबी योजना बनी. यह तय किया कि इस क्षेत्र में अच्छे पत्रकारों की कमी न रहे, इसके लिए प्रभात खबर को स्थायी तौर पर कोई निर्णय करना चाहिए. इसी क्रम में रांची में प्रभात खबर मीडिया इंस्टीट्यूट खोला गया. भारती विद्या भवन से मान्यता दिलायी गयी ताकि देश भर में इसके प्रमाण पत्र की मान्यता हो. यह तय किया गया कि हर साल प्रवेश परीक्षा के आधार पर 25-30 लड़के-लड़कियों का चयन किया जयेगा. मामूली फीस लेकर उन्हें प्रशिक्षित किया जायेगा. प्रभात खबर का यह प्रयास रंग लाया. पीकेएमआइएस से हर साल छात्र निकलने लगे जिन्हें न सिर्फ प्रभात खबर में बल्कि अन्य अखबारों/इलेक्ट्रॉनिक मीडिया में नौकरी मिली. इस प्रकार प्रभात खबर ने पीकेएमआइएस के माध्यम से सैकड़ों पत्रकारों को तैयार किया, प्रशिक्षित किया. पीकेएमआइएस का दायित्व विजय भास्कर, वैद्यनाथ मिश्रा, विष्णु राजगढ़िया, राजेश कुमार सिंह, राकेश कुमार ने संभाला था.

शायद ही किसी मीडिया हाउस ने अपने ग्रामीण प्रतिनिधियों के लिए कभी किसी कार्यशाला आयोजित की हो. प्रभात खबर यह काम लंबे समय से करता रहा है. पहले जिला स्तर पर यह काम होता था. 2013 में यूनिसेफ के साथ मिल कर प्रभात खबर ने रांची, जमशेदपुर, धनबाद और देवघर में कार्यशाला आयोजित की. इसमें संबंधित संस्करणों के अधीन आनेवाले जिलों और वहां के प्रखंड प्रतिनिधियों को बुलाया गया. यूनिसेफ के विशेषज्ञों के माध्यम से इन पत्रकारों को प्रशिक्षण दिया गया. यूनिसेफ ने पहली बार किसी मीडिया हाउस के साथ पत्रकारों को प्रशिक्षण देने की इस तरह की व्यवस्था की थी. इस

प्रशिक्षण का असर ग्रामीण संवाददाताओं के लेखन पर पड़ा. उसमें निखार आया. प्रशिक्षण के दौरान ही उन्हें विषय बता दिया गया था. उसके बाद प्रभात खबर ने सीरिज चलाया. प्रशिक्षण के बाद सामाजिक सरोकार से संबंधित जिस तरह की रिपोर्ट प्रभात खबर में छपी, उससे यूनिसेफ की कंट्री हेड इतनी प्रभावित हुई कि वे स्वयं प्रभात खबर दफ्तर में आयी. वरिष्ठ अधिकारियों से मुलाकात की और भविष्य की योजना पर बात की. 2014 में भी यूनिसेफ ने प्रभात खबर के साथ मिलकर बाल यौन उत्पीड़न पर ग्रामीण पत्रकारों के लिए कार्यशाला का आयोजन किया.

प्रशिक्षण का यह तरीका भी

प्रभात खबर के पत्रकारों को प्रशिक्षित करने के लिए अलग-अलग तरीके अपनाये जाते रहे हैं. ऐसी बात नहीं है कि सिर्फ कार्यशाला के जरिये ही उन्हें प्रशिक्षित किया जाता है. कई ऐसे अवसर आते हैं, जब पत्रकारों को पता नहीं होता कि उनका प्रशिक्षण हो रहा है, जबकि वह वास्तव में प्रशिक्षण का ही हिस्सा होता है. प्रभात खबर में काम करने का तरीका कैसे अलग होगा, रिपोर्टिंग के समय किन बातों का ख्याल किया जाना चाहिए, अगर किसी खास अवसर पर अखबार को आगे बढ़ने का मौका मिला तो कैसे इसका उपयोग किया जाये, लगभग हर दिन सीनियर साथी अपने सहयोगियों को बात-बात में बताते रहे हैं. ऐसी ही एक घटना है फरवरी 1995 की. जमशेदपुर से प्रभात खबर का प्रकाशन आरंभ नहीं हुआ था. सिर्फ रांची से अखबार छपता था. रांची से छप कर जमशेदपुर भी अखबार जाता था. मुझे रांची से अखबार निकालने के लिए जमशेदपुर भेजा गया था. दिन भर न्यूज जमा करना, कंपोज करना, अपने साथियों की रिपोर्ट को एडिट कर उसे मॉडम से रांची भेजना मेरा काम था. बस से रांची फोटो भेजते थे. तब तक स्कैनर का प्रयोग शुरू नहीं हुआ था. इसी बीच 18 फरवरी, 1995 को जमशेदपुर में एक बड़ा कार्यक्रम होनेवाला था. एक्सएलआरआइ में देश की प्रमुख कंपनियों के शीर्ष अधिकारी आनेवाले थे. खबर थी कि प्रधानमंत्री (तब नरसिंह राव प्रधानमंत्री थे) भी इस कार्यक्रम में हिस्सा लेंगे. जमशेदपुर जैसे औद्योगिक शहर में ऐसे कार्यक्रम का खास महत्व भी था.

इस कार्यक्रम की खबर जमशेदपुर में हिंदी अखबारों को नहीं दी गयी थी. उस समय ऐसा प्रचलन था कि हिंदी अखबारों को ऐसे कार्यक्रमों में कोई पूछता भी नहीं था. हां, अंगरेजी अखबारों को खबर जरूर मिलती थी. रांची कार्यालय को इस कार्यक्रम की जानकारी थी. हरिवंशजी ने 14 फरवरी को मेरे पास एक पत्र भेजा जिसमें सारी योजना बनी हुई थी. कैसे कवरेज करना है, कैसे सप्लीमेंट करना है, कब तक पूरा मैटर रांची भेज देना है, कैसे लोगों से बात करनी है, कैसे तसवीर भेजनी है. इतना ही नहीं, 18 फरवरी 1995 के जमशेदपुर संस्करण (जो रांची से छप कर जमशेदपुर जाता था) का पेज वन कैसा होगा, इसकी भी योजना बना कर मेरे पास भेजी गयी थी. पत्र में इस बात का उल्लेख था कि खबर छपने के बाद यह विशेष अंक संबंधित शीर्ष अधिकारियों तक पहुंच जाये. लगभग 100-150 अतिरिक्त अखबार संबंधित लोगों के हाथों में पहुंचाने की भी जिम्मेवारी भी मुझे दी गयी थी.

ऐसा करने के पीछे उद्देश्य था. जमशेदपुर में अखबार प्रारंभ करने के पहले यह सुनहरा मौका आया था. उद्योग जगत के शीर्ष व्यक्तियों तक प्रभात खबर ब्रांड पहुंचाने के लिए यह अवसर था. अखबार की पहचान बनाने का अवसर आया था और प्रभात खबर ने इसका उपयोग किया. उन दिनों की हिंदी

पत्रकारिता में ऐसी खबरों (उद्योग की खबर) पर कोई बहुत ध्यान नहीं देता था. प्रभात खबर ने बदलाव के दौर को समझा था. यह पूरा प्रयास उसी का एक उदाहरण है. उस कार्यक्रम में आइटीसी के तत्कालीन चेयरमैन केएल चुग आये थे. बड़ी मुश्किल से उनसे बात करने का मौका मिला था. यह रिपोर्ट प्रभात खबर में छपी थी. इन लोगों तक अखबार पहुंचाना कठिन कार्य था. अंदर में अखबार बांटने की अनुमति नहीं थी. कार्यक्रम के बीच में या अंत में जब कोई अधिकारी बाहर निकलते, एक अखबार उनके हाथ में देता था, यानी पहले न्यूज कवरेज करना, रांची भेजना, छप कर अखबार आ जाये तो उसे एजेंट के पास से लाना और फिर कार्यक्रम स्थल पर जाकर खुद बांटना. मेरे इस काम में विनोद शरण भी सहयोग करते थे. उन दिनों जमशेदपुर में हम दो लोग ही संपादकीय में काम करते थे.(तब प्रभात खबर से प्रकाशित नहीं होता था, प्रकाशन की तैयारी चल रही थी). आज का दौर अलग है. प्रोफेशनल्स लोग इस पेशे में आ गये हैं. मिशन का दौर खत्म होने को है. अब संपादकीय के साथियों को शायद घर-घर या सभा-बैठक स्थल पर जा कर अखबार बांटने का काम करना अच्छा नहीं लगे. लेकिन प्रभात खबर का अलग मॉडल रहा है.

प्रभात खबर में प्रारंभ से ही पत्रकारों को इस प्रकार प्रशिक्षित किया जाता रहा है ताकि वे समझ सकें कि संपादकीय और विज्ञापन विभाग में गहरे संबंध हैं. सीनियर पत्रकारों (जो संपादक या समाचार संपादक स्तर के हों) को संपादकीय के अलावा विज्ञापन, सर्कुलेशन, प्रोडक्शन और फाइनांस की इतनी जानकारी दे दी जाती थी ताकि इन विभागों में तालमेल बैठाने में कोई दिक्कत नहीं हो. यह बताया जाता था कि एक-एक पाठक कितना महत्वपूर्ण है, एक-एक विज्ञापनदाता का अपना महत्व है. इनका ख्याल किया जाना चाहिए. आज इन सभी कामों के लिए अलग-अलग विभाग हैं, इसलिए अब काम आसान हो गया है. उन दिनों यह सुविधा नहीं थी.

यह कड़ा अनुशासन (आम तौर पर स्व-अनुशासन) ही है कि प्रभात खबर आज यहां खड़ा है. अनेक ऐसी घटनाएं हैं जब कभी कोई बड़ा विज्ञापन छूटता तो किसी की खैर नहीं होती थी. कहीं अखबार नहीं बंटा या कुछ कॉपी कम हुई तो संपादक और सर्कुलेशन मैनेजर से भी पूछताछ होती. ऐसा इसलिए होता ताकि कमियां पकड़ाये और भविष्य में दुबारा ऐसी गलती न हो. 22 जून 1995 को लिखा गया एक पत्र इसका उदाहरण है. एचएमटी का कोई विज्ञापन छपा था. पर उक्त अखबार एचएमटी के डीलर तक नहीं पहुंच पाया था. डीलर ने मुझ तक बात पहुंचायी थी. यह जानकारी मैंने प्रधान संपादक को दी थी. कोई भी यह समझ सकता है कि एचएमटी के डीलर या अधिकारियों तक अखबार नहीं पहुंचने का क्या दूरगामी प्रभाव हो सकता है. अखबार का क्या इमेज बनेगा? यह पूरा मामला ही संवादहीनता के कारण हुआ था. कौन काम किसे करना है, इसे लेकर संशय था. इस घटना के बाद कई निर्देश जारी किये. इसमें लिखा था कि कौन काम कौन करेगा, इसका स्पष्ट उल्लेख करना होगा. यह सही है कि मीडिया हो, सरकारी संस्था हो या अन्य संस्थान, आज भी स्थिति यह है कि काम का बंटवारा सही ढंग से नहीं होता है. यह मेरा काम नहीं है, यह कहना आम बात है. जब भी ऐसे मामले आये, प्रभात खबर ने जिम्मेवारी तय की. इसका असर यह हुआ कि जो गलती एक बार हो जाती थी, वह गलती दुहरायी नहीं जाती थी. तुरंत निर्णय लेने की क्षमता हर किसी में नहीं होती है. मेरी सूचना के बाद रांची में सीनियर लोगों की बैठक हुई. फिर मुझे कहा कि अखबार लेकर खुद उक्त डीलर/अधिकारी तक जाओ और खेद

प्रकट करना. मार्केटिंग में अब पीआर पर जोर दिया जाता है, पर प्रभात खबर ने आज से 18-20 साल पहले ही उस पर अमल करना शुरु कर दिया था. मेरे पास रांची से जो पत्र आया था, उस पत्र में कई ऐसे वाक्य थे जो किसी भी संस्था को खड़ा करने में सहायक होते हैं. जैसे : इसी तरह की कार्यसंस्कृति के कारण आज बिहार (उस समय झारखंड नहीं बना था) की यह हालत है.

प्रभात खबर का यह मानना रहा है कि अखबार के संपादक को न सिर्फ संपादकीय बल्कि अन्य विभागों की भी जानकारी होनी चाहिए. इसी विजन के तहत सीनियर साथियों को प्रशिक्षित किया गया. उन दिनों मैं जमशेदपुर में न सिर्फ संपादक था बल्कि यूनिट प्रभारी भी था यानी खबरों से लेकर सर्कुलेशन, विज्ञापन, प्रोड्क्शन, स्टोर, एडमिनिस्ट्रेशन, एकाउंट की जिम्मेवारी संभालता था. 12 सितंबर 1995 को मुझे प्रधान संपादक ने जो पत्र भेजा था, उसमें साफ-साफ लिखा था कि कैमरा, पीटीएस या संपादकीय में जो भी सामान चाहिए, उसका हिसाब रखना. कम से कम 10 दिनों का स्टॉक रहना चाहिए. उन दिनों पेस्टिंग कर पेज बनता था. फिर कैमरा के माध्यम से फिल्म बनती थी. फिल्म बड़ी महंगी आती थी. इसी फिल्म (निगेटिव) से प्लेट बनता था. उन दिनों क्षेत्रीय अखबारों की आर्थिक स्थिति काफी कमजोर होती थी. इसलिए प्लेट और निगेटिव घट जाना आम बात थी. अखबारों में मांगने की प्रथा भी चलती थी. यानी एक अखबार का निगेटिव या कागज घट गया तो दूसरे अखबार से मांग कर उसे बाद में वापस कर देते थे. बड़े घरानों के अखबार में आने से अब यह परंपरा खत्म हो गयी. पत्र में साफ-साफ निर्देश था कि ऐसी स्थिति न हो कि स्टॉक खत्म होने पर खबर करें. यह प्रशिक्षण देने का हिस्सा भी था. ऐसा नहीं करते तो किसी भी दिन अखबार फंस जाता. प्लेट या निगेटिव रांची से जाता था. रात में अगर घट जाये तो दूसरी जगह से मांगने के अलावा कोई विकल्प भी नहीं बचता. इसलिए ऐसे सुझाव/निर्देश लिखित में मिलते रहते थे. यह प्लानिंग का हिस्सा भी था. इसमें एक तरह से अखबार चलाने का प्रशिक्षण था कि जिन-जिन चीजों की जरूरत पड़ती है, उसका स्टॉक रहे ताकि अखबार निकालने में कोई दिक्कत नहीं हो.

यह सही है कि अगर पारदर्शिता हो, सभी सहयोगियों को सारी जानकारी मिलती रहे, तो आधी समस्या का निदान हो सकता है. प्रभात खबर ने यह प्रयास किया कि आर्थिक स्थिति की भी जानकारी अपने सहयोगियों को दी जाये. अगर कोई बड़ा संकट आया है या आनेवाला है तो उसकी पूर्व जानकारी दी जाये, राय ली जाये, उससे उबरने के लिए रणनीति बनायी जाये. हर घटना से सीख ली जाये. यही तो प्रशिक्षण है और प्रभात खबर ने यही किया भी है. 26 जुलाई 1997 को रांची कार्यालय से एक पत्र आया था जिसमें उल्लेख था कि बाजार की स्थिति खराब हो गयी है (मार्केट डाउन चल रहा है यानी मंदी है), विज्ञापन कम आ रहे हैं जिससे घाटा बढ़ रहा है. अगर तुरंत इस पर नियंत्रण नहीं किया गया तो अखबार चलाना मुश्किल हो जायेगा. (संदर्भ : जमशेदपुर संस्करण). मैंने अपनी टीम को यह पत्र पढ़ कर सुनाया और संकट का सामना करने की योजना बनायी. अगर वह पत्र नहीं आता, या पारदर्शिता न रखते हुए मैं उस पत्र को अपने साथियों को नहीं बताता तो संकट और गहराता. ऐसे पत्रों से हमारी टीम को वास्तविक स्थिति का पता चलता था. उसी पत्र में उल्लेख था कि वह समय नहीं रहा कि घाटे वाली यूनिट चलायी जा सके इसलिए हर यूनिट को अपने पैरों पर खड़ा होना होगा. यह तभी होगा जब अखबार बेहतर रहे, अच्छा सर्कुलेशन, अच्छा विज्ञापन. वित्तीय अनुशासन तो अनिवार्य है ही. इसके

लिए वेस्टेज पर कंट्रोल रहना. (अखबार जब छपता है तो शुरू की कुछ कॉपियों की प्रिंटिंग खराब रहती है और वह बेकार जाती है. बाद में किलो के भाव से बिकता है. यह जितना कम होता है, अखबार के लिए उतना ही बेहतर है). इस पत्र का ही परिणाम था कि हम सभी अखबार की सेहत को सुधारने में जी-जान से जुट गये थे. मशीन मैन भी उतना ही अलर्ट था जितना संपादकीय, विज्ञापन या सर्कुलेशन के सहयोगी. रिजल्ट भी सामने दिखने लगा था. स्थिति सुधरने लगी थी.

ऐसे छोटे-छोटे सुझाव-पत्र ने भी प्रशिक्षण का काम किया. उन दिनों प्रभात खबर आज जितना बड़ा अखबार नहीं था. इसलिए प्रशिक्षण का तरीका भी अलग था. अब हालात अलग हैं. अब बड़े पैमाने पर प्रशिक्षण का काम चलता है. इसके लिए अलग से एक विभाग भी काम करता है. हाल के कुछ वर्षों से प्रभात खबर में हर साल संपादकीय के साथियों को गहन प्रशिक्षण दिया जाता है. एडिटोरियल स्किल डेवलपमेंट प्रोग्राम (ईएसडीपी) के तहत डेस्क और रिपोर्टिंग के सहयोगियों के लिए इसका आयोजन किया जाता है. ऐसे प्रशिक्षणों से पत्रकारों को काफी लाभ होता है. सीनियर साथी हर दिन घुम-घुम कर भी अपने जूनियर साथियों को उनके डेस्क पर जाकर सुझाव देते रहते हैं. यह भी प्रशिक्षण का ही हिस्सा होता है. इसके अलावा प्रभात खबर में हर सप्ताह पूरे संपादकीय की बैठक होती है. एक साथ. इसमें सप्ताह भर के अखबार की सामूहिक समीक्षा होती है, उस पर चर्चा होती है.

□

हमारी आचार संहिता

लंबे समय से पत्रकारिता और पत्रकारों पर सवाल उठते रहे हैं. पत्रकारों पर पैसे लेकर खबर लिखने और खबरों में पक्षपात करने, शिकायत करने पर उस पर ध्यान नहीं देने के भी आरोप लगते रहे हैं. चुनाव में तो बड़ी गड़बड़ी के आरोप अखबारों पर लगते हैं. पेड न्यूज का मामला हाल में काफी चर्चित रहा है. कई बड़े अखबारों को प्रेस काउंसिल ने नोटिस जारी किया, उनकी आलोचना की. प्रभात खबर वह अखबार है जिसने सबसे पहले पेड न्यूज के खिलाफ अभियान चलाया. चुनाव के पहले अपनी आचार संहिता जारी की. इसे अखबार में छाप कर सार्वजनिक किया. पाठकों को साफ-साफ लिखा कि अगर प्रभात खबर के पत्रकारों के खिलाफ कोई शिकायत आपको है तो सप्रमाण उसे बतायें, हम कार्रवाई करेंगे. बीस साल पहले तो कोई सोच भी नहीं सकता कि कोई अखबार इस संबंध में सार्वजनिक सूचना भी छाप सकता है. 1992 में ही प्रभात खबर ने अखबार में विश्वसनीयता की कसौटी शीर्षक से सार्वजनिक सूचना छापी थी. इसमें पाठकों और लेखकों से निवेदन किया गया था. इस खबर के माध्यम से प्रभात खबर ने पाठकों से आह्वान किया था कि अगर उन्हें लगता है कि रिपोर्ट में कहीं कोई गड़बड़ी है, कोई पत्रकार गड़बड़ी कर रहा है तो इसकी सूचना तुरंत अखबार को दें. कार्रवाई होगी. यहां 1992 में छपी उस सूचना को प्रकाशित किया जा रहा है.

विश्वसनीयता की कसौटी

पाठकों-लेखकों से

वह पत्रकारिता, जो समाज को संकट से उबारने में युग-धर्म की भूमिका का निर्वाह कर सके, तभी विकसित हो सकती है, जब समाज के नैतिक कर्णधार इस विधा की आचार संहिता विकसित होने दें. जब पाठकों, लेखकों, नेताओं, समाज सुधारकों, राजनीतिक कार्यकर्ताओं, जागरूक नौकरशाहों का समान सहयोग मिले, तभी पत्रकार एक सर्वस्वीकृत, आचार संहिता विकसित कर सकते हैं. आम तौर पर बिहार में यह स्थिति है कि भ्रष्टाचार के जिस उदगम स्त्रोत पर पत्रकार हाथ डालें, तत्काल भ्रष्टाचार के अनगिनत स्त्रोत हाथ लगते हैं. भ्रष्टाचार में लिप्त लोग दो दलीलें देते हैं : (1) यह पूर्वग्रह से प्रेरित है या (2)आपका पत्रकार अमुक के इशारे पर ऐसा कर रहा है. ऐसे लोगों के पास न तीसरा जवाब होता है

प्रभात खबर

विश्वसनीयता की कसौटी

पाठकों-लेखकों से

वह पत्रकारिता, जो समाज को संकट से उबारने में युग-धर्म की भूमिका का निर्वाह कर सके, तभी विकसित हो सकती है, जब समाज के नैतिक कर्णधार इस विधा की आचारसंहिता विकसित होने दें. जब पाठकों, लेखकों, नेताओं, समाज सुधारकों, राजनीतिक कार्यकर्ताओं, जागरुक नौकरशाहों का समान सहयोग मिले, तभी पत्रकार एक सर्वस्वीकृत आचारसंहिता विकसित कर सकते हैं. आमतौर पर बिहार में यह स्थिति है कि भ्रष्टाचार के जिस उद्‌गम स्रोत पर पत्रकार हाथ डाले, तत्काल भ्रष्टाचार के अनगिनत स्रोत हाथ लगते हैं. भ्रष्टाचार में लिप्त लोग दो दलीलें देते हैं : (1) यह पूर्वाग्रह से प्रेरित है या (2) आपका पत्रकार अमुक के इशारे पर ऐसा कर रहा है. ऐसे लोगों के पास न तीसरा जवाब होता है और न अपने भ्रष्टाचार को गलत साबित करने का एक भी तर्क.

प्रभात खबर ने पाठकों-पत्रकारों-लेखकों के बीच विश्वसनीय संवाद कायम करने के लिए निम्न मापदंड स्थापित किये हैं, पर इनकी सफलता पाठकों के सक्रिय सहयोग पर ही निर्भर है.

(1) लेखक अपनी रचनाओं के साथ टिकट लगा लिफाफा अवश्य भेजें, ताकि न छपने की स्थिति में रचनाएं लौटायी जा सकें अन्यथा *प्रभात खबर* अस्वीकृत होने की स्थिति में रचनाएं लौटाने का दायित्व नहीं लेता. *प्रभात खबर* को पठाये गये लेख-पत्र साफ-सुथरे, सुस्पष्ट और एक ही ओर लिखे होने चाहिए.

(2) *प्रभात खबर* में इंटरव्यू देने, गोपनीय दस्तावेज देने या गोपनीय सूचना देने के पूर्व यह तय कर लें कि आप जिससे बातचीत कर रहे हैं, वह *प्रभात खबर* का सदस्य है. *प्रभात खबर* में काम करनेवाले हर अखबारनवीस के पास परिचय पत्र है. (3) कभी-कभार अखबार के कार्यालय में यह शिकायत आती है कि आपके प्रतिनिधि ने समाचार संकलन के क्रम में अभद्रता बरती, धमकी दी या अमर्यादित हरकत की. उस प्रतिनिधि का पूरा ब्योरा पूछने पर नाम तक संबंधित पक्ष नहीं बता पाते. *प्रभात खबर* चाहता है कि जो छद्मवेश में *प्रभात खबर* का नाम लेकर अमर्यादित पत्रकारिता करते हैं, उनके खिलाफ कड़ी से कड़ी कार्रवाई हो, पर यह आपके सहयोग पर ही निर्भर है. ऐसे लोगों के खिलाफ कानूनी कार्रवाई का *प्रभात खबर* स्वागत करेगा. साथ ही *प्रभात खबर* कार्यालय को पूरी सूचना मिलनी चाहिए.

(3) *प्रभात खबर* को अनगिनत स्रोतों से महत्वपूर्ण सूचनाएं मिलती रही हैं. ऐसे गोपनीय सुराग देनेवालों की बदौलत जनहित में *प्रभात खबर* ने अनेक महत्वपूर्ण खबरों का रहस्योद्‌घाटन किया है. ऐसे व्यक्ति अपनी गोपनीयता के संबंध में आश्वस्त रहते हुए सुनिश्चित कर लें कि वे *प्रभात खबर* में कार्यरत व्यक्ति को ही सूचनाएं दे रहे हैं.

(5) *प्रभात खबर* में छपे तथ्यों-समाचारों में कहीं भी आपको अधूरापन या अपूर्णता लगे, तत्काल *प्रभात खबर* को अपनी प्रतिक्रिया भेजें.

(7) पाठकों के पत्र स्तंभ के लिए आनेवाले पत्र संक्षिप्त, साफ-सुथरा व प्रभावोत्पादक होने चाहिए.

(8) कोई भी व्यक्ति गोपनीय रह कर *प्रभात खबर* में छपी खबरों का तथ्यपूर्ण आधार पर खंडन करना चाहता है, तो इसका स्वागत है. कृपया अनर्गल आरोप और निराधार बातें लिखने से बचें.

(9) प्रभात खबर में कविताएं नहीं छपतीं. इस कारण कविताएं न भेजें.

याद रखें समाज किसी एक पक्ष के साफ-सुथरे व निर्मल होने से नहीं निखरता, वह हर पक्ष की सक्रिय साझेदारी पर निर्भर है. *प्रभात खबर* अपनी इस संकल्पपूर्ण यात्रा में आपके ऐसे सहयोग का आकांक्षी है.

संपादक

और न अपने भ्रष्टाचार को गलत साबित करने का एक भी तर्क.

प्रभात खबर ने पाठकों-पत्रकारों-लेखकों के बीच विश्वसनीय संवाद कायम करने के लिए निम्न मापदंड स्थापित किये हैं पर इनकी सफलता पाठकों के सक्रिय सहयोग पर ही निर्भर है.

(1) लेखक अपनी रचनाओं के साथ टिकट लगा लिफाफा अवश्य भेजें ताकि न छपने की स्थिति में रचनाएं लौटायी जा सकें अन्यथा प्रभात खबर अस्वीकृत होने की स्थिति में रचनाएं लौटाने का दायित्व नहीं लेता. प्रभात खबर को भेजे गये लेख पत्र साफ-सुथरे, सुस्पष्ट और एक ही ओर लिखे होने चाहिए.

(2) प्रभात खबर में इंटरव्यू देने, गोपनीय दस्तावेज देने या गोपनीय सूचना देने के पूर्व यह तय कर लें कि आप जिससे बातचीत कर रहे हैं, वह प्रभात खबर का सदस्य है. प्रभात खबर में काम करनेवाले हर अखबारनवीस के पास परिचय पत्र है.

(3) कभी-कभार अखबार के कार्यालय में यह शिकायत आती है कि आपके प्रतिनिधि ने समाचार संकलन के क्रम में अभद्रता बरती, धमकी दी या अमर्यादित हरकत की. उस प्रतिनिधि का पूरा ब्योरा पूछने पर नाम तक संबंधित पक्ष नहीं बता पातें. प्रभात खबर चाहता है कि जो छद्मवेश में प्रभात खबर का नाम लेकर अमर्यादित पत्रकारिता करते हैं, उनके खिलाफ कड़ी से कड़ी कार्रवाई हो. पर यह आपके सहयोग पर ही निर्भर है. ऐसे लोगों के खिलाफ कानूनी कार्रवाई का प्रभात खबर स्वागत करेगा. साथ ही प्रभात खबर कार्यालय को पूरी सूचना मिलनी चाहिए.

(4) प्रभात खबर को अनगिनत स्त्रोतों से महत्वपूर्ण सूचनाएं मिलती रही हैं. ऐसे गोपनीय सुराग देनेवालों की बदौलत जनहित में प्रभात खबर ने अनेक महत्वपूर्ण खबरों का रहस्योदघाटन किया है. ऐसे व्यक्ति अपनी गोपनीयता के संबंध में आश्वस्त रहते हुए सुनिश्चित

कर लें कि वे प्रभात खबर में कार्यरत व्यक्ति को ही सूचनाएं दे रहे हैं.

(5) प्रभात खबर में छपे तथ्यों-समाचारों में कहीं भी आपको अधूरापन या अपूर्णता लगे, तत्काल प्रभात खबर को अपनी प्रतिक्रिया भेजें.

(6) पाठकों के पत्र, स्तंभ के लिए आनेवाले पत्र संक्षिप्त, साफ सुथरा व प्रभावोत्पादक होने चाहिए.

(7) कोई भी व्यक्ति गोपनीय रह कर प्रभात खबर में छपी खबरों का तथ्यपूर्ण आधार पर खंडन करना चाहता है, तो इसका स्वागत है. कृपया अनर्गल आरोप और निराधार बातें लिखने से बचें.

(8) प्रभात खबर में कविताएं नहीं छपतीं. इस कारण कविताएं न भेजें.

अप्रैल-मई के अगले 40 दिनों में नौ चरणों में मतदान होना है. हमने अपने मत से देश को क्या दिशा दी, पता चलेगा 16 मई को.

प्रभात खबर

वोट देने से पहले सोचें, समझें, फिर करें फैसला

देश में लाइए सुनहरा प्रभात

याद रखें समाज किसी एक पक्ष के साफ-सुथरे व निर्मल होने से नहीं निखरता. यह हर पक्ष की सक्रिय साझेदारी पर निर्भर है. प्रभात खबर अपनी इस संकल्पपूर्ण यात्रा में आपके ऐसे सहयोग का आकांक्षी है.

-संपादक

अभी ऐसी सूचना देश के कुछ अखबारों में कभी-कभार मिल सकती है पर 1992 में ऐसा करनेवाला प्रभात खबर संभवतः पहला अखबार था. सिर्फ एक सूचना ही नहीं छापी बल्कि इसे अमल में लाया भी. 1994 में प्रभात खबर ने अखबार में अपने रांची के पत्रकारों के नाम छापे और पाठकों को बताया कि ये पत्रकार प्रभात खबर में समाचार संकलन के लिए अधिकृत हैं.

आचार संहिता सार्वजनिक की

14 अगस्त 2009 को जब प्रभात खबर अपनी 25वीं वर्षगांठ मना रहा था, उस दिन के अखबार में प्रभात खबर ने लिखित तौर पर अपनी आचार संहिता की घोषणा की थी. उस दिन पूरे पेज पर आचार संहिता के अलावा भारतीय प्रेस परिषद द्वारा जारी पत्रकारिता के आचरण के मानक को प्रकाशित किया था. इसके छापने का अर्थ यह था कि प्रभात खबर के पत्रकार कैसे अपनी आचार संहिता का पालन करते हैं. यह बाध्यता है. स्व अनुशासन का यह एक उदाहरण है. इस आचार संहिता में निष्पक्ष रिपोर्टिंग से लेकर पत्रकारों के निजी आचरण, पेशेवर आचरण तक की चर्चा की गयी है. यह बताया गया है कि

प्रभात खबर के पत्रकारों को कैसे व्यवहार करना है. इसका कड़ाई से पालन भी किया गया. अनेक ऐसे उदाहरण हैं जहां प्रभात खबर की आचार संहिता का उल्लंघन करनेवालों के खिलाफ कड़ी कार्रवाई की गयी. झारखंड में एक-दो ऐसे मामले सामने आये जहां जांच के बाद पत्रकार को दोषी पाया गया. उनके खिलाफ कार्रवाई की गयी. पढ़िए कैसे प्रभात खबर के पत्रकार आचार संहिता से बंधे हुए हैं. यह है हमारी आचार संहिता.

आचार संहिता

यह आचार संहिता प्रभात खबर के सभी संपादकीय सहयोगियों के लिए तैयार की गयी है. यह एक तरह से हमारे पेशेवर व निजी (सामान्य) आचरण की निर्देशिका है. यह सिर्फ हमारी मान्यताओं और आदर्शों का पुलिंदा भर नहीं है. बल्कि इस मूल्य को हमें अपने व्यवहार-आचरण में अमल में लाना है. इसका उल्लंघन अनुशासनिक कार्रवाई के लिए बाध्य कर सकता है.

इस आचार संहिता के केंद्र में जो बाते हैं, उनमें प्रभात खबर की गुणवत्ता व इसकी सेवाओं के कारण अलग पहचान सबसे महत्वपूर्ण है. हम व्यावसायिक ईमानदारी और प्रकाशन की स्वतंत्रता के मूल्य को समझें, समाचार और सूचना के जिस कारोबार से हम जुड़े हैं, उसके प्रति पाठकों का विश्वास कायम रखें, हम उन्हें सच बता सकें, यह हमारे पेशेवर मूल्य होंगे. अगर हम पाठकों को जिस किसी भी वजह से सच नहीं बताते हैं, तो साफ समझिए कि हम प्रभात खबर के भविष्य के साथ खिलवाड़ कर रहे हैं. सच बताने के लिए हमें ध्यान रखना होगा.

- हमारी खबरों के तथ्य विशुद्ध (एक्यारेट) हों और साफ ढंग से दर्शाये गये हों
- हमारे विश्लेषणों में सर्वोत्तम स्वतंत्र निर्णय झलके, न कि हमारी, सूत्रों (सोर्स), सूचना देनेवाले लोगों या विज्ञापनदाताओं की पसंद व प्राथमिकताओं की इस पर छाप हो.
- हमारे विचार सिर्फ संपादकीय दर्शन (एडिटोरियल फिलासफी) पर आधारित हों
- हमारे किसी भी पत्रकारीय काम में कोई अदृश्य एजेंडा नहीं होना चाहिए.

यह ध्यान रहे कि हमारा काम ऐसा हो, जिसका प्रभाव दूसरे के काम, उसके जीवन और भविष्य पर सकारात्मक पड़ना चाहिए. यह हमारा विशेष दायित्व है.

इस मान्यता के पीछे स्पष्ट सोच यह है कि कंपनी के विकास व उसके हितों की रक्षा के लिए हममें

हमारी आचार संहिता
प्रभात खबर
देश के स्वच्छ शहरों में
रांची बहुत पीछे
निकाय चुनाव : फिर आया मौका
01 नगर निगम 11 नगर परिषद 16 नगर पंचायत
सूरत बदला तो हम क्यों नहीं बदल सकते
आओ चुनें
शहर सरकार
हाल गंदगी का
रांची 460 करोड़
ट्रैफिक जाम
आठ शहरों का बजट 600 करोड़ रुपये
हजारीबाग 25 करोड़
लातेहार 20 करोड़
लोहरदगा 20 करोड़
मेदिनीनगर 20 करोड़
हमारी विज्ञापन नीति
पार्किंग की व्यवस्था
भारी-भरकम बजट के बाद भी बदतर होते शहर
इसलिए जानिए, समझिए, सोचिए
चुनिए ऐसी शहर सरकार, जो हमारे नगर की सूरत बदल सके

से हर एक की जिम्मेवारी सुनिश्चित हो. प्रभात खबर का हर कर्मचारी एक विश्वसनीय पद पर है. प्रभात खबर में किसी भी पद का दायित्व संभालने का सीधा अर्थ है कि हम इसकी नीतियों और कानूनी-नैतिक पेशागत कार्य-व्यापार की व्यक्तिगत जवाबदेही स्वीकार कर रहे हैं. इसमें वैध, नैतिक कार्य करने के साथ ही अपने साथियों-सहयोगियों के प्रति उचित व्यवहार भी शामिल है.

यह सभी को स्पष्ट हो जाना चाहिए कि कोई भी व्यावसायिक निर्णय सामूहिक निर्णय माना जायेगा. यह किसी एक कर्मचारी या विभाग का ही कार्यक्षेत्र नहीं माना जायेगा. सीधे शब्दों में तो कहें तो हमारी यह जिम्मेवारी होगी कि कोई भी फैसला अपने व्यावसायिक हितों को ध्यान में रख कर लें. किसी भी व्यावसायिक सवाल का वस्तुपरक और वास्तविक जवाब हमारे पास हो और इसका दीर्घकालिक सर्वोत्तम परिणाम निकले.

संपादक संस्थान में आधिकारिक स्थिति में होते हैं. इसलिए उन्हें अपने सहयोगियों या संस्थान के दूसरे कर्मचारियों के लिए आदर्श पेश करनेवाली भूमिका में होना चाहिए. संपादक के नेतृत्व की जिम्मेवारी की अहम बात यह होनी चाहिए कि साथियों-सहयोगियों, दूसरे कर्मचारियों और पाठकों से पेश आते समय उच्च आदर्श प्रस्तुत करें. संपादक अस्पष्ट या बिना किसी स्वीकृत आदेश के कोई काम न करें, जिससे प्रभात खबर की प्रतिष्ठा या व्यवसाय को नुकसान पहुंचता हो. अपने कार्यक्षेत्र में कोई भी फैसला सोच-समझ कर ही करें. संपादक यही आदत अपने सहयोगियों में भी डालें, ताकि संस्थान के सिद्धांतों के अनुरूप बेहतर नीतिपरक निर्णय लेने में वे भी सक्षम हों.

संपादकों को अपने सहयोगियों के बीच यह संदेश स्पष्ट तौर पर पहुंचाना चाहिए कि कंपनी उनसे किस तरह के नैतिक आचरण की अपेक्षा करती है. इन दिशा निर्देशों को समझने के लिए सहयोगियों को निजी तौर पर मदद का दायित्व भी संपादकों का है. नेतृत्व में यह भी शामिल है कि वह काम का माहौल बनाये, जिससे कर्मचारी उत्साहित हों, अपने काम के प्रति चिंता करें, कोई प्रतिकूल स्थिति पैदा होने पर वे सलाह या मदद लेने से न हिचकें.

हालांकि इसके अलावा भी बहुत सारे क्षेत्र होंगे, जिनका उल्लेख यहां नहीं हो पाया है, पर वे हमारी नैतिक आचार संहिता के दायरे में आते हैं. इन्हें सिर्फ इतने से समझ लेना चाहिए कि वैसा कोई भी आचरण, जो संस्थान, अखबार या इससे संबद्ध व्यक्ति या विभाग के विरुद्ध अनैतिक रूप से होगा, वह इस पत्रकारीय आचारसंहिता का उल्लंघन माना जायेगा.

निजी आचरण

प्रभात खबर के पत्रकार भिन्न व्यक्तित्व के दिखें, इसके लिए सामान्य (व्यक्तिगत) आचार संहिता का पालन आवश्यक है. इसका पालन सभी को सुनिश्चित करना होगा. आचार संहिता में निम्न चीजें होंगी :

1. प्रभात खबर का संवाददाता स्टेशनरी आइटम (पेन, डायरी, राइटिंग पैड वगैरह) को छोड़ कर कोई गिफ्ट नहीं लेगा.
2. वह प्रायोजित किसी कार्यक्रम (प्रेस कांफ्रेंस, सेमिनार) में खाने की भगदड़ में शामिल नहीं होगा. कोई आग्रह करे, रोके तो विनम्रता से आयोजकों को कह कर, अपना काम बता कर प्रेस कांफ्रेंस या कार्यक्रम के बाद लौट आयेगा.
3. किसी भी सार्वजनिक स्थान में/ पार्टी में/ संवाददाता सम्मेलन/ सेमिनार में शराब-नशा वर्जित है.
4. संवाददाता सम्मेलन में एक ही रिपोर्टर जायेगा. आयोजक के आग्रह या प्रेस कांफ्रेंस की पर्सनालटी के हिसाब से एक फोटोग्राफर भी जा सकता है.
5. प्रभात खबर का संवाददाता, पत्रकार, स्ट्रिंगर किसी से भी विनम्रता और शालीनता से पेश आयेगा. उसके व्यवहार और आचरण में कहीं कोई अहं या बड़बोलापन नहीं होगा.
6. प्रभात खबर से जुड़ा कोई भी व्यक्ति ठेका दिलाने, ट्रांसफर कराने, सरकारी काम को प्रभावित करने, अखबार से जुड़े होने के कारण दूसरे को तंग करने में किसी कीमत पर संलग्न नहीं होना चाहिए.
7. निजी (संस्थान नहीं) लाभ के लिए अखबार के नाम का इस्तेमाल कोई भी पत्रकार नहीं करेगा.
8. प्रभात खबर का कोई भी व्यक्ति किसी संगठन से जुड़ कर चंदा उगाहने, फेवर लेने जैसे कामों में शरीक नहीं होना चाहिए.
9. ड्यूटी के दौरान कार्यस्थल पर या कार्यालय परिसर में कोई भी व्यक्ति शराब, खैनी, बीड़ी-सिगरेट, गुटखा या पान जैसी चीजों का सेवन नहीं करेगा.
10. किसी का फोन दफ्तर में आये तो शालीनता से बात करें.

पेशेवर आचरण

1. एक पत्रकार के रूप में विश्लेषण या खबर में हम जो निर्णय देते हैं, वह हितों के टकराव से मुक्त हो. कोशिश यह हो कि इस पर कोई विवाद खड़ा ही न हो. मसलन आप किसी कंपनी, संस्थान, प्रतिष्ठान या व्यक्ति के बारे में न कोई खबर लिखें और न संपादित करें, जिसका संबंध आप से या आपके किसी परिजन से हो. मसलन किसी कॉलेज के बारे में कोई खबर बनती हो और उसमें आपके परिवार का कोई सदस्य काम करता हो तो यह खबर न खुद लिखें और न स्वयं संपादित करें. बेहतर यह हो कि उस खबर पर दूसरे लोग काम करें, जिनका संबंध उक्त कॉलेज से न हो.
2. स्रोत आपके लिए महत्वपूर्ण है. पर किसी खबर के तथ्यों के सत्यापन के लिए आप अपनी तैयार अप्रकाशित स्टोरी कतई उस स्रोत को न दें. आप प्रासंगिक सवाल बना कर उसका जवाब ई-मेल या अन्य साधनों के जरिये हासिल कर लें. अगर सत्यापित करनेवाला स्रोत अपनी पहचान उजागर करना नहीं चाहता है तो उसे कोट न करें, पर इस बारे में प्रधान संपादक/कार्यकारी संपादक से अवश्य पूछ लें. स्रोत की पहचान संपादक को जानने का अधिकार होगा. आप स्टोरी आइडिया, प्लानिंग, कार्यालय के कागजात, बातचीत या निर्णय के बारे में बाहर के किसी भी व्यक्ति को न बतायें. यह आचारसंहिता का उल्लंघन माना जायेगा.
3. दफ्तर की साफ-सफाई, फाइलिंग, कंप्यूटर की सफाई, रखरखाव हर एक की जवाबदेही है. इसका पालन न करना पेशेवर आचारसंहिता का उल्लंघन माना जायेगा.

इसी दिन प्रभात खबर ने भारतीय प्रेस परिषद द्वारा पत्रकारों के लिए जारी आचार संहिता को भी पाठकों-पत्रकारों के लिए प्रकाशित किया ताकि एक-एक पाठक को इसकी जानकारी रहे. पढ़िए इस आचार संहिता को.

—भारतीय प्रेस परिषद द्वारा जारी

पत्रकारिता के आचरण के मानक

1. यथार्थता और निष्पक्षता

सप्रेस गलत, निराधार, अशिष्ट, भ्रामक या विकृत सामग्री का प्रकाशन नहीं करेगा. मूल मुद्दे या विषय के सभी पक्षों को प्रस्तुत किया जाए. बेजा अफवाहों तथा अटकलों को तथ्यों के रूप में प्रस्तुत न किया जाए.

2. प्रकाशनपूर्व सत्यापन

जनहित तथा लाभ की कोई रिपोर्ट अथवा लेख प्राप्त होने पर, जिसमें किसी नागरिक के विरुद्ध आक्षेप अथवा टीका हो, संपादक को चाहिए कि यथेष्ट ध्यान तथा सावधानी के साथ उसकी तथ्यात्मक,

यथ्यात्मक, यथार्थता की जांच अन्य प्रामाणिक स्त्रोतों के अतिरिक्त, संबंधित व्यक्ति तथा संगठन से भी कर लें और उसका विवरण टीका अथवा प्रतिक्रिया प्राप्त करके, जहां आवश्यक हो, उचित संशोधनों के साथ रिपोर्ट में उसे भी प्रकाशित कर दें. प्रतिक्रिया के अभाव में इस आशय की पाद टिप्पणी रिपोर्ट के साथ दे दी जाये. परीक्षाओं के रद्द किये जाने या प्रत्याशियों द्वारा चुनाव से अपना नाम वापस लिये जाने आदि से संबंधित समाचार यथेष्ट सत्यापन और जांच के बिना प्रकाशित न किये जाएं.

जो प्रलेख किसी समाचार रिपोर्ट का आधार हो, उसे कम से कम छह माह तक सुरक्षित रखा जाए.

प्रभात खबर

हमारी आचारसंहिता

जगे झारखंड

हमारी विज्ञापन नीति

बदले झारखंड

बेहतर राज्य-समाज के लिए

है अंधेरी रात, पर दीया जलाना कब मना है.

सफर-नौ साल का, सरकारें-छह, मुख्यमंत्री-पांच, राष्ट्रपति शासन-लगभग 11 माह

कब तक चलेगा ऐसे ?

विडंबनाओं को नियति बनने से रोकिए
अच्छे लोगों को चुनें अपना प्रतिनिधि.

3. मानहानिकारक लेखों के प्रति सावधानी

समाचारपत्र को ऐसी कोई बात प्रकाशित नहीं करनी चाहिए जो किसी व्यक्ति या संगठन के प्रति स्पष्ट रूप से मानहानिकारक अथवा अपमानजनक हो जब तक कि उचित सावधानी तथा जांच के बाद उनके पास यह मानने के लिए पर्याप्त आधार न हो कि वह सच्ची है और उसका प्रकाशन जनता के हित में होगा.

किसी निजी नागरिक के विरुद्ध अपमानजनक, भद्दी तथा मानहानिकारक सामग्री छापने के लिए, यदि कोई जनहित निहित न हो तो, सच्चाई को आधार नहीं बनाया जा सकता.

सजन-हित में विरले मामलों को छोड़ कर किसी मृत व्यक्ति के विरुद्ध कोई ऐसी निजी टिप्पणी प्रकाशित न की जाये, जिसे अपमानजनक समझा या माना जा सके क्योंकि मृत व्यक्ति के लिए उस टिप्पणी का खंडन करना या उससे इंकार करना संभव नहीं होगा.

प्रेस का यह कर्त्तव्य, विवेक तथा अधिकार है कि संदिग्ध पूर्व वृत्त वाले और शंकास्पद चरित्रवाले नागरिकों की ओर पाठकों का ध्यान खींच कर जनहित की सेवा करे किंतु उत्तरदायी पत्रकारों के रूप में उन्हें उन व्यक्तियों के लिए धोखेबाज या हत्यारे आदि शब्दों का प्रयोग करते समय यथेष्ट संयम तथा सावधानी बरतनी चाहिए. मूलभूत सिद्धांत यह है कि किसी व्यक्ति के दोष को आरोपित तथ्यों के प्रमाण द्वारा सिद्ध किया जाये न कि अभियुक्त के दुश्चरित्र के प्रमाण द्वारा. उदघाटित करने के अपने जोश में प्रेस को नैतिक सावधानी तथा निष्पक्ष टीका की सीमाओं का उल्लंघन नहीं करना चाहिए.

प्रेस किसी व्यक्ति के नये कृत्य के सदर्भ मे कटु टिप्पणी करने के लिए उस नागरिक के पहले के आपत्तिजनक व्यवहार को आधार नहीं बनायेगा. यदि जनता के लिए वह संदर्भ अपेक्षित हो तो प्रेस को संबंधित अधिकारियों से प्रकाशन पूर्व पूछताछ कर लेनी चाहिए कि उन आपत्तिजनक कृत्यों के बारे मे क्या अनुवर्ती कार्यवाही की गयी.

यदि आक्षेपित प्रकाशन स्पष्ट रूप से शिकायतकर्ता की प्रतिष्ठा को क्षति पहुंचानेवाले हो तो यह सिद्ध करने का भार प्रतिवादी पर होगा कि वे सच्चे हैं या वह टिप्पणी सदाशयता के साथ तथा जनता की भलाई के लिए की गयी है.

समाचार-पत्र किसी व्यक्ति या निकाय को बदनाम करने के लिए इस आधार पर अपने बचाव अथवा छूट के लिए विशेषाधिकार या लाइसेंस का दावा नहीं कर सकते कि वह मद व्यंग्य के रूप में गपशप, पैरोडी आदि विशेष स्तंभों के अंतर्गत प्रकाशित की गयी है.

किसी एक समाचार-पत्र द्वारा कोई मानहानिकारक समाचार प्रकाशित कर दिये जाने से अन्य समाचारपत्रों को उसी के आधार पर समाचार/ सूचना प्रकाशित करने का लाइसेंस नहीं मिल जाता.

ऐसी असंबद्ध, अनावश्यक और असंगत बातों को शामिल न किया जाये, जिनसे किसी व्यक्ति या संगठन के बदनाम होने की सभावना हो.

4. भूल सुधार

यदि किसी तथ्यात्मक भूल या गलती का पता चले अथवा उसकी पुष्टि हो जाये तो समाचार-पत्र को तत्परतापूर्वक उसका सुधार यथोचित प्रमुखता के साथ प्रकाशित करना चाहिए और यदि गंभीर चूक हुई हो तो क्षमा याचना या खेद की अभिव्यक्ति भी करनी चाहिए.

5. सांप्रदायिक विवादों / संघर्षों के समाचार

सांप्रदायिक या धार्मिक विवादों / संघर्षों से संबंधित समाचारों, विचारों अथवा टीकाओं का प्रकाशन तथ्यों के यथोचित सत्यापन के बाद किया जायेगा और उचित सावधानी तथा संयम के साथ उन्हें इस प्रकार प्रस्तुत किया जायेगा कि सांप्रदायिक सामंजस्य, मैत्री तथा शांति के अनुकूल वातावरण बनाने मे सहायता मिले. सनसनीखेज, भड़कानेवाले तथा भयप्रद शीर्षक न दिये जायें. सांप्रदायिक हिंसा तथा बर्बरता की घटनाओं को इस प्रकार प्रस्तुत किया जायेगा कि राज्य के कानून तथा व्यवस्था तंत्र में लोगों का भरोसा कम न हो. सांप्रदायिक दंगों में पीड़ितों के समुदायवार आंकड़े नहीं दिये जायेंगे और न ही घटना के बारे में इस प्रकार लिखा जायेगा, जिससे भावनाओं के भड़कने, तनाव के बढ़ने या संबंधित सांप्रदायिक / धार्मिक समूहों के बीच मनोमालिन्य बढ़ने की संभावना हो अथवा जिससे परेशानी बढ़ सकती हो.

पत्रकारों तथा स्तंभकारों का अपने देश के प्रति एक अति विशिष्ट उत्तरदायित्व है कि सांप्रदायिक शांति और सद्भाव को प्रोत्साहित करें. उनके लेख केवल उनके अपने विचारों की अभिव्यक्ति नहीं होते, बल्कि सामान्य समाज के चिंतन तथा भावनाओं को निरूपित करने में भी बहुत मदद करते हैं. अतः यह

अत्यंत महत्वपूर्ण है कि वे अपनी लेखनी का प्रयोग सतर्कता और संयम के साथ करें.

ऐसी परिस्थितियों में (गुजरात हत्याकांड / संकट) मीडिया की भूमिका सधिकर्ता की होनी चाहिए न कि उकसाने वाले की, परेशानी कम करनेवाले की होनी चाहिए न कि परेशानी बढ़ानेवाले की. मीडिया को गुजरात में वर्तमान संकट में लोगों के बीच शांति और सौहाद्र को बढ़ावा देने की अपनी महत्वपूर्ण भूमिका अदा करनी चाहिए. इसमें प्रत्यक्ष अथवा अप्रत्यक्ष रूप से बाधा डालने का कोई भी प्रयास समाज-विरोधी कार्य होगा. मीडिया पर कहीं अधिक नैतिक जिम्मेदारी है कि वे स्वतंत्रता के पहले के दिनों में उनके द्वारा जो महान भूमिका निभायी गयी, उसे याद करते हुए सभी स्तरों पर राष्ट्रीय एकता व सांप्रदायिक सद्‌भावना का निर्माण करे.

चिरकालिक कल के इतिहास के रूप में मीडिया का यह कर्तव्य है कि वह सरल, बिना कांट-छांट किये, तथ्यों को भविष्य के लिए रिकार्ड करें. घटनाओं का विश्लेषण और उन पर राय देना बिल्कुल अलग है. दोनों को बिल्कुल अलग-अलग रखा जाना चाहिए. संकट के समय, समुचित सावधानी एवं संयम बरतते हुए सीधे-साधे तरीके से रखे गये तथ्यों पर लोकतंत्र में आवश्यक रूप से आपत्ति नहीं की जा सकती. मत लेखों के लेखक पर भारी जिम्मेदारी होती है. लेखक को यह सुनिश्चित करना होता है कि न केवल उनका विश्लेषण किसी निजी पूर्वाग्रह अथवा धारणा से मुक्त हो बल्कि वे सत्यापित, सही और स्थापित तथ्यों पर आधारित हों और उनका इरादा जातियों, संप्रदायों और प्रजातियों के बीच असामंजस्य अथवा शत्रुता भड़काना न हो.

6. शीर्षक सनसनीखेज /उत्तेजक न हों और उनके नीचे मुद्रित सामग्री के लिए युक्तिसंगत हो :

सामान्यतः और विशेष रूप से सांप्रदायिक विवादों अथवा संघर्षों के मामले में-

(क) उत्तेजक यथा सनसनीखेज शीर्षक न दिये जायें.

(ख) शीर्षक उनके नीचे मुद्रित सामग्री को प्रतिबिंबित करे और उसके लिए युक्तिसंगत हो.

(ग) यदि शीर्षक में किसी के द्वारा अपने वक्तव्य में लगाये गये आरोप शामिल हो तो आरोप लगानेवाले व्यक्ति या स्रोत का उल्लेख किया जाये या कम से कम उद्धरण चिन्ह लगा दिये जायें.

7. जाति, धर्म या समुदाय संदर्भ

सामान्यतः किसी व्यक्ति की या वर्ग-विशेष की जाति-पहचान न की जाये, खास तौर पर यदि उस संदर्भ में उससे उस जाति के प्रति अनादरपूर्ण भाव का बोध हो या अनादरपूर्ण आचरण अथवा व्यवहार का आरोपण होता हो.

समाचार पत्रों को सलाह दी जाती है कि वे 'अनुसूचित जाति' अथवा 'हरिजन' शब्द का प्रयोग न करें क्योंकि इस पर कुछ व्यक्तियों ने आपत्ति की है.

यदि किसी अभियुक्त या पीड़ित की जाति या समुदाय का अपराध अथवा दोष के साथ कोई संबंध न हो और किसी अभियुक्त की पहचान में या किसी कार्यवाही में उसकी कोई भूमिका न हो तो उस अभियुक्त या पीड़ित का वर्णन उसकी जाति या समुदाय से नहीं किया जायेगा.

समाचार-पत्र ऐसा कोई कथा साहित्य प्रकाशित न करे, जिसमें उन धार्मिक चरित्रों को विकृत करके प्रतिकूल भावना के साथ चित्रित किया गया हो और समाज के किसी बड़े हिस्से की धार्मिक भावनाओं को ठेस पहुंचाई गयी हो, जो उन चरित्रों को सद्‌गुणों से संपन्न तथा महान मानते हैं और उनका बहुत आदर करते हैं.

पैगंबरों, ऋषियों अथवा देवताओं के नाम का प्रयोग व्यापारिक उद्देश्य से करना पत्रकारिता की आचार नीति अथवा सुरुचि के विपरीत है.

यह सुनिश्चित करना समाचार-पत्र का कर्तव्य है कि लेख के सुर, भावना तथा भाषा का स्वरूप आपत्तिजनक, उत्तेजक, देश की एकता एवं अखंडता तथा संविधान की भावना के विरुद्ध राजद्रोहात्मक और भड़कानेवाला न हो या सांप्रदायिक विद्वेष पैदा न करे. उसमें देश के विभाजन को प्रोत्साहित करने का प्रयास न किया गया हो.

पत्रकारों का एक काम यह भी है कि जनता को समाज के कमजोर वर्गों की नियति से अवगत कराये. वे समाज की ओर से उसके कमजोर वर्गों के रक्षक है.

8. सर्वोपरि राष्ट्रीय हित

समाचार-पत्र आत्मनियंत्रण के रूप में, कोई भी ऐसा समाचार, टीका या जानकारी प्रस्तुत करने में यथेष्ट संयम तथा सावधानी बरतेंगे, जिनसे राज्य तथा समाज के सर्वोपरि हितों या व्यक्तियों के अधिकारों की जोखिम, खतरा या क्षति होने की संभावना हो, जिनके बारे में भारतीय संविधान के अनुच्छेद 19 खंड 2 के अंतर्गत वक्तृता तथा अभिव्यक्ति की स्वतंत्रता के अधिकार पर कानून द्वारा न्यायोचित पाबंदिया लगा दी जाये.

गलत/अशुद्ध नक्शे का प्रकाशन बहुत गंभीर अपराध है, चाहे उसका कारण कुछ भी हो, क्योंकि इससे देश की प्रादेशिक अखंडता पर प्रतिकूल प्रभाव पड़ता है. अतः उसे खेदपूर्वक तत्काल तथा प्रमुख रूप से वापस लिया जाये.

चुनावी आचार संहिता

प्रभात खबर ने चुनाव के दौरान निष्पक्षता को बनाये रखने के लिए कई प्रयास किये हैं. चुनाव में कोई भी पत्रकार किसी दल का पक्ष न ले, हर प्रत्याशी के साथ न्याय हो, सभी की खबरें छपे, पेड न्यूज से दूर-दूर का संबंध नहीं रहे, इसके लिए अखबार में इस विषय पर जैकेट प्रकाशित कर जानकारी दी गयी.

लोकसभा चुनाव हो या निकाय चुनाव, प्रभात खबर ने चुनाव के पहले अपनी विज्ञापन नीति

अखबार के पहले पेज पर छापी. यह भी बताया कि चुनाव में कवरेज में संवाददाताओं को किन-किन बातों का ख्याल करना है. ऐसा इसलिए किया गया ताकि खबरों की निष्पक्षता बरकरार रहे. विज्ञापन और खबर में साफ-साफ अंतर दिखे. पारदर्शिता बनी रहे. 5 मार्च 2014 को चुनाव आयोग ने लोकसभा चुनाव की घोषणा की. दूसरे दिन यानी 6 मार्च 2014 के अखबार में प्रभात खबर ने पहला पेज जैकेट बनाया जिसमें अपना स्लोगन वोट करें, देश गढ़ें के तहत लोगों से मतदान में भाग लेने की अपील की. साथ ही प्रभात खबर ने जनता के बीच जाकर मतदान करने के लिए अपना अभियान वोट करें, देश गढ़ें की शुरुआत की.

प्रभात खबर ने यह भी सार्वजनिक सूचना छापी कि अगर किसी भी प्रत्याशी को लगता है कि उसकी खबरें नहीं छप रही हैं, कम छप रही हैं या गलत छप रही हैं तो वे बिजनेस हेड, स्थानीय संपादक, वरिष्ठ संपादक या कारपोरेट संपादक के पास सप्रमाण शिकायत कर सकते हैं.

चुनावों में हमारी आचार संहिता

इन दिनों मीडिया पर यह आरोप लगते रहते हैं कि चुनाव के वक्त मीडिया अपनी निष्पक्षता खो देता है और पारदर्शिता का अभाव होता है. हम अपने अखबार में निष्पक्षता और पारदर्शिता कायम रखने के लिए हर मुमकिन कोशिश कर रहे हैं जिसकी एक बानगी है चुनाव के कवरेज के लिए संवाददाताओं को जारी किया गया निर्देश.

1. चुनाव में कोई भी संवाददाता या प्रतिनिधि किसी दल या प्रत्याशी के पक्ष-विपक्ष में नहीं, बल्कि तथ्यात्मक तरीके से रिपोर्टिंग और विश्लेषण सुनिश्चित करे.
2. किसी प्रत्याशी या दल के हारने या जीतने की आधारहीन बात के बजाय पूरी सावधानी से निष्पक्षता की गारंटी सुनिश्चित करें, ताकि पाठकों के बीच हमारी विश्वसनीयता कायम रहे.
3. अनावश्यक बढ़ा-चढ़ा कर या चरित्र हनन की चीजों से परहेज करें. झूठी, तथ्यहीन व अफवाह फैलानेवाली खबरें किसी भी हाल में न भेजें. चुनाव के दौरान ऐसी चीजें बेहद संवेदनशील होती हैं. कवरेज के दौरान आरोप-प्रत्यारोप की स्थिति में संबंधित व्यक्ति का पक्ष अवश्य प्रमुखता से लें.
4. हमारे लिए सभी प्रत्याशी महत्वपूर्ण हैं. इसलिए हम सबका परिचय और तस्वीर एक बार जरूर छापेंगे.
5. देश में 54 प्रतिशत मतदाता 25 वर्ष से कम आयु के हैं. इन युवा मतदाताओं और इस चुनाव में भाग ले रहे नये वोटरों के विचार जरूर भेजें.
6. जिन लोगों के नाम वोटर लिस्ट में नहीं हैं, उनकी वजह बताते हुए रिपोर्ट दें. साथ ही जो लोग बोगस मतदान के कारण या धांधली के कारण पहले कभी वोट नहीं डाल पाये, उनके अनुभव भी भेजें.

7. आप अपने क्षेत्र के प्रमुख नागरिकों, मतदाताओं के बीच चुनाव के संबंध में उनके विचारों, मुद्दों और चुनाव लड़ रहे प्रत्याशियों से उनकी उम्मीदों व अपेक्षाओं वगैरह पर सामग्री संग्रह करके भेजें.
8. अपने क्षेत्र विशेष की बदहाली की समस्याओं, उभर रही विकास मांगों और जनमुद्दों पर सबसे ज्यादा फोकस करें. जनसरोकार के इन विषयों से ही हम जन पक्षधर पत्रकारिता की बुनियाद को मजबूत करेंगे.

प्रभात खबर ने पेज एक पर (6 मार्च 2014) चुनाव कवरेज के स्पष्ट निर्देश को भी प्रकाशित किया जो वह अपने सहयोगियों को भी बताता रहा है. वह इस प्रकार है

1. हम व्यक्तिगत आरोप-प्रत्यारोप या निराधार आरोपों की प्रेस विज्ञप्ति पहले भी नहीं छापते थे, आगे भी नहीं छापेंगे. हर जेनुइन प्रेस विज्ञप्ति के साथ चुनाव के पहले जैसा हम ट्रिटमेंट करते रहे हैं, आगे भी करते रहेंगे. प्रेस विज्ञप्ति के लिए कहीं कोई शुल्क की बात करता है तो वह अपराध है.
2. प्रमुख प्रत्याशियों का इंटरव्यू छापना लोकतंत्र में मीडिया का फर्ज है ताकि उनके विचारों को जनता जाने. उनके अनुरुप वोट दे. यह संपादकीय काम है. यह विज्ञापन नहीं है और न ही इसके लिए कोई शुल्क लगता है.
3. चुनाव में किसी को जिताना-हराना अखबारों का धर्म नहीं है, न ही विश्लेषणकर्ता का. चुनाव में चल रही प्रवृतियों का संकेत करना, उनका विश्लेषण करना, यह पत्रकार का पवित्र फर्ज है. वह अपने विवेक के अनुसार काम करता है. विश्लेषण विज्ञापन नहीं है कि इस पर कोई मोलभाव होता है. किस मुद्दे पर विश्लेषण जरुरी है, यह भी तय करना अखबारों का अधिकार है.
4. पत्रकार चुनावी दौरे में महत्वपूर्ण प्रत्याशियों के साथ जाते हैं. वे आब्जर्बर की तरह चीजों को देखते हैं. अपनी रिपोर्ट लिखते हैं. वह भी विज्ञापन नहीं है. और न ही विज्ञापन की दृष्टि से इसका मोलभाव होता है.
5. प्रभात खबर चुनाव प्रचार की तसवीरें पूर्ववत छापता रहेगा. क्योंकि यह न्यूज का हिस्सा है और खबरें बिका नहीं करतीं.
6. चुनाव कवरेज के दौरान हम क्षेत्र की समस्याएं, प्रमुख मुद्दे और आमजन की आकांक्षा को भी प्रमुखता से उठायेंगे. हमारी कोशिश होगी कि चुनाव में व्यापक जनता की भागीदारी हो ताकि राजनीति की तसवीर बदले.

इसी दिन प्रभात खबर ने आचार संहिता के साथ विज्ञापन नीति भी छापी थी.

हमारी विज्ञापन नीति

पिछले लोकसभा चुनाव में सारी दुनिया ने देखा कि पत्रकारिता की आड़ में भांति-भांति के धतकर्म हुए विज्ञापन को खबरों की शक्ल में प्रस्तुत किया गया. फ्रंट पेज अखबार का चेहरा होता है. इस

चेहरे को बिगाड़ने में अखबारों ने कोई कसर नहीं छोड़ी. फ्रंटपेज की लीड स्टोरी और बाटम स्टोरी में भी विज्ञापन को खबरों की तरह पेश किया गया.

26 मार्च 2009 को प्रभात खबर ने अपनी विज्ञापन नीति के बारे में लिखा था. जिन चीजों के साथ स्पांसर्ड, विज्ञापन, पीके मीडिया मार्केटिंग इनीशिएटिव लिखा होगा, वे विज्ञापन होंगे. हम खबर की शक्ल में विज्ञापन नहीं छापेंगे. इसके प्रकाशित होने के बाद ही लोकसभा चुनाव के बारे में विज्ञापन छपे. प्रभात खबर में पीके मीडिया इनीशिएटिव में जिन लोगों के विज्ञापन आये, वे विज्ञापन जहां छपे, वहां 24 प्वाइंट या 18 प्वाइंट में (बड़े-बड़े हरफों में) लिखा था कि यह पीके मार्केटिंग मीडिया इनीशिएटिव के तहत है, ताकि पाठक विज्ञापन और कंटेंट के फर्क को समझ सकें

हमारे इस कदम से पाठक संतुष्ट नहीं हुए. उन्होंने इसकी आलोचना की. हमने पाठकों की आलोचना को सिर आंखों पर लिया. उसके आग्रह पर इस बार के चुनाव में हमने अपनी विज्ञापन नीति के तहत यह तय किया है कि हम विज्ञापन के अंतर्गत आनेवाली सभी सामग्री के बारे में स्पष्ट रुप से विज्ञापन लिखेंगे. मार्केटिंग मीडिया इनीशियेटिव जैसा कोई शब्द प्रयोग नहीं करेंगे. हमारी ताकत हमारे पाठक हैं. उनके विश्वास की हिफाजत करना हमारा कर्त्तव्य है. इस पूरी सूचना को प्रभात खबर ने 6 मार्च 2014 के पहले पेज पर छापा. इतना ही नहीं, यह भी लिखा कि अगर किसी पाठक को कोई शिकायत है तो वह प्रभात खबर में किसके-किसके पास शिकायत कर सकता है. उनके नाम, पद और पता तक अखबार में छापा. (15.3.2009 को प्रकाशित)

चूक को भी स्वीकारा

30 साल की लंबी यात्रा में प्रभात खबर ने साहस और जोखिम का सामना करते हुए एक से बढ़ कर एक रिपोर्ट छापी. विश्वसनीयता (क्रेडिबिलिटी) प्रभात खबर की पूंजी रही है. इसी को ध्यान में रख कर पत्रकारिता की गयी. दस्तावेज-प्रमाण समेत रिपोर्ट छपती रही.पूरी टीम चौकस रहती है. इसके बावजूद कुछ ऐसे अवसर आयें जब प्रभात खबर में छपी रिपोर्ट गलत निकली. हालांकि ऐसी रिपोर्ट्स की संख्या कम ही है लेकिन जब भी प्रभात खबर को पता चला कि रिपोर्ट छापने में चूक हुई है तो हमने नैतिक साहस का परिचय दिया. गलत रिपोर्ट को सही ठहराने की जिद की जगह सीधे-सीधे प्रभात खबर में छाप कर गलती को स्वीकार किया.

ऐसी ही एक रिपोर्ट 2014 के लोकसभा चुनाव के दौरान छपी थी. गिरिडीह लोकसभा चुनाव क्षेत्र से प्रत्याशी थे जगन्नाथ महतो. कुछ दिनों पहले आरोप लगा था कि उनके घर में एक युवक की पिटाई हुई है. उस युवक को बाद में अस्पताल में भरती कराया गया था. कुछ दिनों बाद हमारे संवाददाता के पास एक वीडियो भेजा गया और जिसमें एक युवक को पीटते दिखाया गया था. संवाददाता को बताया गया कि यह तसवीर जगन्नाथ महतो के घर में हो रही युवक की पिटाई की है. शर्ट और पैंट का रंग भी मिल रहा था. हमारे संवाददाता ने अपने स्त्रोत पर भरोसा किया. इसकी सत्यता की भी जांच करने का प्रयास किया. वह तसवीर अखबार में छपी. तसवीर गलत निकली. वह पुराना वीडियो था. चुनाव का वक्त था. प्रभात खबर ने महसूस किया कि भारी चूक हुई है. दूसरे दिन के अखबार

में पहले पेज पर टॉप बॉक्स में हमने माना कि हमसे तसवीर पहचानने में चूक हुई है. व्यक्तिगत फोन कर भी प्रत्याशी से क्षमा याचना की क्योंकि प्रभात खबर की आचार संहिता भी यही कहती है. आज की पत्रकारिता में अधिकांश अखबार गलती को स्वीकार करना नहीं चाहते हैं. प्रभात खबर चाहता तो पेज एक पर नहीं बल्कि अंदर के पेजों पर कहीं चार-पांच लाइन का खंडन छाप दिया होता. लेकिन ऐसा कर हम अपनी ही नजरों से गिरते, एक प्रत्याशी के साथ न्याय नहीं कर पाते. इसलिए उसी स्थान पर खंडन छापा जहां खबर छपी थी. यह साहस की पत्रकारिता है, नैतिकता की पत्रकारिता है. अक्तूबर 2007 में चिलखारी में नक्सलियों ने हमला कर 18 लोगों की हत्या कर दी थी. इस हमले में पूर्व मुख्यमंत्री बाबूलाल मरांडी के पुत्र अनुप मरांडी को भी नक्सलियों ने मार दिया था. जिन नक्सलियों को अभियुक्त बनाया गया था, उसमें एक था जीतन मरांडी. प्रभात खबर के 29 अक्तूबर के अंक में दूसरे जीतन मरांडी की तसवीर छप गयी. ये एक रैली में भाग लेने रांची आये थे. पुलिस ने छपी तसवीर के आधार पर जीतन मरांडी को गिरफ्तार कर लिया. इस जीतन मरांडी का चिलखारी कांड में शामिल जीतन मरांडी से कोई लेना-देना नहीं था. प्रभात खबर ने चूक को स्वीकार किया कि तसवीर छापने में उससे चूक हुई. इस चूक के कारण लंबे समय तक जीतन मरांडी को जेल में रहना पड़ा था. इन बातों का यहां जिक्र इसलिए किया जा रहा है ताकि समाज/पत्रकार यह समझ सकें कि एक चूक की क्या कीमत चुकायी जाती है. इसलिए पत्रकार अपने कामों-दायित्वों के प्रति अधिक से अधिक सचेत रहें.

□

साहस, जोखिम और जज्बा की पत्रकारिता

प्रभात खबर की पहचान साहस, जोखिम और जज्बावाली पत्रकारिता की रही है. पूरी टीम इसी कल्चर में ढली है. 30 सालों में अनेक ऐसे अवसर आये, जब प्रभात खबर के संवाददाताओं ने साहस और जज्बा दिखाते हुए एक से एक रिपोर्ट प्रकाशित की. जान की परवाह नहीं की. इस दौरान अनेक बार धमकियां मिलीं, कुछ में प्रभात खबर के पत्रकार घायल भी हुए लेकिन अपने काम को पूरा किया. यह पूरी यात्रा रोमांच से भरी पड़ी है. जब भी खबर मिली कि बड़ी घटना घटी है, हमारे पत्रकारों (चाहे वे शहर के हों या दूरदराज के स्ट्रिंगर्स) ने यह नहीं देखा कि रात है या दिन, जोखिम है या नहीं, साधन है या नहीं, निकल पड़े कवरेज करने. न सोने की चिंता, न खाने की, लक्ष्य सिर्फ बेहतरीन कवरेज का. ऐसा तभी होता है जब टीम में जुनून हो. यहां पर कुछ ऐसी ही रिपोर्ट दी जा रही है जिनसे यह पता चलता है कि प्रभात खबर के साथियों ने प्रमुख घटनाओं को कैसे कवर किया. चाहे रिपोर्टिंग के साथी हो या डेस्क के, जब भी मौका आया, अपना सर्वश्रेष्ठ प्रदर्शन किया.

नक्सली हमला

19 नवंबर 2009 की रात 9.22 बजे नक्सलियों ने विस्फोट कर टाटा-विलासपुर ट्रेन को उड़ा दिया था. पश्चिम सिंहभूम जिले में मनोहरपुर के पास पोसैता एक जगह है, उसी के करीब सारंडा के घने जंगल में यह घटना घटी. यह माओवादियों का गढ़ माना जाता है. 20 नवंबर को नक्सलियों ने बंदी का आहवान किया था. 19 नवंबर की रात 12 बजे से बंदी लागू होती लेकिन ढाई घंटे पहले ही यह विस्फोट हुआ. विस्फोट के बाद ट्रेन की कई बोगियां उलट गयीं. कुछ लोग मारे गये थे. बड़ी संख्या में यात्री घायल थे. मनोहरपुर प्रतिनिधि राधेश को हमले की सूचना मिली. उन इलाकों में दिन में अकेले जाने का साहस नहीं होता, रात में वहां जाने की बात तो कोई

प्रभात खबर

बंद में नक्सलियों ने कहर बरपाया

टाटा-बिलासपुर ट्रेन को विस्फोट कर उड़ा दिया

सात मरे 65 घायल

सोच भी नहीं सकता. रात में सवा दस बजे रात को राधेश अपने एक सहयोगी के साथ मोटरसाइकिल का हॉर्न बजाता हुआ घटनास्थल पर पहुंच गया. आम तौर पर नक्सली ट्रेन या वाहन पर हमला करने के बाद वहीं छिपे होते हैं और फायरिंग की आशंका बनी रहती है. जब राधेश वहां पहुंचे, उस समय तक पुलिस वहां नहीं पहुंची थी. घायल यात्री तड़प रहे थे. यात्री ही आपस में एक-दूसरे को सहयोग कर रहे थे. लाशें वहीं पड़ी थीं. यात्री डर भी रहे थे कि ट्रेन पर कहीं माओवादी फायरिंग न कर दें. तमाम आशंकाओं के बीच राधेश हिम्मत कर घटनास्थल पर गया. घायलों से बात की. जल्दी-जल्दी तसवीर ली क्योंकि हमले की आशंका थी. फिर उसी रात में मनोहरपुर लौटा. वहां से उसने प्रभात खबर कार्यालय को रोंगटे खड़ा करनेवाली तसवीर भेज दी. इस तसवीर को पेज एक पर प्रकाशित किया गया. एक्सक्लूसिव तसवीर. सारंडा के जंगल में जोखिम लेकर देर रात को नक्सली हमले की तसवीर के लिए जाना सचमुच बहादुरी की पत्रकारिता है.

रैलीगढ़ा कांड

26 जुलाई 1991 की घटना थी. देर रात को खबर मिली कि रैलीगढ़ा में आइपीएफ और एमसीसी के बीच संघर्ष हुआ है जिसमें कई लोग मारे गये हैं. यह खबर देर रात प्रभात खबर के रांची कार्यालय में आयी थी. तब तक डाक संस्करण निकल चुका था. तय हुआ कि घटनास्थल पर जाना चाहिए. एक-एक कर कई लोग तैयार हो गये. हरिजी, रजत गुप्ता, वाइएन झा, बापी और मैं एक कार से (ड्राइवर अनुप जी थे जो कार के मालिक भी थे) रामगढ़ होते हुए जाना चाहा. जब बूटी मोड़ से आगे पहुंचा तो देखा कि पुल पर एक गाड़ी पलट गयी थी. पुल जाम था. कार जाने का रास्ता नहीं था. लगा कि जा नहीं पायेंगे. फिर सबने तय किया कि क्यों नहीं रांची लौट जायें और फिर पतरातू घाटी होते हुए गिद्दी जायें. उन दिनों रात में पतरातू घाटी से कोई गुजरना नहीं चाहता था. हमलोग उसी रास्ते से भुरकुंडा होते हुए गिद्दी पहुंचे. रात में रास्ता बतानेवाला कोई था नहीं. किसी तरह हमलोग वहां पहुंचे. अजय (वहां के प्रतिनिधि, रात में भी चौकस थे) वहां मिले. टीम ने रिपोर्टिंग की और बापी ने लिया फोटो. रांची लौट कर अखबार भी जल्द से जल्द छोड़ना था. इसलिए जल्दी थी. रांची लौटा. सुबह के चार बजनेवाले थे. हरिजी की टाइपिंग स्पीड अच्छी थी. कंपोजिटर को हटा कर वे खुद तेजी से कंपोज करने लगे. युद्धस्तर पर सारा काम हुआ. दूसरे दिन इस खबर में प्रभात खबर सबसे आगे रहा था.

पलामू ट्रेन दुर्घटना

जून 1990 की घटना है. रात को खबर आयी कि बरवाडीह के पास ट्रेन (चोपन-गोमो पैसेंजर ट्रेन) दुर्घटना हुई है. 200 से ज्यादा लोग मारे गये हैं. खबर बड़ी थी. मृतकों के बारे में आधिकारिक पुष्टि नहीं हुई थी. समय भी कम था. अखबार में रिपोर्ट छाप दी गयी. तब तक ग्यारह-साढ़े ग्यारह बज चुके थे. हरिजी (तब समाचार संपादक थे) से बात हुई कि बरवाडीह चलना चाहिए. उन दिनों प्रभात खबर के अधिकांश सहयोगी 11 बजे दिन में ही ड्यूटी आ जाते थे और देर रात घर लौटते थे. उस दिन घर भी नहीं गये. तय किया कि जो गाड़ी अखबार लेकर डालटेनगंज जाती है, उसी पर बैठ जायें. हम दोनों (मैं

और हरिजी) प्रेस की जीप से डालटेनगंज पहुंच गये. तब तक सुबह के पांच-साढ़े पांच बच चुके थे. वहां पर डालटेनगंज के प्रतिनिधि गोकुल बसंत ने एक अलग जीप की व्यवस्था की थी. सीधे बरवाडीह की ओर चल दिये. रास्ते में ही चाय पी ली. वहां का दृश्य भयावह था. एक दृश्य-घटना आज भी रोएं खड़ी कर देती है. मारे गये लोगों के शव वहां पड़े थे. एक शव ढंका हुआ था. पूछने पर वहां बताया गया कि एक महिला और उसके बच्ची का शव है. तसवीर लेनी थी. वहां एक स्वीपर खड़ा था. उसे चादर हटाने को कहा. उसने सौ रुपये की मांग की. इतना पैसा देना उचित नहीं लगा. मैंने कहा कि मैं चादर खींचता हूं. इसके बाद मैंने चादर तो खींच दी. मां और छोटी बच्ची का शव अगल-बगल था. हृदय विरादक दृश्य. लगा कि बच्ची मां के बगल में सो रही है. हिम्मत नहीं थी कि चादर से फिर ढंकू. स्वीपर अड़ गया कि पैसा नहीं दिया है, इसलिए चादर तो पहले जैसी रखनी होगी. कोई रास्ता नहीं था. मैंने फिर हिम्मत की. चादर से शव को ढंका. फिर हम दोनों वहां से डालटेनगंज लौटे और बस से रांची. सोने का कोई अवसर नहीं था. बस स्टैंड से उसी ड्रेस में फिर दफ्तर, क्योंकि दूसरे दिन के अखबार में इस तसवीर और खबर को छापना था.

पशुपालन घोटाला

चारा घोटाला देश का प्रमुख घोटाला था. इस घोटाले में बिहार के पूर्व मुख्यमंत्री लालू प्रसाद और जगन्नाथ मिश्र अभियुक्त बनाये गये थे. इन्हें 2013 में अदालत से सजा भी सुनायी गयी थी. देश के सामने यह मामला 1996 में सामने आया था लेकिन प्रभात खबर ने ही सबसे पहले इस मुद्दे को उठाया था. 1992 में इसे मुद्दा बनाया था. जोखिम भरा यह काम था. किसलयजी ने सबसे पहले नाम समेत पशुपालन विभाग में भ्रष्टाचार की रिपोर्ट छापी थी. जून 1992 का महीना था. निगरानी हर साल भ्रष्ट अफसरों की सूची बनाता था. इसकी खबर किसलय जी को थी. निगरानी एसपी पटना में बैठते थे. रांची में डीएसपी रैंक के अफसर बैठते थे. निगरानी एसपी आनेवाले थे. सूची पर उन्हें ही साइन करना था. किसलयजी को यह खबर लग गयी थी. एसपी आये. हस्ताक्षर भी कर दिया. उन्हें रात में रांची में रुक कर दूसरे दिन पटना लौटना था. सारा खेल रात भर में करना था. काम कठिन था. रात में किसी तरह वह सूची (इसे

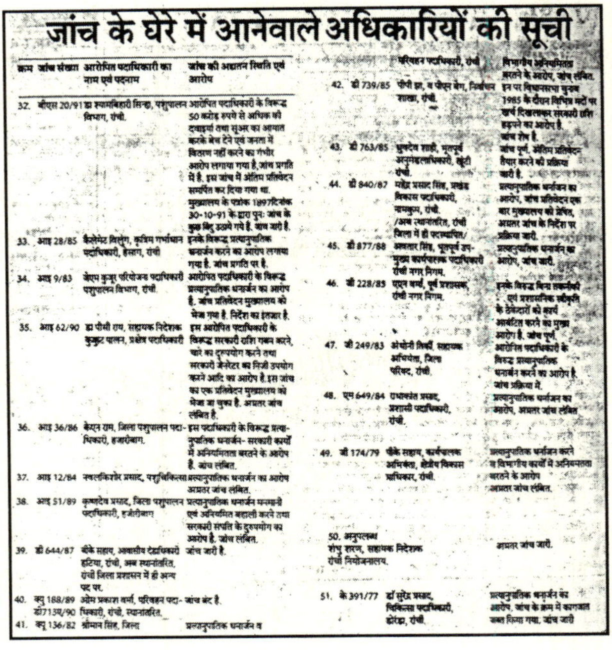

जांच के घेरे में आनेवाले अधिकारियों की सूची

क्रम	जांच संख्या	आरोपित पदाधिकारी का नाम एवं पदनाम	जांच की अद्यतन स्थिति एवं आरोप
32.	वीएस 20/91	डा श्यामबिहारी सिन्हा, पशुपालन विभाग, रांची.	आरोपित पदाधिकारी के विरुद्ध 50 करोड़ रुपये से अधिक की दवाइयां तथा सूअर का आयात करके बेच देने एवं जनता में वितरण नहीं करने का गंभीर आरोप लगाया गया है, जांच प्रगति पे है. इस जांच में अंतिम प्रतिवेदन समर्पित कर दिया गया था. मुख्यालय के पत्रांक 1897 दिनांक 30-10-91 के द्वारा पुन: जांच के कुछ बिंदु उठाये गये हैं. जांच जारी है.
33.	आइ 28/85	कैलेमेंट बिलुंग, कृत्रिम गर्भाधान पदाधिकारी, हेसाग, रांची	इनके विरुद्ध प्रत्यानुपातिक धनार्जन करने का आरोप लगाया गया है. जांच प्रगति पर है.
34.	आइ 9/83	केएम कुजूर परियोजना पदाधिकारी पशुपालन विभाग, रांची.	आरोपित पदाधिकारी के विरुद्ध प्रत्यानुपातिक धनार्जन का आरोप है. जांच प्रतिवेदन मुख्यालय को भेजा गया है. निर्देश का इंतजार है.
35.	आइ 62/90	डा पीसी राय, सहायक निदेशक कुक्कुट पालन, प्रक्षेत्र पदाधिकारी	इस आरोपित पदाधिकारी के विरुद्ध सरकारी राशि गबन करने, चारे का दुरुपयोग करने तथा सरकारी जेनरेटर का निजी उपयोग करने आदि का आरोप है. इस जांच का एक प्रतिवेदन मुख्यालय को भेजा जा चुका है. अग्रतर जांच लंबित है.
36.	आइ 36/86	केएन राम, जिला पशुपालन पदाधिकारी, हजारीबाग.	इस पदाधिकारी के विरुद्ध प्रत्यानुपातिक धनार्जन- सरकारी कार्यों में अनियमितता बरतने के आरोप हैं. जांच लंबित.
37.	आइ 12/84	नवलकिशोर प्रसाद, पशुचिकित्सा	प्रत्यानुपातिक धनार्जन का आरोप अग्रतर जांच लंबित.
38.	आइ 51/89	कृष्णदेव प्रसाद, जिला पशुपालन पदाधिकारी, हजारीबाग	प्रत्यानुपातिक धनार्जन मनमानी एवं अनियमित बहाली करने तथा सरकारी संपत्ति के दुरुपयोग का आरोप है. जांच लंबित.
39.	डी 644/87	बीके सहाय, आवासीय दंडाधिकारी हटिया, रांची, अब स्थानांतरित, रांची जिला प्रशासन में ही अन्य पद पर.	जांच जारी है.
40.	क्यू 188/89 डी7139/90	ओम प्रकाश वर्मा, परिवहन पदाधिकारी, रांची, स्थानांतरित.	जांच बंद है.
41.	क्यू 136/82	श्रीमान सिंह, जिला परिवहन पदाधिकारी, रांची	प्रत्यानुपातिक धनार्जन व विभागीय अनियमितता बरतने के आरोप, जांच लंबित.
42.	डी 739/85	पीपी झा, व फैज्ल बेग, निर्वाचन शाखा, रांची.	इन पर विधानसभा चुनाव 1985 के दौरान विभिन्न मदों पर खर्च दिखलाकर सरकारी राशि हड़पने का आरोप है. जांच शेष है.
43.	डी 763/85	भुवनदेव शाही, भूतपूर्व अनुमंडलाधिकारी, खूंटी रांची.	जांच पूर्ण, अंतिम प्रतिवेदन तैयार करने की प्रक्रिया जारी है.
44.	डी 840/87	महेंद्र प्रसाद सिंह, प्रखंड विकास पदाधिकारी, नामकुम, रांची. /अब स्थानांतरित, रांची जिला में ही पदस्थापित/	प्रत्यानुपातिक धनार्जन का आरोप, जांच प्रतिवेदन एक बार मुख्यालय को प्रेषित, अग्रतर जांच के निर्देश पर प्रक्रिया जारी.
45.	डी 877/88	अवतार सिंह, भूतपूर्व उप-मुख्य कार्यपालक पदाधिकारी रांची नगर निगम.	प्रत्यानुपातिक धनार्जन का आरोप, जांच जारी.
46.	डी 228/85	एएन वर्मा, पूर्व प्रशासक, रांची नगर निगम.	इनके विरुद्ध बिना तकनीकी एवं प्रशासनिक स्वीकृति के ठेकेदारों को कार्य आवंटित करने का मुख्य आरोप है. जांच पूर्ण.
47.	डी 249/83	ओपीनी तिर्की, सहायक अभियंता, जिला परिषद, रांची.	आरोपित पदाधिकारी के विरुद्ध प्रत्यानुपातिक धनार्जन करने का आरोप है. जांच प्रक्रिया में.
48.	एम 649/84	राधाकांत प्रसाद, प्रवासी पदाधिकारी, रांची.	प्रत्यानुपातिक धनार्जन का आरोप, अग्रतर जांच लंबित
49.	डी 174/79	पीके सहाय, कार्यपालक अभियंता, क्षेत्रीय विकास प्राधिकार, रांची.	प्रत्यानुपातिक धनार्जन करने व विभागीय कार्यों में अनियमितता बरतने के आरोप अग्रतर जांच लंबित.
50.	अनुपलब्ध	शंभु शरण, सहायक निदेशक रांची नियोजनालय.	अग्रतर जांच जारी.
51.	के 391/77	डॉ सुरेंद्र प्रसाद, चिकित्सा पदाधिकारी, डोरंडा, रांची.	प्रत्यानुपातिक धनार्जन का आरोप, जांच के क्रम में कागजात जब्त किया गया, जांच जारी

और स्पष्ट करना उचित नहीं है) किसलयजी के हाथ लग गयी. यह वह सूची थी जिसमें पशुपालन विभाग के भ्रष्ट अफसरों के नाम थे. पहली रिपोर्ट नाम के साथ 30 जून 1992 के अंक में छपी. इसमें आइएएस अफसर, डॉक्टर-इंजीनियर के नाम थे. पहली रिपोर्ट में ही हंगामा हो गया. पूरी पैरवी, धमकी. लेकिन टीम नहीं डिगी. तीन जुलाई को अंतिम किस्त छपी. पहली बार पशुपालन घोटाले में श्याम बिहारी सिन्हा का नाम छपा था. पहली किस्त छपने के बाद किसलयजी को पुलिस के बड़े-बड़े अधिकारियों ने धमकी दी कि अगली किस्त नहीं छपनी चाहिए. लेकिन रिपोर्ट छपती रही. सुरक्षा की कोई व्यवस्था नहीं. पड़ोसियों के जिम्मे उनका परिवार रहता था. तमाम चेतावनियों-धमकी के बावजूद किसलय की रिपोर्ट से 155 भ्रष्ट अफसरों की सूची सार्वजनिक हो चुकी थी. प्रभात खबर का यह बड़ा खुलासा था. चार साल बाद 1996 में अमित खरे ने चाईबासा में एफआइआर करायी लेकिन प्रभात खबर ने तो 950 करोड़ के इस चारा घोटालों का परदाफाश 1992 में ही कर दिया था.

राजीव गांधी की हत्या

21 मई 1991 की घटना. तब सिर्फ रांची से प्रभात खबर का प्रकाशन होता था. उन दिनों पत्रकारों की यूनियन हुआ करती थी. किसी मुद्दे को लेकर सभी पत्रकार वर्क टू रूल (एक प्रकार का आंदोलन जिसमें आंदोलन तो करना है पर काम भी करना है, लेकिन वह नियमानुसार होगा) आंदोलन पर थे. एक निर्धारित समय के भीतर अखबार बना कर छपने के लिए भेज देना था. पेस्टिंग का काम लगभग पूरा हो रहा था. पेस्टर के बगल में खड़ा होकर मैं खुद पेस्टिंग करवा रहा था. (डमी देकर सामने खड़ा होकर बताया जाता था कि कौन सा न्यूज कहां पर पेस्ट होगा. अगर निर्धारित जगह से न्यूज बढ़ रहा होता था तो कैंची से काटा जाता था. यह काम डेस्क का व्यक्ति ही करता था, वह भी पेस्टिंग के समय. उन दिनों कंप्यूटर पर पेज बनाने का काम नहीं होता था.) आंदोलन के बावजूद इतनी सतर्कता बरती जाती थी कि अखबार कमजोर न हो. कोई समाचार छूटे नहीं. इसलिए अगर मैं पेस्टिंग करवा रहा था तो मेरे अन्य सहयोगी टेलीप्रिंटर से आ रहे न्यूज पर नजर रखे हुए थे. उन दिनों आज जैसा कंप्यूटर पर न्यूज भी नहीं आता था. पीटीआइ, यूएनआइ, भाषा और वार्ता (ये सब न्यूज एजेंसियां हैं) की खबरें टेलीप्रिंटर से आती थीं. टेलीविजन तो आ गया था पर उसका न्यूज सेक्शन आज जितना सक्रिय नहीं था. देश में जब कोई बड़ी खबर होती थी (जिसे आज ब्रेक्रिंग न्यूज के रूप में टीबी पर चलाया जाता है) तो उन दिनों फ्लैश आता था. सिर्फ एक लाइन की खबर. जैसे ही मेरे सहयोगी कवींद्र ने टेलीप्रिंटर पर फ्लैश देखा- राजीव गांधी की हत्या, हाथ में उस न्यूज (टेलीप्रिंटर से निकलनेवाला कागज का टुकड़ा, जैसे अभी फैक्स में निकलता है) को लेकर पेस्टिंग रूम की ओर यह चिल्लाते हुए दौड़े-बाबा, अखबार रोकिए. राजीव गांधी मारे गये. मैंने आवाज सुनी. मुझे इस खबर पर भरोसा नहीं हुआ. कह दिया कि पेज बन गया है, अब नहीं टूटेगा. तब तक कवींद्र मेरे करीब आ गये थे. जोर देकर कहा कि सच बोल रहा हूं. यह देखिए. उसके बाद तो न्यूज रूम का पूरा दृश्य ही बदल गया. तुरंत पेज रोका गया. अखबार जल्दी छोड़ना था, समय था नहीं. मैटर भी बहुत ज्यादा नहीं था. किसी प्रकार 18 या 20 प्वाइंट में छोटी खबर को फैला कर और राजीव गांधी की बड़ी तसवीर लगा कर डाक संस्करण निकाला गया. फिर पूरी टीम अखबार निकालने में लग गयी. नये सिरे से पूरा अखबार निकालना था. दोपहर से जो अखबार तैयार

हुआ था, उसकी प्रासंगिकता खत्म हो चुकी थी. अब राजीव गांधी के बारे में अधिक से अधिक खबर देनी थी. उसी में पूरी टीम लग गयी. तब तक उस समय के कार्यकारी संपादक संजीव क्षितिज भी घर से आ गये. हरिवंशजी उन दिनों तत्कालीन प्रधानमंत्री चंद्रशेखर के प्रेस सलाहकार थे और दिल्ली में थे. सारे संपादकीय सहयोगी नये सिरे से अखबार तैयार करने में लग गये. वर्क टू रूल आंदोलन उसी दिन, उसी समय से खत्म हो गया. किसी को ध्यान नहीं रहा कि वे आंदोलन पर हैं. यह होता है अखबार में काम करनेवाले लोगों का जज्बा.

सेनारी नरंसहार

1997-98 की घटना है. सेनारी में देर रात नरसंहार हुआ था. 40 लोग मारे गये थे. यह खबर तब आयी जब रांची-जमशेदपुर में अखबार छप रहा था. आधा से ज्यादा अखबार छप चुका था. संपादकीय के लोग घर जा चुके थे. पटना से अजय कुमार का टेलीफोन आया कि एक बड़ी खबर है. उस समय तक सिर्फ इतना ही बताया गया. जल्दी में उसी ड्रेस में फिर दफ्तर पहुंच गया. दफ्तर घर से आधा किलोमीटर की दूरी पर था. अखबार छप रहा था. जाने में अगर देर हो जाती तो पूरा अखबार ही छप जाता. फिर जाने से क्या फायदा होता. कार्यालय पहुंच कर मशीन को रोकने को कहा. फिर पटना से बात हुई. जो 10-15 लाइन की खबर मिल पायी, उसे नोट किया. फिर उसे किसी तरह बड़ा किया क्योंकि उसे लीड खबर बनानी थी. अखबार के दफ्तर में रेफरेंस तैयार रहता है. उसका उपयोग किया और किसी तरह तीन-चार कॉलम की खबर बनायी गयी. समय का भी ध्यान रखना था. जो समय था, उसमें और कुछ किया भी नहीं जा सकता था. जल्दबाजी में प्लेट को बदला गया और नरसंहार वाली उस खबर को बाकी कॉपियों में छापा गया. यह खबर उस दिन सिर्फ प्रभात खबर में छपी थी. काफी चर्चित खबर थी.

ओड़िशा तूफान

नवंबर 1999 की घटना है. ओड़िशा में समुद्री तूफान आया था. तूफान के साथ-साथ भारी वर्षा भी हुई थी. तूफान की रफ्तार इतनी तेज थी कि पेड़ और बिजली के टावर तक उखड़ गये थे. पूरे इलाके में पानी भर गया था. पुल टूट गये थे. अधिकांश इलाका कट गया था. उन दिनों मैं जमशेदपुर में संपादक था. सोचा कि सिर्फ रिपोर्टर को क्यों खतरनाक इलाके में भेजूं. मुझे खुद भी घटनास्थल (ओड़िशा) जाना चाहिए. किराया पर एक मारूति वैन लिया. साथ में अपने सहयोगी सुप्रतिम बनर्जी और फोटोग्राफर उमाशंकर दुबे को लिया. हमलोग बालासोर को पार करते हुए भद्रक की ओर जा रहे थे. सिर्फ नेशनल हाइवे (एनएच) दिख रहा था. दोनों ओर पानी भर चुका था. सोरो में बताया गया कि हाइवे से 15 किमी की दूरी पर अनंतपुर पंचायत है, वहां स्थिति बहुत ही खराब है. कट गया है. सेना भी उस समय तक नहीं पहुंची थी. हाइवे पर ही एक स्वयंसेवक मिल गया. वह रास्ता दिखाने के लिए तैयार हो गया. हम सभी हाथ में लाठी लिये हुए थे. पक्की सड़क पानी में डूबी थी. लाठी से पता चल रहा था कि कहां सड़क है, कहां गड्ढा है. हम सभी अनंतपुर पंचायत पहुंचे. रास्ते में पानी में तैरता सांप दिखता था. एक पेड़ (जो तूफान में बच गया था) पर महिला की टंगी लाश दिख रही थी. पानी से बचने के लिए वह पेड़ पर चढ़ी

पानी से घिरे परसुरामपुर गांव के एक टीले पर बच्चे को जन्म दिया

अनुज सिन्हा व सुप्रतिम बनर्जी

परसुरामपुर का टीला, जहां शरण लेकर गांववालों ने जान बचायी. तसवीर उमाशंकर दुबे की

परसुरामपुर (ओड़िशा), 8 नवंबर : बालासोर जिले की अनंतपुर पंचायत का यह गांव आज भी पानी से घिरा है. यह गांव एनएच-5 से 20 किलोमीटर अंदर है. गांव में जाने के लिए कोई रास्ता नहीं है. पानी से घिरे इस गांव में खाने के लिए तरस रहे हैं लोग. लोगों को भूखे ही रहना पड़ रहा है. वे गांव छोड़कर जाना चाह रहे हैं लेकिन जा नहीं पा रहे हैं. कारण यह है कि गांव के पुरुष 'कमर भर पानी से गुजरकर बाहर तो आ सकते हैं लेकिन महिलाएं और बच्चे नहीं. स्थिति यह है कि गांव के लोग एक टीला पर शरण लिये हुए हैं. पूरे गांव में इस तरह के दो टीले हैं. जिस समय यह प्रभात खबर की टीम वहां पहुंची, उससे कुछ ही मिनट पहले पानी से घिरे उस टीले पर एक गर्भवती महिला ने एक बच्ची को जन्म दिया था. पुआल के ढेर पर उस महिला और नवजात शिशु को रखा गया था. उसी टीले पर गांव के पुरुष भी शरण लिये हुए थे. इसी कारण उक्त महिला और बच्ची को पुराने फटे कपड़े से परदा बनाकर अलग कर दिया गया था. संकट की इस घड़ी में पूरा गांव उस महिला के साथ था. गांव की महिलाएं जिद कर रही थीं कि पत्रकार (जिसे वे लोग शुरू में ओड़िशा सरकार के प्रतिनिधि समझ गये थे) स्वयं जाकर उस महिला और बच्ची को देखें और उनके लिए कोई व्यवस्था करें. सचमुच वहां का दृश्य काफी मार्मिक था. महिला तड़प रही थी, लोग उसकी सहायता करने में असमर्थ लग रहे थे. पास ही कुछ छोटे-छोटे बच्चे भूख से रो रहे थे. एक महिला कहती है कि बड़े तो कच्चा चावल खाकर रह सकता है लेकिन बच्चा कैसे रहेगा. वहां मौजूद किसी के पास उन लोगों के सवाल का कोई जवाब नहीं था.

इस टीले पर पीने के पानी की कोई व्यवस्था नहीं है. ये लोग वही गंदा और दूषित पानी पी रहे हैं जो आसपास भरा हुआ है. सबसे दुखद बात है कि लोग खाना भी नहीं बना पा रहे हैं. पुआल और लकड़ी से बने उक्त टीला पर चूल्हा जलाना संभव नहीं है. इन लोगों के पास कुछ चावल था जो पानी में भीगा था. लोग उसे ही खाकर जिंदा थे. वह चावल भी खत्म होने को था.

तबाही के पहले इस गांव में कुल 55 घर थे. पास ही एक नदी है, जो गांव की तबाही का कारण बनी. ये लोग अन्य गांवों की अपेक्षा कुछ भाग्यशाली रहे क्योंकि इनके गांव में दो टीले हैं जिस पर शरण लेकर ये लोग अपनी जान बचा सके. समय कम था, इसलिए अपने पशुओं को ये वहां नहीं ला सके. अब उस गांव में कुछ ही पशु बचे हैं. गांव में अब तक सेना या कोई भी स्वयंसेवी संस्था भी नहीं पहुंच पायी है. कारण यह है कि यहां गांव में जाने के लिए सिर्फ पगडंडी है. जहां तहां पत्थर भी हैं जिससे सेना के जवान बोट के सहारे भी गांव में नहीं आ पा रहे हैं.

गांव के लोगों को कोई भी राहत सामग्री नहीं मिल पायी है. गांव वालों ने पत्रकारों को सरकारी कर्मचारी समझकर घेरा और खाने की मांग की. साथ में मौजूद एक स्थानीय व्यक्ति ने गांव वालों को बताया कि ये लोग पत्रकार हैं. इसके बाद लोगों ने अपनी पीड़ा सुनायी. गांव के महेश्वर साई कहते हैं कि उस काली रात को जैसे ही पानी उनके घरों में घुसना शुरू किया, वे लोग सुरक्षित स्थान की ओर भागे. पहले बच्चों और महिलाओं को पहुंचाया. शेष पेज नौ पर

थी. पानी बढ़ता गया. वह मर कर वहीं टंगी रही. आगे परसुरामपुर गांव था. गांव के लोग एक टीले पर शरण लिये हुए थे. वहीं एक महिला ने बच्चे को जन्म दिया था. आसपास खेतों में जानवरों की लाशें दिख रही थी. लोग भूखे थे. घर टूट चुके थे. चारो ओर पानी भरा था लेकिन पीने का पानी नहीं था. कुछ समय पहले तक वहां सड़क पर तीन-चार फीट पानी बह रहा था. हमलोग जो पानी-ब्रेड अपने लिये लेकर गये थे, लोगों ने ले लिया था. हमलोग वहां से फिर हाइवे लौट आये. आगे गया. भद्रक के पास पुल बह चुका था, इसलिए जगतसिंहपुर और पारादीप नहीं जा सके. पुल के दोनों ओर दो-दो किलोमीटर तक वाहन फंसे हुए थे. पुल के पास (हाइवे पर) सेना पहुंच चुकी थी और नाव से बचाव काम में लगी थी. हमलोगों ने अपना काम किया. लगातार 22 घंटे तक अपने अभियान पर रहने के बाद हमलोग दूसरे दिन तड़के जमशेदपुर पहुंच गये. यह रिपोर्ट काफी चर्चित हुई थी क्योंकि तूफान के बाद सबसे पहले प्रभात खबर की टीम पहुंची थी और दूरदराज के इलाके तक जाकर वहां की रिपोर्टिंग की थी.

छोटू दा का टीवी को इंटरव्यू

1992 या 1993 की घटना है. जाड़े का दिन था. प्रधान संपादक हरिवंशजी के पास टेलीविजन की टीम आयी थी. उन दिनों झारखंड आंदोलन आक्रामक हो चुका था. आजसू बढ़-चढ़ कर इसमें हिस्सा ले रही थी. उस समय आजसू के प्रमुख (केंद्रीय अध्यक्ष) थे डॉ देवशरण भगत उर्फ छोटू दा. रांची में केंद्रीय सुरक्षा बल के जवान छोटू दा को खोज रहे थे. उनके ऊपर इनाम घोषित किया गया था. टीवी की टीम उनसे इंटरव्यू करना चाहती थी. हरिवंशजी ने मुझे बुलाया और कहा-इन लोगों को देवशरण भगत से मुलाकात करने की व्यवस्था कराओ. यह काम उन दिनों असंभव जैसा था. जिस व्यक्ति को पुलिस मारने के लिए खोज रही थी, उसे कहां खोजा जाये, वह इंटरव्यू के लिए तैयार होगा या नहीं. आदेश था. अभियान में लग गया. उन दिनों आजसू की टीम में कई ऐसे लोग थे जिनसे मेरे घनिष्ठ संबंध थे. उनके प्रयास से यह पता लग गया कि छोटू दा से कहां मुलाकात हो सकती है. मेरे पास उन दिनों बजाज स्कूटर था. स्कूटर से उस जगह पहुंच गया. किसी प्रकार उन्हें तैयार किया गया. अब समस्या थी कि कहां इंटरव्यू कराया जाये. तय हुआ कि सबसे सुरक्षित जगह वही है जहां भारी संख्या में पुलिस बल है. वह स्थान फिरायालाल चौक ही था. घर तो याद नहीं है, पर इतना याद है कि चौक से थड़पखना वाली गली

में किसी घर में हमलोग जमा हुए. टीम को वहां बुला कर रखा गया था. इंटरव्यू हुआ. अब समस्या थी लौटने की. पुलिस हर वाहन को चेक कर रही थी. स्कूटर मैं चला रहा था. देवशरण पीछे बैठे थे. मुझे यह पता था कि अगर पुलिस (अर्द्धसैनिक बल) मुझे देवशरण भगत के साथ पकड़ लेती तो दोनों का क्या हाल करती. हिम्मत और बुद्धि से काम लिया. ठीक फिरायालाल चौक पर पुलिस के सामने हमने स्कूटर को रोक दिया और उन्हें उतरने को कहा. पुलिस सामने आयी और आगे बढ़ गयी. पुलिस का वह जवान (जो बाहर का था) देवशरण को पहचानता नहीं था. इस बीच देवशरण भगत ने सिगरेट निकाला और पीने लगे (शायद तनाव में थे). हमारा फोटोग्राफर बापी भी वहां पहुंच चुका था. उसने जोखिम लेकर फोटो खींच ली. रात की घटना थी. रात में फोटो खींचना खतरनाक कदम था क्योंकि फ्लैश की लाइट चमकने से पुलिस को शक हो सकता था. बापी माननेवाला नहीं था. किस्मत तेज थी कि कोई पकड़ नहीं पाया. देवशरण भगत को अड्डे पर छोड़ आया. दूसरे दिन के अखबार में देवशरण की सिगरेट पीते वह तसवीर छपी जिसमें लिखा था-जिस देवशरण भगत को पुलिस की तलाश है, वह रात में फिरायालाल चौक पर सिगरेट पीते. यह तसवीर काफी चर्चित हुई थी.

बंकर में विस्फोट, पत्रकार घायल

6 मई 2001 को चतरा जिले के कुंदा थाना के कारीमरार जंगल की घटना है. पुलिस ने एक बंकर का पता लगाया था. बंकर को ध्वस्त करना था. पुलिस के बड़े अधिकारी भी वहां छह मई को पहुंच गये थे. प्रभात खबर के प्रतिनिधि थे सुरजीत. हजारीबाग से लिखते थे. वे पांच मई को ही चतरा आ गये. छह मई को सवेरे-सवेरे प्रतापपुर होते हुए कुंदा गये. वहां से कारीमरार जंगल स्थित नक्सलियों के बंकर के पास पहुंच गये. डीआइजी थे अशोक कुमार सिन्हा. सुरजीत डीआइजी से बात कर रहे थे. इसी बीच बंकर की जांच हवलदार दिवाकर मिंज कर रहे थे. उनके साथ चौकीदार भी थे. जैसे ही बंकर में उन्होंने मेटल डिटेक्टर लगाया, विस्फोट हो गया. चौकीदार वहीं पर मारा गया. डीआइजी अशोक सिन्हा, एसपी आरके मल्लिक और इंस्पेक्टर गंभीर रूप से घायल हो गये. सुरजीत वहां एक गड्ढे में कूद गये ताकि अगर नक्सली फायरिंग भी करें तो नहीं लगे. चारो ओर धुंआ छा गया था. विस्फोट के बाद पत्थर उड़ा था. एक पत्थर सुरजीत के सिर पर लगा. सिर फट गया. घायल पुलिसकर्मी चिल्ला रहे थे. सीआरपीएफ मोरचा ले चुका था. थोड़ी देर बाद सभी वहां से निकले. पुलिस की जिप्सी से सुरजीत चतरा पहुंचे. वहां अपने सहयोगी नौशाद उनका इंतजार कर रहे थे. डॉक्टर के पास गये. सिर में पांच टांका लगा. फिर सभी नौशाद के घर गये जहां कंप्यूटर था. वहीं से सुरजीत ने प्रभात खबर के लिए रिपोर्ट भेजी. सुरजीत की शर्ट पर खून था. नौशाद के घर के लोगों ने उसकी शर्ट को साफ किया. दूसरे दिन सुरजीत हजारीबाग लौटे और काम पर लग गये.

□

जिनकी जिंदगी बदल गयी...

30 वर्षों की यात्रा के दौरान प्रभात खबर ने जिम्मेवारी की पत्रकारिता की और अनेक लोगों का जीवन बदलने में महत्वपूर्ण भूमिका निभायी. सैकड़ों ऐसी रिपोर्ट प्रभात खबर में छपी, जिसने किसी न किसी का जीवन बदल दिया. लोगों को न्याय दिलाया, उनके साथ खड़ा रहा, समाज में चेतना जगायी, सकारात्मक पत्रकारिता की. हमारे प्रतिनिधियों ने कई अवसरों पर एक पत्रकार से आगे जाकर अपनी भूमिका अदा की. गढ़वा में जब बेटी की शादी तय करने के बाद एक पिता पैसा जमा नहीं कर पाये तो उन्होंने आत्महत्या कर ली. ऐसे नाजुक मौके पर प्रभात खबर ने न सिर्फ रिपोर्ट छापी, समाज के लोगों को एकजुट किया, राशि की व्यवस्था करायी बल्कि लड़के के परिवारवालों से बात कर उन्हें आदर्श शादी के लिए तैयार कराया. किसी प्रतिभावाली छात्र का आइआइटी की प्रवेश परीक्षा पास करने के बाद पैसे के अभाव में नामांकन नहीं हो रहा था, राशि के लिए लोगों को, संस्थानों को खोजा. अंततः उन बच्चों का नामांकन हुआ. पैसे के अभाव में किसी का इलाज नहीं हो रहा था, तो प्रभात खबर की अपील पर लोग सामने आये. पैसे की व्यवस्था हो गयी और इलाज संभव हो पाया. हम यहां प्रभात खबर में छपी कुछ ऐसी रिपोर्ट का जिक्र कर रहे हैं जिससे समाज को प्रेरणा मिलती है. (प्रभात खबर के 30 साल पूरा होने पर ये रिपोर्ट्स प्रभात खबर के 14 अगस्त 2014 के अंक में छपे थे).

अखबार ने मेरा घर-संसार बसा दिया

—रेशम

10 जून (2014) को मेरे पिता ने आत्महत्या कर ली थी. सिर्फ इसलिए क्योंकि वे मेरी शादी के लिए दहेज का पूरा पैसा नहीं जुटा पाये थे. 15 जून को मेरी शादी थी. शादी के ठीक पांच दिन पहले मेरे परिवार पर पहाड़ टूट पड़ा था. मैं सोच भी नहीं सकती थी कि अब मेरी शादी भी होगी. ऐसे संकट के वक्त में प्रभात खबर मेरे साथ खड़ा हुआ. शादी उसी दिन हुई जो तिथि पिताजी ने तय की थी. आज मैं अपनी ससुराल में पति के साथ हूं. मैं रेशम गढ़वा जिले के धुरकी के शिवरी गांव की रहनेवाली हूं. मेरे पिता गिरिजा राम चंद्रवंशी ने मेरे लिए एक अच्छा लड़का खोजा था. उत्तरप्रदेश के कोन थाना के केवाल गांव के विशुनदेव चंद्रवंशी के पुत्र शशिकांत से मेरी शादी तय हुई थी. शादी की तारीख 15 जून ही तय की गयी थी. 12 जून को तिलक था और 15 को बारात आनी थी. लड़केवालों ने 41 हजार रुपये

और एक मोटरसाइकिल की मांग की थी. पिताजी ने घर की बकरी और मुर्गी को बेचकर पैसा जमा किया. पांच हजार छेका में खत्म हो गये. काफी प्रयास के बावजूद पिताजी सिर्फ 26 हजार रुपये जमा कर पाये.

पिताजी काफी चिंतित थे. उन्हें और 15 हजार रुपये नगद भी देना था. मोटरसाइकिल के लिए भी पैसा नहीं था. पिताजी कर्ज के लिए कई लोगों के पास गये. पैसा नहीं मिला. तनाव में थे. उन्हें लगा कि अब वे बेटी की शादी नहीं कर पायेंगे. तिलक के लिए सिर्फ दो दिन बच गये थे. लाचार पिता इस स्थिति को बरदाश्त नहीं कर पाये और 10 जून को फांसी लगा कर आत्महत्या कर ली. सारे सपने टूट चुके थे. ऐसे मौके पर प्रभात खबर सामने आया. प्रभात खबर के विनोद पाठक खुद आये. पूरी घटना को लेकर न सिर्फ खबर छापी बल्कि उन्होंने एक टीम भी बनायी. इसमें प्रमुख लोगों को रखा गया था. खबर छपते ही सहायता करने के लिए लोग आने लगे. प्रभात खबर द्वारा बनायी गयी टीम की ओर से विनोदजी ने मेरे भावी ससुर से टेलीफोन पर बात की और निर्धारित समय पर शादी करने का आग्रह किया. खबर सुन कर मेरे ससुर भी दुखित हो गये और आग्रह को मानते हुए तय किया कि आदर्श विवाह होगा, वह भी 15 जून को ही.

पंचायत के मुखिया, समाजसेवी सब पैसा जमा करने में लग गये. प्रभात खबर ने आदर्श विवाह समारोह आयोजन समिति बनायी. आदर्श विवाह हुआ. ससुरालवालों ने उदाहरण पेश किया. शादी का सारा खर्च इस समिति ने उठाया. प्रभात खबर और समाजसेवियों-ग्रामीणों ने वह सारी जिम्मेवारी निभायी जो एक पिता निभाता है. मेरी शादी उसी दिन हो गयी, जिस दिन मेरे दिवंगत पिता चाहते थे. मेरी शादी के लिए पिता का श्राद्धकर्म रोक दिया गया था. शादी के बाद पिता का श्राद्धकर्म हुआ. मैं तो पिता को खो चुकी थी लेकिन प्रभात खबर की पहल ने मेरे पिता का सपना पूरा किया. पिता को खोने के बाद मैं रोती हुई ससुराल पहुंची. मुझे जहां प्रभात खबर की पहल का गर्व है, वहीं पिता को खोने का गम भी.

नहीं तो मैं टॉपर होकर भी सड़क पर होता

–सुबोध चंद्र महतो

अखबार की भूमिका क्या होती है, इसका पता मुझे तब चला जब प्रभात खबर मेरे साथ खड़ा हुआ और मेरा जीवन बदल गया. सच तो यही है कि अगर प्रभात खबर मेरी मदद के लिए सामने नहीं आता तो शायद मैं आज शिक्षक नहीं बल्कि सड़क पर होता. मैं था अपने विषय का टॉपर लेकिन मुझे फेल कर दिया गया था. पूरी कहानी सुनाता हूं. मैं तमाड़ के सलगाडीह के सुंदरडीह का रहनेवाला हूं. बचपन से प्रभात खबर पढ़ता था. मेरे गांव में अखबार नहीं आता था. इसके लिए मुझे रोज चार किलोमीटर जाना पड़ता था. इस अखबार में कई ऐसी रिपोर्ट छपती थी जिससे लगता था कि प्रभात खबर उन लोगों की लड़ाई लड़ता है जिसका कोई सहारा नहीं होता है. मुझे लगा कि मेरी भी मदद प्रभात खबर ही कर सकता है.

पढ़ाई पूरी करने के बाद मैं वर्ष 2012 में हुई प्लस टू उच्च विद्यालय शिक्षक नियुक्ति परीक्षा में शामिल हुआ था. मैंने परीक्षा में बेहतर लिखा था. मुझे भरोसा था कि मेरा नाम सफल उम्मीदवारों की

सूची में होगा. जब रिजल्ट निकला तो मेरा नाम नहीं था. मुझे भरोसा नहीं हुआ. मैंने सूचना के अधिकार का सहारा लिया और अपनी कॉपी देखने के लिए आवेदन दिया.जब उत्तर पुस्तिका देखी तो पता चला कि मेरी कॉपी तो जांची ही नहीं गयी है. मुझे हैरानी हुई. मैंने फिर शिकायत की. जैक ने मेरी कॉपी जांच करायी. मैं जीव विज्ञान का टॉपर निकला. जैक ने जुलाई 2013 में मेरी नियुक्ति के लिए माध्यमिक शिक्षा निदेशालय से अनुशंसा की. कुछ नहीं हुआ. सिर्फ आश्वासन मिलता रहा. मैं चाहता तो कोर्ट भी जा सकता था लेकिन उसमें काफी समय लगता. साधन का भी अभाव था.

मुझे विश्वास था कि अगर प्रभात खबर जाता हूं तभी मुझे न्याय मिलेगा. मैंने 17 अगस्त को पत्रकार सुनील झा से बात की. उनसे मिला. सबूत दिखाया. उन्होंने कहा कि प्रभात खबर उनकी लड़ाई लड़ेगा.19 दिसंबर 2013 के अंक में पेज एक पर रिपोर्ट छापी. ऐसा दिन छापा जिस दिन असेंबली चल रही थी. प्रभात खबर में रिपोर्ट छपते ही प्रदीप यादव और बंधु तिर्की ने विधानसभा में इस पर सवाल कर दिया. पूरा मामला गरमा गया. शिक्षा मंत्री ने सदन में आश्वासन दिया गया. शिक्षा विभाग सक्रिय हो गया. मेरी नियुक्ति का प्रस्ताव बना. मामला फिर लटक गया. प्रभात खबर इसे मुद्दा बना चुका था. मार्च में फिर छापा. अंततः 22 जुलाई 2014 को शिक्षा विभाग की ओर मुझे नियुक्ति पत्र मिल गया. अब मैं शिक्षक हूं. मेरा जीवन बदल गया है. अगर प्रभात खबर नहीं होता तो शायद आज भी मैं नियुक्ति के लिए सड़क पर मारा-फिरता.

तो मेरा आइआइटी में दाखिला नहीं होता

–रमेश ठाकुर

साइंस (गणित) के हर छात्र का सपना होता है-आइआइटी की परीक्षा पास करना. मेरा भी सपना था. वह पूरा भी हो गया. 21 जून 2013 को रिजल्ट निकला था और मैंने आइआइटी एडवांस की परीक्षा पास कर ली थी. 1075वां रैंक आया था. लेकिन आगे चुनौतियां थीं. उदास हो गया था. गरीब परिवार से हूं. कहां से आयेगा बीटेक की पढ़ाई का खर्च. उसके पहले तो काउंसिलिंग के लिए जाने के खर्च का सवाल था. ऐसे मौके पर प्रभात खबर का साथ मिला, समाज आगे आया और आज मैं आइआइटी खड़गपुर से बीटेक कर रहा हूं.

मैं बहरागोड़ा (पूर्वी सिंहभूम) के राजलाबंध का निवासी हूं. ऐसे मेरा पैतृक निवास जमुई के भुल्लो गांव में है. हमलोग नाई हैं. पिता राजेंद्र ठाकुर राजलाबंध में घर-घर घुम कर बाल-दाढ़ी बनाने का काम करते हैं. परिवार को पालना मुश्किल होता है तो आइआइटी में पढ़ाने का खर्च कहां से आता. जब मैंने आइआइटी (जेईई-एडवांस) की परीक्षा पास की तो पिता को बताया. पिता को पता भी नहीं था कि आइआइटी क्या होता है. उन्होंने सोचा कि होगी कोई छोटी-मोटी परीक्षा. पिता कहां से लाते पैसा? मैं खुद छुट्टी के दिन पिता के काम में (बाल-दाढ़ी बनाने में) हाथ बंटाता था ताकि दो पैसा घर में आ जाये. सरस्वती शिशु मंदिर, बहरागोड़ा उच्च विद्यालय और जवाहर नवोदय विद्यालय से पढ़ाई की थी. आइआइटी के लिए कोचिंग करना चाह रहा था. पड़ोसियों ने सहायता की. कोचिंग वाले ने मदद की और मैं सफल हो गया.

रिजल्ट के बाद लगा कि मैं आइआइटी में एडमिशन नहीं ले पाऊंगा. 21 को रिजल्ट निकला और 25 जून को मैं प्रभात खबर, जमशेदपुर के दफ्तर में आनंद मिश्रा से मिला. अपनी पीड़ा बतायी. दूसरे दिन (26 जून) प्रभात खबर में रिपोर्ट छपी कि एक होनहार छात्र पैसे के अभाव में आइआइटी में एडमिशन नहीं ले पा रहा. खबर छपते ही समाज सक्रिय हो गया. मदद के लिए हाथ बढ़ने लगे. रिपोर्ट भी छपती रही. सांसद अजय कुमार ने लैपटाप दिया. आइआइटी की पढ़ाई के लिए यह अनिवार्य है. कई शिक्षकों-बुद्धिजीवियों, समाजसेवियों ने पैसे की व्यवस्था की. बैंक लोन देने को तैयार हो गया. इस प्रकार चार-पांच दिनों में मेरी समस्या का हल निकल चुका था. अब मेरे पास नामांकन के लिए पैसे हो चुके थे. मैंने आइआइटी, खड़गपुर में नामांकन कराया. इंजीनियर बन कर निकलूंगा. जिस प्रकार प्रभात खबर के प्रयास से समाज मेरे लिए आगे आया, मैं भी जरूरतमंद लोगों के लिए जीवन भर उपलब्ध रहूंगा.

□

चौथा अध्याय

संस्कृति, ताकत और पहचान

1. प्रभात खबर की संस्कृति
2. परिवार की तरह ख्याल
3. सवा लाख लोगों की निर्भरता
4. दोस्त, अभिभावक और एक्टिविस्ट भी
5. दिग्गजों की नजर में
6. मीडिया में प्रभात खबर
7. अन्याय के खिलाफ मुखर

प्रभात खबर की संस्कृति

बार-बार इस विषय पर चर्चा होती है कि आखिर वह कौन सी ताकत है जिसके बल पर प्रभात खबर तीन बड़े अखबारों का मुकाबला करते हुए आगे बढ़ रहा है. पूंजी में तीनों से कमजोर. संस्करणों (पूरे देश की बात करें) में तीनों बड़े अखबारों की तुलना में कम. फिर भी मजबूती से अगर कोई अखबार खड़ा रहता है तो जरूर कोई न कोई कारण है. इसमें एक बड़ा कारण है प्रभात खबर की संस्कृति, यहां काम करने की आजादी, यहां का पारिवारिक माहौल, निर्णय लेने में विलंब नहीं. जब यह अखबार ज्ञानरंजन के हाथ में था (पुराने मैनेजमेंट में), तब भी यहां का माहौल पारिवारिक था. इसे उन्होंने सार्वजनिक तौर पर स्वीकार भी किया था. जब नया मैनेजमेंट आया, तब भी पारिवारिक माहौल में कोई बदलाव नहीं आया. काम के बंटवारे के लिए भले ही संपादकीय, विज्ञापन, सर्कुलेशन, एकाउंट्स, प्रोड्कशन, एडमिनिस्ट्रेशन, एचआर जैसे विभाग हों लेकिन इन सारे विभागों में काम करनेवाले प्रभात खबर परिवार की अवधारणा के तहत काम करते हैं. आपस के संबंध बहुत मजबूत. सिर्फ कर्मचारियों के बीच के संबंध ही मजबूत नहीं, बल्कि यह संबंध इनके परिवारों तक वैसा ही मजबूत. इसका असर यह होता है कि अगर कभी आपस में छोटे विवाद हो भी गये तो उस पर दफ्तर के संबंध पर पारिवारिक संबंध भारी पड़ता है. इससे कर्मचारी खुले होकर, बगैर तनाव के काम करते हैं, जिससे वे बेहतर रिजल्ट देते हैं. सुख और दुख के साथ. पारिवारिक माहौल होने के कारण जब कभी कोई सीनियर अपने जूनियर सहयोगियों से कड़ाई से पेश आ भी जाता है तो उसे कोई मन में रखता नहीं है.

अब प्रभात खबर पहले जैसा छोटा ग्रुप नहीं रहा. परिवार बड़ा हो रहा है. कई मामलों में प्रोफेशनल्स भी होना पड़ता है, इसके बावजूद पारिवारिक माहौल का ही नतीजा है कि सबसे छोटे पद पर काम करनेवाला व्यक्ति भी सीधे प्रबंध निदेशक, निदेशक या प्रधान संपादक के चैंबर में जाकर अपनी निजी परेशानी-निजी खुशी बता सकता है. कोई बंधन नहीं. बहुत कम संस्थानों में यह सुविधा है. जब भी कोई बड़ी चुनौती आती है, कोई मुद्दा होता है, जूनियर से जूनियर सहयोगियों तक से राय ली जाती है. उन्हें निर्णय करनेवाली टीम में शामिल किया जाता है. इससे कर्मचारी को महसूस होता है कि वह कंपनी का अभिन्न हिस्सा है. अधिकांश कर्मचारियों का कंपनी के साथ भावनात्मक जुड़ाव रहा है. यही कारण है कि बाहर से बेहतर अवसर आने पर भी वे प्रभात खबर छोड़ने के पहले कई बार सोचते हैं. सिर्फ इसलिए कि दूसरे संस्थानों में भले ही पैसा ज्यादा मिल जाये पर क्या वहां यह माहौल मिल पायेगा?

हर व्यक्ति को पता है कि उसे क्या काम करना है. उसे अपने काम में आजादी है. इसके बावजूद

दूसरे विभाग में सहयोग करने की प्रवृति है. कोई अन्यथा नहीं लेता. बेहतर सुझावों का हमेशा स्वागत रहता है. यही कारण है कि कर्मचारी सुझाव देने में हिचकते नहीं हैं. काम करने की आजादी होने के कारण खुद कर्मचारी बेहतर करने की तमन्ना रखते हैं. हां, कभी-कभी पारिवारिक माहौल का खामियाजा भी भुगतना पड़ता है. छोटी-छोटी गलतियां होने पर गंभीर दंड का प्रावधान नहीं है. इसलिए अनेक मौके ऐसे आते हैं जब कुछ कर्मचारी काम के प्रति गंभीर नहीं रहते हैं. यह वह अखबार है जहां हर सीनियर अपने जूनियर को हमेशा कुछ न कुछ सिखाने के लिए तैयार रहता है. अपने बाद की पीढ़ी को भविष्य के लिए तैयार करता है. न स्वार्थ, न द्वेष और न ही आपसी प्रतिस्पर्धा. उद्देश्य सिर्फ एक-प्रभात खबर को कैसे आगे ले जाना है. प्रबंधन भी कठोर नहीं. कई बार नियमों को तोड़ कर भी कर्मचारियों को सहयोग करना आपसी संबंध को मजबूत करता है. अनुशासन से बंधे सहयोगी. एक-दूसरे के प्रति सम्मान और सहयोग की भावना कर्मचारियों के आपसी संबंध को मजबूत करता है. दफ्तर के अंदर शराब, पान-बीड़ी, सिगरेट, खैनी या अन्य नशीले पदार्थ के सेवन पर प्रतिबंध. कभी अगर वैचारिक मतभेद हुए भी तो एक-दूसरे के प्रति सम्मान व्यक्त करते हुए अपनी बात को रखने की आजादी है. सबसे बड़ी आजादी है प्रबंधन की ओर से. खबरों के चयन को लेकर प्रबंधन की ओर से कभी दबाव नहीं रहा. कभी यह दबाव नहीं दिया गया कि इस खबर को छापना है या इस खबर को नहीं छापना है. इसका लाभ यह मिला कि यहां के पत्रकारों ने आजादी से खबरों को लिखा. इससे अखबार की निष्पक्ष छवि बनी और अखबार की साख मजबूत हुई. इन्हीं कार्य-संस्कृति के बल पर प्रभात खबर की अलग पहचान है.

प्रभात खबर में यह प्रयास रहा है कि संस्थान के ही कर्मचारियों को प्रमोट कर महत्वपूर्ण पद दिये जायें. बहुत आवश्यक होने पर ही दूसरे संस्थानों से सीनियर पद पर लोगों को लाया जाता है. यही कारण है कि आज प्रभात खबर में शीर्ष पदों या सीनियर पदों पर बैठे अनेक लोग ऐसे हैं जो नीचे से पदोन्नति पाकर ऊपर गये हैं. यह प्रभात खबर की ताकत भी है. प्रभात खबर के प्रबंध निदेशक केके गोयनका, निदेशक आरके दत्ता, नेशनल हेड (मार्केटिंग) उमाशंकर, झारखंड संपादक (अनुज कुमार सिन्हा), रांची के स्थानीय संपादक विजय कांत पाठक, झारखंड के सर्कुलेशन हेड सौभिक विश्वास, झारखंड के बिजनेस हेड विजय बहादुर, आइटी के कॉरपोरेट हेड आरआर अधिकारी, चीफ मैनेजर (फाइनांस) विजय अग्रवाल, सीनियर मैनेजर (कॉरपोरेट एडवटाइजमेंट एमआइएस) सुमित भट्टाचार्य, यूनिट इंचार्ज पंकज उन लोगों में शामिल हैं जिन्होंने प्रभात खबर में जूनियर (इनमें एक-दो मैनेजर पद से आगे बढ़े हैं) पद से अपने कैरियर की शुरूआत की थी और आगे बढ़ कर आज महत्वपूर्ण पदों पर पहुंचे हैं. ये उदाहरण बताते हैं कि प्रभात खबर में लंबे समय से कार्य करनेवालों और योग्य लोगों को बेहतर से बेहतर अवसर मिलते रहे हैं.

प्रभात खबर के वरिष्ठ सहयोगी अपने जूनियर सहयोगियों को न सिर्फ आगे बढ़ने का मौका देते हैं बल्कि उन्हें गाइड भी करते हैं, तैयार भी करते हैं. अगर संपादकीय की बात करें तो झारखंड में विजय (रांची), रंजीत (जमशेदपुर), अनुराग (धनबाद) और सुशीलजी (देवघर) में बतौर संपादक अपनी टीम को आगे बढ़ाने में लगे रहते हैं. जब ये छुट्टी पर होते हैं तो सारा दायित्व इनके बाद की टीम (जो पहले से तय है) स्वतः संभाल लेती है. रांची में यह दायित्व कमल, अनिल झा, आनंद मोहन, संजीव सिंह, साकेत पुरी संभालते हैं जबकि जमशेदपुर में आनंद केशव, अखिलेश, जयनंदन, देवेंद्र, ब्रजेश

और संजीव काम को आगे बढ़ाते हैं. धनबाद में अनुराग की अनुपस्थिति में अजय संजीव और देवघर में नीरज, संजीत इस दायित्व को निभाते हैं. ऐसी ही व्यवस्था पटना, गया, मुजफ्फरपुर, भागलपुर और कोलकाता में है. सिर्फ संपादकीय ही नहीं, अन्य विभागों में भी काम का बंटवारा और दायित्व तय है. दायित्वों का बंटवारा इतन स्पष्ट है कि जैसे ही किसी भी यूनिट में कोई लीगल मामला आता है, घंटे भर के अंदर इसकी सूचना-विवरण कंपनी सेक्रेटरी आशुतोष चौबे के पास आ जाती है. यह बताता है कि प्रभात खबर में सिस्टम काम करता है.

□

परिवार की तरह ख्याल

प्रभात खबर में ऐसे-ऐसे लोग हैं जो 25-30 साल से काम कर रहे हैं. आज की दुनिया में किसी भी संस्थान में इतना लंबा साथ शायद ही रहता हो. जहां लोग पैसे और पद के पीछे इतना भाग रहे हैं कि रातो-रात संस्थान बदल देते हैं, उसमें अगर प्रभात खबर में ऐसे लोगों की संख्या बहुत है जो लंबे समय से काम कर रहे हैं तो इसके पीछे पारिवारिक माहौल है.

1989 में जब नये प्रबंधन ने प्रभात खबर का दायित्व संभाला तो पहले निदेशक डीएस शर्मा थे. शांत, अनुभवी और सुलझे हुए व्यक्ति. उन्होंने महसूस किया कि अगर इस अखबार को स्थापित करना है तो यहां कार्यरत सहयोगियों को काम करने की छूट मिलनी चाहिए, उनकी आवश्यकताओं की पूर्ति होनी चाहिए, वेतन में सुधार होना चाहिए, वर्क कल्चर बेहतर होना चाहिए, अनुशासन होना चाहिए. इन सभी को उन्होंने एक-एक कर बगैर किसी दबाव के लागू किया. एक घटना याद है. प्रभात खबर कैंपस में पीने के पानी की किल्लत थी. बोरिंग करवायी गयी थी. उस दिन ईद मिलन समारोह चल रहा था. (प्रभात खबर में यह परंपरा है कि यहां होली मिलन होता है तो ईद-क्रिसमस मिलन भी, वर्षों से यह परंपरा चली आ रही है). श्री शर्मा भी आये थे. उन्होंने तत्कालीन पर्सनल अफसर से पूछा कि पानी की टेस्टिंग हो गयी है या नहीं. (उस समय पीने के पानी के लिए बोरिंग की गयी थी). जब कहा गया कि पानी की टेस्टिंग नहीं हुई है तो श्री शर्मा ने साफ आदेश दिया कि उक्त बोरिंग का पानी तब तक कोई पीने के काम में न लाये, जब तक पानी की जांच नहीं हो जाती और उसे पीने योग्य नहीं बता दिया जाता. अपने कर्मचारियों के स्वास्थ्य के प्रति श्री शर्मा का ध्यान कर्मचारियों का दिल जीतने के लिए काफी था. इतना दूर तक सोचनेवाले ऐसे अधिकारी विरले ही मिलते हैं. नये प्रबंधन ने शुरू से ही मानव संसाधन पर बहत जोर दिया था, व्यक्ति के अंदर छिपी ताकत को उभारने की मुहिम चली थी. आज जहां प्रभात खबर खड़ा है, उसकी बुनियाद उन्हीं दिनों रखी गयी थी. प्रभात खबर के विकास में उषा मार्टिन के योगदान को भुला नहीं जा सकता. जैसे आर्थिक मामलों में हो या तकनीकी सहयोग में. तब डिप्टी चेयरमैन थे वीके झंवर. प्रभात खबर आये और देखा कि कुछ बाइक धूप में हैं. उसी दिन उन्होंने शेड बनाने का आदेश दिया था. व्यवहार कुशल. कर्मचारियों की परेशानियों को समझने में सबसे आगे. कभी मालिक जैसा व्यवहार नहीं. जमशेदपुर में जब कभी उषा मार्टिन (गम्हरिया) में बैठक बुलाते तो इस बात का ख्याल रखते कि मीटिंग 12 बजे के पहले नहीं हो. वे कहते थे कि रात में आप देर तक काम कर घर जाते हैं, सुबह उठने में परेशानी होगी. शीर्ष पद पर बैठा व्यक्ति अगर इतना ख्याल रखे तो कर्मचारियों का मनोबल बढ़ता है.

1990-91 में सड़क दुर्घटना में उषा मार्टिन का कोई कर्मचारी गंभीर रुप से घायल हो गया था. उसी के बाद प्रबंधन ने आदेश दिया कि बगैर हेल्मेट के कोई भी वाहन नहीं चलायेगा. सिर्फ घोषणा ही नहीं की बल्कि हर उस व्यक्ति को हेल्मेट भी दिया जिसके पास वाहन थे.

जब आग लग गयी थी

प्रभात खबर में कार्यरत साथियों ने कई बार उदाहरण पेश किया है. अपनी जान को दावं पर लगाकर अखबार को बचाया है. 1990 की घटना होगी, एक दिन रात में अखबार के गोदाम में (उन दिनों गोदाम वहीं पर था जहां पर आज हॉल बना है) आग लग गयी. पूरे अखबार के साथियों ने, चाहे वे किसी भी विभाग के क्यों न हों, गोदाम से अखबार के बंडल निकालने और आग बुझाने में लग गये. आग शाट सर्किट से लगी थी. उस दौरान अशोक मुखर्जी, रजत गुप्ता समेत कई साथियों ने जान जोखिम में डालकर धुंआ से भरे गोदाम में घुसकर कागज का रीला हटाया था, पुराने अखबारों का बंडल खाली कराया था. सभी के प्रयास से आग पर काबू पाया गया.

गार्ड को बचाया

अनेक ऐसे अवसर आये, जब प्रभात खबर प्रबंधन ने अपनी सीमा से बाहर जा कर भी कर्मचारियों या गैर-कर्मचारियों का सहयोग किया. कुछ सहयोग तो मानवीय आधार पर भी किये गये. ऐसी घटनाओं से ही इस बात की पुष्टि होती है कि प्रभात खबर में पारिवारिक माहौल के तहत काम होता है. एक घटना है जमशेदपुर की. संभवतः 2000 या 2001 की घटना है. एक सुरक्षाकर्मी थे उपाध्याय. प्रभात खबर के काशीडीह कार्यालय में पदस्थापित थे. काम तो था सुरक्षा का लेकिन जब ट्रक से न्यूज प्रिंट आता था तो ड्यूटी के बाद उसे उतारने में भी लग जाते थे. यह काम उनका था नहीं. इस काम के लिए बाहर से लोगों को भाड़ा पर लाया जाता था. उपाध्याय और उनके कुछ साथी अपना काम कर पार्ट टाइम में न्यूज प्रिंट भी उतारने में लग जाते ताकि कुछ आमदनी हो जाये. यह काम वे अपनी मर्जी से करते थे. सिर्फ वही नहीं, अन्य गार्ड या मशीन के साथी भी ऐसा ही करते थे. इसी बीच एक दिन ट्रक से न्यूज प्रिंट उतारते वक्त एक रीला छिटक कर उनके पैर से टकरा गया. पैर टूट गया. उन्हें नर्सिंग होम में भरती कराया गया. इसी बीच जिस दिन उपाध्याय का ऑपरेशन होना था, उनकी तबीयत अचानक खराब हो गयी. उन्हें तुरंत टाटा मेन हॉस्पीटल ले जाया गया. उन्हें वहां आइसीयू में वेंटीलेटर पर रखा गया. चिकित्सकों ने कहा कि बचने की उम्मीद कम है.

इस बीच प्रबंधन से अनुमति लेकर मैं लगातार टीएमएच में उसका इलाज कराता रहा. डॉ प्रभात कुमार इस काम में बहुत सहयोग करते थे. (बड़े नेक और सहयोगी व्यक्ति थे. बाद में अपराधियों ने उनकी हत्या कर दी थी). विजय शर्मा (एकाउंटेंट) हर दिन 10-15 हजार प्रभात खबर की ओर से टीएमएच में जमा कराते थे ताकि इलाज चलता रहे. 20-22 दिनों तक अस्पताल में वेंटीलेटर पर रहने के बाद उपाध्याय का जीवन बच गया. लगभग ढाई लाख से ज्यादा का अस्पताल का बिल आया था. प्रभात खबर प्रबंधन ने मानवीय आधार पर सारा खर्च उठाया. इतना ही नहीं, घर आ जाने के बावजूद

जब तक (सात-आठ माह तक) उन्होंने ड्यूटी नहीं ज्वाइन की, तब तक हर माह निर्धारित तिथि को उसके घर पर वेतन लेकर एक आदमी जाता था.

ये सब चंद उदाहरण हैं. जैसे-जैसे प्रभात खबर अखबार आगे बढ़ता गया, नये-नये संस्करण खुलते गये, कर्मचारियों की संख्या बढ़ती गयी, कर्मचारियों के हित में नयी-नयी योजनाएं लागू होती गयीं. 2008 से प्रभात खबर ने एचआर (ह्यूम रिसोर्स) पर काफी काम किया. टाटा इंस्टीट्यूट ऑफ सोशल सर्विसेज (टिस) के राहुल को प्रभात खबर में सिस्टम बनाने की जिम्मेवारी सौंपी गयी थी. उन्होंने लंबी योजना बनायी थी और रिपोर्ट सौंपी थी. उसके बाद एचआर सलाहकार विप्लव बनर्जी की सलाह पर कई चीजों की शुरूआत की गयी. 2010 में अंजय शर्मा ने एचआर में योगदान दिया. इसमें नवीन कुमार सिन्हा और सुजीत एचआर के काम को आगे बढ़ा रहे हैं. आज स्थिति यह है कि प्रभात खबर का एचआर प्रोफेशनल्स के तौर पर काम कर रहा है. सरकार द्वारा निर्धारित सभी मापदंडों को लागू कराने का प्रयास किया जाता रहा है.

प्रभात खबर (एनपीएचएल) के हर कर्मचारी को पीएफ के दायरे में लाया जा चुका है. जो भी कर्मचारी इएसआइ (इंप्लाय स्टेट इंश्यूरेंस) के दायरे में आते हैं, उन्हें इएसआइ की सुविधा दी जा रही है ताकि जरूरत पड़ने पर उन्हें इलाज के लिए कहीं भटकना नहीं पड़े. जो कर्मचारी इएसआइ के दायरे में नहीं आते हैं, उनके लिए कंपनी की ओर से मेडिक्लेम पालिसी ली गयी है ताकि उन्हें अधिक से अधिक लाभ मिल सके. प्रभात खबर के हर कर्मचारी का ग्रुप पर्सनल एक्सीडेंट (जीपीए) के तहत बीमा कराया गया है. यह राशि पद और ग्रेड के अनुसार तय की जाती है. सामान्य तौर पर बीमा की गयी राशि दो लाख रुपये से लेकर 40 लाख रुपये तक है. ऐसा इसलिए किया गया है ताकि दुर्घटना होने की स्थिति में प्रभात खबर के कर्मचारियों को किसी प्रकार की आर्थिक परेशानी का सामना नहीं करना पड़े. कर्मचारियों को पीएफ के साथ-साथ ग्रेच्यूटी की सुविधा भी दी जाती है. इसके लिए फंड का संचालन करने के लिए अलग से ट्रस्ट बनाया जा रहा है.

इसके अलावा कंपनी के सभी कर्मचारियों को जीएसएलआइ (ग्रुप सेविंग्स लिंक्ड इंश्योरेंस स्कीम) के तहत लाया गया है. यह एलआइसी की पालिसी है. इसमें मामूली राशि पर बड़ी राशि का बीमा कराया जाता है. सिर्फ 35 रुपये खर्च कर एक लाख रुपये का बीमा होता है. इसमें भी कर्मचारी द्वारा दिये गये प्रीमियम का 65 फीसदी पैसा सेविंग्स एकाउंट में जमा होता है. इसमें हर कर्मचारी को अपने स्तर से प्रीमियम का भुगतान करना है. लीव इनकैशमेंट की सुविधा कंपनी के सभी कर्मचारियों को मिले, इसके लिए कंपनी ने एलआइसी के साथ इसे जोड़ दिया है. इसे ग्रुप लीव इनकैशमेंट स्कीम कहा जाता है. इसमें कंपनी एलआइसी के पास राशि जमा करती है ताकि जब कोई कर्मचारी कंपनी से अलग होता है तो उसकी छुट्टी का नगद भुगतान हो सके.

प्रबंधन ने अपने स्तर से भी कई सुविधाएं दी हैं. अगर किसी भी कर्मचारी की बेटी की शादी होती है तो एक बेटी की शादी में गिफ्ट के तौर पर कंपनी की ओर से निर्धारित राशि दी जाती है.जरूरत पड़ने पर वेतन के एवज में एडवांस की सुविधा है. कम वेतन पानेवालों के कर्मचारियों के एक बच्चे की पढ़ाई के लिए प्रतिमाह शिक्षा भत्ता दिया जाता है. प्रभात खबर में एक और परंपरा रही है. वह है अपने सहयोगियों को आगे बढ़ाने की परंपरा.

मनोबल बढ़ाने के लिए ट्रेनिंग

टूटे हुए कांच पर चलने का पीएस राठौर ने प्रशिक्षण भी दिया.

प्रभात खबर ने अपने सहयोगियों के मनोबल को बढ़ाने, उनमें विश्वास जगाने, उन्हें मानसिक तौर पर मजबूत करने के लिए कई प्रयास किये हैं. उन्हें मोटिवेट करने के लिए प्रशिक्षण का भी आयोजन किया. कुछ साल पहले रांची के जिमखाना क्लब में सीनियर सहयोगियों को प्रशिक्षण देने के लिए प्रसिद्ध मोटिवेटर पीएस राठौर को बुलाया गया था. उन्होंने प्रभात खबर के सीनियर साथियों को टूटे कांच और जलते आग पर चला कर यह बताने का प्रयास किया कि दुनिया में कुछ भी असंभव नहीं है, अगर आत्मविश्वास है. श्री राठौर ने एकाग्रता के गुण भी सिखाये. कैसे अपनी ऊर्जा का इस्तेमाल किया जाता है, उसे बताया. इसके अलावा समय-समय पर प्रभात खबर टीम के सदस्यों को देश-दुनिया के बेहतरीन संस्थानों में भेजा जाता है ताकि वे वहां की अच्छी चीजों को देख-समझ सके.

□

सवा लाख लोग हैं निर्भर

एक समय था जब प्रभात खबर सिर्फ रांची से निकलता था और आसपास के जिलों व छोटी जगहों में भेजा जाता था. उन दिनों न इतनी आबादी थी और न ही आज जितना अखबार बिकता था. अखबारों की संख्या भी ज्यादा नहीं थी. बड़े शहरों में अधिक से 30-40 हॉकर्स हुआ करते थे. एक संस्करण रहने के कारण प्रभात खबर से जुड़े लोगों की संख्या भी कम ही थी. धीरे-धीरे समय बदला. एक से दो, दो से तीन.. और इस प्रकार प्रभात खबर के झारखंड, बिहार और बंगाल में दस संस्करण निकलने लगे. नये संस्करण खुलते गये और उसी अनुपात में प्रभात खबर में काम करनेवाले लोगों की संख्या भी बढ़ती गयी. जैसे-जैसे प्रभात खबर का जिला संस्करण निकलना शुरू हुआ, नये-नये मॉडम सेंटर खुले, प्रखंड स्तर पर स्ट्रिंगर्स रखे गये, स्ट्रिंगर्स की संख्या बढ़ती गयी.

जब प्रभात खबर का सर्कुलेशन बढ़ा (तब तक कुछ अन्य अखबार भी आ चुके थे), हॉकर्स की संख्या भी बढ़ी. आज स्थिति यह है कि झारखंड, बिहार और बंगाल में प्रभात खबर से लगभग 20 हजार से ज्यादा हॉकर्स-एजेंट जुड़े हुए हैं. सिर्फ प्रभात खबर में कार्यरत कर्मचारियों की संख्या लगभग 1300 है. लगभग 2500 लोग ऐसे हैं जो प्रभात खबर को दूरदराज के इलाकों से खबर भेजते हैं. लगभग 550 लोग ऐसे हैं, जो विज्ञापन के माध्यम (विज्ञापन एजेंसियां से जुड़े लोग) से प्रभात खबर से सीधे जुड़े हैं. ये विज्ञापन एजेंसियां प्रभात खबर को विज्ञापन देती हैं और इसके एवज में उन्हें हर विज्ञापन पर कमीशन दिया जाता है. इसके अलावा अप्रत्यक्ष रूप से हजारों लोग प्रभात खबर पर निर्भर हैं. एक आंकलन के अनुसार, एक से सवा लाख लोगों (30 हजार परिवार) का भविष्य प्रभात खबर से जुड़ा है.

यह स्थिति रातोरात नहीं बनी है. इसके पीछे 30 साल का पूरी टीम का श्रम है. आज खूंटी जैसे नक्सल प्रभावित इलाके में भी ऐसे-ऐसे हॉकर्स हैं जो प्रतिमाह प्रभात खबर अखबार बेच कर 10 से 15 हजार रुपये कमा रहे हैं और इज्जत के साथ अपना परिवार पाल रहे हैं. 30 सालों में प्रभात खबर ने अपने क्षेत्र में बड़े पैमाने पर रोजगार देने का काम किया है. एक छोटा अखबार भी अगर सफलतापूर्वक चलता रहे तो वह राज्य या देश की अर्थ-व्यवस्था में अपना अच्छा योगदान दे सकता है. यह बात और स्पष्ट तब होगी जब पता चलेगा कि हर साल हॉकर्स/एजेंट प्रभात खबर से कितना कमाते हैं. एक आंकलन के अनुसार, झारखंड, बिहार और बंगाल में हर माह हॉकर्स/एजेंट प्रभात खबर बेच कर तीन करोड़ रुपये से ज्यादा कमाते हैं यानी हर साल 36 करोड़. अगर दस साल का आंकड़ा देखा जाये (दस साल पहले आज जितना अखबार नहीं बिकता था), तो प्रभात खबर से हॉकर्स/एजेंट ने लगभग 200 करोड़

कमाये. इसमें प्रभात खबर के कर्मचारियों के वेतन या स्ट्रिंगर्स या विज्ञापन एजेंसियों पर होनेवाला खर्च शामिल नहीं है. सिर्फ हॉकर्स-एजेंटों की राशि है.

अन्य बड़े अखबारों के आने के बाद भी प्रभात खबर मजबूती से इसलिए खड़ा है क्योंकि इसे पाठकों का विश्वास, हॉकर्स और विज्ञापनदाताओं का सहयोग है. बेहतर रिश्ते हैं. यही कारण है कि प्रभात खबर ने हॉकर्स के लिए कई सामाजिक सुरक्षा योजना आरंभ की है. प्रभात खबर ने ही इस परंपरा की शुरूआत की है. हॉकर्स से करीबी रिश्ता का ही नतीजा है कि अगर किसी हॉकर्स की बेटी की शादी है, तो उसमें प्रभात खबर 5100 रुपये का सहयोग करता है. अगर किसी दुर्घटना में किसी हॉकर्स की मौत हो जाती है तो उसके परिजन को बीमा के माध्यम से 50 हजार से एक लाख तक की राशि दी जाती है. अगर कोई हॉकर बीमार पड़ जाता है और अस्पताल में भरती होता है तो साल में पांच दिन अस्पताल में भरती रहने का खर्च वहन करता है. प्रभात खबर हॉकरों के मेधावी बच्चों को पढ़ने में सहयोग करता है. 10वीं, 12वीं और स्नातक की परीक्षाओं में टॉप थ्री में रहनेवाले बच्चों को छात्रवृति भी दी जाती है. यही कारण है कि प्रभात खबर के साथ हॉकरों का भावनात्मक लगाव है. यह लगाव काफी पुराना है. जिन दिनों रांची में बड़े अखबार नहीं थे, उस समय से यह संबंध है. दोनों ओर से इस संबंध को मजबूती प्रदान करने की परंपरा आज भी बनी हुई है.

□

दोस्त-अभिभावक-एक्टिविस्ट की भूमिका में

प्रभात खबर अपने पाठकों के साथ कई प्रकार की भूमिका में सामने आता रहा है. बड़ी से बड़ी घटनाओं पर जब समाज में चुपी हो, लोग घरों में दुबके रहें, बोले नहीं, उस दौरान प्रभात खबर ने लेखों-टिप्पणियों से पाठकों को, समाज को जगाने का काम किया. इसी क्रम में कई बार कड़ी टिप्पणियां भी आती रहीं. कहा जा सकता है कि कुछ घटनाओं में प्रभात खबर ने पत्रकारिता से आगे जाकर एक्टिविस्ट की भूमिका भी अदा की. जब रांची शहर में अपराधियों का बोलबाला हो गया था (नब्बे के दशक में), तो प्रभात खबर ने रविवार का कवर पेज बनाया था-मुर्दा शहर है रांची. बड़ी तीखी प्रतिक्रिया हुई थी. दरअसल उन दिनों अपराधी इतने हावी हो गये थे कि पिता के साथ घुमने गयी एक लड़की को अपराधियों ने उठा लिया था और उसके साथ दुष्कर्म किया था. इसके बावजूद जब समाज में कोई आवाज नहीं उठी थी तो प्रभात खबर ने लोगों को सड़क पर उतारने के लिए ऐसे लेख का प्रकाशन किया था. जब बिजली-पानी के लिए लोग तड़प रहे थे, तब लोगों से सड़क पर उतर कर विरोध करने का आहवान किया था. जब रांची की एक छात्रा के साथ ऐसी अमानवीय रैगिंग हुई थी, जिसकी किसी ने कल्पना नहीं की थी (वह विवाहिता लड़की थी और गर्भवती थी. रैगिंग के नाम पर उसे पेड़ पर चढ़ने के लिए बाध्य किया गया था, जिससे उसका गर्भपात हो गया था) और छात्राएं-शिक्षिकाएं जुबान नहीं खोल रही थी, तब प्रभात खबर ने लोगों से आगे आने का आहवान किया था. यह सब 90-93 के आसपास की घटना है.

जब कॉलेजों में पढ़ाई नहीं होने लगी, युवा भटकने लगे, परीक्षाओं में नकल (चोरी) करने लगे, एक बड़ा वर्ग नशा करने लगा, छात्र विलासिता-अश्लीलता की ओर बढ़ने लगे, छेड़खानी की घटनाएं बढ़ने लगीं, छात्र नेताओं ने भी भ्रष्टाचार पर चुपी साधे रखी तो प्रभात खबर ने 13 मई 1992 को पाठक मंच के माध्यम से युवाओं-छात्रों से इस विषय पर बहस में भाग लेने का आग्रह किया. भ्रष्टाचार के विरोध में जब अन्ना सड़क पर उतरे तो प्रभात खबर ने लोगों से भ्रष्टाचार के खिलाफ मुखर होने की अपील की.

जब 2014 में लोकसभा चुनाव के ठीक पहले जब मालूम हुआ कि राज्य के लाखों लोगों के नाम वोटर लिस्ट से काट दिये गये हैं और वे वोट नहीं दे पायेंगे तो प्रभात खबर ने वैसे लोगों की सूची तैयार करायी जिनके नाम काट दिये गये थे. अखबार में सूचना छापी गयी कि लोग नाम और विवरण भेजें जिनके नाम काट दिये गये हैं. बड़ी संख्या में लोगों ने अपना नाम भेजा. प्रभात खबर ने 15 मई 2014 को

पूरी सूची छापी ताकि चुनाव आयोग इस पर निर्णय ले. ऐसे प्रयास चलते रहे. प्रभात खबर ने प्रयास किया कि लोगों की समस्याओं का निदान भी होता रहे. इसलिए समय-समय पर टेलीफोन बिल, बिजली बिल और पानी की समस्या पर पाठक मंच का आयोजन किया. कुछ अवसरों पर सरकारी अधिकारी भी मौजूद रहते थे ताकि ऑन द स्पॉट समस्या का निदान हो सके. इस प्रकार प्रभात खबर ने दोस्त की भी भूमिका अदा की.

जब वाहन दुर्घटना में लोगों के मरने की घटनाएं बढ़ने लगी, शराब पीकर गाड़ी चलाने से दुर्घटना बढ़ने लगी, तो प्रभात खबर ने सामाजिक दायित्व के तहत लोगों को, युवाओं को, अभिभावकों को लेखों-रिपोर्ट्स के जरिये समझाने का प्रयास किया कि जीवन कीमती है, इसकी रक्षा करें. खास तौर पर 31 दिसंबर की रात और एक जनवरी को ऐसी घटनाएं अधिक होती हैं. उन परिवारों को खोज निकाला गया जिसके परिजनों की शराब पीकर या वाहन तेज चलाते वक्त मौत हुई थी. उनके अनुभव अखबार में प्रकाशित किये गये ताकि लोग सचेत हो सकें. ऐसी रिपोर्ट्स का असर दिखा. बच्चों पर अभिभावकों का दबाव बढ़ा. इससे दुर्घटनाओं की संख्या घटी. वर्ष 2014 में जब प्रभात खबर को खबर मिली कि एक व्यक्ति की पत्नी की मौत के बाद उसने अपनी साली से शादी कर ली. बच्चों को कुछ दिनों का राशन देकर वह भाग गया और बच्चे भूख के कारण बिलखने लगे तो यह मार्मिक कहानी छापी. इसका मकसद था कि उस व्यक्ति को अपनी गलती का अहसास हो, घर लौटे, बच्चों को देखे. खबर छपते ही बच्चों का पूरा परिवार उन्हें बचाने आ गया था. बच्चों का जीवन बच गया था. प्रभात खबर समस्या के समाधान के लिए काम करता है. यह रिपोर्ट भी उसी अभियान का हिस्सा था. प्रभात खबर की ऐसी रिपोर्ट भले ही सनसनीखेज न रही हो लेकिन लोगों का जीवन बचाने में, समाज को बचाने में सहयोग देती रही.

□

दिग्गजों की नजर में

प्रभात खबर प्रारंभ से ही आम आदमी की पत्रकारिता करता रहा है. निष्पक्षता और विश्वसनीयता इसकी खास पूंजी रही है. यही कारण है कि साधन कम होने के बावजूद यह बड़े-बड़े अखबारों का सामना कर पाया और मजबूती से टिका रहा. इसका बड़ा कारण पाठकों में इसकी साख रहा है. यही प्रयास होता रहा है कि अखबार निष्पक्ष रहे, कभी इस पर अंगुली नहीं उठे. जब कभी गलती हुई, हम गलती को स्वीकार कर उसे ठीक करने में कभी नहीं हिचके. हमने यह जानने का प्रयास किया कि बाहर से लोग प्रभात खबर को किस तरह देखते हैं. इसके लिए एक अवसर आया था 2009 में, जब प्रभात खबर ने अपने प्रकाशन के 25 साल पूरे किये थे. अब तो प्रभात खबर के प्रकाशन के 30 साल भी पूरे हो चुके हैं. हमने खास अंकों में देश के जानेमाने लोगों के विचार लिये थे. यहां हम उन खास लोगों द्वारा प्रभात खबर के बारे में दी गयी राय को प्रकाशित कर रहे हैं. ये विचार हमें समय-समय पर मिलते रहे हैं. 2003 में प्रभात खबर ने देशज जनतंत्र की हिफाजत के 14 वर्ष नाम से विशेष अंक निकाला था. 2009 में और उसके बाद भी कुछ अंक निकले. इन्हीं अंकों में जो विचार आये थे, उनमें से कुछ को यहां दिया जा रहा है.

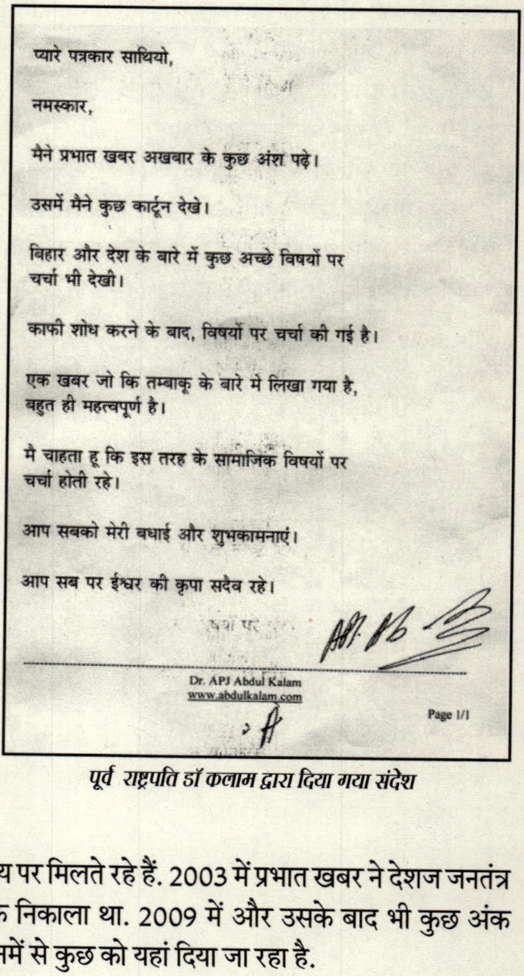

प्यारे पत्रकार साथियो,

नमस्कार,

मैने प्रभात खबर अखबार के कुछ अंश पढ़े।

उसमें मैने कुछ कार्टून देखे।

बिहार और देश के बारे में कुछ अच्छे विषयों पर चर्चा भी देखी।

काफी शोध करने के बाद, विषयों पर चर्चा की गई है।

एक खबर जो कि तम्बाकू के बारे मे लिखा गया है, बहुत ही महत्वपूर्ण है।

मै चाहता हू कि इस तरह के सामाजिक विषयों पर चर्चा होती रहे।

आप सबको मेरी बधाई और शुभकामनाएं।

आप सब पर ईश्वर की कृपा सदैव रहे।

Dr. APJ Abdul Kalam
www.abdulkalam.com

Page 1/1

पूर्व राष्ट्रपति डॉ कलाम द्वारा दिया गया संदेश

डॉ अब्दुल कलाम

(पूर्व राष्ट्रपति, भारत)

यहां आने के पहले मैंने प्रभात खबर के मई के अंतिम सप्ताह के अंक देखे थे. मैंने जानना चाहा कि यह किस राजनीतिक दल का समर्थक अखबार है. मैंने पहला पेज देखा, दूसरा पेज देखा, तीसरा पेज़.., सभी पेज देख डाले, लेकिन कुछ समझ नहीं आया कि किस दल का समर्थक अखबार है. बाद में मैं इस निष्कर्ष पर पहुंचा कि यह किसी पार्टी का नहीं, बल्कि लोगों का अखबार है. उसमें मैंने कुछ कार्टून देखे. प्रदेश और देश के बारे में कुछ अच्छे विषयों पर चर्चा भी देखी. काफी शोध करने के बाद विषयों पर चर्चा की गयी है. एक खबर, जो तंबाकू के बारे में लिखी गयी है, बहुत ही महत्वपूर्ण है. मैं चाहता हूं कि इस तरह के सामाजिक विषयों पर चर्चा होती रहे. आप सभी को मेरी बधाई और शुभकामनाएं. आप सब पर ईश्वर की कृपा सदैव बनी रहे.

रतन टाटा

(चेयरमैन टाटा संस)

प्रभात खबर ने अपने को पूर्वी क्षेत्र का अग्रणी हिंदी अखबार के रूप में स्थापित किया है और झारखंड के लोगों की आवाज को मजबूती से उठाता रहा है. हमलोग सभी जानते हैं कि लोगों को सूचना देने और उन्हें शिक्षित करने में मीडिया की क्या भूमिका होती है. मुझे पूरा विश्वास है कि प्रभात खबर राज्य और देश के भविष्य को बेहतर बनाने में बड़ी भूमिका अदा करता रहेगा.

अरूणा राय-निखिल डे

आज की पत्रकारिता की दुनिया में प्रभात खबर मूल्य आधारित पत्रकारिता को स्थापित करता है. प्रभात खबर ने हर जर्नलिस्ट को एक्टिविस्ट बनाने का प्रयास किया और हर एक्टिविस्ट को पत्रकार के गुण सिखाये. जब हमने पहली बार सुना तो हमारी जिज्ञासा जगी और हम सोचने लग गये कि ऐसा करने से क्या दोनों प्रकार के समाजसेवी अपने मूल उद्देश्य से नहीं भटकेंगे ? क्या पत्रकार अपनी ओब्जेक्टिविटी को और एक्टिविस्ट अपनी स्थिरता और लक्ष्य को नहीं खो बैठेंगे ? कई पत्रकार मित्रों ने हमें कहा था कि आप एक्टिविस्ट लोग हमेशा परचे लिखते हो, लेकिन हमें एक संपूर्ण स्टोरी और उसका हर पक्ष लिखने की आवश्यकता है. हम लोगों ने कुछ साल बाद जब प्रभात खबर की विस्तृत कहानी सुनी और उसमें काम करते हुए साथियों को नजदीक से देखा तो हमें वह सुनी हुई बात ठीक से समझ में आने लगी. प्रभात खबर इसलिए एक ऐतिहासिक कहानी है क्योंकि उसमें एक आंदोलन की आत्मा है. प्रभात खबर इस युग में खड़ा है, जब सारे अखबारों के मैनेजमेंट बाजारी व्यवस्था की तरफ झुक गये हैं. इस बाजारी आंधी में प्रभात खबर ने अपने आपको एक आंदोलन के रूप में स्थापित किया है. झारखंड की कर्मभूमि में गरीब आदिवासी को केंद्र बिंदू बनाया है. यह कहा जाता है कि अखबार जनता के मुद्दे पर लिखे, तो बिकते नहीं हैं और लोग

फैशन और सेलेब्रिटी के बारे में ही सुनना चाहते हैं. प्रभात खबर ने इस धारणा को झूठा साबित किया है.उलटा इस अखबार ने महीनों तक सूचना के अधिकार की पैरवी की. प्रभात खबर को लोगों ने न केवल खरीदा बल्कि उसके मूल्यों की कद्र भी की. इस लंबे आंदोलन में कई उतार चढ़ाव आये होंगे. 25 वर्षों के इस आंदोलन ने एक मूल्य आधारित नेतृत्व को जन्म दिया है. अब केवल झारखंड का नहीं रहा प्रभात खबर. बल्कि इस देश के सभी आंदोलनों की उम्मीद और अपेक्षाओं को जगाया है कि उनके राज्यों में भी ऐसी पत्रकारिता हो. यह तुरंत नहीं संभव हो, तो हमारा कर्तव्य बनता है कि इस सोच को हर कोने तक फैलायें.

मेधा पाटेकर

प्रभात खबर जैसे स्वतंत्र व्यक्तित्व के और सामाजिक कटिबद्धता के अखबार द्वारा अपने कार्यकाल के 25 साल सफलतापूर्वक पूरे करना आज की परिस्थिति में एक सामान्य घटना नहीं है. विशेष इसलिए है क्योंकि पूंजी और बाजार के दबाव-प्रभावों के बीच तटस्थता और प्रगतिशील जनवादी भूमिका कायम रखना एक चुनौती है. विशेष यह भी कि राजनीतिक पोलखोल से, कई मुद्दों पर हित संबंधियों के कारनामे उजागर करने के बावजूद अपना अस्तित्व और कर्तव्य बनाये रखना राजनीतिक अपराधीकरण के चलते सरल काम नहीं है. लेकिन अपनी जनवादी भूमिका के बल पर हरिवंशजी जैसे संवेदनशील, विचारशील साहित्यकार-पत्रकार के नेतृत्व में प्रभात खबर ने यह हासिल करके दिखाया है. मुझे याद है हम देश बचाओ-देश बनाओ अभियान के तहत धनबाद और झारखंड के कई क्षेत्रों में पहुंचनेवाले थे. इस अभियान में हमें उजागर करने थे न केवल स्थानीय मुद्दे बल्कि विकास की अवधारणा पर और मूल्यहीन राजनीति पर उठ रहे व्यापक सवाल, उन्हें सही क्या, संभव क्या, संवैधानिक क्या का जवाब देते हुए. हमें पहुंचना था न केवल चुने गिने संगठनों तक बल्कि समाज के तमाम शोषित तबकों और संवेदनशील बुद्धिजीवियों तक भी. हम झारखंड पहुंचे तो पाया कि प्रभात खबर ने इसे जाना, समझा और अपनाया.

सच्चिदानंद सिन्हा

(समाज शास्त्री)

प्रभात खबर ने जब प्रकाशन शुरू किया तो उस समय तक जनता का प्रहरी होने की भूमिका पत्रकारिता से लगभग समाप्त हो चुकी थी. और अखबार समाचारों और विचारों का वाहक होने की अपनी भूमिका कमोबेश छोड़ने लगे थे. प्रायः इनकी छवि मूलतः विज्ञापनों के प्रस्तुतकर्ता की बनने लगी थी. लेकिन लोग पढ़ें, इसके लिए कुछ दूसरी सामग्रियां देनी जरूरी थी. अपने देश में कुछ ही लोग एक से अधिक अखबार पढ़ते हैं. ऐसी स्थिति में एक ही अखबार को सामान्य समाचार पत्र और टेब्लायड दोनों तरह की पत्रकारिता को मिला-जुला कर चलाना होता था. इसमें दूसरे का आकर्षण ज्यादा था. इसके अलावा फिल्मी सितारों व खेल जगत के सितारों का प्रदर्शन और आत्ममुग्ध मध्यम वर्ग स्वास्थ्य संबंधी समस्याओं को देखते हुए स्वास्थ्य सलाहकार की भूमिका निभाना भी जरूरी बनने लगा. जब सभी अखबार, जो साधन संपन्न थे, इसी राह पर चल रहे थे, एक व्यावसायिक अखबार के लिए पुराने आदर्शों पर लौटना लगभग असंभव काम था. प्रभात खबर की विशेषता यह रही कि इस मुख्यधारा के

दबाव के भीतर ही झारखंड जैसे दूरदराज और उपेक्षित जगह से प्रारंभ हो यह दो राष्ट्रीय अखबार के संपादित अखबारों को पीछे छोड़ते हुए झारखंड का सर्वाधिक पढ़ा जानेवाला अखबार बन गया. इसकी बड़ी पूंजी है इसकी स्थानीयता. जब लगभग देश के सभी बड़े अखबार दिल्ली केंद्रित थे, यह झारखंड और बिहार की समस्याओं को प्राथमिकता देता रहा है. बिहार और झारखंड जैसे शोषित और उपेक्षित राज्यों के लिए यह अत्यधिक महत्व का है. लेकिन इसमें एक खतरा भी है. यह खतरा है रांची और पटना के स्थापित राजनीतिक सत्ता का औजार बन जाने का. प्रभात खबर को इस खतरे से सावधान रहने की जरूरत है. इसके अलावा इसे अंचल के लोगों को दिग्भ्रमित होने से बचाना है. यह तभी संभव हो पायेगा जब स्थानीय समाचारों और समस्याओं के साथ-साथ देश और सारी दुनिया की राजनैतिक और बौद्धिक गतिविधियों को भी समुचित स्थान मिले. हमारे देश में जहां पुस्तकों के पठन-पाठन की परंपरा कमजोर है, लोगों की मानसिकता बदल नीतियों को प्रभावित करने में अखबारों का खास महत्व है. शायद पठन-पाठन की परंपरा के अभाव के कारण ही लोगों में अखबार में छपी बातों पर बहुत भरोसा होता है. इससे अखबारों की जिम्मेदारी घटनाओं को सही, रपट और वस्तुपरख विश्लेषण के प्रति बहुत बढ़ जाती है. आशा है आनेवाले दिनों में प्रभात खबर यह जवाबदेही पूरी तरह निभायेगा. हम इसकी सफलता की कामना करते हैं.

मीरा कुमार

(पूर्व लोकसभा अध्यक्ष)

प्रभात खबर ने सभी दृष्टियों से पिछड़े आदिवासी बहुल झारखंड प्रदेश और पार्श्ववर्ती इलाकों के लोगों की जीवंत समस्याओं, उनके सुख-दुख और वहां की सांस्कृतिक गतिविधियों तथा सरकारी-गैर सरकारी जन-विरोधी कार्यों को उजागर करने का बीड़ा उठाया है, ताकि वहां के सामाजिक जीवन परिवेश में अनुकूल परिवर्तन संभव हो सके

बसंत कुमार-सरला बिरला

पिछले करीब नौ वर्षों से प्रभात खबर हमारे आवास और दफ्तर में आ रहा है. रोजमर्रा के ताजा-तरीन समाचारों के अतिरिक्त प्रभात खबर साहित्यिक, सामाजिक और राष्ट्रीय महत्व के सम सामयिक विषयों पर गंभीर चर्चाएं भी करता है. समय-समय पर समाज व देश के सामने खड़े ज्वलंत मुद्दों पर यह समाचार पत्र अपने उत्तरदायित्व का परिचय देते हुए अपने पाठकों के सामने ऐसी सामग्रियां पेश करता है जो लाजवाब होती हैं. अतुलनीय होती हैं. ऐसी चीजें जब सामने आती हैं तो कई बार हम आपस में भी प्रभात खबर के उत्तरदायित्वपूर्ण आचरण को लेकर चर्चा करते हैं. हमारी राय में प्रभात खबर न केवल एक आम समाचार पत्र है बल्कि हमारे समाज व राष्ट्र के साथ ही इंसानियत का एक संवेदनशील व सजग प्रहरी भी है.

शरद पवार

प्रभात खबर ने खबरों की दुनिया में कई नये कीर्तिमान स्थापित किये हैं. खबरों में आम आदमी को तरजीह और विचारों को जीवंत रखने के साथ ही अपनी विकासपरक और जनसरोकार की पत्रकारिता के डगर से जरा सा भी विचलित हुए बिना प्रभात खबर ने जो मुकाम हासिल किया है, वह प्रशंसनीय है. गांव, गरीब, आदिवासी और गैर-आदिवासी की समस्याओं को जिस तरह से यह अखबार उठाता रहा है, समाज में विचारों को जीवंत बनाने और बहस खड़ा करने के साथ ही खबरों की दुनिया में जो मापदंड अपनाये हैं, वे सराहनीय हैं.

शत्रुघ्न सिन्हा

प्रभात खबर मेरा पसंदीदा दैनिक अखबार है. अक्सर मैं मित्रों को प्रभात खबर की प्रतियां समर्पित करता रहा हूं. समाचार (न्यूज) और विचारों (व्यूज) का संतुलित समावेश प्रभात खबर को पठनीय बना देता है. प्रतिष्ठित पत्रकार हरिवंश जी की संपादकीय दृष्टि, उनकी अचूक भाषा शैली और सुलझे हुए विचारों का मैं कायल हूं. प्रभात खबर अखबार नहीं, आंदोलन है, एकदम सही है.

महज एक अखबार नहीं, एक रूपक

–योगेंद्र यादव

मेरे मन में प्रभात खबर सिर्फ एक अखबार नहीं बल्कि एक रूपक है. तमाम व्यावसायिक और गैर व्यावसायिक दबावों के बावजूद गंभीर और प्रतिबद्ध पत्रकारिता के संघर्ष का रुपक है, महानगरों के बाहर हिंदी की समृद्धि और उसके विकास का. इसलिए दिल्ली में जब भी लोग हिंदी पत्रकारिता के भविष्य को अंधकारमय बताते हैं, तो मैं अक्सर प्रभात खबर के बारे में सोच कर मन को दिलासा देता हूं. जब कभी हिंदी पत्रकारिता के नकलचीपन और शोधशून्यता पर खीज आती है, तो झारखंड और बिहार पर प्रभात खबर के विशेषांकों को याद कर अपने को संतुलित करता हूं. प्रभात खबर को अब मैं कई वर्षों से जानता हूं. पहली बार जाना था तो इसलिए कि किशन पटनायक और सच्चिदानंद इसमें छपते थे.

विचारशून्यता के इस युग में यह एक सुखद आश्चर्य था. फिर हरिवंशजी से मुलाकात हुई. और बिहार के दौरों में प्रभात खबर को नियमित रूप से पढ़ना शुरू किया. जब-जब चुनाव का वक्त आया, उन दिनों विशेष आग्रह कर दिल्ली में प्रभात खबर मंगवाकर पढ़ना शुरू किया. तब समझ आया कि बड़ी पूंजी के सहयोग के बिना किस-किस तरह से इस अखबार ने पत्रकारिता के धर्म को निभाया है. रांची में दंगों और सांप्रदायिक तनाव के दौर में प्रभात खबर ने सच का साथ नहीं छोड़ा और इसकी कीमत अदा करने की हिम्मत बनाये रखी. बड़ी पूंजी के हमले के बाद भी प्रभात खबर बना रहा, खड़ा रहा. यह अपने आप में एक अदभुत घटना थी. इससे समझ आया कि ईमानदार पत्रकारिता को सूझबूझ और प्रयोग से जोड़कर आज भी जिंदा रखा जा सकता है. अक्सर प्रतिबद्ध और भाषा व शैली के प्रयोग से परहेज किया है. नतीजतन वे सब खत्म हो रहे हैं. ऐसे में प्रभात खबर ने नया मॉडल पेश किया है. एक और

मायने में भी प्रभात खबर भारतीय पत्रकारिता के लिए मॉडल बन सकता है. प्रभात खबर ने दिखाया है कि आदिवासी अंचल का अखबार आदिवासियों को अपना पाठक व पत्रकार बना सकता है, उन्हें काम दे सकता है, उन्हें जुबान दे सकता है. देश में आज पत्रकारिता सिर्फ ए और बी वर्ग के उपभोक्ताओं के लिए सिमट कर रह गयी है. ऐसे में प्रभात खबर का मॉडल गैर अंगरेजी अखबारों के लिए एक मिसाल बन सकता है. प्रभात खबर के पन्नों में लिख-लिख कर पत्रकार बने नवयुवक-नवयुवतियां पत्रकारिता जगत में नये प्रतिमान बनायेंगे. हर युग में कोई न कोई अखबार यह काम करता है. एक जमाने में इंदौर के नयी दुनिया ने यह धर्म निभाया था. मुझे कोई शक नहीं कि आज इस धर्म को निभानेवाले चंद अखबारों में प्रभात खबर की गिनती होगी.

दिल्ली में रहते हुए हर रोज सुबह तो प्रभात खबर पढ़ने को नहीं मिलता है. हां, जब बिहार, झारखंड के विधानसभा चुनाव या लोकसभा चुनाव होते हैं, उन दिनों जरूर खासतौर पर मंगवाकर प्रभात खबर को रोज पढ़ता हूं. कुछ साल पहले प्रभात खबर की ओर से आयोजित व्याख्यानमाला के तहत रांची, जमशेदपुर और धनबाद में इस अखबार के पाठकों से रू-ब-रू होने का मौका मिला था. मैं समझता हूं कि वो स्मृति मेरे जीवन की सबसे मीठी स्मृतियों में से एक है. आज प्रभात खबर को जन्म दिन मुबारक कहते हुए मैं फिर उस मिठास को महसूस कर रहा हूं.

हर दिन का ऐतिहासिक दस्तावेज

–डॉ रामदयाल मुंडा

झारखंडी लोगों के संघर्ष, इतिहास और जीवन प्रक्रिया के प्रति प्रतिबद्धता के प्रतीक के रूप में प्रभात खबर ने शिक्षण-बौद्धिक संस्थान का स्वरूप धारण कर लिया है. सदियों के संघर्ष और तूफान भरे दिनों की तार्किक अभिव्यक्ति की कड़ी के रूप में इस अखबार का स्पंदन महसूस करता हूं. मुझे ऐसा लगता है कि स्कूल ऑफ जर्नलिज्म का लोकाधार यह अखबार प्रस्तुत करता है और भविष्य के सामाजिक-राजनैतिक प्रशिक्षण-शिक्षा का मरकज बनने की संभावना से पूर्ण है. एक तरह का ऐसा केंद्र, जिसमें शोध की देशज प्रवृति और स्थानीय माटी की गंध तो है ही, जंगलों की तरह विस्तार और विविधता का आयाम भी. प्रभात खबर ने यह मुकाम स्थानीय आकांक्षा के प्रति अपने समर्पण और प्रतिबद्धता के कारण हासिल किया है और पत्रकारीय विश्वसनीयता ने इसकी भूमिका को स्काई इज लिमिट के रूप में रेखांकित कर दिया है.

लोगों की आकांक्षा और जनविश्वास के धरातल पर जब तक यह अखबार दृढ़ता से स्टैंड लेगा, इसका विस्तार और भी होगा. यह यात्रा स्थानीय अपनत्व की गहरी संवेदना और सहज सादगीपूर्ण जीवन के अभ्यस्त लोगों के विश्वास के सहारे बढ़ रही है. जल, जंगल, जमीन पर देशज जनहक ने झारखंड अवधारणा का सृजन किया है तथा प्रभात खबर हर दिन के इतिहास का दस्तावेज है. आम तौर पर झारखंडी इतिहास अलिखित तथा वाचित है और इस समाज में शब्दार्थ अभी भी गहरे स्तर पर अपनी सार्थकता व्यक्त करते हैं. इसलिए पिछले डेढ़ दशक में प्रभात खबर ने अलिखित तथा वाचिक इतिहास-चेतना से शब्द-यथार्थ-शोध में प्रकट कर जोखिम और असीमित संभावना का दस्तक भी दिया है.

ग्लोब्लाइजेशन ने आदिवासी-झारखंडी समाज के सामने कठिन चुनौतियां प्रकट की हैं. नये राज्य में संसाधन की लूट बढ़ी है और राजनीतिक धरातल पर झारखंडी जीवन की प्रतिध्वनि कम होती जा रही है. सांप्रदायिक जहर पूरे समाज को काला कर रहा है. प्रभात खबर की उपस्थिति एक चौकसी की तरह है और यह अंदेशा भी कि लहर में यह अपने अतीत की भूमिका का पथ प्रशस्त रखेगा या नहीं. लेकिन जिनकी जड़ें मजबूत होती हैं, वे साइक्लोन भी झेल जाते हैं. डेढ़ दशक में झारखंडी विचार- माटी में रच-बस गये प्रभात खबर से अपेक्षाएं और भी बढ़ी हैं. उस स्थिति में तो और ज्यादा जब झारखंड की संस्कृति, अस्तित्व और अस्मिता पर राजनीतिक-आर्थिक हमले तेजी से हो रहे हैं.

झारखंड आंदोलन के दौर में उत्पीड़ितों का स्वर मुखर करने में प्रभात खबर ने ऐतिहासिक भूमिका निभायी है और राज्य बनने के बाद से नवनिर्माण का एजेंडा निर्धारित करने में भी या उसे विमर्श का अहम पहलू बनाने में अपनी हस्तक्षेपकारी भूमिका निभायी है. श्री हरिवंश के नेतृत्व में प्रभात खबर पत्रकारिता का सेंटर फॉर एक्सलेंस बनने की दिशा में अग्रसर है. हिंदी पत्रकारिता के इतिहास में तो इसने अमिट छाप बना ली है और पत्रकारिता का ऐसा व्याकरण भी गढ़ रहा है जिसमें देशज लोगों की पहचान और संस्कृति के अनुगूंज गहरी संवेदना के साथ मौजूद है. वास्तव में किसी अखबार का मूल्यांकन सामाजिक ऑडिट का एक हिस्सा है और इस तथ्य का निरूपण भी कि इतिहास करवट को उसने किनके पक्ष में खड़ा होकर दस्तावेजकृत किया है. निःसंदेह प्रभात खबर झारखंडी चेतना का स्वर है. अपनी व्यावसायिक कठिनाइयों एवं क्षणिक भटकावों के बावजूद स्थानीय महत्ता की भागीदारी में इसका महत्वपूर्ण योगदान है. इससे एक ऐसा फलक भी तैयार होता है जिससे सामाजिक जनतंत्र के सजग प्रहरी की भूमिका एक्टिविस्ट के रूप में बदल जाती है.

झारखंडी चेतना का सार्थक मंच

—बीपी केसरी

मैं प्रभात खबर का नियमित पाठक हूं. यदि किसी दिन, किसी कारण प्रभात खबर का अंक मुझे नहीं मिल पाता तो अजीब सी बेचैनी महसूस होती है. ऐसा लगता है जैसे बहुत जरूरी चीज छुटी जा रही है... और इस तरह प्रभात खबर और इसके बहाने हरिवंशजी मेरे जीवन-प्रसंग के अभिन्न अंग बन गये हैं. मेरे जीवन की मैली चादर जिन ताने-बाने से बनी-बुनी है, उसमें कुछ विरले व्यक्तियों-संस्थाओं के साथ प्रभात खबर और हरिवंशजी उज्जवल प्रतिमान की तरह भास्कर हैं. ..याद आते हैं 1987 के वे दिन,जब झारखंड समन्वय समिति (जेसीसी) के नेतृत्व में झारखंड आंदोलन एक नये तेवर से गुजर रहा था. तब हरिवंशजी रविवार से जुड़े हुए थे. मैं जेसीसी का एक संयोजक था. हरिवंशजी झारखंड आंदोलन के नये उभार का जायजा लेने के लिए रांची आये हुए थे. प्रसंगवश हमारे विभाग (जनजातीय एवं क्षेत्रीय भाषा विभाग, रांची) में भी उनका आगमन हुआ. हमलोगों के बीच लंबी वार्ता चली. झारखंड की मर्मात्मक व्यथा-कथा और पटना-दिल्ली के संवेदनहीन तामझाम, चकाचौंध से विपर्यस्थ जनतंत्र की जो अनुभूति मैंने प्राप्त की थी, उसके इजहार ने उन्हें भीतर से झारखंड की जन-चेतना, उसकी सादगी और त्रासदी से इस कदर जोड़ दिया कि अंततः उन्होंने रांची और झारखंड से पूरी तरह जुड़ने का

मन बना लिया. इस जुड़ाव का मंच और माध्यम बना प्रभात खबर. यह संयोग मात्र नहीं था. वस्तुतः जनतंत्र और झारखंड के प्रति उनका असीम अनुराग भी इसका निर्णायक कारक था. झारखंड आंदोलन से जिनका सरोकार रहा है, वे अच्छी तरह जानते हैं कि झारखंड आंदोलन का ग्राफ हर दस साल में उठता-गिरता रहा है. इसका प्रत्यक्ष कारण नेतृत्व का बौनापन माना जाता है. झारखंड के नेताओं पर यह इल्जाम लगता रहा है कि ठीक समय पर वे चूक जाते हैं, बिक जाते हैं लेकिन सोचने की बात यह भी है कि हर बार ऐसा क्यों होता है. इसका मूल कारण संभवतः यह है कि हमारे नेताओं को समुचित बौद्धिक पोषण (फीडबैक) नहीं मिल पाता. सच यह है कि तथ्य और आंकड़ा मुहैया करानेवाला, सही सोच पैदा करनेवाला बौद्धिक आधार (इंटेलेक्चुअल बेस) ही झारखंड में कमजोर है. वैसी इस दुर्बलता का भी मुख्य कारण क्रूरतम औपनिवेशिक दबाव है, जिससे झारखंड अबतक जूझता रहा है.

इस एहसास के साथ पिछले कुछ दशकों से झारखंड में एक बौद्धिक आधार के निर्माण की चेष्टा हो रही है. इस चेष्टा का एक केंद्र जनजातीय एवं क्षेत्रीय भाषा विभाग और उसके अध्यक्ष डॉ रामदयाल मुंडा रहे हैं तो दूसरा केंद्र प्रभात खबर और उसके प्रधान संपादक हरिवंशजी. इन दोनों केंद्रों ने अपने-अपने दायरे में नानाविध उपक्रमों से झारखंड को एक ऐसा बौद्धिक वर्ग दिया है जिसे आसानी से बरगलाया नहीं जा सकता. ऐसे बौद्धिक सहयोगियों की एक लंबी सूची है. कुछ नामों की गणना कर मैं इसकी गरिमा को कम नहीं करना चाहता. संभव है इस चेष्टा में कुछ अन्य केंद्र भी सक्रिय रहे हों पर झारखंड के लिए सही मायने में प्रतिबद्ध बौद्धिकों की कारगर टीम बनाने में निश्चय ही प्रभात खबर परिवार और उसके प्रधान संपादक हरिवंशजी का अप्रतिम योगदान है.

वैसे भी पिछले 14 वर्षों से जब से हरिवंशजी ने प्रभात खबर के प्रधान संपादक का दायित्व ग्रहण किया है, प्रभात बल का चतुर्दिक विकास और विस्तार हुआ है. सकारात्मक दृष्टि और गुणात्मक उपलब्धियों के कारण इसके पाठकों की संख्या बढ़ती गयी है. यह संख्या आज शीर्ष पर है. इसने अपनी एक खास पहचान बना ली है. मेरी आंतरिक कामना है कि हरिवंशजी की छत्रछाया में प्रभात खबर निरंतर प्रगति करे. जनतंत्र के चौथे स्तंभ के रूप में उसका आलोक दूर-दूर तक फैलता रहे.

जिस रास्ते चल रहे हैं उसी रास्ते चलते जायें

–अजीत भट्टाचार्या

दिल्ली में रहकर तो यह संभव नहीं है कि प्रतिदिन प्रभात खबर अखबार पढ़ सकूं, लेकिन जब भी रांची जाने का मौका मिलता है, या कार्यालय में इसकी प्रति उपलब्ध होती है, तो मैं इसे अवश्य पढ़ता हूं. भारत में हिंदी अखबारों की तादाद बहुत ज्यादा है, उस भीड़ में प्रभात खबर ने अपनी अलग पहचान बनायी है. इसके लिए हरिवंशजी सबसे पहले धन्यवाद के पात्र हैं, जिनकी व्यापक दृष्टि इस अखबार की सफलता में सबसे महत्वपूर्ण है. आजकल किसी भी अखबार में संपादक इतने दिनों तक नहीं टिके रहते हैं. लेकिन हरिवंशजी ने लगातार 14 वर्षों तक प्रभात खबर में रह कर न केवल अखबार को ऊंचाइयों तक पहुंचाया है बल्कि झारखंड की जनता को एक आवाज दी है. वहां की जनता को जागरूक बनाने में प्रभात खबर का बहुत योगदान है.

इस दौरान कई अखबार बाजार में आये, कुछ सफल रहे तो कुछ के नामोनिशान तक मौजूद नहीं है. प्रभात खबर ने कभी किसी दूसरे अखबार के नक्शे कदम पर चलने का प्रयास नहीं किया. हिंदी पत्रकारिता में प्रभात खबर की अपनी एक अलग छवि है, जिसे इसने बनाये रखी है. खबरों के मामले में कभी समझौता न करना इसकी खासियतों में से एक है.

आज बड़े ग्रुप के अखबार बड़ी-बड़ी कंपनियों के विज्ञापन की वजह से एक रुपये या डेढ़ रुपये में मिल जाते हैं, जबकि इसकी लागत लगभग 12 रुपये पड़ती है. क्षेत्रीय अखबार चाहकर भी ऐसा नहीं कर पाते हैं. इन सब विपरीत स्थितियों के बावजूद प्रभात खबर को कभी समझौता नहीं करना पड़ा है. न ही इसके साथ अब तक कोई विपरीत स्थितियां आयी हैं. बाजार में जितने भी अखबार हैं, सभी का यही प्रयास रहता है कि किस तरह पाठकों के सामने मनोरंजक खबरों को मसाला लगाकर परोसा जाये, ताकि अधिक से अधिक लोग इसके पाठक बन सकें. लेकिन जहां तक मैंने देखा है प्रभात खबर ने खबरों को मनोरंजक बनाने की अपेक्षा ज्ञानवर्द्धक और जागरूक बनाने के उद्देश्य से काम किया है. प्रभात खबर की जो सबसे बड़ी खासियत है, वह यह कि सीमित संसाधन में इसने इतना अच्छा काम किया है कि पत्रकारिता जगत में यह एक मिसाल है. आजकल अखबार निकालना बहुत आसान हो गया है. किसी की तारीफ करनी हो, किसी को ब्लैकमेल करना हो या फिर राजनीति में अपनी पकड़ बनानी हो, अखबार इसके एक माध्यम के रूप में काम कर रहा है. सरकार के खिलाफ न छापने के एवज में उन्हें अच्छे खासे विज्ञापन मिल जाते हैं. लेकिन प्रभात खबर के समाचार को पढ़ कर कोई भी कह सकता है कि सरकारी दबाव का असर इस अखबार के ऊपर नहीं है.

सरकारी की गलत नीतियों का प्रभात खबर ने हमेशा से जनता के सामने लाने में कोई कोताही नहीं बरती है. खबरों के प्रति इसकी सच्चाई और ईमानदारी ही है, जो इसके पाठकों को बांधने में आज भी उतना ही शपल है, जितना कुछ वर्ष पूर्व. मेरी नजर में प्रभात खबर ने जिस रास्ते पर चलने का निर्णय लिया है, उसे उसी रास्ते पर चलना चाहिए. यही उसे विकास की ऊचाइयों तक पहुंचायेगा. प्रभात खबर खुद भी सही रास्ते पर चल रहा है और पत्रकारिता जगत को भी रास्ता दिखा रहा है. मुझे यह कहने में बिल्कुल संकोच नहीं हो रहा है कि प्रभात खबर खुद उन चुनिंदा अखबारों की श्रेणी में है, जिनकी एक अलग पहचान है.

अजेय बन सकता है सच्चा संघर्षशील अखबार

—प्रभाष जोशी

खुले बाजार के इस जमाने में कुछ अखबार यह साबित करने में लगे हैं कि अखबार के लिए खबरें और विचार उतने जरूरी नहीं होते, जितने उन्हें बेचने के तौर-तरीके और उनकी जगह के लिए विज्ञापन. यही अखबार यह दावा भी करते हैं कि उनकी भूमिका समाज में परिवर्तन और लोकतंत्र को पुष्ट बनाने की नहीं, पत्रकारिता के धंधे से मुनाफा कमाने में है. आखिर प्रकाशन उद्योग भी और किसी उद्योग की तरह पैसा बनाने के लिए है और उसे भारी-भरकम सामाजिक जिम्मेदारियों और राष्ट्रीय परोपकारी लक्ष्यों का बोझ ढोने के बजाय सीधे-सीधे उद्योग-व्यवसाय की तरह होना चाहिए. ये अखबार अपनी

सफलता बेची गयी अपनी प्रतियों और विज्ञापनों के जरिये कमाये गए धन से आंकते हैं. इसलिए देश में अखबारों को बेचने के लिए नित् नये तरीकों का और कुल उद्योग व्यापार को फलने-फूलने में सहयोग देकर विज्ञापन पाने की पत्रकारिता हो रही है.

आप चाहे तो इसे पत्रकारिता कहें या धंधेबाजी कहे, इन अखबारों को इससे कोई फर्क नहीं पड़ता. इन पर लक्ष्मी सदा प्रसन्न रहे ऐसी इनकी शुभकामना है. इन्हें तथास्तु कहकर आगे बढ़ें. चूंकि इस देश की लोकतांत्रिक ढंग से बनी सरकार ने ही आर्थिक समृद्धि को अपना लक्ष्य मान लिया है तथा न्याय और समता के महान मानवतावादी लक्ष्यों को फिलहाल जबानी जमा खर्च में रख लिया है. इसलिए मुनाफा कमाने में लगे अखबारों को दोष देना भी ठीक नहीं है. जब देश की सरकारें न्याय, समता और बंधुत्व के सर्वमान्य लक्ष्यों के अनुसार राष्ट्र समाज के पुनर्निर्माण में लगी थी, तब अखबारों को लगता था कि उनका राष्ट्रीय कर्तव्य इन प्रयत्नों में सहभागी होना है. इसके पहले जब देश अपनी स्वतंत्रता के लिए लड़ रहा था तो अखबार उसमें सैनिकों की तरह जुटे हुए थे. न तब अखबारों को किसी ने कहा था कि उनकी भूमिका स्वतंत्रता संग्राम के सेनानी होने में है, न बाद में बताया था कि राष्ट्रनिर्माण में योगदान करना है. अखबारों और कुल पत्रकारिता ने तब अपने स्वतंत्र बुद्धि-विवेक से अपनी भूमिका तय की थी. तब भी अखबार थे और वे कोई कम बड़े अखबार नहीं थे, जो अंग्रेजी राज्य के समर्थक थे और पत्रकारिता को धन कमाने का व्यवसाय की तरह चला रहे थे. देश ने उन्हें राष्ट्र धर्म का अखबार नहीं माना, आज भी जो अखबार ज्यादा से ज्यादा बिकने या कमाने के लिए निकल रहे हैं, पाठक उनकी वही कद्र करते हैं, जो तत्काल उपभोग की वस्तुओं की करते हैं, जिन्हें प्रयोग करके फेंक देना है.

जैसे पत्रकारिता के कोई सवा दो सौ वर्षों के इतिहास में अखबारों ने अपनी भूमिका स्वयं तय की, वैसे ही भूमंडलीकरण और खुले बाजार के इस जमाने में प्रभात खबर ने अपनी भूमिका तय की है. प्रभात खबर बाजार का एजेंट होने की बजाय झारखंड के आम लोगों खासकर आदिवासियों का बोल कर बना है, और ऐसा करके उसने भारतीय और हिंदी पत्रकारिता की श्रेष्ठ परंपरा में ही अपने को नहीं रखा है, अपनी वह भूमिका भी मंजूर की है, जो इस देश, समाज के पाठक अपने अखबार की मानते हैं. उस परंपरा और भूमिका में होने के कारण ही प्रभात खबर की जड़ें अपने पाठकों के मन में गहरी उतरी हुई हैं. इस ताकत के बल पर ही प्रभात खबर बाजारवादी और मुनाफाखोर अखबारों के लगातार हमलों को विफल करता आ रहा है. पाठकों का विश्वास और अपनी मिट्टी की पकड़ इसे सच्चे संघर्षशील अखबार को अजेय बनाती है.

पत्रकारिता की मौजूदा दुनिया में अपवाद

–*प्रभात कुमार* (झारखंड के भूतपूर्व राज्यपाल)

मैंने अपने दीर्घकालीन अनुभव में बहुत सारे राष्ट्रीय, क्षेत्रीय तथा प्रादेशिक समाचारपत्र देखे हैं तथा उनके संपादकों से रू-ब-रू हुआ हूं. मुझे यह कहने में संकोच नहीं है कि उसमें से अधिकतर अपने स्तर को बनाये रखने में सफल नहीं हुए. इनमें से कुछ अपवादों में प्रभात खबर एक है. मैं मानता हूं कि प्रभात खबर एक निर्भीक तथा स्वतंत्र विचारोंवाला अखबार है. झारखंड प्रदेश के राज्यपाल के रूप में मैंने न सिर्फ

प्रभात खबर को पढ़ा, वरन उसके संपादकीय विचारों से भी अवगत हुआ और उनपर एक आलोचनात्मक दृष्टि डाली. मैं समझता हूं कि प्रभात खबर एक ऐसा अखबार है, जिससे समाज तथा शासन को समरूप से परिपक्व सलाह मिल सकती है तथा सामान्य नागरिक की सामयिक घटनाक्रम के प्रति जागरूकता बढ़ सकती है. प्रभात खबर समाचार छापने के अतिरिक्त अन्य समाजपरक कार्य कर रहा है.

धारा के विपरीत चलने का एक दुर्लभ उदाहरण

–*ललित सुरजन*

प्रधान संपादक, देशबंधु पत्र समूह, रायपुर

नदी की धारा के संग-संग बहते चलने में कोई बड़ाई नहीं है. पेड़ों के कटे हुए तने, सुखी हुई मालाएं, और बहुत सी बेजान वस्तुएं, यहां तक कि मुर्दा शरीर भी उसमें बह लेते हैं. समय के प्रवाह के साथ चलने की बात जब होती है तो प्रचंड बहुमत उनका होता है, जो समय से समझौता करने में ही अपनी खैर समझते हैं, लेकिन इतिहास उनका नाम दर्ज नहीं करता. पहचान उनकी बनती है और याद उनको किया जाता है जो धारा के विपरीत नाव खेते हैं और मंजिल की थका देने वाली तलाश में भी कभी साहस नहीं खोते.

'प्रभात खबर के चौदह वर्ष पूरे करने को मैं इसी साहस, इसी तलाश, इसी धारा के विपरीत चलने का एक दुर्लभ उदाहरण मानता हूं. जिन्होंने भी भारत में मीडिया की बदलती तस्वीर का अध्ययन किया है, मेरी बात से सहमत होंगे. एक समय था जब सत्ता और पूंजी प्रतिष्ठान से एक स्पष्ट और सुविचारित दूरी बनाए रखने को मीडिया अपने लिए श्रेयस्कर मानता था. हाल के बरसों में वह स्थिति बदली है. मीडिया अपने आपको बड़ी गंभीरतापूर्वक चौथा स्तंभ मानने लगा है, याने प्रतिष्ठान के अन्य स्तंभों को प्राप्त सुविधाओं और विशेषाधिकारों पर वह भी अपना हक जताने लगा है.

प्रभात खबर ने वह श्रेयस्कर दूरी बनाए रखी है. यह मैं अखबार के एक नियमित पाठक होने के नाते कह सकने की स्थिति में भी हूं, और स्वयं एक पत्रकार होने के नाते भी. देश में कुछ और अखबार भी हैं, जो अपने आपको प्रतिष्ठान बरक्स सामान्यजन की स्थिति में खुद को समाज के साथ जुड़ा हुआ देखते हैं. लेकिन उनमें और प्रभात खबर में एक फर्क है. ऐसे पत्र या तो नेहरू युग में प्रारंभ हुए थे, या उनके संपादक उस दौर की राजनीतिक चेतना में दीक्षित हुए थे. उन दिनों के माहौल में ऐसे पत्रों को अपनी जड़ें जमाने के लिए अनुकूल मिट्टी और हवा मिल गयी थी, खाद भले ही न मिला हो. लेकिन प्रभात खबर को यह माहौल उपलब्ध न था. उनकी शुरूआत ही ऐसे वातावरण में हुई, जो जनोन्मुखी पत्रकारिता के लिए अनुकूल न था.

एक और विशेष बात मैं यहां याद करना चाहूंगा. प्रभात खबर के प्रधान संपादक हरिवंश जेपी आंदोलन के दौर में पत्रकारिता में आए. आपातकाल खत्म होने के बाद मीडिया में एक सामान्य धारणा बनी कि भारत में स्वतंत्र पत्रकारिता का एक नया दौर शुरू होने जा रहा है. लेकिन 1977 के बाद राजनीति और पत्रकारिता का जो नया रूप बना, उसकी परिणति कहां जाकर हुई, यह आज हमारे सामने है. पिछले 25-27 साल में मीडिया ने अपनी स्वतंत्रता का उपयोग तो भरपूर किया, लेकिन समाज के

साथ जुड़ने की जो बेचैनी थी, वह धीरे-धीरे कब खत्म हो गयी, पता ही नहीं चला. प्रभात खबर उन अपवादों में से एक है, जिन्होंने अपनी कलम की नोंक पर बैठी बेचैनी को सोने नहीं दिया है.

झारखंड राज्य बनने के आंदोलन के दौर में, राज्य बन जाने के बाद प्रदेश की अस्मिता को बचाए रखने के लिए और जनसामान्य के सपनों को साकार करने की दिशा में, प्रभात खबर की जो भूमिका रही है, एक पाठक के नाते मैं उसका गवाह रहा हूं और उसकी सराहना भी करता हूं. पिछले 3-4 सालों में इस अखबार ने जो विशेष परिशिष्ट और विशेषांक प्रकाशित किये हैं, वे पत्र के संपादक मंडल की संवेदनशीलता, कल्पनाशक्ति और संपादकीय बुद्धि-कौशल के प्रखर प्रमाण हैं.

कुछ अरसा पहले हरिवंशजी के निमंत्रण पर मैंने जमशेदपुर और रांची, इन दो प्रकाशन स्थलों की यात्रा की थी. और पत्र के संपादक मंडल के अनेक सदस्यों के साथ पारस्परिक विचार-विमर्श किया था. उनकी लगन, मुद्दों की पहचान की क्षमता और अखबार को सामाजिक परिवर्तन का औजार बनाए जाने के संकल्प से मैं प्रभावित हुए बिना नहीं रह सका था. यही कारण है कि आज भारतीय पत्रकारिता में जहां-जहां भी विकास के मुद्दों, विकास वैकल्पिक मॉडल, आदिवासी-दलित समाज के अधिकार, शोषण से मुक्ति और सामाजिक न्याय आदि विषयों पर चर्चा होती है, उनमें जिन अखबारों के नाम आते हैं तो स्वाभाविक ही प्रभात खबर का नाम पहली पंक्ति में लिया जाता है.

समानधर्म होने के नाते देशबंधु और प्रभात खबर के बीच एक गहरी समझ और आत्मीयता का रिश्ता पनप गया है. आज जब अनेकानेक समाचारपत्रों के संपादक जन-निरपेक्ष होकर अपने निजी गुणा-भाग में ही लगे हुए हैं, तब यह जानना बहुत आश्वस्तिकारक है कि नजदीक ही एक ऐसा अखबार है, जिसका संपादक जनोन्मुखी पत्रकारिता का झंडा लेकर घूम रहा है.

माधवन

प्रभात खबर ने उनके जैसे कलाकारों को काफी सम्मान दिया है.डीबीएमएस स्कूल में पढ़ते वक्त मैं प्रभात खबर पढ़ा करता था. इससे उस वक्त से लगाव रहा है. इस अखबार ने जो काम किया है, वह निश्चित तौर पर सराहनीय है. प्रभात खबर को उदीयमान कलाकारों को निश्चित तौर पर ज्यादा जगह देनी चाहिए. इससे कलाकारों का उत्साह बढ़ता है और उनकी कला को नयी पहचान मिलती है.

अमिताभ बच्चन और प्रभात खबर

अमिताभ बच्चन को सदी का महानायक कहा जाता है. उन्होंने अपने कर्म-अभिनय कौशल से हिंदी सिनेमा में जगह बनायी. वे न सिर्फ एक बेहतर अभिनेता हैं बल्कि एक बेहतर इंसान भी. दुनिया के करोड़ों लोगों के चहेता अमिताभ बच्चन का प्रभात खबर से लगाव रहा है. कई ऐसे अवसर आये जब अमिताभ बच्चन ने प्रभात खबर के पाठकों को शुभकामनाएं दीं, इंटरव्यू के माध्यम से लोगों को संदेश दिया. अमिताभ बच्चन के जीवन पर उनके पिता हरिवंश राय बच्चन का बहुत प्रभाव रहा है. यह प्रभात खबर का सौभाग्य रहा कि 27 दिसंबर 2007 को रांची में प्रभात खबर ने बच्चन संध्या (कविता पाठ) का आयोजन किया, तो अमिताभ बच्चन ने प्रभात खबर परिवार और पाठकों को एक संदेश भेजा. वह इस प्रकार है :

पूज्य बाबूजी की जन्म शताब्दी पर प्रभात खबर एक कार्यक्रम आयोजित कर रहा है, जिसमें प्रिय और आदरणीय पुष्पा भारती जी बाबूजी की कविताओं का पाठ करेंगी. इस अवसर पर मैं प्रभात खबर को अपने और परिवार की ओर से शुभकामनाएं देता हूं और आभार प्रकट करता हूं. पुष्पाजी के संबंध बाबूजी और हमारे परिवार के साथ बड़े निकट और घनिष्ठ रहे हैं. मैं ऐसा मानता हूं कि उनके स्वर में जब बाबूजी की कविताएं पढ़ी जायेंगी तो बाबूजी की आत्मा को बहुत शांति मिलेगी. कार्यक्रम की सफलता के लिए मैं शुभकामनाएं भेजता हूं.

–अमिताभ बच्चन

यहां इस बात का उल्लेख करना आवश्यक है कि कार्यक्रम के छह दिन पहले यानी 21 दिसंबर को ही अमिताभ बच्चन की मां तेजी बच्चन का निधन हुआ था. पूर्व निर्धारित कार्यक्रम के अनुसार, 27 दिसंबर 2007 को रांची के एमटीआइ सभागार में बच्चन संध्या का आयोजन हुआ. पुष्पा भारती और इला अरूण ने हरिवंश राय बच्चन के विख्यात काव्य संग्रह मधुशाला का पाठ किया. इसी दौरान धर्मवीर भारती की कनुप्रिया और अंधायुग का भी कुछ अंश पढ़ा गया. पुष्पा भारती द्वारा अमिताभ बच्चन का लिया गया इंटरव्यू (शीर्षक : बाबूजी नहीं हैं पर मेरे मन में बसी उनकी प्रतिमा है) भी प्रभात खबर के 25 दिसंबर 2007 के अंक में छपा था. इसमें कुछ ऐसी जानकारियां थीं जो पहली बार सार्वजनिक हुई थी.

11 अक्तूबर 2012 को जब अमिताभ बच्चन ने 70वीं वर्षगांठ मनायी, उस अवसर पर प्रभात खबर ने चार पृष्ठों का विशेष अंक निकाला था. इसमें फिल्म इंडस्ट्री से जुड़े अनेक दिग्गजों ने अमिताभ बच्चन के बारे में लेख लिखे थे. खुद अमिताभ बच्चन ने प्रभात खबर की अनुप्रिया अनंत और उर्मिला कोरी को इंटरव्यू दिया था, जिसे प्रभात खबर ने उसी दिन के अंक में प्रकाशित किया था. इतना ही नहीं, अमिताभ बच्चन ने प्रभात खबर के पाठकों को अपने हाथ से लिख कर शुभकामनाएं दी थीं. नये साल के अवसर पर अमिताभ बच्चन का एक प्रेरणादायक लेख प्रभात खबर एक जनवरी 2012 के अंक में छपा था. यह लेख बहुत संदेश देता है, इसलिए हम उसे यहां पुनः छाप रहे हैं. अमिताभ बच्चन का हर लेख या हर इंटरव्यू अपने आप में ज्ञानवर्द्धक और अनुभव से भरा होता है. यह हर पाठक, हर व्यक्ति के जीवन के लिए लाभदायक होता है. प्रभात खबर को दिये गये अमिताभ बच्चन के इंटरव्यू (11 अक्तूबर 2012 को प्रकाशित) को भी हम यहां शामिल कर रहे हैं.

संकल्प के लिए नये साल की जरूरत नहीं

–अमिताभ बच्चन

नये साल का मतलब नयी उम्मीदों,नया जोश और नये उत्साह से होता है. बहुत से लोग इस दिन संकल्प लेते हैं कि वे इस साल कुछ ऐसा करेंगे या कुछ ऐसा नहीं करेंगे. लेकिन मैं इस बात को नहीं मानता. संकल्प लेने के लिए किसी नये साल की जरूरत नहीं है. जब कभी आपको जो करना है, आप उसी पल उसका निर्णय कर सकते हैं.

मैं मानता हूं कि जिंदगी में नयापन तभी बरकरार रह सकता है, जब आप अपने व्यवहार में, अपने

प्रभात खबर के पाठकों को अमिताभ बच्चन ने खुद हाथ से लिख कर शुभकामनाएं दी थी.

सोच में नयापन का एहसास करें. आप खुद सोंचे कि अगर आपकी जिंदगी किसी रूटीन में बंधती जा रही है तो उसे बदलने के लिए आप क्या कर सकते हैं. इसके लिए किस तरह के बदलाव की जरूरत है. इसका सबसे अच्छा तरीका तो यही हो सकता है कि हम सब अपनी पिछली गलतियों से कुछ सीखने की कोशिश करें. सिर्फ अपनी उपलब्धियों के बारे में ही न सोचते रहें, बल्कि अपनी कमियों के बारे में भी सोचें. इसके लिए अपनी आलोचना को स्वीकारना भी जरूरी है. मैं जिंदगी में वक्त के पक्के होने को सबसे जरूरी मानता हूं. उस वक्त मुझे बेहद तकलीफ होती है जब मैं महसूस करता हूं कि मेरी देरी की वजह से किसी का नुकसान हुआ है.

मैं खुद पिछले कुछ समय से दो चीजें शिद्दत से करना चाह रहा था. एक तो फ्रेंच भाषा सीखना और दूसरा संगीत की शिक्षा लेना. मैंने फ्रेंच भाषा सीख ली है लेकिन संगीत अभी बाकी है. उम्मीद है इस साल या फिर अगले साल तक मुझे संगीत की थोड़ी ठीक-ठाक समझ आ जाये. मेरे आफिस में दो बड़े-बड़े पियानो हैं जिन्हें मैं बजाना चाहता हूं. सो मेरी कोशिश है कि मैं इस साल संगीत सीख लूं. बीते साल की सबसे बड़ी खुशी मेरे लिए मेरी पोती है. इस नये मेहमान के आगमन के कारण पिछला साल हमारे लिए बेहद खास हो गया. चूंकि कई वर्षों बाद हमारे घर में बेटी का आगमन हुआ है, तो वह हम सबकी दुलारी बन गयी है. हमारी सारी बातें उसी पर आकर टिक गयी हैं. हम घर पर हमेशा उसकी ही बातें करते रहते हैं. उसके आने से वाकई मुझे अपना बुढ़ापा कम लग रहा है और फिर से अपने विचारों में ताजगी महसूस होने लगी है. वाकई वह मेरे जीवन का स्त्रोत बन चुकी है.

लेकिन ऐसा नहीं है कि दिल में कोई कसक नहीं है. बीते साल सुखद यादों के साथ ही बहुत कुछ पीछे छूटने का एहसास भी जुड़ गया है. ऐसे कई चेहरे हैं, जिनकी कमी कचोटती है. बीते साल इंडस्ट्री ने कई शख्सियतों को खोया है जिनकी भरपाई कर पाना नामुमकीन है. खास कर देवानंद, शम्मी कपूर और जगजीत सिंह जी. इन सभी से मैं निजी तौर पर जुड़ा हुआ था. मैं देवानंद का प्रशंसक रहा हूं. उन्हें गुरु

अखबार नहीं आंदोलन

प्रभात खबर

शुभ नववर्ष 2012

रविवार

झारखंड का सर्वाधिक प्रसारित दैनिक रांची। पटना। जमशेदपुर। धनबाद। देवघर। कोलकाता। सिलीगुड़ी। मुजफ्फरपुर। भागलपुर और गया से एक साथ प्रकाशित

www.prabhatkhabar.com • epaper.prabhatkhabar.com

संकल्प के लिए नये साल की जरूरत नहीं

जिंदगी में नयापन तभी बरकरार रह सकता है, जब आप अपने व्यवहार में, अपने सोच में नयेपन का एहसास करें. खुद सोचें कि अगर आपकी जिंदगी किसी रूटीन में बंधती जा रही है, तो उसे बदलने के लिए आप क्या कर सकते हैं. इसका सबसे अच्छा तरीका तो यही हो सकता है कि हम सब अपनी पिछली गलतियों से कुछ सीखने की कोशिश करें. सिर्फ अपनी उपलब्धियों के बारे में ही न सोचते रहें, बल्कि अपनी कमियों के बारे में भी सोचें.

प्रभात खास

■ अमिताभ बच्चन

अभिनंदन 2012

मैं प्रभात खबर के पाठकों को नये साल की शुभकामना देता हूं. मेरी कामना है कि इस साल आप सबकी जिंदगी में सफलता व समृद्धि आये

शेष पेज 21 पर

इनसे लें प्रेरणा

झारखंड में ऐसे लोगों की संख्या कम नहीं है, जिन्होंने अपनी मेहनत, ईमानदारी और लगन से एक मुकाम हासिल किया है, जो लोगों के लिए प्रेरक व्यक्तित्व बन चुके हैं. चाहे वह जंगल लगानेवाले प्रीतम यादव हों, शिक्षा का अलख जगाने वाले प्रो. देवराज प्रसाद या एचआइवी पीड़ितों के लिए काम करनेवाली मदर बिटा हों. यह सब निःस्वार्थ प्रतिबद्धता और दृढ़ संकल्प का नतीजा है. आइए हम सब नये वर्ष पर अपने समाज-राज्य की तसवीर बदलने का संकल्प लें. (पेज 17 भी देखें)

पर्यावरण के रक्षक

समाज सेवा की मिसाल

शिक्षित करने का बीड़ा

मानता हूं. कॉलेज के दिनों में उनकी स्टाइल, उनका मैनरिज्म, हमें इतना रोमांचित कर देता था कि हम देर रात हॉस्टल की दीवार फांद कर सामनेवाले थियेटर में पहुंच जाते थे. फिर फिल्म देख कर वापस आते वक्त उनके गाने गाते और उनके संवाद की नकल उतारते थे. अभिनय के गुण मैंने वहीं से सीखे थे. शम्मी कपूर से मेरे रिश्ते घरेलू थे. उनका नाम लेते ही उनके घर ब्लू हेवेन में साथ में बितायी गयी कई शामें याद आ जाती हैं. जिंदादिली का दूसरा नाम शम्मी कपूर जी थे. जगजीत सिंह की मौत ने तो गजल गायिकी का एक अध्याय समाप्त कर दिया है. ये ऐसी शख्सियतें हैं जिनके छूटने का एहसास हमारे जेहन में कई सालों तक यूं ही बना रहनेवाला है.

कौन बनेगा करोड़पति से एक बार फिर जुड़ना मेरे लिए बीते साल को यादगार बना गया. इससे मुझे जीवन को नजदीक से जानने का मौका मिला. आम आदमी के चेहरे की हंसी और उसके दर्द को महसूस करने का जरिया बना केबीसी. मैंने शिद्दत से महसूस किया कि बहुत से लोगों की आय हमारे शौक की कई सारी चीजों से भी काफी कम है. ये चीजें मुझे झकझोंरती है. मैं वाकई खुद को भाग्यशाली मानता हूं कि मुझे जिंदगी ने सफलता बख्शी है. मुझे खुशी होती है कि मैंने अपनी जिंदगी में कई तरह के अनुभवों को संजोया है और एक साथ कई जिम्मेदारियां निभा पा रहा हूं.

प्रभात खबर में अमिताभ बच्चन का खास इंटरव्यू भी छपा था. यहां इस बात का उल्लेख करना अनिवार्य है कि अमिताभ बच्चन का इंटरव्यू छापना किसी भी मीडिया हाउस के लिए गौरव की बात होती है. पढ़िए, प्रभात खबर को दिया गया पूरा इंटरव्यू. इसमें कई ऐसी चीजें हैं जो सिर्फ एक पत्रकार के लिए ही नहीं बल्कि आम आदमी के लिए भी लाभदायक है.

जीवन में अनुशासन हो तो हर काम आसान : अमिताभ बच्चन

प्रश्न : अमितजी, सबसे पहले आपको आपके जन्मदिन की बहुत-बहुत बधाई.

अमिताभ : जी, बहुत-बहुत शुक्रिया.

प्रश्न : आपने अपने जीवन के 70 वसंत देख लिये हैं. किस तरह की संतुष्टि है? जो कभी सोच रखा था, क्या अब लगता है कि हां, मेरा सपना पूरा हुआ?

अमिताभ : हमारा तो सपना था कि हम बाबूजी के साथ और वक्त गुजारें. लेकिन बाबूजी जल्द साथ छोड़ कर चले गये. हां, लेकिन इस बात की खुशी और संतुष्टि है कि उनके आशीर्वाद से आज कम से कम हम अपने और अपने परिवार का ख्याल रख पा रहे हैं. बाबूजी चाहते थे कि उनका बेटा परिवार का कुशल वाहक बने, तो इतना कर पाया हूं कि उनकी इस इच्छा को पूरा कर पाया.

प्रश्न : लोगों का मानना, यहां तक कि अभिषेक का भी कि आपमें काम के प्रति एक गजब किस्म का जुनून है. आप बहुत ज्यादा काम करते हैं. आपको नहीं लगता कि अब थोड़ा आराम करना चाहिए.

अमिताभ : देखिए, एक बेटे को पिता के लिए चिंता होती है. अभिषेक को भी है. लेकिन मेरी तो यही इच्छा है कि जब तक शरीर साथ दे, काम करता रहूं. वैसे 70 साल की उम्र होने पर खुद शरीर कई बार आपको रोकने-टोकने लगता है. हो गया. अब और काम नहीं. ऐसे में शरीर को भी समझाना पड़ता है कि अभी थोड़ा और हो सकता है. दूसरी बात है कि मैं काम के बिना नहीं रह पाऊंगा. काम करता रहता हूं तो खुद को तंदुरुस्त महसूस करता हूं. बाकी आराम तो होता रहेगा.

प्रश्न : आपको इंडस्ट्री में आये 43 साल हो गये. हिंदी सिनेमा में आपका खास योगदान है तो किन-किन का शुक्रिया अदा करना चाहेंगे?

अमिताभ : मुझे खुशी है कि मैंने 43 साल इस इंडस्ट्री में गुजारे. इंडस्ट्री के लोगों ने काफी प्यार और सम्मान दिया. यह अनुभव काफी सुखद रहा. मैं इस पड़ाव पर सबसे पहले ख्वाजा अहमद अब्बास का शुक्रिया अदा करना चाहूंगा. उन्होंने मुझे पहला मौका दिया. पहला मौका जिंदगी में हमेशा अहम होता है. सो, वे हमेशा मेरे पूजनीय रहेंगे. ऋषिकेश दॉ के साथ मैंने सबसे ज्यादा फिल्में की और उन्होंने मुझसे हर तरह की भूमिकाएं करवायीं. सो, उनका भी शुक्रिया. सलीम-जावेद साहब ने इतनी अच्छी-अच्छी और खूबसूरत स्क्रिप्ट लिखी कि मुझे दीवार, जंजीर, शोले, जैसी फिल्मों में काम करने का मौका मिला. यश चोपड़ा साहब का भी तहे दिल से शुक्रगुजार रहूंगा. मनमोहन देसाई, रमेश सिप्पी, मुकुल आनंद, प्रकाश मेहरा, सबका शुक्रगुजार रहूंगा. उस दौर में वाकई सारे निर्देशकों ने इतनी सुंदर-सुंदर फ्रेम बनायी मेरी. मुझे निखारा, मेरा अलग-अलग रूप दर्शकों तक पहुंचाया. उनलोगों की वजह से ही पहचान मिली. हाल के दिनों की बात करें तो मुझे करन, आदित्य चोपड़ा, आर बाल्की और सुजोय घोष जैसे निर्देशकों ने बेहतरीन मौके दिये हैं. अच्छा लगता है इनके साथ काम करना.

प्रश्न : अमितजी, आपको कभी अपना कोई खास जन्मदिन याद है जब बाबूजी से कोई खास तोहफा मिला हो?

अमिताभ : देखिए, हमारा जन्मदिन भी आम बच्चों की तरह ही मनाया जाता था. हां, लेकिन अच्छा लगता था. मोहल्ले के दोस्त आते थे. यह जरूर है कि सबसे ज्यादा इंतजार तोहफे का ही करता था. बाबूजी तो जब भी बाहर जाते थे, हमेशा हमारे लिए कोई न कोई टॉफी ले आते थे. उस जमाने में हम उसे लेमनचूस कहते थे. खास तोहफे की जहां तक बात है, तो ऐसा कुछ याद नहीं है.

प्रश्न : अमित जी, अगर आज की बात करें तो उम्र के 70 साल के सफर में आप अपनी जिंदगी का सबसे अहम तोहफा किसे मानेंगे?

अमिताभ : ईश्वर ने सबसे पहले अभिषेक और श्वेता के रूप में मुझे तोहफा दिया. इसके बाद श्वेता के बच्चे और अब अभिषेक और एश्वर्या की बेटी आराध्या मेरे जीवन के सबसे खास तोहफे हैं. मुझे लगता है कि अगर ये लोग खुश रहेंगे तो मैं मानूंगा कि मैंने अपनी जिंदगी में सब कुछ पा लिया है.

प्रश्न : आज भी आप वक्त के इतने पाबंद कैसे हैं?

अमिताभ : यह हमारी आदत बन चुकी है.अगर हमने कहीं खुद को अनुबंधित कर लिया है तो यह हमारा कर्तव्य है कि हमें वहां वक्त पर पहुंचना चाहिए. आखिर एक निर्माता कितने पैसे लगाकर हमारे साथ काम करता है. मैं तो अभिषेक को भी डांटता हूं, जब वे कहीं देर से पहुंचते हैं.

प्रश्न : आपने उस दौर के कई निर्देशकों के साथ काम किया. आज भी आप लगातार नये निर्देशकों के साथ का काम कर रहे हैं. क्या-क्या बदलाव नजर आते हैं?

अमिताभ : कई बदलाव हैं. उस वक्त स्क्रिप्ट अलग तरीके से लिखी जाती थी. हाल ही में नये दौर के एक निर्देशक से बात कर रहा था. पूछा कि आज कल फिल्मों के संवाद फ्लावरी और गंभीर क्यों नहीं होते? उन्होंने मुझे बताया कि आजकल लोगों के पास इतने वक्त नहीं है कि वे गौर करते हुए स्क्रिप्ट पढ़ें. सो बोलचाल की भाषा को ही रखा जाता है. आज सिनेमा ने रफ्तार पकड़ ली है. शॉट फटाफट निकल जाते हैं. हम फ्रेम को चंद सेकेंड के लिए होल्ड नहीं कर पाते. तेज रफ्तार वाली एडिटिंग होती है, लेकिन ठीक है. हर दौर के साथ सिनेमा बदलता है. आज युवा डिक्टेट करते हैं कि उन्हें किस तरह का सिनेमा देखना है, लेकिन फिर भी मुझे युवाओं के जोश और जुनून को देख कर अच्छा लगता है.

प्रश्न : आपने 180 फिल्मों से भी ज्यादा फिल्मों में अभिनय किया. कभी ऐसा लगा कि यह किरदार नहीं करना चाहिए था. यह फिल्म चुनने में भूल हो गयी.

अमिताभ : देखिए. जिस वक्त स्क्रिप्ट लिखी या सुनी जाती है, उस वक्त हमें स्क्रिप्ट अच्छी लगती है. किरदार पसंद आता है. तभी हम हामी भरते हैं. फिल्म चलना या न चलना बाद की बात है. मुझे कभी ऐसा मलाल नहीं रहा. चूंकि मैं एक बार निर्देशक के साथ हां बोल देता हूं तो फिर उन सब निर्भर करता है कि उन्हें कैसे काम करवाना है.

प्रश्न : आपको अब तक इतने नाम मिल चुके हैं. शहंशाह, बादशाह, बिग बी. आपको खुद को क्या कहलाना पसंद है?

अमिताभ : खिताब तो सब आप लोग दे देते हैं. बाबूजी ने हमारा नाम अमिताभ रखा है, तो वही कहलाना पसंद है.

प्रश्न : लोग आपको आदर्श मानते हैं.

अमिताभ : अरे! नहीं. मैं नहीं मानता कि मैंने कुछ भी महान काम किया है और मैं किसी को कुछ सिखा पाऊंगा. हां, अगर मुझसे कोई कुछ सीख सके तो बस यही कहना चाहूंगा कि जीवन में अनुशासन हो तो आप कोई भी काम आसानी से कर सकते हैं.

प्रश्न : आप लगातार काम कर रहे हैं. इतनी ऊर्जा कहां से मिलती है? आप दिन-ब-दिन और युवा नजर आते हैं?

अमिताभ : हा...हा..हा..मेरे डॉक्टर से पूछिए कि मैं कितना जवान हुआ हूं. आंखें कमजोर हो गयी हैं. कई परेशानियां हैं शरीर में. और आप लोगों को लगता है कि मैं और जवान हो गया हूं. ऐसा नहीं

है. बुढ़ापे की सारी परेशानियां मुझे भी हैं. लेकिन मेक-अप मैन दीपक सावंत का कमाल है कि वह मेक-अप ही ऐसा करते हैं जिससे आपको हमारे चेहरे पर उम्र का पता नहीं चलता. (दीपक सावंत की ओर इशारा करते हुए). यही है हमारे चेहरे के रक्षक. लेकिन हां, अपने काम में मैं जोश रखना चाहता हूं. और वह जोश मुझे मेरे परिवार और बाबूजी की रचनाओं से मिलता है.

प्रश्न : आप सोशल नेटवर्किंग साइट्स पर बेहद एक्टिव रहते हैं.

अमिताभ : हां, क्योंकि मेरी जिंदगी में मेरे दो ही दोस्त हैं. मेरा परिवार और मेरे फैन. इस माध्यम से मैं सीधे तौर पर दर्शकों से संपर्क बना पाता हूं. यहां आने से हुआ यह है कि आप फिल्मी बिरादरी के बाहर की दुनिया को भी देख-समझ पाते हैं. कई बार हमारे लिए आम चीजें जानने का मौका नहीं मिल पाता. तो सोशल नेटवर्किंग साइट्स के माध्यम से लोगों से सीधा संपर्क बनता है. लोगों को जानने समझने का मौका मिलता है.

प्रश्न : कौन सा किरदार आपको सबसे ज्यादा पसंद है?

अमिताभ : यह तो आप ऐसा सवाल पूछ रही हैं कि अभिषेक-श्वेता में किसे ज्यादा प्यार करता हूं. सारे किरदार खास रहे हैं. अहम रहे हैं.

प्रश्न : आपका रोल मॉडल?

अमिताभ : हमेशा माता-पिता रहे हैं. खासकर बाबूजी. और एक्टिंग में वहीदा रहमान, दिलीप साहब का फैन रहूंगा.

प्रश्न : 70 साल की उम्र में भी आप सबसे अधिक व्यस्त अभिनेता हैं?

अमिताभ : हां, (हंसते हुए). सुबह जल्दी उठने की आदत है न. इतना समय रहता है दिन का, तो सोचता हूं कि व्यस्त रहूं.

प्रश्न : आनेवाले समय से उम्मीदें?

अमिताभ : बस दर्शकों का प्यार यूं ही मिलता रहे. काम मिलता रहे. जब तक कर सकूंगा, दर्शकों का मनोरंजन करता रहूंगा. बहुत ज्यादा कुछ योजना बनाकर नहीं चला हूं.

□

मीडिया में प्रभात खबर

The daily that broke the fodder scam

From Ajit Bhattacharjea

THOUGH plentifully endowed by nature, Ranchi is an unhappy place. Rows of emptyfactory sheds, irregular power supply and potholed roads tell the sad story of a place that attracted industrial enterprise and investment due to its proximity to coal, iron and other mineral deposits, combined with pleasant surroundings. But the boom did not last; it was killed by the all pervasive corruption and criminal gangs it bred. A state government in Patna that looked the other way helped to make organised loot so pervasive that the perpetrators boasted about it openly.

I was in Ranchi to participate in a meeting with local journalists when news broke of the CBI deciding to chargesheet Laloo Prasad Yadav. Few doubted their Chief Minister's involvement in the Rs 950-crore fodder scandal. Ranchi had been inundated by rumours about the scandal for a decade. The involvement of a network of politicians and senior administrators was widely known. They operated so openly that it was assumed that their connections were powerful enough to deter investigation and exposure.

Indeed, the scandal may have continued to grow unchecked if a small, courageous local paper, Prabhat Khabar, had not decided to expose it right from 1992. About 70 reports concerning the fodder scam were published in the next 12 months, exposing a swindle then valued at Rs 8 crore. The editor and staff were threatened, but the campaign continued.

The national press took its time to put the scandal on its agenda. The Ranchi paper's contribution was first recognised in February 1993. A column on the regional press published in The Tribune drew attention to the achievements of Prabhat Khabar. "It's a war against Bihar's animal husbandry mafia (which) is on banner

would help to counter the growing impression that the entire press was lacking in courage and was failing in its responsibilities. To some extent this is true, but recognition of those who do their job would provide a model to other papers.

It is unlikely that the Vice-President, Mr K. R. Narayanan, has heard of Prabhat Khabar or others like it. Otherwise, he may not have made such a sweeping condemnation of the entire press in his Durga Das Memorial Lecture. The press has become a fashionable target. Journalists do need to be reminded of their failings and newspapers of their social responsibilities, as the Press Council of India is doing, but to tarnish all with the same brush is to doubt many who are doing their work faithfully. The responsible are discouraged by classing them with the irresponsible.

Yet this is precisely what Mr Narayanan did when he proclaimed: "The fakery in the media has reached abysmal depths. There seems to be no borderline between fact and fiction in the media, especially the electronic media, and no distinction between an educational and entertainment programme. Even in newspaper journalism every event reported becomes a story rather than a set of facts or a social process. Crime, sex, violence, rape, even murder are displayed as dramatic episodes that titillate the senses."

I do not know if the Vice-President reads newspapers any longer after forming such an adverse opinion. It woud be interesting to know the nature of the study that led to his blanket condemnation. Delhi readers have the unique advantage of being able to choose from a wide range of papers. I doubt if an examination of their front pages would reveal any report that could be classed as "fakery". The stories may not be palatable.

Indeed, the scandal may have continued to grow unchecked if a small, courageous local paper, Prabhat Khabar, had not decided to expose it right from 1992. About 70 reports concerning the fodder scam were published in the next 12 months, exposing a swindle then valued at Rs 8 crore. The editor and staff were threatened, but the campaign continued.

Laloo draws flak

WHO is responsible for the brutal killings in Bara village in Gaya district? And the 26 other massacres which have taken place in Laloo Prasad Yadav's Bihar over the last 20 months? These questions are posed by *Prabhat Khabar* (Ranchi), a first class district level Hindi daily.

While accusing all the political parties of indulging in violence, *Prabhat Khabar* makes it clear that chief minister Laloo Prasad Yadav is not the one who is in any position to put an end to the bloodletting. Columnist Vishnu Rajarhia says that the recent spate of mass harijan killings—in retaliation of which the Bara killings are said to have taken place—are being perpetrated by the forward section of the backward classes, the neo-kulaks from whom Mr. Yadav derives his power. The chief minister cannot punish the killers because as happened in Saharsa-Madhepura, it is the goons of a Janata Dal MLA who set fire to harijan homes. Mr. Yadav cannot touch those accused of the Daripur massacre because the culprits are the supporters of Ram Lakhan Yadav, a close lieutenant of the chief minister. And how can Mr. Yadav take action against erring police officials when he uses them to indulge in electoral bunglings?

Not that the Congress is any better. One does not know whether to laugh or cry while reading news reports of the behaviour of local Congressmen at Magadh Medical College Hospital when the bodies of the victims were released after the post-mortem: Those who were killed were our (Congress) supporters. What justice has our party secured for them? wailed a Congress leader. Some partymen urged the survivors of the carnage to arm themselves. *'Khoon ka badla khoon se lenge'* (blood for blood) shouted the 2000-strong crowd of Congressmen and grieving villagers. Others said that the last rites of the dead should not be performed till the Prime Minister himself turned up. There was such a *hungama* that Lahtan Chaudhury, Pradesh Congress leader, had to rush to a nearby telephone and speak to the Prime Minister on the spot, in order to calm the unruly crowd.

"Revenge for Bara killings within 15 days," screams a headline in the *Ranchi Express* (Hindi), quoting Ramdhar Singh Diamond, the self-styled commander-in -chief of the Swarna Liberation Front (SLF). Come what may, we will revenge the killings, said Ramdhar Singh. The SLF leader is in Patna and is even meeting news-reporters, but the state government and its intelligence agencies claim that they do not have any knowledge of the where abouts of the man who is wanted by the police on a number of charges. Diamond's threat has increased tension and another retaliatory massacre is expected to take place at any time now.

प्रभात खबर रांची जैसे छोटे शहर (तब रांची शहर आज जितना बड़ा नहीं था, न ही राजधानी था) से निकलता था. यहां से निकलनेवाले अखबारों की राष्ट्रीय अखबारों में चर्चा होती ही नहीं थी. 1990-91 से स्थिति बदली. प्रभात खबर ने जब पशुपालन घोटाला पर रिपोर्ट प्रकाशित की, पानी-बिजली के सवाल पर जन आंदोलन खड़ा कर दिया तो राष्ट्रीय अखबारों ने प्रभात खबर की चर्चा शुरू कर दी. दो अक्तूबर 1992 के अंक में द इकॉनामिक्स टाइम्स ने लिखा कि पानी-बिजली के सवाल पर लोगों को विरोध प्रदर्शन करने के लिए प्रभात खबर ने अहम भूमिका अदा की. 21 जून

EDITOR IN THE TRENCHES

Harivansh has built *Prabhat Khabar* into Ranchi's leading daily. He has shown that a newspaper that speaks for ordinary people can be a commercial success

THE PEOPLE'S DAILY

RITA & UMESH ANAND

IN 1989, a small and unknown newspaper in Ranchi called *Prabhat Khabar* was up for sale. Its reputation was mostly mud. It was all of eight pages and it had a print run of just 500 copies which came off an outdated press. The Usha Martin Group was interested in buying *Prabhat Khabar* if it came cheap and, more importantly, if professional journalists could be brought in to revive it. The group had business interests in Bihar and a newspaper is always a nice thing to own, particularly in a state so prone to tumultuous politics.

At the same time in Kolkata, an assistant editor by the name of Harivansh in the Hindi weekly, *Ravivar*, was getting impatient with the quality of journalism that he was doing. *Ravivar* had gone from being a respected magazine under SP Singh to being a mouthpiece for the Congress. Harivansh was known within the profession for his skills and objectivity. He hadn't joined journalism to be anyone's mouthpiece. He was restless and eager for a change that would put his own idealism to test.

So, when the Usha Martin Group, after asking around, offered him the job of reviving the defunct *Prabhat Khabar*, he said yes at the first meeting. It did not take more than a minute for him to make up his mind. He was attracted to Ranchi even though he had never been there before. In South Bihar's well-known contradictions Harivansh saw the perfect laboratory for an experiment in journalism. If a modest and

achievement of a lifetime.

Two decades later that dream is a reality. *Prabhat Khabar* prints more than 200,000 copies and has nearly a million readers in Jharkhand.

It has of course knocked out the *Ranchi Express* and *Aaj*. But more significantly, it has got the better of *Hindustan*, the Hindi avatar of the *Hindustan Times*, and *Dainik Jagran*. Both national media houses were eager to muscle their way into the region. They had worked on the assumption that *Prabhat Khabar* was easy prey.

प्रभात खबर

Far from succumbing to the might of the two big titles, *Prabhat Khabar's* circulation and revenues have continued to grow. There have been consequent spikes in its profitability. This is a particularly laudable achievement because *Prabhat Khabar* has drawn on its own revenues. There has also been no change in its editorial mission. *Hindustan* and *Dainik Jagran*, having raised capital were flush with funds. Both had clear marketing strategies for their envisioned growth.

The paper rolls out 11 editions from Ranchi alone. It has four publishing centres in Jharkhand and one each in Patna, Kolkata and Siliguri. A vast rural network has been created and it has been linked through computer and modem.

सिविल सोसायटी ने प्रभात खबर पर कवर स्टोरी प्रकाशित की थी.

1992 के अंक में टाइम्स ऑफ इंडिया ने चारा घोटाले को सामने लाने में प्रभात खबर की भूमिका की सराहना की. कई बार टाइम्स ऑफ इंडिया ने अपनी रिपोर्ट में प्रभात खबर का उल्लेख किया. 7 जुलाई 1992 के अंक में राज्यसभा चुनाव को लेकर, 4 अक्तूबर 1992 के अंक में झारखंड आंदोलन, 10 फरवरी 1996 के अंक में जनहित की पत्रकारिता, 20 नवंबर 1997 के अंक में चारा घोटाले को लेकर प्रभात खबर का उल्लेख किया. 14 फरवरी 1993 के टाइम्स ऑफ इंडिया ने लिखा कि बिहार में जब पांच महिलाओं को निर्वस्त्र और एक महिला के साथ दुष्कर्म किया गया तो प्रशासन तब हरकत में आया जब प्रभात खबर ने इसे मुद्दा बनाया. 2002 में आरक्षण को लेकर प्रभात खबर की चर्चा हुई. द इकॉनामिक एंड पालिटिकल वीकली ने प्रभात खबर का उल्लेख करते हुए लिखा कि प्रभात खबर ने रैगिंग का विरोध करते हुए इसे मुद्दा बनाया. तब बाध्य होकर विश्वविद्यालय प्रशासन को कार्रवाई करनी पड़ी. द ट्रिब्यून ने 20 फरवरी 1997 के अंक में पशुपालन घोटाला को मुद्दा बनाने के लिए प्रभात खबर का जिक्र किया. अंगरेजी पत्रिका फ्रंटलाइन ने पलामू में भूख से हुई मौत के मामले को उठाने के कारण 16 अगस्त 2002 के अंक में प्रभात खबर का उल्लेख किया. इसी प्रकार द हिंदू ने 22 सितंबर 2003 के अंक में प्रभात खबर के विशेष अंकों का उल्लेख किया.

बिजनेस इंडिया (अंगरेजी पाक्षिक पत्रिका) ने अपने 19 अगस्त, 2002 के अंक में पूरे एक पेज में प्रभात खबर की सफलता की कहानी छापी थी. प्रधान संपादक हरिवंशजी से बातचीत छपी थी. इस लेख में यह उल्लेख किया गया था कि कैसे झारखंड जैसे पिछड़े राज्य से

the upward journey of the file will take two hundred and fifty-three days if nothing is queried and each official clears him within one day, which of course won't happen. By now our file is stuck like a fly in a huge spider's web, looking thoroughly miserable with his legs dangling.

Our file still has to contend with the ninety-five steps of his downward journey, and it's not clear whether he ever reaches his destination and the projects are sanctioned because in the last line of the chart the file is told that the most senior of the senior civil servants won't take any decision for fear of committing an irregularity or being involved in a scam. On hearing that, the file disappears but we, the readers, are told that in Jharkhand there are objections to most files because the minister 'wants his chicken kebab before the egg is hatched'—that is to say, a 3 to 4 per cent commission before anyone starts to implement the scheme. Commission is an English word which is now common in Hindi. Finally the civil servant who drew the chart makes some proposals for speeding up the process. They include 'the necessity of changing this difficult and rusty system. It was left by the British. They left such a system that will keep you slaves for the next five hundred years.'

It was because *Prabhat Khabar* was clearly on the side of the tribals rather than the government that Anuj Sinha, editor of the edition published in Jamshedpur, Jharkhand's second city, found himself taking custody of a local official in charge of the government's development programmes whom the Naxalites had kidnapped. Anuj was rung by one of his local correspondents to be told that the Naxalites were willing to release the kidnapped man, Prashant Kumar Layak, but they were only willing to hand him over to a senior journalist of *Prabhat Khabar*. Anuj was now working in the head office, where he explained to me, 'The Naxalites had faith in us because of our pro-people journalism. We take up similar issues to the Naxalites—both frequencies match.'

The Naxalites had said the *Prabhat Khabar* journalist must enter the forest by four in the afternoon or they would kill the official. It was one-thirty when Sinha got the phone call and the forest was a good two hours' drive away. 'I thought it might be my last day if I went into the jungle,' he told me, 'but I had a God-given chance to save a life. So I decided to go at once.' Realising that he was in as much danger from the police as the Naxalites, he contacted the top levels of the government and was given an

मार्क तुली की किताब नन स्टॉप इंडिया में प्रभात खबर की विस्तार से चर्चा है.

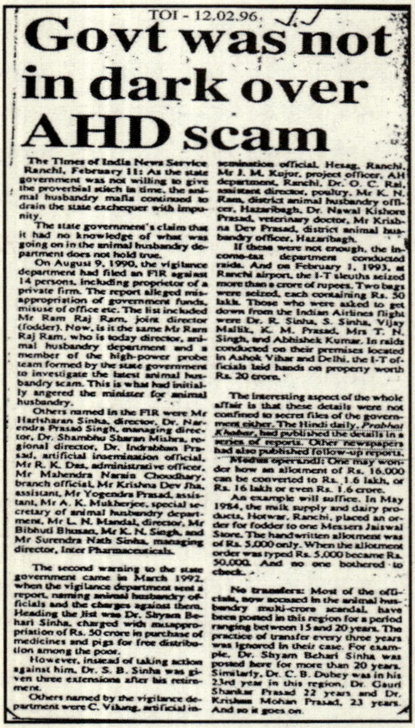

TOI - 12.02.96

Govt was not in dark over AHD scam

The Times of India News Service Ranchi, February 11: As the state government was not willing to give the proverbial stitch in time, the animal husbandry mafia continued to drain the state exchequer with impunity.

The state government's claim that it had no knowledge of what was going on in the animal husbandry department does not hold true.

On August 9, 1990, the vigilance department had filed an FIR against 14 persons, including proprietor of a private firm. The report alleged misappropriation of government funds, misuse of office etc. The list included Mr Ram Raj Ram, joint director (fodder). Now, is it the same Mr Ram Raj Ram, who is today director, animal husbandry department and a member of the high-power probe team formed by the state government to investigate the latest animal husbandry scam. This is what had initially angered the minister for animal husbandry.

Others named in the FIR were Mr Harisharan Sinha, director, Dr. Narendra Prasad Singh, managing director, Dr. Shambhu Sharan Mishra, regional director, Dr. Indrabhan Prasad, artificial insemination official, Mr R. K. Das, administrative officer, Mr Mahendra Narain Choudhary, branch official, Mr Krishna Dev Jha, assistant, Mr Yogendra Prasad, assistant, Mr A. K. Mukherjee, special secretary of animal husbandry department, Mr L. N. Mandal, director, Mr Bibhuti Bhusan, Mr K. N. Singh, and Mr Surendra Nath Sinha, managing director, Inter Pharmaceuticals.

The second warning to the state government came in March 1992, when the vigilance department sent a report, naming animal husbandry officials and the charges against them. Heading the list was Dr. Shyam Behari Sinha, charged with misappropriation of Rs. 50 crore in purchase of medicines and pigs for free distribution among the poor.

However, instead of taking action against him, Dr. S. B. Sinha was given three extensions after his retirement.

Others named by the vigilance department were C. Vihang, artificial insemination official, Hesag, Ranchi, Mr J. M. Kujur, project officer, AH department, Ranchi, Dr. O. C. Rai, assistant director, poultry, Mr K. N. Ram, district animal husbandry officer, Hazaribagh, Dr. Nawal Kishore Prasad, veterinary doctor, Mr Krishna Dev Prasad, district animal husbandry officer, Hazaribagh.

If these were not enough, the income-tax department conducted raids. And on February 1, 1993, at Ranchi airport, the I-T sleuths seized more than a crore of rupees. Two bags were seized, each containing Rs. 50 lakh. Those who were asked to get down from the Indian Airlines flight were Dr. R. Sinha, S. Sinha, Vijay Mallik, K. M. Prasad, Mrs T. N. Singh, and Abhishek Kumar. In raids conducted on their premises located in Ashok Vihar and Delhi, the I-T officials laid hands on property worth Rs. 20 crore.

The interesting aspect of the whole affair is that these details were not confined to secret files of the government either. The Hindi daily, *Prabhat Khabar*, had published the details in a series of reports. Other newspapers had also published follow-up reports.

Modus operandi: One may wonder how an allotment of Rs. 16,000 can be converted to Rs. 1.6 lakh, or Rs. 16 lakh or even Rs. 1.6 crore.

An example will suffice. In May 1984, the milk supply and dairy products, Hotwar, Ranchi, placed an order for fodder to one Messers Jaiswal Store. The handwritten allotment was of Rs. 5,000 only. When the allotment order was typed Rs. 5,000 became Rs. 50,000. And no one bothered to check.

No transfers: Most of the officials, now accused in the animal husbandry multi-crore scandal, have been posted in this region for a period ranging between 15 and 20 years. The practice of transfer every three years was ignored in their case. For example, Dr. Shyam Behari Sinha was posted here for more than 20 years. Similarly, Dr. C. B. Dubey was in his 23rd year in this region, Dr. Gauri Shankar Prasad 22 years and Dr. Krishna Mohan Prasad, 23 years. And so it goes on.

टाइम्स ऑफ इंडिया में प्रकाशित रिपोर्ट में प्रभात खबर की चर्चा

निकला एक अखबार देश के प्रमुख हिंदी अखबारों में शामिल हो गया. कैसे चर्चित अखबार बना.

बीबीसी के पूर्व पत्रकार मार्क तुली ने अपनी पुस्तक नन स्टॉप इंडिया में कई जगहों पर प्रभात खबर का उल्लेख किया है. प्रभात खबर के कई पत्रकारों से बातचीत करने के बाद उन्होंने उस पुस्तक में नक्सलवाद पर लेख लिखा है.

सिर्फ प्रिंट मीडिया में ही प्रभात खबर चर्चा में नहीं रहा बल्कि कई बार टेलीविजन चैनलों ने प्रभात खबर का उल्लेख किया. प्रभात खबर के रांची के स्थानीय संपादक विजय पाठक ने निर्मल बाबा पर किस्तों में रिपोर्ट छापी थी. उनके एकाउंट्स का खुलासा किया था. इसके बाद कई दिनों तक टीवी चैनल निर्मल बाबा पर स्टोरी चलाते रहे और प्रभात खबर का उल्लेख करते रहे.

दिल्ली से प्रकाशित अंगरेजी पत्रिका सिविल सोसायटी ने दो-दो बार प्रभात खबर की सफलता की कहानी को कवर स्टोरी के रूप में जगह दी. उसने उल्लेख किया कि कैसे प्रभात खबर जैसे अखबार ने देश के प्रमुख अखबारों को चुनौती दी. इसमें यह भी जिक्र था कि कैसे प्रभात खबर ने अपने को बदला है. विवेक डेब्राय और लवीश भंडारी ने करप्शन शीर्षक से एक पुस्तक लिखी. इसमें प्रभात खबर का उल्लेख किया गया है.

□

अन्याय के खिलाफ मुखर

प्रभात खबर आम व्यक्ति की लड़ाई लड़ता रहा. जब आप जनहित में सत्ता के खिलाफ खड़ा होते हैं तो परेशानियां भी आती हैं. अनेक ऐसे मौके आये जब प्रभात खबर की जुबान को बंद करने का प्रयास किया गया. दबाव दिया गया. पशुपालन घोटाला हो या अन्य घोटाला, धमकी दी गयी. जब मामला राजनेताओं से जुड़ा, तो प्रभात खबर पर दबाव बनाने के लिए उसके विज्ञापन रोक दिये गये. जब राजनेताओं के खिलाफ प्रभात खबर ने अभियान चलाया तो विधानसभा में प्रभात खबर के खिलाफ विशेषाधिकार का मामला लाया गया.

10 मार्च 2003 की घटना है. विधायक महेंद्र सिंह ने इस्तीफा दे दिया था. अपने इस्तीफा में उन्होंने सिर्फ इतना कहा था-जिस सदन में स्वतंत्र-निष्पक्ष ढंग से बात रखना संभव न हो, उसके सदस्य बने रहने का कोई औचित्य नहीं है. महेंद्र सिंह के इस्तीफे के बाद प्रभात खबर, रांची के तत्कालीन स्थानीय संपादक बैजनाथ मिश्र ने 11 मार्च 2003 के अंक में पेज एक पर त्वरित टिप्पणी लिखी थी. इसमें उल्लेख था-जब तमाम विधायक ठेका-ठपाली, दलाली,कमीशनखोरी के कीचड़ में नख-सिर डूबे हुए हैं, महेंद्र सिंह हर लूट के खिलाफ खड़े होते हैं. त्वरित टिप्पणी का यह वाक्य झारखंड विधानसभा के कई सदस्यों को चुभ गया. 12 मार्च को ही विधायक भुवनेश्वर प्रसाद मेहता ने विधानसभा अध्यक्ष के पास विशेषाधिकार हनन की सूचना दी. विधायक हेमलाल मुर्मू, गिरिनाथ सिंह, दुलाल भुइयां और माधव लाल ने भुवनेश्वर प्रसाद मेहता के समर्थन में हस्ताक्षर किया. इसी आधार पर झारखंड विधानसभा के अवर सचिव ने 26 मार्च 2003 को प्रभात खबर के बैजनाथ मिश्र को विशेषाधिकार हनन का नोटिस देते हुए अपना पक्ष रखने को कहा. एक सप्ताह के अंदर ही स्पष्टीकरण का जवाब देना था. प्रभात खबर के इतिहास में यह पहला मौका था जब विशेषाधिकार हनन का नोटिस दिया गया था. अखबार पीछे नहीं हटा और निर्धारित समय में इस नोटिस का जवाब दिया गया. यह प्रभात खबर पर दबाव बनाने का प्रयास था. ऐसा नहीं है कि विधानसभा का हर सदस्य उस टिप्पणी के विरोध में था. कई विधायकों ने प्रभात खबर की टिप्पणी को सही करार दिया था. बाद के दिनों में भी प्रभात खबर के खिलाफ कुछ विधायक टिप्पणी करते रहे लेकिन अखबार अपना काम करता रहा. यही प्रभात खबर की ताकत रही है. कुछ विधायकों ने तो प्रभात खबर के खिलाफ प्रेस काउंसिल में शिकायत की. प्रभात खबर ने वहां भी अपना पक्ष रखा.

प्रेस काउंसिल के चेयरमैन ने बिहार में अखबारों की भूमिका पर सवाल उठा दिया. प्रभात खबर ने

एक-एक का जवाब दिया. विज्ञापन बंद करने के खिलाफ केंद्र सरकार को पत्र लिखा और दावा किया कि प्रभात खबर का कैसे विज्ञापन पर हक बनता है. राज्य सरकार ने भी प्रभात खबर के साथ ऐसा ही रवैया अपनाया था. अखबार दबा नहीं. अपना काम करता रहा. प्रभात खबर के प्रधान संपादक हरिवंशजी ने प्रेस काउंसिल के चेयरमैन द्वारा की गयी टिप्पणी के एक-एक अंश का जवाब प्रभात खबर में दिया. हां, यह भी सच है कि जब भी किसी जगह प्रभात खबर से चूक हुई तो उसी साहस, नैतिकता और विश्वास के साथ प्रभात खबर ने क्षमा भी मांगी. आज की पत्रकारिता में गलती कर क्षमा मांगने की परंपरा घटती जा रही है. यहां कुछ उदाहरण दिये जा रहे हैं जिनमें प्रभात खबर ने बड़ी विनम्रता से देश की महत्वपूर्ण संस्थाओं के समक्ष भी अपनी बात रखी. इसमें एक है प्रेस काउंसिल. प्रधान संपादक हरिवंशजी द्वारा प्रेस काउंसिल के चेयरमैन को विस्तार से और पूरे आंकड़े-तथ्य के साथ लिखा गया पत्र प्रभात खबर के पटना संस्करण में 15 अप्रैल 2013 को छपा. पढ़िए वह पत्र.

प्रेस काउंसिल की बिहार रिपोर्ट
झूठी, एकतरफा और मनगढ़ंत !

क्षमा के साथ : भारतीय प्रेस परिषद (प्रेस काउंसिल ऑफ इंडिया) की किसी रिपोर्ट के लिए पहली बार यह विशेषण हमने इस्तेमाल किया कि प्रेस परिषद की बिहार रिपोर्ट झूठी है, एकतरफा है, मनगढ़ंत है या पूर्वग्रह से ग्रसित है. या किसी खास अज्ञात उद्देश्य से बिहार की पत्रकारिता और बिहार को बदनाम करने के लिए यह रिपोर्ट तैयार की गयी है. हम ऐसा निष्कर्ष तथ्यों के आधार पर निकाल रहे हैं. इस रिपोर्ट के प्रति ये विशेषण लगाते समय हमें पीड़ा है, क्योंकि प्रेस परिषद एक संवैधानिक संस्था है. उसकी मर्यादा है. अपने प्रोफेशनल कैरियर में हमने अब तक प्रेस परिषद की हर मर्यादा का सम्मान के साथ पालन किया है. हालांकि बिहार पर प्रेस परिषद द्वारा तय टीम ने जो रिपोर्ट दी है, उसका जवाब तुरंत जाना चाहिए था, पर दिल्ली से हमने रिपोर्ट मंगायी. उसका अध्ययन किया. एक - एक तथ्य की जांच की. प्रभात खबर की पुरानी फाइलें निकाल कर मिलान किया. इसमें समय लगा. तब हम इस निष्कर्ष पर पहुंचे कि कैसे प्रेस परिषद की बिहार रिपोर्ट बिहार की पत्रकारिता और प्रभात खबर के संदर्भ में सच से परे है? हम यह सार्वजनिक सवाल उठा रहे हैं. आज के माहौल में हम जानते हैं कि इस तरह की बहस उठाने की कीमत क्या होती है? फिर भी प्रेस परिषद की इस रिपोर्ट में पत्रकारिता से जुड़े गंभीर सवाल उठे हैं. इसलिए इनका स्पष्टीकरण और जवाब जरूरी है. हमें भी फख्र है कि हमने पत्रकारिता सही रास्ते की है. भूलें और चूक संभव हैं, पर उन्हें सार्वजनिक रूप से स्वीकार करने का नैतिक साहस भी हमारे पास है. बिहार के प्रसंग में प्रभात खबर हिंदी का पहला अखबार है, जिसने प्रेस परिषद के चेयरमैन जस्टिस मार्कंडेय काटजू के बिहार बयान को भी पूरी तरह छापा और उसका दो पेजों में तथ्यगत जवाब भी (देखें प्रभात खबर, पटना संस्करण, मंगलवार, दिनांक 27.03.12). श्री काटजू और उनकी टीम अपने को सबसे निष्ठावान मानते हैं, तो इसका क्या अर्थ यह है कि अन्य लोग गलत हैं? इसलिए प्रेस परिषद की बिहार रिपोर्ट, प्रेसर ऑन मीडिया इन बिहार का जवाब सार्वजनिक रूप से देना जरूरी है. यह सवाल उठाना भी जरूरी है कि इस रिपोर्ट का मकसद क्या है? यह संवैधानिक संस्था पक्षधर कब से होने लगी?

बिना तथ्य जाने फतवा जारी करने का अधिकार इन्हें किसने दिया? किसी पर कुछ भी टिप्पणी! हम दूसरे अखबारों का नहीं जानते, पर प्रभात खबर अपने संदर्भ में उठाये गये तथ्यों का जवाब दे रहा है. यह स्पष्ट करना जरूरी है कि अखबारों के कामकाज की प्रक्रिया ऐसी है, जिसके परिणाम तत्काल दिखते हैं. इसमें रोज का रिजल्ट रोज आता है. यहां विलंब संभव नहीं है. यहां पच्चीसों स्तर के काम से रोज गुजरना है. हकीकत यह है कि संपादक भी अखबार छपने के बाद ही अगली सुबह एक साथ पूरे अखबार को देख पाता है. अगले दिन के अखबार की मोटे तौर पर कल्पना एक संपादक को होती है, पर पूरी चीजें साफ नहीं होतीं. संभव है कि इस प्रक्रिया में कहीं किसी स्तर पर गलतियां हुई हों, पर इसका अर्थ यह नहीं कि आप कुछ भी आधारहीन आरोप लगा दें. सवाल तो यह उठना चाहिए कि प्रेस परिषद के वे कौन लोग हैं, जो ऐसे गलत आरोप को बिना जांचे सही ठहरा कर इस संवैधानिक संस्था की गरिमा नष्ट कर रहे हैं?

1977 में पत्रकारिता में प्रवेश किया. उस समय से आज तक हमारी पीढ़ी इस संस्था (भारतीय प्रेस परिषद) के नीतिगत फैसले को पत्रकारिता की अंतिम बात मानती रही है. इसलिए इस कैरियर (पेशे) में आने के समय से ही यह निजी बोध रहा कि हमारा प्रोफेशनल एक्सलेंस इस तथ्य से तय होगा कि प्रेस परिषद का कोई स्ट्रिक्चर (निंदा), हमसे जुड़े प्रकाशन पर न हो. यह कहते हुए फख्र है कि अब तक जिन प्रकाशनों से जुड़ाव रहा, उनके खिलाफ रेयरली (कभी-कभी) ही प्रेस परिषद ने शिकायतों पर स्ट्रिक्चर (निंदा) पास किया हो. अगर हमसे भूल हुई, तो उसे हमने सार्वजनिक रूप से स्वीकार भी किया है. हमने प्रभात खबर में यह परंपरा भी डाली कि किसी भी शिकायत पर खुद हमारे संपादक प्रेस परिषद के सामने उपस्थित होंगे और अपना पक्ष रखेंगे. वकील नहीं. आमतौर पर प्रकाशन संस्थाएं इस काम के लिए वकीलों को इंगेज या इन्वाल्व (जोड़ती) करती हैं.

1991 में हम प्रभात खबर में थे. पहली बार, और अब तक अंतिम बार किसी (अनेक राज्यों व जगहों से छपनेवाले एक) अखबार के खिलाफ हमने अपने अखबार में नाम के साथ खबर छापी. प्रेस परिषद को लिखित शिकायत की. अपने ही पेशे के खिलाफ शिकायत और खबर छापना, हिंदी में शायद पहली बार हुआ. यह शिकायत थी एक अखबार द्वारा झूठी खबर छाप कर दंगा कराने के खिलाफ. जस्टिस सरकारिया (केंद्र राज्य आयोग के पूर्व अध्यक्ष व चर्चित न्यायाधीश) तब प्रेस परिषद के अध्यक्ष थे. रघुवीर सहाय वगैरह इसके सदस्य थे. हमारी शिकायत पर प्रेस परिषद की पूरी टीम रांची आयी. खुली सुनवाई हुई. प्रेस परिषद ने बाबरी मसजिद प्रकरण में कई हिंदी अखबारों द्वारा नितांत गलत खबरें छाप कर दंगे कराने की रिपोर्ट की जांच की. कई बड़े अखबारों को सप्रमाण गैर जिम्मेवार व दोषी पाया. अत्यंत गंभीर-आलोचनात्मक टिप्पणी की. केंद्र सरकार से कार्रवाई की अनुशंसा भी. सिवियर इंडिक्टमेंट (कटु निंदा) किया. यह अलग बात है कि केंद्र सरकार ऐसी चीजों पर सोती है और इस महत्वपूर्ण रिपोर्ट को भी दफना दिया गया. वह रिपोर्ट उठा कर देखें, प्रभात खबर के उठाये गये सवालों पर ऐतिहासिक निर्णय आज भी दर्ज है, पर दफन है.

बाद में जस्टिस पी वी सावंत चेयरमैन रहे. उनके कार्यकाल में पत्रकारिता से जुड़े मूल सवालों पर कई निर्णायक फैसले हुए. पत्रकारिता में आ रहे बदलावों पर गंभीर टिप्पणी भी. हमने उन्हें रांची आमंत्रित किया. सार्वजनिक बहस के लिए कि पत्रकारिता के उसूल क्या हों? वह, प्रभाष जोशी और अजीत

भट्टाचार्य रांची आये. हमने पत्रकारों के प्रशिक्षण का अभियान चलाया, ताकि बाजारवाद, पेज-थ्री संस्कृति और भोगवाद के दौर में भी पत्रकारिता निष्पक्ष और जनपक्षधर रहे. उस समय भी प्रभात खबर से जुड़ी अगर कोई शिकायत हुई, तो खुद हमारे संपादकीय के लोग प्रेस परिषद की सुनवाई टीम के सामने उपस्थित होकर एक-एक तथ्य को रखते. हमेशा हमारी कोशिश रही कि इस पवित्र संवैधानिक संस्था द्वारा तय मार्गदर्शन व सीमा का हम पालन करें. जब वाजपेयी सरकार थी, हमने केंद्र सरकार की नीतियों के खिलाफ शिकायत की. खुद बहस की. प्रधानमंत्री, राष्ट्रपति के विशेष विमान से जानेवाले पत्रकारों के संदर्भ में नीतिगत सवाल उठाये. प्रेस परिषद का फैसला हमारे पक्ष में आया. इस पृष्ठभूमि को बताने के पीछे मकसद है कि प्रेस परिषद हमारे लिए इस व्यवस्था में अंतिम आदरणीय, सम्माननीय संवैधानिक संस्था है, जो हमें राह दिखाती है. गलत करने पर चेताती है. हम उसी आदर के साथ अब तक चुनावों या सांप्रदायिक तनावों वगैरह में प्रेस परिषद द्वारा तय नीति का सख्ती से पालन करते रहे हैं. हम अंदरूनी प्रशिक्षण में प्रेस काउंसिल के गाइडलाइंस की प्रति बांटते हैं. चर्चा करते हैं, पालन करने के लिए.

इस पृष्ठभूमि में पहली बार प्रेस काउंसिल की बिहार रिपोर्ट को झूठी, एकतरफा और मनगढ़ंत कहते हुए हमारी भावना आहत है. पर प्रेस परिषद की इस रिपोर्ट ने तथ्य स्पष्टीकरण के अलावा कोई रास्ता नहीं छोड़ा.

पहले प्रेस परिषद की बिहार रिपोर्ट में बगैर जांच या पक्ष जाने सीधे लगाये आरोपों के बारे में. कुछ विशेष खबरों का इसमें उल्लेख है कि ये खबरें बिहार के बड़े-बड़े अखबारों में नहीं छपीं या बहुत छोटी छपीं. दो (क्रम संख्या आठ व नौ) सामान्य आरोप हैं. इन अनछपी खबरों के आधार पर प्रभात खबर पर लगे गंभीर आरोपों का सच, वस्तुस्थिति और तथ्य क्या है, पहले हम यह स्पष्ट करना चाहेंगे.

आरोप - एक. अरुण कुमार सिन्हा के यहां से 4.5 करोड़ रुपये की बरामदगी की खबर को किसी अखबार ने प्रमुखता से नहीं छापा, क्योंकि वे मुख्यमंत्री के बेहद करीबी हैं.

सही तथ्य - जिनके यहां छापा पड़ा था, उनका नाम विनय कुमार सिन्हा है, न कि अरुण कुमार सिन्हा. या तो राजद ने अपनी आरोप सूची में नाम में भूल की है, या फिर प्रेस परिषद की रिपोर्ट में यह नाम गलत है. अगर राजद ने अपनी आरोप सूची में यह नाम गलत दिया है, तो क्या प्रेस परिषद ने हू-ब-हू गलत चीजों को भी सही मान लिया है? कहने की जरूरत नहीं कि अगर आप कोई गंभीर जांच कर रहे हैं, तो तथ्य तो सही और सच बताएं. विनय कुमार सिन्हा कारोबारी भी हैं. उनके यहां छापेमारी की खबर 22 मार्च, 2012 को प्रभात खबर में पहले पेज पर प्रमुखता से टॉप में छपी. शीर्षक था - आयकर का छापा, बोरे में मिले साढ़े चार करोड़ रुपये. फिर इसका फॉलोअप भी छपा 23 मार्च, 2012 को (पेज नंबर नौ, दो कॉलम में टॉप पर. शीर्षक - 12 करोड़ की अघोषित आय). इस खबर में इस बात का कोई उल्लेख नहीं था कि विनय कुमार सिन्हा जद यू के नेता हैं या मुख्यमंत्री के करीबी हैं.

हां, हम मानते हैं कि इस रिपोर्ट में यह तथ्यगत बात छूट गयी कि जिनके यहां छापा पड़ा, वे जदयू के कोषाध्यक्ष थे. साथ ही बिल्डर भी. हमारे संपादकीय में बहस हुई कि यह बात स्पष्ट नहीं है कि जो पैसे पकड़े गये हैं, वे जद (यू) कोषाध्यक्ष के खाते के हैं या बिल्डर के खाते के? न छापा डालनेवालों ने यह स्पष्ट किया था, न छापे में यह सूचना साफ थी. इसलिए यह बात रिपोर्ट में नहीं छपी.

आरोप - दो. फारबिसगंज में फायरिंग और उसके बाद राष्ट्रीय अल्पसंख्यक आयोग के

अध्यक्ष के दौरे की खबर नहीं छपी.

सही तथ्य - यह खबर न केवल पटना में, बल्कि भागलपुर संस्करण (जो उस इलाके में बंटता है) में प्रकाशित हुई. चार जून को पहले पेज पर प्रमुखता से छपी- पुलिस फायरिंग में चार की मौत. पांच जून को पहले पेज पर तीन कॉलम में खबर छपी. इसके अलावा पांच जून से लेकर 18 जून , 2011 तक हर दिन फारबिसगंज संस्करण में इससे संबंधित खबरें आधा-एक पन्ने छपती रहीं. राष्ट्रीय अल्पसंख्यक आयोग के अध्यक्ष वजाहत हबीबुल्लाह के दौरे की खबर भी प्रभात खबर ने छापी. 22 जून, 2011 को पेज 11 पर साढ़े तीन कॉलम में फोटो के साथ प्रमुखता से खबर छपी, जिसका शीर्षक था - गैरजरूरी थी फायरिंग.

आरोप - तीन. एसी-डीसी बिल घोटाला की खबर नहीं छपी या संक्षिप्त में छपी ?

सही तथ्य - प्रभात खबर ने चार अप्रैल, 2012 को पहले पेज पर सात कॉलम में खबर छापी. शीर्षक था - 22575 करोड़ का हिसाब नहीं. इसमें विपक्ष के नेता अब्दुल बारी सिद्दीकी का बयान अलग से फोटो के साथ हाइलाइट करके दिया गया. इसके बाद लगातार इस खबर का फॉलोअप दिया गया. पहले पेज पर सात कॉलम में छपी खबर से किसी अखबार में कौन दूसरी बड़ी खबर हो सकती है? महत्वपूर्ण या बड़ी-से- बड़ी घटना को भी एक अखबार में इससे अधिक जगह (स्पेस) दुनिया में कौन दे सकता है? हमने भी एसी-डीसी बिल को घोटाला कह कर छाप तो दिया, पर असल सवाल कहीं और है. फिर दोहराना चाहेंगे कि बिहार या देश की राजनीति में आज आम फैशन-संस्कृति है कि हर चीज को बगैर जांच या सबूत, घोटाला कह दो, फिर वह उसी रूप में मीडिया में आये, यह भी अपेक्षा रहती है. इस गैरजिम्मेवार आचरण के लिए सभी दल दोषी हैं. प्रेस काउंसिल की जांच टीम से पूछा जाना चाहिए कि क्या बिहार में एसी-डीसी बिल घोटाला हुआ है? क्या हिसाब या अग्रिम राशि का समय से मिलान (रिकांसिलिएशन) न होना घोटाला है? इसमें गड़बड़ होने की संभावना रहती है. पर केंद्र सरकार से लेकर आज राज्य सरकारों के अरबों-खरबों के हिसाब एडजस्ट न होने से पेंडिंग हैं, तो क्या ये सब घोटाले हैं. बहस तो दिल्ली में होनी चाहिए कि देश की एकाउंटिंग सिस्टम कैसे दुरुस्त हो?

इसी गैरजिम्मेवार परंपरा या दौर में हर कहीं आज घोटाला दिखाई देता है. लोग आरोप भी ऐसे लगा देते हैं, बिना सबूत या साक्ष्य के, फिर प्रेस काउंसिल की जांच कमेटी पूछती है कि इस घोटाले की खबर क्यों नहीं छपी? राजनीति, गवर्नेंस, पत्रकारिता से लेकर हर संवैधानिक संस्था में हम कितने सतही, उथला और गैरजिम्मेवार बन गये हैं? क्या इस पर श्री काटजू साहब की चिंता है?

आरोप - चार. बियाडा भूमि घोटाला की खबर नहीं छपी.

सही तथ्य - प्रभात खबर ने प्रमुखता से इस खबर को प्रकाशित किया. 20 जुलाई, 2011 को पहले पेज पर अपर हाफ में ढाई कॉलम में यह खबर छपी. शीर्षक था - बियाडा जमीन आवंटन - नीतीश ने दिया जांच का आदेश. अगले दिन 21 जुलाई को पहले पेज पर दो कॉलम में खबर थी- विपक्ष ने कहा, हो सीबीआइ जांच. उसी दिन पेज नंबर 12 पर एक पूरा विशेष पेज है- बियाडा जमीन आवंटन के तथ्य. एक-एक पहलू पर इन्वेस्टिगेशन के बाद यह पेज तैयार हुआ. लोजपा प्रमुख रामविलास पासवान के आरोप भी प्रमुखता से दिये गये, तसवीर के साथ. एक और तथ्य, विपक्ष की आवाज में इस सवाल को भी हमने घोटाला कह कर छापा, पर किसी जांच एजेंसी द्वारा अब तक प्रामाणिक ब्योरे नहीं आये हैं

कि यह घोटाला कैसे है?

आरोप - पांच. बाढ़ राहत घोटाला की खबर नहीं छपी?

सही तथ्य - ऐसा कोई घोटाला हाल के दिनों में उजागर नहीं हुआ है. बाढ़ राहत घोटाला राजद के शासन में उजागर हुआ था, जिसमें पटना के तत्कालीन डीएम डॉ गौतम गोस्वामी (अब स्वर्गीय) आरोपित थे.

आरोप - छह. सिपाही भरती, शिक्षक नियुक्ति, शराब, परिवहन, बीज, डीजल सब्सिडी घोटाला की खबर नहीं छपी?

सही तथ्य - राजद ने यह नहीं बताया कि ये घोटाले किस जांच एजेंसी ने उजागर किये? एजी ने? सीबीआइ ने? सीआइडी ने? या विधायिका की कोई कमेटी ने? या विजिलेंस ने? या उच्चत्तम न्यायालय में माननीय न्यायाधीश रहे काटजू साहब द्वारा तय किसी समिति या कमेटी ने? किसी संवैधानिक जांच कमेटी ने जांच कर बिहार में हुए इन सभी घोटालों को या इनमें से किसी एक को भी सही पाया या अपनी जांच रिपोर्ट दी है? इसकी जानकारी हमें नहीं है. अगर ऐसी कोई रिपोर्ट है, तो वह सार्वजनिक की जाये. प्रभात खबर सार्वजनिक रूप से वचनबद्ध है कि घोटाले की वह रिपोर्ट छपेगी.

दरअसल हुआ क्या है? किसी राजनीतिक दल या समूह ने जो भी अनर्गल, आधारहीन और बिना सबूत आरोप की सूची प्रेस परिषद की जांच टीम को सौंपी है, उसे हूबहू सही मान कर अखबारों पर आरोप लगा दिये गये हैं? क्या यह संवैधानिक जांच समिति का धर्म और फर्ज है?

आरोप - सात. अखबार हेडिंग लगाने का अपना विशेषाधिकार भी खो चुके हैं. विपक्ष की खबरों की हेडिंग इस तरह से लगायी जाती है कि सरकार को मदद मिलती है. विपक्ष की खबरों को अनदेखा करने का प्रयास किया जाता है.

सही तथ्य - हेडिंग भी प्रेस विज्ञप्ति जारी करने वाले या प्रेस कॉन्फ्रेंस करने वाले तय करेंगे क्या? क्या प्रेस काउंसिल की रिपोर्ट को प्रेस काउंसिल की रिपोर्ट से असहमत लोगों को लिखने का प्रावधान है? प्रभात खबर में विपक्ष की खबरों को प्रमुखता दिये जाने के अनेक उदाहरण हैं. 9 नवंबर, 2012 को पटना में माले ने राज्य सरकार के खिलाफ एक बड़ी रैली की. 10 नवंबर, 2012 को इस रैली का कवरेज मास्ट हेड से आठ कॉलम पहले पेज पर छपा. दुनिया का कोई भी अखबार दुनिया की बड़ी से बड़ी घटना का इससे बड़ा कवरेज नहीं दे सकता? 5 अक्तूबर, 2012 को राजद की रैली का कवरेज प्रभात खबर, भागलपुर संस्करण ने नीतीश कुमार की भागलपुर में हुई रैली से अधिक स्पेस-जगह-तसवीर देकर की. प्रभात खबर, भागलपुर संस्करण में पहले पेज पर छह कॉलम की लीड (लालूजी के चार फोटो टॉप पर लगे). क्या यह बिहार सरकार के सेंसरशिप का परिणाम है? प्रभात खबर, पटना संस्करण में भी भागलपुर में राजद रैली की यह खबर छपी. 14 फरवरी, 2013 को पेज-दो पर चार कॉलम की लीड खबर थी, प्रेस परिषद की रिपोर्ट पर राजनीति गरम. याद रखिए, हम तथ्य के आधार पर बातें रख रहे हैं. सुनी-सुनायी बातों को बिना जांचे आरोप नहीं मान रहे. एक और बानगी या सबूत, राजद ने नीतीश सरकार के खिलाफ आरोप पत्र जारी किया था. प्रभात खबर, पटना ने 28 नवंबर, 2012 के अंक में पहले पेज पर स्थान दिया. शीर्षक था - सरकार की मशीनरी फेल, हर जगह लूट. यह खबर पहले पेज पर छपी.

आरोप आठ - भ्रष्टाचार की खबरें नहीं छपती हैं?

तथ्य - भ्रष्टाचार से संबंधित खबरें आये दिन प्रभात खबर में छपती रही हैं. पहले पेज पर छपी कुछ प्रमुख खबरें इस प्रकार हैं :

- केरोसिन का काला खेल, हर माह 62 लाख लीटर केरोसिन गटक जाते हैं कालाबाजारिये. 16 जुलाई, 2012 को पहले पेज पर पांच कॉलम लीड.
- घूसखोरी में राजस्व व भूमि सुधार विभाग अव्वल, हाकिम से आगे हलका कर्मचारी, 22 जुलाई, 2012 को पहले पेज पर साढ़े तीन कॉलम में लीड खबर.
- अफसर चुरा रहे हैं बिजली 24 सितंबर, 2012 को पहले पेज पर पांच कॉलम लीड खबर.
- विधायकों के यात्रा भत्ते पर सवाल, एक दिन में घूमे तीन प्रदेश. 3 दिसंबर, 2012 को पहले पेज पर पांच कॉलम में लीड.
- विश्वविद्यालय में इस तरह जांची जा रहीं कापियां, 1 दिसंबर, 2012 को पहले पेज पर दो कॉलम में ऊपर से नीचे तक (करीब एक चौथाई पेज) प्रभात खबर के सभी संस्करणों में छपी खबर.

मुख्य रूप से इन आठ खबरों को गिना कर कहा गया है कि ये खबरें नहीं छपीं या बहुत छोटी छपीं? हमने एक-एक खबर को प्रभात खबर में भी जगह, महत्व और प्रकाशन तिथि के तथ्य दिये हैं. अब पाठक तय करें कि हम गलत-झूठे हैं या यह संवैधानिक संस्था? इस तरह के आरोपों के आधार पर जांच टीम ने निष्कर्ष निकाला है कि बिहार की पत्रकारिता में इमरजेंसी से भी बदतर स्थिति है. क्या जांच टीम यह बतायेगी कि प्रभात खबर ने पहले पेज पर बिहार के विरोधी दलों के आरोपों को जितनी जगह या प्रमुखता दी है, उतनी जगह या प्रमुखता की बात छोड़ दें, अंदर के पन्नों पर भी इमरजेंसी में जेलों में बंद विरोधी दलों के नेताओं की पांच या दस लाइन की खबरें भी किसी अखबार में छपती थीं? यह टीम ऐसे दो-चार उदाहरण गिना या बता सकती है?

न्याय का एक सामान्य नियम है कि फांसी देने के पहले मुजरिम से भी अंतिम इच्छा पूछी जाती है. क्या प्रेस परिषद ने इन खबरों के न छपने या छापने की जानकारी प्रभात खबर से मांगी? प्रेस परिषद के चेयरमैन जस्टिस काटजू न्यायाधीश रहे (जज) हैं. वह न्यायपालिका की सर्वोच्च संस्था (सुप्रीम कोर्ट) में रहे हैं. क्यों नहीं माना जाये कि ऐसे व्यक्ति के नेतृत्व में रहते हुए भी प्रेस परिषद की इस जांच टीम ने न्याय के मुख्य सिद्धांत (जिन पर आरोप लगे, उनका पक्ष जानना) का पालन नहीं किया? या पहले से तय किसी और के एजेंडे पर आंख बंद कर प्रेस काउंसिल की जांच टीम ने मुहर लगायी है? प्रेस परिषद की टीम कह सकती है कि हमने अखबारों में सार्वजनिक नोटिस दी. सूचना भेजी. पर कोई नहीं आया. हम यह स्पष्ट करना चाहते हैं कि ऐसी सार्वजनिक सूचना या नोटिस हमारे लिए अर्थहीन है. कोई स्पेसिफिक (साफ) आरोप किसी अखबार के नाम हो, तो हम जवाब देना मुनासिब समझेंगे. बिना कोई स्पष्ट आरोप तय किये, आप किसी को निमंत्रित करते हैं, यह सही है? प्रभात खबर पर प्रेस काउंसिल ने बिहार रिपोर्ट में जो आरोप लगाये गये, अगर पहले से वे आरोप हमें भेजे गये होते, तो हम अपना पक्ष लेकर उपस्थित होते. एक-एक तथ्य के साथ. प्रेस काउंसिल द्वारा ही तय मापदंड हम याद दिला रहे हैं. सुनवाई की यह प्रक्रिया कि स्पेसिफिक आरोपों पर संबंधित पक्षों को सुनना, प्रेस काउंसिल ने ही तय की है. पर बिहार

सुनवाई में अपने द्वारा तय मापदंड को ही प्रेस काउंसिल ने नहीं माना. एकतरफा कार्रवाई की. कुछ भी आरोप लगा देनेवाले गैर-जिम्मेवार लोगों के आधारहीन व मनगढ़ंत आरोपों को एकतरफा, सही करार दिया. यह कैसे सही है! यह सरासर पक्षपातपूर्ण, विद्वेषपूर्ण व पूर्वग्रह से ग्रसित है.

एक उदाहरण दिया गया है, फारबिसगंज में हुई फायरिंग की घटना का. यहां कहा गया है कि इस खबर को तीन बड़े अखबारों (जिनमें प्रभात खबर भी है) ने छापा ही नहीं. 3 जून, 2011 को यह घटना हुई थी और 4 जून के प्रभात खबर में बिहार के सभी संस्करणों में पहले पेज पर अपर हाफ में प्रमुखता से यह खबर छपी है. अगले दिन पहले पेज पर ही इस खबर का फॉलोअप तीन कॉलम में प्रमुखता से लगा है. रिपोर्ट में कहा गया है कि 21 जून, 2011 को राष्ट्रीय अल्पसंख्यक आयोग के चेयरमैन वजाहत हबीबुल्लाह के दौरे का इन अखबारों ने संज्ञान तक नहीं लिया. यह आरोप भी पूरी तरह गलत है. 22 जून, 2011 के प्रभात खबर में पेज 11 पर दो कॉलम फोटो के साथ तीन कॉलम में यह खबर प्रमुखता से लगी है. अररिया जिले के फारबिसगंज के गांव भजनपुरा में पुलिस जवान द्वारा एक आम आदमी को बूटों से रौंदने की खबर का जिक्र किया गया है और कहा गया है कि राज्य सरकार के दबाव में प्रिंट मीडिया द्वारा लागू किये जानेवाले सेल्फ सेंसर का यह उदाहरण है. इस आरोप की वस्तुस्थिति जानने से सच पता चलेगा. हर गांव या कस्बे में तो हमारा फोटोग्राफर या रिपोर्टर तो होता नहीं और ऐसे एक्सक्लूसिव फोटो या फुटेज को कोई भी प्रोफेशनल पत्रकार दूसरे संस्थानों से साझा नहीं करता है. ऐसे में कोई भी जिम्मेवार व समझदार संपादक यह रिस्क नहीं ले सकता कि वह बिना प्रमाण के सुनी हुई बातों को छाप दे.

रिपोर्ट में जिन सामान्य आरोपों को
रेखांकित किया गया है

- जनता से जुड़े मुद्दों पर खबरें नहीं छपतीं. जैसे भुखमरी, जन आंदोलन, गरीबी उन्मूलन योजनाओं का क्रियान्वयन न होना या धीमा क्रियान्वयन होना, भ्रष्टाचार, पुलिस दमन व जनहित के अन्य इश्यू.
- विधानसभा में विपक्ष के नेता अब्दुल बारी सिद्दीकी की लिखित शिकायत के हवाले से कहा गया कि सरकारी विज्ञापनों से ओब्लाइज होकर अखबार अपराध, फिरौती, हत्या, भू-माफिया आदि से जुड़ी खबरें नहीं छापते.
- विपक्ष की खबरें नहीं छपती हैं.
- राजद नेता रामचंद्र पूर्वे और सांसद रामकृपाल यादव व राजद के अन्य नेताओं के हवाले कहा गया कि मीडिया संस्थानों का प्रबंधन राज्य सरकार के दबाव में सरकार की छवि बिगाड़ने वाली खबरों और विपक्ष की छवि बनाने वाली खबरों के प्रकाशन से बचता है.

लेकिन तथ्य क्या हैं

- प्रभात खबर जनसरोकार से जुड़ी खबरों को लगातार प्रकाशित करता है. सरकारी विभागों या स्कीमों में गड़बड़ी या शिथिलता की खबरें प्रमुखता से पहले पेज पर अकसर रहती हैं.

विपक्ष की खबरों को हम पर्याप्त प्रमुखता देते हैं. साथ ही सरकार के उल्लेखनीय कामों को ही पर्याप्त जगह देते हैं. कमेटी ने अपनी रिपोर्ट में कहा है कि उसने प्रभात खबर समेत सभी प्रमुख अखबारों के विभिन्न संस्करणों को देखा और पाया कि अपराध, भ्रष्टाचार, सामाजिक सरोकार व सिविल संगठनों से जुड़ी खबरें इन अखबारों में नहीं हैं. विपक्ष से जुड़ी खबरों को छापने से भी ये अखबार बचते हैं और यदि पाठकों के लिहाज से जरूरी हुआ, तो अंदर के पन्नों पर संक्षिप्त छापते हैं. हमने यह रिपोर्ट पढ़ने के बाद प्रभात खबर की पिछले एक-डेढ़ साल की फाइलें देखीं. इन्हें देखने के बाद लगा कि प्रभात खबर के विभिन्न संस्करणों को देखने के बाद कोई भी व्यक्ति कैसे उपरोक्त आरोप लगा सकता है? प्रभात खबर में छपी खबरों के आलोक में साफ है कि उपरोक्त आरोप बेबुनियाद, पूर्वाग्रह से ग्रसित या जान-बूझ कर ये झूठे आरोप प्रभात खबर और बिहार की पत्रकारिता पर लगाये गये हैं. याद रखिए, इन झूठे आरोपों या गलत आधार को सही मान कर प्रेस परिषद की टीम ने बिहार में इमरजेंसी की स्थिति का निष्कर्ष निकाला है. यदि हम पिछले एक-डेढ़ साल में अपराध, आपराधिक घटनाओं के फॉलोअप, भ्रष्टाचार, सरकारी स्कीमों में गड़बड़ी, घोटाले, विपक्ष की गतिविधियां और बयान आदि से जुड़ी प्रभात खबर में छपी खबरों की सूची छापना चाहें, तो पन्ने-के-पन्ने भर जायेंगे. फिर भी हम एक बानगी के तौर पर पहले पेज पर छपी कुछ प्रमुख खबरों की सूची यहां दे रहे हैं, जिनसे स्पष्ट होता है कि प्रभात खबर पत्रकारीय प्रतिबद्धता के साथ जनसरोकारों को सबसे ऊपर रखता है. देखें -

प्रभात खबर में पहले पेज पर प्रमुखता से छपीं भ्रष्टाचार की खबरों की बानगी

- 4 जून, 2011, पटना - जिला पर्षद अध्यक्ष व प्रखंड प्रमुख के चुनाव में कैश, कार व कास्ट का बोलबाला, पहले पेज पर सात कॉलम टॉप बॉक्स
- 3 दिसंबर, 2012, पटना - विधायकों के यात्रा भत्ते पर सवाल, एक ही दिन में घूमे तीन प्रदेश, पहले पेज पर पांच कॉलम लीड खबर
- 1 दिसंबर, 2012, मुजफ्फरपुर, पटना व भागलपुर - विश्वविद्यालय में इस तरह जांची जा रही हैं कापियां, पहले पेज पर चौथाई पेज
- 24 सितंबर, 2012, पटना - अफसर चुरा रहे बिजली, पहले पेज पर पांच कॉलम लीड
- 6 सितंबर, 2012, पटना - राष्ट्रीय स्वास्थ्य बीमा योजना में घपला, तीन साल में 3300 करोड़, पहले पेज पर छह कॉलम लीड
- 22 जुलाई, 2012, पटना - घूसखोरी में राजस्व व भूमि सुधार विभाग अव्वल, पहले पेज पर तीन कॉलम नीचे तक लीड
- 16 जुलाई, 2012, पटना - केरोसिन का काला खेल, हर माह 62 लाख लीटर केरोसिन गटक जाते हैं कालाबाजारिये, पहले पेज पर पांच कॉलम लीड

- 8 दिसंबर, 2012, भागलपुर - टेंडर हुआ नहीं, काम चालू, पहले पेज पर प्रमुखता से दो कॉलम में

सरकारी शिथिलता पर पहले पेज पर छपी खबरों की बानगी

- 8 सितंबर, 2012, पटना - एनएमसीएच में घपला, पेज एक पर
- 9 दिसंबर, 2012, पटना - काम के बदले अनाज योजना बंद, कहां गया अनाज, पहले पेज पर पांच कॉलम लीड
- 12 अगस्त 2012, पटना - खजाने में पैसा है, दवाएं नहीं, खाली हाथ अस्पताल से लौट रहे मरीज, पहले पेज पर छह कॉलम लीड टॉप बॉक्स में
- 23 जुलाई 2012, भागलपुर - बिजली आपूर्ति पर्याप्त, फिर भी अंधेरा, पहले पेज पर ढाई कॉलम में प्रमुखता से

विपक्ष की खबरें प्रभात खबर में (एक बानगी)

- 10 नवंबर, 2012, पटना - माले की रैली का कवरेज मास्टहेड से आठ कॉलम पहले पेज पर
- 5 अक्तूबर, 2012, भागलपुर - राजद की रैली, बड़ी लड़ाई का जल्द एलान, पहले पेज पर छह कालम लीड (लालूजी के चार फोटो टॉप पर लगे)
- 14 फरवरी, 2013, पटना - प्रेस परिषद की रिपोर्ट पर राजनीति गरम, पेज दो पर चार कॉलम लीड

अपराध व कानून-व्यवस्था की खबरें

- 15 फरवरी, 2013- विधायक अनंत सिंह की गिरफ्तारी का वारंट, पहले पेज पर फोटो सहित
- 6 दिसंबर, 2012, भागलपुर- दारू अड्डे पर छापेमारी, नहीं पकड़ाया दबंग, पहले पेज पर सात कॉलम टॉप बॉक्स
- 8 दिसंबर, 2012, भागलपुर- दारू माफिया का रिश्तेदार हिरासत में, पहले पेज पर पांच कॉलम
- 28 सितंबर, 2012, भागलपुर- खगड़िया में नीतीश की सभा, उपद्रव व आगजनी, पहले पेज पर सात कॉलम टॉप बॉक्स
- 31 अगस्त, 2012, भागलपुर- सड़क हादसे में युवक की मौत से उबले लोग, आगजनी व सड़क जाम, पहले पेज पर छह कॉलम लीड
- 14 अक्तूबर, 2012, मुजफ्फरपुर- मधुबनी में चार प्रखंड कार्यालय व तीन थाने फूंके, पहले पेज पर मास्टहेड से आठ कॉलम. मधुबनी की इस घटना का लगातार एक हफ्ते तक पहले पेज पर और अंदर दो-दो पेज का कवरेज
- 10 सितंबर, 2012, पटना - आरटीआइ में मांगी सूचना, तो मिली प्रताड़ना- पहले पेज पर टॉप बॉक्स

मुखिया हत्याकांड के बाद पटना में हुए उपद्रव को लेकर प्रभात खबर ने जिम्मेवार कौन? शीर्षक से खबरें छापीं, जिसमें राज्य पुलिस की अक्षमता को लेकर सवाल उठे. हत्याकांड के फॉलोअप में जदयू विधायक सुनील पांडेय व हुलास के कथित रूप से शामिल होने को लेकर लगातार खबरें छपीं (जून, 2012). ये सब खबरें राज्य सरकार या जदयू का पक्ष लेने वाली नहीं, बल्कि निर्भीकता से सवाल उठाने वाली थीं.

बथानी टोला नरसंहार मामले में कोर्ट से सबके बरी हो जाने पर सबसे पहले प्रभात खबर ने सवाल उठाया कि दोषियों को सजा कब? यह खबर 17 अप्रैल, 2012 को सात कॉलम में पहले पेज पर लीड छपी. अगले दिन 18 अप्रैल, 2012 को प्रभात खबर ने बथानी टोला से रिपोर्ट छापी, बथानी टोला पूछ रहा सवाल? यह खबर भी पहले पेज पर छह कॉलम लगी. इसका असर यह हुआ कि राज्य सरकार ने बथानी टोला नरसंहार के मामले में सुप्रीम कोर्ट में अपील करने का फैसला लिया. यह खबर भी 19 अप्रैल, 2012 को पहले पेज पर लीड छपी. क्या प्रेस परिषद के माननीय सदस्य बतायेंगे कि ऐसी खबरें बिहार में सेंसरशिप या इमरजेंसी की स्थिति रहती, तो छपतीं. मौजूदा दौर का फैशन है कि किसी पर कुछ भी आरोप लगा दें. क्या संवैधानिक संस्था प्रेस काउंसिल भी इसमें शामिल हो गयी है?

इस रिपोर्ट के संदर्भ में हमने अपने बिहार संस्करण के अलग-अलग संपादकों से जानकारी मांगी कि क्या प्रेस काउंसिल ने उनके दायित्व के संस्करण पर कोई स्पष्ट आरोप लगाते हुए उनसे अपना पक्ष रखने के लिए न्योता था? पढ़िए प्रभात खबर के विभिन्न स्थानीय संपादकों से मिले जवाब :

प्रभात खबर (पटना) के स्थानीय संपादक प्रमोद मुकेश का पक्ष : प्रेस काउंसिल ऑफ इंडिया (पीसीआइ) के अध्यक्ष मार्कंडेय काटजू 24 फरवरी, 2012 को पटना विश्वविद्यालय में आयोजित एक समारोह में शामिल होने आये. उन्होंने अपने वक्तव्य में आरोप लगाया कि बिहार में प्रेस आजाद नहीं है. उन्होंने इसकी जांच के लिए तीन सदस्यीय टीम बिहार भेजने की घोषणा की. 24 फरवरी, 2012 को ही राजीव रंजन नाग की अध्यक्षता में तीन सदस्यीय जांच टीम का गठन हुआ. एक व दो अप्रैल, 2012 को इस बिहार जांच टीम ने पटना में सुनवाई की. 12 जुलाई, 2012 को मुजफ्फरपुर में सुनवाई हुई. 13 जुलाई, 2012 को मुंगेर में प्रेस काउंसिल की बिहार जांच टीम ने सुनवाई की. 17 दिसंबर, 2012 को गया में सुनवाई हुई. जांच टीम की रिपोर्ट 12 फरवरी, 2013 को सार्वजनिक की गयी. मुझे राजीव रंजन नाग की ओर से एक पत्र प्राप्त हुआ, जिसमें कहा गया कि 18 सितंबर, 2012 को पीसीआइ की टीम पटना में बिहार सरकार के अधिकारियों और प्रमुख प्रकाशनों के संपादकों के साथ विचार-विमर्श करना चाहती है. पत्र में कहा गया था कि उन्हें बड़ी संख्या में जो ज्ञापन प्राप्त हुए हैं, उनके स्पष्टीकरण के संबंध में बात करना चाहते हैं. लेकिन पत्र में इस बात का कोई उल्लेख नहीं था कि ज्ञापन किस संबंध में है, किसने दिये हैं, क्या आरोप लगाये हैं? प्रभात खबर पर लगे किन-किन आरोपों के संबंध में उन्हें स्पष्टीकरण चाहिए? अमूमन किसी अखबार में छपी किसी रिपोर्ट पर पीसीआइ स्पष्टीकरण मांग सकता है. यह उसका अधिकार भी है, लेकिन मुझे जो पत्र प्राप्त हुआ, उसमें कोई विशेष या स्पष्ट जानकारी नहीं मांगी गयी थी. जांच टीम ने यह सूचना नहीं भेजी थी कि प्रभात खबर में प्रकाशित किसी खबर पर किसी पाठक को आपत्ति थी? अगर ऐसा रहता, तो हम नैतिक रूप से जवाब देने के लिए बाध्य रहते. जाते और अपना पक्ष रखते. पर ऐसा कोई पत्र आया ही नहीं. इसी कारण 18 सितंबर की बैठक में मैं शामिल नहीं हुआ.

स्थानीय संपादक, गया– पीसीआइ की टीम द्वारा आधिकारिक रूप से निमंत्रण नहीं मिला था. बाहर से सूचना मिली थी. औपचारिक रूप से निमंत्रण नहीं मिला था, इसलिए नहीं गया.

स्थानीय संपादक, मुजफ्फरपुर– मुजफ्फरपुर के स्थानीय संपादक या कार्यालय को पीसीआइ द्वारा कोई पत्र नहीं मिला, इसलिए नहीं गया.

स्थानीय संपादक, भागलपुर– पीसीआइ टीम भागलपुर नहीं आयी थी. मुंगेर गयी थी.

साफ है कि जो आरोप अखबारों पर लगाये गये, उनके बारे में संबंधित अखबारों से उनका पक्ष पूछे बिना उन्हें मुजरिम घोषित कर दिया गया. यह न्याय है या न्याय के नाम पर निजी एजेंडा या निजी राग-द्वेष समाज पर थोपना है.

यह कैसी फैक्ट फाइंडिंग रिपोर्ट ?

- बिहार में निकलने वाले हिंदी अखबारों में सिर्फ प्रभात खबर ने प्रेस काउंसिल की फैक्ट फाइंडिंग टीम की रिपोर्ट आने की खबर छापी (13 फरवरी, 2013, सिटी संस्करण में पेज 14 व डाक संस्करण में पेज दो, शीर्षक - बिहार में सरकार के दबाव में है मीडिया).
- इस रिपोर्ट पर राजनीतिक बयान भी हिंदी अखबारों में सिर्फ प्रभात खबर ने छापे और वह भी प्रमुखता से (14 फरवरी, 2013, पेज 2 पर टॉप बॉक्स).
- इसके अलावा, इस रिपोर्ट में लगाये गये आरोपों को लेकर उपेंद्र कुशवाहा द्वारा धरना देने की खबर भी प्रभात खबर ने छापी.

फिर भी प्रेस काउंसिल की जांच टीम का निष्कर्ष है कि बिहार की पत्रकारिता में इमरजेंसी की स्थिति है?

(प्रकाशित रिपोर्ट में यह भाग नहीं है)

प्रेस काउंसिल की फैक्ट फाइंडिंग टीम (एफएफटी) की रिपोर्ट में नौ सेक्शन हैं. पहले सेक्शन में बिहार में पत्रकारिता की स्वर्णिम पृष्ठभूमि को बताया गया है. यह सेक्शन पढ़ने से उम्मीद जगती है कि बिहार में निष्पक्ष और जनोन्मुखी पत्रकारिता और पत्रकारों की जो गौरवशाली परंपरा रही है, उसके मानदंडों पर यह रिपोर्ट खरा उतरेगी. इस सेक्शन की आखिरी लाइन में कहा गया है कि बिहार के पत्रकार अपनी स्पष्ट समझ, लेखन, निष्ठा, प्रतिबद्धता और अध्यवसाय के बूते देश के कई मीडिया संस्थानों में स्तंभ के तौर पर काम कर रहे हैं.

रिपोर्ट का अगला सेक्शन है, प्रीवेलिंग सीनेरियो. इस सेक्शन में कहा गया है कि बिहार में एक खतरनाक प्रवृत्ति देखी जा रही है कि सरकार ने सच लिखने का अधिकार छीन लिया है. यह सिर्फ संविधानप्रदत्त अधिकारों का ही उल्लंघन नहीं बल्कि स्वतंत्र और निष्पक्ष पत्रकारिता के लिए भी खतरनाक है, जिससे राज्य (बिहार) में बहुत खराब स्थिति बनती जा रही है. यह पढ़ने के बाद लगा कि हो सकता है कि हम पत्रकार अपने काम के जुनून में यह जान ही न पा रहे हों कि सरकार ने हमें कठपुतली बना लिया है. प्रेस काउंसिल को टीम ने जरूर ऐसे तथ्य जुटाये होंगे, जो यह सिद्ध कर रहे होंगे कि हम सब सरकार के दबाव में और सरकार के इशारे पर ही काम कर रहे हैं. उत्कंठा बढ़ी उन तथ्यों को जानने की जिनके आधार पर टीम इस तरह के पत्रकारीय माहौल की बात कह रही है. पर प्रेस काउंसिल की जांच टीम ने

अपनी रिपोर्ट में ऐसे तथ्य दिये ही नहीं हैं. महज विपक्ष के बिना प्रमाण या सबूत आरोपों का संकलन भर है, यह रिपोर्ट.

इस सेक्शन के बाद रिपोर्ट में टीम की चार फाइंडिंग दी गयीं हैं. सेक्शन की शुरुआत इस वाक्य से होती है - सच ऐन इनडाइरेक्ट कंट्रोल ओवर द मीडिया... सवाल उठा कि किस तरह का इनडाइरेक्ट कंट्रोल? पहले वाले सेक्शन में किसी इनडाइरेक्ट कंट्रोल के बारे में न तो बताया गया और न ही इसके कोई प्रमाण दिये गये. प्रेस परिषद की रिपोर्ट में यह निष्कर्ष है कि बिहार में पत्रकारिता सेंसरशिप के दौर में है, और इमरजेंसी की स्थिति (1975-76) है. यह स्थिति बताने के लिए अंगरेजी के बड़े-बड़े विशेषणों का इस्तेमाल है. यह आरोप पढ़ते हुए सामान्य जिज्ञासा उभरती है कि क्या बिहार में इमरजेंसी होती, तो प्रेस परिषद की टीम घूमती? रिपोर्ट और विचार एकत्र करती? क्या प्रेस परिषद के चेरयमैन की बिहार सरकार पर तर्क-टिप्पणियां प्रभात खबर में प्रमुखता से छपे होते? बिहार के अखबारों में इस टीम के आने की खबर भी प्रभात खबर में छपी. क्या इमरजेंसी में ऐसा हुआ था? तब प्रेस सेंसरशिप के खिलाफ कोई फैक्ट फाइंडिग टीम कहीं गयी थी या उसकी चर्चा किसी अखबार में छपी? आज जो लोग बिहार की पत्रकारिता पर आरोप लगाते घूम रहे हैं, तब इमरजेंसी में उनकी मुखर वाणी कहां थी? यह रिपोर्ट पढ़ने के बाद यह तथ्य जानने की निजी उत्सुकता बढ़ गयी है कि रोज अपने बयानों से सुर्खियों में रहनेवाले प्रेस परिषद के माननीय चेयरमैन मार्कंडेय काटजू साहब, इमरजेंसी में कहां थे? उनकी भूमिका क्या थी? क्या तब भी वह कांग्रेसी थे? या न्यायाधीश थे या वकील थे? उनकी मौजूदा मुखर भूमिका देखकर लगता है कि तब वह जरूर जेल में रहे होंगे या कांग्रेस विरोधी? पर सच पता नहीं. प्रेस काउंसिल की टीम की रिपोर्ट पढ़ने से यह स्पष्ट होता है कि इस कमेटी के सदस्यों को या तो इमरजेंसी की स्थिति की बिल्कुल जानकारी ही नहीं है या जानबूझ कर इमरजेंसी की स्थिति का बिहार के संदर्भ में उल्लेख हुआ है. एक सुनियोजित षड्यंत्र के तहत टीम के सदस्यों ने जान-बूझ कर ऐसा किया है, यह मानने के परिस्थितजन्य साक्ष्य हैं. जिन बड़ी खबरों के न छपने की चर्चा रिपोर्ट में है, वे किस प्रमुखता से प्रभात खबर में छपी हैं, यह हमने ऊपर तिथिवार गिनाया. विपक्ष की खबरों या आरोपों को पहले पेज पर हमने कितना महत्व दिया, यह भी पुरानी छपी रिपोर्टों को निकाल कर बताया. क्या इमरजेंसी में विपक्ष की कोई एक बड़ी खबर भी उतनी बड़ी पहले पेज पर, देश के किसी बड़े अखबार में छपी थी? यहां तो रोज विपक्ष के आरोपों से अखबार भरे रहते हैं. फिर भी इमरजेंसी से बिहार की तुलना षड्यंत्र नहीं, तो क्या है?

दरअसल पत्रकारिता में जिस पाप के लिए इस रिपोर्ट में बिहार सरकार को कोसा जा रहा है, पत्रकारिता का वह दोषपूर्ण मॉडल तो भारत सरकार की नीतियों की देन है. 1991 की अर्थनीति का यह मीडिया में परिणाम है. नयी अर्थनीतियों ने संपादक नामक संस्था को खत्म कर दिया है. पत्रकारिता की धार, सत्व और सच पर परदा डाल दिया है. देश भर में आज अखबारों का मुख्य उद्देश्य प्रॉफिट मैक्सिमाइजेशन है. अखबार आज जिस बिजनेस मॉडल पर चल रहे हैं, उसमें ही इस नयी पत्रकारिता का उद्गम स्त्रोत है. न्यूज, समाज, देश, मिशन, यह सब पीछे या अतीत की बातें हैं. प्रमोटरों, निवेशकों और अखबार मालिकों का ही दोष नहीं है. पत्रकारिता विधा से भी गंभीरता गायब हो गयी है. कम ही पत्रकार किसी रिपोर्ट पर गहराई से काम या छानबीन करते हैं. किसी ने कोई भड़काऊ बात कह दी, गंभीर आरोप लगा दिया, बिना सिर-पैर जांचे वह अखबार में छप सकती है. आजकल जो भी सत्ता से बाहर

होता है, उसका धंधा ऐसे ही आरोपों की राजनीति से चलता है. होना तो यह चाहिए कि जानकारी मिले, तो हर दृष्टि से गहराई में उतर कर छानबीन हो, सभी आधिकारिक पक्ष लेकर वह विषय उठे. बोफोर्स से लेकर अन्य बड़े स्कैंडल इसी रास्ते उजागर हुए. पर हाल के दिनों में या इस आधुनिक दौर में टूजी प्रकरण, अदालत के माध्यम से सामने आया. अन्य बड़े प्रकरण या घोटाले सीएजी के माध्यम से सार्वजनिक हुए. याद करिए गुंडूराव (पूर्व मुख्यमंत्री, कर्नाटक) या अंतुले (पूर्व मुख्यमंत्री, महाराष्ट्र) वगैरह पर कैसी खोजपरक रपटें छपीं थी कि अनुमान या कयास के लिए जगह नहीं बची. इस नये युग के प्रकाशन घरानों की मजबूरियां अलग हैं. आज एक अखबार निकालना अत्यंत कैपिटल इंटेंसिव (पूंजीपरक) धंधा है. बड़ी पूंजी चाहिए. यह पूंजी आज आती है, विदेशों से एफडीआइ के रूप में या शेयर बाजार के शेयर निवेशकों के माध्यम से. या बैंकों से काफी भारी-भरकम कर्ज व बड़ा सूद की कीमत अदा कर. इस पूंजी को अपना रिटर्न चाहिए, ताकि निवेशकों को लाभांश मिल सके. इस पूंजी की कीमत है, पेड न्यूज का धंधा या पत्रकारिता में पालतू बनना. यह देश में 1991 के बाद ही शुरू हो गया. इन ट्रेंडों को जोड़ कर देखने से मौजूदा पत्रकारिता की समग्र तस्वीर साफ होती है. 2009 में पेड न्यूज के बिहार और झारखंड में पदार्पण पर इसका विरोध हुआ. पर लगभग दो दशकों से यह देश के अन्य हिस्से में चल रहा था. कहीं विरोध नहीं हुआ. पहले कहीं देश में इसका अन्यत्र मुखर विरोध क्यों नहीं हुआ? पूरा मीडिया जगत और राजनीतिक जगत यह सब जानता था, पर बिहार-झारखंड में इसका विरोध पहले यहीं की पत्रकारिता से शुरू हुआ. प्रभात खबर ने यह अभियान शुरू किया, स्वर्गीय प्रभाष जोशी के सान्निध्य, मार्गदर्शन और सहयोग से. देश की राजनीति या जनजीवन में विचारहीनता के दौर में आज भी बिहार की धरती पर पत्रकारिता और राजनीति में विचार जीवित हैं, इसलिए बिहार की धरती से ही पेड न्यूज के खिलाफ मुखर विरोध हुआ. यहीं के विरोध से यह मुद्दा देशव्यापी बना. क्या कभी इस तथ्य के लिए बिहार की पत्रकारिता या राजनीति को किसी ने कांप्लीमेंट (शाबाशी) दिया है. यहां की राजनीति चाहे राजद की हो या अन्य दलों की, सब इसके खिलाफ खड़े हुए. बिहार प्रेस परिषद की रिपोर्ट का रोना है कि ब्रांड मैनेजर या यूनिट हेड वगैरह संपादक बन गये हैं. यह टिप्पणी पढ़ते हुए जांच टीम की अज्ञानता, अनभिज्ञता का एहसास हुआ, क्योंकि पत्रकारिता में आये इस बदलाव को आज हर सजग नागरिक जानता है.

चर्चित संपादक रहे (अब भी मशहूर स्तंभकार) खुशवंत सिंह की ताजा पुस्तक का हवाला देना सबसे प्रासंगिक होगा. विकिंग (पेंग्विन समूह द्वारा प्रकाशित) ने खुशवंत सिंह की खुशवंतनामा पुस्तक छापी है, द लेसनस् आफ माइ लाइफ. 2013 में. अभी कुछेक रोज पहले बाजार में यह आयी है. खुशवंत सिंह देश के बड़े संपादकों में से रहे हैं. ९८ वर्ष की उम्र में भी उनका लेखन, तीक्ष्णता और स्पष्टता अद्‌भुत है. उनसे सहमत-असहमत होना अपनी जगह है. इस पुस्तक में उन्होंने एक अध्याय लिखा है, जर्नलिज्म देन एंड नाउ (पत्रकारिता तब और अब). लगभग साढ़े दस पेज में यह टिप्पणी है. प्रेस काउंसिल की जांच टीम ने बिहार की पत्रकारिता में पतन के लिए जो सवाल उठाये हैं, उसका सबसे सटीक उत्तर खुशवंत सिंह की इस टिप्पणी में मौजूद है. वह कहते हैं कि आज देश में बड़े-बड़े अखबार हैं. उन बड़े राष्ट्रीय अखबारों के नाम भी उन्होंने गिनाये हैं. वह कहते हैं कि इनकी प्रसार संख्या भी अधिक है, पर इनके संपादकों के नाम आज कोई नहीं जानता? क्यों? क्योंकि खुशवंत सिंह की नजर में आज अखबारों को या तो मालिक चला रहे हैं या मालिकों की संतानें. विज्ञापन क्या है, खबर क्या है, किस

तरह की चीजें पत्रकारिता में हो रही हैं, इस पर संक्षेप में सुंदर और साफ बातें खुशवंत सिंह की टिप्पणी में है. यह टिप्पणी उस व्यक्ति की है, जिन्होंने देश के दो सबसे बड़े घरानों में सबसे महत्वपूर्ण प्रकाशनों के संपादन का काम किया है. सच यह है कि 1991 के बाद देश के सबसे बड़े अखबारों को ब्रांड मैनेजर चला रहे हैं. इसकी शुरुआत दिल्ली से, और सबसे बड़े अखबारों से हुई है. बात अब इस सीमा से बहुत आगे निकल चुकी है. निजी कंपनियों की प्राइवेट इक्विटी, अनेक बड़े अखबार घरानों ने लिये और उन्हें संपादकीय खबरें देकर प्रोमोट किया. जो कंपनियां कमजोर थीं, उनका प्रचार एजेंट बन कर उनकी संपदा बढ़ायी. पिंक पत्रकारिता (व्यापार और वाणिज्यिक पत्रकारिता) के खिलाफ, प्रधानमंत्री मनमोहन सिंह ने यूपीए के प्रथम दौर में चंडीगढ़ प्रेस क्लब में तीखा प्रसंग व अनेक स्पेसिफीक सवाल उठाये. कई उदाहरण गिना कर. इस पर प्रेस गिल्ड की समिति भी बनी. क्या माननीय प्रेस परिषद की निगाह में कभी ये मूल सवाल रहे? इस तरह पत्रकारिता में यह क्षरण तो दिल्ली की देन है. देश की अर्थनीतियों की देन है. और दोष बिहार पर? गांवों में किस्सा सुना था, कमजोर की लुगाई (औरत) सबकी भौजाई. बिहार के लोग प्रतिवाद नहीं करते, तो कुछ भी कह दो. देश की पत्रकारिता में पतन को समझने के लिए जरूरी है कि हम पत्रकारिता का अर्थतंत्र पढ़ें, तो बातें साफ होंगी (देखें प्रभात खबर, 20-23 मार्च 2012). पूरे देश में बड़ी पूंजी ने छोटी पूंजी को तबाह कर दिया है. हर क्षेत्र में. पत्रकारिता में भी. पत्रकारिता में गुजरे बीस वर्षों में पूरे देश में न जाने कितने प्रकाशन बंद हुए? यह अत्यंत ज्वलंत विषय है, पर प्रेस परिषद की विद्वान समिति अगर सचमुच ऐसे बुनियादी सवालों पर चिंतित है, तो उसे इसकी जड़ तक जाना होगा, तब बातें साफ होंगी. काश! प्रेस काउंसिल की यह टीम, दिल्ली स्तर पर कोई ऐसी जांच करती, तो शायद पत्रकारिता-मीडिया में आये बदलावों पर एक राष्ट्रीय संवाद होता. अंततः राष्ट्रीय राजनीति और केंद्र सरकार ही पत्रकारिता में आये इस क्षरण को रोक सकते हैं.

प्रेस परिषद की बिहार फैक्ट फाइंडिंग टीम की रिपोर्ट है कि बिहार के अखबारों का प्रबंधन काफी विज्ञापन पाता है और सरकार के प्रति कृतज्ञ होता है. प्रभात खबर के बारे में हम स्पष्ट करना चाहेंगे. प्रसार संख्या की दृष्टि से आज प्रभात खबर, बिहार का बड़ा अखबार है. लेकिन सरकारी विज्ञापन उस अनुपात में प्रभात खबर को नहीं मिल रहे. और साफ-साफ जान लें. बिहार के जो बड़े अखबार हैं, प्रसार की संख्या में, उन्हें उनके प्रसार के अनुपात में बिहार सरकार के विज्ञापन हर माह मिलते हैं. प्रभात खबर की आज बिहार में जो कुल प्रसार संख्या है, उसे जिस अनुपात (कुल प्रसार बनाम कुल विज्ञापन) से पांच से आठ फीसदी के बीच हर माह विज्ञापन कम मिलते हैं. इसे हम हर माह का आंकड़ा दे कर बता सकते हैं. पर यह मूल विषय से भटकाव होगा. पूरी दुनिया में मान्य परंपरा है कि प्रसार के आधार पर विज्ञापन मिलता है. प्रभात खबर इस बात के लिए तैयार है कि प्रेस परिषद या बिहार सरकार किसी स्वतंत्र, न्यायिक संस्था से स्वतंत्र तौर पर प्रभात खबर की कुल प्रसार संख्या की खुद जांच कराये और बिहार सरकार से भी तथ्य ले कि क्या प्रभात खबर को उसकी सही प्रसार संख्या के अनुपात में विज्ञापन मिल रहा है? इस संदर्भ में जांच हो, पर समयबद्ध. बताये कि हमारी प्रसार संख्या के अनुपात में नैसर्गिक रूप में जो विज्ञापन मिलना चाहिए, वह मिल रहा है क्या? फिर भी हमारे ऊपर बिना सबूत इल्जाम?

प्रेस परिषद की बिहार फैक्ट फाइंडिंग टीम ने अनेक संस्थाओं से रिपोर्ट आमंत्रित की और उन आरोपों को बगैर गहराई से जांचे एक जगह कंपाइल (संकलित) भर कर दिया. क्या प्रेस परिषद की

जांच टीम की भूमिका यहां महज रिपोर्ट या आरोप कंपाइलर (संग्रहकर्त्ता) की थी या जांचकर्त्ता की? क्या यह प्रेस परिषद की जांच कमेटी का फर्ज है? कोई भी कुछ भी आरोप अखबारों पर लगा दे, उसको आप सही मान कर उसे अपनी रिपोर्ट बना देंगे?

झूठे आरएनआइ रजिस्ट्रेशन से विज्ञापन लेना

आरएनआइ रजिस्ट्रेशन को लेकर प्रेस परिषद की रिपोर्ट में लगभग दो-सवा दो पेज सामग्री है. आरएनआइ रजिस्ट्रेशन से जुड़े गंभीर आरोप अखबारों पर लगाये गये हैं. पर प्रभात खबर अपना पक्ष रखना चाहता है कि यह नितांत झूठा, आधारहीन और बगैर सच्चाई में गये प्रभात खबर पर लगाया गया आरोप है.

रिपोर्ट में कहा गया है कि तीन बड़े अखबारों (जिनमें प्रभात खबर भी है) ने झूठे आरएनआइ नंबर के जरिये करोड़ों रुपये के विज्ञापन लिये. कमेटी को अखबारों के स्पष्ट तौर पर नाम देने से पहले क्या यह पता नहीं लगाना चाहिए था कि किसने यह काम किया और किसने नहीं? सुनी-सुनायी बातों को रिपोर्ट में जस-का-तस रख देने को तो फैक्ट फाइंडिंग नहीं कहा जा सकता. दूसरे अखबारों ने क्या किया और क्या नहीं किया, इससे हमारा कोई सरोकार नहीं, न हमें इसकी जानकारी है, लेकिन हम, प्रभात खबर को लेकर यह स्पष्ट कर देना चाहते हैं कि प्रभात खबर ने पटना, मुजफ्फरपुर, भागलपुर व गया समेत किसी संस्करण को झूठे आरएनआइ नंबर के साथ प्रकाशित नहीं किया, भले ही इसके लिए हमें एक संस्करण की विज्ञापन दर पर बिहार के चारों संस्करणों में सरकारी विज्ञापन प्रकाशित करने पड़े हों. हमारे लिए नियमों व नीतियों का पालन सर्वोपरि है, न कि नियमों-नीतियों को धता बता कर पैसे कमाना. कमेटी द्वारा बिना जांच-पड़ताल के गलत तथ्य पेश कर प्रभात खबर पर भी ऐसा आरोप लगाना संवैधानिक संस्था प्रेस काउंसिल व जांच करने की नैसर्गिक-न्याय प्रणाली प्रक्रिया या सिद्धांत का अपमान है? प्रेस काउंसिल की इस पूरी जांच टीम को या तो तथ्यों के साथ प्रभात खबर पर यह आरोप सिद्ध करना चाहिए या फिर अपनी रिपोर्ट को ही सार्वजनिक रूप से झूठी रिपोर्ट कहनी चाहिए. जैसे हम अपनी भूल या गलती के लिए सार्वजनिक रूप से क्षमा मांगने को तैयार है, उसी तरह प्रेस काउंसिल की इस जांच टीम को भी अपनी रिपोर्ट में उल्लिखित झूठे तथ्यों की जवाबदेही लेनी चाहिए. प्रेस काउंसिल के चेयरमैन आजकल सच के स्वघोषित प्रवक्ता-पक्षधर हैं, पर यहां वह बिना प्रमाण किसी अखबार पर अत्यंत गंभीर (पर झूठे) आरोप लगाने की भूमिका में हैं? हमारी न्यूनतम अपेक्षा है कि इस तथ्य को जांचें. प्रेस परिषद को इस भ्रामक व झूठी रिपोर्ट की जवाबदेही लेनी चाहिए. इस पाप का प्रायश्चित करना चाहिए. सार्वजनिक रूप से.

आरएनआइ रजिस्ट्रेशन का नियम है कि पहले आप एसडीओ/एसडीएम के यहां डिक्लेयरेशन (घोषणा) फाइल करें. तब अखबार निकालें. इसके बाद एक निश्चित अवधि में आरएनआइ रजिस्ट्रेशन के लिए आवेदन दें. प्रभात खबर के चारो संस्करणों (पटना, मुजफ्फरपुर, भागलपुर और गया) ने इस नियम का पालन किया है. कृपया इस चार्ट को ध्यान से देखें-

*मुजफ्फरपुर संस्करण 9 फरवरी, 2011 तक पटना से ही प्रकाशित हुआ. सिर्फ उसका प्रिंटिंग मुजफ्फरपुर में हुआ

डीएवीपी रेट मिलने की तिथि (19.03.2012) से पहले पटना संस्करण को मिलनेवाले बिहार सरकार के सभी विज्ञापन बिना किसी अतिरिक्त शुल्क के मुजफ्फरपुर और भागलपुर संस्करण में छपते रहे.

पटना से प्रभात खबर 1996 में छपना शुरू हुआ. छपने के आसपास ही हमने वैधानिक तरीके से एसडीओ, डीएम के यहां आवश्यक आवेदन किया. फिर प्रकाशन शुरू हुआ. छह माह नियमित प्रकाशन के बाद हमने केंद्र सरकार के डीएवीपी के पास विज्ञापन दर की स्वीकृति के लिए आवेदन दिया. यही नियम है. लगभग एक साल बाद यह विज्ञापन दर मिली. सरकारी नियमों के अनुसार केंद्र सरकार के सूचना-प्रसारण मंत्रालय के डीएवीपी से रेट की मंजूरी के बाद ही राज्य सरकार के आइपीआरडी के पास रेट मंजूरी के लिए आवेदन कर सकते हैं. हमने पटना संस्करण के लिए यह आवेदन दिया, पर बिहार सरकार ने वर्ष 2000 में प्रभात खबर , पटना संस्करण को राज्य सरकार के नियमित विज्ञापन देने की मंजूरी दी. (हमने पुराने कागजात को तलाशा, पर ढूंढ़ नहीं पाये. यह स्मृति के आधार पर कह रहे हैं. राज्य सरकार के आइपीआरडी के तथ्यों से इनकी पुष्टि की जा सकती है.)

आज पटना, मुजफ्फरपुर, भागलपुर व गया, चार जगहों से प्रकाशित प्रभात खबर, बिहार के कुल 38 जिलों में बंटता है. फर्ज कीजिए कि एक पटना संस्करण अगर 10-12 जिलों में जाता है, तो नियमतः पटना का आरएनआइ नंबर ही वैध होगा. इसी तरह मुजफ्फरपुर, भागलपुर और गया प्रकाशन केंद्रों से जुड़े जिलों की स्थिति है. प्रभात खबर, पटना को पहले से डीएवीपी रेट मिला था, जब तक मुजफ्फरपुर, भागलपुर प्रकाशन संस्करणों के अलग डीएवीपी रेट केंद्र सरकार से मंजूर होकर नहीं मिले, तब तक पटना संस्करण के विज्ञापन मुफ्त में मुजफ्फरपुर, भागलपुर संस्करणों में हम छापते रहे. इस मामले में हम किसी तरह की जांच के लिए तैयार हैं. चाहे वह प्रेस परिषद की हो या बिहार सरकार की. शर्त सिर्फ एक ही है कि यह समयबद्ध जांच हो. सप्ताह-दो सप्ताह के अंदर. पर आग्रह यह है कि यदि प्रेस काउंसिल का यह आरोप झूठ पाया जाता है, तो प्रेस काउंसिल यह नैतिक दायित्व ले और गलत बदनाम करने की क्षतिपूर्ति करे.

देश के अन्य बड़े अखबार कैसे छपते हैं ?

प्रमुख अखबारों की स्थिति

1.	दैनिक जागरण (दिल्ली)	-एक आरएनआइ पर 14 संस्करण
2.	नभाटा (दिल्ली)	-एक आरएनआइ पर 09 संस्करण
3.	टाइम्स ऑफ इंडिया (दिल्ली)	-एक आरएनआइ पर पांच संस्करण
4.	साक्षी (आंध्र प्रदेश)	-19 केंद्र (आरएनआइ) से 294 संस्करण

(स्रोत : आधिकारिक स्रोतों से मौखिक सूचना के आधार पर एकत्र)

आंध्र में चले जाएं. वहां दो बड़े तेलुगु अखबार हैं. ईनाडु और साक्षी. ईनाडु बहुत पुराना अखबार है. साक्षी हाल के वर्षों का है. दोनों तेलुगु अखबार, एक-एक विधानसभा क्षेत्र का संस्करण निकालते हैं. कुछेक पंचायत तक पहुंचने की कोशिश कर रहे हैं. क्या उनके पास एक-एक पंचायत या विधानसभा के आरएनआइ नंबर हैं ? देश के अन्य राज्यों या क्षेत्रीय भाषाओं की पत्रकारिता में भी समान स्थिति है. प्रभात खबर ने कभी भी गलत आरएनआइ की सूचना दी हो, तो हम सार्वजनिक रूप से जानना चाहते हैं. अगर हमने जानबूझ कर गलती की है, तो हम सजा के लिए तैयार हैं. अगर हम सही हैं, तो प्रेस

परिषद की फैक्ट फाइंडिग टीम को दायित्व लेना चाहिए.

रिपोर्ट में बिहार सरकार की विज्ञापन की नीतियों पर चर्चा है और कुछ सुझाव हैं. ऐसे आरोपों के बारे में हम बोलने के लिए अधिकृत नहीं हैं. यह राज्य सरकार का विषय है.

जनसरोकार किसे कहेंगे

हम लोगों को यह नहीं भूलना चाहिए कि सात-आठ साल पहले तक बिहार में अपराध, रैली, राजनीतिक बयानबाजी के अलावा कोई और खबरें नहीं होती थीं. विकास कार्य, पुल-सड़क निर्माण, कॉलेज-यूनिवर्सिटी खुलने आदि की खबरें न होने की वजह से अखबार नकारात्मक खबरों से ही भरे होते थे. इसके पहले दुनिया के सबसे प्रतिष्ठित व विश्वसनीय प्रकाशनों 'इकनामिस्ट', 'टाइम', 'न्यूजवीक' या 'न्यूयार्क टाइम्स' वगैरह ने बिहार को इतनी उम्मीद से नहीं देखा था या जगह-महत्व दिया था. आज की तारीख में बिहार के बदलने या विकास की खबरें भी बड़ी संख्या में होती हैं. यदि सरकारी योजनाओं से आमजन लाभान्वित होता है और पूरे समाज पर सकारात्मक असर पड़ता है, तो ऐसी खबरें व रिपोर्ट भी तो महत्वपूर्ण मानी जायेंगी. क्या पहले कभी बिहार की विकास दर देश में अव्वल रही? लगातार हर वर्ष यह स्थिति रही? ऐसी खबरों को क्या महत्व नहीं मिलनी चाहिए? जनसरोकारी पत्रकारिता का तकाजा तो यही होना चाहिए कि यदि समाज या राज्य में कुछ अच्छा हो रहा है, तो उसे प्रमुखता से सामने लाया जाये, जिससे निराशा का माहौल छंटे और उम्मीद का वातावरण बने. यदि कहीं सरकारी विभागों या स्कीमों में गड़बड़ी व शिथिलता है, तो उसे भी उतनी ही प्राथमिकता मिले, जिससे चीजें ठीक करने का दबाव जिम्मेवार लोगों-संस्थाओं-विभागों पर बने, प्रभात खबर इसी सोच के साथ काम करता है.

प्रेस काउंसिल की बिहार जांच रिपोर्ट कहती है कि विपक्ष के बयानों को नहीं छापा जाता है, लेकिन प्रभात खबर ने तो बयान छापने से आगे बढ़कर, बिहार : आगे की राह शीर्षक से बिहार के अहम मसलों को लेकर सेमिनारों की श्रृंखला शुरू की है, जिसमें सभी प्रमुख राजनीतिक दलों के प्रतिनिधियों को आमंत्रित किया जाता है. इस श्रृंखला में हुए आबादी विषय पर पहले सेमिनार में प्रमुख वक्ता विपक्षी दल राजद के वरिष्ठ नेता रघुवंश प्रसाद सिंह थे. इस प्रयास के पीछे मकसद यह है कि बिहार के मूल सवालों पर मसलन, जनसंख्या, बिजली आपूर्ति, बाढ़, शिक्षण संस्थाओं का ध्वस्त होते जाना जैसे मसलों पर गंभीर बहस हो. हर दल के बड़े और समझदार नेता इन समस्याओं के हल के लिए अपना ब्लूप्रिंट या विजन लेकर आयें और प्रैक्टिकल समाधान बतायें, ताकि राजनीति में एकाउंटिबिलीटी आये.

प्रभात खबर इस तरह की सर्वदलीय गोष्ठियों से सभी दलों से समस्याओं को हल करने के उपाय जानना चाहता है और सार्वजनिक करना चाहता है, ताकि राजनीति हवा में न हो, वायवी न हो. महज आरोप-प्रत्यारोप की न हो. बल्कि विकास, गवर्नेंस जैसे मसलों पर दलों के दायरे से ऊपर उठ कर बिहार के हित के बारे में बिहारी सोचें. समझें. ठोस बातों पर राजनीति हो. गवर्नेंस इंप्रूव (बेहतर) करने पर हो. देश में कौन-सा अखबार ऐसा प्रयास कर रहा है. अगर प्रेस परिषद की जांच टीम हमें यह बताती, तो हमारा उत्साह बढ़ता. हम यहां एक बड़ा सवाल खड़ा करना चाहेंगे. मौजूदा समाज में मीडिया की भूमिका पर? बिहार में हो रहे बदलावों-सार्थक कामों को सबसे पहले देश-दुनिया में प्रभात खबर ने प्रमुखता देना शुरू किया. क्यों? हमारी साफ अवधारणा रही है कि बिहार जैसे राज्य, जो देश में अराजकता

के पर्याय मान लिये गये थे, जिन्हें बीमारू घोषित कर दिया गया था. अगर वहां बदलाव की गंभीर कोशिश दिखाई देती है, तो हमारी मान्यता है कि हमें बदलावों को महत्व देना चाहिए, ताकि समाज की निराशा छंटे, यह आस्था-भरोसा पैदा हो कि हम (बिहार) भी आगे बढ़ सकते हैं? कामयाब हो सकते हैं? यह रेखांकित करना भी मीडिया का फर्ज है. यह खुलेआम स्वीकार करना चाहिए कि हमारे समाज की कुछ गंभीर कमजोरियां हैं. हम आदतन निगेटिव (नकारात्मक) मानसवाले लोग हैं. लगातार आलोचना, दूसरों को नंगा करना, हमारी फितरत है. हम अकर्म के गीत गानेवाले लोग हैं. काम किये बिना हम सुख पाने का मानस रखनेवाले. क्यों पश्चिम आगे है? वहां कोई एक मामूली अच्छा काम करता है, तो पूरा समाज साथ खड़ा होकर हौसला बढ़ाता है. वह समाज सकारात्मक मानस (पॉजिटिव एटीट्यूड) का गीत गानेवाला है. हमारे यहां कोई एक आदमी आंशिक सफल हो जाये या मामूली उपलब्धि पा ले, हम उसके पीछे पड़ जाते हैं. आलोचना कर, हतोत्साहित कर, आरोप लगा कर उसके मनोबल को तोड़ देने के लिए जंग लड़ते हैं. यह बीमार समाज का लक्षण है. इसलिए हम प्रभात खबर में देश-दुनिया में जहां भी अच्छे करते-होते लोगों को देखते हैं, उन पर फोकस करते हैं, ताकि समाज में आस्था-विश्वास का मनोबल पैदा हो. हम अच्छाई के गीत गायें. पस्त मनोबल-हौसले को ऊंचा करें. आज राजनीतिज्ञों की क्या स्थिति है? उन्हें तो तुरंत कुरसी चाहिए. वे कुरसी के लिए लड़ते हैं, पर मीडिया, भविष्य और आनेवाली पीढ़ियों के लिए भी कार्य करता है. हम इसी दृष्टि के तहत काम करते हैं.

हमने बगैर अपेक्षा यह रास्ता बिहार-झारखंड-बंगाल के समाज के हित में अपनाया है, बिना प्रतिदान के. हम पहले बता चुके हैं कि आज की तारीख में हमारी जो प्रसार संख्या बिहार में है, उसके अनुपात में हमें विज्ञापन नहीं मिल रहा. न किसी तरह का फेवर हमने कभी किसी सरकारी संस्था से लिया है, न प्रभात खबर ने गलत आरएनआइ से किसी संस्थान का विज्ञापन लिया है. फिर प्रभात खबर पर एक संवैधानिक संस्था द्वारा निर्गत टीम की जांच रिपोर्ट ने बगैर जांच आरोप किस आधार पर लगाया है? पिछले 60 वर्षों में बिहार की राजनीति का मुख्य मुद्दा क्या था? जाति-उपजाति या गोत्र? राजनीति इससे आगे बढ़ी, तो धर्म पर अटक गयी. पहली बार बिहार की राजनीति ने राजनीतिक विमर्श का मुख्य मुद्दा या आधार बदल दिया है. वह है, आर्थिक आधार. इससे किस दल को लाभ मिल रहा है, किसको घाटा हो रहा है, यह हमारे लिए बेमतलब है. यह तो राजनीतिक दलों के अपने दावं-पेच पर निर्भर है. हमारे लिए इस पूरी खबर में सबसे महत्वपूर्ण अंश है कि 60 वर्ष बाद बिहार की राजनीति का डीएनए बदलने की कोशिश कहीं हो रही है. हमारी दृष्टि में आज की तारीख में आर्थिक सवाल सबसे निर्णायक सवाल हैं. आर्थिक प्रगति होगी, तो जाति-धर्म की दीवारें टूटेंगी. विकसित समाजों के उदाहरण सामने हैं. अब अगर इस सवाल को हम महत्व देते हैं, इस व्यापक फलक और सोच के तहत, तो हम सरकार समर्थक करार दिये जाते हैं. कल अगर विपक्षी दल इस सवाल पर गोलबंद होकर पहल करते हैं, और हम अपने इसी विचार-ध्येय के तहत उनकी ऐसी खबरों को बिहार के हित में हम महत्व देते हैं, तो हम सरकार के विरोधी हो गये? सरकार और विपक्ष के इस खेल के बीच कहीं बिहार नाम का कोई राज्य है? बिहार की जनता है? ये दल रहे या न रहें, बिहार रहेगा. इसलिए बिहार के हित का सवाल हमारे लिए सबसे बड़ा और निर्णायक सवाल है. इस पर फैसला लेने के लिए हमें कोई मार्गदर्शन की जरूरत नहीं.

- बिहार से निकलने वाले हिंदी अखबारों में सिर्फ प्रभात खबर ने प्रेस काउंसिल की फैक्ट

फाइंडिंग टीम की रिपोर्ट आने की खबर छापी (13 फरवरी, 2013, सिटी संस्करण में पेज 14 व डाक में पेज दो).

- इस रिपोर्ट पर राजनीतिक बयान भी हिंदी अखबारों में सिर्फ प्रभात खबर ने छापे और वह भी प्रमुखता से (14 फरवरी, 2013, पेज 2 पर चार कॉलम टॉप बाक्स).
- इसके अलावा, इस रिपोर्ट में लगाये गये आरोपों को लेकर उपेंद्र कुशवाहा द्वारा धरना देने की खबर भी प्रभात खबर ने पेज 2 पर छापी.

क्या इमरजेंसी में ऐसा होता था? कोई सबूत है, प्रेस काउंसिल की टीम के पास, तो बताये? (यह भाग भी प्रकाशित लेख में नहीं है)

हम अपनी जिम्मेवार के प्रति सजग हैं. भूलें हो सकती हैं, पर इरादतन नहीं. हिंदी में प्रभात खबर शायद पहला अखबार है, जो लगातार खुद को एकाउंटेबुल बनाने के लिए पाठकों से आग्रह करता है. खबरों में पक्षपात, गलतियां, जान-बूझ कर तथ्यों को तोड़ने-मरोड़ने या निहित उद्देश्य की खबरें न जाये, इसके लिए लगातार अखबार में विज्ञापन छापते हैं. तीन स्तर पर. पहले विज्ञापन में स्थानीय संपादक का नाम व पता देकर पाठकों से आग्रह किया जाता है कि किसी खबर के प्रति शिकायत है, तो सीधे लिखें. इससे भी संतुष्ट नहीं हैं, तो स्टेट हेड का भी विज्ञापन छपता है कि सीधे स्टेट हेड को लिखें. इन दोनों से भी संतुष्ट नहीं हैं, तो कॉरपोरेट सेल का विज्ञापन छाप कर आग्रह किया जाता है कि सीधे कॉरपोरेट सेल को लिखें. तीन स्टेज पर मॉनिटरिंग. देश में कौन-सा अखबार है, जो अपने यहां ऐसी मॉनिटरिंग करता है? हम अपेक्षा तो नहीं करते, पर क्या कभी ऐसी बातों पर प्रेस काउंसिल भीड़ में अकेले काम करने के लिए प्रोत्साहित करती है? लगातार पेड न्यूज प्रसंग पर समाज को जागरूक करने का हमने अभियान चलाया. क्या कभी एक शब्द प्रशंसा का सुनने को मिला? लगातार प्रभात खबर से जुड़े पत्रकारों का प्रशिक्षण व प्रेस काउंसिल के तय मानकों (चुनाव व दंगों के दौरान खास कर) के तहत पत्रकारिता व आचरण करने का प्रशिक्षण अभियान पर मनोबल बढ़ानेवाली टिप्पणी तो 20 वर्षों में नहीं सुनी? क्या प्रेस काउंसिल की टीम ने कभी ऐसी चीजों के बारे में पूछा? पता किया? या एक ही चाल से सबको चला दिया. सब धान बाईस पसेरी.

इन दिनों काटजू साहब अपने चर्चित बयानों के कारण सुर्खियों में रहते हैं. हाल में पत्रकारों के बारे में उनका बयान आया कि वे पत्रकारों के एकेडमिक क्वालिफिकेशन (शैक्षणिक योग्यता) तय करने के लिए एक कमेटी बना रहे हैं. पत्रकारों के लिए न्यूनतम योग्यता तो ग्रेजुएशन है ही. उनके ऐसे बयानों से पत्रकारिता का सर्टिफिकेट बेचनेवाले संस्थान ही (भारी फीस लेकर) खड़े होंगे. उन्हें तो राह बतानी चाहिए थी कि पत्रकारिता या पत्रकार कैसे बेहतर हो सकते हैं? श्री काटजू किसी चुनौती के सॉल्यूशन (हल) की बात नहीं करते, बल्कि नयी समस्या गिना देते हैं. मसलन, पेड न्यूज का मामला. इसके लिए किसी अखबार का कोई पत्रकार दोषी नहीं है. इसके लिए अगर कोई दोषी है, तो वह है, इस देश का आर्थिक मॉडल, जिसके तहत आज के अखबार निकल रहे हैं. वह है, केंद्र सरकार की अर्थनीति. इस पेड न्यूज के लिए, इस देश की संपूर्ण राजनीति और नेता दोषी हैं. अखबारों के मालिकानों का भी दोष है. लेकिन काटजू साहब को असहाय पत्रकार विलेन दिखायी दे रहे हैं. पर इस बीमारी के जो मूल कारण हैं,

वे ताकतवर लोग हैं, वे देश की नियति तय कर रहे हैं, इसलिए उनके खिलाफ वह बोलने को तैयार नहीं. याद रखिए, कोई पत्रकार पेड न्यूज नहीं बंद कर या करा सकता? इतना हो-हल्ला, शोर, आंदोलन, प्रेस परिषद की जांच के बाद भी तीन महीने पहले हुए गुजरात चुनावों में क्या हुआ? पेड न्यूज की कई सौ शिकायतें आयीं, क्यों नहीं रोक पाये काटजू साहब? क्योंकि वह बीमारी की जड़ का इलाज नहीं कर रहे हैं, असहाय पत्रकारों को अपना शिकार बना रहे हैं.

बिहार पर प्रेस परिषद द्वारा जांच कमेटी का स्वर और समझ क्या है? अखबार में क्या छपेगा? क्या हेडिंग होगी? किस खबर को कितनी जगह मिलेगी? यह खबर किस पेज पर छपेगी? कौन-सी तस्वीर कहां लगेगी, यह कौन तय करेगा? प्रेस परिषद की टीम का निष्कर्ष है कि बिहार में यह सब सरकार के इशारे पर हो रहा है. इससे बड़ा सफेद झूठ क्या हो सकता है? हकीकत तो यह है कि कोई सरकार चाहे भी तो ऐसा करना नामुमकिन है. असंभव है. जो अखबारों की कार्यप्रणाली, समयबद्ध काम की प्रक्रिया नहीं जानते, वे ही हवा में ऐसे निष्कर्ष निकालते हैं. प्रेस परिषद की जांच समिति में जो भी आरोप आये हैं, उन आरोपों की जांच किये बगैर यह फैसला सुना दिया है कि अखबार गलत कर रहे हैं. क्या प्रेस परिषद यह चाहती है कि विपक्ष को या आरोप लगानेवाले को अखबार के हेडिंग तय करने का अधिकार हो? कौन-सी खबर किस जगह जायेगी, यह फैसला करने का अधिकार हो? खबर कैसे लिखी जाये या प्रस्तुत हो, यह बाहर के लोग तय करेंगे? निराधार आरोपों को बड़ी खबर बना कर छापने का हक आलोचकों को मिले? प्रेस परिषद को पता होना चाहिए कि यह सब काम हम पत्रकारों का है. हम इसे पूरी गंभीरता, जिम्मेवारी और जवाबदेही से करते हैं. हमारे लिए न सरकार अहम है, न विपक्ष, न प्रेस परिषद. हमारी मूल जिम्मेवारी बिहार, बिहार के समाज और इस लोकतांत्रिक व्यवस्था में संस्थाओं के प्रति पहले है. क्या हमें यह प्रेस परिषद की टीम बतायेगी कि हम कैसे काम करें?

काटजू साहब के न्यायिक फैसलों पर टिप्पणी करना हमारा मकसद नहीं है. वह हमारा क्षेत्र भी नहीं है. पर हम यह जरूर कहना चाहेंगे कि उनके अनेक न्यायिक फैसले, गंभीर विवादों से घिरे रहे हैं. 07.04.2013 को संडे पायनियर में लीड स्टोरी (खबर) है, काटजू साहब के ही एक फैसले से जुड़ी. बीस वर्षों पहले न्यायमूर्ति मार्कंडेय काटजू, इलाहाबाद उच्च न्यायालय में जज (न्यायाधीश) थे. 1993 में इलाहाबाद उच्च न्यायालय के दो जजों को लखनऊ में एक ट्रैफिक सिपाही ने रोक दिया था. दोनों जज साहब नाराज हो गये. कोर्ट की एक पीठ ने 05.04.1993 को यातायात सचिव को सम्मन किया. इस पीठ में एक जज, मार्कंडेय काटजू साहब भी थे. फिर उच्च न्यायालय के जज साहबों को हाई डिगनिटरिज (अत्यंत महत्वपूर्ण लोगों की सूची) में धारा-108 के तहत जोड़ने का आदेश दिया गया. कहा गया कि जजों की नियुक्ति संवैधानिक नियुक्ति है. इसलिए उन्हें जनता का विश्वास प्राप्त है और उनकी गाड़ियों को रोकना विशेषाधिकार के खिलाफ है. उच्चत्तम न्यायालय ने बीस वर्ष पहले इलाहाबाद उच्च न्यायालय में काटजू साहब के इस फैसले को पिछले सप्ताह पलट दिया है. अब उच्चत्तम न्यायालय के निर्णय के बाद उच्च न्यायालय के मुख्य न्यायाधीश के अलावा, राज्य का कोई अन्य जज लाल बत्ती लगाकर नहीं घूमेगा. इससे देश के छह सौ उच्च न्यायालयों के जजों पर असर पड़ेगा.

मेरा आशय इस फैसले पर कोई टीका-टिप्पणी करना नहीं है, बल्कि यह बताना भर है कि न्यायमूर्ति काटजू के ऐसे फैसले, बीस वर्षों बाद भी पलटे जा रहे हैं. इसलिए जरूरी है कि उनके नेतृत्व में प्रेस

परिषद ने बिहार के लिए जो टीम गठित की है, उसकी रिपोर्ट भी वह खुद ही रिव्यू कर लें, पलट दें, तो बेहतर है. अन्यथा जो भी गहराई से इसकी जांच करेगा, उसका निष्कर्ष भी काटजू साहब के बीस वर्ष पहले हुए फैसले पर उच्चत्तम न्यायालय द्वारा हाल के निर्णय जैसा ही होगा.

यह थी जांच टीम!

इस जांच टीम के लोगों के अनुभव, बिहार से संबंध, निजी आग्रह-पूर्वाग्रह, सुनवाई की शैली, सुनवाई की प्रक्रिया वगैरह पर भी देर-सबेर गंभीर सवाल उठेंगे. फिलहाल हम सिर्फ यह बताना चाहेंगे या सबसे बड़ा सवाल खड़ा करना चाहेंगे कि बिहार की जिस पत्रकारिता पर यह जांच हुई है, इस पत्रकारिता के लोगों ने तो इस सुनवाई में कहीं हिस्सा ही नहीं लिया है. किसी भी बड़े अखबार (जिनके खिलाफ प्रेस काउंसिल ने रिपोर्ट की है) के एक व्यक्ति ने भी इस सुनवाई में भाग नहीं लिया है. पर यह पूरी रिपोर्ट महज बड़े अखबारों के खिलाफ ही केंद्रित है. उन्हें बिना सुने. धन्य है, न्याय की यह नयी परंपरा.

1. अरुण कुमार– टाइम्स ऑफ इंडिया, पटना में पदस्थापित. बिहार श्रमजीवी पत्रकार यूनियन के महासचिव. करीब 26 वर्षों का पत्रकारिता का अनुभव. टाइम्स ऑफ इंडिया इम्पलाइज यूनियन के अध्यक्ष भी हैं. प्रेस काउंसिल ऑफ इंडिया में भारतीय भाषाओं के समाचार पत्रों के संपादकों से भिन्न श्रमजीवी पत्रकार कैटेगरी में सदस्य. पटना में रहते हैं.

2. राजीव रंजन नाग– प्रेस एसोसिएशन के अध्यक्ष. दिल्ली, हिमाचल में एक समाचार समूह में कार्यरत रहे. फिलहाल निजी टीवी चैनल इंडिया न्यूज में. प्रेस काउंसिल ऑफ इंडिया में भारतीय भाषाओं के समाचार पत्रों के संपादकों से भिन्न श्रमजीवी पत्रकार कैटेगरी में सदस्य. करीब 25 साल का पत्रकारिता का अनुभव. दिल्ली में रहते हैं. बिहार जांच टीम इन्हीं की अध्यक्षता में गठित हुई थी.

3. कल्याण बरुआ– पूर्वोत्तर के अंगरेजी समाचार पत्र असम ट्रिब्यून के दिल्ली ब्यूरो चीफ. प्रेस काउंसिल ऑफ इंडिया में भारतीय भाषाओं के समाचार पत्रों के संपादकों से भिन्न श्रमजीवी पत्रकार कैटेगरी में सदस्य. पत्रकारिता का लंबा अनुभव. दिल्ली में रहते हैं.

प्रेस काउंसिल ऑफ इंडिया की जांच टीम से किन-किन लोगों ने मुलाकात की

एक व दो अप्रैल, 2012 को पटना में सुनवाई : दो दिनों में करीब 50 लोगों ने भाग लिया. हिन्दुस्तान, प्रभात खबर, दैनिक जागरण, टाइम्स ऑफ इंडिया, हिन्दुस्तान टाइम्स जैसे प्रमुख अखबारों से कोई उपस्थित नहीं हुआ. कुछ फ्रीलांसर व लघु समाचार पत्रों के प्रतिनिधि जरूर मिले. राजनीतिक दलों व सामाजिक कार्यकर्ताओं ने ज्ञापन दिये या अपनी बात कही. राजद से अब्दुल बारी सिद्दीकी, रामचंद्र पूर्वे व रामकृपाल यादव जांच टीम से मिले. कांग्रेस से प्रवक्ता एचके वर्मा और लोजपा के एक महासचिव मिले. वाम दलों और भाजपा-जद यू का कोई प्रतिनिधिमंडल नहीं गया. जांच टीम का दावा रहा कि उन्हें इ-मेल से भी बड़ी संख्या में शिकायतें मिलीं. लेकिन रिपोर्ट में इसका कोई खुलासा नहीं है.

18 सितंबर, 2012 को पुनः पटना में सुनवाई : प्रमुख अखबारों के संपादकों को जांच टीम ने बुलाया था. कोई उपस्थित नहीं हुआ. जांच टीम ने मुख्य सचिव, कैबिनेट सचिव और सूचना एवं जनसंपर्क विभाग के सचिव को बुलाया था. कोई अधिकारी नहीं पहुंचे. बाद में जांच टीम के सदस्यों ने सूचना एवं जनसंपर्क विभाग के सचिव से उनके कार्यालय कक्ष में जाकर मुलाकात की.

सरकार को लिखा पत्र

2000 में झारखंड में नया-नया अखबार आया था. प्रभात खबर को रांची से प्रकाशित हुए लगभग 17 साल हो गये थे. तब झारखंड बन चुका था. प्रभात खबर जमा हुआ और सर्वाधिक प्रसार संख्या वाला अखबार उन दिनों भी था लेकिन सरकार से विज्ञापन दूसरों अखबार को ज्यादा मिल रहा था. यह प्रभात खबर के साथ अन्याय था. प्रभात खबर चुप नहीं रहा. उसने 19.9.2001 को सरकार और आइपीआरडी को पत्र लिख कर बताया कि कैसे अन्याय किया जा रहा है. अगले साल 10.7.2002 को फिर सरकार को पत्र लिख कर विज्ञापन नीति बनाने का आग्रह किया. ऐसे भी मौके आये जब प्रभात खबर का विज्ञापन सरकार ने बंद कर दिया. उस मौके पर भी प्रभात खबर ने इसका विरोध किया.

□

जब प्रभात खबर का बिकना तय था

वर्ष 2000 में हिंदुस्तान और वर्ष 2003 में दैनिक जागरण के रांची में आने के बाद प्रभात खबर अपने सीमित संसाधन के बल पर इन दोनों बड़े अखबारों का सामना कर रहा था. कई मौके ऐसे आये, जब प्रभात खबर को पूंजी का अभाव महसूस हुआ. इसी बीच एक-दो नये अखबार के झारखंड आने की भी समय-समय पर चर्चा हो रही थी. उसी समय यह आभास हो गया था कि अगर प्रभात खबर को आगे ले जाना है तो इसका विस्तार करना होगा. साफ था कि नये संस्करण को खोले और दूसरे राज्यों में मजबूत हुए बगैर प्रभात खबर का कोई भविष्य नहीं है. जो भी साधन था, उसमें नये संस्करण खोलना संभव नहीं था. नये संस्करण या विस्तार के लिए बड़ी पूंजी चाहिए थी, जो थी नहीं. जिन बड़े अखबारों से प्रभात खबर की प्रतियोगिता थी, उनमें से किसी के पास साधन का अभाव नहीं था. लिस्टेंड कंपनियां थीं. प्रभात खबर के लिए समस्या यह थी कि पैसा आये तो कहां से? प्रबंधन को इसकी जानकारी दी गयी. प्रधान संपादक हरिवंशजी ने अपना विजन बताते हुए प्रबंधन से साधन उपलब्ध कराने का आग्रह किया. प्रबंधन भी उनकी राय से सहमत था. प्रबंधन ने आश्वासन दिया कि वह प्रभात खबर के लिए पैसे की व्यवस्था करेगा. ऐसे लोगों या ऐसी कंपनियों को खोजेगा जो प्रभात खबर में पैसा लगाने को तैयार हो. फंड के जुगाड़ के लिए उषा मार्टिन प्रबंधन ने एडेलविस कैपिटल की सहायता ली. उन दिनों भागलपुर, मुजफ्फरपुर और गया संस्करण नहीं खुला था. प्रभात खबर के सात संस्करण (रांची, जमशेदपुर, पटना, धनबाद, देवघर, कोलकाता, सिलीगुड़ी) निकलते थे. अखबार को लगभग 30 करोड़ का सालाना विज्ञापन मिल रहा था. झारखंड का नंबर एक अखबार. आधार काफी मजबूत. ब्रांड उतना ही मजबूत.

इसी बीच कंपनी का वैल्यूएशन भी तय किया जा रहा था. लगभग सौ करोड़ रुपये इसकी कीमत आंकी गयी थी. हालांकि प्रभात खबर के विस्तार के लिए इसमें पूंजी लगानेवालों की तलाश की जा रही थी लेकिन धीरे-धीरे यह बात फैल गयी कि प्रबंधन इस अखबार को बेचने के पक्ष में है. यह खबर आते ही देश के कई प्रमुख मीडिया ग्रुप ने इसमें रूचि दिखायी. अमर उजाला, दैनिक जागरण और दैनिक भास्कर ग्रुप ने भी प्रभात खबर को खरीदने में रुचि दिखायी. दैनिक जागरण से बातचीत काफी आगे बढ़ चुकी थी. अखबारों में यह खबर आने लगी थी. बिजनेस स्टैंडर्ड, द टेलीग्राफ में भी इससे संबंधित खबरें छप रही थीं. इससे काम करने का माहौल प्रभावित हो रहा था. स्थिति यह बन गयी थी कि संतालपरगना के एक मॉडम कार्यालय में दूसरे अखबार के प्रतिनिधि यह कहते हुए घुस गये कि उनके प्रबंधन ने प्रभात खबर को खरीद लिया है, इसलिए कुरसी खाली करें. किसी तरह उन्हें समझा कर

हटाया गया था. कुछ अंगरेजी अखबार तो खबर लिखने में काफी आगे निकल गये थे. मिंट ने मुंबई से एक रिपोर्ट प्रकाशित की कि भास्कर ग्रुप ने प्रभात खबर की 70 फीसदी हिस्सेदारी खरीद ली है. प्रभात खबर में कार्यरत कर्मचारी चिंतित थे. कर्मचारियों ने शीर्ष प्रबंधन को पत्र लिखा. लोगों को सच का पता चल नहीं रहा था. इस बीच प्रभात खबर के सीनियर सहयोगियों ने उषा मार्टिन प्रबंधन से सीधी मुलाकात का समय मांगा था. 12 जनवरी 2006 को पांच-छह साथियों ने अखबार के मालिक राजीव झवर से उषा मार्टिन परिसर में बात की और अपना पक्ष रखा था. इस टीम में कार्यकारी संपादक ओम प्रकाश अश्क, खुद मैं (अनुज कुमार सिन्हा), विजय पाठक, विनय भूषण, विजय बहादुर के अलावा अन्य विभाग के कुछ सीनियर साथी भी थे. टीम ने प्रबंधन को यह याद दिलाने का प्रयास किया कि कैसे प्रभात खबर के सहयोगियों ने इसे अपना अखबार माना है, रात-दिन श्रम कर इसे बड़ा और मजबूत अखबार बनाया है. बड़े से बड़े अखबारों का सीमित संसाधन में सफलता से सामना किया और अखबार को आगे बढ़ाया. बातचीत में टीम ने प्रबंधन को यह भी जानकारी दी कि कैसे प्रभात खबर अन्य अखबारों से अलग है, यहां का माहौल अलग है. ऐसी स्थिति में अगर इस अखबार को बेच दिया जाता है, तो नया माहौल वैसा नहीं मिलेगा जैसा पारिवारिक माहौल प्रभात खबर में है. राजीव झवर ने ध्यान से सभी की बातें सुनीं. फिर उन्होंने अपनी बात भी रखी. उन्होंने सिर्फ इतना कहा था कि देखता हूं, क्या किया जा सकता है. अब तक यह बात फैल चुकी थी कि अखबार को बेचने के लिए पूरी तैयारी हो चुकी है. सिर्फ हस्ताक्षर होना बाकी है. इस बीच रांची प्रभात खबर के सहयोगियों ने प्रबंधन को ज्ञापन सौंपा. लोग असमंजस में थे कि क्या हो रहा है, क्या करना चाहिए. इस बीच सीनियर साथियों की राजीव झवर की हुई बात का ब्योरा उषा मार्टिन के चेयरमैन बीके झवर तक पहुंच गया था. प्रभात खबर के कर्मचारी कितने दिल से, गहराई से कंपनी के साथ जुड़े हैं, इसकी जानकारी दी गयी थी. अंततः उसी दिन शीर्ष प्रबंधन की बैठक हुई और अखबार बेचने का निर्णय बदल दिया गया. यह तय हुआ कि अखबार को बेचा नहीं जायेगा बल्कि इसमें और पूंजी लगायी जायेगी. ग्रुप इसे अब कोर बिजनेस की तरह चलायेगा. यह खबर जैसे ही रांची में मिली, खुशी की लहर फैल गयी. अन्य संस्करणों को भी तुरंत इसकी जानकारी दे दी गयी.

प्रभात खबर दूसरे मीडिया हाउस के लिए कितना महत्वपूर्ण था, इसका अंदाजा दैनिक जागरण समूह के शीर्ष के लोगों की टिप्पणी से लगाया जा सकता है. इंडिया टुडे ने 28 मार्च 2007 के अंक में ऊंचे और प्रभावशाली हस्तियों की सूची छापी थी. इसमें 24 नंबर पर थे एमएम गुप्ता और संजय गुप्ता. इसमें उन्होंने लिखा था-प्रभात खबर को नहीं खरीदने का बड़ा अफसोस है. एक बार जब उषा मार्टिन प्रबंधन ने तय कर लिया कि अखबार को नहीं बेचा जायेगा बल्कि इसे कोर बिजनेस की तरह चलाया जायेगा, उसके बाद प्रबंधन ने अखबार का विस्तार करना आरंभ कर दिया. अखबार में पूंजी निवेश किया. बिहार में पटना संस्करण को रिलांच किया. फिर भागलपुर, मुजफ्फरपुर और गया में पूरी तैयारी के साथ बड़े पैमाने पर प्रभात खबर का प्रकाशन शुरू किया. 2010 में रांची से भास्कर का प्रकाशन आरंभ होने की जानकारी प्रभात खबर को थी. यह भी पता था कि दैनिक भास्कर दो रुपये में अखबार बेचेगा जबकि प्रभात खबर और अन्य अखबारों की कीमत चार रुपये थी. प्रबंधन ने यह तय किया कि दैनिक भास्कर के आने के पहले प्रभात खबर कड़े फैसले ले. इसी क्रम में प्रभात खबर ने प्राइस वार में

जाने का निर्णय लिया. यह प्रभात खबर के इतिहास के बड़े निर्णयों में से एक था.

योजना बनी और रातो-रात शहर में होर्डिंग्स-बैनर लगा दिये गये कि 15 जून 2010 (आज) से प्रभात खबर दो रुपये में उपलब्ध होगा. यह अचानक लिया गया फैसला था. इसमें इतनी सतर्कता रखी गयी थी कि किसी को (प्रतियोगियों को) इस निर्णय की भनक तक नहीं लगी थी, वरना प्रतिद्वंद्वी अखबार चौकस हो सकते थे. किसी अन्य अखबार ने यह कल्पना भी नहीं की थी कि प्रभात खबर प्राइस वार में जा सकता है. उस समय की स्थिति को देखते हुए एक रणनीति के तहत यह निर्णय लिया गया था, जिसमें प्रभात खबर सफल रहा. पाठकों के हाथ में जब प्रभात खबर गया तो तब उन्हें पता चला कि अखबार का दाम आधा कर दिया गया है. इस निर्णय ने मार्केट को चौंका दिया था. हर दिन प्रभात खबर का सर्कुलेशन तेजी से बढ़ने लगा. यहां से प्रकाशित होनेवाले अखबार जब तक अखबार का दाम घटा कर दो रुपये करते, बाजार पर प्रभात खबर अपनी पकड़ बना चुका था. प्रभात खबर की कापी अच्छी-खासी बढ़ चुकी थी. लगभग दोगुनी. यह सब इसलिए हो सका क्योंकि प्रबंधन इस आक्रामक तरीके से दैनिक भास्कर का सामना करना चाहता था. प्रभात खबर अपनी रणनीति में सफल रहा. अखबार नहीं बेचने के निर्णय के बाद प्रभात खबर ने सारा ध्यान अखबार के विस्तार पर लगाया और बिहार में इसका असर दिखा. दो साल में बिहार में तीन नये संस्करण खुल गये और बिहार में प्रभात खबर काफी मजबूत होकर उभरा. □

पांचवां अध्याय

समय की पहचान

1. तकनीक में परिवर्तन
2. बढ़ता सर्कुलेशन-विज्ञापन
3. मल्टी स्किलिंग/कॉस्ट कंट्रोल
4. ब्रांडिंग गतिविधियां
5. प्रभात उत्सव

तकनीक में परिवर्तन

प्रभात खबर की यह खासियत रही कि समय के साथ-साथ उसमें तकनीकी अपग्रेडेशन का काम चलता रहा. 1984 में जिन दिनों प्रभात खबर की शुरुआत की गयी थी, बंधु मशीन (एम-20) आधुनिक मशीन मानी जाती थी. इस इलाके में किसी के पास वह मशीन नहीं थी. वह ब्लैक एंड ह्वाइट मशीन थी. कलर प्रिंटिंग का जमाना नहीं आया था. इसी मशीन पर प्रभात खबर छपता था. एक ही मशीन थी. अगर खराब हो जाती तो कोई विकल्प नहीं था. अनेक अवसर आते थे जब मशीन खराब होती थी. रातो-रात उसे ठीक किया जाता. फिर दूसरे दिन उसी पर अखबार की छपाई होती. बाद में रांची में एक और मशीन की जरूरत हुई. साधन का अभाव था. इसलिए जलंधर से सेकेंड हैंड एक और बंधु मशीन-25 सिर्फ तीन लाख में खरीद कर लायी गयी. फिर उसमें कुछ पैसा लगाकर उसे ठीक-ठाक किया गया था. प्रारंभ में इस मशीन को चालू करने में बड़ी परेशानी हुई. जिस जगह पुरानी बंधु मशीन लगी थी, उसी स्थान पर बाद वाली यानी सेकेंड हैंड मशीन को लगाना था. सुबह चार-साढ़े चार बजे तक उसी मशीन पर अखबार छापा गया. उसके बाद उस मशीन को खोल कर दूसरे स्थान पर दिन भर में लगा दिया गया. रात का अखबार उसी बंधु मशीन से नयी जगह (उसी हाल में) से छापा गया. मशीन के साथियों ने अदभुत काम किया था. बैगर सोये, आराम किये उस अभियान को पूरा किया था. उसके बाद पुरानी जगह पर सेकेंड हैंड बंधु मशीन लगी थी. पुरानी वाली बंधु मशीन को बाद में जमशेदपुर, वहां से धनबाद भेज दिया गया था.

अपने सीमित साधन में प्रभात खबर समय-समय पर नयी-नयी मशीन खरीदता रहा. पटना में जब 1996 में अखबार शुरू किया गया, उन दिनों इतना पैसा नहीं था कि अत्याधुनिक मशीन खरीदी जा सके. इसलिए बीच का रास्ता अपनाते हुए वहां ओरियेंट स्टैंडर्ड मशीन खरीदी गयी. उसी से काम चलाया

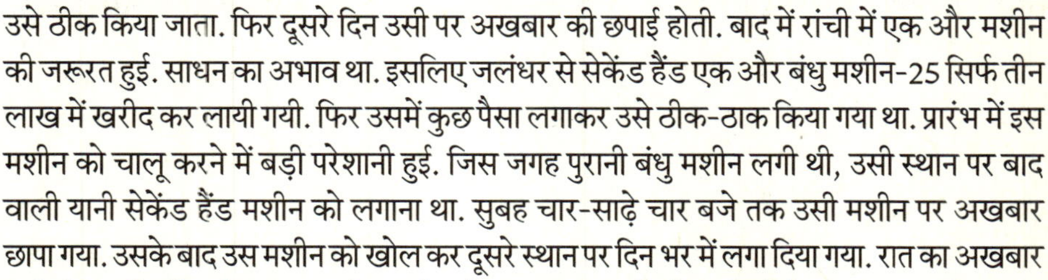

कभी प्रभात खबर सीआरट्रॉनिक्स मशीन पर छपता था. बिहार के तत्कालीन मुख्यमंत्री बिंदेश्वरी दुबे प्रभात खबर कार्यालय में आकर प्रिंटिंग व्यवस्था को देखते.

रांची में प्रभात खबर की आधुनिकतम मशीन और प्रिंटिंग की जानकारी लेते चेयरमैन प्रशांत झावर व प्रबंध निदेशक राजीव झावर.

गया. इसमें सिर्फ 12 पेज छापने की व्यवस्था थी. कलर भी इसमें छापा जा सकता था. बाद में पटना में नयी मशीन आ गयी और ओरियेंट स्टैंडर्ड मशीन को जमशेदपुर भेज दिया गया. इस बीच रांची में भी ओरिएंट सुपर मशीन लग चुकी थी. इसमें 16 पेज छापने की व्यवस्था थी. बाद में इसमें और यूनिट जोड़ा गया. इसके कुछ दिनों बाद जमशेदपुर में कुछ बड़े जॉब वर्क मिल गये थे. आधुनिक मशीन के बगैर उस जॉब वर्क को करना संभव नहीं था. वहां न्यूज लाइन-30 एस और स्टारलाइन मशीन खरीदी गयी. इसकी स्पीड 30 हजार कापी प्रति घंटे की थी. इसके बाद तो नये-नये संस्करण खुलते गये और वहां नयी-नयी मशीन लगती गयी. रांची, पटना में प्रिंट ऑर्डर ज्यादा रहता है, इसलिए इन दोनों जगहों पर अत्याधुनिक मशीन लायी गयी. आज प्रभात खबर के पास अत्याधुनिक मशीनें हैं. 14 अगस्त 2010 के अंक से प्रभात खबर के रांची संस्करण में सभी पेजों को रंगीन छापने की सुविधा हो गयी. उस दिन अखबार में स्ट्रिप देकर पाठकों को बताया गया कि आज से पूरा अखबार रंगीन हो चुका है.

सिर्फ प्रिंटिंग मशीन में ही बदलाव नहीं हुआ, पेज बनाने, फिल्म बनाने या प्लेट बनाने की विधि भी बदलती रही. 1999 तक प्रभात खबर में पेस्टिंग कर अखबार का पेज तैयार होता था. आज की नयी पीढ़ी उस विधि को जानती भी नहीं होगी. कंपोजिंग की एक मशीन थी- सीआरट्रोनिक. जिन दिनों इस मशीन

प्रभात खबर में अब इमेज सेंटर मशीन लगी है

को यूके से खरीदा गया था, उसकी कीमत 11 लाख के आसपास थी. कंपोज करने के बाद ब्रोमाइड पर उसका प्रिंट निकलता था लेकिन उसके लिए डार्क रूप में डेवलप करने की प्रक्रिया थी. समय भी लगता था. धीरे-धीरे लेजर प्रिंटर आ गया जिससे ब्रोमाइड से प्रिंट निकलना बंद हो गया. ब्रोमाइड काफी महंगा भी पड़ता था. उन दिनों प्रूफ निकाल कर पढ़ने की परंपरा थी. इसके लिए अखबारों में उपसंपादक के साथ-साथ प्रूफ रीडर हुआ करते थे. बाद में यह काम भी उपसंपादक करने लगा. ब्रोमाइड में अगर प्रूफ की गलतियां होती थीं, कुछ मात्राएं छूट जाती थीं तो उन्हें पेन से ठीक किया जाता था. सुधारा जाता था. इससे रनिंग मैटर गंदा लगता था. हां, अगर बड़ी गड़बड़ी होती थी तो फिर से ब्रोमाइड निकाला जाता था. आम तौर पर दुबारा ब्रोमाइड निकालने से बचा जाता था क्योंकि यह महंगा होता था. बाद में प्रूफ रीडर या उपसंपादक कंपोजिटर के पास बैठ कर ही प्रूफ पढ़ने लगे ताकि कंप्यूटर पर ही सुधार हो जाये.

चाहे प्रिंट ब्रोमाइड से निकलता था या लेजर प्रिंटर से, पेस्टिंग करनी होती थी. जितने कॉलम का अखबार होता था, उसी चौड़ाई में प्रिंट निकाल कर उसे अखबार के आकार के कागज पर (जिसे पेस्टिंग पेज कहते थे, थोड़ा मोटा कागज होता था) कैंची से काट कर चिपकाया जाता था. जिन जगहों पर फोटो होते थे, उस जगह को नाप कर खाली छोड़ दिया जाता था. उस स्थान पर बाद में (पूरे पेज का निगेटिव बनाने के बाद निगेटिव के साथ) उसी फोटो का निगेटिव साट दिया जाता था जिसे वहां लेना होता था. अखबार में उन दिनों कैमरा भी होता था. इस पेस्टिंग पेज का कैमरे से निगेटिव (अखबार के आकार का) बनता था. इसके लिए प्रोसेस विभाग हुआ करता था. वहां से निकले निगेटिव से प्लेट बनता था. इसी प्लेट को प्रिंटिंग मशीन में लगाकर प्रिंटिंग की जाती थी. यह थी पूरी प्रक्रिया.

समय के साथ-साथ इसमें तेजी से परिवर्तन होता गया. पेस्टिंग का जमाना गुजर गया. पेजमेकर लोकप्रिय हो चुका था. कंप्यूटर पर पेज बनने लगे. प्रभात खबर में 1999 (मध्य) से कंप्यूटर पर ही पेज बनने लगे. कैंची-गम (गोंद) के युग का वह अंत था. कैमरा का जमाना भी उसी समय खत्म हुआ. अब कैमरा से निगेटिव नहीं बनाये जाते थे बल्कि लेजर प्रिंटर से ए-3 आकार में सीधे प्रिंट निकलते थे. इन्हें सिर्फ जोड़ना होता था. यह सब तकनीकी बदलाव थे. प्रभात खबर इन सभी को लागू करते गया. यह सब बहुत पहले की बात नहीं है. सिर्फ 15-16 साल पहले की बात है.

साधन कम होने के कारण छोटे अखबारों ने ऐसी व्यवस्था की थी कि एक ही प्लेट से तीन-तीन बार प्रिंटिंग की जा सके. जो प्लेट एक बार प्रयोग में आ जाता था, उसके बाद उसे साफ किया जाता था. साफ शब्दों में कहें तो उस प्लेट पर शब्दों-फोटो का जो इमेज रहता था, उसे रगड़-रगड़ कर साफ किया जाता था. इस काम को करने के लिए एक मशीन आती थी जिसे ग्राइंडिंग मशीन कहते थे. झूले के आकार की मशीन होती थी. इसमें यूज हुए अल्म्युनियम प्लेट पर शीशे की गोलियां रख दी जाती थीं. पाउडर छिड़ कर

झूला को चालू किया जाता था. झूला तेज कंपन (वाइब्रेट) करते हुए हिलता रहता और प्लेट साफ होते जाता. फिर इसी प्लेट पर कोटिंग कर दुबारा छपाई की जाती. बाद में इसका स्थान पीएस प्लेट ने ले लिया. इस प्लेट से एक बार ही छपाई हो सकती थी. इन सारी तकनीकों का प्रचलन 2000 तक बंद हो गया था.

जब कलर प्रिंटिंग मशीन आ गयी तो यह पत्रकारिता में बड़ा बदलाव था. लेकिन कलर प्रिंट करने के लिए चार-चार निगेटिव (हर कलर के लिए अलग-अलग) बनाने होते थे. सभी को साथ जोड़ना होता था. फिर इन्हें लेंस से देख-देख कर मिलाना होता था. फोटो अधिक रहे तो इसमें घंटों समय बर्बाद होता था. सारा कुछ बदल गया जब इमेज सेटर का जमाना आ गया. प्रभात खबर ने बेहतर प्रिंटिंग के लिए इमेज सेटर मशीन खरीदी. इसमें पूरे पेज का निगेटिव एक साथ निकलता था. जोड़ने का झमेला नहीं रहता था. तकनीक में तेजी से परिवर्तन हो रहे थे. इस बीच बाजार में सीटीपी (कंप्यूटर टू प्रिंट) आ चुका था. इसमें कंप्यूटर पर पेज बनाने के बाद सीधे पूरे पेज की फिल्म निकलती है. यह काम काफी तेज गति से होता है जिससे समय कम लगता है. प्रभात खबर अपने संस्करणों में सीटीपी का प्रयोग कर रहा है. इससे क्वालिटी प्रिंटिंग होती है. आर के दत्ता और आरआर अधिकारी (बापी) प्रिंटिंग तकनीक को देखते हैं.

इस बीच एक यूनिट से दूसरे यूनिट में डाटा ट्रांसफर करने के लिए लीज लाइन ली गयी. पहले यही काम सामान्य टेलीफोन और मॉडम से होता था जिससे घंटों समय लगता था. एक वह दौर था जब मॉडम से डाटा या पेज ट्रांसफर करने के दौरान अगर कनेक्शन कट गया तो फिर से शून्य से डाटा ट्रांसफर करना पड़ता था. बड़ी-बड़ी फाइल भेजने का कोई साधन नहीं था. आज स्थिति यह है कि लीज लाइन के जरिये बड़ी से बड़ी फाइल, पेज मिनटों में एक यूनिट से दूसरे यूनिट में एक साथ चली जाती है. एक जगह बैठकर यह देखा जा सकता है कि किस पेज पर क्या छप रहा है. नये प्रयोग से न सिर्फ संपादकीय को इसका लाभ मिला बल्कि विज्ञापन और अन्य विभागों को भी इसका लाभ मिला. एक समय था जब एक यूनिट से दूसरे यूनिट में विज्ञापन भेजने के लिए (निगेटिव या आर्ट वर्क) बस का सहारा लेना पड़ता था. मुंबई, दिल्ली से ये विज्ञापन विमान से आते थे. इन्हें लाने के लिए एक व्यक्ति को एयरपोर्ट पर जाना पड़ता था. घंटों इंतजार करना पड़ता था. अब ये सारे काम मिनटों में होते हैं. प्रभात खबर में इआरपी लागू किया गया. इससे विज्ञापन और अकाउंट्स को बहुत लाभ हुआ. अब प्रभात खबर का विज्ञापन में अपना एमआइएस सिस्टम काम करता है जिसे सुमित भट्टाचार्य देखा करते हैं.

एक समय था जब टेलीप्रिंटर से न्यूज आते थे. खट-खट की आवाज के साथ टेलीप्रिंटर चलता था. वहां से न्यूज आता. एक व्यक्ति उसे फाड़ कर लाता. एक ही विषय के सभी क्रिड (कागज) को जमा कर उसी आधार पर उपसंपादक स्टोरी तैयार करते. कई बार तो उसी क्रिड में एडिट कर उसे कंपोजिंग के लिए भेज दिया जाता था. फिर जमाना बदला. टेलीप्रिंटर के न्यूज को सीधे कंप्यूटर से जोड़ दिया गया. वार्ता, भाषा एजेंसियों से आनेवाले न्यूज सीधे कंप्यूटर में आने लगे. कंपोज करने का झमेला खत्म हो गया. यह बड़ा परिवर्तन था. समय की बचत होने लगी.

अब प्रभात खबर तकनीक के मामले में काफी समृद्ध हो चुका है. न्यूज हो या फोटोग्राफ्स, सभी कंप्यूटर पर अपडेट होते रहते हैं. प्रिंटिंग की पूरी तकनीक अत्याधुनिक है. यही कारण है कि प्रिंटिंग क्वालिटी में प्रभात खबर किसी अखबार से पीछे नहीं है.

□

बढ़ता सर्कुलेशन-विज्ञापन

1984 में जिन दिनों प्रभात खबर का प्रकाशन आरंभ हुआ था, यह अखबार दक्षिण बिहार के अलावा अभी के बिहार के कुछ हिस्सों में भी भेजा जाता था. पड़ोस के राज्यों में भी कुछ कापियां जाती थीं. सर्कुलेशन और विज्ञापन की अच्छी टीम थी. बाद में इसका सर्कुलेशन काफी कम हो गया था. 1989 में जब न्यूट्रल पब्लिसिंग हाउस लिमिटेड (एनपीएचएल) ने इसका अधिग्रहण किया, तो नयी टीम अखबार बढ़ाने में लग गयी. जैसे-जैसे अखबार में कंटेंट बेहतर होता गया, अखबार की मांग बढ़ने लगी. विज्ञापन और सर्कुलेशन एक-दूसरे के पूरक होते हैं. जितना सर्कुलेशन बढ़ता है, उसी अनुपात में विज्ञापन भी बढ़ता जाता है. इसलिए तय हुआ कि प्रभात खबर ऑडिट ब्यूरो ऑफ सर्कुलेशन (एबीसी) का सदस्य बने. यह किसी भी अखबार के सर्कुलेशन को निर्धारित करनेवाली आधिकारिक संस्था और प्रमाणिक संस्था मानी जाती है. प्रभात खबर पहली बार जुलाई-दिसंबर 1990 में एबीसी का सदस्य बना. तब सिर्फ रांची से अखबार निकलता था. एबीसी ने प्रभात खबर की प्रसार संख्या 39,320 बतायी थी. इतने सर्कुलेशन का सर्टिफिकेट प्रभात खबर को एबीसी ने 7.9.1991 को जारी किया था. उन दिनों सिर्फ रांची से अखबार छपता था और पूरे दक्षिण बिहार, साथ में पटना-आसपास में भेजा जाता था. यह संख्या बहुत बड़ी भले न हो लेकिन छह-आठ माह में अगर कोई अखबार हजार कॉपी से 39 हजार बिकने लगे तो इसे बड़ी उपलब्धि ही कहा जायेगा. एबीसी के इस सर्टिफिकेट का विज्ञापन पर भी असर पड़ने लगा. नेशनल विज्ञापन

This Certificate is issued subject to the provisions of the bye-law dated 10th July 1957 made by the Bureau's Council of Management in exercise of the powers conferred on it by Articles 42 and 43 of the Articles of Association of the Bureau.

Audit Bureau of Circulations
Wakefield House, Ballard Estate, BOMBAY 400 038.

Certificate No. 85/1282

ABC Certificate of: PRABHAT KHABAR
Address : 15-P, KOKAR INDUSTRIAL AREA, RANCHI-1
Published/Estd. : RANCHI - 1984

Language : HINDI Frequency DAILY
Price : RS. 1.80
Auditors : R.K.GARODIA & CO.,VYAPAR BHAVAN,LALJI HIRJI ROAD,RANCHI

SCHEMES FOR OBTAINING INCREASED CIRCULATION

Gift Schemes Nil | Coupon Competitions | Pay to Enter Nil | Free Nil | Other Competitions Nil

1991	No. of Publishing Days	Total Net Paid Sales (At Trade Terms Upto 40% of Published Prices)	Average Net Paid Sales	Previous Periods
JANUARY	30	11,72,140	39,071	JUL/DEC 1990 : 39,320 (177 ISSUES)
FEBRUARY	28	11,18,831	39,958	
MARCH	28	11,98,285	42,796	
APRIL	30	16,47,024	54,901	
MAY	30	17,06,562	56,885	
JUNE	30	17,22,390	57,413	
JULY				JAN/JUN 1990 : NOT A MEMBER
AUGUST				
SEPTEMBER				
OCTOBER				
NOVEMBER				
DECEMBER				
TOTAL	176	85,65,232	48,666	

1. Average Circulation outside India, if in excess of 5% of net paid sales — Nil
2. Subscription copies — 1
3. Average Trade Terms allowed to the Distributors — 34.6%
   303 copies sold at Minimum Trade Terms — 25.0%
   44,593 copies sold at Maximum Trade Terms — 35.0%
4. Average number sold at Trade Terms exceeding 40% and upto 50% — Nil
5. Average number sold at less than basic Retail Price — Nil
6. Average number sold at less than full Subscription Rates — Nil
7. Average number distributed free and complimentary copies — 1,074

AUTHORISED F[illegible] [illegible]UE BY THE COUNCIL OF THE BUREAU

DATED: 07/09/1991 Signed

Secretary

This certificate is the COPYRIGHT property of
NEUTRAL PUBLISHING HOUSE (P) LTD.
and the AUDIT BUREAU OF CIRCULATIONS BOMBAY

प्रभात खबर का पहला एबीसी

एबीसी या आइआरएस के आंकड़े के आधार पर ही मिलते हैं.

1995 सितंबर में जमशेदपुर से भी प्रभात खबर निकलने लगा था. धीरे-धीरे वहां अखबार बढ़ने लगा. इसका असर कुल सर्कुलेशन पर पड़ा. रांची और जमशेदपुर संस्करण का सर्कुलेशन बढ़ कर दिसंबर 1996 तक 81094 तक हो गया. जुलाई 1998 तक प्रभात खबर एक लाख का सर्कुलेशन पार कर चुका था. इस बीच पटना, कोलकाता, धनबाद में भी प्रभात खबर खुल चुका था और सर्कुलेशन तेजी से बढ़ रहा था. दिसंबर 2000 तक प्रभात खबर का सर्कुलेशन दो लाख पार करते हुए 2,16,848 तक पहुंच चुका था. दिसंबर 1999 तक प्रभात खबर का रांची संस्करण एक लाख की संख्या पार कर चुका था. पहली बार किसी संस्करण (प्रभात खबर की) ने एक लाख की संख्या पार की थी. इसके बाद रांची से दैनिक हिंदुस्तान, दैनिक जागरण का भी प्रकाशन हुआ लेकिन प्रभात खबर का सर्कुलेशन लगातार बढ़ता गया. इस बीच 2010 में दैनिक भास्कर का प्रकाशन रांची से शुरू होने जा रहा था. अब तक प्रभात खबर को स्कीम के मामले में बहुत आक्रामक अखबार नहीं माना जाता था. इस बार प्रभात खबर ने बाजार को चौंकानेवाला निर्णय किया था. इसके पहले कि नया अखबार कम कीमत पर पाठकों के हाथ में आये, प्रभात खबर प्रबंधन ने नये अखबार के आने के चार माह पहले ही प्राइस वार में जाने का निर्णय कर लिया. रातोरात पूरे झारखंड में प्रभात खबर का दाम दो रुपये कर दिया गया. यह निर्णय इतना गोपनीय था कि किसी प्रतिस्पर्धी अखबार को इसकी भनक भी नहीं लगी. सुबह जब अखबार हॉकरों/एजेंटों के पास पहुंचा, तब पता चला कि प्रभात खबर का दाम कम कर दिया गया है. इसकी पूरी तैयारी पहले से थी. इसके लिए टीम तैयार थी. देर रात में शहर में होर्डिंग्स और बैनर लगाये गये थे ताकि दूसरे अखबार को पता नहीं चले. इस बात की आशंका थी कि अगर अन्य अखबारों को दाम कम करने की खबर मिल जाती तो वे भी अविलंब दाम घटा देते. ऐसे में प्रभात खबर को सर्कुलेशन में बड़ा लाभ

नहीं मिलता. दाम घटाने का बड़ा फायदा मिला. एक सप्ताह में प्रभात खबर की कॉपी में तेजी से वृद्धि हुई. अन्य बड़े अखबारों का निर्णय उनके मुख्य कार्यालय से होना था. इसमें विलंब हुआ. जब तक अन्य अखबार दाम घटाते, प्रभात खबर बाजार पर कब्जा कर चुका था. अकेले दाम घटाने का लाभ उसे मिल चुका था. प्रभात खबर अपनी रणनीति में सफल रहा था. दाम घटाना आसान नहीं होता. बड़ा आर्थिक बोझ अखबार पर पड़ता है. अखबारों ने मजबूरी में और अपने प्रतिद्वंद्वी अखबार को जगह नहीं देने की रणनीति के तहत ही ऐसा निर्णय लिया था. जब नया अखबार आ गया, दो साल ऐसे ही चलता रहा, फिर धीरे-धीरे अखबार का दाम बढ़ने लगा और पुरानी कीमत पर अखबार बिकने लगे. आरके दत्ता की निगरानी में सौभिक विश्वास की टीम झारखंड में सर्कुलेशन बढ़ाने में लगी रही. बिहार में अलग टीम थी. अखबार बढ़ने में हॉकरों का बड़ा योगदान रहा है. प्रभात खबर ने प्रारंभ से ही हॉकरों के साथ बेहतर संबंध बना कर रखा. आत्मीय संबंध, पारिवारिक संबंध. इसका फायदा यह मिला कि छोटे-छोटे मामले पर कभी भी हॉकरों ने प्रभात खबर को परेशान नहीं किया. जब कुछ मुद्दे आये भी, वह सभी अखबारों के लिए थे. हॉकर्स ने जब दूसरे अखबार को बढ़ाया भी, तो प्रभात खबर की कीमत पर नहीं. ऐसा निजी और मजबूत संबंध के कारण ही संभव हो सका.

2010 और 2011 प्रभात खबर के लिए निर्णायक रहा. इस दौरान प्रभात खबर ने बिहार में पूरी ताकत लगायी. पटना को मजबूत किया. मुजफ्फरपुर, भागलपुर और गया से प्रभात खबर का प्रकाशन आरंभ किया गया. उन जगहों पर तेजी से अखबार बढ़ा. आज स्थिति यह है कि बिहार, झारखंड और बंगाल मिला कर प्रतिदिन प्रभात खबर की 8,39,036 प्रतियां बिक रही हैं. (स्त्रोत : एबीसी, जनवरी-जून 2014). रांची, पटना और मुजफ्फरपुर तीन ऐसे संस्करण हैं, जहां एक लाख से ज्यादा अखबार छपते हैं. इसकी रीडरशिप भी तेजी से बढ़ी है. आइआरएस 2012 के क्वार्टर-फोर के जो आंकड़े जारी किये गये थे, उसके अनुसार प्रभात खबर की पाठक संख्या 89.26 लाख थी. प्रभात खबर हिंदी अखबारों में देश के शीर्ष दस अखबारों में सातवें स्थान पर पहुंच चुका है और तेजी से बढ़ता अखबार है.

विज्ञापन का मजबूत आधार

जिस प्रकार प्रभात खबर ने सर्कुलेशन में लंबी छलांग लगायी, अपना सर्कुलेशन एक हजार (लगभग) से साढ़े आठ लाख के करीब पहुंचाया, वैसी ही उपलब्धि विज्ञापन के क्षेत्र में रही. आरंभ के दिनों में प्रभात खबर के पास विज्ञापन की छोटी टीम थी. अशोक मुखोपाध्याय विज्ञापन मैनेजर हुआ करते थे. बाद में अभय सिन्हा ने इस काम को आगे बढ़ाया. 1989 आते-आते विज्ञापन की स्थिति बहुत ही खराब हो गयी थी. एक तो अखबार का सर्कुलेशन नहीं था, विज्ञापन मिलता नहीं था. जो मिलता भी था,वह निजी संबंधों के बल पर. ज्ञानरंजन जी के अपने प्रभाव के कारण कुछ बड़े विज्ञापन जरूर मिल जाते थे. सरकारी विज्ञापन जरूर मिलते थे. जो विज्ञापन आते भी थे, उनमें से अधिकांश का पैसा बाजार में बकाया ही रहता था. उन दिनों के आंकड़े बताते हैं कि हालात क्या थे.

यह तय हुआ कि विज्ञापन विभाग में इंडस्ट्रीज के जाने-माने लोगों को लाया जाये, भले ही पैसा खर्च हो. इसी क्रम में प्रशांत कुमार सेन (पीके सेन) को आनंद बाजार पत्रिका ग्रुप से लाया गया. इंडस्ट्री में उनके अपने संपर्क थे. यह तय हुआ कि नेशनल मार्केट में पहचान मिले बगैर विज्ञापन मिलना आसान

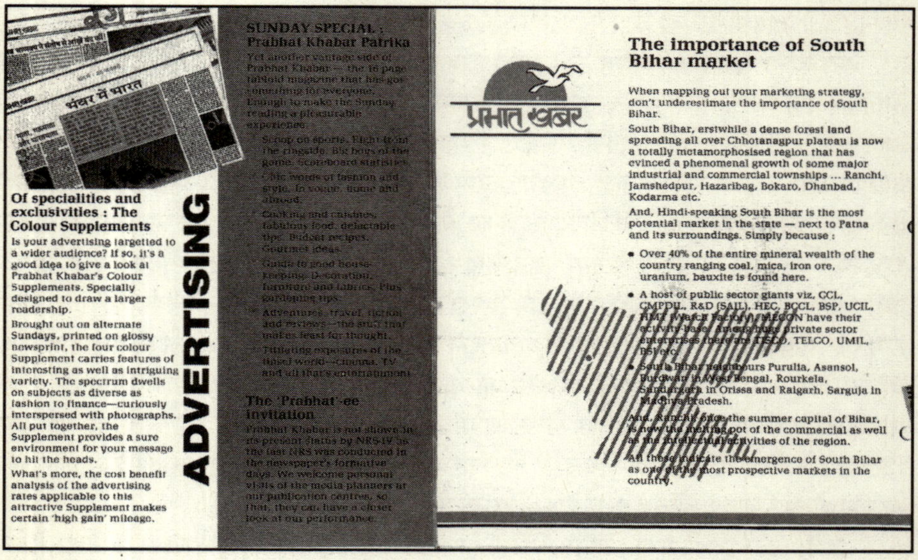

नहीं होगा. एबीसी का सर्टिफिकेट आ चुका था. दिल्ली, मुंबई, कोलकाता समेत अन्य महानगरों में प्रभात खबर के दफ्तर खोले गये. वहां टीम बनायी गयी. रांची से उमाशंकर (पहले दूसरे विभाग में कार्यरत थे) को मुंबई भेजा गया, जिन्होंने अदभुत काम किया. मुंबई में प्रभात खबर की पहचान बनायी. आज वे प्रभात खबर के नेशनल हेड हैं. इसी प्रकार दिल्ली में उमेश, मानस और अन्य लोगों की टीम ने प्रभात खबर को मजबूत किया. इस बीच रांची में एचएन चटर्जी को लाया गया था. उन्होंने अपने विभाग के सीनियर साथियों को समझाया कि कोई भी काम छोटा नहीं होता. वे खुद विज्ञापन लाने के लिए एयरपोर्ट या बस से विज्ञापन भेजने के लिए बस स्टैंड चले जाते थे. आज स्थिति यह है कि देश के महत्वपूर्ण शहरों में विज्ञापन में प्रभात खबर का दफ्तर है. जहां इस विभाग में कभी छह-सात लोग काम करते थे, आज पूरे प्रभात खबर (हर संस्करण और बड़े शहरों, महत्वपूर्ण जगहों पर) में सिर्फ विज्ञापन विभाग में पौने दो सौ लोग काम कर रहे हैं. हर चीज व्यवस्थित. एमआइएस के लिए खास टीम. सुमित की निगरानी में हर दिन का डाटा तैयार. पूरी निगाह. झारखंड में विजय बहादुर की अगुवाई में काम हो रहा है. प्रखंड स्तर तक विज्ञापन का अपना नेटवर्क काम करता है. यही कारण है कि आज प्रभात खबर किसी भी विज्ञापनदाता

के लिए प्रथम च्वाइस होता है.

यह सब काम ऐसे ही नहीं हुआ. कठिन श्रम, विजन का यह नतीजा है. मार्केटिंग की निगरानी खुद प्रबंध निदेशक केके गोयनका करते हैं. खुद योजना बनाते हैं और उसे कड़ाई और तत्परता से लागू कराते हैं. जब साधन कम थे तो प्रभात खबर की टीम खुद रेट कार्ड की डिजाइन तैयार करती थी. 1989-90 में प्रभात खबर के पास अंगरेजी अखबार भी था. कार्ड छपवा कर दर की जानकारी विज्ञापनदाताओं को दी गयी. उन दिनों प्रभात खबर हिंदी में विज्ञापन की दर 40 रुपये प्रति कॉलम सेंमी थी. प्रारंभ में प्रभात खबर की प्रतिस्पर्धा रांची एक्सप्रेस से थी. 1990 में जब प्रभात खबर को पहली बार एबीसी सर्टिफिकेट मिल गया तो विज्ञापन एजेंसियों से लेकर महत्वपूर्ण विज्ञापनदाताओं को सर्कुलेशन की जानकारी दी गयी. कार्ड छपवा कर बांटा गया. धीरे-धीरे अखबार प्रोफेशनल होता गया. प्रभात खबर यह महसूस कर चुका था कि बगैर देश को अपनी ताकत बताये कुछ नहीं होनेवाला. तब शुरू हुआ ब्रांडिंग का दौर. हालांकि प्रभात खबर अपनी उपलब्धि को खुद बताना नहीं चाहता था लेकिन मार्केटिंग के लिए यह अनिवार्य था. प्रभात खबर ने हर साल मार्केटिंग सेमिनार का आयोजन किया. अपनी टीम के सदस्यों को भविष्य की योजना बनाने के लिए तैयार किया. इस दौरान देश के मीडिया एक्सपर्ट को अतिथि के रूप में बुलाकर अपने सहयोगियों को सीखने का अवसर दिया. यह कार्यक्रम हर साल होता है. 2010 में तो यह सेमिनार विदेश (थाईलैंड) में हुआ था.

इस कार्यक्रम की खासियत यह है कि यह भले ही मार्केटिंग सेमिनार होता है लेकिन इसमें अन्य विभागों के प्रमुख लोगों को आमंत्रित किया जाता है. इससे संपादकीय-विज्ञापन व अन्य विभागों में बेहतर तालमेल होता है. संपादकीय के साथियों को विज्ञापन की बारीकियों को समझने का मौका मिलता है. इसका नतीजा यह निकला है कि प्रभात खबर के स्थानीय संपादक समेत अन्य सीनियर लोगों को विज्ञापन के बारे में पूरी जानकारी रहती है. वे विज्ञापन की प्लानिंग में मदद करते हैं. इसकी योजना बनाते हैं. प्रभात खबर की विज्ञापन से होनेवाली आय का बड़ा स्त्रोत रुरल विज्ञापन (ग्रामीण क्षेत्रों के प्रतिनिधियों द्वारा भेजे गये छोटे-छोटे विज्ञापन) होता है. 26 जनवरी, 15 अगस्त या 15 नवंबर के साथ-साथ अपने-अपने संस्करण के स्थापना दिवस पर संवाददाता-विज्ञापन विभाग मिल कर विशेष परिशिष्ट निकालते हैं. संपादकीय-विज्ञापन का यह तालमेल प्रभात खबर को मजबूती प्रदान करता रहा है.

यह प्रभात खबर की ताकत का ही कमाल है कि पूरे देश में प्रिंट मीडिया का शेयर जब घट रहा है, उसके बाद न्यूजपेपर इंडस्ट्री में जिस दर से विज्ञापन बढ़ा है, उससे ज्यादा दर से प्रभात खबर का विज्ञापन बढ़ा है. इसके पीछे विज्ञापन विभाग में इनोवेशन है, विज्ञापन के नये-नये स्त्रोतों को प्रभात खबर ने बेहतर तरीके से तलाशा है.

प्रचार-प्रसार

प्रभात खबर ऐसा अखबार कभी नहीं रहा जिसने करोड़ों रुपये खर्च कर अपना प्रचार-प्रसार किया हो. जब 1989 में प्रभात खबर का प्रबंधन बदला, एनपीएचएल ने खरीदी, उस समय भी कहीं कोई होर्डिंग्स लेकर इसे प्रचारित नहीं किया गया. साधन भी नहीं था. कई वर्षों तक प्रभात खबर का यह मॉडल भी नहीं रहा. आर्थिक स्थिति अनुमति भी नहीं देती थी. जब भी कोई पाठकों को कोई मैसेज देना हुआ, पंपलेट

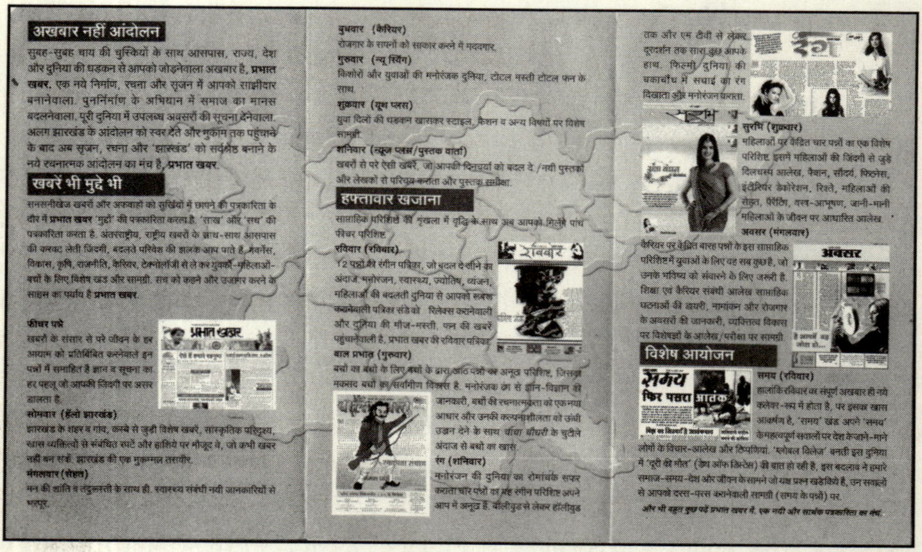

अखबार नहीं आंदोलन

सुबह-सुबह चाय की चुस्कियों के साथ आसपास, राज्य, देश और दुनिया की धड़कन से आपको जोड़नेवाला अखबार है, **प्रभात खबर.** एक नये निर्माण, रचना और सृजन में आपको साझीदार बनानेवाला. पुनर्निर्माण के अभियान में समाज का मानस बदलनेवाला. पूरी दुनिया में उपलब्ध अवसरों की सूचना देनेवाला. अलग झारखंड के आंदोलन को स्वर देते और मुकाम तक पहुंचाने के बाद अब सृजन, रचना और 'झारखंड' को सर्वश्रेष्ठ बनाने के नये रचनात्मक आंदोलन का मंच है, **प्रभात खबर.**

खबरें भी मुद्दे भी

सनसनीखेज खबरों और अफवाहों को सुर्खियों में छापने की पत्रकारिता के दौर में **प्रभात खबर** 'मुद्दों' की पत्रकारिता करता है. 'साख' और 'सच' की पत्रकारिता करता है. अंतरराष्ट्रीय, राष्ट्रीय खबरों के साथ-साथ आसपास की करवट लेती जिंदगी, बदलते परिवेश की झलक आप पाते हैं. गवर्नेंस, विकास, कृषि, राजनीति, कैरियर, टेक्नोलॉजी से ले कर युवकों-महिलाओं-बच्चों के लिए विशेष खंड और सामग्री. सच को कहने और उजागर करने के साहस का पर्याय है **प्रभात खबर.**

फीचर पन्ने

खबरों के संसार से परे जीवन के हर आयाम को प्रतिबिंबित करनेवाले इन पन्नों में समाहित है ज्ञान व सूचना का हर पहलू जो आपकी जिंदगी पर असर डालता है.

सोमवार (हैलो झारखंड)

झारखंड के शहर व गांव, कस्बे से जुड़ी विशेष खबरें, सांस्कृतिक परिदृश्य, खास व्यक्तित्वों से संबंधित रपटें और हाशिये पर मौजूद वे, जो कभी खबर नहीं बन सके. झारखंड की एक मुकम्मल तसवीर.

मंगलवार (सेहत)

मन की शांति व तंदुरुस्ती के साथ ही, स्वास्थ्य संबंधी नयी जानकारियों से भरपूर.

बुधवार (कैरियर)

रोजगार के सपनों को साकार करने में मददगार.

गुरुवार (न्यू स्विंग)

किशोरों और युवाओं की मनोरंजक दुनिया, टोटल मस्ती टोटल फन के साथ.

शुक्रवार (यूथ प्लस)

युवा दिलों की धड़कन खासकर स्टाइल, फैशन व अन्य विषयों पर विशेष सामग्री.

शनिवार (न्यूज प्लस/पुस्तक वार्ता)

खबरों से परे ऐसी खबरें, जो आपकी दिनचर्या को बदल दे /नयी पुस्तकों और लेखकों से परिचय कराता और पुस्तक समीक्षा.

हफ्तावार खजाना

साप्ताहिक परिशिष्टों की शृंखला में वृद्धि के साथ अब आपको मिलेंगे पांच फीचर परिशिष्ट.

रविवार (रविवार)

12 पन्नों की रंगीन पत्रिका, जो बदल दे जीने का अंदाज. मनोरंजन, स्वास्थ्य, ज्योतिष, व्यंजन, महिलाओं की बदलती दुनिया से आपको रूबरू करानेवाली पत्रिका संडे को रिलेक्स करानेवाली और दुनिया की मौज-मस्ती, फन की खबरें पहुंचानेवाली है, प्रभात खबर की रविवार पत्रिका.

बाल प्रभात (गुरुवार)

बच्चों का बच्चों के लिए बच्चों के द्वारा आठ पन्नों का अनूठा परिशिष्ट, जिसका मकसद बच्चों का सर्वांगीण विकास है. मनोरंजक ढंग से ज्ञान-विज्ञान की जानकारी, बच्चों की रचनात्मकता को एक नया आधार और उनकी कल्पनाशीलता को ऊंची उड़ान देने के साथ चाचा चौधरी के चुटीले अंदाज से बच्चों का खास.

रंग (शनिवार)

मनोरंजन की दुनिया का रोमांचक सफर कराता चार पन्नों का यह रंगीन परिशिष्ट अपने आप में अनूठा है. बॉलीवुड से लेकर हॉलीवुड तक और एम टीवी से लेकर दूरदर्शन तक सारा कुछ आपके हाथ. फिल्मी दुनिया की चकाचौंध में सचाई का रंग दिखाता और मनोरंजन परोसता.

सुरभि (शुक्रवार)

महिलाओं पर केंद्रित चार पन्नों का एक विशेष परिशिष्ट. इसमें महिलाओं की जिंदगी से जुड़े दिलचस्प आलेख, फैशन, सौंदर्य, फिटनेस, इंटीरियर डेकोरेशन, रिश्ते, महिलाओं की सेहत, पैरेंटिंग, वस्त्र-आभूषण, जानी-मानी महिलाओं के जीवन पर आधारित आलेख.

अवसर (मंगलवार)

कैरियर पर केंद्रित बारह पन्नों के इस साप्ताहिक परिशिष्ट में युवाओं के लिए वह सब कुछ है, जो उनके भविष्य को संवारने के लिए जरूरी है. शिक्षा एवं कैरियर संबंधी आलेख सामाहिक घटनाओं की डायरी, नामांकन और रोजगार के अवसरों की जानकारी, व्यक्तित्व विकास पर विशेषज्ञों के आलेख/परीक्षा पर सामग्री.

विशेष आयोजन

समय (रविवार)

हालांकि रविवार का संपूर्ण अखबार ही नये कलेवर-रूप में होता है, पर इसका खास आकर्षण है, 'समय' खंड अपने 'समय' के महत्वपूर्ण सवालों पर देश के जाने-माने लोगों के विचार-आलेख और टिप्पणियां. 'ग्लोबल विलेज' बनती इस दुनिया में 'दूरी की मौत' (डेथ ऑफ डिस्टेंस) की बात हो रही है, इस बदलाव ने हमारे समाज-समय-देश और जीवन के सामने जो यक्ष प्रश्न खड़े किये हैं, उन सवालों से आपको दरस-परस करानेवाली सामग्री (समय के पन्नों) पर.

और भी बहुत कुछ पढ़ें प्रभात खबर में. एक नयी और सार्थक पत्रकारिता का मंच.

छापा गया. वह भी अखबार के कागज पर. अखबार ही इसका मुख्य आधार होता था. टीम स्वतः विज्ञापन बनाती और अपने ही अखबार में छापती थी. कभी-कभार बुकलेट छाप कर भी पाठकों के बीच संदेश भेजा जाता था. यह कम खर्चीला हुआ करता था. इसका उपयोग सप्लीमेंट के बारे में बताने, नये प्रोडक्ट के बारे में जानकारी देने के लिए किया जाता था. आज जब कोई नया अखबार खुलता है,तो खुलने के छह माह पहले से सैकड़ों होर्डिंग्स खरीद लिये जाते हैं, उन पर एक से एक स्लोगन लिखे जाते हैं. जिज्ञासा पैदा की जाती है. लेकिन जब प्रभात खबर का जमशेदपुर संस्करण खुला, कहीं कोई हो-हंगामा नहीं. कोई समारोह नहीं. दिन में अपने साथियों के साथ चुपचाप पूजा की गयी और रात में प्रिंटिंग. पाठकों को पता नहीं चला कि यह अखबार रांची से छप कर आ रहा है या फिर जमशेदपुर में छप रहा है. सिर्फ जमशेदपुर ही नहीं, आरंभिक दिनों में जो भी संस्करण खुले, उनमें कोई बड़ा कार्यक्रम नहीं हुआ. बाद में छोटे-छोटे प्रयास से प्रचार किया गया. छोटे प्रयास भी कम प्रभावशाली नहीं रहे. उन दिनों दीवार पर लिख कर प्रचार किया जाता था. सिनेमाघरों में स्लाइड चलते थे, जिसमें बताया जाता था कि अखबार का प्रकाशन आरंभ हो चुका है. आज बड़े अखबार ऐसा कतई नहीं करेंगे. समय बदला. प्रभात खबर भी बदला. समय और प्रतिस्पर्धा ने प्रभात खबर को भी प्रचार के आधुनिक तरीके अपनाने को बाध्य कर दिया. बिहार में जब प्रभात खबर के कई नये संस्करण खुले तो इसकी झलक मिली. प्रचार में प्रभात खबर ने अच्छी खासी राशि खर्च की. प्रभात खबर ने जब 25 साल, 30 साल पूरा किया तो अपने कार्यक्रमों से यह बता दिया कि ब्रांडिंग में प्रभात खबर अपने प्रतिद्वंद्वी अखबारों से पीछे नहीं है.

□

मल्टी स्किलिंग/कॉस्ट कंट्रोल

प्रभात खबर प्रारंभ से ही जिस फार्मूला पर चलता रहा है, वह है-जितनी चादर है, उतना ही पांव फैलाना. यही इसका सक्सेस मॉडल भी है. पारिवारिक माहौल के बीच सीमित संसाधन में अखबार निकालना, बेहतर कार्यसंस्कृति और फालतू खर्च नहीं करना प्रभात खबर का मूल मंत्र रहा है. प्रभात खबर आगे बढ़ा तो इसके पीछे का एक बड़ा कारण यह है. बड़े अखबारों के आने के बाद जो स्थिति पैदा हुई, अन्य संस्थानों से प्रोफेशनल्स लोग आये, उससे प्रभात खबर की मूल नीति में थोड़ा बदलाव आया.

जब रांची में नये प्रबंधन ने जिम्मेवारी संभाली, प्रभात खबर में आवश्यकता से ज्यादा कर्मचारी (पत्रकार-गैर पत्रकार) थे. लोगों के पास पर्याप्त काम नहीं था. इतने लोगों के वेतन का भार अखबार पर था. उसी समय यह तय हुआ था कि सुविधाएं बढ़ेंगी लेकिन मौजूदा मैनपावर का बेहतर और पर्याप्त (अधिकतम) इस्तेमाल किया जायेगा. उन दिनों अखबार में एक ही काम के लिए तीन-चार लोग होते थे. संवाददाता कागज पर रिपोर्ट लिखते. डेस्क के लिए उसी कागज पर एडिट करते. फिर कंपोजिटर कंपोज करते. उसके बाद प्रूफ रीडर प्रूफ पढ़ते. फिर उसे कंपोजिटर ठीक करते. ब्रोमाइड निकलता. फिर पेस्टिंग का काम (पेज बनाने का काम, उन दिनों अखबार के आकार के कागज पर ब्रोमाइड को कैंची से काट कर चिपकाया जाता था) होता था. यह तय हुआ कि जो काम चार-पांच लोग करते हैं, वह काम एक या दो व्यक्ति ही कर सकते हैं. बाकी लोगों का इस्तेमाल

- आज जून की स्थिति एकाउंट्स ने मुझे दी है. जमशेदपुर की. विज्ञापन घटने से आपका घाटा बहुत बढ़ गया है. ऐसी स्थिति रहने पर चलना मुश्किल है. तत्काल विज्ञापन बढ़ाने के प्रयास में लग जायें.
- अनसोल्ड जितना कंट्रोल /कम कर सकें, तुरंत करायें. बाबू को बता दें.
- वेस्टेज कंट्रोल करायें. प्राथमिकता के आधार पर. ✓
- जून जैसी स्थिति अगर अगले दो माह तक रह गयी, तो संभालना नामुमकिन है. जिस दिन प्रबंधन ने बताया (11 जुलाई) की प्रभात खबर या तो अपने बल चले या बंद हो, वे कुछ मदद नहीं करेंगे, उस दिन आप दोनों मौजूद थे. दुर्भाग्य से 12 जुलाई से 18-19 तक में बाहर चला गया, फिर अस्वस्थ हो गया, इसलिए तत्काल कुछ आपको बताना सका.
- यह तय किया गया है कि हर यूनिट अपनी जरूरत भर कमायेगी, जो नहीं कमायेगी, वह बंद होगी. हर यूनिट संपादकीय नीति, वित्तीय नियंत्रण को छोड़ कर स्वायत्त होगी. रोजमर्रा के काम, अनुशासन, कास्ट कंट्रोल वगैरह सारी चीजें खुद संभालें.
- विनोद से बात कर जेवीजी पर धारावाहिक रिपोर्ट करायें. 24 जुलाई के 'एशियन एज' में खबर छपी है कि जमशेदपुर जेवीजी के लोग बड़ी मुश्किल में हैं. पैसा जमा करनेवाले मांग रहे हैं, तो पैसा नहीं दे रहे हैं. पैसा डिपाजिट करनेवालों से लेकर जेवीजी जमशेदपुर आफिस की गतिविधि पर धारावाहिक रिपोर्ट करायें. जवाब पत्र के माध्यम से दें.

हरिवंश

अन्य कामों के लिए किया जायेगा. इसी नीति के तहत संवाददाताओं को खुद कंपोज करने, उपसंपादकों को ही कंप्यूटर पर एडिट करने, प्रूफ पढ़ने और पेज बनाने का प्रशिक्षण दिया गया. प्रारंभ में लगा था कि यह क्या हो रहा है. इससे तो प्रूफ रीडर और कंपोजिटर की नौकरी ही चली जायेगी. प्रारंभ में पीटीएस (वह विभाग, जहां कंपोजिंग का काम होता था) ने विरोध किया. इस विभाग के साथियों को लगा कि अगर संपादकीय के साथी कंपोजिंग सीख जायेंगे, तो पीटीएस के कर्मचारियों को हटा दिया जायेगा. बाद में वे सहमत हो गये. इसके बाद तय हुआ कि अखबार में प्रूफ रीडर नहीं होंगे. उपसंपादक ही प्रूफ पढ़ेंगे. प्रूफ रीडर्स का पद समाप्त कर दिया गया. लेकिन किसी को हटाया नहीं गया. उन्हें उपसंपादक के रूप में (एडिटिंग) काम करने का मौका दिया गया. इनमें से कई प्रूफ रीडर आज प्रभात खबर में संपादकीय विभाग में महत्वपूर्ण पदों पर काम कर रहे हैं. धीरे-धीरे उपसंपादक कंप्यूटर पर खुद पेज बनाने लगे. यह तब हुआ जब पेस्टिंग का काम खत्म हुआ. संपादकीय में संवाददाताओं को भी ऐसे प्रशिक्षित किया गया ताकि वे कंप्यूटर पर पेज भी बना सके. संपादकीय का यह प्रयोग सफल रहा और कम से कम मैनपावर में अखबार निकलने लगा. इससे वेतन पर होनेवाला खर्च पहले की अपेक्षा कम हो गया. अन्य अखबारों ने यही काम प्रभात खबर के शुरू करने के 10-12 साल बाद किया. जमशेदपुर से 1995 में जब प्रभात खबर का प्रकाशन आरंभ किया गया तो संपादकीय में कोई नयी बहाली नहीं की गयी. रांची की संपादकीय टीम से ही लोगों को जमशेदपुर भेजा गया. यही काम अन्य विभागों में हुआ. नयी मशीन भी नहीं खरीदी गयी. साधन का अभाव था. नयी मशीन खरीदना संभव ही नहीं था. रांची में हर विभाग से कुछ लोगों को खोजा गया और उन्हें अखबार निकालने के लिए जमशेदपुर भेजा गया. एक भी नयी बहाली किये बगैर (चाहे वह संपादकीय हो, विज्ञापन हो, मशीन हो या सर्कुलेशन) एक नया संस्करण शुरू करना एक बड़ी चुनौती थी.

1995 में जमशेदपुर में प्रभात खबर का प्रकाशन तो शुरू हो चुका था लेकिन वहां आर्थिक संकट आड़े आ रहा था. आरंभ में न तो सर्कुलेशन अच्छा था और न ही विज्ञापन. नये संस्करण खोलने के पहले प्रयास यह होता था कि प्रवेशांक के अवसर पर इतना विज्ञापन मिल जाये ताकि तीन-चार माह तक का खर्च निकल जाये. जमशेदपुर में भी यही प्रयास हुआ था. प्रवेशांक में जो विज्ञापन आये थे, उससे बहुत दिनों तक काम नहीं चल सकता था. एक बार तो प्रबंधन की ओर से खबर भेज दी गयी कि जमशेदपुर यूनिट अपने स्तर पर वेतन की व्यवस्था करे. रांची से वेतन देने में विलंब हो सकता है. जब मुख्यालय को बताया गया कि जमशेदपुर अभी अपने पैर पर खड़ा नहीं है, इसलिए सहायता चाहिए. इसके बाद रांची से सारी व्यवस्था की गयी.

1996 में ही उषा मार्टिन प्रबंधन ने साफ-साफ कह दिया था कि प्रभात खबर को अपने बल पर चलाना होगा. किसी प्रकार की आर्थिक सहायता आगे देना संभव नहीं है. जमशेदपुर में कुछ ही दिनों पहले अखबार निकलना शुरु हुआ था. आठ पेज का अखबार था. संपादकीय, विज्ञापन, सर्कुलेशन, पेस्टिंग और कैमरा का काम बिष्टुपुर में होता था. प्लेट बनाने और अखबार छापने, पैकिंग-डिस्पैच का काम प्राजीव स्टील (गम्हरिया) में होता था. इन सभी कामों के लिए जमशेदपुर संस्करण में 1996 में सिर्फ 32 लोग थे. इसके अतिरिक्त तीन लोग सिक्युरिटी में थे. यानी कुल 35 व्यक्ति. एक संपादक (यूनिट इंचार्ज की जिम्मेवारी भी), डेस्क के लिए छह उपसंपादक, तीन रिपोटर यानी संपादकीय में कुल 10 लोग.

मशीन में तीन, अकाउंट्स में एक, पीटीएस (कंप्यूटर) में तीन, विज्ञापन में तीन, सर्कुलेशन में दो, पैकिंग में तीन, प्रोसेस (कैमरा, प्लेट मेकिंग) में तीन और पेस्टिंग में चार लोग. यह आंकड़ा अविश्वसनीय लगता है. इतने लोग आज किसी भी अखबार में सिर्फ संपादकीय या मशीन विभाग में मिल जायेंगे. लेकिन उन दिनों इतने ही लोग पूरा अखबार निकालते थे, चलाते थे. कैसे, उसका भी विस्तार से विवरण है.

उन दिनों मैं जमशेदपुर में स्थानीय संपादक था, यूनिट इंचार्ज भी था. जब साधन ही कम हो, अखबार भी निकालना हो तो रास्ते खुद निकल जाते हैं, अगर टीम आपके साथ हो. पूरी टीम ने तय कर लिया था कि हर व्यक्ति अपना काम करते हुए दूसरे विभाग के काम में भी हाथ बंटायेगा. टीम में जुनून था. उन दिनों ऐसे अखबार नहीं निकलता था, जैसे आज निकलता है. संवाददाता न्यूज लिखते, पीटीएस के सहयोगी कंपोज करते, डेस्क के लोग उसे संपादित करते, फिर प्रिंट निकलता. उस प्रिंट को पेस्टर अखबार के आकार के कागज पर चिपकाते. जहां-जहां फोटो होता, उतनी जगह छोड़ देते. फिर कैमरे से पूरे पेज के आकार की फिल्म (निगेटिव) बनती. फोटो का अलग से निगेटिव बनता. फिर उसे उचित जगह पर चिपकाया जाता. फिर इस निगेटिव से प्लेट बनाया जाता. इसी प्लेट को मशीन में लगाया जाता. फिर प्रिंटिंग होती. उसके बाद अखबार को गिन कर बंडल बांधा जाता जिसे पैकिंग कहते हैं. इसके बाद गाड़ियों-ट्रेन से उसे निर्धारित स्थान पर भेज दिया जाता.

काम इतना था लेकिन आदमी कम. इसलिए एक-एक व्यक्ति को कई-कई काम करना पड़ता था. इसके लिए सभी को प्रशिक्षित किया गया था. इस प्रक्रिया को मल्टीस्किलिंग कहा जाता है. एक व्यक्ति को अपना काम करने के बाद जो समय बचता था, गप कर उसे वह बर्बाद नहीं करता था. वह दूसरे विभाग के काम में हाथ बंटाता था. इससे वह नया काम भी सीख जाता था. उदाहरण के लिए एक सहयोगी थे शंकर डे. पेस्टिंग में थे. जब पेस्टिंग का काम खत्म हो गया, तो घर न जाकर कैमरा में निगेटिव बनाते थे. जब यह काम हो जाता तो प्लेट बनाने में लग जाते थे. रमता सिंह प्लेट मेकिंग का काम देखते थे. जब प्लेट का काम पूरा हो जाता तो अखबार का बंडल बांधने में लग जाते. उत्साही युवक संतोष की बहाली चपरासी के पद पर हुई थी लेकिन उसे पेस्टिंग का काम सिखाया गया. पेस्टिंग कर वह निगेटिव जोड़ने का काम करता था. उसने खुद मेहनत कर पेस्टिंग और प्रोसेस का काम सीखा था. उसने अपने आपको विकसित (डेवलप) किया था. रोशन बारला का काम कैमरा में था लेकिन वह निगेटिव बना कर प्लेट बनाते. फिर मशीन चलाने में सहयोग करते. इसी प्रकार दीपू घोष प्रोसेस के प्रभारी थे लेकिन निगेटिव बनाने के बाद प्लेट भी बनाते. जब मशीन का कोई साथी छुट्टी पर होता तो वे मशीन चलाने लगते. एक-एक व्यक्ति को अनेक कामों में महारथ हासिल थी. मशीन में सुनील थे. प्लेट बनाने में जरा सी देर हुई,खुद प्लेट बनाने में लग जाते. बिजली जैसी फूर्ति. मशीन चलायी, फिर एक यूनिट से दूसरे यूनिट में दौड़ लगाते रहते. कैसे कम से कम वेस्टेज हो, इसका ख्याल रखते.

कई काम जानने का फायदा यह हुआ कि कर्मचारियों का हूनर बढ़ा और कम से कम कर्मचारी में अखबार का काम भी चलता रहा. यह उसी संस्थान में संभव है जहां कर्मचारी दिल से जुड़े होते हैं, पारिवारिक माहौल होता है, कंपनी को अपना मानते हैं, आगे बढ़ने की तमन्ना होती है. उन दिनों प्रभात खबर की टीम में यह सब मौजूद था. जिन लोगों ने दूसरे विभागों का काम सीखा था, अपने को अपडेट रखा था, वे आज देश के कई महत्वपूर्ण संस्थानों में अच्छे पदों पर भी कार्यरत हैं. उन्हें यह मौका

इसलिए मिला क्योंकि उनके अंदर कई गुण थे. ऐसे गुणवालों की हर जगह मांग होती है. प्रभात खबर ने व्यक्ति को तकनीकी तौर पर समृद्ध होने का अवसर दिया. ऐसी बात नहीं है कि सिर्फ नीचे के पदों पर बैठे सहयोगियों को ही मल्टी स्किलिंग के लिए तैयार किया जाता था. शीर्ष पद बैठे लोग भी स्वतः अन्य विभागों की जिम्मेवारी संभालते थे. श्री आरके दत्ता ने मूलतः एचआर में मैनेजमेंट की डिग्री ली थी, लेकिन प्रभात खबर में एचआर के अलावा पीटीएस, सिस्टम, प्रोड्कशन, सर्कुलेशन वे देखने लगे. तकनीक के हर क्षेत्र की उन्हें जानकारी रही है. इतना ही नहीं, जब प्रभात खबर का रेडियो धूम खुला तो इसकी पूरी तैयारी श्री दत्ता ने ही की. निदेशक बनने के बावजूद जब मौका मिला, सुबह उठ कर हाकर्स से मिलते हैं. इसी प्रकार श्री केके गोयनका ने फाइनांस (चार्टर्ड एकाउंटेंट) की पढ़ाई की. पहले वे सिर्फ फाइनांस ही देखते थे लेकिन बाद में वे विज्ञापन/मार्केटिंग का सारा काम खुद देखने लगे. कोई भी काम को छोटा नहीं समझते. कभी न्यूजप्रिंट का संकट हुआ (आरंभिक काल में) तो दत्ता या गोयनकाजी खुद इसकी व्यवस्था में लग जाते. प्रधान संपादक हरिवंश जी मूलतः संपादकीय के रहे हैं लेकिन लंबे समय तक उन्होंने सीइओ का पद संभाला. संपादकीय के साथ-साथ विज्ञापन, सर्कुलेशन, एडमिनिस्ट्रेशन, प्लानिंग पर उनकी पकड़ रही है. एक-एक पैसा कैसे बचे, कम खर्च में संस्थान कैसे चले, यह खुद वे देखते रहे हैं. यानी उन दिनों पूरी टीम ही मल्टी स्किल्ड थी. इसका लाभ पूरे अखबार को मिला. यही कारण था कि प्रभात खबर बुरे से बुरे हालात से निकल कर बाहर आता रहा.

इन सब प्रयोगों का अच्छा परिणाम मिला. लेकिन उन दिनों जो आर्थिक हालात थे, उससे निबटना आसान नहीं था. विज्ञापन ज्यादा था नहीं. इसलिए खर्च में कटौती किये बगैर संस्थान को आगे ले जाना संभव नहीं था. उषा मार्टिन प्रबंधन द्वारा अपने पैरों पर खड़ा होने का संदेश मिलने के बाद स्थानीय प्रबंधन और सभी साथियों ने संकल्प लिया था कि वे अपनी मेहनत से अखबार को आगे ले जायेंगे. आत्मनिर्भर बनेंगे. खर्च कम से कम करेंगे. कहां-कहां खर्च में कटौती हो सकती है, इसके लिए सुझाव मांगे गये. हरिवंश जी, केके गोयनका जी, आरके दत्ता जी (बाद में आलोक पोद्दार जी) अपने-अपने विभाग में खर्च कटौती के रास्ते तलाशने लगे. शीर्ष से लेकर नीचे तक के सहयोगियों को खर्च कटौती की पूरी प्रक्रिया से जोड़ा.

जो जिस विभाग में था, वहीं पर खर्च में कटौती में जुट गया. अनावश्यक खर्च बंद कर दिया गया. हर विभाग ने छोटे-छोटे प्रयास आरंभ कर दिये. देखने में ये छोटे प्रयास थे लेकिन जब इनका मासिक या सालाना असर देखा जाता तो लाखों में होता था.26 जुलाई 1997 को रांची से प्रधान संपादक ने पत्र लिख कर निर्देश दिया था कि हर हाल में अनशोल्ड और वेस्टेज कंट्रोल किया जाये. पहली नजर में लगता है कि यह मामूली निर्देश है, पर अखबार की अर्थव्यवस्था समझनेवाले यह जानते हैं कि अनशोल्ड या फिर वेस्टेज बढ़ने का कितना बड़ा घाटा होता है. पत्र में ही यह संदेश दे दिया गया था कि हर यूनिट अपनी जरूरत भर कमाएगी. जो नहीं कमाएगी, वह बंद होगी. हर यूनिट संपादकीय नीति, वित्तीय नियंत्रण को छोड़ कर स्वायत्त होगी. रोजमर्रा के काम, अनुशासन, कॉस्ट कंट्रोल वगैरह सारी चीजें खुद संभालें. इस पारा से स्पष्ट है कि आनेवाले संकट का सामना करने के लिए क्या-क्या और कैसे संदेश दिये जाते हैं. दरअसल यह तमाम सहयोगियों के लिए मैसेज था कि आर्थिक तौर पर हर यूनिट को खड़ा होना होगा वरना भविष्य नहीं होगा.

आर्थिक मंदी का दौर चल रहा था. रांची संस्करण तो अच्छी स्थिति में था. सर्कुलेशन और विज्ञापन दोनों मामले में बेहतर था. लेकिन जमशेदपुर में नया-नया अखबार खुला था. विज्ञापन कम क्या, नहीं के बराबर था. जो था भी, उसकी दर इतनी कम थी कि उससे बेहतर था मुफ्त छापना. आरंभिक दौर में हर अखबार को ऐसे हालात से गुजरना पड़ता है. जमशेदपुर और पटना में अखबार लगातार घाटे में चल रहा था. ऊपर से दुनिया की मंदी का भी असर पड़ा था. ऐसे में पूरे प्रभात खबर ग्रुप ने कॉस्ट कंट्रोल करने (खर्च में कटौती) का निर्णय लिया था. छोटी-छोटी कटौती भी साल में बड़ी बचत कर सकती थी. इसलिए तय किया गया था कि अनशोल्ड कम से कम हो, जितने अखबार की मांग हो, उससे थोड़ी अधिक प्रति छापी जाये, वेस्टेज नहीं के बराबर हो. अनावश्यक बिजली खर्च न हो. जिस कमरे में काम न हो रहा हो, वहां की बत्ती बुझा दी जाये.

CIRCULAR

You have always Co-operated in reduction of various unwanted costs in your respective departments. Please remember that a Rupee saved is a Rupee earned. Once again the management is seeking your Co-operation to reduce costs. This has become necessary to meet out growing expenditures involved in running the business and fastly decreasing income of newspapers. You are also aware of severe economic crisis engulfing Indian economy and specially deterioating condition of Bihar.

We suggest some steps where you can save.

1. S.T.D. should be used only after 9 P.M. except in very urgent cases.
2. For communication of normal nature courier service should be availed.
3. Massages in Modem (Re-Mc Files) should be short to reduce transmission time.
4. Office vehicles should be used for official work only and not for personal work.
5. Print wastage should be minimised and concerned departmental head should make an analysis of print wastage with the machine man everyday.
6. Unsold percentage must be reduced to near zero percent. Unsold directly adds to loss account.
7. Envelopes of all sizes and packets should be re-used. Envelopes with cloth matted inside can be used four or five times. These should not be thrown.
8. Stationary items like gems clips can be used again.
9. Flat files which are full and whose papers are unwanted can be reused after the unwanted papers are destroyed.
0. Rough pads made of white wastage are good enough for internal correspondences.
1. Lights, Fans, etc. should be put off when they are not necessary. This will reduce electric bills.
2. Scrap disposal (White wastage, empty ink drums, print wastage, unsold, sweeping scrap) etc, whould be collected and sold at the highest price.

: 2 :

13. If you are on tour you can think and reduce your expenses. On tour Please ~~ex~~ ensure that you work for all products of our company and not for a particular product.

There are many other ways by which you can save. Think and implement your ways of cost reduction.

If you have suggesstions please write to Mr. R.K. Dutta.

Thanking you,

(H.R.N. Singh)

खर्च में कटौती के कई कड़े फैसले लिये गये थे. उस दौरान यह तय किया गया था कि जब तक हालात में सुधार नहीं होगा, तब तक सीनियर व्यक्ति (प्रबंधन के लोग भी) ट्रेन से यात्रा करेंगे, वह भी स्लीपर क्लास में. झारखंड, बिहार के जिस संस्करण में जाना हो, वहां कार से न जाकर बस-ट्रेन से जाने की कोशिश करें.

एक दिन जमशेदपुर में अचानक खबर आयी कि हरिवंश जी रांची से जमशेदपुर आनेवाले हैं. वह भी बस से. समय बता दिया गया था. मैं (तब जमशेदपुर का स्थानीय संपादक था) अपने स्कूटर से बस स्टैंड पहुंचा. उन दिनों मेरे पास प्रिया स्कूटर हुआ करता था. मैंने हरिवंश जी को अपने स्कूटर पर पीछे बैठाया. गोद में उन्होंने अपना बैग रखा था. मैंने पूछा-सर आपके पास समय है न. जब उन्होंने हां कहा तो मैं उन्हें दो और बस स्टैंड ले गया. उन दिनों दूर दराज के इलाके से स्ट्रिंगर बसों से समाचार का

पैकेट बनाकर भेज दिया करते थे. कई अवसरों पर मैं खुद उन पैकेटों को लाया करता था. इस काम को करने में कभी लज्जा महसूस नहीं करता था. काम छोटा या बड़ा नहीं होता है. काम तो बस काम होता है. यही मैसेज अपने सहयोगियों को दिया करता था. जिस दिन प्रधान संपादक मेरे साथ स्कूटर पर थे, उस दिन भी मैंने कई जगहों से डाक (न्यूज) जमा किया था. मेरे साथ हरिवंशजी भी डाक लाने गये थे. जैसे ही हरिवंशजी दफ्तर आये और सहयोगियों को मालूम हुआ कि वे बस से आये हैं, बगैर एक शब्द कहे उनका मैसेज सभी सहयोगियों में स्वतः पहुंच गया था. शीर्ष पर बैठे व्यक्ति अगर ऐसे उदाहरण पेश करें तो इसका अच्छा असर संस्थान और उसमें काम करनेवाले सहयोगियों पर पड़ता है. वे भी अनावश्यक खर्च पर अंकुश लगाते हैं.

इसके कुछ दिनों बाद रांची से बस से आरके दत्ता जी जमशेदपुर आये थे. हमलोग को जमशेदपुर से चाईबासा जाना था. अखबार के पास अपनी कार थी नहीं. भाड़ा पर लेना था नहीं. तय हुआ कि सभी बिहार राज्य पथ परिवहन निगम की बस से चाईबासा जायेंगे. दो घंटे की यात्रा थी. बस में जगह नहीं थी. हमलोग खड़ा रहे और दत्ताजी को ड्राइवर के बगल में बोनेट पर बैठा दिया. हमलोग इसी तरह चाईबासा गये. चाहता तो भाड़े पर कार ली जा सकती थी लेकिन खर्च में कटौती करनी थी. इसलिए सभी को थोड़ी परेशानी हुई लेकिन किसी ने शिकायत नहीं की. कई बार ऑडिट के कागज लेकर आपात स्थिति में खुद केके गोयनकाजी को बस से जमशेदपुर और वहां से ट्रेन से कोलकाता जाना पड़ा था. खर्च में कटौती करने का यह कोई पहला प्रयास नहीं था. 1991 से जब उदारीकरण का दौर शुरू हुआ, देश में आर्थिक संकट गहराया था. अखबार उद्योग पर भी इसका गहरा असर पड़ा था. प्रभात खबर भी इससे अछूता नहीं था. पर प्रभात खबर ने इससे निकलने का प्रयास किया. एक फरवरी 1992 को ही प्रभात खबर के सीनियर सहयोगियों ने बैठक की थी. इस बैठक में हरिवंश जी, पीके सेन (महाप्रबंधक), रविभूषण, केके गोयनका, आरके दत्ता मौजूद थे. नवभारत टाइम्स के पूर्व कार्यकारी संपादक एसपी सिंह प्रभात खबर के कार्यक्रम में आनेवाले थे. इसकी तैयारी पर भी चर्चा हुई थी. कई अन्य फैसले लिये गये थे. उस बैठक में भी यह चर्चा हुई थी कि उन क्षेत्रों को तलाशा जाये, जहां से कॉस्ट कंट्रोल किया जा सके, ताकि इससे जो पैसा बचे, उसका उपयोग प्रोडक्ट (प्रभात खबर) को आगे बढ़ाने में किया जा सके .

बैठक के बाद एक नोट तैयार किया गया था. इसके माध्यम से सुझाव/निर्देश दिया गया था कि कौन-कौन से ऐसे क्षेत्र हैं जहां खर्च में कटौती की जा सकती है. यानी प्रभात खबर आरंभ से ही कम खर्च में संस्थान चलाने की नीति पर चलता रहा है. उन दिनों खर्च में कटौती के लिए जो निर्देश थे, वे थे :

1. रात में नौ बजे के बाद एसटीडी का उपयोग हो (क्योंकि रात में एसटीडी की दर काफी कम थी)
2. सामान्य काम-बातचीत के लिए कूरियर का इस्तेमाल हो.
3. मॉडम से कम से कम शब्दों में संदेश भेजें ताकि भेजने का खर्च कम पड़े.
4. ऑफिस की गाड़ियों का इस्तेमाल सिर्फ ऑफिस के काम में हो, निजी कामों में नहीं.
5. प्रिंट वेस्टेज कम हो.
6. अनशोल्ड जीरो प्रतिशत के आसपास रहे.
7. लिफाफा और पैकेट का रि-यूज हो.

8. स्टेशनरी (जैसे जेम्स क्लिप) का रि-यूज किया जाये.
9. फ्लैट फाइल जो भर जायें, जिनका उपयोग न हो, उसका भी रि-यूज हो.
10. वेस्टेज (व्हाइट पेपर) से रफ पैड बनाये जायें.
11. जब काम न हो तो बिजली, पंखे बंद कर दिये जायें.
12. यात्रा के दौरान अपना खर्च घटायें.

इन सुझावों को अमल में लाया गया था. उन दिनों सभी सहयोगियों का एक ही उद्देश्य था कि कैसे पैसे की बर्बादी न हो. जिस स्तर पर उन दिनों प्रभात खबर के सहयोगी कॉस्ट कंट्रोल को लागू कर रहे थे, उस पर आज कोई विश्वास नहीं करेगा. उन दिनों पटना में रोजगार का पेज बनता था. पटना नें निगेटिव बना कर अपने पास रख कर पेज को रांची, जमशेदपुर भेज दिया जाता था ताकि इन संस्करणों में पेज से निगेटिव बनाया जा सके. जमशेदपुर में हमलोग ने यह तय किया कि पटना से पेज न भेजें. उसकी जगह पटना में अखबार छापने के बाद निगेटिव ही जमशेदपुर भेज दें. भले ही फीचर पेज एक दिन बाद छपे. इसका फायदा यह हुआ कि जमशेदपुर में उसी निगेटिव से काम चलता था जिससे पटना में अखबार छपता था. उन दिनों एक फिल्म (निगेटिव) की कीमत 80 रुपये के आसपास थी. केमिकल लेकर एक निगेटिव पर लगभग सौ रुपये का खर्च आता था. सिर्फ एक प्रयास से माह में तीन हजार और साल में 36 हजार रुपये की बचत हुई. उन दिनों और उस हालात में यह बड़ी राशि थी. मैं भी खर्च कम करने का दिमाग लगा रहा था. एक दिन मैंने तय किया कि हर दिन कूरियर से पटना अखबार नहीं भेजेंगे. एक दिन बीच कर कूरियर जायेगा. इससे कूरियर का मासिक खर्च आधा हो गया. कुछ और फैसले मैंने अपने स्तर से लिये थे (यूनिट प्रभारी होने के नाते). रांची से एक दिन में तीन-तीन बार बस से सामान जाता था. विज्ञापन विभाग से विज्ञापन (मूलतः निगेटिव या पोजिटिव या वे विज्ञापन जो मॉडम से नहीं जा सकते थे), स्टोर से फिल्म-केमिकल, प्लेट बस से जमशेदपुर भेजा जाता था. बस का ड्राइवर इसके लिए पैसा लेता था. तीन गाड़ियों से भेजने से ड्राइवर को तीन बार पैसे देने पड़ते थे. जमशेदपुर में तीन बार किसी व्यक्ति को बस का इंतजार करना पड़ता था, ऑटो से आने-जाने का खर्च अलग था. मैंने तय किया कि रांची से एक दिन में एक ही बार किसी बस से सामान आयेगा. आपस में हर विभाग तालमेल रखें. इसका फायदा यह हुआ कि ड्राइवर को दिया जानेवाला खर्च एक तिहाई हो गया. कई जगहों पर दूसरे अखबार के साथ शेयर कर अखबार का बंडल भेजा जाने लगा. इन सब प्रयासों से अनावश्यक खर्च बचने लगा. भले ही ये छोटे-छोटे प्रयास दिखते हों, भले ही आज इनका बहुत महत्व न हो, पर उन दिनों ऐसे प्रयास से साल में दो-तीन लाख की बचत का बहुत अर्थ होता था. ऐसा ही काम प्रभात खबर के अन्य संस्करणों में किया गया.

1997 में प्रभात खबर, जमशेदपुर का घाटा काफी बढ़ गया था. प्रबंधन चिंतित था. 19 अगस्त 1997 को जमशेदपुर में प्रभात खबर के वरिष्ठ लोगों की आपात बैठक बुलायी गयी. इसमें खुद हरिवंशजी और केके गोयनका जी मौजूद थे. इसमें अखबार को चलाने के लिए इमरजेंसी योजना बनायी गयी. इसमें तय किया गया कि अनशोल्ड को 10 फीसदी से घटा कर 4 फीसदी किया जायेगा. इससे 15 हजार रुपये की बचत होगी. प्रिंट वेस्टेज को सात फीसदी से कम कर 5 फीसदी किया जायेगा. इससे 6000 रुपये की बचत होगी. उस समय जमशेदपुर संस्करण 10 पृष्ठों का था. तय हुआ कि सप्ताह में दो दिन

अखबार आठ पेज का किया जाये यानी दो पेज कम करना था. इससे 15 हजार रुपये प्रतिमाह की बचत होती. ट्रांसपोटेशन और अन्य चीजों से चार हजार रुपये बचाने की योजना बनी. इस योजना के तहत हर माह 40 हजार रुपये की बचत होनी थी. इंतजार नहीं किया गया. दूसरे दिन से ही इसे लागू कर दिया गया. सवाल अखबार के अस्तित्व का था. अखबार का घाटा कम करने में इससे मदद मिली. कुछ और प्रयोग किये गये. इसमें एक था सिक्यूरिटी गार्ड का. जमशेदपुर कार्यालय में तीन सिक्यूरिटी गार्ड थे. एक निजी सुरक्षा एजेंसी से वे जुड़े थे. एजेंसी प्रभात खबर से प्रति गार्ड जो पैसा लेता था, उससे काफी कम पैसा उन्हें दिया जाता था. इसलिए मैंने उन सिक्युरिटी गार्ड से बात की कि आप तीनों एजेंसी से इस्तीफा देकर सीधे हमारे (प्रभात खबर) साथ काम करें. आपको जो एजेंसी से पैसा मिलता है, उससे ज्यादा मिलेगा. सभी तैयार हो गये. सभी का वेतन बढ़ाने के बावजूद प्रभात खबर को प्रतिमाह दो हजार (सालाना असर 24 हजार) की बचत होने लगी. नैतिकता के तौर पर ऐसा करना गलत था लेकिन संस्थान को बचाने के लिए ऐसा निर्णय करना पड़ा था.

उन दिनों रांची से रोज किसी न किसी को जमशेदपुर जाना पड़ता था. इन लोगों को होटल में ठहरना पड़ता था. इस पर हर माह अच्छा-खासा खर्च होता था. आर्थिक संकट आने पर यह तय हुआ कि होटल में कोई नहीं ठहरेगा. इसके लिए कार्यालय के पास ही काशीडीह में ही एक मकान किराये पर (किराया तीन हजार प्रतिमाह) लिया गया. उसे गेस्ट हाउस बनाया गया. रहने, सोने की पूरी व्यवस्था की गयी. इसके बाद जो भी रांची से आता, उसी गेस्ट हाउस में ठहरता. इससे होटल पर आनेवाला खर्च बचता था. बाद में यही प्रयोग पटना में किया गया. आज भी वहां गेस्ट हाउस काम करता है. रांची में लंबे समय से गेस्ट हाउस है जिसका समय-समय पर उपयोग किया जाता है.

जमशेदपुर में एक ऐसा प्रयोग किया गया था जिसे लोग आज भी याद करते हैं. दीपावली का समय था. दीवारें गंदी लग रही थीं. तय हुआ कि पेंट कराया जाये. पेंटर को बुलाया गया. उसने खर्च का आंकलन कर बताया कि चार हजार का पेंट लगेगा और पांच हजार रुपये पेंट करने का चार्ज लगेगा. यह अजीब लगा. पेंट से ज्यादा पेंटिंग का चार्ज. उसी समय एकाउंटेंट विजय शर्मा को कहा कि आप पेंट मंगा लीजिए. ब्रश मंगा लीजिए. फिर साथियों की बैठक बुलायी और कहा कि जो जहां बैठता है, उस जगह की साफ-सफाई की जिम्मेवारी उसकी है. इसलिए पेंट-ब्रश आ रहा है. जो जहां बैठता है, अपने क्षेत्र में वही पेंट करेगा. बाहर से कोई पेंटर नहीं आयेगा. मैंने खुद अपना चैंबर पेंट किया. सभी साथियों ने भी ऐसा ही किया. किसी ने विरोध नहीं किया. सभी को पहले ही समझा दिया गया था. सभी ने इस काम का आनंद उठाया था. हां, पेंटिंग वैसी नहीं हुई जैसा पेंटर करता है. वह संभव था भी नहीं. कहीं पर गहरा रंग चढ़ा तो कहीं पर हल्का. काम के लायक पेंट हो चुका था. पूरे कार्यालय में सारे सहयोगियों ने खुद पेंट कर दिया. इसका एक फायदा मिला कि कोई दीवार को गंदा नहीं करता था. खुद पेंट किया है तो उससे उसका जुड़ाव हो गया था. ऐसा उदाहरण विरले ही मिलेगा.

यह सब इसलिए संभव हो पाया क्योंकि प्रभात खबर के सभी सहयोगियों ने इसमें साथ दिया. बाद में रांची समेत कई संस्करणों में अदभुत प्रयोग हुए. मशीन और प्रोसेस विभाग ने ऐसे-ऐसे सुझाव दिये जिसके बाद बचत हुई राशि को अगर जोड़ा जाये तो साल में इसका इंपैक्ट करोड़ रुपये से अधिक का होता था. इसके लिए बाहर से विशेषज्ञों की कोई टीम नहीं आती थी. जो जिस विभाग में काम कर रहा

होता था, उनका अपना सुझाव काम आता था. दरअसल हर काम में सहयोगियों का इन्वालमेंट अनिवार्य होता है. उसे पता होना चाहिए कि यह उसका अपना है, इससे ही उसकी रोजी-रोटी चलती है. यह बात अगर कर्मचारियों के मन में घुस जाये तो सारा काम आसान हो जाता है. इसके लिए कर्मचारियों को महत्व देना पड़ता है. यह अहसास कराना पड़ता है कि उनका सुझाव कंपनी के लिए कितना मूल्यवान है. प्रभात खबर ने यही किया. प्रभात खबर ने इसके लिए समय-समय पर अच्छे सुझाव देनेवालों को प्रोत्साहित भी किया.

जॉब वर्क से मिला नया जीवन

अखबार की आय का मुख्य स्त्रोत विज्ञापन होता है. अगर विज्ञापन नहीं आये तो संकट होता है. इस स्थिति से निबटने के लिए अलग-अलग प्रयास किये जाते हैं. जमशेदपुर में आरंभ के दिनों में बहुत विज्ञापन नहीं थे. इसलिए तय किया गया कि जॉब वर्क लिया जाये यानी प्रभात खबर की मशीन पर दूसरे अखबार को भी छापा जाये और इसके एवज में उनसे प्रिंटिंग चार्ज लिया जाये. प्रभात खबर ने अपनी मशीन पर एवेन्यू मेल और आवाज को छापना शुरू किया. दोनों से लगभग 65 हजार प्रतिमाह की आय होने लगी. वैसे भी उन दिनों प्रभात खबर का सर्कुलेशन इतना ही था कि एक-डेढ़ घंटे में पूरा अखबार छप जाता था. बाकी समय मशीन खाली रहती थी. मशीन से जुड़े लोगों के पास काम नहीं होता था. इसलिए दूसरे अखबारों को छापने के लिए पर्याप्त समय था. इस जॉब वर्क से काफी राहत मिली. यह काम आगे बढ़ा. जब जमशेदपुर से टेलीग्राफ का प्रकाशन आरंभ करना था तो यह काम प्रभात खबर को मिला. वह प्रभात खबर, जमशेदपुर के लिए टर्निंग प्वाइंट था. 3 मई 2000 को प्रभात खबर और टेलीग्राफ के बीच एग्रीमेंट हुआ. टेलीग्राफ को हर हाल में क्वालिटी प्रिंटिंग चाहिए थी. बंधु या फिर ओरियेंट मशीन से काम नहीं चलनेवाला था. इसके लिए नयी मशीन चाहिए थी. नयी मशीन के लिए नयी और बड़ी जगह चाहिए थी. जल्दबाजी में आदित्यपुर (जहां अभी प्रेस है) में लगभग 30 हजार वर्गफीट का एक पुराना शेड खरीदा गया. वहां बड़ी राशि खर्च की गयी, शेड को बड़ा किया गया, पक्का भवन बनाया गया. उसी बिल्डिंग में कुछ माह के लिए प्रभात खबर का दफ्तर भी शिफ्ट किया गया था. लेकिन शहर से दूरी की वजह से बाद में निर्णय बदल दिया गया. आज प्रभात खबर की वह बड़ी प्रोपर्टी बन चुकी है. शेड को बड़ा किया गया. समय कम था और प्रिंटिंग आरंभ करनी थी. बिना बैंकों के कर्ज के नयी मशीन लेना संभव नहीं था. बैंक से कर्ज लेकर वहां नयी न्यूजलाइन मशीन लगायी गयी. इमेज सेटर लगाया गया. टेलीग्राफ से प्रिंटिंग चार्ज के रूप में जो पैसा मिलता था, उससे बैंकों का किस्त चुकाया जाता था. धीरे-धीरे सारा कर्ज चुका दिया गया और प्रभात खबर की अपनी मशीन भी हो गयी. समय ने प्रभात खबर,जमशेदपुर को आधुनिक तकनीक पर जाने के लिए मजबूर कर दिया. लंबे समय तक टेलीग्राफ का प्रकाशन प्रभात खबर करता रहा. एक और नयी मशीन खरीद ली गयी. यह सब कुछ जॉब वर्क के पैसे से हुआ. टेलीग्राफ की छपाई से हुई कमाई ने प्रभात खबर, जमशेदपुर को अपने पैरों पर खड़ा होने में सहायता की.

जॉब वर्क का यह सिलसिला जमशेदपुर में लंबे समय तक चलता रहा. टेलीग्राफ का प्रभात खबर की मशीन पर प्रकाशन प्रभात खबर की आर्थिक स्थिति के लिए संजीवनी साबित हुआ. दोनों ग्रुप के

बीच गहरे संबंध बने. इससे प्रभात खबर को क्वालिटी प्रिंटिंग में भी मदद मिली. रांची में भी देश के बड़े से बड़े अखबारों ने जब प्रकाशन करना चाहा तो प्रभात खबर को प्राथमिकता दी. टेलीग्राफ रांची में भी प्रभात खबर की मशीन पर छपता रहा. आज भी प्रभात खबर की मशीन पर रांची में कई अखबारों का प्रकाशन होता है.

बचत की प्रवृति

जब यह तय हो गया था कि प्रभात खबर को अपने पैर पर खड़ा होना है, कहीं से कोई सहायता नहीं मिलेगी तो नये-नये रास्ते तलाशे गये. हरिवंशजी ने बैठक बुला कर यह आदेश दिया कि हर संस्करण में जो रद्दी बेचा जाता है, उसे खर्च नहीं करे. हर हाल में एक निश्चित राशि (15-20 हजार जो भी हो) बैंकों में हर माह जमा करे. प्रारंभ में लगा था कि इस 15-20 हजार से क्या होनेवाला. बाद में इसका असर दिखा. हर माह जमा होनेवाली छोटी-छोटी राशि बड़ी राशि बन गयी. जमशेदपुर और धनबाद में जमीन खरीदने में यही एफडी काम आया. रांची में सिटी ऑफिस को भी खरीदने में इससे मदद मिली. यह सब बचत कर हर माह जमा करनेवाली राशि का ही परिणाम था. इन छोटे प्रयासों से प्रभात खबर धीरे-धीरे आगे बढ़ता गया. आज अखबार बड़ा होने के बावजूद बचत के उसी तरीके पर चलता है. अब फाइनांस और फाइनांसियल कंट्रोल का पूरा काम आलोक पोद्दार देखते हैं. एक-एक खर्च पर नजर. एक छोटी सी चूक भी कंपनी को तबाह कर सकती है. इसलिए अगर एक प्लेट भी अतिरिक्त खर्च होता है तो आलोक पोद्दार की निगाह से वह बच नहीं सकता. तुरंत मेल से सूचना संबंधित व्यक्ति को देते हैं. फिर चर्चा करते हैं कि यह खर्च आवश्यक था या इससे बचा जा सकता है. टीम जो लक्ष्य तय करती है, उस पर अमल हो रहा है या नहीं, कहां कमी है, इसके लिए हर माह वीडियो कांफ्रेंसिंग से बैठक होती है. किसी भी कंपनी को आगे बढ़ने के लिए यह अतिआवश्यक है.

□

ब्रांडिंग गतिविधियां

प्रभात खबर द्वारा अनेक प्रकार के कार्यक्रमों का आयोजन किया जाता है. कुछ तो संपादकीय आयोजन होता है. लेकिन बाकी कार्यक्रमों के लिए अलग से एक विभाग बना हुआ है. यह विभाग है ब्रांड सेक्शन. संजीव सिंह की अगुवाई में एक अलग टीम है जो न सिर्फ मुहल्ला इवेंट करता है, बल्कि बड़े-बड़े आयोजन भी करता है. यह सही है कि बड़े आयोजनों में संपादकीय के अलावा अन्य विभागों की भी सक्रिय भागीदारी रहती है.

प्रभात खबर प्रतिभा सम्मान

जब तक प्रतिभाओं की पहचान नहीं की जायेगी, उन्हें सम्मानित कर बढ़ावा नहीं दिया जायेगा, उनका मनोबल नहीं बढ़ सकता. यह काम कौन करेगा? झारखंड में इस काम को बड़े पैमाने पर अगर किसी मीडिया हाउस ने सबसे पहले शुरू किया तो वह था प्रभात खबर. मैट्रिक, इंटर, 10वीं, 12वीं में अपने-अपने स्कूल-कॉलेज टॉपर्स बच्चों, इंजीनियरिंग और मेडिकल में सफल हुए छात्रों को प्रभात खबर ने सम्मानित करने का अभियान 2003 से ही आरंभ कर दिया था. पहले यह कार्यक्रम सिर्फ रांची में शुरू किया गया था. बाद में पूरे झारखंड में लागू किया गया. हर साल झारखंड, बिहार के 62 जिलों में बड़े-बड़े कार्यक्रम आयोजित किये जाते हैं. बंगाल के भी कुछ जिलों में यह कार्यक्रम चलता है. प्रभात

खबर ने इस कार्यक्रम का नाम दिया है-प्रभात खबर प्रतिभा सम्मान. इसमें लगभग 35 हजार बच्चों को हर साल सम्मानित किया जाता है. प्रमुख लोगों द्वारा उन्हें मेडल/मोमेंटो और प्रमाण पत्र दिया जाता है. प्रभात खबर का यह एक लोकप्रिय कार्यक्रम है जिससे प्रतिभाओं को प्रोत्साहित किया जाता है. रांची और पटना में तो बड़े कार्यक्रम तो होते ही हैं, छोटे-छोटे जिलों में भी प्रतिभा सम्मान समारोह का आयोजन होता है.

प्रभात खबर कैरियर फेयर

प्रभात खबर लगभग हर साल रांची, जमशेदपुर,धनबाद, देवघर, बोकारो, हजारीबाग, मेदिनीनगर में कैरियर मेले का आयोजन कर रहा है. पहले यह कार्यक्रम सिर्फ रांची में होता था. धीरे-धीरे छोटे-छोटे शहरों में इसका आयोजन होने लगा. मैट्रिक, 10वीं और 12 वीं की परीक्षा खत्म होने के बाद और रिजल्ट निकलने के बीच के समय का उपयोग किया जाता है. बच्चों को कैरियर के बारे में जानकारी दी जाती है. इसके लिए विशेषज्ञों को बुलाया जाता है. कई प्रमुख इंजीनियरिंग, मेडिकल कॉलेजों, मैनेजमेंट के संस्थानों से विशेषज्ञ आते हैं और छात्रों को कैरियर के बारे में बताते हैं. इसके अलावा समय-समय पर प्रभात खबर की टीम छोटे-छोटे शहरों में जाती है. उनके साथ विशेषज्ञ होते हैं जो छात्रों के सवालों का जवाब देते हैं. ऐसा इसलिए किया जाता है ताकि छोटे शहरों के बच्चों और उनके माता-पिता का सही मार्गदर्शन किया जाये.

प्रभात खबर ने भारत सरकार के श्रम मंत्रालय के सहयोग से जमशेदपुर के ग्रेजुएट कॉलेज में 23.2.2002 को सिर्फ लड़कियों के लिए एक कार्यक्रम का आयोजन किया था. इसमें लड़कियों को बताया गया था कि कहां-कहां उनके लिए रोजगार के अवसर हैं. तत्कालीन प्राचार्या डॉ शुक्ला मोहंती के सहयोग से इस अवसर पर एक पुस्तिका का भी प्रकाशन किया गया था. इस पुस्तिका में यह बताने का प्रयास किया गया था कि देश में किन-किन क्षेत्रों में महिलाएं शीर्ष पर हैं. कोई भी ऐसा काम नहीं है जो महिला नहीं कर सकती हैं. इसका उद्देश्य छात्राओं को प्रोत्साहित करना, उन्हें जानकारी देना और उनके मनोबल को बढ़ाना था.

प्रभात खबर झंकार नृत्य प्रतियोगिता

कई सालों से प्रभात खबर ने झारखंड में सांस्कृतिक जागरण का अभियान चला रखा है. इसके लिए प्रभात खबर हर साल झारखंड स्तर पर झंकार कार्यक्रम का आयोजन करता है. वैसे तो झंकार के नाम से 2006 से यह प्रतियोगिता हो रही है. लेकिन आरंभ के वर्षों में प्रभात खबर ने गूंज के नाम से भी इस कार्यक्रम का आयोजन किया था. फिर कुछ वर्षों तक ऐसे आयोजन नहीं हो सके थे. इसमें राज्य भर से प्रतिभावान बच्चे डांस-संगीत प्रतियोगिता में भाग लेते हैं. इस कार्यक्रम का उद्देश्य झारखंड की छोटी-छोटी जगहों में छुपी प्रतिभा को सामने लाना है. प्रभात खबर के झंकार से कई ऐसी प्रतिभाएं निकलीं जिन्होंने राष्ट्रीय स्तर पर बाद में अपनी पहचान बनायी. इनमें अलिशा, बीरेन बड़ाइक, सौम्या शामिल हैं. इनमें अलिशा ने तो टेलीविजन पर आनेवाले कार्यक्रम में बड़ी भूमिका अदा की है. प्रभात खबर ने इसी क्रम में न सिर्फ झारखंड के कलाकारों को आगे बढ़ाने के लिए काम किया बल्कि देश-दुनिया के प्रसिद्ध

गायकों, कलाकारों को बुला कर उनसे झारखंड की जनता का परिचय कराया. इसी क्रम में दुनिया की मशहूर गायिक आशा भोसले, सोनू निगम, पाकिस्तान के गजल गायक गुलाम अली खां, रंजीत रजवाड़ा और अनेक कलाकारों को आमंत्रित किया.

आशा भोसले नाइट

रांची में सात जनवरी 2012 को आशा भोसले का कार्यक्रम था लेकिन मौसम इतना खराब था कि रांची एयरपोर्ट पर कोई विमान उतर नहीं सकता था. आशा भोसले मुंबई से विशेष विमान से कोलकाता आ चुकी थी. लेकिन रांची में कुहासा, वर्षा के कारण स्थिति यह थी कि रांची में विमान उतर नहीं सकता था. इधर रांची के बिरसा स्टेडियम में दर्शकों की भारी भीड़ जमा होती जा रही थी. इस बीच आशा भोसले मुंबई से कोलकाता आ चुकी थी. वहां से रांची आना था. कोलकाता में आशा भोसले कई घंटे तक विमान में बैठी इंतजार कर रही थी कि कब रांची के लिए उनका विमान उड़े. जब उन्हें बताया गया कि रांची में विमान उतारने की अनुमति नहीं मिल रही है,मौसम खराब है, जोखिम है, तो वे निराश हो गयीं लेकिन उन्होंने कहा कि दूसरे दिन हर हाल में रांची में कार्यक्रम करेंगी. मुंबई नहीं लौटेंगी बल्कि कोलकाता में ही इंतजार करेंगी. रांची में

प्रभात खबर
आशा संग झूमी रांची
सुरों की मल्लिका आशा भोसले के गीतों पर रविवार की शाम रांची झूम उठी. मोरहाबादी स्थित बिरसा मुंडा फुटबॉल स्टेडियम में पूरी रांची उमड़ आयी थी. ढाई घंटे तक आशा जी के गीत थे और उन गीतों पर झूमते हजारों लोग. कोहरा, ठंड और बारिश, किसी का कोई असर नहीं. असर था, तो सिर्फ आशा जी के सुरों का.... वह खुद बोलीं मुझे छाते में भी गाना पड़े, तो मैं गाऊंगी. ये मेरा दिल प्यार का दिवाना... से शुरू हुई महफिल पिया तू अब तो आजा... के साथ खत्म हुई. वहां मौजूद 40 हजार से ज्यादा लोगों के लिए यह शाम जीवन भर के लिए यादगार बन गयी.
प्रभात खब

स्टेडियम में घोषणा कर दी गयी कि आशा भोसले का कार्यक्रम मौसम खराब होने के कारण स्थगित कर दिया गया है, उसके बावजूद लोग शांत हो कर लौट गये. उन्हें बताया गया था कि जैसे ही स्थिति ठीक होगी, कार्यक्रम का नया समय तय होगा, दर्शकों को खबर दे दी जायेगी. दूसरे दिन भी मौसम बहुत अच्छा नहीं था लेकिन पहले दिन की तुलना में कुछ ठीक था. आशा भोसले का विमान रांची में उतर चुका था. स्टेज खुला था. इसी बीच शाम में फिर से मौसम खराब होने लगा था. स्टेडियम में 40 हजार दर्शक थे. हल्की-हल्की बारिश होने लगी. उसी बारिश में आशा भोसले ने अपना गाना गाना शुरू कर दिया. बारिश तेज हो गयी, छाता का इस्तेमाल किया गया. मैदान में बैठे दर्शक उस बारिश में गीतों का आनंद उठा रहे थे. जब बारिश तेज हो गयी तो दर्शक खड़े हो गये और प्लास्टिक की कुरसी को उठा कर उससे सिर को ढंक कर कार्यक्रम का आनंद लिया. अपने आप में यह ऐतिहासिक कार्यक्रम था.

गुलाम अली नाइट

26 जनवरी 2011 को प्रभात खबर ने रांची, जमशेदपुर और पटना में गुलाम अली नाइट का आयोजन किया था. पाकिस्तान के गुलाम अली गजल के लिए दुनिया में प्रसिद्ध हैं. रांची में जिमखाना क्लब में यह आयोजन हुआ. उन्हें सुनने के लिए भारी भीड़ उमड़ पड़ी थी. रांची में फिर भी भीड़ नियंत्रित थी लेकिन जब अगले दिन यानी 27 जनवरी को जमशेदपुर में यह कार्यक्रम हुआ तो जगह कम पड़ गयी थी और हजारों गजल प्रेमी गुलाम अली के कार्यक्रम नहीं देख पाने से निराश हो गये थे. उन्हें बगैर गुलाम अली को सुने लौटना पड़ा था. एक समय ऐसी स्थिति उत्पन्न हो गयी थी कि पुलिस को सुरक्षा की जिम्मेवारी संभालनी पड़ी थी. पटना में भी गुलाम अली का कार्यक्रम किया गया था. रांची में ही 19 नवंबर 2011 को गजल गायक रंजीत सिंह रजवाड़ा को प्रभात खबर ने आमंत्रित किया. रांची जिमखाना क्लब में हजारों लोगों ने उनके गजल का लुत्फ उठाया.

सोनू निगम नाइट

प्रभात खबर

रांची

सोनू निगम के साथ

झूम उठी रांची

Presents

रांची एक बार फिर सांस्कृतिक सफर की गवाह बनी. प्रभात खबर के इस कार्यक्रम में सुरों के शहंशाह सोनू निगम के गीतों पर रविवार की शाम रांची के लोग खूब झूमे. स्थान था, धुर्वा स्थित जेएससीए स्टेडियम. ठंड में सोनू निगम के गीतों ने ऐसा असर दिखाया कि लोग सब कुछ भूल गये. करीब ढाई घंटे तक लोग झूमते रहे. सोनू निगम ने रांची के लोगों का अभिवादन कुछ खास अंदाज में किया. पूरी रांची मदमस्त रही. रांची में सोनू निगम के गीतों की महफिल *नजरों से नजरें मिली....* से शुरू हुई *तो कल हो न हो...* के साथ खत्म हुई. इस तरह करीब 50 हजार दर्शकों के लिए रविवार की शाम यादगार बन गयी.

देखें पेज दो, तीन चार और पांच

प्रभात खबर रांची में आशा भोसले जैसे महान कलाकार का कार्यक्रम करा चुका था. लोग चाहते थे कि ऐसा ही कार्यक्रम फिर हो. आशा भोसले जैसा कार्यक्रम हर बार कराना किसी भी संस्थान के लिए संभव नहीं होता. फिर भी प्रभात खबर ने तय किया कि बड़े कलाकार को फिर लाया जाये. ऐसी स्थिति में सोनू निगम से प्रभात खबर ने आग्रह किया. वे तैयार हो गये और दिसंबर 2013 में रांची के जेएससीए स्टेडियम में सोनू निगम को सुनने के लिए 40-45 हजार श्रोता उमड़ पड़े

कवि सम्मेलन

प्रभात खबर ने झारखंड और बिहार में कई जिलों में कवि सम्मेलनों का आयोजन किया. इसमें देश के जाने-माने कवियों से अपने इलाके के लोगों का परिचय कराया. बिहार में मुजफ्फरपुर में हास्य कवि सम्मेलन का आयोजन किया गया. जमशेदपुर में भी ऐसा ही कवि सम्मेलन लगभग हर साल किया जाता है. रांची में प्रभात खबर दफ्तर में ही वीरेन डंगवाल और मंगलेश डबराल का कविता पाठ कराया गया था. फिर निदा फाजली को प्रभात खबर ने अपना शेर सुनाने के लिए आमंत्रित किया था. प्रभात खबर के 25 साल पूरा होने पर मशहूर हास्य कवि सुरेंद्र शर्मा का काव्य पाठ 2009 में रांची में कराया गया था. 30 साल पूरा होने पर रांची में बड़ा हास्य कवि सम्मेलन हुआ था. इसमें शैलेश लोढ़ा समेत देश के प्रमुख कवियों ने भाग लिया था.

क्रिकेट टूर्नामेंट

प्रभात खबर ने पत्रकारिता से हट कर खेल प्रतिभाओं को भी आगे बढ़ाने का काम किया. इसी

क्रम में बिहार और झारखंड में सीमित ओवर क्रिकेट प्रतियोगिता का आयोजन किया गया. पहला टूर्नामेंट रांची के मेकॉन स्टेडियम में 12 जनवरी 2008 को आयोजित किया गया था. यह इंटर स्कूल टी-20 क्रिकेट टूर्नामेंट था. इसके बाद से लगभग हर साल यह प्रतियोगिता होती रही है. इसका उद्देश्य ही है कि छोटी-छोटी जगह से आये खिलाड़ियों को आगे लाया जाये. जिलों से अच्छे-अच्छे खिलाड़ी निकल कर आये. चक्रधरपुर में फुटबॉल प्रतियोगिता का आयोजन किया गया. उस इलाके में फुटबाल काफी लोकप्रिय है.

शिव खेड़ा को बुलाया

समय-समय पर समाज को जागृत करने, युवाओं और लोगों का मनोबल बढ़ाने का प्रभात खबर प्रयास करता रहा है. एक दौर था जब रांची में लगातार हत्याएं हो रही थीं, दुष्कर्म हो रहे थे, पानी-बिजली का अभाव था, फिर भी लोग चुप थे. प्रभात खबर ने मुर्दों का शहर है रांची स्टोरी लिख कर लोगों को जगाने का काम किया था. इस शीर्षक का विरोध भी हुआ था लेकिन प्रभात खबर का उद्देश्य ही था समाज को जगाना और इसमें वह सफल रहा था.

राज्य बनने के बाद नयी-नयी चुनौतियां आयी. एक समय ऐसा आया जब चारो ओर निराशा फैल गयी थी. आर्थिक मंदी के कारण नौकरी/रोजगार का अभाव आ गया. प्रभात खबर ने देश के बड़े प्रबंधन गुरु शिव खेड़ा को आमंत्रित किया. 14 मार्च 2004 को जमशेदपुर के कीनन स्टेडियम में शिव खेड़ा को सुनने के लिए कार्यक्रम के दो घंटे पहले से लोगों की भीड़ जमा हो गयी थी. रांची और बोकारो में बड़ी संख्या में लोग जमा हुए. शिव खेड़ा को सुनने के लिए आम लोगों को आमंत्रित किया गया था. छोटे हॉलों में नहीं बल्कि तीनों शहरों में स्टेडियम में ये कार्यक्रम हुए. एक-एक जगह 30-40 हजार लोग शिव खेड़ा को सुनने के लिए उमड़ पड़े. शिव खेड़ा ने लोगों को प्रेरित किया. यह बताया कि दुनिया का कोई भी काम असंभव नहीं है, अगर आप उसे करने के लिए

ठान ले. उन्हें सुनने के लिए सिर्फ बच्चे-युवा ही नहीं बल्कि प्रौढ़ और बुजुर्ग भी आये. रांची में जयपाल सिंह स्टेडियम, जमशेदपुर में कीनन स्टेडियम और बोकारो में स्टेडियम में यह कार्यक्रम हुआ. इस कार्यक्रम से लोगों में सकारात्मक सोच बढ़ाने में मदद मिली.

एचीवर्स अवार्ड

समय के साथ-साथ प्रभात खबर ने अपने काम करने के तरीके को भी बदला. देश के कुछ बड़े अखबार जिस तरह मार्केटिंग में काम करते थे, प्रभात खबर ने भी कुछ चीजों में उनका रास्ता अपनाया. इसमें एक था विज्ञापनदाताओं (एजेंसियां या संस्था) को सम्मानित करना. इसका आयोजन हर साल होता है. इसका उद्देश्य यह होता है कि एक दूसरे के साथ संबंध और बेहतर हो, एक-दूसरे के बारे में समझे-जाने. प्रभात खबर ने तय किया कि इस अवसर पर अतिथि के तौर पर ऐसे लोगों को बुलाये जो अपने क्षेत्र के विशेषज्ञ हों ताकि कुछ जानकारी हासिल की जा सके. इसी क्रम में प्रभात खबर ने 19 अगस्त 2012 को पूर्व मिस वर्ल्ड डायना हेडेन को एचीवर्स अवार्ड बांटने के लिए आमंत्रित किया. डायना ने न सिर्फ अवार्ड बांटे बल्कि स्मार्ट बनने के गुण भी बताये. यह भी बताया कि कैसे आत्मविश्वास बढ़ सकता है.

प्रभात खबर बांग्ला मेला

बांग्लामेला में नृत्य करती डोना गांगुली

प्रभात खबर ने प्रयास किया कि समाज के हर वर्ग की संस्कृति को समृद्ध करने में योगदान किया जाये. इसी अवसर पर बांग्ला दिवस पर बांग्ला परिशिष्ट का आयोजन किया जाता है. रांची में प्रभात खबर ने एक अनूठा प्रयोग किया. प्रभात खबर ने रांची के जिला स्कूल मैदान में 23 मई से 25 मई 2008 तक तीन दिवसीय बांग्ला मेला का आयोजन किया. इसमें सांस्कृतिक गतिविधियां ज्यादा रहीं. प्रसिद्ध कत्थक नृत्यांगना डोना गांगुली (सौरभ गांगुली की पत्नी) को प्रभात खबर ने आमंत्रित किया. उन्होंने बांग्ला मेला के मंच

पर कत्थक नृत्य प्रस्तुत किया. इसके अलावा रवींद्र संगीत का आयोजन भी हुआ. लोगों से सीधा संपर्क रखने, उन्हें जोड़ने में प्रभात खबर कई प्रयास करता है. हर साल दुर्गापूजा के अवसर पर श्रेष्ठ पूजा पंडालों को पुरस्कृत करता है. इसके पीछे उद्देश्य यह होता है कि पूजा के आयोजकों में स्वस्थ प्रतिस्पर्धा रहे और वे बेहतर से बेहतर तरीके से पूजा का आयोजन करें, उनका मनोबल बढ़ता रहे.

इंटरनेशनल ऑटो शो

प्रभात खबर ने झारखंड के पहले इंटरनेशनल ऑटो शो का भी आयोजन किया. 2 फरवरी 2012 को रांची के हरमू मैदान में इसका आयोजन किया गया था. ऐसे जमशेदपुर में भी प्रभात खबर इस प्रकार का आयोजन करता रहा है. रांची में आयोजित यह शो चार दिनों तक चला. इसका उदघाटन मुख्यमंत्री अर्जुन मुंडा ने किया था. इस शो में डेढ़ लाख से 50 लाख तक की कारों का प्रदर्शन किया गया था. आयोजन स्थल लगभग एक लाख वर्गफीट में फैला हुआ था जिसमें सौ से ज्यादा कारों को प्रदर्शित किया गया था. ऐसे आयोजनों से प्रभात खबर के मार्केटिंग विभाग के कामों में सहायता मिली.

□

प्रभात उत्सव

20 साल पूरा होने पर आयोजित प्रभात उत्सव का उदघाटन करते राज्यपाल वेद मारवाह

2004 में प्रभात खबर ने 20 वर्ष पूरे किये थे. यह पहला अवसर था, जब प्रभात खबर ने अपनी वर्षगांठ बड़े पैमाने पर मनायी थी. इसका नाम दिया गया था प्रभात उत्सव. इसके पहले स्थापना दिवस (14 अगस्त) पर कोई बड़ा कार्यक्रम करने की परंपरा नहीं थी. वर्षगांठ पर अखबार में पत्रकारिता पर कोई लेख छाप दिया जाता था. जब प्रभात खबर विज्ञान प्रकाशन के अधीन था, तब भी यही होता था. 1989 में नये प्रबंधन (न्यूट्रल पब्लिसिंग हाउस लिमिटेड) में भी आरंभ में ऐसा ही होता था. 1994 में प्रभात खबर ने जब दस वर्ष पूरे किये थे, उस समय कार्यक्रम भले ही न हुए हों लेकिन प्रभात खबर ने लगातार कई दिनों तक दशक अंक का प्रकाशन किया था.

2003 में प्रभात खबर ने नये प्रबंधन में 14 वर्ष पूरे किये थे (यह प्रभात खबर की 19 वीं वर्षगांठ थी). इस अवसर पर 2 नवंबर 2003 को प्रभात खबर ने एक विशेष अंक का प्रकाशन किया था. यह था-देशज जनतंत्र की हिफाजत के 14 वर्ष. इसमें प्रभात खबर के इतिहास के अलावा देश के महत्वपूर्ण पत्रकारों, लोगों के लेख थे. प्रभात खबर के संघर्ष की कहानी थी. लेकिन कोई उत्सव नहीं मनाया गया था. 2004 के पहले समारोह मनाना प्रभात खबर की प्राथमिकता में नहीं था. 2004 आते-आते प्रभात खबर प्रबंधन ने महसूस कर लिया था कि 20वीं वर्षगांठ को प्रभात उत्सव के रूप में मनाना चाहिए. यह समय की भी मांग थी. कई बड़े अखबार झारखंड में आ चुके थे. ये अखबार

स्पोर्ट्स क्विज में चारू शर्मा और सबा करीम

जिस तरीके से अपने-अपने अखबार की ब्रांडिंग कर रहे थे, उसका लाभ प्रभात खबर देख ही रहा था.

2004 में प्रभात खबर ने बड़ा कार्यक्रम का आयोजन किया था. रांची क्लब में 8 अगस्त से 14 अगस्त तक प्रभात उत्सव का आयोजन किया गया था. ऐसे तो 8 अगस्त से प्रभात उत्सव आरंभ हुआ था लेकिन सात अगस्त को ही प्रभात खबर सभागार में प्रसिद्ध कथाकार मैत्रेयी पुष्पा के भाषण से माहौल बन गया था. प्रभात खबर परिशिष्ट गृहस्वामिनी द्वारा आयोजित प्रतियोगिता में चुनी गयी कहानियों के रचनाकारों को पुरस्कृत किया गया था. कहानी वह लम्हा के लिए रेखा गोयल को प्रथम पुरस्कार प्रदान किया गया था. द्वितीय पुरस्कार निरीह की रचनाकार रेणु सहाय को , तृतीय पुरस्कार बलिदान के लिए गरिमा पंकज को दिया गया था. साथ ही दस रचनाकारों मीनाक्षी भगत को जिम्मेदार कौन, ओमलता अखौरी को अपने स्नेह तंतु, रजिया बानो को कब तक, अमिता मल्लिक को मां का आंचल, शशि नीलिमा डुंगडुंग को अधिकार, शकुंतला शर्मा को चुनाव, नीलांजना सेनगुप्ता को मजबूरियां, शिवांगी सिंह को पगली, उपमा हिमकिरण को संस्कार व शेफालिका सिन्हा को अबला कहानी

कार्यक्रम में बोलती मैत्रेयी पुष्पा

के लिए सांत्वना पुरस्कार दिये गये. विजेता रचनाकारों को पुरस्कार के अलावा पुष्पगुच्छ व प्रशस्ति पत्र भी प्रदान किये गये.

आठ अगस्त से पूरे कार्यक्रम की जिम्मेवारी इवेंट मैनेजमेंट की टीम (पटना की एडवांटेज मीडिया) ने संभाल ली थी. एक सप्ताह तक चले इस कार्यक्रम का उदघाटन तत्कालीन राज्यपाल वेद मारवाह ने किया था. उनके साथ आनंद बाजार पत्रिका के तत्कालीन प्रबंध निदेशक अनिरूद्ध लाहिड़ी और पूर्व टेस्ट खिलाड़ी सबा करीम अतिथि थे. उदघाटन कार्यक्रम में संजीव अभ्यंकर ने शास्त्रीय गायन कर श्रोताओं का मन मोह लिया था. प्रभात

प्रभात उत्सव में अर्जुन मुंडा

25 साल पूरा होने पर आयोजित प्रभात उत्सव का उदघाटन करते राज्यपाल के शंकर नारायण

उत्सव में ऐसा प्रयास किया गया था कि सभी वर्ग के पाठकों के लिए कुछ न कुछ कार्यक्रम हो. नौ अगस्त को महिलाओं के लिए गृहस्वामिनी अंत्याक्षरी का आयोजन किया गया था. इसी दिन महिलाओं के लिए

30 साल पूरा होने पर प्रभात उत्सव के उदघाटन के मौके पर 14 अगस्त 2014 को
पूर्व मुख्यमंत्री बाबूलाल मरांडी, अर्जुन मुंडा और सुदेश महतो

वीमेन वाइज वर्क शाप का आयोजन हुआ था. इसमें सबा करीम की पत्नी डॉ रश्मि सबा भी मौजूद थीं. 10 अगस्त को स्कूली बच्चों के लिए स्पोर्ट्स क्विज प्रतियोगिता हुई थी. इसमें एंकरिंग का काम चारू शर्मा ने संभाला था. सबा करीम भी साथ थे. 11 अगस्त को यूथ कार्यक्रम हुआ था. इसमें नृत्य प्रतियोगिता का आयोजन किया गया था. फिर भोजपुरी गायन का कार्यक्रम हुआ था. इसी उत्सव में बच्चों के लिए बाल प्रभात सीट एंड ड्रॉ प्रतियोगिता हुई थी. इसमें बड़ी संख्या में बच्चों ने भाग लिया था. 14 अगस्त को हास्य कवि सम्मेलन का आयोजन किया गया था. इसमें प्रख्यात हास्य कवि अशोक चक्रधर, रंजन कुमार सिंह, प्रदीप चौबे, ममता शर्मा ने कविता पाठ किया था. इसके बाद प्रभात खबर परिवार के सदस्यों के लिए कार्यक्रम हुआ था. इसमें पुराने सहयोगियों को सम्मानित किया गया था. इस मौके पर प्रभात खबर की प्रदर्शनी भी लगायी गयी थी. इसमें पुराने अंकों, पत्रिकाओं का प्रदर्शन किया गया था. प्रदर्शनी के माध्यम से प्रभात खबर की 20 साल की यात्रा को दिखाया गया था.

2009 में प्रभात खबर ने सिल्वर जुबिली समारोह का आयोजन किया था. उन दिनों राज्य में राष्ट्रपति शासन लगा था. राज्यपाल के शंकरनारायण ने 14 अगस्त, 2009 को रांची क्लब में प्रभात उत्सव का उदघाटन किया था. प्रभात उत्सव कार्यक्रम कई दिनों तक चला था. रांची क्लब इसका मुख्य आयोजन स्थल था. राज्यपाल ने झारखंड में विभिन्न क्षेत्रों में उल्लेखनीय कार्य करनेवाले लोगों और संस्थाओं को प्रभात सम्मान से सम्मानित किया था. इसमें कड़िया मुंडा (राजनीति), फादर चार्ल्स डीब्रावर (शिक्षा) , देवी प्रसाद, बलवीर दत्त (पत्रकारिता), डॉ रामदयाल मुंडा, डॉ बीपी केसरी, डीआर सिंह, गणेश मुंजाल, वेद प्रकाश भाटिया, मुकुंद नायक (नागपुरी कलाकार), अमित बाजला, सुमराई टेटे, फ्रांसिस जेवियर कच्छप, महादेव टोप्पो, दीपशिखा, दीपिका (तीरंदाज), दिनेश्वर प्रसाद, क्रिकेट खिलाड़ी महेंद्र सिंह धौनी (उनके भाई नरेंद्र सिंह धौनी पुरस्कार ग्रहण करने आये थे), टाटा स्टील (पार्थो सेन गुप्ता ने ग्रहण किया था), किरणमयी डे (उनके पुत्र शेखर डे आये थे), कार्डिनल तेलेस्फोर टोप्पो (बिशप विनय कंडुलना सम्मान लेने आये थे), डॉ केके सिन्हा (श्रेया राय ने पुरस्कार ग्रहण किया था), मौलाना अजहर, नंदलाल रूंगटा, बीएन सिंह थे. राज्यपाल ने प्रभात खबर की पांच पुस्तकों का विमोचन भी किया था. उदघाटन समारोह के बाद इसी दिन झारखंड के विकास पर संगोष्ठी आयोजित की गयी थी. इसमें पूर्व मुख्यमंत्री बाबूलाल मरांडी, पूर्व मुख्यमंत्री अर्जुन मुंडा, केंद्रीय मंत्री सुबोध कांत सहाय, इंदर सिंह नामधारी ने भाग लिया था.

प्रभात उत्सव में रमेश भाई ओझा

14 अगस्त को ही ध्रुपद गायक गुंडेचा बंधुओं ने अपने गायन से लोगों को मंत्रमुग्ध कर दिया था. रात में कवि सम्मेलन का आयोजन किया गया था जिसमें सुरेंद्र शर्मा, कुमार बृजेंद्र, माणिक वर्मा, अशोक सुंदरानी, संज्ञा तिवारी और बिष्णु सक्सेना ने हिस्सा लिया था. प्रभात उत्सव के दूसरे दिन यानी 15 अगस्त को प्रभात खबर के सहयोगियों ने रांची में प्रभात रैली निकाली थी. इसी दिन पेंटिंग प्रतियोगिता, गायन प्रतियोगिता, डांस प्रतियोगिता और फैशन शो का भी आयोजन किया गया था. प्रभात खबर में 25 साल से जुड़े सहयोगियों का भी सम्मान किया गया था. प्रभात उत्सव में सांस्कृतिक कार्यक्रमों का भी आयोजन हुआ. फिर प्रभात खबर परिवार से जुड़े लोगों (विज्ञापनदाताओं, एजेंटों, एजेंसियों) को भी सम्मानित किया गया था. इस अवसर पर प्रभात खबर की 25 साल की यात्रा को दिखाती हुई प्रदर्शनी भी लगायी गयी थी जिसमें पुराने अखबारों का प्रदर्शन किया गया था.

2014 में प्रभात खबर ने अपनी स्थापना के 30 साल पूरे किये. इस मौके पर रांची क्लब में प्रभात उत्सव मनाया गया. 14 अगस्त को झारखंड में स्थिर सरकार विषय पर संगोष्ठी करायी गयी. इसमें झारखंड के मुख्यमंत्री हेमंत सोरेन, पूर्व मुख्यमंत्री बाबूलाल मरांडी, अर्जुन मुंडा, पूर्व उपमुख्यमंत्री सुदेश महतो, कांग्रेस के प्रदेश अध्यक्ष सुखदेव भगत ने हिस्सा लिया. राज्य के 30 प्रमुख लोगों और विभिन्न क्षेत्रों में बेहतर काम करनेवालों को प्रभात सम्मान से सम्मानित किया गया. इसमें सुदर्शन भगत (राजनीति), सीमोन उरांव (पर्यावरण), फादर लुइस फ्रैंकन (शिक्षा), प्रेमलता अग्रवाल (एवरेस्ट फतह करनेवाली महिला), महुआ माजी (साहित्य), अशोक भगत (सामाजिक कार्यकर्ता), असुंता लकड़ा (खेल), शाहनवाज हुसैन (खेल), राज कुमार गुप्ता (फिल्म), इम्तियाज अली (फिल्म), डॉ एसपी मुखर्जी (समाज सेवा), जया द्रेज (समाज सेवा) के अलावा सीसीएल, यूसीआइएल, रामकृष्ण मिशन, बीआइटी (मेसरा) शामिल हैं. अपने-अपने क्षेत्र में बेहतर काम करनेवाले डॉ नीरज प्रसाद, अनिल कुमार लाल, सूरजभान सिंह, डॉ अनंत सिन्हा, डॉ एसएन यादव, हरिओम सिंह, हरेन ठाकुर, पीपी राजा रेड्डी, सुनील जायसवाल, कविता यादव, केएन नारनोलिया, धीरेंद्र कुमार (झारक्राफ्ट), निशा जयसवाल और डॉ अभय सिंह को भी प्रभात सम्मान से सम्मानित किया गया.

14 अगस्त को ही प्रभात उत्सव के दौरान प्रख्यात कथावाचक रमेश भाई ओझा ने अध्यात्म और पत्रकारिता पर व्याख्यान दिया. वे अहमदाबाद से आये थे.15 अगस्त को रांची क्लब में कवि सम्मेलन का आयोजन हुआ जिसमें सुरेंद्र दुबे, गजेंद्र सिंह सोलंकी, शैलेश लोढ़ा, मंजीत सिंह और दिनेश दिग्गज ने हास्य कविताओं से दर्शकों का मन मोह लिया. इससे पूर्व प्रभात खबर परिवार के सदस्यों के लिए गेट-टू-गेदर के दौरान रंगारंग कार्यक्रम हुआ. कई प्रतियोगिताएं हुईं. साथ ही प्रभात खबर में लंबी सेवा देनेवालों और पुराने कर्मचारियों का भी सम्मान किया गया. उत्सव के तीसरे दिन प्रभात खबर के विज्ञापनदाताओं, शहर के प्रमुख लोगों, एजेंटों और विज्ञापन एजेंसियों से जुड़े लोगों का सम्मान किया गया. इस प्रकार तीन दिवसीय प्रभात उत्सव का समापन 16 अगस्त, 2014 को किया गया.

□

छठा अध्याय

अनुभव

1. सफलता के प्रति मैं आश्वस्त था
2. सपने, संघर्ष और चुनौतियां
3. असली ताकत तो यहां की संस्कृति-संस्थान की विश्वसनीयता है
4. चुनौतियों को मैंने स्वीकारा

सफलता के प्रति मैं आश्वस्त था

—बीके झवर

हमलोगों ने भले ही प्रभात खबर का प्रबंधन 1989 में अपने हाथ में लिया था, लेकिन उसके पहले से प्रभात खबर अखबार और उससे जुड़े प्रमुख लोगों से गहरे संबंध थे. प्रभात खबर के मालिक थे ज्ञानरंजन. उनसे पुराना संबंध था. उनके भाई विश्वरंजन उषा मार्टिन में काम करते थे. अखबार निकालने के कुछ समय पहले ज्ञानरंजन जी मेरे बड़े भाई बसंत भाईसाहब के पास आये थे और कहा था कि एक अखबार निकालना चाहते हैं. उसी समय बसंत भाई साहब ने सुझाव दिया था कि अखबार निकालने का काम जोखिम भरा होता है. उद्योग चलाना बिल्कुल अलग तरीके का काम है. अखबार आप खोलते हैं तो इसमें आपकी सारी पूंजी खत्म हो जायेगी. बेहतर होगा कि यह निर्णय आप बदल दें. इस काम में मत फंसिए. बसंत भाई साहब अनुभवी हैं. उन्होंने ज्ञानरंजन जी को अपनी राय बता दी थी. यह बात 1983-84 के आसपास की होगी. ज्ञानजी ने बसंत भाई साहब के मना करने के बावजूद प्रभात खबर निकालने का निर्णय कर लिया था. वे ताकतवर राजनीतिज्ञ थे जिनकी बिहार (तब झारखंड नहीं बना धा) और दिल्ली की सत्ता तक पहुंच थी. अखबार निकलने के कुछ समय बाद ही प्रभात खबर में परेशानियां आने लगी. जब तक ज्ञानजी चला सके, चलाते रहे. उसके बाद वे चिंतित हो गये थे.

1989 में एक दिन ज्ञानरंजन जी मेरे पास आये और अखबार के बारे में बात की. कहने लगे-आप लोग अखबार खरीद लीजिए. चलाइए. मेरे लिए इसे चलाना संभव नहीं लगता. मुझे भरोसा है कि आपलोग अगर इसे चलायेंगे तो सब चीजें रास्ते पर आ जायेंगी. मैं भी चाहता हूं कि जिस अखबार को मैंने मेहनत से खड़ा किया है, वह बर्बाद न हो. ज्ञानजी अपनी बात कह कर जा चुके थे. इसके बाद मैं, बड़े भाई साहब ने आपस में बात की. तब प्रशांत और राजीव छोटे थे. लेकिन चर्चा में भाग लेते थे. सब बैठे और ज्ञानजी के प्रस्ताव पर चर्चा की. बसंत भाई साहब ने मेरी राय पूछी. मैंने कह दिया-प्रभात खबर को खरीद लेना चाहिए. इससे ताकत मिलेगी. मेरी राय से सभी सहमत थे. अंततः यह तय हुआ कि प्रभात खबर को खरीद लिया जाये. इसकी जानकारी ज्ञानरंजन जी को दे दी गयी. मैं जानता था कि अखबार चलाना मुश्किल है, पर मेरा यह भी मानना है कि जो प्रबंधन फैक्टरी चला लेता है, उसके लिए यह काम कठिन नहीं है. मेरे अंदर आत्मविश्वास था. मुझे अपनी टीम पर भरोसा था. बसंत भाई साहेब की सोच मेरे साथ थी. हालांकि यह भी सच है कि इसके पहले हमलोगों का न्यूज पेपर इंडस्ट्री में कोई

अनुभव नहीं था. इसलिए लोगों को लग रहा था कि अखबार चला पायेंगे या नहीं. जिन दिनों प्रभात खबर को हमलोग ने खरीदा, उस समय हमलोगों के पास वायर इंडस्ट्री ही थी. एक बार जब हमलोगों ने तय कर लिया कि अखबार को खरीदना है, बेहतर तरीके से चलाना है, तो फिर पीछे नहीं हटे.

मेरा मानना है कि किसी भी उद्योग की सफलता के पीछे लीडर, टीम, सिस्टम और तकनीक का हाथ होता है. प्रभात खबर का प्रबंधन अपने हाथ में लेने के पहले यह सब देख लिया था. फिर तो यह तय कर लिया था कि अखबार को खरीदना है. उस समय ही हमलोग जान गये थे कि सिर्फ खरीदना ही नहीं है, इसे काफी आगे ले जाना है. सिस्टम बनाना है. सारी चीजें नये तरीके से करनी थी. उन दिनों जो टीम थी, उस टीम का मनोबल बढ़ाना पहला काम था. उन दिनों हरिवंशजी रविवार में थे. उनके बारे में जानकारी थी. उनसे संपर्क कर रांची लाने की बात हुई. वे तैयार हो गये. चीजें स्वतः बढ़ने लगी. हरिवंशजी को टीम बनाने के लिए कहा गया. उनके साथ केके गोयनका को लाया गया. फिर आरके दत्ता को लाया गया. डीएस शर्मा निदेशक के तौर पर आ गये थे. आरंभ में सब चीजें अस्त-व्यस्त थीं. मैनपावर का इस्तेमाल नहीं हो रहा था. बाजार में बकाया था. हम जानते थे कि अगर अखबार को चलाना है तो इन सब कमियों को ठीक करना होगा. प्रोफेशनल्स तरीके से इसमें लगना होगा. इसलिए संपादकीय के अलावा प्रोड्क्शन, सर्कुलेशन, विज्ञापन के क्षेत्रों में श्रेष्ठ से श्रेष्ठ लोगों को देश भर से खोज कर लाया गया. हमलोग क्वालिटी पर किसी तरह का समझौता करना नहीं चाहते थे. साथ ही वित्तीय अनुशासन पर पूरी नजर थी. उन कमियों को हमने पहले तलाशा जिसके कारण पुराने प्रबंधन में प्रभात खबर परेशानी में पड़ा था. जानता था कि गलतियां फिर दोहरायी गयीं तो हालात नहीं सुधरेंगे. इसलिए उन कमियों की पहचान कर उन्हें दूर करने का प्रयास किया.

मुझे याद है एक दिन मैंने प्रभात खबर से जुड़े सभी अधिकारियों की बैठक बुलायी. बैठक लगातार सात घंटे चली. आज तक इतनी लंबी बैठक हमने कभी नहीं की थी. बैठक में ठोस निर्णय लिये गये. रणनीति बनायी गयी. बाजार में विज्ञापन का जो पैसा बकाया था, उसे हर हाल में वसूलने का निर्णय लिया गया. यह कैसे संभव है कि पैसा कोई पचा ले, नहीं दे. टीम बकाया वसूलने के काम में लग गयी. किसको क्या काम करना है, बता दिया गया. सूची बनी. जिम्मेवारी सौंप दी गयी. पैसा लाने के साथ-साथ इसकी मानिटरिंग की भी जिम्मेवारी तय की गयी. इसका नतीजा यह निकला कि बाजार में बकाया पैसा धीरे-धीरे आने लगा. अच्छे संकेत थे. इसके बाद स्थिति सुधरने लगी. बाकी जो कमियां थीं, इंफ्रास्ट्रक्चर आदि की, उसे ठीक किया गया. हम सुविधा देने में कभी कोताही नहीं बरतते थे. क्वालिटी से हमने कभी कोई समझौता नहीं किया. आज भी मेरा मानना है कि नयी तकनीक को हर हाल में अपनाया जाये. आरंभ में कोई भी तकनीक महंगी लग सकती है लेकिन बाद में उसका फायदा आता है. इसलिए तकनीक को अपनाने में कोई समझौता नहीं होना चाहिए. किसी भी कंपनी के ग्रोथ के लिए यह सबसे महत्वपूर्ण है.

मैं जानता था कि एक न एक दिन प्रभात खबर बड़ी ताकत बनेगा. आज वह बात सच साबित हुई. काम तो यहां की टीम ने किया. हमलोगों ने तो सिर्फ रास्ता दिखाया, सिस्टम बनाया, सुविधाएं उपलब्ध करा दी. बसंत भाई साहेब समय-समय पर आइडिया देते रहे. उनकी दूरदृष्टि से रास्ता बनाने में आसानी होती रही. आज प्रभात खबर के साथ-साथ केजीबीके मजबूत हुआ. मेरे काम करने का तरीका अलग

है. मैं पहले क्षमता पहचानता हूं. फिर ट्रेनिंग की व्यवस्था करता हूं. एक-दो जगह काम कर दिखा देता हूं कि कैसे सफलता मिलती है. अगर एक किसान श्रीविधि से खेती करता है और उसका उत्पादन तिगुना होता है, तो अन्य किसानों को उससे प्रेरणा मिलती है. उनमें विश्वास जागता है और वे भी श्रीविधि से खेती करने लग जाते हैं. विकास की यही प्रक्रिया है. अखबार के साथ भी यही होता है. सीखने की प्रवृति होनी चाहिए. आत्मविश्वास होना चाहिए. प्रभात खबर के सहयोगियों ने तो यही किया. आज तीन राज्यों में यह अखबार है. आठ लाख कॉपियां बिकती हैं. यह अखबार और बढ़ेगा, और फैलेगा, ऐसा मुझे विश्वास है. मेरी ओर से या ग्रुप की ओर से इसे बढ़ाने का हर संभव प्रयास किया जायेगा. बिहार तो इसका उदाहरण है कि कैसे बिहार में एक-दो साल में तीन-तीन नये संस्करण खुले. प्रभात खबर उषा परिवार का हिस्सा है. उषा परिवार में काम करने की अपनी संस्कृति है. यहां की कार्य-संस्कृति ही इसे अन्य संस्थानों से अलग करती है. यही इसकी पहचान है. प्रभात खबर को इसी संस्कृति को आगे बढ़ाना है.

□

सपने, संघर्ष और चुनौतियां

–हरिवंश

एक वर्ष और गुजरा. प्रभात खबर में इस वर्ष के अंत में मैं 23वें वर्ष में प्रवेश करूंगा. आप में से भी कोई एक साल पूरा किया होगा, कोई पांच, दस या पंद्रह या बीस या बाईस वर्ष. या बिलकुल नया या कुछ महीनों पुराना होगा. तात्पर्य यह है कि दुनिया की सबसे गतिशील चीज है समय. यह कभी नहीं ठहरता. बड़े संदर्भ में कहें, तो यही काल है. यह अजीब है. अगर आज हम यहां गुजरा अतीत लौटाना चाहें, तो क्या ये पिछले 22-23 वर्ष लौट सकते हैं? एक पल भी या एक क्षण भी वापस मिल सकता है? यह सोचता हूं, तो पाता हूं कि जीवन के लिए इसमें एक संदेश है. जो गया, सो गया. नहीं लौटनेवाला. इसलिए क्यों नहीं सामूहिक रूप से सब संकल्प लें कि हम एक पल भी ऐसा नहीं गुजारेंगे, व्यर्थ नहीं गंवायेंगे कि अफसोस हो कि हमने अतीत में यह गंवाया. जब से चेतना या सुधि, तब से ही आयी यह सजगता. पीछे के व्यर्थ गुजरे क्षणों-वर्षों पर पश्चाताप से भी कुछ नहीं हासिल होनेवाला. भविष्य के लिए, बीते वर्ष 2010 के अवसर पर यह संदेश है हम सब के लिए. किसका? काल का. समय का.

बंदी के कगार पर पहुंच कर संभला

बचपन में ही सुना था समय होत बलवान. इस तरह समय परिस्थितियों को धार, मोड़ और पहचान देता है. इस चुनौती के मुकाबले इनसान को खड़ा होना पड़ता है. इस रूप में प्रभात खबर के जीवनकाल में (1984 में स्थापना के बाद से ही) लगातार चुनौतियां आयीं. कुछेक संघर्ष के यादगार वर्ष हमलोगों की स्मृति में टंके हैं. मसलन 1984 में इसका जनमना. 1987-88 आते-आते बंदी के कगार पर पहुंचना. चार/पांच सौ प्रतियों में सिमट जाना. कुल छह पेज का अखबार बन जाना. इसके बाद 1989 के अंत में नये प्रबंधन का पदार्पण. 1991 में अखबार उद्योग के एक शीर्ष एक्सपर्ट का लिखित सुझाव आना कि इसे जितना जल्द बंद कर दिया जाये, उतना ही अच्छा, क्योंकि इस समाचार पत्र का भविष्य नहीं है. यहां पहले से ही स्थापित कई धुरंधर और संपन्न अखबार हैं. देश का यह सबसे पिछड़ा इलाका है. विज्ञापन का कोई स्कोप नहीं है. विज्ञापन, आर्थिक विकास का बाइ प्रोडक्ट है, यहां आर्थिक विकास देश में सबसे कम है. देश के सबसे अधिक अशिक्षित यहां हैं. क्या ये गरीब और अशिक्षित लोग कई अखबार पढ़ेंगे? 1991 में मीडिया के एक एक्सपर्ट ने प्रभात खबर की वायबिलिटी और भविष्य पर अध्ययन कर अपनी रपट में ये तर्क दिये थे. ये तर्क या कारण हमारी नजरों में भी सही थे. फिर भी इन तर्कों के विपरीत प्रबंधन चला कर देखना चाहता था.

कारपोरेट ताकत की पहली धमक

इसके कुछेक वर्ष बाद ही उन्हीं दिनों, आर्थिक उद्योग जगत में भारी मंदी आयी. बड़े अखबार घराने भी अछूते न रहे. अंबानी, थापर, डालमिया और सिंघानिया जैसे बड़े समूहों से निकले अखबार असमय काल के गाल में चले गये. उन्हीं दिनों आर्थिक संकट के दौर में हमें भी बताया गया कि आइदर सिंक आर स्विम ऑन योर ओन. अपने बूते या तो तैरिए या डूबिए. वे दिन, वे वर्ष भी प्रभात खबर की स्मृति में हैं. यह 1995-96 का दौर था. इसके बाद आये दिल्ली और बाहर के अखबार. उनके पास थे पैसे, साधन और नेटवर्क. हैव और हैव नाट्स की प्रतियोगिता शुरू हुई. संपन्न और सर्वहारा के बीच. पहली कोशिश हुई कि हर विभाग के की-पर्सन (सबसे महत्वपूर्ण और क्रिटिकल आदमी) को तोड़ लो, ताकि अगले दिन से अखबार निकले ही नहीं. जंगल और आदिवासी इलाके में यह कॉरपोरेट ताकत या वार की पहली धमक थी. प्रभात खबर से अचानक, सुनियोजित षडयंत्र के तहत जून, 2000 में 33 लोग गये, एक साथ. बिना नोटिस पीरियड सर्व किये या मोहलत दिये. तत्काल प्रभाव से. यह सब एक रणनीति के तहत था, ताकि पूंजीसंपन्न के आगे सर्वहारा टिके ही नहीं और अगली सुबह अखबार न निकले.

पत्रकारिता में आक्रामक पूंजीवाद

फिर आया 2002 का दौर. बाजार की भाषा में कहें, तो झारखंड में एक और बड़े प्लेयर का आगमन. एक ही साथ तीन संस्करणों की धमाकेदार शुरुआत. पाठकों के लिए अत्यंत आकर्षक और लुभावने स्कीम. हॉकरों को तरह-तरह के प्रलोभन. एजेंटों को अपने पक्ष में कर लेने की होड़. अखबार विक्रय केंदों पर अवांछित और असामाजिक तत्वों की स्पर्धा. यह आक्रामक पत्रकारिता नहीं, आक्रामक और आतंक के बल अखबार के वितरण पर कब्जा कर, पाठकों तक पहुंचने की शुरुआत थी. इसी दौर से पाठक बेबस होते गये. लोभ से उन्हें लुभाने की होड़ शुरू हुई. अखबारों की भीड़ से सर्वश्रेष्ठ या अपने बौद्धिक पसंद का अखबार पाठक खुद चुनें, यह खत्म हो गया. पाठकों को अखबार घरानों ने अपनी पूंजी के बल पर प्रभावित करना शुरू किया. प्रचार से, स्कीम से, घर पहुंचा कर, अन्य लाभ देकर, पाठकों को अन्य वजहों से प्रभावित कर. मनोवैज्ञानिक ढंग से उन्हें अपने फंदे में फांस कर, पाठकों पर अखबार थोपने की शुरुआत. इसके साथ ही पूंजीविहीन, पर विचार संपन्न अखबारों के खत्म होने का सिलसिला भी शुरू हो गया. बहुदलीय लोकतंत्र में, विचारों की बहुलता भी जरूरी है, पर पूंजी के बल एकाधिकार बना कर छोटी पूंजीवालों को बंद कराने की शुरुआत हुई. पत्रकारिता में आक्रामक पूंजीवाद के प्रवेश की धमक. आवारापूंजी, क्रोनी कैपिटलिज्म और काले धन का मीडिया में पदार्पण. विदेशी पूंजी, इक्विटी और शेयर बाजार से मीडिया में निवेश का दौर. इसका सकारात्मक पक्ष रहा कि अखबारों में नौकरियों की शर्तें बेहतर हुईं. पर समाज की सफाई के लिए निकले अखबार, बाजार और विज्ञापन पर एकाधिकार कायम करने के लिए हर वह काम करने में माहिर हुए, जुट गये, जिनके खिलाफ वे अपने पन्ने भरा करते हैं.

राष्ट्रीय महारथियों से घिरा प्रभात खबर

इसी बदलते दौर में प्रभात खबर ने वर्ष 2004 में 20 वर्ष पूरे किये. फिर 2006 में लगा कि प्रबंधन जेनुइनली इससे अलगाव चाहता है, पर प्रभात खबर के लोगों की भावनाओं को देख कर प्रबंधन ने निर्णय बदला. प्रभात खबर को पटरी पर लौटने में समय लगा. तरह-तरह की अफवाहें - चर्चा वर्षों तक पीछा

करती रहीं. ये सब चीजें जब तक थिराएं, ठहरें या वहीं पर विराम लगे, तब तक नयी स्पर्धा आरंभ. देश के दूसरे बड़े प्रतियोगी का आगमन. हिंदी संसार में अपने को नंबर वन मानने वाले, हिंदी पाठकों के बीच नंबर दो का खिताब या शोहरत विज्ञापित करने वाले और हिंदी के नंबर तीन का दावा करनेवाले, सभी एक साथ, एक जगह और एक-दूसरे के सामने देश में कहीं खड़े हुए, तो सबसे पहले झारखंड में. ये तीनों अखबार देश के बड़े अखबारों (पाठकों की दृष्टि में) की सूची में नंबर 1,2,3 हैं. हिंदी, अंगरेजी, समेत सभी क्षेत्रीय भाषाओं में. इस तरह एक क्षेत्रीय अखबार प्रभात खबर, तीन राष्ट्रीय महारथियों और दिग्गजों से घिरा. यह वर्ष 2010 में हुआ. इस अर्थ में 2010 भी प्रभात खबर के लिए यादगार वर्ष है.

प्राइसवार में पहल

हिंदी अखबारों में प्रतियोगिता के लिए मानक बन जानेवाले, अपनी आक्रामक माकटिंग से आतंक का पर्याय बन जानेवाले घरानों से भी 2010 में मुकाबला. प्रभात खबर के प्रतियोगी तीनों बड़े घराने स्टॉक मार्केट की लिस्टेड कंपनियों में हैं. कोई 5000 करोड़ का घराना है, तो कोई इससे भी अधिक का है. इन ताकतवर और धनी घरानों के मुकाबले प्रभात खबर को बाजार में उतरने का गौरव मिला, यह भी 2010 का बड़ा लैंडमार्क है, हमारे लिए. हमने प्रतियोगिता का हरसंभव चेहरा और सबसे बड़ी चुनौती देखी. प्राइस वार (अखबार की कीमत घटाना) में हम भी उतरे. सबसे पहले. यह स्पर्धियों को उम्मीद नहीं थी. सिर्फ झारखंड में आज प्रभात खबर की तीन लाख साठ हजार से अधिक प्रतियां रोज बिक रहीं हैं. अयोध्या निर्णय प्रसंग पर उस दिन सिर्फ झारखंड में पांच लाख से अधिक प्रतियां बिकीं.

ओछी प्रतिस्पर्धा से अलग

अपने जन्म के 3-4 माह बाद देश के दूसरे नंबर के सबसे बड़े अखबार ने रांची में एक सर्वे टीम से सर्वे करा कर छापा और पाया कि प्रभात खबर कैसे झारखंड का सर्वाधिक प्रसारित अखबार है? हालांकि अपने पैसे से कराये गये इस सर्वेक्षण के पीछे भी राजनीति है. कुछ ही दिन बाद ऐसे अखबार किसी और मार्केटिंग सर्वे टीम को भारी पैसे देकर खुद घोषित करा लेंगे कि हम सबसे बड़े अखबार हो गये हैं. इन अखबारों की निर्लज्जता की पराकाष्ठा देखने को मिली, जब एक दिन रांची में अनेक होर्डिंग लगा कर कहा, आभार : हम रांची के सर्वाधिक पढ़े जानेवाले अखबार हैं. बिना कोई आधार, सर्वे या प्रमाण के. अपने मुंह मियां मिठू बनना. फिर एक मार्केटिंग एजेंसी को पैसे देकर सर्वे कराया, दावा किया कि समाज के एक वर्ग (पैसेवालों) में हम नंबर एक हो गये हैं, पर झारखंड का सबसे बड़ा अखबार प्रभात खबर है. इस अखबार के शुरू के दावे (होर्डिंग में आभार व्यक्त करने वाले) पर एडवरटाइजिंग काउंसिल ऑफ इंडिया में लोगों ने शिकायत की कि किस आधार पर यह अखबार नंबर एक होने की होर्डिंग लगा रहा है, विज्ञापन छाप रहा है, तो एडवरटाइजिंग काउंसिल ने सख्त टिप्पणी की और भविष्य में ऐसे विज्ञापन देने से मना किया. पर सच, समता और समाज की सफाई का ढोंग रचनेवाले अखबार खुद गोबल्स के सिद्धांत पर चलते हैं कि एक झूठ को सौ बार बोलो, ताकि सच लगे. प्रभात खबर शुरू से ही इस ओछी प्रतिस्पर्धा से बाहर रहा है. हम पाठकों के विवेक और समाज में स्थापित मापदंडों पर चलते रहे हैं. चलेंगे. इसी वर्ष प्रभात खबर हिंदी के सबसे बड़े दस अखबारों (देश के) में आइआरएस के अनुसार आठवें स्थान पर पहुंचा.

काम और दायित्व का विकेंद्रीकरण

वर्ष 2010 का सबसे महत्वपूर्ण बदलाव. सोची-समझी रणनीति के तहत. 2009 तक यह संस्था कुछेक लोगों (इंडिविजुअल) के नेतृत्व में चली. घर के माहौल में. वर्ष 2010 में पहली बार इसे इंस्टीट्यूशनल (संस्थागत) रूप देने की सायास कोशिश हुई. तब मैं, के.के. गोयनका और आर.के. दत्ता ड्राइविंग सीट पर थे. हमने महसूस किया कि बड़े सपने देखने के लिए बड़ी टीम होनी चाहिए. इस तरह संस्था को सही रूप देने के लिए इंस्टीट्यूशनल शक्ल देने के लिए काम और दायित्व का विकेंद्रीकरण जरूरी लगा. अगुआ मैं था. तय किया कि नयी शुरुआत ऊपर से हो. महीनों लगे, मुझे अपने वरिष्ठ साथियों को राजी करने और फिर कई महीने गुजरे प्रबंधन को सहमत कराने में, समझाने में. प्रभात खबर को नया इंस्टीट्यूशनल रूप देने के लिए शुरुआत हमने ऊपर से की. पहल कर मैं हटा. केके गोयनका एमडी बने. आरके दत्ता एक्जीक्यूटिव डायरेक्टर. ये दोनों वे लोग हैं, जिन्होंने जीवन के सर्वश्रेष्ठ वर्ष चुपचाप प्रभात खबर को बनाने में दिये हैं. यह बदलाव यहीं नहीं रुका. पूरे झारखंड को संभालने के लिए दूसरी पंक्ति की एक निर्णायक टीम खड़ी की गयी, जो रोज-रोज के महत्वपूर्ण मसलों पर निर्णय ले. दीर्घकालीन रणनीति के तहत संपादकीय में हमने टॉप टीम के बीच स्पष्ट कार्य-विभाजन किया, ताकि कहीं किसी के कार्यक्षेत्र में अस्पष्टता न रहे. फिर हर प्रकाशन केंद्र में स्थानीय संपादकों ने अपनी-अपनी यूनिट का ऑरगेनाइजेशन चार्ट बनाया. ऊपर से नीचे तक एक-एक का काम साफ-साफ बांट कर. पहले भी ऐसा था, पर इसको और स्पष्ट व साफ किया गया, ताकि काम का बंटवारा ऊपर से नीचे तक साफ रहे. कोई कन्फ्यूजन न रहे. इसके पीछे जवाबदेही तय करने का मकसद है. अन्य विभागों में भी काम का विभाजन, बंटवारा और पावर डेलिगेट करने की यह प्रक्रिया चल रही है. संभव है कि इसमें और स्पष्टता आने में थोड़ा समय लगे. पर प्रभात खबर के संपादकीय क्षेत्र में यह एक बड़े परिवर्तन की कोशिश है. समझ-बूझ कर की गयी पहल है. नया परिवर्तन है.

संक्रमण का दौर

प्रभात खबर के लिए ट्रांजिशन (संक्रमण) का फेज (दौर). अचानक छोटे से बड़ा बनना है. साथ ही इस इंडस्ट्री के सबसे बड़े और स्थापित तीन घरानों से एक ही साथ मुकाबला है. दो-दो मोरचों पर एक साथ जूझना. इस बड़ी लड़ाई के लिए बदलाव-परिवर्तन जरूरी था. यह हमने किया. 2010 के आरंभ में इसकी योजना हम वरिष्ठ साथियों के दिमाग में आयी. हमने इसकी पहल की, क्योंकि हम पुराने स्वरूप और पांच-छह संस्करणों के बल कैसे उन महारथियों से लड़ सकते थे?

यह परिवर्तन क्या है ?

सत्ता का विकेंद्रीकरण. पदों के अनुसार काम का साफ-साफ बंटवारा, ताकि लगातार चौकस मानिटरिंग हो सके. कोई अपनी जवाबदेही से न बचे. वर्ष 2010 के पहले प्रभात खबर, अंगरेजी में कहें तो पर्सनालिटी बेस्ड ऑरगेनाइजेशन (व्यक्ति आधारित संस्था) था. इंडिविजुअल रन ऑरगेनाइजेशन. किसी एक व्यक्ति या दो या तीन लोगों पर आधारित संस्था का भविष्य उज्जवल नहीं होता. संस्थाएं हमेशा व्यक्तियों या व्यक्ति के समूहों से बड़ी होती हैं. टीम से ही लड़ाई जीती जाती है. इससे पहले तक प्रभात खबर में हर कामकाज या समारोह में, मंच पर, हम कुछेक चेहरे ही दिखते थे. कहें, तो जूता सिलाई से चंडी पाठ की

भूमिका में कुछेक ही थे. संस्था के दीर्घजीवी होने के लिए यह मिथ तोड़ना जरूरी था. इसलिए प्रभात खबर द्वारा आयोजित बड़े समारोहों, आयोजनों में वर्ष 2010 से जाना मैंने कम किया या बंद किया. गोयनका जी से कहा, शीर्ष मार्केटिंग बैठक में भी नहीं रहूंगा. क्योंकि अगर हर बैठक और हर मोरचे पर मैं या हम कुछेक चेहरे ही रहेंगे, तो फिर नये नेतृत्व नहीं पैदा होंगे. नया नेतृत्व पैदा करने के लिए पहली शर्त है - अधिकार या पद देकर काम करने की आजादी देना. नये लोगों से गलतियां होंगी, पर वे गलतियां ही विकास की सीढ़ी बनेंगी. नये नेतृत्व विकसित करने का यही स्थापित फार्मूला है दुनिया में. कामकाज के विकेंद्रीकरण या नये ढांचे को बनाने के ये काम अभी प्रभात खबर में बिहार और बंगाल संस्करणों में होने बाकी हैं.

एक अलग और मौलिक पहल

संभव है, पावर डिसेंट्रलाइजेशन या शीर्ष पर नयी टीम खड़ा करने के इस प्रयास को लोगों ने अलग-अलग समझा हो. उनके समझने के अपने तर्क या कारण हो सकते हैं. बुनियादी तौर पर आज के समाज के मौजूदा मानस में यह भूख और लस्ट है कि हम पद पायें, तो छोड़ें ही नहीं. शरीर छूटे, पर पद नहीं. कुरसी पकड़ या जकड़ कर बैठ जायें. भौतिक चीजों के प्रति यह वासना, मोह आज हमारे समाज में चरम पर है. जहां यह मानस है, वहां लोग इस पहल और प्रयास के पीछे की सही भावना समझें, यह संभव नहीं. जहां चीजों को पकड़ कर बैठ जाने का मानस या मनोवृत्ति हो, वहां स्वतः पहल कर अपना दायित्व अपने कनिष्ठ साथियों को सौंपना, एक अलग और मौलिक पहल है.

हमने यह पहल क्यों की ?

प्रभात खबर को इंस्टीट्यूशन का रूप देने के लिए जरूरी था कि हर क्षेत्र में और युवा साथी सामने आएं. नयी भूमिकाओं और महत्वपूर्ण पदों पर नये लोग आयें, ताकि टीम का आधार या फलक बड़ा और विस्तृत हो. हमारे अंदर यह कोशिश रही है कि यह संस्था दीर्घजीवी बने. वरना यहां बैठे वरिष्ठ साथी जानते हैं कि वर्ष 2006 में यह संस्था बिकने के क्रम में थी, तब मैनेजमेंट ने ईमानदार दायित्व के तहत कहा था कि जिन लोगों ने इस संस्था को गढ़ने में-बनाने में शुरू से कोशिश की है, उन्हें इसमें हिस्सा मिलेगा. इस तरह मुझे जो हिस्सा मिलता, वह आप कल्पना नहीं कर सकते. मैंने तो सपने में भी नहीं सोचा था. आज मैं लाखों पाता हूं. इतने ही पैसों की नौकरी कई जन्मों तक करता, तब भी उतने पैसे एकमुश्त नहीं मिलते. ये पैसे हमारे श्रम के जायज अर्निंग (कमाई) थे. कहीं कोई गलत कमाई नहीं. मुझे याद है एमजे अकबर ने अपने प्रयास से एशियन एज खड़ा किया, जिस दिन उस अखबार में डेकन क्रॉनिकल ने स्टेक (हिस्सा) लिया, तो उनका जवाब था कि यह मेरे लिए प्रसन्नता की घड़ी है. कारण यह उनके श्रम से, ईमानदारी से अर्जित आय थी. उसी तरह प्रभात खबर में हम वरिष्ठ साथियों को यह मौका था.

पर हम सब ने प्रबंधन से अनुरोध किया कि नहीं, हम इसे चलाने की गंभीर कोशिश करना चाहते हैं. महज एक सुरक्षित जिंदगी नहीं चाहते. तब हमारे निजी जीवन के हित में था कि उक्त प्रस्ताव के तहत अपना हिस्सा लेकर हम निश्चिंत होकर बैंकों में यह राशि रख कर, सूद के बल सुखपूर्वक रहते. एक कमजोर मध्यवर्ग की पृष्ठभूमि से आये हम लोगों के लिए यह द्वंद्व का समय था. पर अंततः हमने चुना कि नहीं संस्था की लांगिविटी (दीर्घ जीवन) के लिए हम सामूहिक पहल करें. टीम साथ हो. समूह में नयी कोशिश हो. उसी लांगिविटी के कांसेप्ट (विचार) को आगे बढ़ाने के क्रम में, वर्ष 2010 में, यह दूसरी

बड़ी पहल थी कि संस्था को 'पर्सनालिटी बेस्ड ऑरगेनाइजेशन' से निकाल कर, उसे संस्थागत पहचान देना. टीम की पहचान. सामूहिकता की पहचान. जहां सारे काम करने वालों की पहचान मिल कर एकाकार हो जाये. इस मानस के पीछे दो लोगों की प्रेरणा रही है. गुजरे लोगों में डॉ लोहिया की. जीवित लोगों में इंफोसिस के संस्थापक नारायण मूर्ति की.

बढ़ रही है भोग व लालसा

मेरा एक बड़ा प्रिय निबंध है, निराशा के कर्तव्य. डॉ. राममनोहर लोहिया द्वारा लिखित. ठीक 50 वर्ष पहले लिखा गया. अक्सर अपने लेखों या भाषणों में इसका उल्लेख भी करता हूं. यह प्रेरक निबंध है. इसके कुछ अंश तो अद्‌भुत हैं. हर भारतीय को इसे याद रखना चाहिए. जीवन के लिए संदेश से भरा. एक पंक्ति में कहूं, तो यह सीख देता है कि जीवन में निराशा रहे और काम करें. यह फलसफा है. जीवन दर्शन है. वह एक जगह इस निबंध में कहते हैं कि भारत में आदमी अपनी चीज के लिए, स्वतंत्रता भी जिसका एक अंग है, अपनेपन, अपने अस्तित्व के लिए मारने-मिटने के लिए ज्यादा तैयार नहीं रहता. वह झुक जाता है और उसमें स्थिरता के लिए भी बड़ी इच्छा पैदा हो जाती है. चाहे जितना गरीब हो. शरीर चाहे सड़ रहा हो, लेकिन फिर भी जान के लिए कितना जबरदस्त प्रेम, आप अपने देश में पाओगे. कोई भी काम करते हुए हमारे लोग घबराते हैं कि जान चली जायेगी. चाहे जितने गरीब हैं हमलोग. लेकिन फिर भी एक-एक, दो-दो कौड़ी से मोह है. मुझे कुछ ऐसा लगता है कि आदमी जितना ज्यादा गरीब होता है, उसका पैसे के प्रति मोह उतना ही ज्यादा हो जाया करता है. एक विचित्र-सी अव्यवस्था हो गयी है कि शरीर खराब, जेब खराब, लेकिन फिर भी पैसे और जान के लिए इतनी जबरदस्त ममता और अनुराग हो गया है कि आदमी कोई भी जोखिम उठाने को तैयार नहीं रहता. आज देश में यही हाल है. डॉ. लोहिया के इस निबंध को पढ़ कर देश के मानस को समझने में मदद मिलती है. हम ऐसे क्यों है? भ्रष्टाचार के अनेक गंभीर मामलों के विस्फोट के बाद हाल में एक विदेशी अखबार (वालस्ट्रीट..) में पढ़ा. एक विशेषज्ञ के अनुसार हमारे खून में ही दोष है. हम स्वाभिमान-आत्मसम्मान रहित ऐसे ही लोग हैं. आजादी के 60 वर्षों के बाद यह भोग व लालसा और बढ़ गयी है. बढ़ता लोभ-बाजारवाद और उपभोक्तावाद इस आग में घी का काम कर रहे हैं. आज पद पा जाने के बाद, कोई छोड़ना नहीं चाहता. सत्ता से लेकर हर जगह कोई स्वतः पहल कर, अपने साथियों-सहकर्मियों के लिए जगह नहीं बनाता. रोज ही हम-आप देख रहे हैं कि राजनीतिज्ञों के पांव कब्र में हैं, पर सत्ता से चिपके हैं. लोग कुरसी से बांह पकड़ कर उठाते-बैठाते हैं, शरीर-इंद्रियों पर नियंत्रण नहीं रहा, पर हमारा-आपका भाग्य तय कर रहे हैं. सार्वजनिक पदों पर बैठ कर देश की किस्मत लिख रहे हैं. पर राजनीतिज्ञ ही क्यों? रिटायर्ड ब्यूरोक्रेटों के भी यही हाल हैं. डॉक्टर, प्रोफेसर रोज ही रिटायरमेंट की उम्र बढ़ाने के लिए हड़ताल करते रहते हैं. कहीं 60 से 62, तो कहीं 62 से 65 की उम्र में रिटायरमेंट चाहते हैं. यह वासना है. वासना की यह आग कभी तृप्त होती नहीं दिखती. क्या यही जीवन है? यही हमारा सार्वजनिक-निजी एप्रोच होना चाहिए? क्या जीवन में एक वीतराग बोध या भाव नहीं होना चाहिए? अनासक्ति का अंश? हमारे यहां यह भी दर्शन चलता है कि आसपास किसी को पनपने न दो, ताकि अपनी गद्दी सुरक्षित रहे. कितना छोटापन या संकीर्ण सोच! क्या इस रास्ते कोई संस्था, समाज या मुल्क दीर्घजीवी या मजबूत होंगे? हम समाज की दृष्टि से बहुत छोटी इकाई हैं. नगण्य. अस्तित्वविहीन. कोई भ्रम नहीं है कि मेरा निजी वजूद क्या है? इस सृष्टि-ब्रह्मांड में तिनका से भी कमजोर. पर मेरे सोच-

विचार और जीवन दर्शन में यह बात रही है कि अपने स्तर पर हम जैसा सोचते हैं, बनने की कोशिश करें. संभव सीमा तक. अपनी हजारों-लाखों कमियों के साथ. यह कहने-बताने में कोई अहंकार या प्रगल्भता नहीं है. यह बू आये, तो माफ करेंगे.

मानसिक शांति सबसे जरूरी

रांची में योगदा मठ है. 'ऑटोबायोग्राफी आफ योगी' के लेखक और 20वीं सदी के महान योगी परमहंस योगानंद द्वारा स्थापित. वहां मेरा जाना होता है. वर्ष में एक बार वे शरद संगम का आयोजन करते हैं. भारत के कोने-कोने से और लगभग 40 देशों के साधक आते हैं. एक से एक लोग. वैज्ञानिक, विद्वान, फिल्म से जुड़े, साहित्य से जुड़े. श्रेष्ठ मस्तिष्क के लोग. वर्ष 1996 (नवंबर) में मैं पहली बार इसमें शरीक हुआ. यहां वैज्ञानिक सीवी रमण के परिवार से आये एक साधक हैं. पहुंचे हुए. उनके विचार (टॉक) सुन रहा था. वह जीवन की सफलता पर बोल रहे थे. कहा - सीवी रमण की आत्मकथा पढ़ें. रिटायर होने के बाद वह अशांत और परेशान रहने लगे. वैज्ञानिक मान्यताओं पर उनके मन में बुनियादी सवाल उठने लगे. जीवन के मौलिक सवाल बेचैन करने लगे. घर के आगे बोर्ड लगवा दिया kविजिटर्स टू कीप ऑफ नाट टू डिस्टर्ब' (अतिथि आकर परेशान न करें). वह कहने लगे 'माई लाइफ हैज बीन ए अटर फेलियर (मेरा जीवन नितांत विफल रहा है). यह भी माना कि मैंने जो काम किया, वह पश्चिमी वैज्ञानिक मान्यताओं के तहत था. हमारे देश के विज्ञान-परंपराओं के तहत मैं कुछ नहीं कर सका. फिर उन्होंने नोबेल पुरस्कार पाये वैज्ञानिक चंद्रशेखर के जीवन के प्रसंग सुनाये. चंद्रशेखर जब शीर्ष पर थे, तो पूछा गया-क्या आपका निजी जीवन सुखी है? उनका उत्तर था, किसी वैज्ञानिक का निजी जीवन नहीं होता. अब प्रायः मैं सोचता-परखता हूं कि जो किया, वह कितना उपयोगी था? जीवन के अंतिम पहर में उन्होंने अपने एक और इंटरव्यू में कहा कि जीवन पुनः मिला, तो वह हिमालय में जा बैठेंगे. ॠषियों की राह पर चलेंगे. यह भी उन्होंने माना कि सब कुछ पा लेने के बाद भी 'पीस आफ माइंड' (मानसिक शांति) नहीं है. एक और वैज्ञानिक (शायद लार्ड कैल्विन) का उन्होंने (साधक संत) उल्लेख किया. वह 55 वर्ष तक वैज्ञानिक रहे. महान वैज्ञानिकों में से एक. एक शब्द में उन्होंने अपने लंबे वैज्ञानिक जीवन का निचोड़ सुनाया 'फेलियर' (विफल).

जीवन में नवीनता जरूरी है

योगदा के उन साधक संत ने कहा-यह सब मैं क्यों सुना या कह रहा हूं, क्योंकि जीवन में संतुलन होना चाहिए. मैं अत्यंत मामूली इनसान हूं. मुझे अपने बारे में भ्रम नहीं है. मैं देश की 111 करोड़ की भीड़ का एक हिस्सा भर हूं. मैं ऐसा इसलिए हूं कि ऐसे ही तथ्यों से मुझे जीवन के बारे में निखरने-जानने की प्रेरणा मिलती रही है. समझ विकसित होती नहीं है. इस दृष्टि से ही एक निस्संगता कां भाव पैदा होता रहा है. इसलिए जीवन के बड़े निर्णय करते समय ऐसे शाश्वत सच मेरे मन-मस्तिष्क में रहते हैं. यह बोध और भाव नहीं रहता, तो दो बड़े घरानों (टाइम्स ऑफ इंडिया और आनंद बाजार पत्रिका), महानगरों की पत्रकारिता, ग्लैमर-सत्ता के सोहबत की पत्रकारिता छोड़ कर यहां आना नहीं होता. धर्मयुग, रविवार जैसी पत्रिकाओं में काम, हिंदी पत्रकारों के बीच से अकेले पीएमओ में रह लेने और उसके बाद लगातार बड़े ऑफरों को छोड़ कर मुसीबतों-संघर्षों का जीवन नहीं चुनता. पर एक ही रोल (भूमिका) में रहने

से-अटकने से क्या जीवन में नवीनता रहेगी?

अनैतिक है प्रतिभाओं को बढ़ने से रोकना

डॉ. लोहिया के इस निबंध-विचार ने युवा दिनों से ही प्रेरित किया कि चीजों से चिपकना या लगातार बंध कर दूसरों को आगे आने की जगह न देना, नीचे के नेतृत्व को या साथ की प्रतिभाओं को फलने-फूलने या बढ़ने का मौका नहीं देना अनैतिक है. लगभग 22 वर्ष ड्राइविंग सीट पर रहना, सबसे कठिन दिनों में रहना, क्या यह कम है? क्या पद पुश्तैनी होने चाहिए? राजनीति में बढ़ते वंशवाद की तरह. लाभ और लस्ट (लालसा) के इस दौर में हमें भी वैसा ही होना चाहिए, जैसा दूसरे हैं? पांव कब्र में, पर पद किसी कीमत पर चाहिए. हिंदी के कवि श्रीकांत वर्मा ने काशी में अपने एक रिश्तेदार का संस्मरण लिखा है. अत्यंत शिक्षाप्रद. उनके एक रिश्तेदार मृत्युशय्या पर थे. बोल नहीं पाते थे. रसगुल्ले के शौकोन थे. जब दिल्ली से श्रीकांतजी काशी आये. यह मिठाई लेकर गये, आवाज दी, तो गले से घरघराने की आवाज आने लगी. लगातार कौमा में थे. सुन्न पड़े थे. पर मनपसंद मिठाई का नाम सुन कर भाव उभरा. इंद्रियां हिली-डुलीं. संसार से इतना बंधना भी क्या सही है?

हम और हमारे साथ अनेक साथी युवा दिनों में प्रभात खबर से बंधे. माओ की सांस्कृतिक्र क्रांति के नारे ने भी हमारी पीढ़ी पर असर डाला. हालांकि बाद में चीनी समाज के साहित्य को पढ़ते हुए हमने पाया कि सांस्कृतिक क्रांति के दौरान माओ का यह नारा हजारों फूलों को एक साथ खिलने दो, अपनी निजी गद्दी मजबूत करने के लिए, अपने कद के बराबर या समकक्ष प्रतिभाशाली नेताओं को अपने रास्ते से हटाने के लिए था. यह खुले और बंद समाज का भी फर्क है. खुले समाज में निजी जड़ें मजबूत करने के लिए, सार्वजनिक जीवन में लोक-लुभावन नारे देकर बच निकलना कठिन है. पर विचार के आधार पर, प्रेरणा के आधार पर, हजारों फूलों (प्रतिभाओं) को एक साथ खिलने दो, क्रांतिकारी अवधारणा है. हजारों-हजार प्रतिभाएं साथ निखरें, तो कोई भी संस्था-समाज या देश बढ़ेगा. प्रभात खबर में भी यह जरूरी है कि अनेक युवा प्रतिभाएं एक साथ, कई क्षेत्रों में उभरें, ताकि संस्था मजबूत हो.

विचार और आचरण में प्रतिस्पर्धियो से काफी अलग

एक संतोष की बात बताऊं. 2000 में जब बड़े घरानों ने प्रभात खबर को बंद कराने की साजिश रची, तब कुछेक लोग थे, जो किसी कीमत पर प्रभात खबर से नहीं डिगे. आज प्रभात खबर (सभी संस्करणों को मिला कर) में सैकड़ों हैं, जो बड़े घरानों के लगातार लुभावने प्रस्तावों को ठुकरा कर यहां हैं. वह कहावत है न कि चले थे अकेले, कारवां बनता गया. बड़े घरानों के शीर्ष लोग, हमारे ऐसे साथियों के घर जा कर, महीनों-वर्षों उन्हें चेज (पीछा) कर, अपने साथ मिलाने की कोशिश करते रहे हैं. कर रहे हैं. अपरोक्ष यह धमकी भी देते हैं कि आपके सब लोगों को हम उठा ले जायेंगे, तब आप क्या करेंगे? पूंजी की गरमी? यह उन्हें कौन बताये कि गुजरे दस वर्षों में वे सैंकड़ों से अधिक लोगों को तोड़ ले गये. एक-एक कर, फिर भी प्रभात खबर उनके लिए चुनौती बना ही हुआ है. हम छोटे हैं, सीमित संसाधन के हैं, पर गरिमा, मर्यादा, विचार और आचरण में अपने प्रतिस्पर्धियों से अलग हैं. इन स्पर्धी अखबारों का कोई व्यक्ति शायद ही कहे कि आज तक मैंने किसी अखबार में किसी को अचानक तोड़ने या समूह तोड़ कर साजिश के तहत उन्हें नुकसान पहुंचाने की कोशिश की या किसी को फोन किया, घर गया, तिकड़म रचा, अंगरेजी में कहें,

तो बिलो द बेल्ट (कमर के नीचे चोट पहुंचाना) हिट किया, ताकि प्रतिस्पर्धी अखबारों को नुकसान हो. ऐसा भी नहीं है कि यह कर नहीं सकता था. ऐसी स्थिति या पद पर हूं कि कर सकता हूं. यह भी नहीं है कि किसी को उपकृत करने के लिए हमने यह आचरण किया. यह जन्मजात संस्कार है. निजी आत्मगरिमा है. स्वनिर्धारित सीमा के विपरीत आचरण कर (किन्हीं भी परिस्थितियों में) हमें लगता है कि हम अपने स्तर से फिसल रहे हैं. गिरे हैं. हर इनसान का एक स्तर होता है. निजी डिगनिटी होती है. स्वतः बनायी या इवाल्व की हुई. इस गलाकाट प्रतियोगिता के पूरे दशक में हमने आज तक अपनी गरिमा या लक्ष्मण रेखा का उल्लंघन नहीं किया. क्या यह कम संतोष की बात है? इस आचरण या फिसलन के लिए बाहर से सर्टिफिकेट नहीं चाहिए. इस रास्ते पर चलने पर दुनिया को बाद में पता चलता है, आपके अंदर से पहली आवाज आती-उठती है. यदि अपनी आवाज सुनना आपने बंद नहीं किया हो. लोभ के इस युग में जहां कुछेक लोग अपने जीवन के उर्वर दिनों में, संघर्ष और तप के दिनों में, पग-पग पर अस्तित्व की लड़ाई लड़ने के दिनों में साथ हैं, यह क्या कम सुख की बात है?

निराशा के वे पुराने क्षण

आज 2010 का अंत है. सोच रहा था कि क्या प्रभात खबर में गुजारे संघर्ष के, तप के, निराशा के वे पुराने क्षण एक पल भी वापस मिल सकते हैं? तब हम साथियों को प्रभात खबर के अलावा कुछ सूझता नहीं था. न घर, न परिवार, न भविष्य की सुरक्षा, एक जुनून था, क्या वह लौट सकता है? मकसद था, संस्था बचाना-बढ़ाना. एक जिद. इस जिद के पीछे कोई आर्थिक आग्रह था? निजी-स्वार्थ लोभ था? यह होता तो हम सब फेंस (सीमा) के उस पार होते. औरों की तरह बड़े महानगरों-बड़े प्रकाशनों में. सुख-सुविधा के संसार में क्या इस रास्ते पर चलने के लिए आज हम उभरती संस्था में कोई युवा टीम न उभरने दें? तब उन युवा साथियों के लिए भविष्य का मार्ग प्रशस्त करने का काम कौन करेगा? वरिष्ठ होने के कारण हम हीं न ! आज प्रभात खबर में ऐसे सैकड़ों लोग़ हैं, जो प्रतिस्पर्धी बड़े अखबारों से अधिक पैसा, महत्वपूर्ण पद और भौतिक सुख ठुकरा कर टिके हैं.

आप सही हैं, तो मददगार मिलते हैं

मेरी गुजारिश है, नये वर्ष में कामना है कि किसी भी सूरत में न डिगनेवाले ऐसे लोगों की यह संख्या इस संस्था में अब सैकड़ों से बढ़ कर, कई सौ में तब्दील हो. यह कौन करेग़ा? आप युवा टीम ही न. अब आप नयी लकीर खींचें, हर आदमी अपने आसपास से चाहे जिस भी क्षेत्र में हो (संपादकीय, विज्ञापन, प्रसार वगैरह) अपने तहत की प्रतिभाओं को अवसर दे. उन्हें योग्य लीडर के रूप में विकसित करे. फिर ऐसा रास्ता हम आपके लिए ऊपर से ही बना रहे हैं. हम उन साथियों को भी आज विशेष याद करना चाहेंगे, जो सीधे या नियमित प्रभात खबर से जुड़े नहीं रहें, पर हमारे संघर्ष के दिनों में उनकी निर्णायक मदद रही. हमारा अस्तित्व बचाये रखने-बढ़ाने में. हम उनके भी ऋणी हैं, जो लंबे समय तक साथ रहे, पर आज कहीं और हैं. कुछेक को अच्छे अवसर मिले, तो हमने उन्हें जाने के लिए प्रोत्साहित किया. नयी शुरुआत के लिए. बाहर से, अंदर से, साथ रह कर फैसल अनुराग, दयामनी बारला और वासवी वगैरह ने इसे बनाने-बचाने में जो मदद की थी, वह बता नहीं सकता. अगर आप सही रास्ते पर हैं, तो मददगार मिलते हैं.

नारायण मूर्ति ने हमेशा प्रेरित किया

जो पुराने साथी हैं, उन्हें याद होगा. पहले फर्स्ट फ्लोर खुला था. बाद में एसबेस्टस की छत बनी. उसी छत पर खुले आसमान के नीचे हम बैठते थे. सामूहिक रूप से. प्रभात खबर के सभी लोग. अपनी चुनौतियों और कठिनाइयों पर बोलने-बतियाने-संवाद करने, फिर रणनीति बनाने. घर के सुख-दुख बांटने और भविष्य के लिए रास्ता बनाने जैसे. तब से मैं अपनी बातों में इंफोसिस के नारायण मूर्ति का उल्लेख करता रहा हूं. उस व्यक्ति ने हमें प्रेरित किया है. किस तरह कुछेक लोगों ने पत्नियों के गहने गिरवी रख कर 10-20 हजार से कंपनी शुरू की. हर विपरीत स्थिति देखी-झेली. तब इंफोसिस दुनिया की इतनी प्रतिष्ठित, सम्मानित व बड़ी कंपनी बनी. हम सफलता देखते हैं, उसकी बाह्य काया परखते हैं, पर उसके पीछे का तपना, जलना और आत्माहुति नहीं जानते. जब इंफोसिस कंपनी संपन्न हुई, तब अपने यहां काम करनेवालों को हिस्सा या स्टॉक ऑप्शन देकर अपने यहां कार्यरत पुराने लोगों को करोड़पति-अरबपति बनाया. प्रभात खबर में जब हमने शुरुआत की, तब 240 लोग थे. और कुल वेतन ढाई लाख के लगभग. आज प्रति माह वेतन पर लगभग दो करोड़ प्रभात खबर में औसत खर्च है. अभी कुछेक रोज पहले खूंटी के एजेंट आये थे. 25 वर्षों से प्रभात खबर बेचने का ही काम कर रहे हैं. साधु इनसान हैं. बता रहे थे कि आज वहां एक-एक हॉकर 12 से 16 हजार प्रभात खबर बेच कर कमा रहा है प्रतिमाह. प्रभात खबर की सामाजिक भूमिका (जो मुख्य चीज है) छोड़ दीजिए, तो भौतिक रूप से भी, अपना काम करते हुए प्रभात खबर ने हमारे जीवन में यह असर डाला है.

इंफोसिस ने नयी लकीर खींची

आनंद बाजार पत्रिका छोड़ कर कुछेक हजार की नौकरी पर यहां आया. कंपनी द्वारा दी गयी थर्ड हैंड मारुति वैन + किराये का घर, यही तब पाता था. आज प्रभात खबर में वरिष्ठ होने के कारण सबसे अधिक तनख्वाह मैं पा रहा हूं. इससे काफी अधिक के प्रस्ताव भी आये. पर मन के अनुरूप काम और ठीक-ठाक वेतन सुविधाएं, इसका संयोग कहीं और नहीं पाया. इसलिए हमने यहां काम करना चुना. इस गरीब इलाके में पत्रकारिता करने की प्रेरणा हमें यहां खींच लायी. ऐसा ही काम बड़े पैमाने पर इंफोसिस में हुआ. ईमानदार तरीके से. भारतीय परंपरा में अर्थ, धर्म, काम, मोक्ष चार लक्ष्य हैं. अर्थ का नकार नहीं है. पर अर्थ ईमानदारी से, श्रम से, किसी से याचना या हाथ पसार कर नहीं. घूस या ब्लैकमेल से नहीं. इस रास्ते चल कर इंफोसिस ने नयी लकीर खींची है. नये युग की कई कंपनियां ऐसा कर रही हैं. आज जो युवा कैंपस से ही लाखों-करोड़ों की तनख्वाह पर जा रहे हैं, वे ईमानदारी से खट कर उपार्जन कर रहे हैं. यह अलग बात है कि इतने उपार्जन के बावजूद वह जीवन नहीं जी पा रहे, क्योंकि कंपनियां उन्हें 20-22 घंटे काम करा कर निचोड़ लेती हैं. बहरहाल, हम बात कर रहे थे कि कैसे 1989 में स्थापित एक कंपनी को एक इनसान नारायण मूर्ति ने उसूलों-सिद्धांतों पर खड़ा किया. टीम के बल ही, अकेले नहीं. उस कंपनी पर एक पुस्तक आयी है, 'लीडरशीप इंफोसिस'. संपादित मैट बार्ने, पीएच-डी द्वारा. उसकी भूमिका की कुछ चीजें आपको सुनाता हूं.

गलतियों से तुरंत सबक लिया

यह पृष्ठभूमि याद रखिए कि नारायण मूर्ति कंपनी के एमडी पद से हटे. अपने साथियों को मौका

दिया. अब एक-एक कर वहां नये-नये लोग नये सक्षम लीडर के रूप में सामने आ रहे हैं. कंपनी को संभाल रहे हैं. आगे ले जा रहे हैं. इस पुस्तक की भूमिका में नारायण मूर्ति कहते हैं कि इंफोसिस की रहनुमाई हमारे जीवन का काम (लाइफ वर्क) है. शुरू में, हमारे अंदर सपने थे. साझा मूल्य थे, हम एक-दूसरे के पूरक थे. हुनर, काम वगैरह में कंपनी के बड़े हितों या उसके लाभ के लिए हमने निजी हितों की कुरबानी दी. हमने मिल कर वे चीजें हासिल कीं, जो हम अलग-अलग रह कर अकेले नहीं कर पाते. इस दशक में अपनी 'लीडरशीप टीम' के बल हमने लगातार अपनी कंपनी को बदला. सिर्फ 11 वर्ष पहले 1999 में इंफोसिस में कुल 3000 इंप्लाइज थे. अब लगभग 1.22 लाख से अधिक हैं. नारायण मूर्ति कहते हैं कि हम हर समय बिल्कुल सही ही नहीं रहे, पर जब-जब कोई गलती हुई, तुरंत सबक लेकर हम पुनः और ऊर्जा के साथ सही राह पर लौटे. हमें कंपनी को अगर 200 वर्षों तक बनाये रखने का विजन (दृष्टि) विकसित करना है, तो इसके लिए प्रभावी नेतृत्व चाहिए, हर स्तर पर. लीडरशिप का अर्थ है कि कंपनी की जरूरतें-सपने पहले, निजी चीजें बाद में. वह आगे बताते हैं कि हमने हमेशा वह भूमिका निभायी, जिसकी कंपनी को जरूरत थी, तब हमने कंपनी के बड़े और सार्वजनिक हित के हक में निजी पसंद-नापसंद को पीछे रखा.

भविष्य आपके हाथ में है

कुछेक पंक्तियां ही मैंने उक्त पुस्तक की भूमिका से आपको सुनायी. कितनी प्रेरक हैं. सफल होने का राज बताती हैं ये लाइनें. आज आप पूछिए कि हम जिस कंपनी में हैं, उसका भविष्य क्या है? शायद इसका कोई उत्तर न दे पाये. 1991 के बाद बार-बार आपके बीच यह बात दोहराता रहा हूं कि भविष्य आपके-हमारे हाथों में है. तब 91 में भी यह सवाल हम साथी आपस में करते थे.1991 में जब समाचार उद्योग के एक एक्सपर्ट ने प्रभात खबर के भविष्य पर अपनी रपट दी, तब से यह बात मैं सारे कलिग्स (सहयोगियों) को सार्वजनिक बैठक में बताता रहा हूं. कोई दूसरी कंपनी होती, तो यह रिपोर्ट कानफिडेंशियल (गोपनीय) रहती. पर तब से ही साथ में यह भी दोहराता रहा हूं कि कंपनी का भविष्य आपके-हमारे हाथों में है. हम अपनी तय भूमिका अच्छी तरह निभाएंगे, तो आगे जायेंगे. कोई टाटा, बिड़ला, अंबानी हमारे लिए कुबेर का खजाना या दरवाजा खोल दे, पर हमारे अंदर टीम स्पिरिट, दृष्टि, अनुशासन नहीं, तो हम डुबो देंगे. बड़े-बड़े घरानों के दर्जनों उदाहरण दे कर मैं आपको यह बता सकता हूं. पर देखिए कि एक विजन, सपने और स्वअनुशासन से इंफोसिस ने क्या किया? हमें यही माडल दीर्घजीवी बना सकता है. जो जहां है, अपने-अपने स्तर पर अपनी भूमिका का सही निष्पादन करे. अखबार के हित में, कंपनी के हक में. हम सबने मिल कर प्रभात खबर में शुरू से एक भिन्न संस्कृति अपनायी.

एक स्वभाव है बिहारी मानस

शुरू से ही प्रभात खबर में एक अलग कार्यसंस्कृति विकसित करने की कोशिश हुई. हरेक बैठक में विशेष रूप से मैं इसकी चर्चा करता रहा कि टिपिकल बिहारी मानस से उबरना होगा. बिहारी मानस एक विशेषण के तौर पर देखता हूं. यह एक प्रवृत्ति है. स्वभाव है. यह कहीं भी हो सकता है, पर हिंदी इलाकों में यह स्वभाव या रुझान या यह प्रवृति आमतौर से है. उसके अपवाद भी बहुत मिलते हैं. मेरी नजर में बिहारी मानस क्या है? हिंदी राज्यों में परनिंदा, परचर्चा जीवन का अंग है. परमसुख गप्पें मारना, पीठ पीछे दूसरों

की शिकायत करना, किसी अच्छे काम को गौर कर प्रशंसा न करना. कोई अच्छा करे, तो उसे तबाह-बदनाम करने में लगना. हर बात और काम में निगेटिव एप्रोच. ये हमारी आदतें हैं. हमने कोशिश की कि मेरे पास कोई दूसरे की शिकायत लेकर न आये. अगर कोई शिकायत है, तो जिसके संबंध में शिकायत है, जब तक वह मौजूद न हो, तब तक उसकी चर्चा नहीं हो. जिसके खिलाफ शिकायत है, उसके सामने बात हो. इसका परिणाम हुआ कि मेरे पास कोई अनर्गल बात या किसी की शिकायत लेकर नहीं आता. हमलोगों ने यह माहौल बनाने की कोशिश की कि दफ्तरों में पीठ पीछे रस लेकर अनर्गल चर्चाएं होती हैं, उन्हें कम-से-कम वरिष्ठ लेवल पर इंटरटेन न किया जाये. यह खत्म होना असंभव है, क्योंकि यह हमारी रगों में है. स्वभाव का हिस्सा है. फिर भी हम यह मान सकते हैं कि प्रभात खबर में हमलोगों ने इस प्रवृत्ति को नियंत्रित करने की कोशिश की. इसी कारण कई बार प्रभात खबर के अंदर की चीजें मुझे बाहर से पता चलती हैं. उसे आप मेरी कमी कह सकते हैं. आधुनिक प्रबंधन शैली भी इसे सही नहीं ठहराता, पर यहां मेरे कारण यह कमी है.

पिछले दिनों, लगभग तीन सप्ताह पहले, बाहर से एक मित्र का फोन आया कि किसी वेबसाइट पर यह खबर आनेवाली है कि प्रभात खबर से आप विदा हो रहे हैं. ऐसी बहुत सारी चीजें चलती रहती हैं. न मैं ऐसी चीजों पर गौर करता हूं और न ही ऐसी चीजों के बारे में चर्चा. न मुझे किसी को यह सफाई देनी है, न पक्ष रखना है. मैं मानता हूं कि मेरे प्रभात खबर के साथियों को भी पता है कि हमें क्या करना है? और किस रास्ते जाना है? मैं पुनः अपने साथियों से कहना चाहूंगा कि प्रभात खबर का भविष्य छोटी-छोटी चीजों से तय होगा. ये छोटी-छोटी चीजें हमारे हद-पहुंच में हैं. आज भी देखता हूं, दफ्तर में कहीं कोई मौजूद नहीं है, पर पूरी बिजली जल रही है. कहीं कुरसी का पांव टूटा है और वह महीनों से वहीं पड़ी है. कोई ठीक करानेवाला नहीं. यानी छोटी चीजें भी आप उम्मीद रखते हैं कि वरिष्ठ लोग आ कर करेंगे. हमारा कोई फर्ज नहीं है. किसी खास जगह पान की पीक या गुटखा वगैरह के पैकेट पड़े रहते हैं. इस्तेमाल के बाद बाथरू म साफ नहीं किया जाता. ऐसी अनेक चीजें हैं. इन चीजों को देख कर लगता है कि हमारे मानस में है कि साफ रखने का काम कोई बाहर से आ कर करेगा. या साफ जगह को गंदा करना हमारा संवैधानिक हक है. जीवन में इन छोटी-छोटी चीजों के प्रति अगर हम और आप सजग होंगे, तो स्वभावतः अपने काम में भी हम इसी एप्रोच को अपनायेंगे. इसलिए स्पष्ट रहिए. हम ठीक होंगे, हमारी कार्यसंस्कृति बेहतर होगी. हमारा मानस पॉजिटिव होगा, तो अखबार भी ठीक होगा.

संपादन एक कला है और पत्रकारिता बौद्धिक काम

बाहर में प्रभात खबर के बारे में धारणा है कि काम न करते हुए भी आप समय काट सकते हैं. इसका एक कारण है कि शुरू से हम सब ने मिल कर यह कोशिश की है कि यहां एक मित्रवत माहौल रहे. ऑफिस का आतंक नहीं. संपादन काम एक कला है. पत्रकारिता बौद्धिक काम है. यहां डिस्कशन-डिबेट का माहौल होना चाहिए. अपशब्द, गाली-गलौज, मानसिक दबाव या टेंशन का माहौल नहीं. हमारी अपनी आचार-संहिता है. शराब पीकर कोई दफ्तर आये, स्वीकार्य नहीं है. किसी से गलत आचरण मान्य नहीं है. वरिष्ठ पदों पर बैठे लोगों का सम्मान हमारी शिष्टता है. इसलिए हम एक बेहतर, स्वअनुशासित और बौद्धिक माहौल चाहते हैं, क्योंकि हम परिवार के मुकाबले, आपस में, दफ्तर में ज्यादा समय साथ गुजारते-बिताते हैं. जब जीवन का बड़ा हिस्सा साथ गुजारते हैं, तो बेहतर और सुखद माहौल में रहें, तनाव में नहीं. यह

माहौल सोच-समझ कर हम सब ने बनाने की कोशिश की है, पर आज की दुनिया में और इस प्रतिस्पर्धा में अब आपको ध्यान रखना होगा कि हर जिम्मेदार आदमी खुद निर्णायक हो. जबावदेह बने, क्योंकि अब कोई बैठ कर, बोझ बन कर चलेगा, तो संस्था का भविष्य नहीं रहेगा. यह सरकारी कार्यालय नहीं है. न चैरिटी संस्थान है. हर आदमी पहले खुद से पूछे कि वह कंपनी से जितना ले रहा है, उससे कई गुना रिटर्न अपने बेहतर काम के रूप में कंपनी को दे रहा है? हमारे लिए यही मानक और कसौटी है. जैसे हम घर चलाते हैं, वैसे ही जहां से रोजी-रोटी चलती है, उसके बारे में सोचें, तो किसी भी स्पर्धा में हम टिके रहेंगे. समय की चुनौतियों के अनुसार हम बदलते रहें. अगर यह सकारात्मक मानस प्रभात खबर की टीम में रहा, तो हम किसी से भी मुकाबला कर सकते हैं. स्पर्धा चुनौतीपूर्ण है. तीन बड़े घरानों के खिलाफ. ऐसी स्पर्धा के बारे में वर्ष 1991 से ही मैं अपने साथियों-सहकर्मियों से कहता रहा हूं. साफ-साफ. बेबाक तरीके से. तब भी आधा दर्जन स्थापित व पुराने अखबारों से मुकाबला था.

कभी किसी को रोका नहीं

हर साल होनेवाली प्रभात खबर की ऐसी सार्वजनिक बैठक में मैं अपनी प्रिय पुस्तक समरगाथा (अनुवाद-अमृत राय) के अंश सुनाता था. उस पुस्तक का एक अंश जो बार-बार आपको सुनाया है, यह है. अगर आपका घर अब तक खड़ा है, तो आप वापस उसमें चले जाइए. मैं सिर्फ ऐसे लोगों को अपने साथ लेना चाहता हूं, जिनके पास गंवाने के लिए अपनी जंजीरों को छोड़ कर दूसरा कुछ नहीं है. अगर आपके पास अशर्फियों का ढेर है, तो जाइए उसे संभाल कर रखिए, हमारे साथ मत आइए. अगर आप अपनी आजादी से ज्यादा अपने बच्चों को प्यार करते हैं, तो चले जाइए और कोई इसके लिए आप पर उंगली नहीं उठा सकेगा और अगर आपकी मंगनी हो गयी है, तो आप अपनी मंगेतर के पास चले जाइए-क्योंकि हमारी मंगेतर तो आजादी है, लेकिन अगर आप लोगों के बीच एक आदमी भी ऐसा है, बस एक, जो आजादी के लिए अपनी जान दे सकता है - और देखिए, पक्की बात है, मैं जो कुछ करने जा रहा हूं, उसमें मौत के सिवा कुछ नहीं है-तो वह आदमी इसके बाद मेरे तंबू में आकर मुझसे मिले. मुझे एक आदमी की जरूरत है, सिर्फ एक आदमी की. बार-बार प्रायः तीन-चार बैठकों में पुस्तक का यह अंश सुनाने के पीछे मकसद रहा है. साथियों-सहकर्मियों को बताना कि हम विपरीत परिस्थितियों में कार्यरत हैं. इस कारण गिनती के कुछेक लोगों को छोड़ कर कभी किसी को रोका नहीं, कोई कल जाने की बात करता था, मेरा जवाब होता कि आज और अभी जाना बेहतर है, क्योंकि एक बार अलगाव का मानस बन जाने के बाद आप भावनात्मक रूप से यहां नहीं होंगे. इसलिए तत्काल अलग होना ज्यादा बेहतर है. आपसी व्यवहार में बिलकुल स्पष्टता और साफगोई जीवन में अनिवार्य मानता रहा हूं. इन पर अमल भी करता रहा हूं.

लोगों को न छोड़ें, भले ही लोग छोड़ दें

प्रभात खबर में जब चुनौतियों के दिन शीर्ष पर थे, तो हर बार प्रभात खबर की सामूहिक बैठक होती थी, उसमें साफ-साफ कहता था कि जिन्हें सुरक्षित भविष्य चाहिए, अच्छा पैसा चाहिए, वे वैकल्पिक रास्ता तलाश सकते हैं, क्योंकि यहां भविष्य अनिश्चित है. संघर्ष है. परिस्थितियां विपरीत हैं. जिनके पास दूसरे अखबारों से प्रस्ताव आते थे, उनमें से आरंभिक दौर में जानेवाले कुछेक को छोड़ कर सब मिले थे.

अपनी आर्थिक विवशता बताते. मैं उन्हें जाने को प्रोत्साहित करता. कहता था कि आप कम पैसे पर अगर यहां काम करेंगे या निश्चित भविष्य छोड़ कर अनिश्चित भविष्य में हमारे साथ रहेंगे और अगर यह अखबार नहीं चला, तो मेरे ऊपर आपका मानसिक-नैतिक बोझ होगा. मेरी अंतरात्मा मुझे परेशान करेगी. इसलिए आप अवसर न छोड़ें. पर जो जोखिम चाहते हैं, कुछ करना चाहते हैं, वे रहें. यह भी साथियों से अनुरोध करता था. लोग बाहरी आकर्षण छोड़ कर रहे भी. उम्मीद से अधिक लोग साथ आये और कारवां बनता गया. आज सैकड़ों लोग हैं, जो आकर्षक प्रस्ताव ठुकरा कर यहां कार्यरत हैं. समरगाथा पुस्तक के अंश बांच कर यह भी कहता था कि जो आत्मगौरव चाहते हैं, कुछ करने का आत्मसंतोष चाहते हैं, ऐसे लोगों का साथ चाहिए. कभी किसी साथी को भ्रम में नहीं रखा. किसी को बढ़ा-चढ़ा कर सुरक्षित भविष्य बता कर नहीं बरगलाया. बुलाने के पहले पैकेज कुछ और कहा और आने पर हाथ में कुछ और मिला, प्रभात खबर में यह नहीं हुआ. अभाव में, संघर्ष में, अनिश्चितता में चलनेवाले साथियों को जरूर न्योता. आज फख्र के साथ हम सब कह सकते हैं कि मामूली पदों से लेकर बड़े पदों पर बैठे अनेक ऐसे लोग हैं, जिन्होंने अभाव, संघर्ष और अनिश्चितता की राह चुनी. मुझे जब-जब बड़ा न्योता मिला, सबसे पहले मेरे मस्तिष्क में यही चेहरे उभरे. उन्हें हम क्या मुंह दिखायेंगे ? लोकलाज और नैतिक भय. यह बोध भी कि भले कोई हमें धोखा दे, पर हम अपनी ओर से कुछ भी ऐसा न करें. एक जगह से यह भी प्रस्ताव था कि जितने लोगों को साथ ला सकते हैं, लाइए. पर हमारा मकसद अलग था. हम लोगों को न छोड़ें, भले ही लोग छोड़ें. यही जीवन का सुंदर पक्ष है. हम दूसरे की राह कैसे बदल सकते हैं? पर अपनी राह तो चुन ही सकते हैं.

पत्रकारिता का फोकस सामान्य आदमी

एक और संदर्भ में वर्ष 2010 हमारे लिए बड़ा लेशन (सबक) है. वर्ष 2010 में राडिया प्रकरण ने दिखा दिया कि पत्रकारिता कहां पहुंच गयी है? पतन में भी सबसे आगे. पर इस प्रकरण में अंगरेजी के महारथी पत्रकारों, बड़े अखबार, संस्थानों और मीडिया हाउसों की चर्चा तो हो ही रही है. पर हिंदी के जो दिग्गज घराने इसमें शरीक हैं, वे चर्चा केंद्र से बाहर हैं. दरअसल, यह रातोंरात नहीं हुआ है. इसकी शुरुआत भी वर्ष 90-91 में ही हो गयी. प्रभात खबर के पुनर्जन्म के दिन (वर्ष 1989) पहला संपादकीय लिखा था धारा के विरुद्ध. अपनी भविष्य की पत्रकारिता का स्वरूप और रूपरेखा रेखांकित करते हुए. इसमें साफ था कि हम गवर्नेंस की बात करेंगे, भ्रष्टाचार की बात करेंगे, बीमारू हिंदी पट्टी के गंभीर सवाल हमारे विषय होंगे, आदिवासी, पिछड़े, अशिक्षा के सवालों पर गहराई से विचार करेंगे. पत्रकारिता का फोकस विशिष्ट जन से उठा कर सामान्य आदमी को बनायेंगे. अपने बूते लकीर खींचनेवाले संघर्षशील नायकों को सामने लायेंगे. समाज में हो रही अच्छी चीजों-बदलावों को फोकस करेंगे.

लाइफस्टाइल की पत्रकारिता

उन्हीं दिनों देश की पत्रकारिता में बड़ा बदलाव आया. लाइफस्टाइल की पत्रकारिता की शुरुआत. माना गया कि अखबारों का काम सूचना देना और इंटरटेन करना भर है. अंगरेजी अखबारों में धारावाहिक बहस चली कि पत्रकारिता में पेज थ्री की संस्कृति कैसे जायज है? पेज थ्री एक मुहावरा बन गया था, जिसके तहत लाइफस्टाइल, उपभोक्तावादी जीवन, फैशन, अप मार्केट की चीजें छापना ही अखबारनवीसी माना गया. इसी पेज थ्री की पत्रकारिता का क्लाइमेक्स है राडिया प्रकरण. पत्रकारिता के पतन की यह शैली

भी 1991 से शुरू हुई. आर्थिक उदारीकरण के साथ. यह फिसलन 2010 में शिखर पर है. सबके सामने है. सार्वजनिक है. क्या पार्टियों की खबरें-तसवीरें पैसे देकर बड़े अखबारों में छपवाने की शुरुआत 1992-93 से नहीं हुई? हिंदी-अंगरेजी के बड़े अखबारों द्वारा निजी प्राइवेट कंपनियों के शेयर-स्टेक लेकर उन्हें खबरों के रूप में प्रमोट करने का काम बहुत पहले शुरू नहीं किया? इसके बाद शुरू हुआ चुनावों में पेड न्यूज का सिलसिला? कौन नहीं जानता, पेड न्यूज का सिलसिला 1995 के आस-पास हुए मध्यप्रदेश के चुनावों से शुरू हुआ. फिर मध्यप्रदेश के अगले चुनाव, राजस्थान के चुनावों में यह फला-फूला. अखबारवाले खूब संपन्न हुए. हरियाणा, पंजाब के चुनावों में पहुंच कर, यह एक नये दौर में पहुंच गया. करोड़ों-करोड़ के खेल में. फिर दिल्ली में हुए चुनावों में यह परवान चढ़ा. उत्तर प्रदेश के पिछले चुनावों में इसकी धूम मची. शरद यादव ने प्रेस-कॉन्फ्रेंस कर इस मामले को सार्वजनिक किया. शायद प्रेस काउंसिल में शिकायत भी की थी. पर 2009 के लोकसभा चुनावों में जब यह बिहार और झारखंड पहुंचा, तो ही यह राष्ट्रीय मुद्दा बना. यह उल्लेखनीय तथ्य है. झारखंड और बिहार के अखबार चाहे जितने भी गलत हों, पर जो धंधा 1991 और 1995 के बाद पूरे देश में फल-फूल रहा था. उफान पर था, वह राष्ट्रीय मुद्दा तभी बना, जब बिहार और झारखंड में पहुंचा. इसका श्रेय किसे मिले, इस बहस में मैं नहीं पड़ रहा, पर यह दर्ज और स्थापित तथ्य तो है ही कि झारखंड और बिहार के लोकसभा चुनावों के बाद ही यह मुद्दा राष्ट्रीय बन पाया.

ठीक 20 वर्ष पहले प्रायः एक बंद, अचर्चित सुविधाविहीन, देश के सबसे पिछड़े इलाके से निकलनेवाले अखबार प्रभात खबर ने एक नयी राह चुनी. इस पेज थ्री की पत्रकारिता के विकल्प में चल कर. इसी अखबार के विकल्प ने सबसे पहले पशुपालन भ्रष्टाचार को उजागर किया. आज भी इसे सामने लानेवाले पत्रकार किसलय उसी जीवनशैली में हैं. वैसे ही प्रतिबद्ध हैं, जैसे तब थे. फिर कुशासन के प्रसंगों को सामने लाने तथा झारखंड राज्य बनाने में भूमिका से लेकर नये राज्य बनने के बाद, हर सरकार पर अंकुश रखने की पत्रकारिता. मधु कोड़ा प्रसंग को सामने लाने तक की पत्रकारिता की राह कम-से-कम 20 वर्ष पहले ही प्रभात खबर ने चुनी. हम यह आत्मसंतोष कर सकते हैं कि हमने सही राह चुनी. समय ही सबसे बड़ा गवाह होता है. समय फिसलता है. आज एक और वर्ष गुजरा. क्या हम चाहें, तो यह समय ठहर सकता है? नहीं. यह मान लें कि ईश्वर ने अवतार लिया, तो वह भी इस सृष्टि को काल से नहीं बचा पाये.

काल की गति

अर्जुन का एक किस्सा मशहूर है. जब भीलों ने द्वारिका से उनके साथ आ रही महिलाओं का अपहरण कर लिया, तब का प्रसंग है. वही अर्जुन, वही गांडीव, वही तीर, पर कुछ नहीं कर सके. लोगों ने महर्षि व्यास से पूछा - आप तो ईश्वरावतार हैं. क्या होने जा रहा है? महाभारत के पहले. उन्होंने कहा. दोनों हाथ उठा कर चिल्ला रहा हूं, सर्वविनाश, पर कोई सुनता नहीं. यह है काल की गति और महिमा. यह सिर्फ पूर्वी सभ्यता की बात नहीं है. पश्चिमी सभ्यता के महान नायकों में माने जाते हैं नेपोलियन, जिस इनसान ने कहा था -इंपासिबल (असंभव) शब्द मेरी डिक्शनरी (शब्दकोश) में नहीं है. यह वाक्य आज दुनिया के कोने-कोने में लोग कोट करते हैं. लोगों को मोटिवेट करने के लिए, पॉजीटिव थिंकिंग के रास्ते पर डालने के लिए. पर वही महान नेपोलियन जब हेलेना द्वीप पर बंदी बन गया, तो वह कहता रहा, मेरे दिन बदल गये. मैं परिस्थितियों का दास हूं. हालात का बंदी. समय बदल गया. बड़ा ही रोचक प्रसंग है. सीखने और स्मरणयोग्य. ब्रिटिश पत्रकार पाल ब्रंटन की मशहूर पुस्तक 'गुप्त भारत की खोज' में. पाल ब्रंटन 20 वीं

सदी के आरंभिक दौर में नीरव जंगलों में, हिमालय की तराइयों में, उत्तर से दक्षिण के छोटे-छोटे शहरों में आध्यात्मिक भारत का चेहरा देखने के लिए भटके. उन्हीं की पुस्तक का यह अंश है.

'चकित जगत के सामने बड़ी दिलेरी के साथ आल्प्स पर्वत को अपनी सेना के साथ लांघ जाने पर, नेपोलियन ने जो बहुत ही महत्वपूर्ण बात कही थी, वही आज मुझे याद आयी, असंभव, मेरे कोष में ऐसा शब्द नहीं है. लेकिन मैंने उनके सारे जीवन की सारी बातों का बार-बार अध्ययन किया है. हेलेना के टापू पर अपने पूर्व कार्यों की समीक्षा करते हुए उस महान बुद्धिशाली ने जिन चंद बातों को लिखा था, सो मेरे स्मृति पटल पर चमक जाती है. मैं हमेशा नियतिवाद का कायल था. विधि का बदा, एकदम बदा ही....मेरे सितारे मंद पड़ गये, मेरे हाथों से बागडोर फिसलती दिखायी दी, तब भी मेरा वश नहीं था.' याद रखिए ये वाक्य नेपोलियन द ग्रेट के बारे में एक अत्यंत पढ़े-लिखे ब्रिटिश पत्रकार के हैं. यह काल है.

ब्रह्मांड में मनुष्य की हैसियत

दशकों पहले एक बार रात में चंद्रशेखर जी के साथ दिल्ली में जा रहा था. सड़क के बगल में मुगल सल्तनत के एक बादशाह का मकबरा था. देख कर कहा, देखते हो, दिल्ली में बड़े बादशाहों के अनेक मकबरे हैं. उनके क्या हाल हैं? किन्हें याद हैं ये? दरअसल, इस सृष्टि, संसार या ब्रह्मांड में मनुष्य की क्या हैसियत है? गांधी जैसे महान लोग, जब मानव इतिहास में कामा, फुलस्टाप जैसे हैं, तो हमलोग क्या हैं? इन मकबरों को देख कर भी दिल्ली के शासक नहीं देखते कि हमारी हैसियत क्या है?

हम अपने को अमर और संसार का अंतिम सच मानने लगते हैं. चंद्रशेखर जी में अद्भुत इतिहास बोध था. यह बोध हर इनसान में होना चाहिए. एक बार मैंने कोशिश की, महान लोगों के जीवन का उत्तरार्द्ध पढ़ा. गांधी, लेनिन, माओ, स्टालिन वगैरह के अंतिम दिनों को पलटा. यकीन मानिए, उनकी विवशता देख कर, उनके भी मानव होने का एहसास हुआ. खुद भारत के पंडित जवाहरलाल नेहरू के जीवन का एक प्रसंग हमेशा याद रहता है. कुछ वर्षों पहले एक पश्चिमी ने पुनर्जन्म पर अध्ययन किया था. उन्होंने पंडित नेहरू के बारे में बताया था कि वह पूर्व जन्म में कोई महान बौद्ध भिक्षु थे. पुनर्जन्म का रहस्य नहीं मालूम, पर पंडित नेहरू का जीवन सचमुच कुछ ऐसा ही था. वह भारत के महान लोगों में से एक थे.

पंडित जी का करिश्मा

बचपन से ही कुछेक बड़े नेताओं की छाप हम बच्चों पर पड़ी. उनमें पंडित जी भी थे. प्राइमरी स्कूल की आरंभिक कक्षाओं में रहा होगा, तब पंडित जी की मौत हुई थी. बस से पिताजी के साथ ननिहाल जा रहा था. हर आदमी पंडित जी की बात कर रहा था. पढ़ा-बिना पढ़ा सब. यह था, उनके व्यक्तित्व का करिश्मा. जब बड़ा हुआ, विश्वविद्यालय में पढ़ने गया, अंगरेजी बहुत समझ में नहीं आती थी, पर पंडित जी की पुस्तक 'डिस्कवरी आफ इंडिया' खरीदने की स्मृति अब भी है. जुलाई का महीना था. बनारस हिंदू विश्वविद्यालय में छात्रों की संख्या बढ़ने लगी थी.

नया सत्र शुरू हो रहा था. विश्वविद्यालय के सुंदर हरे-भरे मैदानों में 'वॉलीबॉल' खेलना और राजनीति पर बहस, ये हमारे मुख्य काम थे. उसी महीने की एक बरसाती शाम को छात्रावास से पैदल बाजार (लंका) गये और यूनिवर्सल बुक डिपो से वह पुस्तक खरीद लाये. शायद 15 या 18 रुपये में. बचा-खुचा पैसा यही था. फिर पंडित जी पर और किताबें पढ़ने की धुन सवार हुई. आज विश्वविद्यालय की लाइब्रेरी

की स्मृति एक ज्योतिपुंज की तरह उभरती है. देर रात तक बिल्कुल शांत माहौल में पढ़ते छात्र. वहीं हमने पूर्व सांसद और पूर्व आइसीएस एचवी कामत का पंडित जी पर संस्मरण पढ़ा. साम्यवादी और अत्यंत प्रखर वक्ता प्रोफेसर हीरेन मुखर्जी का पंडित नेहरू के बारे में संस्मरण पढ़ा. बाद में चौधरी चरण सिंह ने भारत की आर्थिक नीति पर एक पुस्तक लिखी, उसमें भी पंडित जी के उतार (उम्र ढलने) के दिनों के संस्मरण हैं. उन तीनों संस्मरणों को पढ़ कर लगा कि पंडित नेहरू के व्यक्तित्व में भी एक वीतरागी धारा थी. पंडित नेहरू के इस व्यक्तित्व ने हम युवाओं पर गहराई से छाप छोड़ी. इसका असर अब भी है.

अहं ग्रंथि से पीड़ित

हम पत्रकार भी एक अद्‌भुत अहं ग्रंथि से पीड़ित रहते हैं. अहंकार का, दंभ का, कुछ विशिष्ट होने का, सत्ता के पास होने का, सत्तामद. यह सब भ्रम है. माया है. कम-से-कम तीन दशकों के पत्रकारीय जीवन में इस प्रसंग में मेरे मन में कोई अस्पष्टता नहीं रही. कम-से-कम वर्ष के अंत में, नये वर्ष की दहलीज पर खड़े होकर इन चीजों को याद रखने से नयी ताकत, ऊर्जा और दृष्टि मिलती है, इसलिए यह सब आपसे शेयर कर रहा हूं. प्रभात खबर को पुख्ता करने के कुछ नये काम क्या हो सकते हैं, उन्हें मैं सोच रहा हूं. अपनी भूमिका संपादकीय निगरानी के अलावा उन्हीं चीजों में लगाना चाहता हूं. छात्र दिनों में अंगरेजी में एक कविता पढ़ी थी शायद कीट्स की थी. आज भी उसकी ये पंक्तियां उत्साह भरती हैं. आइ वाज एवर ए फाइटर, सो वंस फाइट मोर, द वेस्ट एंड द लास्ट.

कुप्रचार और षडयंत्र से मुकाबला

क्या नया सृजनात्मक संघर्ष हो सकता है? संपादकीय निगरानी के अलावा? यह विषय मेरे मस्तिष्क में घूम रहा है. संभव है, कोई विषय न सूझे. प्रयास विफल हो, पर फिलहाल यही सवाल मस्तिष्क में है. बड़े घरानों-बड़े महानगरों की पत्रकारिता की चकाचौंध छोड़ कर जंगल (तब रांची को महानगरों के साथी यही कहते थे) में प्रायः बंद अखबार में आया. अच्छे विकल्प छोड़ कर. यह जीवन में प्रयोग की एक कड़ी थी. इसके बाद लगातार बड़े घरानों की बड़ी पूंजी, अनेक संस्करण वाले अखबारों से हम प्रतिस्पर्धा में रहे. रोज हर पल कंपटीशन में. लगातार संघर्ष. इनोवेशन. अब तीन सबसे बड़े अखबारों से स्पर्धा, उनके छल, छद्म, कुप्रचार और षडयंत्र से मुकाबला. उनकी बड़ी पूंजी से पूंजीविहीन होकर लड़ना. तकरीबन 51, 47, 40, संस्करणों वाले अनेक राज्यों में फैले अखबारों से 8-9 संस्करणों के बल लड़ना? क्या पहले की स्थिति में रह कर हम सब इस नयी स्थिति से जूझ सकते हैं या नया विकल्प ढूंढ़ना होगा?

दूसरी राणनीति क्या होगी? यह सोचने की रणनीति पर फोकस करना होगा. रोज-रोज का काम जिम्मेदार हाथों-टीमों को सौंप दिया है. नरेंद्रपाल जी, राजेंद्र जी, अनुज, स्वयंप्रकाश, विनय की टीम. विजय पाठक, रंजीत, अनुराग, संजय, जीवेश, नरेंद्र, माधव वगैरह युवा साथियों की टीम. यह टीम मुझसे बेहतर काम कर रही है, शर्त है, मिल कर काम करे. निजी अहं किसी में हो, तो इंफोसिस के आदर्शों से प्रेरित होकर 'अखबार' को सबसे आगे रख कर यह टीम निर्णय करे. एकजुट हो कर. आप परिणाम देखेंगे. उसी तरह विज्ञापन, सर्कुलेशन, प्रोडक्शन, इवेंट, रेडियो, इंटरनेट हर विभाग में नयी टीम अपना दायित्व समझे और संभाले. इनोवेशन के अलावा हमारा 'सस्टेनेबुल मॉडल' क्या हो सकता है, मैं और प्रभात खबर के अन्य वरिष्ठ साथी इसमें समय लगाना चाहते हैं.

समय व संयोग बार-बार नहीं मिलता

मैं कहना यह चाहता हूं कि समय का महत्व हम समझें. समय और परिस्थितियों ने हमें एक मंच दिया है. प्रभात खबर में 23 वर्ष पहले हम अभाव में थे. आज मजबूत हैं. आज देश के तीन सबसे बड़े घरानों से हमारा मुकाबला है. यह परिस्थितियों और समय की देन है. हमारी भूमिका ही आगे का रास्ता तय करेगी कि हम किधर जायेंगे? समय ने हमको एक अवसर दिया है, कुछ कर दिखाने का. बार-बार यह समय और संयोग किसी को नहीं मिलता. समय गुजर जाने के बाद, हाथ से बालू की तरह चीजें फिसल या निकल और बिखर जाती हैं. आइए हम चीजों को बिखरने न दें. और समय को न गंवा कर एक दीर्घजीवी संस्था की नींव डालें, जिससे हमारा निजी भला भी हो और समाज का हित भी सधे.

हमारी ताकत

सबसे महत्वपूर्ण बात मैं अंत में कहना चाहता हूं. हमारे प्रबंधन का सहयोग और मार्गदर्शन नहीं रहता, तो हम यहां नहीं पहुंचते. मैं तो शुद्ध संपादकीय का आदमी रहा. टाइम्स ग्रुप और आनंद बाजार पत्रिका में कार्य करते हुए, अन्य विभागों से संपादकीय का संपर्क नहीं रहता था. वह संपादकीय श्रेष्ठता से उपजा अहं बोध का दौर था. तब '90 के दशक में पत्रकारों का यही मानस था. पर प्रभात खबर आकर हमने बृजकिशोर झंवर (लाली बाबू) से मैनेजमेंट की बारीकियां सीखीं : अपने तत्कालीन चेयरमैन बसंत कुमार झंवर के विजन-प्रोत्साहन और दृष्टि ने प्रभात खबर को हमेशा नयी ताकत दी.

हमारे युवा चेयरमैन प्रशांत झंवर और युवा एम.डी राजीव झंवर का पग-पग पर सुझाव, सहयोग और विजन 'प्रभात खबर' समूह की सबसे बड़ी ताकत है. प्रभात खबर के निदेशक समीर लोहिया के प्रैक्टिकल सुझाव हमारी ताकत हैं. मैं क्यों यह सब बता रहा हूं, क्योंकि कोई संस्था, इतनी विपरीत परिस्थितियों में भी खड़ी हुई, तो हमारे पीछे अनेक लोगों का सामूहिक प्रयास, पहल और भागीदारी है. इसी तरह हम अपना मस्तिष्क खुला रख कर सबके सुझावों से सीखें, तो हमारे सामने हमेशा एक बेहतर संसार मौजूद रहेगा. मीडिया इंडस्ट्री में विशेषज्ञ मानते हैं कि मामूली संसाधनों के बल प्रभात खबर का टिकना, बढ़ना और फैलना एक प्रबंधकीय चमत्कार है. अगर यह चमत्कार है, तो इसका श्रेय 'झंवर परिवार' द्वारा प्रभात खबर को मिले प्रबंधन दिशा-निर्देश को है. इस परिवार के हर सदस्य ने नये-नये आइडिया देकर हमें हमेशा प्रोत्साहित किया.

आभार

सबसे अंतिम पंक्ति में सबसे पहले जिनके प्रति ऋण व्यक्त करना है, उनका उल्लेख करना चाहूंगा. अंत में इसलिए, ताकि यह भविष्य में सबसे महत्वपूर्ण ढंग से स्मरण रहे. झारखंड -बिहार-बंगाल के हिंदी पाठकों ने, जिन्होने हमें बचाये-बनाये रखने में सबसे कारगर काम किया, वे हमारे पूज्य हैं. प्रेरणास्त्रोत हैं और वे ही हमारी असली ताकत हैं.

(यह लेख प्रधान संपादक ने भागलपुर संस्करण आरंभ होने के दौरान 10 फरवरी 2011 को लिखा था जो किस्तों में सभी संस्करणों में छपा थी)

□

असली ताकत तो यहां की संस्कृति-संस्थान की विश्वसनीयता है

—के.के. गोयनका

22 अक्तूबर, 1989 को उषा मार्टिन द्वारा टेकओवर करने के लगभग 15 दिनों बाद मैं प्रभात खबर से जुड़ गया था. इसी सात नवंबर (2014) को प्रभात खबर से जुड़े 25 साल हो गये. मैंने असिस्टेंट मैनेजर (फाइनांस) के पद से यहां नौकरी आरंभ की थी. उन दिनों अखबार की स्थिति अच्छी नहीं थी और उसे ठीक करने की प्रक्रिया चल रही थी. उस समय मैं सोच भी नहीं सकता था कि यह अखबार एक दिन देश के हिंदी अखबारों में शीर्ष दस अखबारों में शामिल हो जायेगा और एक दिन मैं खुद इस कंपनी का नेतृत्व करूंगा. आज जब मैं गुजरे हुए पलों को याद करता हूं तो अपने संस्थान पर गर्व होता है. अखबार को देख कर खुशी होती है कि इस अखबार को आगे बढ़ाने में हमारी भी भूमिका रही है. अंदर से संतुष्टि मिलती है. यही वह संस्था है जिसने हमारा पूरा जीवन ही बदल दिया. जैसे-जैसे अखबार बड़ा होता गया, बढ़ता गया, हर क्षेत्र में हम सभी का विकास होता गया. बहुत कुछ हमने इस संस्थान में सीखा. खास तौर पर पहले निदेशक डीएस शर्मा जी, हरिवंशजी और अन्य साथियों से भी. इस संस्थान को आगे बढ़ने का जो प्रमुख कारण है, वह है यहां का कल्चर (संस्कृति). इस संस्था ने एक बेहतर इंसान बनाने में हम सभी की मदद की है. हम सबने मिलकर पारिवारिक माहौल बनाया है. हमें यह देख कर गर्व होता है कि कैसे मात्र पांच-छह सौ कॉपियां बिकनेवाला प्रभात खबर आज साढ़े आठ लाख से ज्यादा बिक रहा है. कभी सिर्फ रांची से निकलनेवाला अब तीन राज्यों (झारखंड, बिहार और बंगाल) से प्रकाशित हो रहा है. एक संस्करण से 10 संस्करण हो चुके हैं. जिस संस्थान में कभी दो-ढाई सौ लोग काम करते थे, उसमें अब 1300 लोग काम कर रहे हैं. 1989-90 में जिस प्रभात खबर का टर्नओवर मात्र 8-10 लाख हुआ करता था, आज उसका टर्नओवर लगभग 200 करोड़ है. 1989 में औसत पाठक संख्या (एवरेज इश्यू रीडरशिप) लगभग शून्य थी, जो आज बढ़ कर 27 लाख से ज्यादा हो गयी है. ये ऐसे आंकड़े हैं जिन पर पहली नजर में कोई भरोसा नहीं करेगा. मुझसे भी बाहर में पूछा जाता है कि कैसे प्रभात खबर यहां तक पहुंचा. कैसे देश के तीन बड़े घरानों से मुकाबला किया. एक समय बंद हो रहा अखबार कैसे आज इतना बड़ा अखबार बन गया. मुझे लगता है कि अन्य मीडिया संस्थानों से प्रभात खबर की संस्कृति बिल्कुल अलग है. इसका

मॉडल अलग है. यहां का माहौल अलग है. यहां काम करने की आजादी अलग है. यह अखबार आगे बढ़ता गया क्योंकि इसके पास समर्पित लोगों की टीम है. जिन दिनों अखबार को खड़ा करना था, यह टीम यह नहीं देखती थी कि दिन है या रात. एक ही लक्ष्य होता था-काम, काम और सिर्फ काम. यही कारण है कि जब भी किसी से चैलेंज मिला, कोई चुनौती आयी, कोई संकट आया, पूरा परिवार साथ खड़ा हुआ. इसके बाद प्रभात खबर उससे उबरकर और ताकतवर बन कर निकला. दरअसल प्रभात खबर ने समय को बखूबी पहचाना. समय के अनुसार निर्णय लिया, वह भी तेजी से. चाहे तकनीक को अपग्रेड करने का हो, प्रोडक्ट में बदलाव का हो, निर्णय होते रहे. हां, इस बात का ख्याल रखा कि साधन कम हैं, सीमित हैं, इसलिए कम से कम खर्च में बेहतर अखबार निकालना है, कम से कम खर्च में संस्थान को चलाना है, आगे बढ़ाना है. अन्य अखबारों को एक नये संस्करण खोलने में जहां करोड़ों रुपये लगते थे, प्रभात खबर पुरानी मशीन से कम पूंजी में (कुछ लाख में ही) ही नये संस्करण खोलता चला गया. कंटेंट के चयन में प्रभात खबर ने खास ख्याल रखा. पत्रकारिता को जनहित पर फोकस किया. स्थानीय खबरों को प्रमुखता दी. यही उस समय की मांग थी.

प्रभात खबर में संपादकीय और मार्केटिंग के कर्मचारियों के बीच जितना तालमेल रहा, उतना तालमेल विरले देखने को मिलता है. इस अखबार की पूंजी है विश्वसनीयता यानी क्रेडिबिलिटी. चाहे खबरों की हो या संस्था की. आरंभ में जब साधन का अभाव था, जिस तारीख को कागज या इंक के पैसे का भुगतान करना होता था, उसी तिथि को ही भुगतान होता था. हमारी संस्था का चेक कभी बाउंस नहीं करता था. यह हमारी क्रेडिबिलिटी रही है. जो भी वादा किया, चाहे वह पाठकों के साथ हो, विज्ञापनदाताओं के साथ हो, सप्लायरों के साथ हो या फिर कर्मचारियों के साथ, हर हाल में उसे पूरा किया जाता है. यही कारण है कि एक-दूसरे के प्रति विश्वास की भावना बहुत ज्यादा है. प्रबंधन में हम तीन लोग (मैं, हरिवंशजी और आरके दत्ताजी) 25 साल से साथ काम कर रहे हैं. आम तौर पर ऐसा नहीं होता कि इतने लंबे समय तक एक ही टीम काम करे. हम सभी एक परिवार के हिस्सा हैं. हम सभी एक-दूसरे को गहराई से समझते हैं. कंपनी का हित सबसे ऊपर है. इसलिए हमलोगों को कभी निर्णय लेने में परेशानी नहीं होती. हर विभाग में काम करने की आजादी है. मुझे भी आजादी है. जब कोई निर्णय लेता हूं, कोई सवाल नहीं उठाता. उसी प्रकार जब नीचे का कोई व्यक्ति कोई निर्णय करता है, हमसभी उसके साथ खड़ा होते हैं. काम करने की इसी आजादी के कारण हमारे यहां काफी नीचे से लोग भी लीडर के तौर पर उभरे हैं. उदाहरण के तौर पर हमारे सहयोगी उमाशंकर का नाम लेना चाहूंगा. वे 1990 में एकाउंट्स एक्सक्यूटिव के तौर पर जुड़े और आज अपने काम के बल पर हमारी नेशनल मार्केटिंग टीम के हेड बन चुके हैं. प्रभात खबर में ऐसे बहुत से उदाहरण मिल जायेंगे. यहां नये-नये लीडर तैयार होते रहे हैं. अब तो हमलोग के बाद की टीम भी पूरी तरह तैयार हो चुकी है. किसी भी संस्था की सफलता इसी बात पर निर्भर करती है कि उसके पास टीम कैसी है. प्रभात खबर इस मामले में भाग्यशाली रहा है. अगर अखबार आगे बढ़ा तो इसका बड़ा कारण उषा मार्टिन प्रबंधन द्वारा हमलोगों को काम करने में दी गयी आजादी है. इसके लिए हम प्रबंधन के आभारी हैं.

ऐसी बात नहीं है कि प्रभात खबर बगैर संघर्ष किये यहां तक पहुंच गया. 1984 में प्रभात खबर का प्रकाशन आरंभ हुआ था लेकिन धीरे-धीरे इसकी स्थिति खराब हो गयी थी. सर्कुलेशन घट चुका था.

विज्ञापन था नहीं. काम करनेवालों की संख्या अधिक थी. अखबार लगभग बंदी के कगार पर था. 1984 से 1989 तक की यात्रा इसी प्रकार चलती रही. एक-एक दिन कटता रहा. किसी तरह अखबार को यहां के कर्मचारी बचाते रहे. 1989 में नये प्रबंधन (न्यूट्रल पब्लिसिंग हाउस लिमिटेड) ने काम संभाल लिया. 1989-2000 के दौर का 11 साल का कार्यकाल प्रभात खबर के संघर्ष का था. आरंभ के दिन तो बेहतर टीम बनाने में बीते. डीएस शर्मा निदेशक थे. बाद में पीके सेन, केएल दीवान, आर के श्रीवास्तव, रविभूषण जुड़े. पुराने सहयोगियों को प्रशिक्षण देकर, मनोबल बढ़ा कर आगे किया गया. इसी बीच अंगरेजी प्रभात खबर को बंद करना पड़ा. रोजगार प्रभात खबर, घर प्रभात नाम से दो पत्रिकाएं निकाली गयीं. घर प्रभात तो बहुत दिनों तक नहीं चल पाया क्योंकि सारा ध्यान अखबार पर था. लेकिन रोजगार प्रभात खबर लंबे समय तक प्रकाशित होता रहा. अच्छा-खासा सर्कुलेशन था. 1996 आते-आते रोजगार प्रभात खबर इतना मजबूत प्रोडक्ट बन चुका था कि उससे हो रही आय से लंबे समय तक प्रभात खबर के पटना संस्करण के घाटे की भरपाई होती रही. रोजगार के बंद होने के बाद सारा ध्यान अखबार को नंबर वन बनाने में लगाया गया. नेशनल विज्ञापन के लिए एबीसी का सर्टिफिकेट चाहिए था. हमें याद है कि कैसे मैं रिकॉर्ड लेकर अखबार लेकर जानेवाली गाड़ी से रात में पहले जमशेदपुर और बाद में वहां से ट्रेन से कोलकाता गया था. 1991 में पहली बार एबीसी मिला था. वह संघर्ष का दौर था. एक-एक पैसा बचाने के लिए हम सभी संघर्ष करते थे, योजना बनाते थे. इतने साधन नहीं थे कि अचानक कोई बड़ा फैसला कर अखबार को चमका दिया जाये. हम सभी धीरे-धीरे प्रभात खबर को आगे बढ़ाने का प्रयास करते रहे. हमलोगों ने यही तय किया कि बगैर दूसरे शहरों में संस्करण खोले विज्ञापन बढ़ नहीं सकता. इसके लिए सबसे पहले 1995 से जमशेदपुर का प्रकाशन आरंभ किया गया. इसके बाद पटना, फिर धनबाद और कोलकाता से भी प्रभात खबर निकाला गया. ऐसे तो 1996 आते-आते प्रभात खबर दक्षिण बिहार में नंबर एक हो चुका था लेकिन अखबार नंबर वन बन चुका है, लोगों को यह बताने में एक-दो साल लग गये. इस बीच प्रभात खबर में अपग्रेडेशन का काम तेजी से चलता रहा. 2000 से हिंदुस्तान का प्रकाशन रांची से होनेवाला था. हमलोगों ने भी इसके लिए तैयारी की थी. पहली बार किसी बड़े प्लेयर से मुकाबला करना था, इसलिए पूरी टीम चौकस थी.

2000 में कई साथियों ने एकाएक प्रभात खबर छोड़ दिया. इससे संकट तो हुआ लेकिन हमारी टीम ने बहुत अच्छे तरीके से उस परिस्थिति का सामना किया. कम समय में रात-दिन प्रशिक्षण देकर नयी टीम बना दी गयी. इन युवाओं में भले ही अनुभव नहीं था लेकिन इनमें पत्रकारिता का जुनून था. वह अखबार में दिखा भी. इस घटना के बाद आत्मविश्वास बढ़ चुका था. फिर दैनिक जागरण ने झारखंड में एक साथ तीन-तीन संस्करण खोले. लेकिन तब तक प्रभात खबर ऐसी चुनौतियों के लिए तैयार हो चुका था. इसलिए कोई फर्क नहीं पड़ा. इसी तरह समय बीतता गया. अखबार के कई संस्करण खुलते गये. अखबार बढ़ता गया. इस प्रकार वर्ष 2010 आ गया. हमारे लिए खास चुनौतियों का वर्ष. मुझे कंपनी का प्रबंध निदेशक बनाया गया. 1996 के बाद पहली बार प्रबंधन बड़ी पूंजी लगा रहा था. बड़ी पूंजी थी. दो चुनौतियां थीं. दैनिक भास्कर का प्रकाशन रांची से होने जा रहा था. उसका सामना करना था. उधर बिहार में प्रभात खबर का विस्तार करना था. मुझे खुशी है कि दोनों काम सफलतापूर्वक हुआ. प्रबंधन ने दैनिक भास्कर के लांचिंग से पहले प्रभात खबर का दाम चार रुपये से घटा कर दो रुपये कर दिया. यह

बड़ा और आक्रामक कदम था. बिहार में मुजफ्फरपुर से अखबार का प्रकाशन भी शुरू कर दिया गया. फिर तो भागलपुर और गया से भी संस्करण खुले. दो साल के भीतर तीन नये संस्करण खोलना और एक बड़े अखबार का सामना करना बड़ी चुनौती थी. इसका असर भी पड़ा था. वित्तीय वर्ष 2011-12 में प्रभात खबर को लगभग 30 करोड़ का घाटा हुआ था. अखबार का दाम घटाना और कुछ नये संस्करणों में स्कीम देना मुख्य कारण था. इस घाटे से उबरने के लिए हमने कई कड़े और अप्रिय फैसले भी लिये. सभी ने मेरा साथ दिया. पूरी टीम साथ में थी. इसका परिणाम यह निकला कि एक साल के भीतर अखबार पुनः अपने पैरों पर खड़ा हो गया. हमारा लक्ष्य था इस बड़े घाटे से निकाल कर इसे ब्रेक इवेन पर लाना, लाभ देनेवाली कंपनी बनाना. हमलोग इसमें सफल रहे.

तीन-तीन बड़े अखबारों का सामना हम कर चुके हैं. अगर हम अपनी कार्यसंस्कृति और विश्वसनीयता (जो सबसे बड़ी ताकत है) को भविष्य में भी इसी तरह बचा रख सकें तो इस अखबार को बहुत आगे जाने से कोई रोक नहीं सकता. हम यह उम्मीद करते हैं कि आनेवाले दिनों में भी जो लोग इस अखबार से जुड़ेंगे, वे यहां की कार्यसंस्कृति, विश्वसनीयता और पारिवारिक माहौल को और मजबूत करेंगे. प्रभात खबर के पास वे सभी चीजें-गुण हैं जो एक अखबार के बढ़ने के लिए होती हैं. इसलिए भविष्य में कुछ अन्य राज्यों से भी प्रभात खबर का प्रकाशन संभव दिखाई देता है. मेरी 25 साल की यात्रा भले ही संघर्षपूर्ण रही हो लेकिन मैंने अपने काम का आनंद उठाया. जुनून के साथ काम किया और प्रभात खबर को पूरा परिवार माना. आज भी प्रभात खबर के किसी कर्मचारी को परेशानी होती है तो मुझे दर्द होता है. ऐसा इसलिए क्योंकि हम सभी तो इसी परिवार के अंग हैं.

एक और बात. दो शब्द अपने खास सहयोगी अनुज कुमार सिन्हा के लिए. अनुज जी इस अखबार से 1984 से जुड़े हुए हैं. प्रभात खबर के 30 साल पूरा होने पर उनके द्वारा लिखी गयी इस किताब के लिए विशेष तौर पर आभार व्यक्त करना चाहूंगा. प्रभात खबर की यात्रा के बारे में शायद उनसे बेहतर कोई और लिख नहीं सकता था. जिस पैशन के साथ उन्होंने यह किताब लिखी है, उसकी जितनी तारीफ की जाये, कम होगी. मुझे पूरा विश्वास है कि उनका यह प्रयास आनेवाले दिनों में भी हमेशा के लिए याद किया जायेगा और प्रभात खबर परिवार के सभी साथियों को भविष्य में आनेवाली चुनौतियों का सामना करने में मनोबल बढ़ाता रहेगा. ईश्वर इस परिवार को लगातार आगे बढ़ाये.

(लेखक प्रभात खबर के प्रबंध निदेशक हैं)

□

चुनौतियों को मैंने स्वीकारा

—आर.के. दत्ता

1990 की बात है. मैनेजमेंट की पढ़ाई पूरी करने के बाद मैं उषा मार्टिन में मैनेजमेंट ट्रेनी के रूप में कार्य कर रहा था. एक दिन वाइस प्रेसिडेंट ने मुझे बुलाया और कहा-दत्ता, तुम्हें तो पता ही है कि उषा मार्टिन ने प्रभात खबर को ले लिया है. कुछ समय से हैंडिंग ओवर, टेकिंग ओवर का काम चल रहा है. तुम्हें प्रभात खबर में जाकर योगदान देना है. वह भी कल से ही. मैंने उन्हें सिर्फ इतना कहा-जी सर, मैं कल समय पर प्रभात खबर में जाकर ज्वाइन कर लूंगा. मैं जानता था कि वहां सब कुछ ठीक करने में कई चुनौतियां आयेंगी. काम कठिन था लेकिन चुनौती स्वीकार करना मेरी आदत थी. मन ही मन सोचा कि कुछ कर दिखाने का अवसर मिला है. इसे गवांना नहीं है. अगले दिन मैं प्रभात खबर कार्यालय पहुंचा और कार्मिक विभाग में योगदान दिया.जब मैं प्रभात खबर में आया तो मुझे लगा कि मैं कहां आ गया हूं. न कोई मेरे लिए बैठने का स्थान, न कोई सिस्टम, न कोई प्रसार संख्या, न ही कोई रेवेन्यू. मैंने धैर्य से काम लिया. मैं जानता था कि एक अखबार को अभी-अभी खरीदा गया है. वहां सिस्टम बनाना है. सभी कुछ अगर ठीक ही होता तो मुझे यहां क्या करने के लिए भेजा जाता. मैं उसी दिन या कहिए, उसी समय से काम पर लग गया. पहले मैनपावर देखा. लगभग 225 लोग कार्यरत थे. उनके वेतन का भुगतान एक मैनुअल रजिस्टर से होता था. पर्सनल रिकार्ड भी नहीं के बराबर था. आठ पेज का ब्लैक एंड ह्वाइट अखबार छापने वाली मशीन थी. चार पुराने सी आर टी (कंप्यूटर) मशीन थीं. प्रसार संख्या लगभग 1200 थी.उन दिनों प्रभात खबर अंगरेजी में भी छपता था. कॉपी कम थी. लगभग 600 प्रतिदिन. यही दृश्य था. यहीं से प्रभात खबर में मेरी यात्रा शुरू हुई.

उस समय श्री डी एस शर्मा निदेशक थे और प्रबंधन देखा करते थे. हरिवंश जी प्रधान संपादक एवं गोयनका जी फाइनांस एवं मार्केटिंग के प्रमुख थे. यहां पर कुछ लोग तो पुराने थे, कुछ लोग नये आये थे. उस समय रांची एक्सप्रेस सबसे लोकप्रिय अखबार था और सबसे ज्यादा बिकता था. धीरे-धीरे सब चीजों को रास्ते पर लाना था. निदेशक डीएस शर्मा के पास दूरदृष्टि थी. मेहनती थे. प्रबंधन के एक आदर्श व्यक्ति में जो गुण (मेहनती, विजनरी, ईमानदार, मिलनसार, मृदुभाषी) होने चाहिए, वे सभी गुण उनमें थे. उन्होंने मुझे बुलाया और काम करने के कई तरीके बताये, गुण बताये. बाद के दिनों में ये गुण मेरे बहुत काम आये.

मैं इधर इंफ्रास्ट्रक्चर को ठीक करने में लगा था, सिस्टम बना रहा था, उधर प्रधान संपादक हरिवंश

जी अपनी नयी टीम के साथ लगातार अखबार को सुधारने में लगे हुए थे. वे कहते थे कि अखबार तभी अपना स्थान बना पायेगा, जब उसका कंटेंट मजबूत होगा. प्रारंभ में कई परेशानियां आ रही थीं. बाजार में पैसे बकाया थे. आरंभ में छपाई सामग्री, कागज एवं वेतन के लिए पैसे जुटाने में परेशानी होती थी. सबसे पहले मैंने एक-एक कर्मचारी का पर्सनल रिकॉर्ड बनवाया. प्रबंधन से आग्रह कर कर्मचारियों के वेतन में कुछ बढ़ोत्तरी करायी. साथ ही एक अनुशासित/आदर्श माहौल बनाने का प्रयास किया. आरंभ में इसमें कुछ बाधाएं आयीं. मैं और हमारी टीम के सदस्य इसके लिए तैयार थे. मैं जानता था कि बगैर अनुशासन के संस्थान चल नहीं सकता. धीरे-धीरे सब कुछ होता गया. जब सिस्टम बन गया, आर्थिक स्थिति में सुधार हुआ, अनुशासन लागू हुआ तो इसका असर काम पर दिखने लगा.

रांची में उन दिनों अंगरेजी पाठकों की संख्या नहीं के बराबर थी. जो अंगरेजी का अखबार पढ़ना चाहते भी थे, वे टाइम्स ऑफ इंडिया, स्टेट्समैन, टेलीग्राफ खोजते थे. ऐसे में प्रभात खबर अंगरेजी की मांग कम थी. हालात को देखते हुए प्रबंधन ने यह निर्णय लिया कि अंगरेजी प्रभात खबर को बंद कर दिया जाये. अपना पूरा ध्यान हिंदी अखबार को बढ़ाने में लगाया जाये. एक-दो वर्षों के अंदर ही यह लगने लगा कि प्रभात खबर को अगर तकनीकी रूप से मजबूत नहीं किया गया तो आगे की यात्रा कठिन होगी. उस समय साधन की कमी के कारण चाहते हुए भी बहुत कुछ नहीं किया जा सकता था.अपने सीमित संसाधनों के अंदर ही करना था. 1992 एवं 93 में हरिवंश जी ने मुझे प्रसार, प्रोडक्शन एवं आइटी का अतिरिक्त प्रभार सौंपा. उन दिनों मैं दिन में काम करने के बाद प्रोडक्शन का कार्य देखकर रात के दो बजे घर जाता था.

उस समय जितने पैसे उपलब्ध थे, उसमें मशीन की ओवरआयलिंग पहली बार की गयी. पहली बार ब्रोमाइड टेक्नोलॉजी से लेजर प्रिंटर में प्रभात खबर की तकनीक को लाया गया. मेरे ऊपर अखबार का सर्कुलेशन बढ़ाने का भी दबाव था. मैं जानता था कि अगर हॉकरों से अच्छा संबंध नहीं बनाया गया तो प्रसार संख्या में वृद्धि नहीं हो सकती है. उस समय प्रभात खबर के केवल दो ही संस्करण थे. नगर संस्करण एवं डाक संस्करण. मैंने कुछ संपादकीय विभाग के साथियों के साथ दक्षिण बिहार (अभी झारखंड) के कुछ क्षेत्रों का दौरा किया. मैंने पाया कि हर क्षेत्र में वहां के समाचारों की मांग है. अतः डाक संस्करण को जिलावार किया गया. उस संस्करण में उस जिले के समाचार को प्राथमिकता देना प्रारंभ किया गया. इस दौरान मैंने और मेरे प्रसार विभाग के साथियों ने लगातार हॉकरों के घर जाकर, उनसे बेहतर संबंध बनाने का अभियान चलाया. तब तक अखबार का कंटेंट काफी मजबूत हो चुका था. धीरे-धीरे प्रसार संख्या में वृद्धि होती गयी. इस दौरान ऐसे भी मौके आये जब रीलइंड से अखबार छापा गया. उधार लेकर अखबार छापने की सामग्री जुटायी गयी. ऐसा इसलिए हुआ क्योंकि विज्ञापन का रेवेन्यू (राजस्व) बहुत कम था. अखबार का मूल्य भी बहुत कम था. कई मौके ऐसे आये जब अखबार को बंद कराने का प्रयास किया गया. कभी यूनियन से परेशानी हुई तो कभी अन्य कारणों से. लेकिन एक ईश्वरीय ताकत प्रभात खबर के साथ था. आज भी है, जिसकी बदौलत प्रभात खबर हर बाधा को पार करता हुआ निरंतर आगे बढ़ता गया.

प्रभात खबर ने पहला मॉडम सेंटर डालटनगंज में खोला. यह एक ऐसी प्रणाली थी जिससे सुदूर क्षेत्र से देर रात की घटना तथा फोटो को कंप्यूटर द्वारा टेलीफोन लाइन के माध्यम से रांची कार्यालय भेजा जा सकता था. धीरे-धीरे अन्य जिलों में भी मॉडम सेंटर खोले गये.

मैंने प्रभात खबर में एक अति आधुनिक कंप्यूटर रूम बनवाया. पहली बार संपादकीय के लोगों ने विंडोज प्लेटफार्म पर अपना न्यूज कंपोजिंग प्रारंभ किया.पहली बार प्रभात खबर में फाइल सर्वर लगाया गया एवं कंप्यूटरों को नेटवर्क के जरिए जोड़ा गया.उस समय प्रभात खबर के पास अपना बनवाया हुआ टाइप फेस भी था. धीरे-धीरे प्रसार संख्या में वृद्धि होने लगी तो यह महसूस किया गया कि प्रभात खबर का विस्तार करना अनिवार्य है. कई सेकेंड हैंड मशीन खरीदी गयी. पुरानी मशीनों से जमशेद्पुर, धनबाद आदि जगहों पर प्रभात खबर का प्रकाशन शुरू किया गया. पटना के लिए एक नयी मशीन खरीदी गयी. 1999 में प्रभात खबर रांची के लिए एक कलर छपाई वाली मशीन खरीदी गयी. यह मशीन उस समय इस क्षेत्र में रंगीन अखबार छापने वाली एकलौती मशीन थी.

1999 तक प्रभात खबर दक्षिण बिहार (अब झारखंड) का सर्वाधिक बिकनेवाला अखबार बन गया था. पत्रकारिता के क्षेत्र में कई ऐसी घटनाओं को उजागर किया था, जिसकी चर्चा पूरे देश में होने लगी. मीडिया जगत में प्रभात खबर को प्रतिष्ठा की निगाह से देखा जाने लगा.1999 तक प्रभात खबर आर्थिक दृष्टिकोण से भी मजबूत होने लगा था. प्रभात खबर अपने पैर पर खड़ा हो चुका था. इस बीच प्रभात खबर का टाइअप आनंद बाजार पत्रिका ग्रुप से हो गया. टेलीग्राफ अखबार का जमशेदपुर प्रभात खबर से छापने का एग्रिमेंट हो गया. प्रभात खबर ने पहली बार भारत में मिलनेवाली सबसे अत्याधुनिक मशीन मनुग्राफ से खरीदा एवं जमशेदपुर में लगवाया. टेलीग्राफ की प्रिंटिंग वहां शुरू हो गयी.चूंकि टेलीग्राफ छापने के लिए यह जरूरी था कि छपाई का स्तर बेहतरीन हो, इसलिए कई और आधुनिक उपकरण लगाये गये. तब तक इंटरनेट का प्रचलन आरंभ हो चुका था. प्रभात खबर में भी इंटरनेट द्वारा फाइल ट्रांसफर प्रारंभ हो गया था.

इस बीच इस बात पर जोर दिया गया कि प्रभात खबर में कार्यरत लोगों का कौशल बढ़ाया जाये. अतः प्रत्येक विभाग में प्रशिक्षण की व्यवस्था की गयी. टीम भावना बढ़ाने पर ध्यान दिया गया. एक-एक खर्चे पर नजर रखा गया. वेस्टेज एवं फिजुलखर्ची में कटौती गयी. अखबार को बेहतर से बेहतर बनाने का प्रयास लगातार होते रहा. इसे अब एक कंज्यूमर प्रोडक्ट के हिसाब से बेचना प्रारंभ किया गया.

सन 2000 में प्रभात खबर के सामने एक बहुत बड़ी चुनौती खड़ी हो गयी. राष्ट्रीय स्तर के एक अखबार ने झारखंड में रांची, जमशेद्पुर और धनबाद से अपना प्रकाशन शुरू करने की योजना बनायी. इस प्रतिस्पर्द्धा में खरा उतरने के लिए प्रभात खबर को तकनीकी क्षेत्र में अव्वल होना आवश्यक था. अतः प्रभात खबर ने अपने झारखंड के सभी संस्करणों को मशीन एवं आई टी को अत्याधुनिक तकनीक से लैस किया. हालांकि इस चुनौती में प्रभात खबर को खरा उतरने के लिए संसाधनों एवं पूंजी की आवश्यकता थी. हमारे पास पूंजी सीमित थी. अतः आधुनिकीकरण के लिए बहुत सावधानी से उपकरण खरीदा गया. बाकी पब्लिसिटी, इवेंट, ब्रांड बिल्डिंग जैसे कार्यों को अपने ही लोगों ने करना उचित समझा. इसके पीछे तर्क था. अगर यह काम बाहर के लोगों को दिया जाता तो बहुत अधिक खर्च होते. सन 2003 में एक और राष्ट्रीय अखबार का प्रकाशन झारखंड में शुरू किया गया, लेकिन प्रभात खबर निरंतर अपनी प्रसार संख्या को बढ़ाता गया. मार्केटिंग के क्षेत्र में भी बेहतर प्रदर्शन करते हुए प्रभात खबर झारखंड में नंबर- 1 पोजिशन को बरकरार रखने में सफल रहा.

प्रतिस्पर्धा चैलेंज करता है, पर प्रतिस्पर्धा बहुत कुछ सीखाता है. इस प्रतिस्पर्धा में प्रभात खबर के

लोगों को सिखाया कि व्यवसायिकता क्या होती है, रीडरशीप कैसे बढ़ायी जाती है, अखबार में एक कंज्यूमर प्रोडक्ट का गुण कैसे दिया जाता है. उसे कैसे एक कंज्यूमर प्रोडक्ट की तरह बेचा जाता है. ऐसा नहीं है कि हर समय प्रतिस्पर्धा निगेटिव ही हो. उसे पोजिटिव मान कर आगे बढ़ा जा सकता है. उसका फ़ायदा उठाया जा सकता है.

इन 10-11 वर्षों में यानी 1989 से 2000 तक प्रभात खबर में सैकड़ों उल्लेखनीय काम हुए. इस दौरान हरिवंश जी ने पत्रकारिता की एक नयी मिसाल कायम की. प्रभात खबर को उन्होंने इतना प्रखर एवं विश्वसनीय अखबार बना दिया कि यह अखबार लोगों के दिलोदिमाग में बस गया. इसकी चर्चा पूरे मीडिया जगत में होने लगी. दूसरे मीडिया भी प्रभात खबर के उल्लेखनीय कार्यों को अपने माध्यमों से कहने लगे. इसी दौरान गोयनका जी ने भी मार्केटिंग विभाग को काफी मजबूत किया. इस तरह प्रभात खबर अपने पैरों पर खड़ा हो गया. इसी दौरान प्रभात खबर ने झारखंड में हरिवंश जी के निर्देशन पर भारत किधर नाम का एक व्याख्यानमाला चलाया. वक्ता के तौर पर देश के अपने क्षेत्र की प्रमुख हस्तियों ने झारखंड आकर इस व्याख्यानमाला में भाग लिया.

जैसे-जैसे अखबार की आर्थिक स्थिति अच्छी होती गयी, वैसे-वैसे यहां कार्यरत कर्मचारियों की सुविधाएं भी बेहतर होती गयीं. 2000 तक प्रभात खबर में कार्यरत हर व्यक्ति को पीएफ, इएसआई, बोनस, मेडिकल आदि सुविधा मिलने लगी. कर्मचारियों के प्रशिक्षण की व्यवस्था की गयी, ताकि उनका विकास हो सके. इस तरह प्रभात खबर में एक सिस्टम काम करने लगा. प्रभात खबर ने कुछ सालों में बिहार एवं पश्चिम बंगाल में भी अपना संस्करण प्रारंभ किया. अल्प समय में ही इसने भारत के हिंदी अखबारों में सातवां स्थान प्राप्त कर लिया. इसका सर्कुलेशन और विज्ञापन लगातार बढ़ता गया. यह सब ऐसे ही नहीं हुआ. इसके पीछे कुशल प्रबंधन और स्वच्छ व प्रखर पत्रकारिता है. इसका श्रेय प्रभात खबर में क़ार्यरत एक-एक व्यक्ति को जाता है. श्रेय विज्ञापनदाताओं, हॉकरों एवं एजेंटों को जाता है. सबसे अधिक श्रेय उन पाठकों को जाता है, जिन्होंने प्रभात खबर को इतना स्नेह दिया, इज्जत दी और इसे निरंतर आगे बढ़ाया. इस दौरान प्रबंधन के लोगों का स्नेह एवं मार्गदर्शन मिला.

प्रभात खबर में काम करने का मेरा अनुभव बड़ा ही रोमांचक रहा है. एचआर बैकग्राउंड का व्यक्ति प्रोडक्शन, आइटी, प्रसार, इंटरनेट एवं रेडियो का काम भी कर सकता है, इसका जीता-जागता उदाहरण मैं आपके सामने हूं. इस दुनिया में कुछ भी कार्य असंभव नहीं है. अगर आप कुछ करने की चाह रखते हैं, कुछ भी करने का संकल्प करते हैं, तो हर चीज संभव है. इन सारे कामों को संभव बनाने में प्रबंधन के लोगों का एवं अपने सहकर्मियों का पूर्ण सहयोग मिला. मुझे प्रभात खबर का दो रेडियो स्टेशन (रांची एवं जमशेदपुर में) रेडियो धूम - 104.8 एफएम खोलने का भी अवसर मिला. इंटरनेट डिवीजन खोलने का मौका मिला, इवेंट डिपार्टमेंट चलाने का भी मौका मिला. रेडियो स्टेशन खोलना अपने आप में एक चुनौती थी, क्योंकि यह भी एक नयी तकनीक थी. इससे मैं वाकिफ नहीं था. मैं कई रेडियो स्टेशनों में घुम-घुम कर यह सीखा कि इसमें कौन-कौन से उपकरण लगाये जाते हैं. रेडियो स्टेशन खोलना भी प्रभात खबर की एक उपलब्धि थी. इवेंट विभाग के माध्यम से तरह-तरह के छोटे एवं बड़े इवेंट किये गये, जिससे समाज के हर वर्ग और हर तबके के लोगों को जोड़ा गया.

कई ऐसे मौके आये, जब मुझे नहीं पता था कि कौन सी आधुनिक तकनीक अखबार के लिए सही